D1920944

Zu diesem Buch

Die Psychologie der zwischenmenschlichen Kommunikation hat etwas anzubieten, wenn wir persönlich und sachlich besser miteinander klarkommen wollen. «Miteinander reden 1» enthält das Handwerkszeug dafür: Anylsen typischer Störungen und Anleitungen zur Selbstklärung, zur Sach- und Beziehungsklärung. Wenn jemand etwas von sich gibt, dann enthält seine Mitteilung vier psychisch bedeutsame Seiten: Selbstoffenbarung, Sachinhalt, Beziehungshinweis und Appell. Von den typischen Problemen, die mit jedem dieser vier Aspekte verbunden sind, greift dieser Band diejenigen auf, die uns alle mehr oder minder stark beschäftigen.

Demgegenüber richtet Band 2 sein Augenmerk auf die unterschiedlichen Kommunikationsstile verschiedener Menschen und entwirft jeweils auf die Stile abgestimmte Möglichkeiten der Persönlichkeitsentwicklung.

Band 3, erschienen als rororo Sachbuch 60545, verbindet beide Aspekte im Modell des «Inneren Teams», das Sprechen, Handeln und den Aufbau der Persönlichkeit bestimmt.

Kommunikationspsychologische Erkenntnisse dienen zwar Therapeuten als Instrumente, sie gehören jedoch nicht in die Geheimfächer der Psychologie, sondern in die Hand von jedermann, Als Brücke zwischen Wissenschaft und Lebenswelt sind beide Bände verständlich geschrieben, mit vielen Beispielen, Abbildungen und Übungen.

Der Autor

Prof. Dr. Friedemann Schulz von Thun, Jahrgang 1944, ist Hochschullehrer am Fachbereich Psychologie der Universität Hamburg mit dem Schwerpunkt Beratung und Training. Als Leiter des Arbeitskreises «Komunikation und Klärungshilfe im beruflichen Bereich» entwickelt er in der Verbindung von Forschung, Lehre und Praxis neue Konzepte für die Weiterbildung. Zusammen mit Christoph Thomann (Bern) ist er Autor des Ratgebers «Klärungshilfe. Handbuch für Therapeuten, Gesprächshelfer und Moderatoren in schwierigen Gesprächen» (rororo Sachbuch 18406). Neben der Erforschung kommunikationspsychologischer Zusammenhänge liegt sein Schwerpunkt in der Erprobung moderner Trainingsmethoden zur Entwicklung sozialer Kompetenzen.

Friedemann Schulz von Thun

Miteinander reden 1

Störungen und Klärungen

Miteinander reden 2

Stile, Werte und Persönlichkeitsentwicklung

rororo

Rowohlt

Redaktion der Bände: Wolfgang Müller

Graphik:
Band 1: Maren Sundmacher,
Karikatur S. 95: Norbert R. Brüllke, Hamburg
Band 2: Mathias Hütter

Umschlaggestaltung Walter Hellmann
(Illustration: Arno Meyer zu Küingsdorf)

Einmalige Sonderausgabe Dezember 1999

Veröffentlicht im Rowohlt Taschenbuch Verlag GmbH,
Reinbek bei Hamburg, Oktober 1998
Miteinander reden 1:
Copyright © 1981 by Rowohlt Taschenbuch Verlag GmbH,
Reinbek bei Hamburg
Miteinander reden 2:
Copyright © 1989 by Rowohlt Taschenbuch Verlag GmbH,
Reinbek bei Hamburg
Gesamtherstellung Clausen & Bosse, Leck
Printed in Germany
ISBN 3 499 60922 3

Miteinander reden 1

Störungen und Klärungen

Allgemeine Psychologie der Kommunikation

Inhalt

Einführung und persönlicher Hintergrund

Den Psychologen sagt man nach, sie würden das, was jeder weiß, in einer Sprache sagen, die niemand versteht. Diese Gefahr besteht vor allem dann, wenn man über etwas schreibt, was jedermann aus eigenem Erleben kennt. Trotzdem möchte ich es in diesem Buch umgekehrt versuchen.

Zwar handelt das Buch von Vorgängen, an denen jeder täglich teilnimmt: von zwischenmenschlicher Kommunikation, von der Art, sich zu verständigen und miteinander umzugehen. Und so werden Sie durch dieses Buch kaum etwas wirklich «Neues» erfahren. Vielmehr werden Sie dem «Alten», dem Altbekannten, dem tagtäglich Erlebten neue Seiten abgewinnen; Dinge in einem Licht sehen, die bisher im Halbdunkel verborgen waren. – Aber hat die Psychologie etwas anzubieten, um die zwischenmenschliche Kommunikation nicht nur wissenschaftlich zu erhellen, sondern auch «besser» zu machen? Sie hat. Zwar hat sich wohl bisher kaum jemand durch das Studium psychologischer Lehrmeinungen und experimenteller Befunde in seiner Kommunikationsfähigkeit verbessert. Aber einiges Rüstzeug und einige Wegweiser stehen bereit für den, der lernen (und umlernen) will.

Ich hätte keine Lust gehabt, dieses Buch zu schreiben, wenn nicht sein Inhalt für mein persönliches Leben Bedeutung hätte. Als ich zum Abschluß meiner Schulzeit das «Zeugnis der Reife» erhielt, bestand meine Kommunikationsfähigkeit vor allem darin, in einer raffinierten, gelehrsamen Sprache über Sachverhalte zu reden, zu denen mir jede Erlebnisgrundlage fehlte. Statt das Erlebte zu verstehen und auszudrücken, lernten wir, das Nicht-Erlebte altklug zu kommentieren. Ich will darüber nicht nur schimpfen, vielleicht hat diese Fähigkeit meine Hochschulkarriere begünstigt; aber dies wäre kein Grund, die Rituale der Selbstentfremdung in der Universität zu verewigen. Das Reifezeugnis in der Hand, fühlte ich mich «ungebildet» in Fragen des zwischenmenschlichen Umgangs. Für das Thema «Wie gehe ich mit mir selbst und anderen um?» war kaum eine Schulstunde reserviert gewesen. Und bei dem Entschluß, Psychologie zu studieren, hat bestimmt die innere Unruhe darüber mitgespielt, daß ich unsicher war und im dunklen tappte, was sich zwischen mir und anderen Menschen abspielte. Zwar stellte sich das Ziel, das ich mir mit dem Studium wohl insgeheim gesetzt hatte – immer Herr der Lage zu sein und überlegen die Übersicht zu behalten – als irrtümlich heraus. Ich lernte, daß ich gerade in der Verfolgung dieses Zieles in Schwierigkeiten geriet. Dennoch (und gerade dadurch) hat mir die psychologische Grundausrüstung, die in diesem Buch enthalten ist, selber geholfen, in zwischenmenschlicher Hinsicht besser klarzukommen. Die verstandesmäßigen Einsichten öffnen zwar noch nicht die Pforten zum Himmelreich; im Gegenteil erlebe ich oft schmerzlich, wie ich gefühlsmäßig «nachhinke»: Während sich der Fortschritt der gedanklichen Einsichten in Siebenmeilenstiefeln vollzieht, folgen die Gefühle und das Verhalten noch dem alten Trott und kommen nur im Schneckentempo, Millimeter für Millimeter, hinterher. Und so sind viele Lernziele, die in diesem Buch umrissen werden, im wesentlichen nur durch Selbsterfahrung und Verhaltenstraining erreichbar. Dennoch bin ich der Überzeugung, daß rationale Einsichten die Persönlichkeitsbildung einleiten und abstützen können. Auch habe ich die Erfahrung gemacht, daß Leute (wie ich), deren «Heimspiel» im intellektuellen Bereich liegt, sich eher durch kognitive Wegweiser auf ein emotionales Gelände verführen lassen. Als ein solcher Wegweiser versteht sich dieses Buch.

Nun zum Vorwurf der unverständlichen Sprache. Zwei Erfahrungen haben mich dazu veranlaßt, mir eine gelehrsame, wissenschaftliche Sprache weitgehend «abzuschminken». 1969 rief mein Lehrer, Professor Reinhard Tausch, in Hamburg ein Forschungsprojekt ins Leben mit der Frage: Wie können Informationen verständlich vermittelt werden? Nach einigen Jahren hatten wir heraus, daß Verständlichkeit auf vier Säulen steht: *Einfachheit* (in der sprachlichen Formulierung); *Gliederung-Ordnung* (im Aufbau des Textes); *Kürze-Prägnanz* (statt weitschweifiger Ausführlichkeit) und *Zusätzliche Stimulanz* (anregende Stilmittel). Wichtiger als diese «Entdeckung» war, daß es gelang, die vier «Verständlichmacher» meßbar und trainierbar zu machen. Die Grundzüge des Hamburger Verständlichkeitskonzeptes sind im Kap. B II, 2, S. 140ff. mit einigen Beispielen zusammengefaßt – für eine ausführliche Darstellung (mit Trainingsprogramm) sei auf Langer, Schulz von Thun und Tausch (1981) verwiesen. – Dieses Forschungsprojekt hatte einen nachhaltigen Einfluß auf meinen eigenen Stil, Vorlesungen zu halten und wissenschaftliche Veröffentlichungen zu schreiben.

Als zweites kam hinzu, daß ich in zahlreichen Trainingskursen für

Eltern, Lehrer und Berufspraktiker aller Art bald merkte, daß wissenschaftlich-gelehrsame Ausführungen nicht ankamen. Überhaupt haben diese Kursusteilnehmer großen Einfluß auf dieses Buch genommen. Das Modell der zwischenmenschlichen Kommunikation, das ich vorstellen werde, ist aus der Begegnung von Wissenschaft und Praxis allmählich entstanden.

Im Jahre 1970 trat ein Hamburger Industrieunternehmen an die Gruppe um Reinhard Tausch heran mit der Anfrage, ob wir einen psychologischen Beitrag zur Kommunikationsfähigkeit der Mitarbeiter leisten können. Zunächst waren wir uns im unklaren: Galt die Anfrage dem damals noch in den Kinderschuhen steckenden Hamburger Verständlichkeitskonzept? Oder galt die Anfrage den Erkenntnissen von Reinhard und Anne-Marie Tausch zu einem partnerschaftlichen Umgangsstil? Es stellte sich heraus, daß beides gemeint war. Menschliche Kommunikation hat eben mehrere Seiten; Paul Watzlawick formulierte diesen Sachverhalt damals als ein «Axiom»: «Jede Kommunikation hat einen Inhalts- und einen Beziehungs-Aspekt...» (Watzlawick u.a. 1969).

Für meine Kollegen Bernd Fittkau, Inghard Langer und für mich stellte sich damals die Frage: Wie können wir die verschiedenen Ansätze der Psychologie, die Beiträge etwa von Carl Rogers, Alfred Adler, Ruth Cohn, Fritz Perls und Paul Watzlawick so «unter einen Hut» bringen, daß sie für die praktischen Kommunikationsprobleme in einer Zusammenschau dienlich würden? Mit der Zeit schälten sich vier Problemgruppen heraus, die den Vorgang der zwischenmenschlichen Kommunikation gleichsam von vier Seiten her beleuchten:

1. Sachaspekt. Wie kann ich Sachverhalte klar und verständlich mitteilen? Für diesen Aspekt der Kommunikation hatten wir unser Hamburger Verständlichkeitskonzept zu bieten.

2. Beziehungsaspekt. Wie behandle ich meinen Mitmenschen durch die Art meiner Kommunikation? Je nachdem, wie ich ihn anspreche, bringe ich zum Ausdruck, was ich von ihm halte; entsprechend fühlt sich der andere entweder akzeptiert und vollwertig behandelt oder aber herabgesetzt, bevormundet, nicht ernst genommen. Reinhard und Anne-Marie Tausch hatten in ihrer «Erziehungspsychologie» (1977) das Geschehen in der Schule daraufhin untersucht – und zwar deshalb, weil sie die Persönlichkeitsentwicklung des Schülers vorrangig durch diesen Beziehungsaspekt beeinflußt sahen.

3. Selbstoffenbarungsaspekt. Wenn einer etwas von sich gibt, gibt er auch etwas von *sich* – dieser Umstand macht jede Nachricht zu einer kleinen Kostprobe der Persönlichkeit, was dem Sender nicht nur in Prüfungen und in der Begegnung mit Psychologen einige Besorgnis verursacht. Mit dem zunehmenden Einfluß der Humanistischen Psychologie in Deutschland wurde uns klar, daß ein «Leben hinter Fassaden» zwar die Selbstoffenbarungsangst eindämmen kann, aber mit großen Kosten für die seelische Gesundheit und für die zwischenmenschliche Verständigung verbunden ist. – Mit diesem Aspekt ist das Thema der Echtheit (Authentizität) angesprochen.

4. Appellaspekt. Wenn einer etwas von sich gibt, will er in der Regel auch etwas bewirken. Das Problem von Einfluß und Manipulation stellt sich nicht nur in der Werbung und Propaganda, nicht nur in Erziehung und Unterricht, sondern auch bei allerlei menschlichen Eigenarten bis hin zu neurotischen Symptomen, von denen man spätestens seit Alfred Adler weiß, daß sie nachhaltige Wirkungen auf die menschliche Umgebung des Patienten ausüben und daß in dieser heimlichen Zielstrebigkeit vielleicht ihr Wesen begründet liegt.

All diese Probleme im Kopf und eine ferne Erinnerung daran, daß Karl Bühler «drei Aspekte der Sprache» (1934) unterschieden hatte (Symbol, Symptom, Appell), kam ich schließlich auf den Gedanken, den Teilnehmern unserer Trainingskurse die «Nachricht» als quadratisches Gebilde darzustellen, wobei ich die Sichtweisen von Watzlawick und Bühler kombinierte:

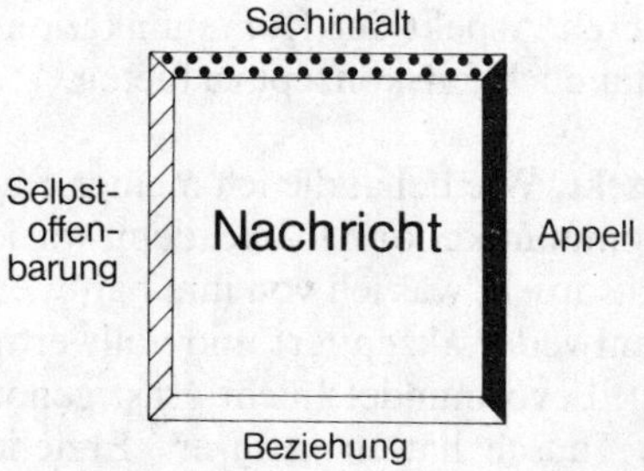

Abb. 1: *Vier Seiten der Nachricht – ein Modellstück der zwischenmenschlichen Kommunikation.*

Ich muß gestehen, daß ich über die «Geburt» dieses Quadrates sehr zufrieden gewesen bin (Schulz von Thun 1977). Es eignet sich sowohl zur Analyse konkreter Mitteilungen und zur Aufdeckung einer Vielzahl von Kommunikationsstörungen als auch zur Gliederung des gesamten Problemfeldes. Als psychologisches Handwerkszeug bildet es das Herzstück des vorliegenden Buches.

Drei Dinge sind beim Anblick des Quadrates sofort ersichtlich:

Erstens, daß «Klarheit» der Kommunikation eine vier-dimensionale Angelegenheit ist. Wenn jemand zu einem anderen sagt: «Ich habe fünfmal bei dir angerufen!» – so ist der *Sachverhalt* klar und verständlich. Weniger klar mag dem Empfänger sein, was der Sender von sich selbst mitteilen will (Enttäuschung? Hinweis auf den eigenen Eifer?) – unklar auch, was der Sender vom Empfänger hält (vielleicht der Vorwurf: «Wo treibst du dich bloß immer herum?» – Oder: «Du bist mir sehr wichtig!») und was er erreichen will (vielleicht: «Ruf doch mal von dir aus an!»). So mag beim Empfänger das Gefühl entstehen: «Ich verstehe zwar jedes Wort – aber was will er mir damit eigentlich sagen?» – Und vielfach haben die Empfänger die Tendenz, in die unklaren Seiten einer Nachricht etwas hineinzuhören, was aus dem reichen Schatz ihrer Phantasien, Erwartungen und Befürchtungen stammt – so empfangen sie gleichsam sich selbst und füllen ihre Seele mit dem eigenen Material.

Zweitens, daß in ein und derselben Nachricht viele Botschaften gleichzeitig enthalten sind, die sich um das Quadrat herumgruppieren. Dies ist ein folgenschwerer Tatbestand, denn der arme Empfänger hat auf alle (innerlich) zu reagieren und kommt dabei leicht durcheinander. Eindrucksvoll und verwirrend war für mich als kleiner Junge ein Erlebnis in der Straßenbahn. Ich saß neben meinem Großvater, einige Erwachsene hatten keinen Sitzplatz. Wütend fuhr ein Herr meinen Großvater an: Es sei unerhört, daß kleine Kinder den älteren Leuten den Sitzplatz wegnähmen. Mein Großvater ging mit ebenso lauter Stimme zum Gegenangriff über: «Wollen Sie hier meckern?» So ging es noch hin und her, und dann sagte mein Großvater mit einem Male zu meiner großen Verblüffung: «Sie haben ja recht!», ließ mich aufstehen und fügte hinzu: «Aber deswegen brauchen Sie nicht so zu meckern!» – Hier erlebte ich zum erstenmal, daß man offenbar gleichzeitig im Unrecht sein *und* recht haben kann – Nachrichten sind eben vierseitig, und mein Großvater stimmte dem Mann auf der Sach- und Appellseite zu, nicht hingegen auf der Beziehungsseite. – Wenn der Empfänger es verfehlt, seine unterschiedlichen inneren Reaktionen für sich selbst klar zu kriegen, wird er auch nicht klar nach außen reagieren können, und dann kommen Sender und Empfänger in ein heilloses Durcheinander. Da ist es dann bei schwierigen Auseinandersetzungen, von denen viel abhängt, keine Schande, einen Kommunikationspsychologen als Entflechtungshelfer und als Hebamme klarer Botschaften hinzuzuziehen. Vor allem von Paaren, Familien und Arbeitsgruppen wird dies zunehmend in Anspruch genommen.

Drittens ist zu sehen, daß die Seiten des Quadrates gleich lang sind. Damit ist die These verbunden, daß die vier Aspekte als prinzipiell gleichrangig anzusehen sind (wenn auch in jeder einzelnen Situation der eine oder andere Aspekt im Vordergrund stehen mag). Dieser Auffassung entgegen steht die Überbetonung des Sachaspektes in der Schule und im Arbeitsleben. Daß die heutige Schule zu «kopflastig» ist, auf die Wissensvermittlung zuviel und auf das soziale Lernen zu wenig Gewicht legt, hat sich herumgesprochen. Auch im Arbeitsleben zählt offiziell nur die Sache. Zwar sind die Probleme der Selbstdarstellung und der Beziehungsgestaltung damit nicht aus der Welt – im Gegenteil, die seelische Energie ist zu einem guten Teil von diesen Problemen absorbiert. Da aber diese menschlichen Angelegenheiten als «unsachlich» verpönt sind, gehen sie in den Untergrund, führen ein unterschwelliges, heimliches Leben, indem sie sich im Leib des trojanischen Pferdes der Sachlichkeit verstecken. Anliegen der Kommunikationspsychologie ist es, diese Verpönung aufzuheben und aus der eindimensionalen Sach-Kommunikation eine lebendig-blutvolle vierseitige Kommunikation zu machen. Allerdings sind viele von uns wegen des langjährigen einseitigen Sach-Trainings im Umgang mit den anderen drei Seiten der Nachricht wenig geübt. Dies wird in Trainings-, Selbsterfahrungs- und Therapiegruppen nachgeholt, in denen die rückständigen Persönlichkeitsbereiche aufholen können.

Verbesserung der zwischenmenschlichen Kommunikation durch Psychologie? Kommunikationspsychologie erhebt nicht nur den Anspruch, die Vorgänge zwischen Sender und Empfänger wissenschaftlich zu erhellen, sondern auch Rüstzeug und Wegweiser für eine Verbesserung der zwischenmenschlichen Kommunikation bereitzustellen. Wann aber ist eine Kommunikation besser oder schlechter? Als wir vor zehn Jahren mit unseren Trainingskursen begannen, waren wir – ohne uns das deutlich bewußt zu machen – der Auffassung, daß gute Kommunikation eine Sache der «ansprechenden Verpackung» sei. So hielten wir es für ungünstig, wenn jemand zu einem anderen sagte: «Nun reden Sie doch nicht so ein dummes Zeug!» Wir hielten es für günstiger, wenn er statt dessen etwa sagen würde: «Ich bin nicht ganz sicher, ob ich Ihnen in allen Punkten zustimmen kann» (s. Abb. 2).

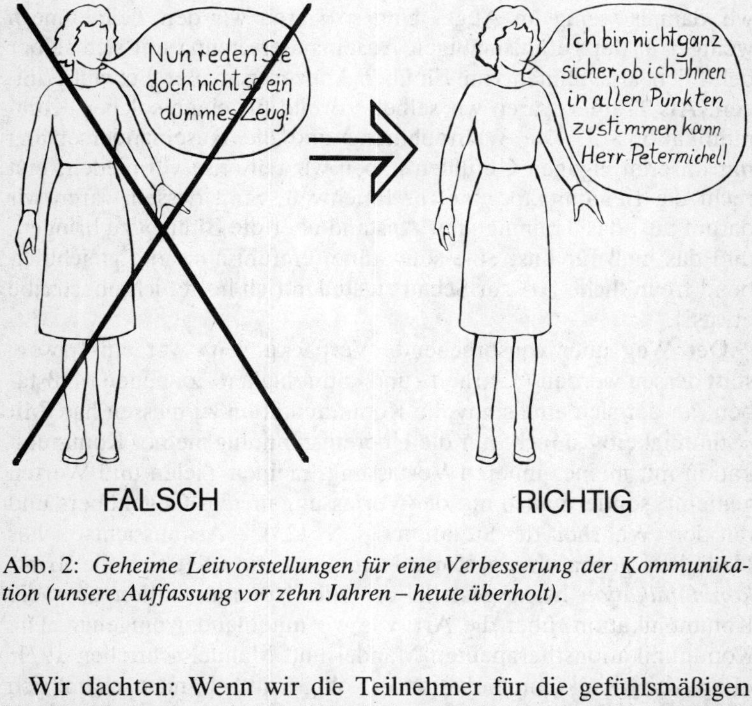

Abb. 2: *Geheime Leitvorstellungen für eine Verbesserung der Kommunikation (unsere Auffassung vor zehn Jahren – heute überholt).*

Wir dachten: Wenn wir die Teilnehmer für die gefühlsmäßigen Unterschiede dieser beiden Versionen empfindsam machen und den wünschenswerten Stil in geeigneten Übungen trainieren würden, dann hätten wir zur Verbesserung der Kommunikation und der seelischen Hygiene einen wichtigen Beitrag geleistet.

Aus heutiger Sicht sieht die Sache etwas schwieriger aus. Der emotionale Unmut, der in der ersten Version zum Ausdruck kommt, ist eine seelische Realität. Wie kann ich mit dieser Realität umgehen? Wie kann ich meinen Unmut wahrnehmen (also merken, was mit mir los ist), wie kann ich auseinanderhalten, was er mit mir und was er mit dir zu tun hat? Wie kann ich dich einweihen, ohne dir damit gleich die Schuld aufzubürden? Die Version «Richtig» in Abb. 2 verleugnet etwas von der emotionalen Realität. Dies mag geeignet sein für manchen reibungslosen Schnellverkehr, ist jedoch kaum tauglich als Modell für einen seelisch günstigen Umgang mit mir selber und mit anderen. Im Gegenteil: Ich muß befürchten, daß der unausgedrückte Unmut im seelischen Untergrund weiter wuchert und das Zusammensein aus dem Verborgenen belastet. Diese «Tiefendimension» der zwischenmenschlichen Kommunikation hatten wir damals wenig im Auge. Und so waren wir den Teilnehmern weniger in der gefühlsmäßigen Auseinandersetzung mit sich selber behilflich als vielmehr im Einüben konzeptgemäßer Formulierungen. Als Trainer waren wir selber Vorbild für einen solchen Kommunikationsstil: Die Wahrnehmung und die Auseinandersetzung mit unseren eigenen Gefühlen haben wir teilweise vermieden, erst recht die Bekanntgabe unserer Innenwelt. Statt dessen waren wir darauf aus, das Training «mit Anstand über die Bühne» zu bringen, und das hieß für uns: eine souveräne, einfühlsame und gleichbleibend freundliche Art zur Schau zu stellen (ich hoffe, ich übertreibe etwas!).

Der Weg über «ansprechende Verpackungen» war ein Irrweg, statt dessen werden «Klarheit» und «Stimmigkeit» zu neuen Maßstäben, an der sich eine sinnvolle Kommunikation zu messen hat. Mit «Stimmigkeit» ist nicht nur die Übereinstimmung meiner Kommunikation mit meiner inneren Verfassung, meinen Zielen und Werten gemeint, sondern auch mit der Verfassung meines Gegenübers und mit der «Wahrheit der Situation» (s. S. 123). – Als aussichtsreiches Heilmittel gegen eine gestörte Kommunikation hat sich die *Metakommunikation* herausgestellt, d.h. die Kommunikation über die Kommunikation, über die Art, wie wir miteinander umgehen. Die Kommunikationstherapeuten Mandel und Mandel schrieben 1971: «Explizite Metakommunikation ist völlig unüblich, man schämt sich ihrer. Es würde geradezu einer Evolution gleichkommen, gelänge es, sie in der nächsten Generation zur Gewohnheit zu machen.» (S. 62)

Das vorliegende Buch vermittelt Werkzeuge zur Förderung von innerer und äußerer Klarheit und ist eine Einführung in die Kunst der Metakommunikation. Es richtet sich zwar zunächst an Psychologen und angehende Psychologen, zu deren Beruf es gehört, Gruppen zu leiten, Kommunikationstrainings durchzuführen, Paare, Familien und Arbeitsgruppen in der Art ihres Miteinanders zu fördern. Jedoch sind Zaungäste aller Art erwünscht. Sie können Einblick nehmen, mit welcher «Brille» wir Kommunikationspsychologen und -therapeuten zwischenmenschliche Vorgänge betrachten, wie wir Störungen und Pannen ausmachen und mit welchem Hintergrundwissen wir Änderungen vorschlagen. Vieles von diesem Handwerkszeug gehört in die Hand von jedermann, und einige Lehrer haben angefangen, etwas davon an ihre Schüler weiterzugeben. Mir liegt sehr daran, Psychologie aus der Hand zu geben, anstatt sie (wie Ruth Cohn das nennt) «im Geheimkabinett einzuschließen». Ich bin mir der Gefahr bewußt, daß Psychologie zuweilen «in die falschen Hände» gerät, in den Dienst der Manipulation und inhumaner Tendenzen gestellt wird – und sich stellen läßt. Ich sehe auch die Gefahr, daß die wissenschaftliche Beschäftigung mit zwischenmenschlichen Vorgängen zu einer Verwissenschaftlichung der Mitmenschlichkeit führen kann und zu neuen Imponiersprachen der Eingeweihten. Einen Vorgeschmack auf solche möglichen Fehlentwicklungen gibt die Satire auf S. 256. Genauso bin ich aber überzeugt, daß die Chancen überwiegen, daß das Erlernen von Klarheit und besserer Verständigung der Persönlichkeitsbildung und der mitmenschlichen Beziehung dient.

Noch ein Wort zur Reichweite der nachfolgenden Kapitel. Wer zwischenmenschliche Kommunikation verbessern will, kann an drei verschiedenen Stellen ansetzen:

1. Ansatz am Individuum. Das heißt: Ich fange bei mir selber an bzw. berate und trainiere einzelne Menschen. Hier besteht einerseits die Chance, unterentwickelte Persönlichkeitsbereiche zu vervollkommnen und den einzelnen mehr und mehr zu befähigen, Herr und Meister seiner selbst zu werden (Anliegen der Humanistischen Psychologie), andererseits die Gefahr, die Ursachen gestörter Kommunikation nur beim Individuum zu suchen. So werden zuweilen Schüler als «gestört» dem Psychologen überwiesen und erhalten dadurch – neben der Hilfe – auch den Prägestempel der Pathologie (vgl. Kap. B III, 5, S. 192. Unbeachtet bleibt dabei, daß der störende Schüler vielleicht nur das auffälligste Symptom einer gestörten Beziehung zwischen Lehrer und Schüler oder der Schüler untereinander ist. Diese Blickfelderweiterung führt zum

2. Ansatz an der Art des Miteinanders. Der «Patient» ist hier nicht ein einzelnes «schwarzes Schaf», sondern der Umgangsstil einer ganzen Gruppe (vgl. «Patient Familie», Richter 1970). Das hier charakteristische «Denken in Systemen» ist grundlegend für Paar-

und Familientherapie (Bandler u.a. 1978) und für die moderne Schulberatung (Brunner u.a. 1978; Redlich und Schley 1979).

Auch bei dieser Kommunikationstherapie ist im Blick zu behalten, daß bestimmte Umgangsformen möglicherweise gar nicht so sehr der (prinzipiell) freien Gestaltung der Kommunikationspartner unterliegen, sondern sozusagen «von oben» vorprogrammiert sind. Diese abermalige Blickfelderweiterung führt zum

3. Ansatz an den institutionellen/gesellschaftlichen Bedingungen. Veränderungswürdig erscheinen hier weder der einzelne noch die Interaktion zwischen mehreren, sondern die Zustände, unter denen die Menschen zusammenkommen und die ihnen bestimmte Umgangsformen aufzwingen oder zumindest nahelegen. So mag eine hierarchisch gegliederte Arbeitswelt, die einigen wenigen den Aufstieg ermöglicht, die aber gleichzeitig auf Kooperation angewiesen ist, eine Kommunikation mit «doppeltem Boden» nahelegen: vorgeblich kooperativ, aber heimlich rivalitätsorientiert (vgl. Schulz von Thun 1978).

Auch für die Institution Schule läßt sich zeigen, daß sie «heimliche Lehrpläne» vorsieht, die die Lehrer-Schüler-Beziehung und die Beziehung der Schüler untereinander von vornherein belastet und «gestörte Kommunikation» vorprogrammiert (vgl. Tillmann 1976; Brunner u.a. 1978). – Von diesem Standpunkt aus läßt sich begründet argumentieren, daß die oben erwähnten Heilmittel (psychologische Schülerhilfe, Kommunikationstrainings für Lehrer, Interaktionstherapie für Lehrer-Schüler-Beziehungen) zu kurz greifen und das wahre Übel nicht bei der Wurzel packen. Notwendig wären statt dessen institutionelle Reformmaßnahmen oder – wenn sich herausstellt, daß die Institution der zwangsläufigen Logik des Gesellschaftssystems entspricht – grundlegende gesellschaftspolitische Umorientierungen, die auf politischer Ebene zu erstreiten sind.

Für einige meiner Studenten ist das Buch bereits an dieser Stelle «gestorben», wenn ich erkläre, daß es vor allem für die Ansätze 1 und 2 Rüstzeug bietet. Sie sehen darin eine (für die bürgerliche Psychologie typische) «Psychologisierung» der Probleme, die an Symptomen kuriert, den Blick für die eigentlichen Ursachen des Übels verstellt und dadurch ein krankmachendes System am Leben erhält. Ich sehe diese Gefahr auch, wenn die psychologischen Ansätze mit einer Blindheit für die im 3. Ansatz betonten Faktoren und Zusammenhänge verbunden sind. Als genauso gefährlich sehe ich es an, wenn der 3. Ansatz mit einer Blindheit für die Faktoren und

Zusammenhänge der beiden ersten Ansätze verbunden ist (Schulz von Thun 1980). Kann man glaubwürdig und vertrauenserweckend für eine Veränderung der Gesellschaft eintreten, ohne bei sich selbst und im kleinen Kreis der unmittelbaren Reichweite anzufangen?

Wer «ganze Arbeit» leisten will, wird die drei Ansätze miteinander verbinden müssen. Ich halte es für vertretbar, wenn ein psychologischer Beitrag die Ansätze 1 und 2 ausarbeitet, im Bewußtsein, daß damit noch nicht die ganze Arbeit getan ist.

Teil A: Grundlagen

I. Die Anatomie einer Nachricht
(oder: Wenn einer etwas von sich gibt...)

Der Grundvorgang der zwischenmenschlichen Kommunikation ist schnell beschrieben. Da ist ein *Sender*, der etwas mitteilen möchte. Er verschlüsselt sein Anliegen in erkennbare Zeichen – wir nennen das, was er von sich gibt, seine *Nachricht*. Dem *Empfänger* obliegt es, dieses wahrnehmbare Gebilde zu entschlüsseln. In der Regel stimmen gesendete und empfangene Nachricht leidlich überein, so daß eine Verständigung stattgefunden hat. Häufig machen Sender und Empfänger von der Möglichkeit Gebrauch, die Güte der Verständigung zu überprüfen: Dadurch, daß der Empfänger zurückmeldet, wie er die Nachricht entschlüsselt hat, wie sie bei ihm angekommen ist und was sie bei ihm angerichtet hat, kann der Sender halbwegs überprüfen, ob seine Sende-Absicht mit dem Empfangsresultat übereinstimmt. Eine solche *Rückmeldung* heißt auch *Feedback*.

Abb. 3: *Beispiel für eine Nachricht aus dem Alltag: Die Frau sitzt am Steuer, der Mann (Beifahrer) ist Sender der Nachricht.*

Schauen wir uns die «Nachricht» genauer an. Für mich selbst war es eine faszinierende «Entdeckung», die ich in ihrer Tragweite erst nach und nach erkannt habe, *daß ein und dieselbe Nachricht stets viele Botschaften gleichzeitig enthält.* Dies ist eine Grundtatsache des Lebens, um die wir als Sender und Empfänger nicht herumkommen. Daß jede Nachricht ein ganzes Paket mit vielen Botschaften ist, macht den Vorgang der zwischenmenschlichen Kommunikation so kompliziert und störanfällig, aber auch so aufregend und spannend.

Um die Vielfalt der Botschaften, die in einer Nachricht stecken, ordnen zu können, möchte ich vier seelisch bedeutsame Seiten an ihr unterscheiden. Ein Alltagsbeispiel (s. Abb. 3).

Der Mann (= Sender) sagt zu seiner am Steuer sitzenden Frau (= Empfänger): «Du, da vorne ist grün!» – Was steckt alles drin in dieser Nachricht, was hat der Sender (bewußt oder unbewußt) hineingesteckt, und was kann der Empfänger ihr entnehmen?

1. Sachinhalt (oder: Worüber ich informiere)

Zunächst enthält die Nachricht eine Sachinformation. Im Beispiel erfahren wir etwas über den Zustand der Ampel – sie steht auf grün. Immer wenn es «um die Sache» geht, steht diese Seite der Nachricht im Vordergrund – oder sollte es zumindest.

Auch im Augenblick übermittle ich in diesem Kapitel an den Leser zahlreiche Sachinformationen. Sie erfahren hier Grundlagen der Kommunikationspsychologie. – Dies ist jedoch nur ein Teil von dem, was sich gegenwärtig zwischen mir (dem Sender) und Ihnen (den Empfängern) abspielt. Wenden wir uns daher dem zweiten Aspekt der Nachricht zu:

2. Selbstoffenbarung (oder: Was ich von mir selbst kundgebe)

In jeder Nachricht stecken nicht nur Informationen über die mitgeteilten Sachinhalte, sondern auch Informationen über die Person des Senders. Dem Beispiel können wir entnehmen, daß der Sender offenbar deutschsprachig und vermutlich farbtüchtig ist, überhaupt, daß er wach und innerlich dabei ist. Ferner: daß er es vielleicht eilig hat usw. Allgemein gesagt: In jeder Nachricht steckt ein Stück Selbstoffenbarung des Senders. Ich wähle den Begriff der Selbstoffenbarung, um damit sowohl die gewollte *Selbstdarstellung* als auch die unfreiwillige *Selbstenthüllung* einzuschließen. Diese Seite der Nachricht ist psychologisch hochbrisant, wie wir sehen werden.

Auch während Sie dieses jetzt lesen, erfahren Sie nicht nur Sachinformationen, sondern auch allerhand über mich, Schulz von Thun, den Autor. Über meine Art, Gedanken zu entwickeln, bestimmte Dinge wichtig zu finden. Würde ich Ihnen dieses mündlich vortragen, könnten Sie aus der Art, wie ich mich gäbe, vielleicht Informationen über meine Fähigkeiten und meine innere Befindlichkeit entnehmen. Der Umstand, daß ich – ob ich will oder nicht – ständig auch Selbstoffenbarungsbotschaften von mir gebe, ist mir als Sender wohl bewußt und bringt mich in Unruhe und in Bewegung. Wie werde ich dastehen als Autor? Ich möchte Sachinformationen vermitteln, jawohl, aber ich möchte auch einen guten Eindruck machen, möchte mich als eine Person präsentieren, die etwas anzubieten hat, die weiß, wovon sie schreibt, und die gedanklich und sprachlich «auf der Höhe» ist.

Mit dieser Seite der Nachricht verbinden sich viele Probleme der zwischenmenschlichen Kommunikation. In einem späteren Kapitel (S. 106ff) werde ich darstellen, wie der Sender versucht, mit dieser Problematik fertigzuwerden. Wie er, in dem Bemühen, sich von der besten Seite zu zeigen, allerlei Techniken der Selbsterhöhung und Selbstverbergung anwendet – nicht immer zu seinem eigenen Besten.

3. Beziehung (oder: Was ich von dir halte und wie wir zueinander stehen)

Aus der Nachricht geht ferner hervor, wie der Sender zum Empfänger steht, was er von ihm hält. Oft zeigt sich dies in der gewählten Formulierung, im Tonfall und anderen nichtsprachlichen Begleitsignalen. Für diese Seite der Nachricht hat der Empfänger ein besonders empfindliches Ohr; denn hier fühlt er sich als Person in bestimmter Weise behandelt (oder mißhandelt). In unserem Beispiel gibt der Mann durch seinen Hinweis zu erkennen, daß er seiner Frau nicht recht zutraut, ohne seine Hilfe den Wagen optimal zu fahren.

Möglicherweise wehrt sich die Frau gegen diese «Bevormundung» und antwortet barsch: «Fährst du oder fahre ich?» – wohlgemerkt: ihre Ablehnung richtet sich in diesem Fall nicht gegen den Sachinhalt (dem wird sie zustimmen!). Sondern ihre Ablehnung richtet sich gegen die empfangene Beziehungsbotschaft.

Allgemein gesprochen: Eine Nachricht senden heißt auch immer, zu dem Angesprochenen eine bestimmte Art von Beziehung auszudrücken. Streng genommen ist dies natürlich ein spezieller Teil der Selbstoffenbarung. Jedoch wollen wir diesen Beziehungsaspekt als davon unterschiedlich behandeln, weil die psychologische Situation des Empfängers verschieden ist: Beim Empfang der Selbstoffenbarung ist er ein nicht selbst betroffener *Diagnostiker* («Was sagt mir deine Äußerung über *dich* aus?»), beim Empfang der Beziehungsseite ist er selbst «betroffen» (oft im doppelten Sinn dieses Wortes).

Genaugenommen sind auf der Beziehungsseite der Nachricht zwei Arten von Botschaften versammelt. Zum einen solche, aus denen hervorgeht, was der Sender vom Empfänger hält, wie er ihn sieht. In dem Beispiel gibt der Mann zu erkennen, daß er seine Frau für hilfsbedürftig hält. – Zum anderen enthält die Beziehungsseite aber auch eine Botschaft darüber, wie der Sender *die Beziehung zwischen sich und dem Empfänger* sieht («so stehen wir zueinander»). Wenn jemand einen anderen fragt: «Na, und wie geht es in der Ehe?» – dann enthält diese Sach-Frage implizit auch die Beziehungsbotschaft: «Wir stehen so zueinander, daß solche (intimen) Fragen durchaus möglich sind.» – Freilich kann es sein, daß der Empfänger mit dieser *Beziehungsdefinition* nicht einverstanden ist, die Frage für deplaciert und zudringlich hält. Und so können wir nicht selten erleben, daß zwei Gesprächspartner ein kräftezehrendes Tauziehen um die Definition ihrer Beziehung veranstalten (s. Kap. BIII, 4, S. 179ff).

Während also die Selbstoffenbarungsseite (vom Sender aus betrachtet) *Ich-Botschaften* enthält, enthält die Beziehungsseite einerseits *Du-Botschaften* und andererseits *Wir-Botschaften.*

Was spielt sich jetzt, während Sie diesen Text lesen, auf der Beziehungsseite der Nachricht ab? Indem ich überhaupt diesen Beitrag geschrieben und veröffentlicht habe, gebe ich zu erkennen, daß ich Sie hinsichtlich unseres Themas für informationsbedürftig halte. Ich weise Ihnen die Rolle des Schülers zu. Indem Sie lesen (und weiterlesen), geben Sie zu erkennen, daß Sie eine solche

Beziehung für den Augenblick akzeptieren. Es könnte aber auch sein, daß Sie sich durch meine Art der Entwicklung von Gedanken «geschulmeistert» fühlen. Daß Sie bei sich denken: »Mag ja ganz richtig sein, was der da schreibt (Sachseite der Nachricht), aber die dozierende Art fällt mir auf den Wecker!» Ich habe selbst erlebt, daß manche Empfänger allergisch reagieren, wenn ich die Sachinformation übertrieben verständlich darstelle; das Gefühl mag sein: «Er muß mich für dumm halten, daß er die Informationen so einfach, gleichsam ‹idiotensicher› darstellt.» Sie sehen, wie selbst bei sachorientierten Darstellungen die Beziehungsseite der Nachricht das Geschehen mitbestimmen kann.

4. Appell (oder: Wozu ich dich veranlassen möchte)

Kaum etwas wird «nur so» gesagt – fast alle Nachrichten haben die Funktion, auf den Empfänger *Einfluß zu nehmen.* In unserem Beispiel lautet der Appell vielleicht: «Gib ein bißchen Gas, dann schaffen wir es noch bei grün!»

Die Nachricht dient also (auch) dazu, den Empfänger zu veranlassen, bestimmte Dinge zu tun oder zu unterlassen, zu denken oder zu fühlen. Dieser Versuch, Einfluß zu nehmen, kann mehr oder minder offen oder versteckt sein – im letzteren Falle sprechen wir von Manipulation. Der manipulierende Sender scheut sich nicht, auch die anderen drei Seiten der Nachricht in den Dienst der Appellwirkung zu stellen. Die Berichterstattung auf der Sachseite ist dann einseitig und tendenziös, die Selbstdarstellung ist darauf ausgerichtet, beim Empfänger bestimmte Wirkung zu erzielen (z. B. Gefühle der Bewunderung oder Hilfsbereitschaft); und auch die Botschaften auf der Beziehungsseite mögen von dem heimlichen Ziel bestimmt sein, den anderen «bei Laune zu halten» (etwa durch unterwürfiges Verhalten oder durch Komplimente). Wenn Sach-, Selbstoffenbarungs- und Beziehungsseite auf die Wirkungsverbesserung der Appellseite ausgerichtet werden, werden sie *funktionalisiert*, d. h. spiegeln nicht wider, was ist, sondern werden zum Mittel der Zielerreichung. Darüber ausführlich in Kap. B IV, 1, S. 209ff.

Der Appellaspekt ist vom Beziehungsaspekt zu unterscheiden, denn mit dem gleichen Appell können sich ganz unterschiedliche Beziehungsbotschaften verbinden. In unserem Beispiel mag die Frau den Appell an sich vernünftig finden, aber empfindlich auf die

Bevormundung reagieren. Oder umgekehrt könnte sie den Appell für unvernünftig halten («ich sollte nicht mehr als 60 fahren»), aber es ganz in Ordnung finden, daß der Mann ihr in dieser Weise Vorschläge zur Fahrweise macht.

Natürlich enthält auch dieses Buch etliche Appelle. Sie werden in den folgenden Kapiteln noch deutlicher werden. Ein wesentlicher Appell lautet zum Beispiel: Versuche, in kritischen (Kommunikations-)Situationen, die «leisen» Selbstoffenbarungs-, Beziehungs- und Appellbotschaften direkt anzusprechen bzw. zu erfragen, um auf diese Weise «quadratische Klarheit» zu erreichen!

Die nun hinlänglich beschriebenen vier Seiten einer Nachricht sind im folgenden Schema zusammengefaßt:

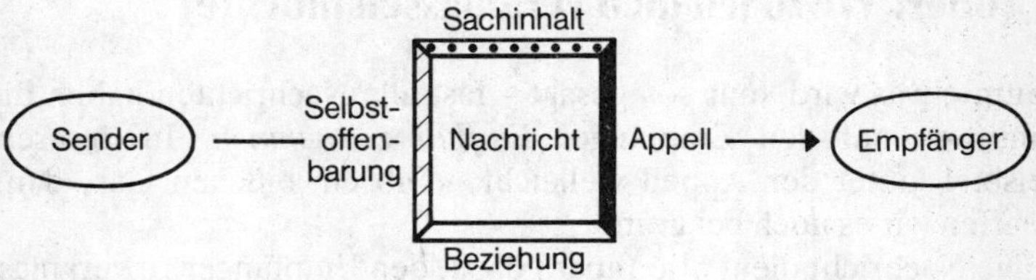

Abb. 4: *Die vier Seiten (Aspekte) einer Nachricht – ein psychologisches Modell der zwischenmenschlichen Kommunikation.*

Dieses Modell ist angeregt durch Bühler (1934) und Watzlawick u. a. (1969). Bühler unterscheidet «drei Aspekte der Sprache»: *Darstellung* (= Sachinhalt), *Ausdruck* (= Selbstoffenbarung) und *Appell.* Watzlawick unterscheidet zwischen dem *Inhalts-* und dem *Beziehungs*aspekt von Nachrichten. Der «Inhaltsaspekt» ist gleichbedeutend mit dem «Sachinhalt» des vorliegenden Modells. Der «Beziehungsaspekt» ist dagegen bei ihm weiter definiert und umfaßt im Grunde alles drei: «Selbstoffenbarung», «Beziehung» (im engeren Sinne) und «Appell», und damit auch den «metakommunikatorischen» Anteil an der Nachricht, der Hinweise darauf gibt, wie sie aufzufassen ist. Den Vorteil des hier vorgestellten Modells sehe ich darin, daß es die Vielfalt möglicher Kommunikationsstörungen und -probleme besser einzuordnen gestattet und den Blick öffnet für verschiedene Trainingsziele zur Verbesserung der Kommunikationsfähigkeit.

5. Die Nachricht als Gegenstand der Kommunikationsdiagnose

Halten wir fest: Ein und dieselbe Nachricht enthält viele Botschaften; ob er will oder nicht – der Sender sendet immer gleichzeitig auf allen vier Seiten. Die Vielfalt der Botschaften läßt sich mit Hilfe des Quadrates ordnen. Dieses «Drumherum» der Botschaften bestimmt die psychologische Qualität einer Nachricht. Zur Verdeutlichung dieser kommunikationspsychologischen Arbeitsweise nehmen wir noch einmal die Nachricht des Beifahrers: «Du, da vorne ist grün!» unter die kommunikationspsychologische Lupe:

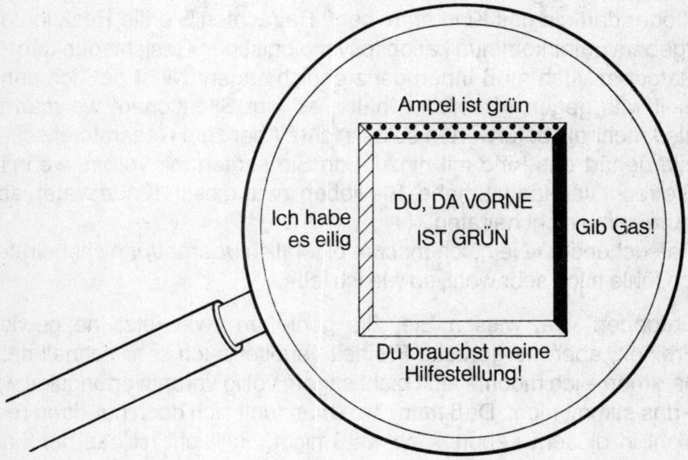

Abb. 5: *Das Botschaftsgeflecht einer Nachricht, wie es unter der kommunikationspsychologischen Lupe sichtbar wird.*

Bisher habe ich aus Gründen der Vereinfachung so getan, als ob das Drumherum von Botschaften bei jeder Nachricht eindeutig wäre. Das Gegenteil ist der Fall. Wie wir sehen werden, kann das gesendete und das empfangene Botschaftsgeflecht erheblich verschieden sein (s. Kap. A II, 3, S. 61 ff).

Übungen

Legen Sie die folgenden Nachrichten unter die kommunikationspsychologische Lupe:

a) Ehepaar sitzt abends beim Fernsehen. Sagt der Mann: «Erna, das Bier ist alle!»

b) Lehrer geht den Flur entlang, um in seiner Klasse Unterricht zu halten. Da kommt ihm die zehnjährige Astrid entgegen und sagt aufgebracht: «Herr Meier, die Resi hat ihren Atlas einfach in die Ecke gepfeffert!»

c) Welches Gespräch, das Sie kürzlich mit jemandem geführt haben, kommt Ihnen in den Sinn? Besinnen Sie sich auf je *eine* Äußerung, die Ihr Gesprächspartner und Sie selbst getan haben und analysieren Sie sie kommunikationspsychologisch!

d) Der folgende Ausschnitt stammt aus einem telefonischen Beratungsgespräch.* Die Ratsuchende, ein 26jähriges Mannequin, unverheiratet, schwanger im dritten Monat, hat ihren Konflikt vorgetragen: Soll oder darf sie das Kind abtreiben? Betrachten Sie die Reaktion des Ratgebers unter kommunikationspsychologischen Gesichtspunkten:

> Ratgeber: «Ich muß Ihnen ganz ehrlich sagen: Nicht daß ich prinzipiell was gegen Abtreibung hätte, es gibt Situationen, wo man sie also mehr als befürworten sollte, nicht? Aber zum Gesamtmenschenbild gehört das Kind mit hinzu, und Sie sagten mir vorhin, wenn ich Sie recht verstanden habe, Sie lieben zwar diesen Kindesvater, aber würden ihn nicht heiraten...»
>
> Ratsuchende: «Nein, ich möchte eigentlich *überhaupt* nicht heiraten, ich fühle mich sehr wohl, so wie ich lebe.»
>
> Ratgeber: «Ja, wissen Sie, Sie genießen zwar jetzt 'ne gewisse Freiheit, aber 'ne gewisse Freiheit verleitet auch sehr schnell dazu, daß man – ich möchte jetzt nicht sagen: völlig verantwortungslos wird – das stimmt nicht. Daß man, äh – man fühlt sich doch nur dann recht wohl in diesem Leben – ich weiß nicht, vielleicht ist das bei Ihnen noch nicht so ganz durchgekommen, wenn man für eine ganz bestimmte Sache auch mal verantwortlich zeichnet, daß man für etwas da ist – ich meine, Sie haben jetzt Ihren Beruf, nicht? Aber wie gesagt, der Beruf – ich weiß nicht recht, in welchem Alter man da so nicht mehr gefragt ist, aber ich könnte mir doch in etwa denken, so in vier, fünf Jahren wäre das soweit, daß Sie dann eben nicht mehr so schön lächeln können, wie Sie jetzt müssen...»

---

* Tonbandmitschnitt aus einem Forschungsprojekt von Dr. Frauke Teegen und Dr. Dorothee Wiehand-Kranz.

5.1. Nachrichten und Botschaften

Ich benütze beide Begriffe in der folgenden Weise: Die «Nachricht» ist das ganze vielseitige Paket mit seinen sprachlichen und nicht-sprachlichen Anteilen. Eine Nachricht enthält viele Botschaften gleichzeitig. Sie ist Gegenstand der Kommunikationsdiagnose, indem wir das Drumherum der Botschaften unter die Lupe nehmen. – Was aber ist die Analyseeinheit? Handelt es sich bei der Nachricht um einen einzigen Satz, oder können es zwei oder mehrere Sätze sein? Antwort: Dies ist nicht festgelegt, hängt ab von der praktischen Zielsetzung. Es kann sich um ein einziges Wort (z. B. «Raus!!») oder um einen einzigen «vielsagenden» Blick handeln, man kann aber auch eine ganze Rede oder einen Brief zugrundelegen.

Explizite und implizite Botschaften. Botschaften können in der Nachricht *explizit* oder *implizit* enthalten sein. Explizit heißt: ausdrücklich formuliert. Implizit heißt: ohne daß es direkt gesagt wird, steckt es doch drin oder kann zumindest «hineingelegt» werden.

Die Unterteilung explizit/implizit ist unabhängig von der quadratischen Unterteilung: Auf allen vier Seiten der Nachricht sind explizite wie implizite Botschaften möglich. So kann ich (explizit) sagen: «Ich bin aus Hamburg» – oder aber (implizit) durch meinen sprachlichen Dialekt den Hamburger verraten. Genauso kann ich (explizit) jemandem sagen, was ich von ihm halte oder aber (implizit) in Tonfall und Formulierungen so «von oben herab» reden und auf diese Weise nicht minder eindrucksvoll zu erkennen geben, wie ich zu ihm stehe. Genauso kann ich einen Appell explizit («Erna, hol Bier!») oder implizit senden («Erna, das Bier ist alle»).

Man könnte geneigt sein anzunehmen, daß die expliziten Botschaften die eigentlichen Hauptbotschaften sind, während die impliziten Botschaften etwas weniger wichtig am Rande mitlaufen. Dies ist keineswegs der Fall. Im Gegenteil – die «eigentliche» Hauptbotschaft wird oft implizit gesendet. Manche Sender haben geradezu eine Meisterschaft darin entwickelt, ihre Aussage durch implizite Botschaften an den Mann zu bringen, um sie notfalls dementieren zu können («Das habe ich nicht gesagt!»).

Nonverbale Nachrichtenanteile. Für implizite Botschaften wird oft der nicht-sprachliche Kanal bemüht: Über die Stimme, über Betonung und Aussprache, über begleitende Mimik und Gestik werden teils eigenständige und teils «qualifizierende» Botschaften vermittelt. Mit «qualifizierend» ist gemeint: Die Botschaften geben Hinweise darauf, wie die sprachlichen Anteile der Nachricht «gemeint» sind. Ein Satz wie «Das sollst du mir büßen!» hängt in seiner Bedeutung entscheidend davon ab, wie die nichtsprachlichen Begleitsignale aussehen bzw. sich anhören (s. auch S. 37). «Nonverbale Kommunikation» hat sich in letzter Zeit zu einem bedeutsamen Forschungsgebiet und zu einem (besonders für die therapeutische Kommunikation) wichtigen Beobachtungsfeld entwickelt.

Läßt sich das Modell auch auf rein nicht-sprachliche Nachrichten anwenden? Ja. Hier ist allerdings meist die Sach-Seite leer. Angenommen, jemand weint. Alle restlichen drei Seiten dieser Nachricht können wichtige Botschaften enthalten. Selbstoffenbarung: vielleicht Traurigkeit, seelisches Elend, vielleicht Freude – jedenfalls emotionale Bewegtheit. Beziehung: vielleicht eine Bestrafung des Empfängers («Da siehst du, was du angerichtet hast, du gemeiner Kerl!»). Appell: Vielleicht handelt es sich bei dem Weinen auch um eine (bewußte) Strategie, um Zuwendung oder Schonung zu erhalten (s. Abb. 6).

Abb. 6: *Drei Seiten einer nicht-verbalen Nachricht.*

«Man kann nicht nicht kommunizieren.» Dieses «Grundgesetz» der Kommunikation (Watzlawick 1969) ruft uns in Erinnerung, daß jedes Verhalten Mitteilungscharakter hat. Ich muß gar nicht etwas sagen, um zu kommunizieren. Jedes Schweigen ist «beredt» und stellt eine Nachricht mit mindestens drei Seiten dar. Angenommen, ich betrete ein Zugabteil. Jemand sitzt darin, und ich begrüße ihn mit einer freundlichen Bemerkung. Er reagiert nicht und liest weiter in seiner

Zeitung. Die Nachricht, die ich «höre», liegt in Abb. 7 unter der kommunikationspsychologischen Lupe:

Abb. 7: *Jedes Verhalten hat Mitteilungscharakter, hier: Das Schweigen im Zugabteil.*

Jedes in einem zwischenmenschlichen Kontext gezeigte Verhalten hat einen quadratischen Charakter und wird als solches aufgenommen.

5.2. Kongruente und inkongruente Nachrichten

Das gleichzeitige Enthaltensein von sprachlichen und nichtsprachlichen Anteilen an der Nachricht eröffnet einerseits die Möglichkeit, daß sich diese Anteile gegenseitig ergänzen und unterstützen, andererseits aber auch die verwirrende Möglichkeit, daß sie einander widersprechen.

Eine Nachricht heißt *kongruent*, wenn alle Signale in die gleiche Richtung weisen, wenn sie in sich stimmig ist. So paßt ein wütender Blick und eine laute Stimme zu dem Satz «Ich will dich nicht mehr sehen, du Schuft!»

Besondere Beachtung dagegen haben in der kommunikationspsychologischen Literatur der letzten Zeit Nachrichten erfahren, die *inkongruent* sind, wo also die sprachlichen und nicht-sprachlichen Signale nicht zueinander passen, in Widerspruch zueinander stehen. So mag jemand auf die Frage «Ist irgendwas los mit Ihnen?» antworten: «Es ist alles in Ordnung!», aber durch Tonfall und Mimik deutlich ausdrücken, daß doch etwas nicht in Ordnung ist (s. Abb. 8a). – Auch der umgekehrte Fall ist vorstellbar und häufig anzutreffen (Abb. 8b).

Abb. 8: *Beispiele für inkongruente Nachrichten.*

In Anlehnung an Haley (1978) soll dieser Sachverhalt nun noch einmal etwas theoretischer und systematisch betrachtet werden. Wir haben zwischenmenschliche Kommunikation bisher deshalb als so verwickelt erfahren, weil jede gesendete Nachricht ein ganzes Geflecht von Botschaften darstellt. Jetzt wird die Sache noch einmal um eine Stufe komplizierter: Der Sender kommuniziert – ob er will oder nicht – immer auch auf zwei Ebenen gleichzeitig: Auf der Mitteilungsebene und auf der Meta-Ebene. Die Botschaften dieser beiden Ebenen «qualifizieren» einander, d.h. geben wechselseitig Interpretationshilfen darüber, wie die Botschaft der anderen Ebene gemeint ist. Die Menschen sagen nicht nur etwas, sondern qualifizieren das Gesagte auch.

Die Botschaften können einander in kongruenter oder in inkongruenter Weise qualifizieren. Auf welche Weise werden Mitteilungen qualifiziert? Haley unterscheidet vier Möglichkeiten:

Qualifikation durch den Kontext: Wenn ein Ehemann angesichts einer angebrannten Kohlroulade sagt: «Ich bewundere deine Kochkünste!», dann qualifiziert der Kontext das Gesagte in inkongruenter Weise. Hier ist es also nicht ein Bestandteil der Nachricht selbst, der zu anderen Bestandteilen unstimmig ist, sondern sind es offenkundige Sachverhalte in der Situation.

Qualifikation durch die Art der Formulierung. Die Art, wie jemand einen Sachverhalt formuliert, qualifiziert das Gesagte. Zum Beispiel wird jemand nach einer Magenverstimmung gefragt, wie es ihm gehe. Die Antwort lautet: «Ich bin todkrank!» Die übertreibende Formulierung qualifiziert den Inhalt der Aussage in inkongruenter Weise. Oder in einer Diskussion um die Frage, ob man den Strafvollzug humaner gestalten sollte, sagt jemand: «Ich wäre dafür, aus den Gefängnissen Sanatorien zu machen, weil doch kriminelle Taten einen Beweis dafür darstellen, daß der arme Täter krank ist und nichts dafür kann. Also muß er doch geheilt und gepflegt werden.» – Wenn wir als Empfänger diese Aussage hören, werden wir unsicher: Ist das so seine Meinung, oder karikiert und ironisiert er einen Standpunkt, den er sich selbst gerade nicht zu eigen machen möchte? Die überspannte Formulierung («Sanatorium») stellt eine wahrscheinlich inkongruente Qualifizierung dar.

Qualifizierung durch Körperbewegungen (Mimik und Gestik). Etwa kann eine positive Beziehungsaussage («ich mag dich») von einer ablehnenden Körperbewegung begleitet sein. (Weitere Beispiele s. Abb. 8.)

Qualifizierung durch den Tonfall. «‹Wir werden uns freuen, Sie zu sehen›, sagte die Fürstin trocken. Der kühle Ton, in dem ihre Mutter sprach, berührte Kitty peinlich, und sie konnte nicht umhin, wieder gutzumachen, was er etwa verdorben haben mochte. Sie wandte den Kopf um und sagte lächelnd: ‹Auf Wiedersehen!›» – So ergeht es dem jungen Ljewin in Tolstois «Anna Karenina» (o. J., S. 36). Natürlich ist ihm bewußt, daß der sprachliche Inhalt der Nachricht («Wir werden uns freuen…») den artigen Gepflogenheiten des Umgangs unter Adeligen genüge tut, hingegen die «eigentliche» Botschaft stets nur dem Tonfall entnommen werden kann. Kommunikationstherapeuten sind darin geübt, auf derartige Inkongruenzen zu achten und den Sender darauf aufmerksam zu machen («Du sagst, Helmut, du seist sehr traurig – und lachst dabei?»). Oft fühlt sich der Angesprochene ertappt und getadelt und «will es auch nicht wieder tun». Jedoch sind Inkongruenzen nicht wie eine «dumme

Angewohnheit» zu behandeln. Wichtiger ist herauszufinden, was dahintersteckt. Bevor wir einen Blick auf die seelische Dynamik des Senders werfen, wollen wir uns zunächst in die Situation des Empfängers versetzen.

Der Empfänger in der Zwickmühle. Inkongruente Nachrichten sind für den Empfänger natürlich verwirrend – soll er der Mitteilungsebene oder der Metaebene Glauben schenken? Vollends in eine Zwickmühle gerät er, wenn man die Appellseite der Nachricht mit in Betracht zieht: Im Beispiel der Abb. 8a scheint der sprachliche Teil der Nachricht zu sagen: «Kümmere dich nicht weiter um mich!» – der nichtsprachliche Teil dagegen wirkt wie ein Hilferuf und legt den Appell nahe: «Kümmere dich um mich!» – Angesichts derart widersprüchlicher Handlungsaufforderungen (s. Abb. 9) ist der Empfänger in einer bösen Situation. Wie immer er reagiert, der andere kann ihm einen Strick daraus drehen. Kümmert er sich, bekommt er eine Abfuhr («Ich habe doch deutlich gesagt, es ist alles o.k., Herrgott noch mal!») – Kümmert er sich nicht, spielt der andere den Beleidigten und «straft» auf diese Weise.

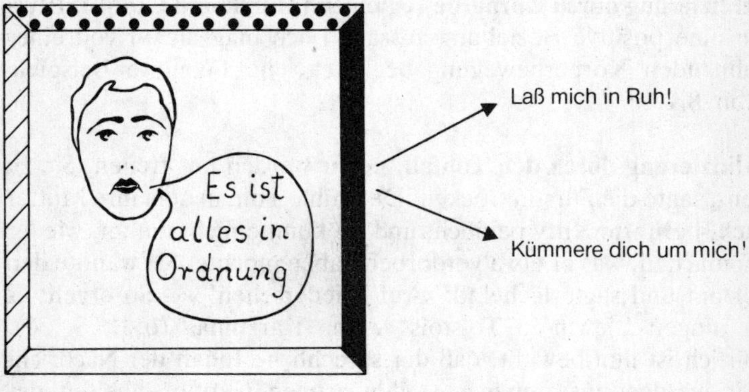

Abb. 9: *Inkongruente Nachrichten enthalten widersprüchliche Handlungsaufforderungen und schaffen dadurch eine verrücktmachende Doppelbindung.*

Solche Verwirrspiele sind unter dem Fachbegriff «Doppelbindung» (double-bind, vgl. Watzlawick 1969) in den letzten Jahren eingehend untersucht und mit der Entstehung von schizophrenem Verhalten beim Empfänger in Zusammenhang gebracht worden. Inkongruente Nachrichten wirken vermutlich vor allem dann als Krankmacher, wenn der Empfänger vom Sender abhängig ist, der Situation nicht entfliehen kann und nicht zur Metakommunikation fähig ist; dies alles trifft vor allem auf Kinder im Elternhaus zu. Nach dieser Sichtweise stellt die Schizophrenie eine Art Notlösung dar, um mit der «verrückten» Situation fertig zu werden.

Inneres Kuddelmuddel beim Sender. Was veranlaßt nun den Sender, derartige Verwirrpakete zu produzieren? Die erste Frage lautet immer: Welchen Vorteil könnte ein solches Verhalten mit sich bringen? Inkongruente Nachrichten haben den Vorteil, daß der Sender sich nicht ganz festlegt. Notfalls kann er dementieren und sagen, so habe er das nicht gemeint.

Ein weiterer Vorteil ist aus dem Beispiel aus «Anna Karenina» (vgl. S. 37) zu ersehen: Die Fürstin kann ihre eigentliche Botschaft («Bleiben Sie uns vom Halse») an den Mann bringen, ohne gegen die Standesregeln der Höflichkeit zu verstoßen. Devise: Es tun, aber es hinterher nicht gewesen sein («Wieso? Ich habe doch *ausdrücklich* gesagt, wir würden uns freuen, Sie zu sehen!»). Eine solche Kommunikation mit «doppeltem Boden» ist dem Sender teils nicht bewußt – oft sind es die unbewußten, uneingestandenen Wünsche, die sich durch den nicht-sprachlichen Kanal zur Geltung bringen.

Dies ist auch bei folgender Situation der Fall: Der Sender hat «zwei Seelen in seiner Brust», ist mit sich selber nicht ganz im reinen. Einerseits möchte er dieses, andererseits aber auch jenes, verschiedene Strebungen und Gefühle ziehen nicht am gleichen Strang. Es herrscht inneres Kuddelmuddel. Sofern der Sender dieses Kuddelmuddel noch nicht sortiert hat, kann es geschehen, daß es unsortiert nach außen dringt. Die inkongruente Nachricht erweist sich so als ein Verschmelzungsprodukt aus zwei Botschaften.

So mögen im Beispiel der Abb. 9 die beiden inneren Zustände des Senders sein: 1. Mich beschwert etwas, und 2. ich möchte darüber jetzt nicht reden. Diese beiden inneren Zustände führen zu dem Verschmelzungsprodukt der inkongruenten Nachricht (s. Abb. 10).

Inkongruente Nachrichten entstehen also vorzugsweise dann, wenn die *Selbstklärung* des Senders noch nicht zum Abschluß gekommen ist, er sich aber trotzdem veranlaßt sieht, etwas von sich zu geben.

Ein anderes Beispiel. Zwei typische Seelen in der Brust von Eltern sind (Halpern 1978):

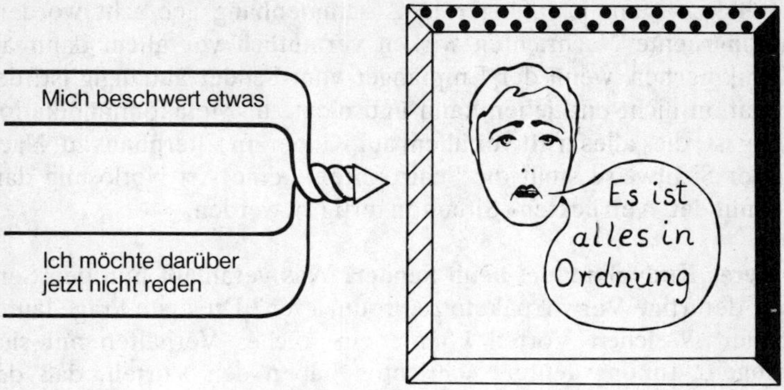

Abb. 10: *Die inkongruente Nachricht als Kompromißprodukt für zwei miteinander verschmolzene innere Zustände.*

□ «Ich möchte, daß du selbständig und erwachsen wirst, daß du auf eigenen Beinen stehst und von mir unabhängig wirst.»
□ «Ich möchte, daß du mich immer brauchst, mich nicht verläßt und von mir so abhängig bleibst, wie ich von dir abhängig bin.»

Die entsprechende Doppelbotschaft auf der Appellseite, denen sich heranwachsende Kinder häufig ausgesetzt sehen, lautet (s. Abb. 11):

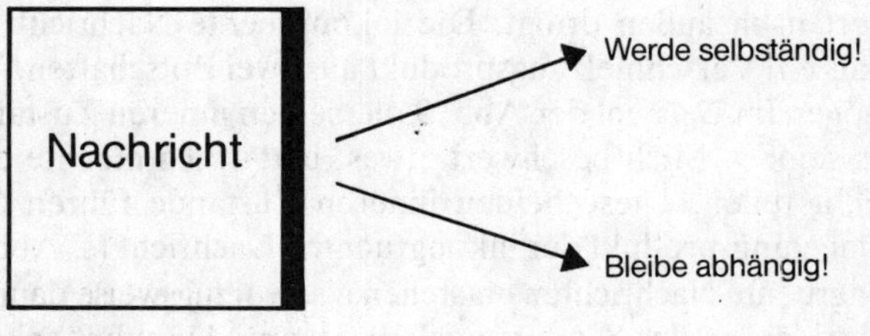

Abb. 11: *Typischer Doppelappell von Eltern an ihre heranwachsenden Kinder.*

So mag ein Elternteil einem jungen Erwachsenen sagen: «Ich möchte, daß du tust, was das beste für dich ist – ich werde mit der Einsamkeit schon fertig.» Halpern schreibt: «Das Kind, das diese Doppelbotschaft empfängt: ‹Tu, was für dich am besten ist› und ‹Wenn du es tust, wirst du mich unerträglicher Einsamkeit aussetzen›, findet sich in einer Doppelbindung.» (1978, S. 14)

Bei den Eltern melden sich sozusagen zwei Persönlichkeitsinstanzen gleichzeitig zu Wort. Die eine Instanz ist die reife Erwachsenenpersönlichkeit, die in der Unabhängigkeit und Selbstfindung der Kinder ein erstrebenswertes Ziel sieht. Die andere Instanz ist das kleine Kind in der Person des Elternteiles, der Angst vor dem Verlassenwerden und dem Getrenntsein hat und der durch Taktiken, die Schuldgefühle hervorrufen sollen, versucht, das Streben des Kindes nach Unabhängigkeit im Keime zu ersticken.

Was läßt sich tun, um ein solches inneres Kuddelmuddel zu entwirren? Indem der Empfänger dem Sender seine Verwirrung zurückmeldet, ermöglicht er diesem, genauer «hinzufühlen», was ihn bewegt, und zu mehr innerer Klarheit zu kommen. Selbstklärung erfolgt leichter im Gespräch als im «stillen Kämmerlein» – auf dieser Einsicht beruht auch die Gesprächstherapie. Allerdings muß der Sender eine solche Selbstklärung wollen – jeder gutgemeinte Versuch, sie jemandem aufzuzwingen, führt dazu, daß dieser «dicht macht» und seinen dunklen Innenraum vor jeder Ausleuchtung mit Zähnen und Krallen verteidigt.

Im Umgang mit den zwei Seelen in der Brust geht die Gestalttherapie (Perls 1971) systematisch und eindrucksvoll vor: Der Sender führt einen inneren Dialog auf zwei Stühlen. Abwechselnd setzt er sich bald auf den einen, bald auf den anderen Stuhl und läßt die beiden Instanzen, die er in sich spürt, wechselseitig sprechen und miteinander einen Dialog führen (s. Abb. 12). So mag auf dem einen Stuhl die reife Erwachsenenpersönlichkeit sitzen, die den Wunsch hegt, das Kind erwachsen werden zu lassen. Auf dem anderen Stuhl sitzt das «Kindheits-Ich», das genau die entgegengesetzten Ziele verfolgt.

Durch einen solchen Dialog, der nicht selten mit starker emotionaler Heftigkeit geführt wird, wird der Sender sich bewußt, daß tatsächlich beide Seelen in seiner Brust wohnen, zu ihm gehören – und er kann sie getrennt wahrnehmen und nicht in der diffusen Verschmolzenheit wie zuvor.

Nach einer solchen Selbstklärung kann der Sender kongruenter kommunizieren, indem er statt nur einer jetzt zwei Botschaften

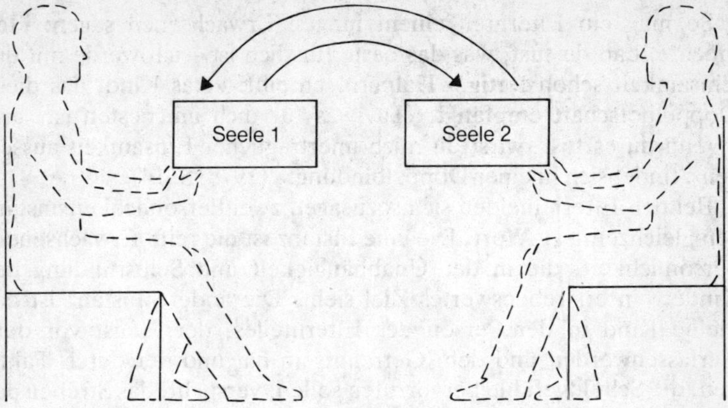

Abb. 12: *Dialogtechnik in der Gestalttherapie: Die «zwei Seelen in der Brust» halten einen Dialog.*

getrennt sendet: «Einerseits möchte ich haben, daß du selbständig wirst. Andererseits zerreißt es mir auch das Herz, wenn ich sehe, wie du dich abnabelst und ich allein zurückbleibe.» – Seine beiden Botschaften derart klar vor Augen, kann der Sender nun auch besser entscheiden, welche Konsequenzen er aus diesem Konflikt ziehen will. Nun weiß auch der Empfänger, woran er ist.

Übungen

1. Gibt es Angelegenheiten in Ihrem Berufs- oder Privatleben, bei denen Sie «zwei Seelen in der Brust» fühlen? Wie wirkt sich dies auf Ihre Kommunikation aus?

Wenn Sie zu zweit oder in einer Gruppe üben: Spielen Sie Ihr typisches Verhalten einmal vor und übertreiben Sie dabei etwas!

2. (Mindestens zu zweit:) Machen Sie – immer abwechselnd – eine verbale Äußerung und gleichzeitig eine nonverbale widersprechende Botschaft (Beispiel: «Ich habe große Lust zu dieser Übung!» – dazu ein Gesicht wie sieben Tage Regenwetter).

Ziehen Sie nach und nach alle Register!

3. Die Frau fragt ihren Mann: «Hast du Lust, mit mir ins Kino zu kommen?» Antwort: (in mürrischem, überdrüssigem Ton) «Jaa, mei-net-we-gen!» Welches «innere Kuddelmuddel» vermuten Sie? Wie könnte die klare Antwort lauten? – Achten Sie auf inkongruente Nachrichten bei sich selbst und in Ihrer Gesprächsumgebung!

II. Mit vier Ohren empfangen

Wir haben das Nachrichten-Quadrat überwiegend aus der Sicht des Senders betrachtet: Er teilt Sachinformationen mit; stellt sich dabei gleichzeitig selbst dar; drückt aus, wie er zum Empfänger steht, so daß sich dieser in der einen oder anderen Weise behandelt fühlt; und versucht Einfluß auf das Denken, Fühlen und Handeln des anderen zu nehmen.

Da alle vier Seiten immer gleichzeitig im Spiele sind, muß der kommunikationsfähige Sender sie sozusagen alle beherrschen. Einseitige Beherrschung stiftet Kommunikationsstörungen. So nützt es z.B. wenig, sachlich recht zu haben, wenn man gleichzeitig auf der Beziehungsseite Unheil stiftet. Genausowenig nützt es, auf der Selbstoffenbarungsseite eine gute Figur zu machen, z.B. sich als geistreich und gelehrsam zu präsentieren, und dabei unverständlich in der Sachbotschaft zu bleiben.

Betrachten wir das Quadrat aus der Sicht des Empfängers. Je nachdem auf welche Seite er besonders hört, ist seine Empfangstätigkeit eine andere: Den Sachinhalt sucht er zu verstehen. Sobald er die Nachricht auf die Selbstoffenbarungsseite hin «abklopft», ist er personaldiagnostisch tätig («Was ist das für eine(r)?» bzw. «Was ist im Augenblick los mit ihm/ihr?»). Durch die Beziehungsseite ist der Empfänger persönlich besonders betroffen («Wie steht der Sender zu mir, was hält er von mir, wen glaubt er vor sich zu haben, wie fühle ich mich behandelt?»). Die Auswertung der Appellseite schließlich geschieht unter der Fragestellung «Wo will er mich hinhaben?» bzw. in Hinblick auf die Informationsnutzung («Was sollte ich am besten tun, nachdem ich dies nun weiß?»).

Der Empfänger ist mit seinen zwei Ohren biologisch schlecht ausgerüstet: Im Grunde braucht er «vier Ohren» – ein Ohr für jede Seite (s. Abb. 13).

Je nachdem, welches seiner vier Ohren der Empfänger gerade vorrangig auf Empfang geschaltet hat, nimmt das Gespräch einen sehr unterschiedlichen Verlauf. Oft ist dem Empfänger gar nicht bewußt, daß er einige seiner Ohren abgeschaltet hat und dadurch die Weichen für das zwischenmenschliche Geschehen stellt. Ich möchte diese Vorgänge im folgenden genauer untersuchen.

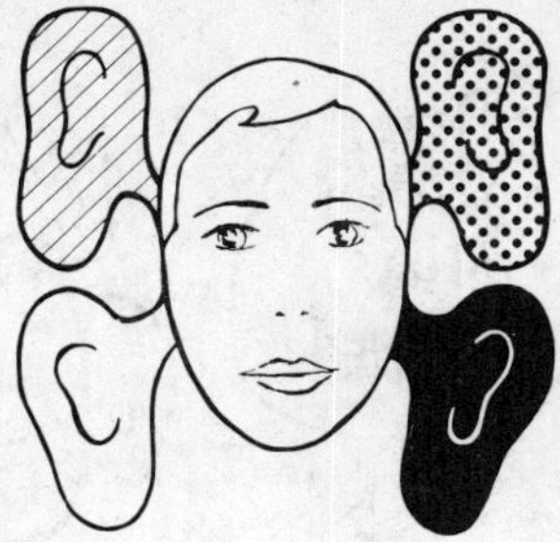

Abb. 13: *Der «vierohrige Empfänger».*

1. «Freie Auswahl» des Empfängers

Was zwischenmenschliche Kommunikation so kompliziert macht, ist: Der Empfänger hat prinzipiell die freie Auswahl, auf welche Seite der Nachricht er reagieren will. Ein Alltagsbeispiel aus einer Schule: Der Lehrer geht den Flur entlang und will in das Klassenzimmer. Da kommt ihm die elfjährige Astrid entgegen und sagt (s. Abb. 14): «Herr Lehrer, die Resi hat ihren Atlas einfach in die Ecke gepfeffert!»

Wie reagiert der Lehrer? In Lehrertrainingskursen habe ich charakteristische Unterschiede beobachtet:

☐ Manche Lehrer reagieren auf den *Sachinhalt*: «Und hat sie das mit Absicht getan?» (Nimmt die Sachinformation zur Kenntnis und bittet um weitere Sachinformationen.)
☐ Manche Lehrer reagieren auf die *Selbstoffenbarung* Astrids: «Du bist ganz schön böse darüber, Astrid?» – Oder: «Du bist ja eine Petzliese!»
☐ Einige Lehrer reagieren auf die *Beziehungsseite*: «Warum erzählst du *mir* das? Ich bin doch nicht euer Polizist!» – Oder: «Ich freue mich, daß du zu mir Vertrauen hast...»

Abb. 14: *Astrid und der Lehrer. Auf welche der vier Seiten der Nachricht wird der Lehrer reagieren?*

□ Die meisten Lehrer reagieren *appellhaft*: «Ich werde gleich mal sehen, was da los ist!»

Kommen wir noch einmal zurück auf unser Auto-Beispiel (s. Abb. 3, S. 25). «Du, da vorne ist grün!» hatte der Mann gesagt. Angenommen, die Frau antwortet etwas ungehalten: «Fährst du oder fahre ich?» – Dies wäre eine Beziehungs-Reaktion: Sie wehrt sich damit gegen die Bevormundung, die sie auf der Beziehungsseite der Nachricht spürt.

Sie hätte aber auf den Sachinhalt (z. B. «Ja, hier ist grüne Welle, das ist ganz angenehm») oder auf die Selbstoffenbarung (z. B. «Du hast es eilig?») oder den Appell (z. B. durch Gas geben) reagieren können.

Diese freie Auswahl des Empfängers führt zu manchen Störungen – etwa dann, wenn der Empfänger auf eine Seite Bezug nimmt, auf die der Sender das Gewicht nicht legen wollte. Oder wenn der Empfänger überwiegend nur mit einem Ohr hört, und damit taub ist (oder sich taub stellt) für alle Botschaften, die sonst noch ankommen. Die ausgewogene «Vierohrigkeit» sollte zur kommunikationspsychologischen Grundausrüstung des Empfängers gehören. Von Situation zu Situation ist dann zu entscheiden, auf welche Seite(n) zu reagieren ist.

2. Einseitige Empfangsgewohnheiten

Bei vielen Empfängern ist – unabhängig von den Situationserfordernissen – ein Ohr auf Kosten der anderen besonders gut ausgebildet. Betrachten wir im folgenden die einzelnen «Ohren» und welche Folgen ihre einseitige Spezialisierung mit sich bringt.

2.1 Das «Sach-Ohr»

Viele Empfänger (vor allem Männer und Akademiker) sind darauf geeicht, sich auf die Sachseite der Nachricht zu stürzen und das Heil in der Sachauseinandersetzung zu suchen. Dies erweist sich regelmäßig dann als verhängnisvoll, wenn das eigentliche Problem nicht so sehr in einer sachlichen Differenz besteht, sondern auf der zwischenmenschlichen Ebene liegt.

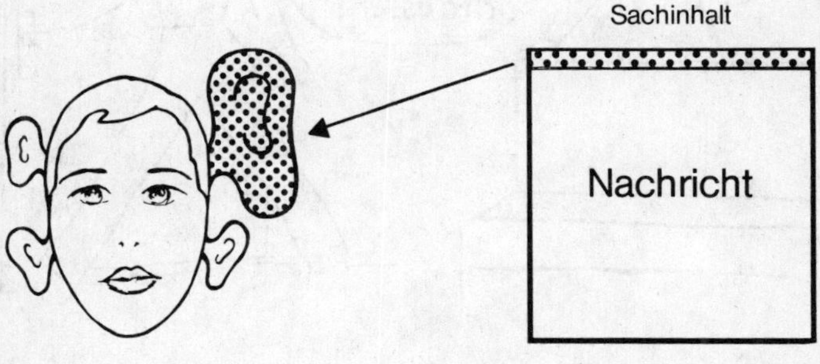

Abb. 15: *Der sach-ohrige Empfänger.*

Das folgende Beispiel ist zwar eine Karikatur, aber im Kern gar nicht einmal so praxisfremd:

Frau: «Liebst du mich noch?»

Mann: «Ja, weißt du, da müßten wir erst einmal den Begriff ‹Liebe› definieren, da kann man ja nun sehr viel drunter verstehen ...»

Frau: «Ich mein doch nur, welche Gefühle du mir gegenüber hast ...»

Mann: «Nun, Gefühle – das sind ja zeit-variable Phänomene, darüber gibt es keine generellen Aussagen ...» usw.

Beide reden aneinander vorbei. Weniger offensichtlich ist dies in Situationen, wo *beide* daran gehen, ein Beziehungsproblem mit Sachargumenten auszufechten. Da es sich hier um einen verbreiteten Kardinalfehler in der zwischenmenschlichen Kommunikation handelt, soll er an einem Beispiel ausführlich besprochen werden:

Die Mutter und die Tocher. Tochter, 16 Jahre, schickt sich an, die Wohnung zu verlassen, um sich mit Freunden zu treffen. Es ergibt sich folgender Dialog (s. Abb. 16):

Abb. 16: *Die Mutter und die Tochter.*

Mutter: «Und zieh dir 'ne Jacke über, ja! – Es ist kalt draußen.»

Tochter: (in etwas «patzigem» Tonfall): «Warum denn? Ist doch gar nicht kalt!»

Die Mutter ist nun ein bißchen ärgerlich; nicht nur über den patzigen Ton, sondern auch über soviel Unvernunft der Tochter, und ist mehr denn je davon überzeugt, daß sie dafür sorgen muß, daß sich die Tochter vernünftig verhält:

Mutter: «Aber Moni, wir haben nicht einmal 10 Grad, und windig ist es auch.»

Tochter: (heftig) «Wenn du mal aufs Thermometer geguckt hättest, dann wüßtest du, daß es sehr wohl 10 Grad sind – es sind sogar 11 1/2!»

Neben der sachlichen Korrektur steckt in dieser Nachricht auf der Beziehungsseite ein Gegenangriff. Die Mutter ist denn auch sehr verärgert über den «unverschämten» Ton und über den «Trotz» und über die kleinliche Rechthaberei der Tochter. Sie beschließt, der «unfruchtbaren Diskussion» ein Ende zu setzen:

Mutter: «Du hörst ja, was ich dir sage: Du ziehst jetzt die Jacke an!»

Tochter: (Ist stark empört über einen derartigen Befehlston und verläßt in hochgradigem Zorn die Wohnung – natürlich ohne die Jacke.)

Warum ist diese Kommunikation gescheitert? Warum konnte sich in so kurzer Zeit eine derartige Klimavergiftung einstellen? Analysieren wir den kleinen Vorfall mit Hilfe unseres Kommunikationsmodells. Die erste Äußerung der Mutter, von der das Gespräch seinen Ausgang nimmt, enthält auf den vier Seiten etwa folgende Botschaften (s. Abb. 17):

Wie reagiert nun die Tochter auf dieses Nachrichten-«Paket»? Wir kommen hier zu einem sehr entscheidenden Punkt. Die Tochter fühlt sich «wie ein kleines Kind» behandelt und reagiert sehr allergisch auf die bevormundende Behütung durch die Mutter. Wichtig ist: Die Ablehnung der Tochter richtet sich gegen die Botschaft auf der Beziehungsseite, nicht gegen den Sachinhalt und vielleicht auch gar nicht einmal gegen den Appell (möglicherweise hatte sie selbst vor, die Jacke anzuziehen). *Reagieren* aber tut die Tochter auf den Sachinhalt – hier widerspricht sie («ist doch gar nicht kalt»). Nun wurde der Konflikt dort ausgetragen, wo er überhaupt nicht vorhanden war, nämlich auf der Sachebene. Es wurde über Temperaturen verhandelt, während es doch in Wahrheit um die Beziehung zwischen Mutter und Tochter ging. Zur Vermeidung dieses Fehlers hätte die Tochter in ihrer ersten Reaktion antworten können:

«Ich finde deinen Vorschlag nicht verkehrt, aber hör auf, mir solche Anweisungen zu geben; ich fühle mich dann wie ein kleines Kind behandelt.»

Dies wäre ein gutes Beispiel für «mehrseitiges» Kommunizieren

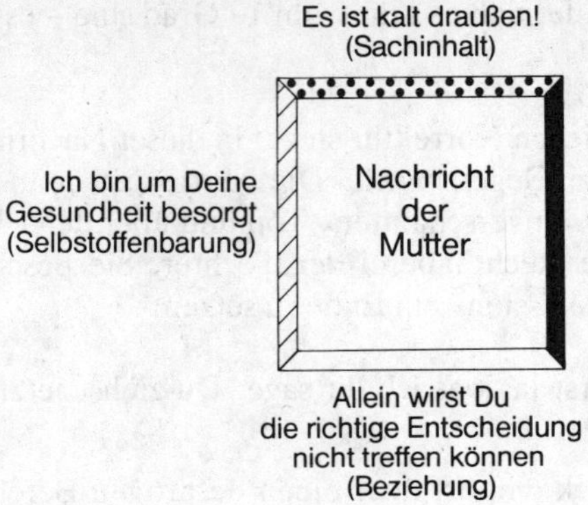

Abb. 17: *Die erste Äußerung der Mutter unter kommunikationspsychologischer Lupe.*

gewesen. Die Tochter hätte auf diese Weise zum Ausdruck gebracht, daß es ihr nicht um die Frage «Jacke oder nicht Jacke» zu tun ist, sondern um den Wunsch, ohne Bevormundungen eigene Entscheidungen in eigener Sache zu treffen. Nicht, daß damit der Konflikt aus der Welt wäre; aber die Auseinandersetzung fände an der richtigen Stelle statt.

Übungen

1. Folgende Lehrer-Schüler-Interaktion ereignete sich in einer 10. Realschulklasse während des Unterrichts:

Lehrer: «Sag mal, Helmut, meinst du nicht, daß dauerndes Kaugummikauen ungesund ist?»

Schüler: «Nein, es soll sogar sehr gesund für die Zähne sein!»

Lehrer: «Ja, vor allem der Zucker da drin!»

Schüler: «Der enthält gar keinen Zucker, denken Sie mal!»

Lehrer: «Selbstverständlich enthält der Zucker, du Neunmalkluger – nach einer halben Stunde Kauen merkt man davon natürlich nichts mehr!»

Schüler: «Ich kaue erst 20 Minuten, Sie Zehnmalkluger!» (Grölendes Lachen in der Klasse)

a) Analysieren Sie die erste Äußerung des Lehrers nach kommunikationspsychologischen Gesichtspunkten!

b) Welche Art von Kommunikationsstörung zwischen Lehrer und Schüler liegt hier vor?

c) Welches alternative Verhalten würden Sie dem Lehrer an Stelle seiner ersten Äußerung empfehlen? (Bitte auch wörtliche Rede formulieren!)

2. (Zu zweit) Führen Sie zu zweit ein kurzes Gespräch. Was auch immer A sagt, B hört nur die sachlichen Anteile heraus und reagiert auf dieser Sachebene. Wie wirkt sich dies auf Ihr Gespräch aus? Kommt Ihnen das «irgendwie bekannt vor»?

2.2 Das «Beziehungs-Ohr»

Bei manchen Empfängern ist das auf die Beziehungsseite gerichtete Ohr so groß und überempfindlich, daß sie in viele beziehungsneutrale Nachrichten und Handlungen eine Stellungnahme zu ihrer Person hineinlegen oder übergewichten. Sie beziehen alles auf sich, nehmen alles persönlich, fühlen sich leicht angegriffen und beleidigt. Wenn jemand wütend ist, fühlen sie sich beschuldigt, wenn jemand lacht, fühlen sie sich ausgelacht, wenn jemand guckt, fühlen sie sich kritisch gemustert, wenn jemand wegguckt, fühlen sie sich gemieden und abgelehnt. Sie liegen ständig auf der «Beziehungslauer».

Übung

(Zu zweit oder in Gruppe) Verteilen Sie die Rollen – ein Sender und ein Empfänger. Der Sender hat die Aufgabe, den Empfänger anzusprechen und harmlose Dinge zu sagen. Der Empfänger soll auf der «Beziehungslauer» liegen und in jeder Nachricht eine gegen ihn gerichtete Gemeinheit wittern. Beispiele:

Sender	Empfänger
«Die Übung gefällt mir nicht»	«Wenn Sie sie lieber mit jemand anders machen wollen...»

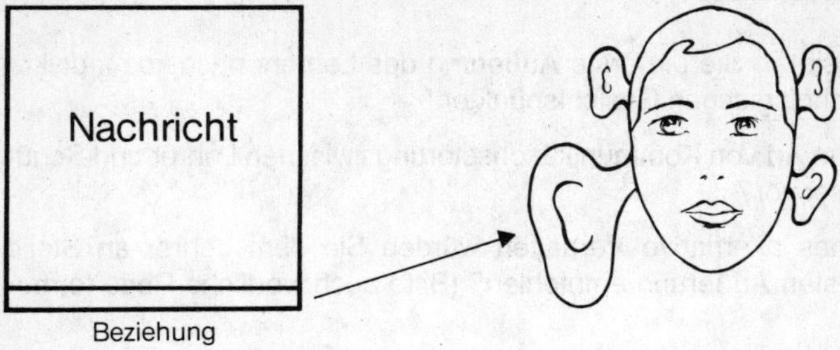

Abb. 18: *Der Empfänger mit dem großen Beziehungs-Ohr.*

«Schönes Wetter heute!»	«Ich weiß, daß ich oberflächlich bin – aber nur über das Wetter sprechen mag ich auch nicht.»
«Sie wirken heute sehr schwungvoll!»	«Ja, ich weiß, daß ich normalerweise einen schlaffen Eindruck mache!»
«Ich finde Sie wirklich nett!«	«Jetzt wollen Sie mich trösten!»

usw. (zum seelischen Hintergrund einer solchen Reaktionsweise s. Kap. B III, 5.3, S. 193ff).

Der im letzten Abschnitt (2.1) dargelegte Kommunikationsfehler bestand darin, die Beziehungs-Auseinandersetzung auf die Sachseite zu verlagern. Empfänger mit dem überempfindlichen Beziehungs-Ohr machen den umgekehrten Fehler: Sie weichen einer Sachauseinandersetzung aus, indem sie auf die Beziehungsseite herabsteigen. Angenommen, ein Lehrer schlägt während des Unterrichts eine Übung vor. Ein Schüler reagiert angewidert: «Ach, schon wieder – das haben wir doch schon hundertmal gemacht!» – Der Lehrer verbittet sich den unverschämten Ton, weist den Schüler zurecht und nimmt dann seine Unterrichtstätigkeit wieder auf. Wohl ist es verständlich und berechtigt, daß der Lehrer die Störung auf der Beziehungsseite der Nachricht anspricht, sich hier «nicht alles bieten läßt». Damit ist er jedoch nur der einen Seite gerecht geworden; wie steht es mit dem sachlichen Kern der Kritik (Sachseite der Nachricht)? Und wie will der Lehrer auf den Appell reagieren, der sich mit der Kritik verbindet? Der Appell dieses Abschnittes lautet nicht: Leg dir eine Hornhaut zu, reagiere gelassen, wenn dich eine Beziehungsbotschaft trifft. Sondern er lautet: Sieh zu, ob du nicht das Beziehungs-Ohr derart gespitzt hast, daß du schon das Gras wachsen hörst. Oftmals hat eine Nachricht eher Selbstoffenbarungscharakter (s. zum Beispiel die erste Äußerung in der Übung auf S. 51 – da wäre das andere Ohr haupt-zuständig.

Hat die Nachricht Selbstoffenbarungs- oder Beziehungscharakter?

In manchen Fällen scheitern Sender und Empfänger in der Klärung der Frage, ob eine Nachricht überwiegend Selbstoffenbarungs- oder überwiegend Beziehungscharakter hat. Beispiel: Der eine Ehepartner zieht sich auf sein Zimmer zurück. Liegt die Hauptbotschaft dieses Verhaltens auf der Selbstoffenbarungsseite («Ich brauche Ruhe, möchte für mich alleine sein – das hat nichts mit dir und unserer Beziehung zu tun») oder auf der Beziehungsseite («Ich kann dich jetzt nicht ab»)? Beides wäre möglich (s. Abb. 19) – und beide Empfangsfehler dürften gleich häufig vorkommen:

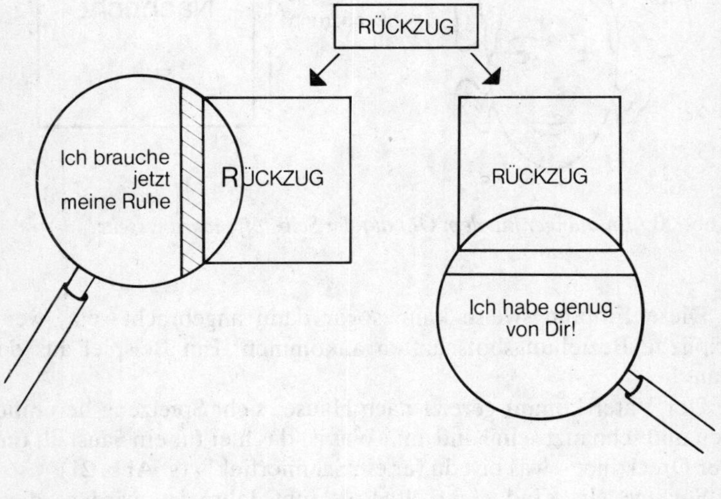

Abb. 19: *Ein und dasselbe Verhalten kann als reine Selbstoffenbarung oder als Beziehungssignal aufgefaßt werden; hier: Jemand zieht sich zurück.*

1. Das Verhalten als Ausdruck für die Beziehung interpretieren («er mag mich nicht mehr»), obwohl es nur des Senders Eigenart und Bedürfnislage widerspiegelt («ich brauche meine Ruhe»).

2. Das Verhalten als Eigenart des Senders interpretieren («er ist halt ein Eigenbrötler»), obwohl es beziehungsbedingt ist («ich mag dich nicht so nahe haben»).

Übrigens belegt das Beispiel die Nützlichkeit, in einem psychologischen Modell die Selbstoffenbarungs- von der Beziehungsseite zu trennen.

2.3 Das «Selbstoffenbarungs-Ohr»

Verglichen mit dem überempfindlichen Beziehungs-Ohr kann es seelisch gesünder sein, ein gut gewachsenes Selbstoffenbarungs-Ohr zu haben, welches die Nachricht unter dem Aspekt aufnimmt: «Was sagt sie mir über *dich*?» (s. Abb. 20).

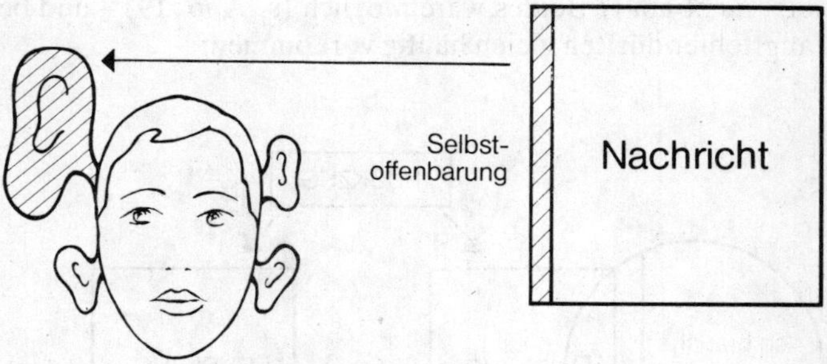

Abb. 20: *Empfänger mit dem Ohr auf der Selbstoffenbarungsseite.*

Diese Empfangsweise kann sogar dann angebracht sein, wenn explizite Beziehungsbotschaften ankommen. Ein Beispiel aus der Familie:

Der Vater kommt gereizt nach Hause, sieht Spielzeug herumliegen und schnauzt sein Kind an: «Was ist das hier für ein Saustall, und der Dreck hier – was bist du für ein Schmierfink!» (s. Abb. 21)

Solange ein Kind nicht älter als fünf Jahre ist, wird es diese Nachricht mit dem Beziehungs-Ohr hören müssen, sich schlecht und schuldig fühlen und deprimiert schlußfolgern: «So einer bin ich

Abb. 21: *Die betroffene und die diagnostizierende Empfangsweise auf eine persönliche Anklage.*

also!» Ich werde später zeigen, daß das *Selbstkonzept* eines Menschen (also das Bild, was er von sich selber hat) ein Produkt von frühen Beziehungsbotschaften darstellt. Ein älteres Kind hat unter Umständen die Fähigkeit, mit «diagnostischem» Ohr zu hören: «Er muß einen schlechten Tag im Büro gehabt haben, daß er seine Wut so an mir ausläßt.» Dieses Kind nimmt die wütende Nachricht des Vaters nicht auf seine Kappe, sondern bucht sie sozusagen auf der Selbstoffenbarungsseite ab. Die automatische Schlußfolgerung «So einer bin ich also» ist hier außer Kraft gesetzt und ersetzt durch «So einer bist *du* also!»

Es wäre viel gewonnen, wenn wir die gefühlsmäßigen Ausbrüche, die Anklagen und Vorwürfe unserer Mitmenschen mehr mit dem Selbstoffenbarungs-Ohr zu empfangen in der Lage wären. Dann könnten wir dem anderen eher seine Gefühle zugestehen, könnten uns ruhig darauf einlassen, ohne gleich in große Sorge um unsere «weiße Weste» und um unser seelisches Heil zu geraten. Wir wären weniger mit unserer eigenen Rehabilitation beschäftigt und könnten statt dessen besser zuhören und so besser dahinterkommen, was mit dem anderen wirklich los ist.

Die Kehrseite: Immunisierung durch das (ausschließlich) diagnostische Ohr. Freilich enthält die soeben empfohlene Empfangsweise auch eine Gefahr: ins gegensätzliche Extrem zu verfallen und gar nichts mehr an sich herankommen zu lassen. Angenommen, jemand gibt mir eine Rückmeldung (Feedback), wie ich auf ihn wirke. Höre ich das Feedback nur mit dem Beziehungs-Ohr, dann bin ich den Urteilen meiner Mitmenschen über mich ziemlich ausgeliefert: Automatisch fühle ich mich getroffen und übernehme das Urteil in mein Selbstbild («So einer bin ich also»). Wie erwähnt, verhilft ein zusätzlich gespitztes Selbstoffenbarungs-Ohr zu der Möglichkeit, das Feedback *auch* als eine Selbstoffenbarung des Feedback-Spenders anzusehen. Manche Menschen tun hier des Guten zuviel und haben es sich angewöhnt, ausschließlich mit diesem Ohr zu hören: «Was muß das für ein Mensch sein, daß er zu einer solchen Meinung über mich gelangt!?» Psychoanalytisch orientierte Therapeuten alter Schule pflegen diese Empfangsweise. Angenommen, der Klient greift ihn aufgebracht an und sagt: «Sie sind ein Schuft, Sie lassen mich hier hängen!» – dann stellt sich der Therapeut auf dem Beziehungs- und Appell-Ohr taub und reagiert in dem Sinne: «Ich glaube, wir müssen doch noch einmal Ihre Vater-Problematik gut durcharbeiten, die Sie im Augenblick auf mich übertragen.»

Ein Beispiel aus Tolstois «Anna Karenina» (o. J., S. 122): «‹Entschuldigen Sie mich, Doktor – aber das kann wirklich zu nichts führen. Sie stellen mir dieselben Fragen nun schon zum drittenmal.› Der berühmte Arzt nahm die Bemerkung keineswegs übel. ‹Krankhafte Erregung›, sagte er zu der Fürstin, als Kitty hinausgegangen war. ‹Im übrigen habe ich mir mein Urteil gebildet...›»

Im Extrem kann sich der Empfänger durch die ausschließliche Benutzung des Selbstoffenbarungs-Ohres jede Betroffenheit ersparen. Was in der richtigen Balance das Zuhören und eine konstruktive Kommunikation fördert, verkommt im Extrem zu einer Oberhandtechnik, die den anderen nicht als Partner ernst nimmt, sondern als zu diagnostizierendes Objekt herabwürdigt – nach der Devise: Wer auf mich böse ist oder anderer Meinung ist als ich, offenbart damit sein krankes Hirn.

Psychologisieren. Ein ähnlicher Mißbrauch des (ausschließlichen) Selbstoffenbarungs-Ohres stellt das Psychologisieren dar. Damit ist gemeint: Eine Sachaussage nur danach zu untersuchen und zu «entlarven», welcher psychische Motor als treibende Kraft dahintersteckt («das sagst du ja nur, weil du...») – und zwar ohne das Gesagte sachlich zu würdigen. Angenommen, jemand kritisiert das kapitalistische Wirtschaftssystem. Eine psychologisierende Reaktion darauf wäre etwa die folgende: «Mit dieser Kritik offenbaren Sie im Grunde nur, daß Sie nach einer verwöhnten Kindheit jetzt nicht damit fertig werden, daß das Leben nicht nur Schlaraffenland ist. Weil Sie persönlich nicht klarkommen, suchen Sie die Schuld am System!» – Zwar ist es richtig, daß jede sachliche Kritik *auch* eine Selbstoffenbarung des Senders enthält. Dies berechtigt aber nicht, solche Kritik ausschließlich mit dem Selbstoffenbarungs-Ohr zu hören und in der Sache keine Stellung zu nehmen.

Aus der Sowjetunion ist bekannt geworden, daß im Umgang mit Dissidenten nicht nur psychologisiert, sondern sogar «psychiatrisiert» wird: Kritik am System wird als Selbstoffenbarung von Geisteskrankheit aufgenommen und entsprechend «behandelt».

Aktives Zuhören. Kommen wir zu den Chancen zurück, die sich mit dem Selbstoffenbarungs-Ohr verbinden. Eine wichtige Kommunikationsfähigkeit für Gesprächstherapeuten (Rogers, s. Tausch 1979) und für Erzieher (Gordon 1972) ist das aktive Zuhören. Hier wird das Selbstoffenbarungs-Ohr besonders ausgebildet, jedoch nicht diagnostizierend und entlarvend eingesetzt («so einer bist du also»), sondern in dem Bemühen, sich in die Gefühls- und Gedankenwelt des Senders nicht-wertend einzufühlen. Dadurch verhilft der Empfänger dem Sender, mehr zu sich selber zu kommen. In der Gesprächspsychotherapie ist der Therapeut u.a. ständig dabei, die in Sachaussagen verborgenen Gefühlsinhalte einfühlend zu entdecken und gleichsam rückzuübersetzen:

Klientin: «...und mein Mann kann sich auch nicht darum kümmern – der kommt meistens erst sehr spät nach Hause...»

Therapeut: «Sie fühlen sich ziemlich alleingelassen mit den ganzen Problemen?»

Klientin: «Ja – nun, er hat wirklich viel zu tun und muß ja auch vorankommen.»

Therapeut: «Sie versuchen sich selbst zu sagen: ‹Du mußt dafür Verständnis haben, daß er sich nicht kümmert?›» usw.

Die Grundeinstellung des Therapeuten bei diesem aktiven Zuhören lautet – kommunikationspsychologisch ausgedrückt:

□ Auch wenn du überwiegend auf der Sachseite sendest, so entdekke ich doch Selbstoffenbarungs-Anteile in deiner Nachricht (dahinterstehende Gefühle und Einstellungen). Ich versuche vor allem, diese Anteile herauszuhören und dir zurückzumelden, so daß du sie direkter vor Augen hast, dich damit weiter auseinandersetzen kannst und so zu einem vertieften Verständnis deiner selbst kommen kannst.

Dieses aktive Zuhören ist über den therapeutischen Kontext hinaus von großer Bedeutung zur Verbesserung auch der tagtäglichen zwischenmenschlichen Kommunikation. Es wäre viel gewonnen, wenn der Empfänger – bevor er seinen «eigenen Senf» dazu gibt – zunächst einmal in der Lage wäre, sich präzise in die Welt des anderen einzufühlen und diese Welt gleichsam mit dessen Augen zu sehen (Empathie).

Peick (1979) fand bei einer Analyse veröffentlichter Gesprächstherapien heraus (Minsel 1974), daß die Therapeuten fast ausschließlich auf die Selbstoffenbarungsbotschaften der Klienten reagierten, hingegen «taub» waren für implizite Beziehungs- und Appellbotschaften. Sie kritisiert diese «reduzierte» und «beziehungslose» Kommunikation und plädiert für ein aktives Zuhören mit allen vier Ohren.

Gelegentlich gibt es Kommunikationsstörungen in Verbindung mit dem aktiven Zuhören. Wer darin gerade ausgebildet ist, neigt zu einer mechanischen Handhabung und zu einer «Anwendung» dieses Verhaltens auch in solchen Situationen, wo es weder stimmig ist mit der eigenen Verfassung noch mit dem Gesprächsanliegen des Gegenübers. Jedes trainierbare Verhalten läuft Gefahr, den Irrweg der «ansprechenden Verpackungen» (s. S. 16ff) zu wiederholen (ausführlich dazu s. das Nachwort, S. 255ff, speziell zum aktiven Zuhören S. 262).

2.4 Das «Appell-Ohr»

Der Empfänger «auf dem Appell-Sprung». Von dem Wunsch beseelt, es allen recht zu machen und auch den unausgesprochenen Erwartungen der Mitmenschen zu entsprechen, ist manchem Empfänger mit der Zeit ein übergroßes Appell-Ohr gewachsen. Sie hören auf der Appellseite geradezu «das Gras wachsen», sind dauernd auf dem «Appell-Sprung».

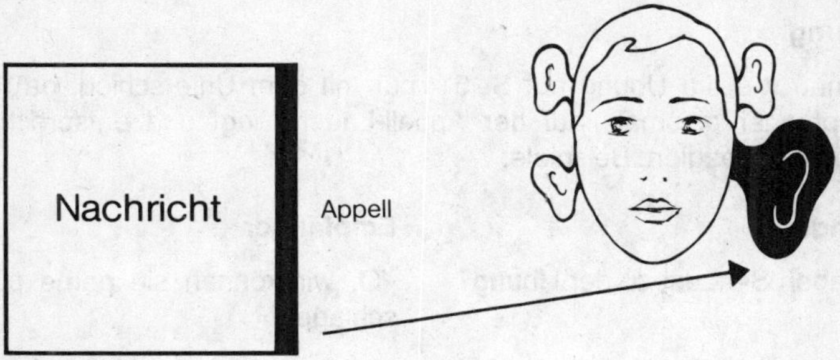

Abb. 22: *Der appell-ohrige Empfänger.*

Kleinste Signale werden auf ihre Appell-Komponente hin untersucht. Ein Gast guckt sich um, der Gastgeber reagiert: «Was suchst du? Einen Aschenbecher? Warte, ich hole einen.»

Kinder werden oft gelobt, wenn sie «zuvorkommend» sind, d. h. ein Gefühl dafür entwickeln, was der Erwachsene wohl gerne hätte. Für eine partnerschaftliche, klare Kommunikation ist dies keine gute Vorübung. Der Empfänger mit dem übergroßen Appell-Ohr ist meist wenig bei sich selbst, hat keine «Antenne» für das, was er selbst will und fühlt. Als ich die Schule verließ, hatte ich eine große Meisterschaft entwickelt zu merken, welche Reaktionen die anderen von mir erwarteten. So lachte ich nach jeder scherzhaft gemeinten Bemerkung an der richtigen Stelle. Mit dem Herausfinden der «richtigen Stelle» war ich jedoch derart beschäftigt, daß ich gar keine Energie mehr frei hatte, um herauszufinden, ob ich die Bemerkung überhaupt witzig fand. Diese Frage stellte sich mir gar nicht! Die Wahrnehmung des leisen Appelles löste gleichsam automatisch die appellgemäße Reaktion aus, ohne daß die eigene Persönlichkeit dazwischengeschaltet wäre. So ist es das Anliegen der Humanistischen Psychologie, uns von den eingefahrenen, klischeehaft-konventionellen Schnellreaktionen zu befreien und uns statt dessen Reaktionen zu ermöglichen, die nicht nur außengeleitet, sondern auch innengeleitet und gleichsam mit dem ganzen Gewicht der eigenen Persönlichkeit versehen sind. Dies ist für den Sender nicht unbedingt bequemer, aber vielleicht schätzt auch er es, einen Menschen und keinen Automaten vor sich zu haben. (Über einen wünschenswerten Umgangsstil mit Appellen siehe Kap. B IV, 5, S. 245 ff.)

Übung

Genau wie die Übung auf S. 51, nur mit dem Unterschied, daß der Empfänger diesmal «auf der Appell-Lauer» liegt und entsprechend appellhaft reagiert. Beispiele:

Sender	**Empfänger**
«Haben Sie Lust zu der Übung?»	«O, wir können sie gerne überschlagen!»
«Ist noch Kaffee in der Kanne?»	«Ich koche sofort noch welchen!»
«Schönes Wetter heute!»	«Ja, wir können nach dem Kaffee gerne noch spazierengehen.»
«Wir können ja auch den Kaffee mit auf den Spaziergang nehmen!»	(lacht herzlich)

Finale Betrachtungsweise. Einem ganz anderen Gebrauch des Appell-Ohres begegnen wir bei der finalen (auf den Zweck hin gerichteten) Betrachtungsweise. Es war schon die Arbeitsmethode Alfred Adlers, bei auffälligen Verhaltensweisen und Krankheitssymptomen die «Wozu-Frage» zu stellen: «Wozu dient dir deine Migräne? Was erreichst du damit bei deiner Umgebung?» Adler hat uns damit die Augen dafür geöffnet, daß manches Verhalten, das eine «Störung» zu offenbaren scheint (Selbstoffenbarung), eine zunächst nicht offensichtliche Appellseite hat, die eine (unbewußt gewünschte) Wirkung erzeugt. – Ein «final gespitztes Appell-Ohr» kann solche Vorgänge bewußt machen und kann den Empfänger davor schützen, manipuliert zu werden und durch appellmäßige Reaktionen unfreiwillig ein böses Spiel mitzuspielen. Dieser Gedanke wird in Kap. B IV, 3, S. 221 ff weiter ausgeführt.

Der Funktionalitätsverdacht. Wenn der Empfänger das finale Appell-Ohr extrem benützt, unterstellt er jeder Nachricht und jeder Verhaltensweise eine heimliche, «berechnende» Absicht. Jemand weint – der Empfänger interpretiert «Jetzt drückt er auf die Tränendrüse». – Wir haben es «Funktionalisierung» genannt, wenn die Botschaften auf der Sach-, Selbstoffenbarungs- und Beziehungsseite auf die Appellwirkung hin ausgerichtet werden. Prinzipiell steht jede Nachricht unter dem Funktionalitätsverdacht. Ich komme zu Beginn des Appell-Kapitels (s. Kap. B IV, S. 209ff) ausführlich auf diese Problematik zurück.

3. Die ankommende Nachricht: Ein «Machwerk» des Empfängers

Die Nachricht, so haben wir gesehen, «hat es in sich»: Eine Vielfalt von Botschaften auf allen vier Seiten steckt darin, teils explizit, teils implizit, teils absichtlich vom Sender hineingetan, teils unabsichtlich mit «hineingerutscht». Dieses ganze Paket kommt nun beim Empfänger an. Aber im Unterschied zu Paketen, die mit der Post ankommen, ist der empfangene Inhalt hier nicht gleich dem abgesendeten Inhalt. Wir haben gesehen, was der Empfänger allein schon dadurch mit der Nachricht alles machen kann, daß er seine vier Ohren in unterschiedlich starkem Maße auf Empfang schaltet.

Jetzt kommt noch hinzu, daß der Empfänger einige der Seiten der Nachricht in den «falschen Hals» kriegen kann. Wie kommt das?

Um zu kommunizieren, muß der Sender seine zu übermittelnden Gedanken, Absichten, Kenntnisse – kurz: einen Teil seines inneren Zustandes – in vernehmbare Zeichen übersetzen. Diese Übersetzungstätigkeit heißt: Kodieren. Die Zeichen sind es, die zum Empfänger «auf die Reise» geschickt werden. Was nicht mit auf die Reise gehen kann, das sind die Bedeutungen, die der Sender mit den Zeichen verbindet. Vielmehr ist ein empfangendes Gehirn notwendig, das in der Lage ist, Bedeutungen in die Zeichen neu hineinzulesen. Diese Empfangstätigkeit heißt: Dekodieren. Bei diesem Akt der Bedeutungsverleihung ist der Empfänger in starkem Maße auf sich selbst gestellt; das Ergebnis der Dekodierung hängt ab von seinen Erwartungen, Befürchtungen, Vorerfahrungen – kurzum: von seiner ganzen Person. So mag es geschehen, daß manche Botschaft überhaupt nicht ankommt (etwa wenn der Empfänger den «mürrischen Unterton» nicht mitkriegt); oder daß er mehr «hineinliest» in die Nachricht, als der Sender hineinstecken wollte (etwa wenn der Empfänger einen «Vorwurf» auf der Beziehungsseite heraushört, den der Sender nicht erheben wollte); oder daß er sich angegriffen fühlt, obwohl der Sender nur einen «lustigen» Gesprächsanlaß suchte.

Fassen wir zusammen: In die ankommende Nachricht investiert der Empfänger gleichsam seine ganze Person – sie ist zu einem gut Teil «sein eigenes Werk».

Das folgende Beispiel illustriert, wie gesendete und empfangene Nachricht völlig unterschiedlich ausfallen können (s. Abb. 23):

Abb. 23: *Ehepaar beim Mittagessen.*

Der Mann fragt beim Mittagessen: «Was ist denn das Grüne hier in der Soße?» Die Frau: «Mein Gott, wenn es dir hier nicht schmeckt, kannst du ja woanders essen gehen!»

Nehmen wir an, der Mann habe eine reine Informationsfrage stellen wollen (Kapern sind ihm unbekannt). Wir können dann den geschilderten Vorfall analysieren, indem wir die gesendete und die empfangene Nachricht einander gegenüberstellen (s. Abb. 24):

Reagieren konnte die Frau natürlich nur auf die empfangene Nachricht. Da ihre Antwort auf den Beziehungsteil der Nachricht gerichtet war, wird das Mißverständnis sofort offenbar und damit auch prinzipiell reparabel. Anders wäre es gewesen, wenn die Frau – innerlich wütend und verletzt, aber dennoch bemüht, sachlich zu bleiben – knapp geantwortet hätte: «Das sind Kapern.» Weder für den Mann noch für die Frau noch für einen Außenstehenden wäre offenkundig, daß sich hier ein Mißverständnis ereignet hat. Vielleicht wird der Mann nach einiger Zeit merken, daß seine Frau

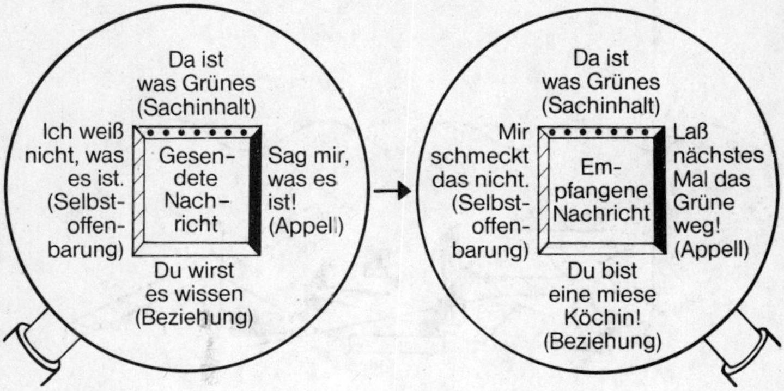

Abb. 24: *Die vier Seiten der gesendeten und der empfangenen Nachricht in einer Gegenüberstellung.*

verstimmt ist. Dann wird er vielleicht fragen: «Ist irgendwas?» Und es besteht noch eine Chance zur nachträglichen Metakommunikation. Vielfach aber bleiben solche *verdeckten Mißverständnisse* unaufgeklärt und stören künftig die Beziehung aus dem Verborgenen. Verdeckte Mißverständnisse entstehen durch einseitige (an Stelle von vierseitiger) Kommunikation (s. Abb. 25).

Mißverständnisse sind das Natürlichste von der Welt, sie ergeben sich fast zwangsläufig schon aus der Quadratur der Nachricht. Sender und Empfänger sollten daher beim Aufdecken und Besprechen von Mißverständnissen nicht davon ausgehen, daß sich eine peinliche Panne ereignet hat, für die man den Nachweis der eigenen Schuldlosigkeit erbringen sollte. Wer «recht hat» ist weder eine entscheidbare noch eine wichtige Frage. Es stimmt eben beides: Der eine hat dieses gesagt, der andere jenes gehört.

3.1 Einige Ursachen für Empfangsfehler

Wenn die Nachricht anders ankommt, als sie gemeint war, kann das sehr verschiedene Ursachen haben. Wenn Sender und Empfänger aus verschiedenen Sprachmilieus stammen, liegen Verständigungsfehler besonders nahe. Schichtenspezifische Sprachgewohnheiten behindern den Umgang von Angehörigen verschiedener Schichten

Abb. 25: *Verdeckte Mißverständnisse: Das explizite Sachgespräch (über der Oberfläche) geht weiter, die schweren Mißverständnisse (der «Bruch» unter der Oberfläche) bleiben unentdeckt.*

und Subkulturen nicht nur auf der Sachebene, sondern auch und vor allem auf der Beziehungsebene.

Darüber hinaus möchte ich drei Faktoren erwähnen, die häufig als Störquelle wirken: Das Bild, das der Empfänger von sich selbst hat (Selbstkonzept), das Bild, das der Empfänger vom Sender hat und das Phänomen der korrelierten Botschaften.

Das Selbstkonzept des Empfängers. Beim hochempfindlichen Beziehungs-Ohr ist uns bereits das Phänomen begegnet, wie der Empfänger sein eigenes Selbstbild als Deutungsschlüssel für die einlaufenden Nachrichten benutzt (vgl. S. 51f). Jemand, der nicht viel von sich hält, neigt dazu, auch akzeptierende und harmlose Botschaften so auszulegen, daß sie sein negatives Selbstbild bestätigen. Hier dreht sich ein Teufelskreis: Ein negatives Selbstbild verschafft seinem Besitzer immer wieder negative Erfahrungen, die dieses Selbstbild bestätigen und stabilisieren (s. a. Kap. B III, 5.3, S. 193ff).

Das Bild, das der Empfänger vom Sender hat. «Ich weiß, wie er es meint, denn ich kenne ihn.» – Je besser wir jemanden kennen, desto leichter ist es offenbar, das Gemeinte im Geäußerten zu entdecken. Oft gründet sich das Bild vom anderen auf einer relativ geringen

Informationsbasis. Auf Grund der Kleidung, des Geschlechtes, des Alters und einiger Lebensäußerungen neigen wir dazu, das unvollständige Bild zu ergänzen. Die wenigen Informationen verraten uns, in welche «Schublade» wir ihn tun sollen, und diese Schublade enthält ergänzende Informationen und Vermutungen, so daß sich das Bild vervollständigt.

Das so entstandene Bild vom anderen liefert mir den Schlüssel für die Interpretation seiner Nachrichten. Ich weiß, wie es gemeint ist, denn ich kenne ja (scheinbar) meine Pappenheimer.

Beispiel: Ein Lehrer fragt auf einer Klassenreise einen seiner Schüler, der ihm während der Freizeit begegnet: «Woher kommst du denn?» – Vom Lehrer war diese Frage teilnahmsvoll und freundlich gemeint und als Einleitung für eine entspannte Unterhaltung gedacht. Vermutlich hätte der Schüler die Frage auch so verstanden, wenn sie von einem Mitschüler gestellt worden wäre. Nun aber funkte durch sein Gehirn: «Das ist der Lehrer – ein Erwachsener!» Und er empfängt die Nachricht auf folgende Weise:

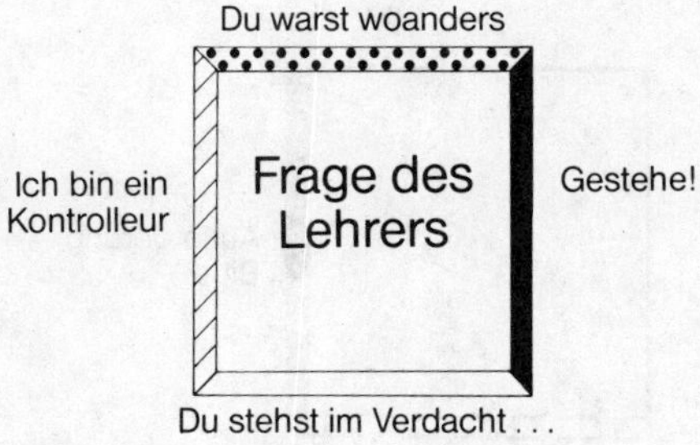

Abb. 26: *Die vom Schüler empfangene Nachricht.*

Auf Grund seiner Erfahrungen mit Erwachsenen und Erziehern war der Schüler es gewöhnt, daß derartige Fragen inquisitorisch und kontrollierend gemeint sind und in der Regel Kritik und Verbote nach sich ziehen. Entsprechend mißtrauisch und «gewappnet» fragt er zurück: «Wieso?» – Resigniert dachte der Lehrer: «Ich komme einfach nicht heran an den Burschen!»

Korrelierte Botschaften. Subtile Mißverständnisse entstehen gelegentlich dadurch, daß der Empfänger die Botschaft auf einer Seite der Nachricht korrekt empfängt, gleichzeitig aber auf den anderen Seiten der Nachricht weitere Botschaften mithört, welche mit der Kernbotschaft häufig gekoppelt sind (korrelierte Botschaften).

Beispiel: Mit einer Aufforderung (Kernbotschaft) ist häufig ein Versäumnis-Tadel (korrelierte Botschaft auf der Beziehungsseite) verbunden. Der Appell «würdest du bitte dein Zimmer aufräumen!» hat häufig den Vorwurf im Schlepptau «Du hättest schon längst...» Dies ist ein Grund, warum Empfänger häufig so gereizt auf Appelle reagieren.

Auf Grund dieser Korrelation hat es ein Sender schwer, wenn er nur den Appell, nicht aber den Versäumnis-Vorwurf senden will.

Ein Student saß in der U-Bahn neben einer Dame, die einen Hund bei sich führte. Der Hund schnupperte an den Beinen des Studenten und drohte wohl auch zu lecken. Der Student war dagegen empfindlich und bat die Frau, ihren Hund etwas von ihm wegzuhalten. Die Frau reagierte sehr beleidigt. Sie hatte auf der Beziehungsseite die Botschaft mitgehört: «Wie können Sie nur so rücksichtslos sein und den Hund in meiner Nähe lassen!»

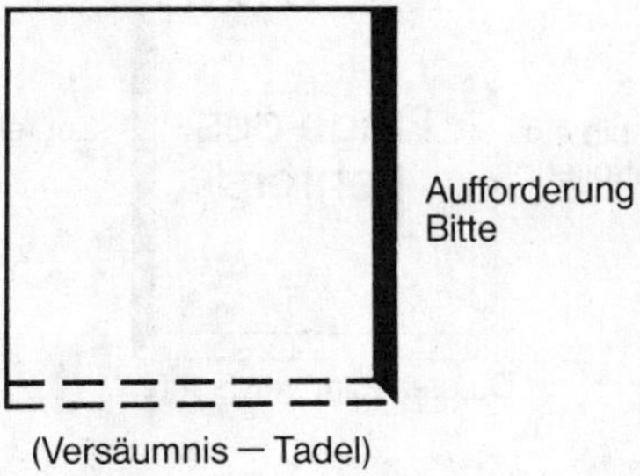

Abb. 27: *Korrelierte Beziehungsbotschaft (gestrichelt) bei einer Aufforderung.*

Ein anderes Beispiel: Negative Gefühle (als Kernbotschaft auf der Selbstoffenbarungsseite), die durch das Verhalten des anderen ausgelöst worden sind, treten häufig gekoppelt auf mit einer Täterschafts-Zuweisung auf der Beziehungsseite. «Ich habe mich über dich geärgert» (= «und du hast mir das angetan, du Böser!»).

Da diese Koppelung so geläufig ist, ist es kein Wunder, daß der Empfänger diese Täterschaftszuweisung auf der Beziehungsseite fast automatisch auch dann mithört, wenn sie nicht gemeint ist. «Ich war traurig, daß du nicht gekommen bist!» mag ohne jeden Vorwurf als bloße Selbstoffenbarung gemeint sein. Könnte der Empfänger dieses entsprechend mit dem Selbstoffenbarungs-Ohr empfangen, könnte er darauf liebevoll und akzeptierend eingehen. Da er aber die korrelierte Botschaft mithört: «Wie konntest du mir das antun?», reagiert er gereizt und defensiv («Ja, mein Gott, mein Leben besteht doch nicht nur aus Freizeit – wie denkst du dir das denn eigentlich?»).

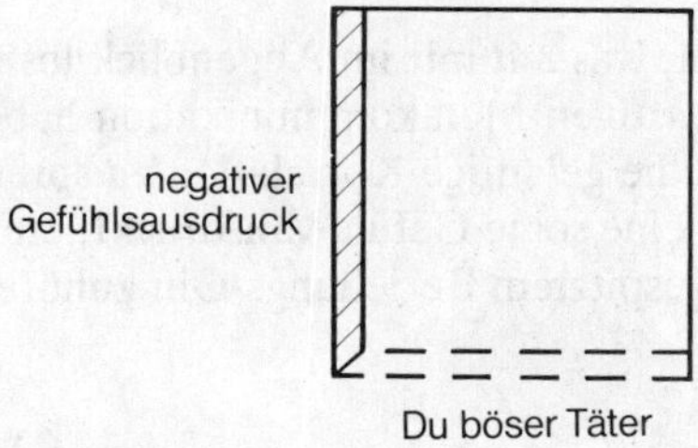

Abb. 28: *Zuweisung einer Täterschaft als korrelierte Beziehungsbotschaft bei negativer Gefühlsoffenbarung.*

Ein letztes Beispiel: Häufig ist an negative Gefühlsäußerungen auch der Appell gekoppelt: «Tu etwas dagegen, schaff Abhilfe!» «Ich fühle mich so allein» hat häufig die Aufforderung «Geh nicht weg» im Schlepptau. Entsprechend fühlt sich der Empfänger bei negativem Gefühlsausdruck häufig aufgefordert, einen Rat zu geben oder Abhilfe zu schaffen. Wenn ihn dies aber überfordert, reagiert er leicht ablehnend oder mit billigen Tröstungen («Ist doch Unsinn – ist doch alles nicht so schlimm!»). Hier hindert ihn der vermeintliche Appell-Druck, mit seinem Selbstoffenbarungs-Ohr «aktiv zuzuhören» (s. S. 57). Der korrelierte Appell lautet nämlich häufig gar nicht: «Schaff Abhilfe!», sondern: «Hör mir zu!»

Auf Grund derartiger Korrelationen ist die Verständigung sehr schwierig, wenn der Sender eine geläufige Korrelation sprengen möchte. Ohne Metakommunikation wird es nicht möglich sein.

Beispiel für eine Metakommunikation: «Wenn ich sage, ich bin enttäuscht, dann meine ich damit nicht, du wärst schuld daran. Ich

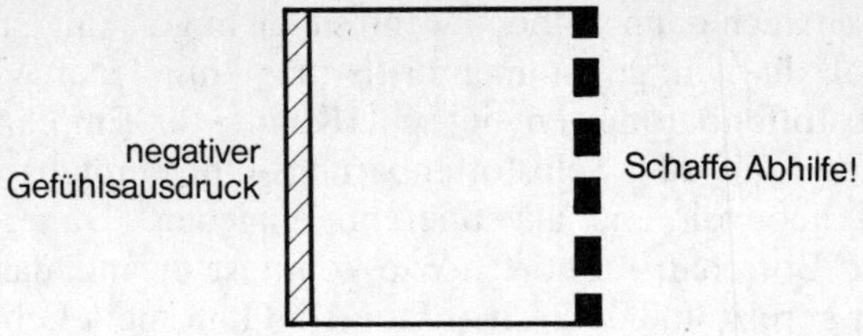

Abb. 29: *Der vermeintliche Schaff-Abhilfe-Appell als korrelierte Botschaft zur negativen Gefühlsoffenbarung.*

möchte nur sagen, was mit mir im Augenblick los ist.» – Nach einer mehrmaligen derartigen Metakommunikation haben es Partner zuweilen geschafft, die geläufige Korrelation zu sprengen. Dann ist es möglich, daß der eine seine Gefühle ausdrückt, ohne daß der andere mit empfindlich gespitztem Beziehungs-Ohr zuhören muß.

III. Die Begegnung mit dem Empfangsresultat (Feedback)

Wir haben gesehen, daß schon die empfangene Nachricht ein Machwerk des Empfängers ist. Erst recht gilt dies für seine innere Reaktion auf die empfangene Nachricht. Davon soll im folgenden die Rede sein.

Als Sender tappen wir ziemlich im dunkeln, wie das, was wir von uns geben, ankommt, und was wir beim Empfänger «anrichten». Natürlich gilt dies nicht für jede kleine Nachricht, die wir von uns geben, obwohl sich das hier geschilderte Problem bis in die kleinste Zelle der Kommunikation, der Einzelnachricht, zurückverfolgen läßt. Aber wenn wir mit einem anderen Menschen eine Weile kommuniziert haben und unser Gesamtverhalten ihm gegenüber zu einer Superzelle zusammenfassen, dann wissen wir in der Regel nicht recht, wie die empfangene Superzelle aussieht. Nachrichten sind in gewisser Hinsicht mit jenen Pilzsorten vergleichbar, die je nachdem, ob man sie roh ißt oder sie zuvor kocht, genießbar oder giftig sind. Und als Sender wissen wir nie: Hat der Empfänger gekocht oder roh gegessen?

1. «Psycho-chemische Reaktionen»

Das, was die Nachricht «anrichtet», richtet der Empfänger also teilweise selbst an. Die innere Reaktion auf eine Nachricht erweist sich hier als ein Wechselwirkungsprodukt zwischen der Saat (gesendeter Nachricht) und dem psychischen Boden, auf den diese Saat beim Empfänger fällt. In einem anderen Bild ausgedrückt: In der Chemie ist das seltsame Phänomen bekannt, daß zwei für sich genommen harmlose Stoffe, wenn sie zusammentreffen, zu einer hochexplosiven Verbindung werden. In derselben Weise können wir uns Vorgänge in der Kommunikation vorstellen: Was die Nachricht «anrichtet», ist eine Art psycho-chemischer Reaktion, die entsteht, wenn zwei «Stoffe» zusammenkommen. Beispiel (s. Abb. 30): Wenn ein Empfänger kritisiert wird, der sehr stark von der Überzeugung durchdrungen ist, daß es schlimm und selbstwertbeeinträchtigend ist, Fehler zu machen, dann wird Verwundung und eventuell Aggression als psycho-chemische Reaktion auftreten, er wird «explodieren».

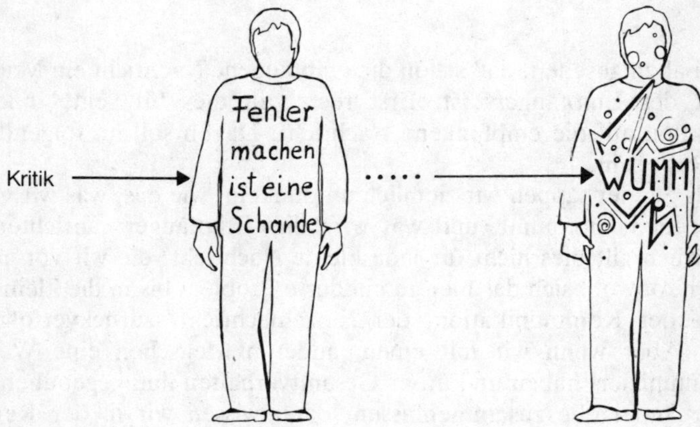

Abb. 30: *Beispiel für eine «psycho-chemische Reaktion» in der Innenwelt des Empfängers.*

Trifft dieselbe Kritik auf einen Empfänger, der es sich zugesteht, Fehler zu machen und darin keine Selbstwert-Einbuße erlebt, kann die Reaktion harmloser und konstruktiver ausfallen.

Besonders Ellis (1977) hat auf die Rolle solcher inneren Überzeugungen hingewiesen. Wenn derartige Sätze wie in Abb. 30 «in uns» sind, bestimmen sie in starkem Maße auch unsere gefühlsmäßigen Reaktionen auf das, was uns widerfährt. Als Psychotherapeut hat Ellis vor allem auf irrationale Überzeugungen hingewiesen, mit denen wir mehr oder minder indoktriniert sind und die neurotische Reaktionen nahelegen. Solche indoktrinierten Irrglauben sind z. B. (nach Ellis 1977):

«... es sei für jeden Erwachsenen absolut notwendig, von praktisch jeder anderen Person in seinem Umfeld geliebt oder anerkannt zu werden.» (S. 64)

«... daß man sich nur dann als wertvoll empfinden dürfe, wenn man in jeder Hinsicht kompetent, tüchtig und leistungsfähig ist.» (S. 66)

Ellis' Therapie zielt entsprechend darauf ab, solche Irrglauben in der Person auszumachen und durch realistischere Überzeugungen zu ersetzen, das «innere Selbstgespräch» auf eine rationale Grundlage zu stellen.

Verborgene Schlüsselreize. Manchmal reagiert ein Empfänger überraschend und unverständlich – für den Sender und zuweilen auch für sich selbst. Was ist passiert? Es hat eine «psychochemische» Reaktion stattgefunden mit einer Nachrichten-Komponente, die der Sender in seiner eigenen Nachricht gar nicht vermutet hätte oder auf die er das Schwergewicht seiner Äußerung nicht hat legen wollen.

Beispiel: Ich erinnere mich an einen kleinen Vorfall in meiner Familie, als ich noch halbwüchsig war. Mein Onkel bot mir eine Zigarette an. Ich war Nichtraucher aus Überzeugung. Bevor ich auf dieses Angebot reagieren konnte, griff meine Mutter ein mit den Worten (an meinen Onkel gewandt): «Nein, bitte nicht! Wir sind so froh, daß er nicht raucht!» Ich fühlte mich wütend und irgendwie gedemütigt, ohne mir selber meine Reaktion erklären zu können. Ich war doch selbst der Meinung meiner Mutter, wollte nicht rauchen und das Angebot ablehnen. Da mir mein Gefühl nicht «logisch» vorkam, habe ich mich gehütet, es auszusprechen. Aus heutiger Sicht ist mir natürlich klar, daß eine kleine Begleitbotschaft auf der Beziehungsseite zum «Schlüsselreiz» für meine Reaktion geworden war, nämlich die Beziehungsbotschaft: «Ohne meine Hilfe wirst du dich gegen die verführerische Welt nicht wehren können!» Mit ihrer gut gemeinten Intervention nahm sie mir ein Stück Autonomie.

Ganz ähnlich berichten Kraußloch u. a. (1976) aus ihrer «Jugendarbeit zwischen Kneipe und Knast», daß scheinbar «unmotivierte» Aggressionen von Jugendlichen gegenüber «friedlichen Bürgern» oft durch kleine Signale ausgelöst werden: Kopf- oder Handbewegungen oder ein kurzer «abfälliger» Blick werden von den Jugendlichen als Beleidigung empfangen: «Gestik und Mimik des Bürgers sind Signale, die die Jugendlichen im wahrsten Sinne «explodieren» lassen. Sie sind der Funke, der den Aggressionskreis schließt.» (S. 110) – Allein die Kleidung des «feinen Pinkels» ist eine Provokation, ruft des Jugendlichen Minderwertigkeitsgefühl wach.

Wir verstehen hier das Anliegen der Kommunikationspsychologie, sog. Neurosen und Verhaltensstörungen nicht (nur) als individuelle Eigenart, als Charaktermerkmal zu begreifen, sondern als Resultat einer Interaktion – einer zwischenmenschlichen Wechselwirkung. Unter der kommunikationspsychologischen Lupe (vgl. Abb. 5, S. 31) kommen u. U. die verborgenen Schlüsselreize zum Vorschein.

2. Drei Empfangsvorgänge auseinanderhalten

Aus dem Beispiel ergibt sich, daß es drei verschiedene Vorgänge sind, aus denen sich die innere Reaktion des Empfängers aufbaut:

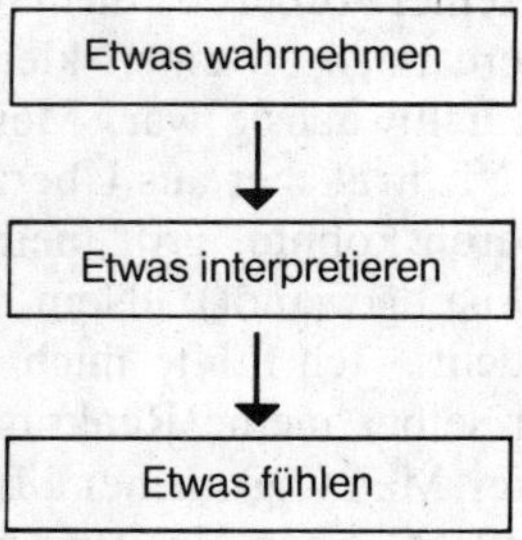

Für die innere Klarheit des Empfängers und für seine Fähigkeit zum Feedback ist diese Unterscheidung von großer Bedeutung.

Wahrnehmen heißt: etwas sehen (z. B. einen Blick) oder hören (z. B. die Frage: «Was ist das Grüne in der Suppe?»).

Interpretieren heißt: das Wahrgenommene mit einer Bedeutung versehen – z. B. den Blick als «abfällig» deuten oder die Frage nach dem Grünen in der Suppe als Kritik.

Diese Interpretation kann richtig oder falsch sein.

Wohlgemerkt, es geht nicht darum, Interpretationen zu vermeiden. Dies ist weder möglich noch wünschenswert, denn erst die Interpretation eröffnet die Chance, das «Eigentliche» zu verstehen. Vielmehr geht es um das Bewußtsein, daß es sich um eine Interpretation handelt – und daher richtig oder falsch sein kann.

Fühlen heißt, auf das Wahrgenommene und Interpretierte mit einem eigenen Gefühl antworten, wobei die eigene seelische «Bodenbeschaffenheit» mit darüber entscheidet, was für ein Gefühl ausgelöst wird (z. B. Wut angesichts des «abfälligen Blickes»). Dieses Gefühl unterliegt nicht der Beurteilung richtig oder falsch, sondern ist eine Tatsache.

In der Regel sind wir wenig geübt, diese drei Vorgänge in uns auseinanderzuhalten: sie verschmelzen zu einem Kuddelmuddel-Produkt.

Beispiel: Eine Frau berichtet ihrem Mann über eigene Pläne. Als er die Stirn ein wenig runzelt, versetzt sie erzürnt: «Nun mach doch nicht gleich wieder so ein angewidertes Gesicht!»

Ihre Rückmeldung ist ein Verschmelzungsprodukt aus Wahrnehmung, Interpretation und eigenem Gefühl (s. Abb. 31).

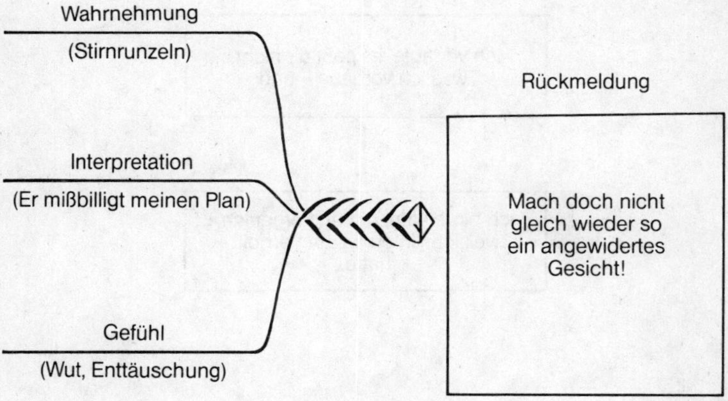

Abb. 31: *Die Rückmeldung als ein Verschmelzungsprodukt dreier Vorgänge im Empfänger.*

Warum ist es so wichtig, diese inneren Vorgänge zu sortieren? Damit der Empfänger sich darüber im klaren ist, daß seine Reaktion immer *seine* Reaktion ist – mit starken eigenen Anteilen. Und damit er Ansatzpunkte sieht, diese eigenen Anteile gegebenenfalls zu überprüfen: «Du runzelst die Stirn – paßt dir das nicht, was ich vorhabe?»

Jetzt kann er *bestätigen* («Ja, mir kommen diese und jene Bedenken…») oder *korrigieren* («Doch, doch – mir fiel nur gerade ein, daß wir dazu das Auto brauchen und ich noch keinen Inspektionstermin habe.») – oder auch *bei sich nachschauen* («Das Stirnrunzeln war mir gar nicht bewußt – ja, vielleicht bin ich etwas enttäuscht, daß du mir nicht vorher…»).

Ich halte es für eine ausgezeichnete Übung, den «inneren Dreierschritt» öfter einmal zu vollziehen:

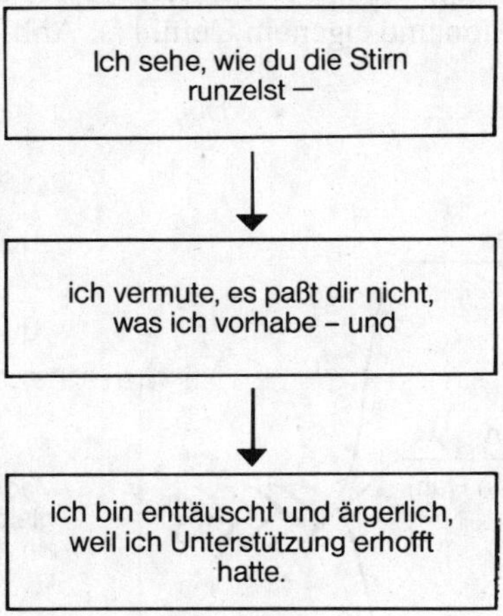

Die drei beschriebenen Vorgänge sind die wichtigsten Elemente des «Bewußtseinsrades», wie es von Miller, Nunnally und Wachmann (1975) dargestellt wird. Diese Autoren gehen mit Recht davon aus, daß die innere Klarheit die wesentliche Voraussetzung für die zwischenmenschliche Kommunikation ist und legen deswegen ihren Schwerpunkt auf die «intrapersonelle Kommunikation»:

«Der erste Schritt in jeder Kommunikation besteht darin, herauszufinden, was ich anderen mitteilen will. In der (persönlichen) zwischenmenschlichen Kommunikation handelt es sich dabei oft um Informationen über die eigene Person, aber häufig haben die Leute große Mühe damit, klarzukriegen, welche Informationen sie über sich selbst überhaupt haben.» (S. 28, Übers.: S. v. Th.)

Übung

(Zu zweit): A und B sitzen einander gegenüber. In der ersten Runde äußert A eine Minute lang *nur Wahrnehmungen* von B (z.B. «Ich sehe, wie deine Augen nach unten gerichtet sind» – *Nicht aber:* «Ich sehe, wie du traurig guckst») – Danach kommt B dran, ebenfalls eine Minute.

In der zweiten Runde äußert A Wahrnehmungen *und* Interpretationen (z.B. «Ich sehe, du lachst – und ich vermute, du bist ein bißchen verlegen»); danach B, beide jeweils wieder etwa eine Minute.

In der dritten Runde folgt der Dreierschritt: Wahrnehmung – Interpretation – eigene Reaktion darauf (z.B. «Ich sehe deinen geraden Scheitel – ich vermute, du legst viel Wert auf äußere Korrektheit – und ich merke, daß mich das etwas abstößt bzw. anzieht»). – Wieder jeweils A und B, ein bis zwei Minuten.

Anschließend Erfahrungsaustausch.

3. Realitätsüberprüfung von Phantasien

Erst mit der Zeit bin ich dahintergekommen, daß ich oft gar nicht auf andere Menschen reagiere, wie sie sind, sondern auf die Phantasien, die ich mir von ihnen mache: «Er sieht müde aus, ich sollte ihn jetzt nicht mit Problemen belasten.» – «Ich werde sie nicht antelefonieren, bestimmt würde sie sich belästigt fühlen.»

Im oben beschriebenen Dreierschritt ist es der Punkt 2 (Interpretation), wo meine Phantasien über den anderen den Empfang der Nachricht mitbestimmen. Ich spreche von «Phantasien» (an Stelle von «Interpretationen»), wenn meiner Vermutung über Gedanken und Gefühle des anderen keine klar angebbare Wahrnehmung zugrundeliegt.

Für eine Verbesserung der Kommunikation geht es nicht darum, Phantasien so gut als möglich auszuschalten: Im Gegenteil, dies ist weder möglich noch wünschenswert. Vielmehr finde ich es nützlich, etwas über Phantasien und den Umgang mit ihnen zu wissen:

☐ Phantasien über den anderen sind etwas von *mir*.
☐ Sie können *zutreffend oder unzutreffend* sein.
☐ Es gibt zwei Möglichkeiten, mit Phantasien umzugehen: sie für sich zu behalten und das eigene Verhalten danach auszurichten – oder sie mitzuteilen und *auf Realität zu überprüfen* («Ich vermute,

du bist müde und willst jetzt nicht über Finanzen reden – stimmt das?»).

Dies ist eine wichtige Schaltstelle der zwischenmenschlichen Kommunikation – einmal werden hier die Weichen für klare Kommunikation gestellt; aber auch für mich als einzelnen entscheidet sich hier die Frage von Kontakt und Isolation. Indem ich meine Phantasien als zutreffend annehme und für mich behalte, unterbreche ich den Kontakt und bleibe isoliert im selbsterbauten Käfig meiner Phantasien. Viele Menschen sitzen in diesem Käfig gefangen, ohne es zu wissen (leiden aber unter der «Oberflächlichkeit» ihrer Beziehungen) (s. Abb. 32).

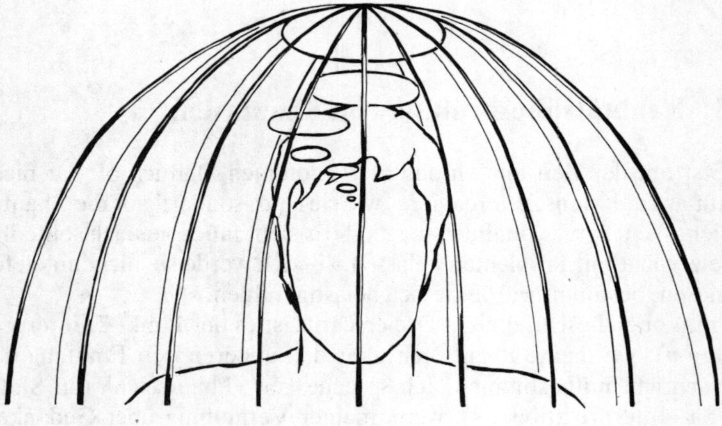

Abb. 32: *Viele Menschen sind im Käfig ihrer Phantasien gefangen und vom Mitmenschen isoliert.*

Das Fatale an dieser «Methode» ist, daß unzutreffende Phantasien nie eine Korrektur erfahren und auf diese Weise scheinbar jedesmal bestätigt werden. Mehr noch: Sie neigen manchmal dazu, sich eine unheilvolle Realität zu schaffen – nach dem Muster einer *sich selbst erfüllenden Prophezeiung*. Beispiel: Jemand schaut bei seinem Nachbarn vorbei, vermutet dabei gleich: «Bestimmt störe ich!» – Diese

Phantasie beeinflußt sein Verhalten: Ohne innere Ruhe und halbherzig ist sein kurzer Besuch – es kommt keine behagliche Atmosphäre auf. Wenn sich dies einige Male wiederholt, fühlen sich die Nachbarn am Ende wirklich gestört, da sie mit dem Besuch kein erquickliches Beisammensein verbinden – der Teufelskreis einer sich selbst erfüllenden Prophezeiung hat sich geschlossen. Es ist aufregend zu entdecken, in welch starkem Maße wir *heimlicher Regisseur unseres Schicksals auch dort sind, wo wir ihm passiv zu erliegen scheinen.*

Phantasien als Kontaktbrücke. Es ist wundersam, wie grundverschieden wir mit unseren Phantasien umgehen können, einem Baumaterial, das sich gleichermaßen zur Herstellung von Käfigen wie von Kontaktbrücken verwenden läßt (s. Abb. 33).

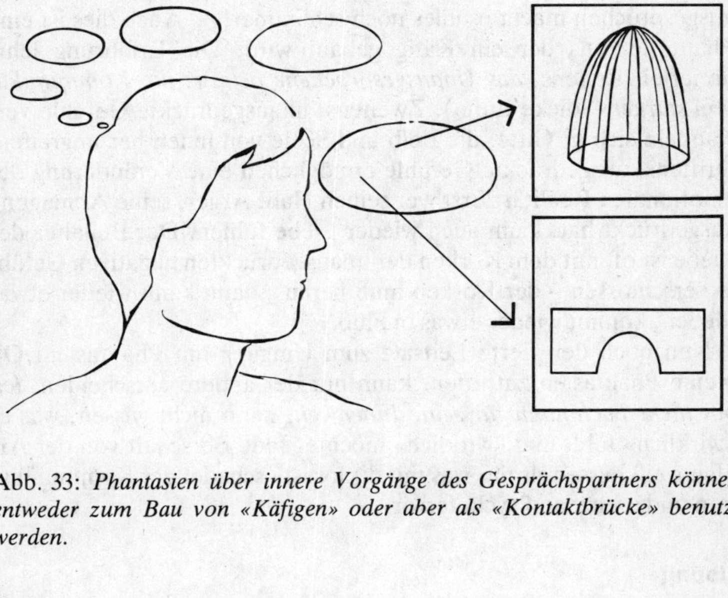

Abb. 33: *Phantasien über innere Vorgänge des Gesprächspartners können entweder zum Bau von «Käfigen» oder aber als «Kontaktbrücke» benutzt werden.*

Eindrucksvoll war für mich folgende Begebenheit: Ein Kollege aus der Schweiz war zu mir nach Hamburg gekommen – wir hatten verabredet, einen Kursus für meine Studenten zusammen zu leiten. Während wir an der Elbe spazierengingen, um den Kursus zu planen, sagte er mit einemmal: «Ich möchte gerne einmal meine Phantasien aussprechen, die ich über deine

Gedanken und Gefühle habe und die mich, wie ich merke, beunruhigen. Und ich möchte, daß du mir dann sagst, was davon wirklich der Fall ist.» – Und dann schlüpfte er in meine Rolle und legte los: Christoph (als Friedo): «Jetzt ist der Christoph also gekommen. Verabredet hatten wir das ja, aber das ist lange her – und jetzt fühle ich mich gebunden an die Verabredung, aber in Wirklichkeit ist es mir doch lästig, ihn in mein Konzept einzuweihen, seine Gesichtspunkte zu berücksichtigen – ich bin nicht mehr mein eigener Herr. Und wird er mir nicht die Studenten in ein anderes Fahrwasser treiben? ... (usw.) – so sprach, so «phantasierte» er noch eine Zeitlang und drückte dabei vieles von seinen Hoffnungen und Befürchtungen aus.

Ich hörte fasziniert zu, merkte, daß manches zutraf, obwohl ich mir das selbst noch gar nicht klargemacht hatte. Anderes wiederum traf nicht zu. – Ich brauche wohl nicht zu erwähnen, daß diese «Übung» uns in einen engen Kontakt gebracht hat.

Zuweilen begegne ich dem Einwand: «Aber was nützt es mir, unheilvolle Phantasien auch noch bestätigt zu bekommen? So offen ausgesprochen macht es alles noch schlimmer!» – Auch dies ist eine Phantasie, aus der ein Käfig gebaut wird. Die Erfahrung lehrt dreierlei: Erstens, *das Unausgesprochene belastet die Kommunikation stärker* («dicke Luft»). Zweitens, unausgedrückte Gefühle verwandeln sich in Gifte, die Leib und Seele von innen her angreifen. Drittens, ausgedrückte Gefühle ermöglichen eine Veränderung der emotionalen Realität: Erst wer seinen Haß, Ärger, seine Abneigung ausgedrückt hat, kann auch wieder Liebe fühlen. Der Behälter der Liebe ist oft mit dem Korken der unausgedrückten negativen Gefühle verschlossen – der Korken muß heraus, dann kann wieder etwas fließen, kommt wieder etwas in Fluß.

Nun noch der vierte Leitsatz zum Umgang mit Phantasien: Ob meine Phantasien zutreffen, kann nur der andere entscheiden. *Ich bin nicht Fachmann für seine Innenwelt,* kann nicht wissen, was er «wirklich» fühlt und «wirklich» möchte. Jede Botschaft von der Art «Ich weiß besser als du, was mit dir los ist» schadet der Kommunikation und grenzt an Psychoterror.

Übung

Besinnen Sie sich auf einen Menschen, demgegenüber Sie einige «ungute Gefühle» haben!

a) Schlüpfen Sie in die Rolle dieses Menschen und sprechen Sie (in Ich-Form) aus, was er über Sie denken und fühlen mag – lassen Sie ihren Phantasien freien Lauf.

b) Überlegen Sie, ob und wie es angemessen sein könnte, diese (Ihre) Phantasien auf Realität zu überprüfen.

c) Falls Sie es «gewagt» haben: Welche Erfahrungen haben Sie bei diesem Gespräch gemacht?

4. Die Verantwortung des Empfängers für seine Reaktion

Aus den bisherigen Ausführungen sollte deutlich geworden sein: Die Reaktion des Empfängers auf die Nachricht ist zu einem guten Teil sein eigenes Werk. Deshalb ist es angemessen, wenn der Empfänger seinen Teil der Verantwortung für seine Gefühle und Reaktionen übernimmt und sie nicht dem Sender allein aufbürdet, nach dem Motto: «Nun sieh, was du angerichtet hast!» Diese Übernahme der Verantwortung ist nicht nur sachlich angemessen, sondern erleichtert auch die Kommunikation ungemein. Denn wenn der Empfänger im Sender den bösen Täter und in sich selbst nur das arme Opfer sieht, kommt es leicht zu einem zwischenmenschlichen Tribunal, das sich der Frage widmet: Wer hat schuld und wer hat recht? Deswegen liegt im Feedback dann eine Chance zur Verbesserung der Kommunikation, wenn es einen hohen Selbstoffenbarungsanteil hat. So ist es ein Unterschied, ob man sagt: «Sie haben mich beleidigt!» oder ob man sagt: «Ich fühle mich verletzt!» – In der ersten Äußerung unterstellt der Empfänger, daß er das zwangsläufige Opfer einer bösen Tat geworden ist und leugnet seinen eigenen Anteil an dem Gefühl. In der zweiten Äußerung stellt er einfach fest, was ist. Seine Verletztheit ist eine Realität, und er macht den Sender damit bekannt. Die Frage: «Was hat das mit mir – was hat das mit dir zu tun?» wird zunächst offen gelassen.

Ich-Botschaften. Derartige Nachrichten mit hohem Selbstoffenbarungsanteil werden «Ich-Botschaften» (Gordon 1972) genannt. Durch die Ich-Botschaft gibt man etwas von dem eigenen Innenleben preis. Die Ich-Botschaft steht im Gegensatz zur «Du-Botschaft», bei der eine Aussage über den anderen gemacht wird. Meistens findet hier ein blitzschneller Übersetzungsvorgang statt, bei dem eigene Gefühle (z. B. «Ich fühle mich übergangen») in *Beschreibungen über den anderen* (z. B. «Du bist rücksichtslos») überführt werden. Dies hat nicht nur den Nachteil, daß der andere sich angegriffen fühlt und in dem Wunsch nach Rehabilitation zur konstruktiven Problemlösung unfähig wird, sondern entfernt auch den Sender von sich selbst und seiner inneren Klarheit:

«Wenn ich... verstehen lerne, daß der Satz ‹Du bist blöd, nett, schwachsinnig, schizophren, kooperativ›, weniger über mich und meine Einstellung zum anderen aussagt als der Satz ‹*Ich* lehne dich ab, fühle mich angezogen usw.›, wird... *Selbstwahrnehmung* leichter. Häufig läßt sich nun im Gespräch klären, welche Anteile einer Aussage ‹zu mir gehören› und welche zum anderen.» (Dörner und Plog 1978, S. 31)

Du-Botschaften sind besonders ungünstig, wenn es sich um Diagnosen oder Interpretationen handelt. Beispiel: «Du baust eine Schutzwand auf, um nicht verletzt zu werden – aber sie hindert dich, eine menschliche Beziehung einzugehen.»

Eine solche Psychodiagnose mag richtig oder falsch sein – in jedem Fall ist die Begleitbotschaft («Ich weiß, was mit dir los ist») für den anderen meist unannehmbar. – Zum Konzept der Ich-Botschaft siehe auch S. 112 und 261 f.

Es ist offensichtlich, daß auch eine Rückmeldung – wie jede Nachricht – vier Seiten hat: Der Empfänger (= Feedback-Spender) weist auf Sachverhalte hin; gibt vor allem etwas von sich selbst kund, nämlich wie *er* auf die Nachricht reagiert, was *er* hineinlegt und was sie bei *ihm* auslöst (Selbstoffenbarung). Er drückt aus, wie er zum Sender steht (Beziehung), und oft hat das Feedback auch deutlichen Appell-Charakter, indem es die Aufforderung an den Sender enthält, etwas zu ändern oder beizubehalten.

Wir können jetzt das vorläufige Kommunikationsmodell der Abb. 4 (S. 30) vervollständigen, indem wir das (ebenfalls quadratische) Feedback mit aufnehmen und indem wir zwischen gesendeter und empfangener Nachricht unterscheiden:

Übung

Besinnen Sie sich auf drei Menschen, die Sie kennen.

a) Bezeichnen Sie jeden mit je zwei passenden Eigenschaftsworten, jeweils einem positiven und einem negativen. Zum Beispiel: Onkel Otto: nett, unpünktlich.

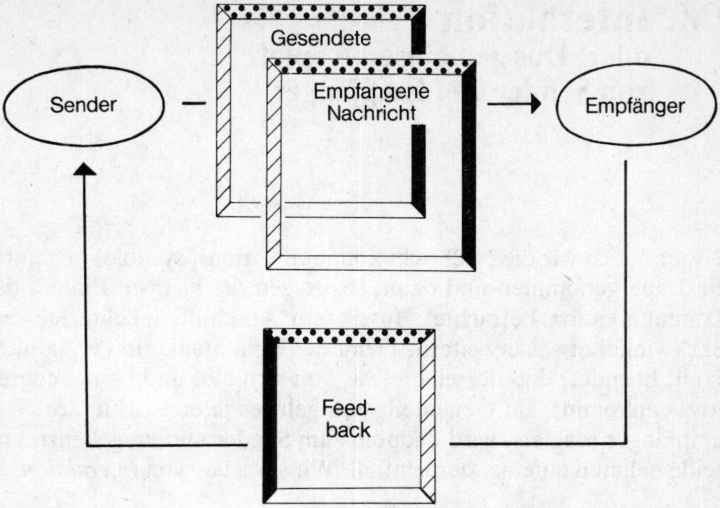

Abb. 34: *Vervollständigtes Modell der zwischenmenschlichen Kommunikation.*

b) Verwandeln Sie jetzt die Eigenschaftsworte (welche Du-Botschaften sind) nacheinander in «dahinterstehende» Ich-Botschaften.
Z. B. «nett» – «Ich fühle mich akzeptiert von Onkel Otto.»
«Unpünktlich» – «Schon mehrmals habe ich mich geärgert, wenn er später kam als angekündigt.»

IV. Interaktion
oder: Das gemeinsame Spiel von Sender und Empfänger

Bisher haben wir die Nachricht kommunikationspsychologisch unter die Lupe genommen und damit sozusagen die kleinste Einheit der Kommunikation betrachtet. In diesem Abschnitt möchte ich den Blickwinkel etwas erweitern. Denn die Kommunikation ist ja nicht damit beendet, daß der eine etwas von sich gibt und beim anderen etwas ankommt. Im Gegenteil, nun geht es ja erst richtig los! Der Empfänger reagiert, wird dadurch zum Sender und umgekehrt, und beide nehmen aufeinander Einfluß. Wir sprechen von *Interaktion*.

1. Individuelle Eigentümlichkeiten als Interaktionsresultat

Gemäß unserer alltäglichen Sichtweise (psychologische Alltagstheorie) suchen und finden wir die Bestimmungsstücke des Verhaltens im Individuum selbst. Jemand sei hochnäsig, sagen wir, ein anderer kooperativ, Ernst sei ein Dauerredner, Waltraud sei dominant, Mimi dagegen hilflos und abhängig. Unter dem Einfluß der Psychologie sind wir damit vertraut, solche individuellen Eigentümlichkeiten als Resultat vergangener Kommunikationserfahrungen anzusehen und nicht etwa als angeboren und erbbedingt. So ist uns folgende Sichtweise nicht ungewohnt: Mimi ist so hilflos und abhängig, weil sie einen sehr autoritären Vater gehabt hat, der sie unterdrückte und nicht erwachsen werden ließ. – Die moderne Kommunikationspsychologie geht einen Schritt weiter. Sie erklärt persönliche Eigenarten als Ausdruck der *derzeitigen* kommunikativen Verhältnisse. Sie sagt: Es gehören immer mindestens zwei dazu, wenn sich einer in zwischenmenschlicher Hinsicht so oder so verhält. Wenn Mimi sich hilflos und abhängig gibt, dann wird sie es mit einem Partner zu tun haben, der dieses Spiel mitspielt – der sich kompetent und beschützend, vielleicht väterlich verhält. Und so gilt die Suche des Kommunikationspsychologen bei individuellen Schwierigkeiten zunächst immer auch den Mitspielern.

Üben wir uns an Hand einiger Beispiele in diesem Wechselwirkungsdenken! Jemand ist ein Dauerredner. – Wo sind die, die ihm schweigend und geduldig zuhören? Dauerredner gibt es nur so lange, wie andere sich komplementär verhalten. – Jemand anders ist dominant: Wer sind die, die sich unterdrücken lassen? – Jemand anders ist «unverschämt»: Offenbar gibt es Mitspieler, die sich alles bieten lassen.

Wie oft beklagen wir uns über die unangenehmen Eigenschaften unserer Mitmenschen. «Da lade ich ihn ein, und was meinst du, besitzt er doch die Unverschämtheit, seinen Hund mitzubringen! Dabei weiß er ganz genau, daß ich einen neuen Teppichboden und eine Hundehaare-Allergie habe!» – Die «Unverschämtheit» des anderen findet meist ihr Gegenstück in meiner Unfähigkeit, «nein» zu sagen und mein Interesse auszudrücken.

Die moderne kommunikationspsychologische Sichtweise von den zwischenmenschlichen Vorgängen lautet also: Kommunikation ist ein Wechselwirkungsgeschäft mit mindestens zwei Beteiligten. Persönliche Eigenarten, individuelle Verhaltensweisen sind interaktionsbedingt. Es gehören immer (mindestens) zwei dazu.

Diese Sichtweise ist 1. ent-individualisierend und 2. ent-moralisierend. Ent-individualisierend insofern, als zwischenmenschliche Verhaltensweisen nicht mehr in erster Linie aus den Eigenarten des Individuums erklärt werden, sondern aus den ungeschriebenen Regeln der gegenwärtigen Interaktion. Ent-moralisierend insofern: Nach der alten Sichtweise gibt es oft einen «bösen Täter» und ein «armes Opfer» («Dieser Dauerredner redet mich tot»). Da aber der Böse nur böse sein kann, wenn das arme Opfer sich zum Mitspielen bereit erklärt, ist eine moralische Beurteilung unangemessen. Es handelt sich um ein gemeinsames Spiel mit verteilten Rollen, und nicht selten hat das arme Opfer einiges Interesse daran, seine Rolle beizubehalten.

Der bisherige Gedankengang ist in Abb. 35 dargestellt:

Wo wir bisher den «schwierigen Mitmenschen» gesehen haben, sind wir nunmehr in der Lage, eine schwierige Beziehung zu sehen und nach dem Eigenanteil zu suchen:

Er ist ein Dauerredner	Warum wage ich ihn nicht zu unterbrechen?
Er ist dominant	Wie lasse ich mich unterdrücken?

Er ist so hilflos und abhängig

Wieso gehe ich ihm immer wieder auf den Leim und erledige seine Angelegenheiten?

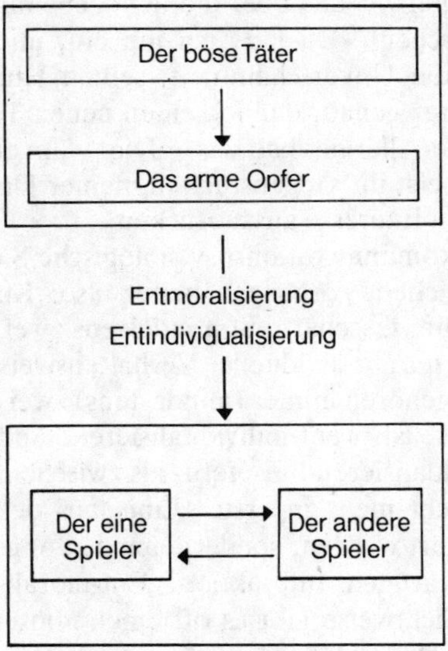

Abb. 35: *Die alte (individualisierende und moralisierende) Sichtweise und die neue kommunikationspsychologisch-interaktionistische Sichtweise.*

Für manche mag diese Sichtweise befremdlich und unbequem sein. Denn wo sie früher nur den bösen (gestörten, kranken) anderen gesehen haben, sollen sie nun die eigene Mit-«Schuld» in den Blick nehmen, genauer gesagt: den eigenen Mitspielbeitrag. Am Anfang ist dies eine zusätzliche Bürde, und kommunikationstheoretisch eingestellte Psychologen müssen mit einigem Widerstand rechnen, wenn sie sich von dem Auftrag distanzieren, die «Pathologie des anderen» (vgl. Selvini-Palazzoli u.a. 1978) zu beheben. Eltern und Lehrer, die ein «verhaltensgestörtes» Kind dem Psychologen überweisen, sind oft gar nicht erbaut, wenn dieser die Störung gar nicht erstrangig «im» Kind, sondern im «System» suchen und behandeln will. Denn nach dieser Auffassung ist nicht der «Symptomträger» krank, sondern das interaktionelle Netzwerk der ganzen Bezugsgruppe («Patient Familie», Richter 1970).

Neben der «Bürde» enthält die interaktionistische Sichtweise aber auch eine Chance: Indem ich meinen eigenen Mitspiel-Beitrag erkenne, erhalte ich mehr Macht, bin dem «schwierigen anderen» (dem Dauerredner und Dominanten, Hilflosen und Unverschämten) nicht mehr bloß ausgeliefert, komme aus der Opfer-Rolle heraus, die mich zwar von Verantwortung entlastet und mir moralische Überlegenheit sichert, die mich dafür aber auch leiden und nicht erwachsen werden läßt.

Wie steht es mit dieser Sichtweise bei realen Abhängigkeitsbeziehungen? Bin ich nicht z. B. zwangsläufiges Opfer eines tyrannischen Vorgesetzten? Die Chancen, auf die Interaktion Einfluß zu nehmen, sind hier nicht gleich verteilt. Dennoch findet sich bei näherem Hinsehen fast regelmäßig: Wo jemand Tritte austeilt, gibt es welche, die mehr als erzwungenermaßen «Tretfläche» bieten.

2. Interpunktion (oder: Wer hat angefangen?)

Selbst wenn man von der individualistischen Betrachtungsweise abgekommen ist und den eigenen Beitrag zum gemeinsamen Spiel mit im Auge hat, selbst dann wird oft die Frage gestellt: «Wer hat angefangen?» Ein berühmtes Beispiel von Watzlawick (1969): Ein Ehepaar hat dauernd Streit. Die Frau nörgelt an ihrem Mann herum – wohingegen er sich zurückzieht (s. Abb. 36).

Was sich hier abspielt, wird von Mann und Frau unterschiedlich interpretiert. Der Mann: *«Weil* sie immer nörgelt, ziehe ich mich zurück.» – Die Frau: *«Weil* er sich immer zurückzieht, nörgele ich!» Beide interpretieren also ihr eigenes Verhalten *als Reaktion* auf das Verhalten des anderen. Watzlawick spricht von unterschiedlicher *Interpunktion* von Ereignisfolgen. «Interpunktieren» heißt: (willkürlich) das eine Verhalten als Ursache, das andere Verhalten als Folge oder Reaktion auslegen.

Es scheint eine menschliche Eigenart zu sein, das eigene Verhalten immer als Reaktion zu erleben. Dies erklärt zu einem guten Teil den merkwürdigen Umstand, daß sich in konfliktreichen Auseinan-

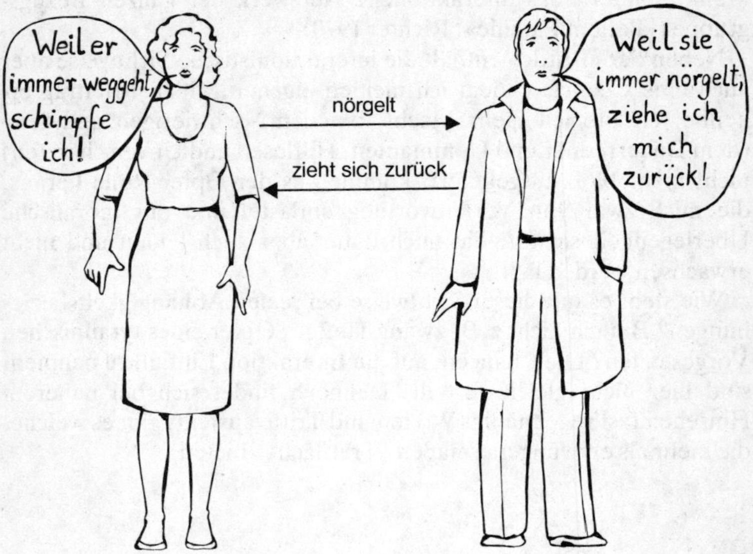

Abb. 36: *Frau und Mann interpunktieren ihre Interaktion verschieden.*

dersetzungen meist alle im Recht fühlen. – Hier ein paar weitere typische Beispiele für unterschiedliche Interpunktionen:

Eine neue Mitarbeiterin macht viele Fehler, die der Abteilung teuer zu stehen kommen. In der Abteilung herrscht Krach und Klimavergiftung. Interpunktion des Konfliktes seitens der Kollegen: «Weil sie uns nicht um Rat fragt und dann alles falsch macht, sind wir natürlich schlecht auf sie zu sprechen.» Interpunktion der neuen Mitarbeiterin: «Weil die mich alle ablehnen, wage ich nicht zu fragen, um keine abweisende Reaktion zu riskieren.»

In einer Arbeitsgruppe gibt es aktive, fleißige Gruppenmitglieder und eher passive, faule. Die aktiven: «Weil ihr so faul seid, bleibt alles an uns hängen.» Die passiven: «Weil ihr alles an euch reißt, haben wir resigniert und sagen uns: ‹Dann sollen sie ihren Kram allein machen!›»

Schlechte Atmosphäre in einer Schulklasse. Der Lehrer schimpft viel, die Schüler sind lustlos. Der Lehrer: «Weil ihr so apathisch und so wenig bei der

Sache seid, muß ich viel schimpfen.» Die Schüler: «Weil er dauernd ‹rummeckert›, haben wir keine Lust mehr mitzumachen.»

Die Frage nach dem Anfang ist so unbeantwortbar wie die Frage, ob Henne oder Ei zuerst da gewesen sei. Nach der systemtheoretischen Sichtweise ist Kommunikation kreisförmig und ohne Anfang. Die Metakommunikation sollte daher nicht die Frage nach dem Anfang und nach der Schuld stellen, sondern darauf aus sein, das gemeinsame Spiel zu erkennen und Neuverabredungen zu treffen: «So und so treiben wir es miteinander, jeder reagiert auf den anderen und beeinflußt ihn dadurch. Wie können wir uns ändern, damit die Zusammenarbeit befriedigender wird?»

3. 1 + 1 = 3 (oder: Grundzüge der systemtheoretischen Betrachtungsweise – Zusammenfassung)

Grundlegend für die systemtheoretische Betrachtungsweise ist die Annahme, daß «Störungen» nicht so sehr die Eigenarten eines Individuums widerspiegeln, sondern sozusagen auf einer systematisch mißglückten Form des Aneinandergeratens beruhen. Die «übersummative» Gleichung:

$$1 + 1 = 3$$

besagt, daß es «in jeder Kommunikation eine Art sur-plus, eine Eigendynamik (gibt), die nicht nur aus der Summe der Anteile der einzelnen Kommunikationspartner zu erklären ist» (Brunner u. a. 1978, S. 52). Salopper ausgedrückt: Wenn Hans und Lene eine Beziehung eingehen, wenn ihre Persönlichkeiten «aufeinanderprallen», dann geschehen Dinge, die man kaum ahnen kann, wenn man Hans und Lene einzeln kennt. Und wenn einer von beiden «krank» oder depressiv oder unausstehlich wird, dann mag es weniger erfolgversprechend sein, den einen unter die Lupe zu nehmen, als die Art des Miteinander-Umgehens von beiden, ihre unbewußten «Spielregeln» (s. Abb. 37).

Dabei kann es sich zum Beispiel erweisen, daß die «Störung» des einen ein «sinnvolles» Mittel zur Aufrechterhaltung der Beziehung darstellt.

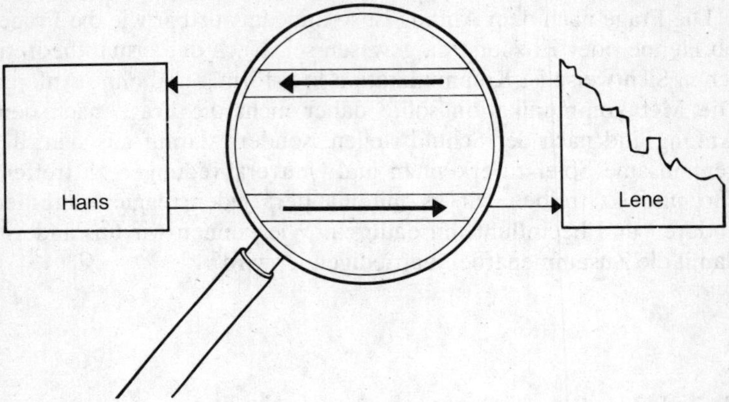

Abb. 37: *Systemtheoretischer Ansatz: Bei Störungen einzelner Individuen wird die Art des Miteinanders «unter die Lupe genommen» und verändert, nicht das einzelne Individuum.*

«Tatsächlich ist nämlich in Systemen mit homöostatischer Tendenz die ‹Pathologie› bestimmter Mitglieder die unabdingbare Voraussetzung für das Weiterbestehen des Gleichgewichts...» (Selvini-Palazzoli u.a. 1978, S. 64)

Die systemtheoretische Betrachtungsweise, die den Relationen zwischen den Elementen größere Aufmerksamkeit widmet als den Eigenschaften der Elemente selbst, unterstellt ferner *Kreisförmigkeit*, d.h. eine wechselseitige Einflußnahme, bei der die Frage nach dem Anfang ohne Sinn ist und nur willkürlichen Interpunktionen Vorschub leistet. Entsprechend entfällt eine moralische Betrachtungsweise, entfällt die Frage nach Schuld und Recht. Über die Schulklasse schreiben z.B. Selvini-Palazzoli u.a. (1978, S. 621):

«Die Beziehungen zwischen den Mitgliedern einer Klasse sind, wie alle Beziehungen innerhalb eines interaktiven Systems, kreisförmig: Reaktion und nachfolgendes Ereignis sind nicht voneinander zu trennen, und es ist ganz und gar willkürlich, die Abfolge von Verhaltensweisen nach Ursache und Wirkung, Herausforderung und Herausgefordertsein usw.

‹interpunktieren› zu wollen. Wer behauptet, daß das Verhalten von A Ursache des Verhaltens von B innerhalb der Schulklasse sei, will die Wirkung des Verhaltens von B auf A nicht wahrhaben. Wir müssen also

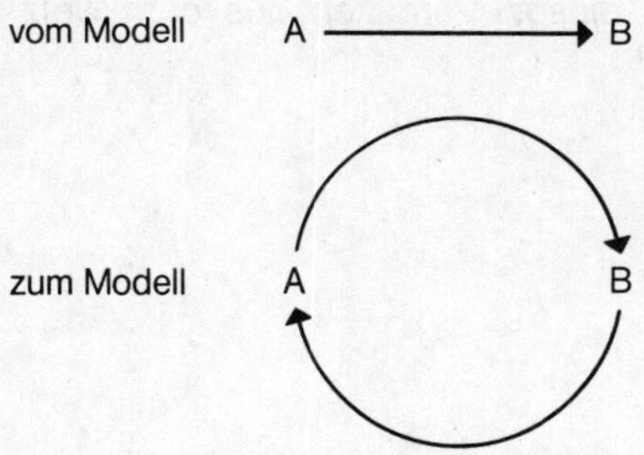

fortschreiten, und innerhalb dieses Modells ist es ganz einfach nicht möglich zu sagen, wer von beiden ‹angefangen› hat.»

Natürlich darf die systemtheoretische Sichtweise nicht verabsolutiert werden. Wie jemand kommuniziert und sich verhält, welche Eigenarten und «Neurosen» er hervorbringt, ist *auch* interaktionsbedingt, aber wohl kaum ausschließlich. Es darf angenommen werden, daß einige individuelle Merkmale und Persönlichkeitsausrichtungen in nahezu jedem Interaktionsgefüge «durchschlagen». Die «Gleichung» 1+1=3 zeigt ja, daß in der Summe *auch* die beiden Summanden der linken Seite enthalten sind.

Übungen

Besinnen Sie sich auf einen «schwierigen» Mitmenschen, mit dem Sie oft zu tun haben, vielleicht jemand, der Ihnen schon manches «angetan» hat.

Finden Sie heraus, worin Ihr eigener Beitrag zum mißlichen Verhalten des anderen besteht; wie haben Sie «mitgespielt»?

2. Kennen Sie eine Familie (oder ein Team, eine Gruppe) mit einem «schwarzen Schaf» (jemand, der «gestört» ist oder sich «unmöglich» benimmt)?

Wenden Sie die systemtheoretische Betrachtungsweise an, indem Sie sich fragen, wie dieses Verhalten aus dem Netz der Beziehungen verständlich wird!

V. Metakommunikation – die Gewohnheit der nächsten Generation?

Es gibt kaum ein Heilmittel, das für «kranke», gestörte Kommunikation von den Fachleuten so empfohlen wird wie (explizite*) Metakommunikation. Gemeint ist eine Kommunikation über die Kommunikation, also eine Auseinandersetzung über die Art, wie wir miteinander umgehen, und über die Art, wie wir die gesendeten Nachrichten gemeint und die empfangenen Nachrichten entschlüsselt und darauf reagiert haben. Zur Metakommunikation begeben sich die Partner gleichsam auf einen «Feldherrenhügel» (Langer), um Abstand zu nehmen von dem «Getümmel», in das sie sich verstrickt haben und in dem sie nicht mehr (oder nur zäh und schwierig) weiterkommen (s. Abb. 38).

Das Bild des Feldherrnhügels soll nicht zu dem Mißverständnis verführen, daß Sender und Empfänger hier wissenschaftlich-distanziert von einer hohen Warte das Geschehen analysieren, etwa in der Art: «Ich glaube, daß ich eher auf den nonverbalen Anteil deiner etwas inkongruenten Nachrichten reagiere und das Geschehen auf der Beziehungsebene anders interpretiere als du.» – Dies wäre eine akademische Spielart von Metakommunikation, aus der kein Heil zu erwarten ist (vgl. auch S. 256ff).

Zwar haben wir in den vier Seiten der Nachricht, in der Unterscheidung der Empfangsvorgänge und in der systemorientierten Betrachtungsweise ein hervorragendes Rüstzeug für die Fähigkeit zur Metakommunikation. Dieses Rüstzeug ist aber nur dann hilfreich, wenn wir es als Wahrnehmungshilfe benutzen, um bewußter mitzukriegen, was sich in mir und zwischen uns abspielt; nicht hingegen, wenn wir eine neue Imponiersprache der Eingeweihten daraus entwickeln. Gute Metakommunikation verlangt in erster Linie einen vertieften Einblick in die eigene Innenwelt und den Mut zur Selbstoffenbarung. Mut insofern, als das Thema «Was geht –

---

* Explizite Metakommunikation insofern, als implizit ohnehin in jeder Nachricht ein metakommunikatorischer Anteil, ein «So-ist-das-gemeint-Anteil» steckt. – Wenn im folgenden von Metakommunikation die Rede ist, ist immer die explizite gemeint.

Abb. 38: *Die «Feldherrenhügel» der Metakommunikation: Sender und Empfänger machen die Art, wie sie miteinander umgehen, zum Gegenstand des Gespräches.*

hier und jetzt – in mir vor – wie erlebe ich dich und was spielt sich zwischen uns ab?» eine meist vermiedene direkte Konfrontation mit der oft als peinlich erlebten Realität darstellt. Als Preis winkt allerdings eine Befreiung von unausgedrückter Spannung und die Chance, aus der Störung dadurch herauszukommen, daß man wirklich «hindurchgegangen» ist.

Hier noch einige Zitate zum Thema Metakommunikation:

«Die Fähigkeit zur Metakommunikation ist... eine Conditio sine qua non aller erfolgreichen Kommunikation...» (Watzlawick 1969, S. 56)

«Es scheint kaum eine kommunikative Verhaltensklasse zu geben, die die meisten Menschen so *ungewohnt* finden, so scheuen und doch so *befreiend* erleben können, wie ein Gespräch über die Beziehung, wie explizite Metakommunikation.» (Mandel und Mandel 1971, S. 127)

«Explizite Metakommunikation ist völlig *unüblich,* man schämt sich ihrer. Es würde geradezu einer Evolution gleichkommen, gelänge es, sie in der nächsten Generation zur Gewohnheit zu machen.» (Mandel und Mandel a.a.O., S. 62)

«Der einzige Ausweg (aus der Gefahr, daß Beziehungsstörungen in der Schule die Inhaltsvermittlung sabotieren, Verf.) liegt unseres Erachtens – analog zu dem dialektischen Satz: ‹Wer sich nicht in Gefahr begibt, kommt darin um› – darin, daß man gerade durch die gestörten Beziehungen ‹hindurch› muß, um sie zu verändern, d.h., daß man lernen muß, Beziehungsdefinitionen und -störungen zu erkennen und darüber zu reden – dies wäre Metakommunikation –, um ihrer Wirkung nicht hilflos ausgeliefert zu sein.» (Brunner 1978, S. 63f).

Den Enthusiasmus, der aus diesen Zitaten spricht, kann wohl jeder nachvollziehen, der einmal erlebt hat, daß er durch das Aussprechen einer Störung (mit bangem Herzen! Wird man mich nicht auslachen oder «zerfetzen»?) die «Wahrheit der Situation» gefördert und eine befreiende, intensive Auseinandersetzung ausgelöst hat – anstatt, wie früher, die kommunikative «Unbehaglichkeit» stumm oder mit guter Miene zum bösen Spiel zu erleiden. Meist ging es ja allen so, nur wußte dies keiner vom anderen.

Auf der anderen Seite gibt es keine Garantie, daß auf der Meta-Ebene nicht dieselben Fehler gemacht werden. Die Störung erfährt dann nur eine Ebenen-Verlagerung. In diesem Fall ist es angebracht, einen außenstehenden Kommunikationshelfer hinzuzuziehen. Dieser versteht sich als Hebamme klarer «quadratischer» Nachrichten und als einfühlsamer Anwalt förderlicher Interaktionsregeln (s. S. 126f).

Zum Schluß ein Beispiel für eine Metakommunikation in einem Arbeitsteam. Ausgangspunkt ist ein «Funktionalitätsverdacht» (vgl. S. 60f):

In dem Team hatte es sich so eingebürgert, daß unangenehme Aufgaben durch «Ausgucken» verteilt wurden, und in einer Mischung aus Ernst und Flachs wurde der «Dumme» mit viel Lob über seine «besonderen Fähigkeiten für gerade diese Aufgabe» entschädigt:

Kollege A: «Ich weiß nicht recht, ob ich mich über Ihr Lob freuen kann. Ich habe den Verdacht, daß wir jemanden immer dann hochloben, wenn wir einen Dummen gefunden haben.»

B (lacht): «Ob Sie da wohl von sich auf andere schließen?»

A: «Sie erleben das anders?»

B: «Ach, ich sehe das alles nicht so verbissen. Klar, wenn wir zu jemandem sagen: ‹Sie sind für diese Aufgabe doch besonders gut geeignet›, dann weiß jeder, daß das vor allem gesagt wird, um jemanden zu motivieren. Das Auge zwinkert sozusagen dabei – das ist so 'ne Art Spiel, finde ich.»

A: «Vielleicht nehme ich das zu ernst – aber irgend etwas ärgert mich doch daran.»

C (zu A): «Ich bin froh, daß Sie das mal angesprochen haben. Ich finde, wir haben oft so eine Art zu witzeln, wenn es heikel wird. Ich mache da dann oft mit, obwohl ich ein ungutes Gefühl habe. Zum Beispiel neulich...» usw.

Übung

Dies ist eine Vorübung für Metakommunikation: Wenn Sie das nächste Mal ein Gespräch geführt haben, das Ihnen etwas «unter die Haut» gegangen ist, machen Sie sich anschließend ein paar Notizen, etwa zu folgenden Punkten:

Wie habe ich mich gefühlt während des Gesprächs? Was waren die Auslöser für diese Gefühle? War ich mir darüber im klaren, was mein Anliegen, meine «Botschaft» war? Habe ich sie vermitteln können? Was hätte ich im «Klartext» am liebsten sagen mögen? Was hat mich daran gehindert? Was würde ich jetzt, nach dem Gespräch gerne noch loswerden? Welche Phantasien habe ich darüber, welche Notizen sich der andere jetzt machen würde?

Dies ist Meta.
Sie soll uns . . .

. . . in verfahrenen Situationen

und angespannten Lagen
daran erinnern,

uns selbst einmal über die Schulter
zu schauen und darüber zu reden,
wie wir miteinander umgehen:
Metakommunikation

Teil B
Ausgewählte Probleme der zwischenmenschlichen Kommunikation

In diesem Teil B wollen wir jede der vier Seiten noch einmal für sich betrachten und einige ausgewählte psychologische Probleme erörtern, die sich jeweils damit verbinden. Im Gegensatz zum systematisch aufgebauten Teil A kann dieser Teil B interessengeleitet und in beliebiger Reihenfolge gelesen werden. Der Aufbau des Teiles B ist aus folgendem Strukturbild erkenntlich:

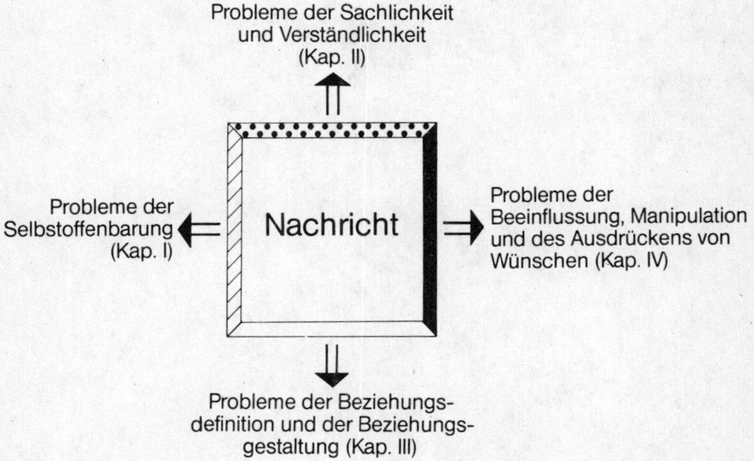

I. Die Selbstoffenbarungsseite der Nachricht

Sobald ich etwas von mir gebe, *gebe* ich etwas von *mir*. Jede Nachricht enthält (auch) eine Selbstoffenbarung – dies ist ein existentielles Phänomen, durch das jedes Wort zum Bekenntnis und jede Äußerung zur Kostprobe der Persönlichkeit wird. Diese Selbstoffenbarung kann mehr oder weniger bewußt, mehr oder weniger reichhaltig und tiefgreifend und mehr oder weniger getarnt und versteckt sein – aber sie kann nicht nicht sein.

Ich erlebe es wieder und wieder, daß allein das Wort «Selbstoffenbarung» Unruhe und Abwehr auslöst: «Soll hier etwa ein seelisches Striptease stattfinden?» Tatsächlich kosten den Sender wie den Empfänger der Umgang mit dieser Seite viele Energien. Sie ist psychologisch brisant.

Ich möchte die kommunikationspsychologischen Probleme der Selbstoffenbarung überwiegend aus der Sicht des Senders darstellen. Er sieht vor seinem geistigen Auge den Empfänger mit gespitztem Selbstoffenbarungs-Ohr (vgl. Abb. 20, S. 54) und steht vor der bangen Frage: «Wie stehe ich in den Augen des anderen da?» Über dieses fast allgegenwärtige Phänomen der Selbstoffenbarungsangst soll im folgenden zuerst gesprochen werden (Kap. 1, S. 100ff). In einem Exkurs soll die Entstehung dieser Angst in der kindlichen Sozialisation zurückverfolgt werden. Sodann stellt sich die Frage: Wie geht der Sender mit dieser Selbstoffenbarungsangst um, welche Selbstdarstellungs- und Angstabwehrtechniken stehen ihm zur Verfügung? Hier wird von Techniken der Selbstdarstellung die Rede sein, und es wird sich zeigen, daß der Sender – in allzugroßer Besorgtheit um diese Seite – sehr viele Energien für ihre Gestaltung verbraucht (Kap. 2, S. 106ff). Die Auswirkungen dieser seelischen Energieverschwendung werden sowohl für die Sache als auch für die Mitmenschlichkeit als gefährlich dargestellt (Kap. 3, S. 115). Worin besteht die Alternative? In Kapitel 4 (S. 116ff) werden kommunikationspsychologische Wegweiser vorgestellt und diskutiert, die eine bessere Verständigung ermöglichen sollen. Es zeigt sich, daß der Appell «Sei du selbst» nur dann befolgt werden kann, wenn dem Sender zunächst einmal eine Selbstoffenbarung vor sich selbst gelingt. Anders ausgedrückt: Um anderen den Zugang zu mir zu erlauben, muß ich erst einmal den Zugang zu mir selbst gefunden haben und immer aufs neue finden. – Wenn auch ein solches Ziel utopisch ist, so ist doch eine Annäherung möglich. Hier stellt sich die Frage nach den Wegen zur Selbsterkenntnis (Kap. 5, S. 123ff).

1. Selbstoffenbarungsangst

Die emotionale Belastung des Senders wird am deutlichsten in Situationen, die hauptsächlich um der Selbstoffenbarung willen stattfinden. Paradebeispiel: die Prüfung. Des Senders Nachrichten werden hier mit dem Selbstoffenbarungs-Ohr ausgewertet: Was sagen mir deine Ausführungen über dich, deine Qualifikation, deine Kenntnisse? Der Sender hat Angst: Prüfungsangst. «Werde ich vor dem Urteil bestehen oder werde ich versagen?» Zwar sind Prüfungen, Bewerbungsgespräche, psychologische Tests usw. durch ein besonderes Schwergewicht auf der Selbstoffenbarungsseite gekennzeichnet; da aber Nachrichten auch im sonstigen Leben diese Seite beinhalten, nehmen wir ein Stück Prüfungsangst mit in alle zwischenmenschlichen Beziehungen. Diese Selbstoffenbarungsangst beruht auf der Vorwegnahme einer negativen Beurteilung durch den Mitmenschen, wobei ich als Sender selbst mein nächster Mitmensch und nicht selten mein strengster Richter bin.

So trauen sich viele nicht, den Mund aufzumachen. Eine Befragung Hamburger Schüler ergab, daß über 70% ein Problem darin sahen, sich vor anderen Leuten – Erwachsenen wie ihresgleichen – auszudrücken. Es scheint, als ob die bange Frage: «Wie stehe ich in den Augen der anderen da?» das Seelenleben übermächtig beherrscht.

Ein (Jura-)Student schreibt: «Viele Menschen haben regelrecht Angst davor, etwas nicht zu wissen, weil dieses ‹Nicht-Wissen› ja als Schwäche ausgelegt werden könnte. Daraus resultiert oft ein ‹gescheites› Daherreden ohne viel Sinn, nur um dem Verdacht zu entgehen, ein ‹Nicht-Wissender› zu sein... Auch in Kontakten zu anderen Menschen, besonders bei der Partnersuche, stelle ich oft eine ausgeprägte Angst fest, sich zu öffnen, da man ja ‹Schwächen› feststellen könnte. Nur nicht zuviel offenbaren, sonst könnte ja der andere ein schlechtes Bild von der eigenen Persönlichkeit erhalten.» (Aus einem Vorlesungstagebuch, 1980)

Besonders spürbar wird die Angst bei großer Empfängerschaft. Angenommen ich will auf einer politischen Versammlung oder einer Elternratssitzung etwas zur Sache sagen. Mein Herz klopft, bevor und während ich mich zu Wort melde. Biologisch gesehen hat Herzklopfen die Funktion, die Muskeln mit viel Blut zu versorgen, damit sie für den «Ernstfall» gerüstet sind. Diese Aufrüstung wird vom Gehirn dann befohlen, wenn es die Situation für «ernst» hält, nämlich wenn Verteidigung, Angriff oder Flucht als lebenserhaltendes Verhalten bevorsteht.

So sagt mir mein Körper sehr deutlich, was ich vielleicht mit dem Verstand für albern halte: Mein Sachbeitrag ist mir ein persönlicher «Ernstfall», eine Bedrohung meines Selbstwertgefühls. Des Senders Risiko drückt sich schon in dem überlieferten antiken Wort aus: «Si tacuisses, philosophus manisses» («Hättest du geschwiegen, würde man dich weiterhin für weise halten»).

Halten wir fest: Der Sender weiß, daß seine Nachrichten auch unter dem Aspekt der Selbstoffenbarung empfangen und gewertet werden, deshalb ist eine Art generalisierter Prüfungsangst allgegenwärtig – ich nenne sie Selbstoffenbarungsangst.

Übrigens rührt die Angst vor dem Psychologen daher: Man rechnet damit, daß er ausgebildet ist, Nachrichten unter dem Selbstoffenbarungsaspekt auszuwerten («Was auch immer ich von mir gebe – er wird mich doch gleich durchschauen und wissen, was mit mir los ist!»).

Teilweise ist die Selbstoffenbarungsangst nicht mehr spürbar, weil wir Kommunikationstechniken erlernt haben, die die Angst mindern oder gar nicht erst aufkommen lassen. Über solche Techniken handelt Kap. 2. Zunächst wollen wir einen kurzen Blick auf die Entstehungsgeschichte der Selbstoffenbarungsangst werfen.

1.1 Zur Entstehung der Selbstoffenbarungsangst

Wohl jeder hat die Selbstoffenbarungsangst schon gespürt, kennt sie aus eigenem Erleben, mehr oder minder. Woher kommt diese Angst? Ist sie angeboren? Menschliches Schicksal? Neurotisch und überflüssig?

Soweit ich sehe, liegen die Ursprünge der Selbstoffenbarungsangst bereits in früher Kindheit, sie ergibt sich als beinahe zwangsläufige Folge des *Zusammenstoßes* von kindlichem *Individuum* und *Gesellschaft*. Die Selbstoffenbarungsangst gehört zu den *bleibenden Unfallschäden dieses Zusammenstoßes*.

Zwar ist der «Zusammenstoß» unvermeidlich, jedoch ist die Härte des Aufpralles und ist die Verletzung sehr unterschiedlich, je nachdem, wie liebevoll und aufgeklärt die Erziehung und wie human die

Gesellschaft gestaltet ist. Ich möchte im folgenden zwei Teilaspekte dieses Zusammenstoßes von Individuum und Gesellschaft unterscheiden und jeweils die Entstehung der Selbstoffenbarungsangst sowie die Strategien ihrer Bewältigung daraus ableiten. Die eine Art des Zusammenstoßes ergibt sich aus dem kindlichen So-sein und den gesellschaftlichen Normen; das Kind merkt sehr bald, daß ein Teil seiner Persönlichkeit unerlaubt und böse ist und findet guten Grund, dieses ungeliebte Ich zu verstecken. Dieser Vorgang der Verdrängung unerwünschter Teile der Person ist in der psychoanalytischen Literatur ausführlich beschrieben worden.

Die andere Art von Zusammenstoß ergibt sich aus der kindlichen Hilflosigkeit und Unzulänglichkeit und den gesellschaftlichen Leistungsanforderungen. Das von dem Tiefenpsychologen Alfred Adler als menschliches Schicksal postulierte «Minderwertigkeitsgefühl» führt zu der Schlußfolgerung: «So (unzulänglich) wie ich bin, kann ich mich nicht vorzeigen!» und zu zahlreichen Versuchen, die Selbstaufwertung zu betreiben.

Verfolgen wir diese beiden Entwicklungslinien der Selbstoffenbarungsangst etwas ausführlicher.

Zusammenstoß zwischen kindlicher Eigenart und gesellschaftlichen Normen. Ein Grunderlebnis für jedes Kind ist die teilweise Unvereinbarkeit seiner Wünsche und Eigenarten mit den gesellschaftlichen Normen. «Bravsein, wenig verlangen, sich unterwerfen, nichts kaputtmachen, Wut unterdrücken, keine Sexualität zeigen usw., das sind die unendlich schwer zu verinnerlichenden Verbote, von denen es abhängt, ob ein Kind sich gut fühlen darf.» (Richter 1974, S. 80) Meist sind es in erster Linie die Eltern, die durch Lohn und Strafe, durch Liebe und Liebesentzug diese Normen vermitteln und dem Kind die Angst vor seinem ungeliebten Ich beibringen. Diese Angst ist berechtigt, keineswegs neurotisch und führt zur Anpassung und zur Unterdrückung der «bösen» Anteile. In diesem Prozeß werden die Eltern (und später die Nachbarn, Kindergärtner, Lehrer, Altersgenossen) zu einer Art Richter, vor deren Augen man zu bestehen hat, um Glück und Selbstwertgefühl zu erlangen. Und das Kind lernt, daß nur bestimmte Gefühle, Gedanken und Verhaltensweisen, die in ihm sind, den Beifall der Richter finden; andere sind «schlecht» und müssen unterdrückt und vor anderen verborgen werden (s. Abb. 39).

Nun geschieht aber noch ein weiteres: Das Kind macht im Laufe der Zeit die Urteile seiner Richter zu seinen eigenen, es «verinner-

Abb. 39: *Das Kind merkt bald, daß nur ein Teil seiner Person liebenswert ist. Folge: Abspaltung von Persönlichkeitsanteilen.*

licht» sie. Verbotene Gefühle und Handlungsimpulse brauchen zur Unterdrückung keinen Richter von außen mehr, sie lösen automatisch Schuld- und Schamgefühle aus: Der Richter ist in uns in Gestalt eines Gewissens, Ehrgefühls oder Über-Ichs. Durch diese Über-Ich-Bildung kommt die Angst nicht mehr so stark auf, denn Impulse, die Strafe nach sich ziehen, werden rechtzeitig unterdrückt – ein Deckel auf der Schlangengrube.

Der Richter ist also in uns, aber: wir projizieren ihn auch wieder nach außen, dorthin, wo wir ihm ursprünglich begegnet sind – in der Gestalt anderer Menschen. Wer in einem Warenhaus eine Vase stiehlt und sie unter seinem Rock verbirgt, fühlt mit einemmal die Blicke aller Kunden und Verkäufer auf sich gerichtet, fühlt sich ertappt und verurteilt, umgeben von Detektiven und Richtern. Etwas abgeschwächt ergeht es uns im alltäglichen Leben: Stets etwas «Verbotenes unter dem Rock», projizieren wir den eigenen inneren Richter in die anderen Menschen hinein, besonders in solche, die

Ähnlichkeit mit den «alten Richtern» haben (sog. Autoritätsängste), sei es durch ihr Alter, ihr Aussehen oder ihr Verhalten – etwa wenn sie zu erkennen geben, daß sie uns kritisch beobachten. Sogleich befürchten wir, daß sie uns «fertigmachen», und zwar wegen derjenigen Eigentümlichkeiten, die wir an uns selber beschämend oder schwächlich wähnen.

«Auf Grund der Angstbereitschaft, die wir seit unserer Kindheit in uns haben, reagieren wir auf jeden Menschen, der uns mit strafender oder vorwurfsvoller Gebärde gegenübertritt, mit kurzer spontaner Angst. Der andere nimmt dabei – nicht objektiv, aber in unserer subjektiven Empfindung – vorübergehend den Charakter einer autoritären und uns überlegenen Richterfigur an. Wir befinden uns wieder in einer Art Bewährungssituation, in der wir bestehen müssen vor dem anderen. Nichtbestehen bedeutet Angst. Um diese Angst loszuwerden, ziehen wir spontan und unbewußt alle Register, mit denen wir Sympathie, Anerkennung und Respekt gewinnen können.» (Duhm 1972, S. 22)

Bei dieser Projektion (die anderen sind Richter, vor deren Urteil ich zu bestehen habe) handelt es sich eher um eine neurotische Angst. Neurotisch deshalb, weil sie inzwischen teilweise überflüssig ist (im Gegensatz zur real begründeten Angst des Kindes). Nicht, daß die ständige Beurteilung durch andere pure Einbildung wäre. Ein wenig ist das Selbstoffenbarungs-Ohr des Empfängers stets gespitzt. Aber es handelt sich um eine erlebnismäßige Übertreibung dieses Sachverhaltes. Meist hat der Empfänger ganz andere Sorgen; nicht selten wähnt er selbst etwas «Verbotenes unter seinem Rock» und ist sehr damit beschäftigt, der Entdeckung und Verurteilung zu entgehen.

Zusammenstoß von kindlicher Unzulänglichkeit mit den Leistungsmaßstäben der Umwelt. Das grundlegende Erlebnis für das Kind ist nach Adler das Erlebnis der eigenen Minderwertigkeit:

«Faßt man die Kleinheit und Unbeholfenheit des Kindes ins Auge, die so lange anhält und ihm den Eindruck vermittelt, dem Leben nur schwer gewachsen zu sein, dann muß man annehmen, daß am Beginn jedes seelischen Lebens ein mehr oder minder tiefes *Minderwertigkeitsgefühl* steht.» (Adler 1966, S. 71)

«Klein, schwach, unorientiert, hilflos tritt der Mensch das Leben an. In jeder Weise gegenüber den Erwachsenen benachteiligt, empfindet das Kind ein Unsicherheitsgefühl. Es strebt nach Sicherheit. ‹Großwerden› wird zu seinem Wunschziel. ‹Großsein› bedeutet, in der Lage zu sein, einen Gegenstand zu nehmen, eine Tür zu öffnen, den Umkreis seiner Bewegungen zu erweitern, sich viele Wünsche zu erfüllen...» (Jacobi 1974, S. 54)

Unter günstigen Umständen (wenn sich das Kind erwünscht fühlt, seinen vollwertigen Platz in der Gemeinschaft findet und auf seinem Lernweg ermutigt wird) baut sich rasch ein gesundes Selbstwertgefühl auf. Häufig sind aber die Erfahrungen in der Kindheit geeignet, das Minderwertigkeitsgefühl zu verstärken: So führt etwa ein übermäßig behütender, verwöhnender Erziehungsstil dazu, daß das Kind den Eindruck empfängt, aus eigener Kraft nicht zu taugen, und schlecht gerüstet in ein Leben tritt, in dem ihm auf Grund seines Lernrückstandes erniedrigende Erfahrungen und Blamagen bevorstehen. Auch können empfindliche Niederlagen in der Geschwisterrivalität im Kind ein Gefühl der Unterlegenheit erzeugen. Schließlich sind alle herabsetzenden Beziehungsbotschaften seitens der Umwelt geeignet, ein negatives Selbstbild des Kindes zu verfestigen («Mit mir ist nicht viel los!» – vgl. Kap. B III, 5, S. 186f).

Je stärker das Minderwertigkeitsgefühl ausgeprägt ist, um so mehr ist nach Adler der Mensch darum besorgt, dieses quälende Gefühl zu kompensieren und die eigene Selbstaufwertung zu betreiben. Jedes Streben nach Geltung, Überlegenheit und Macht wurzelt in dem Bemühen, die eigene (eingebildete oder reale) Schwäche zu überwinden (Kompensation) und dabei möglichst – zur besseren Sicherung – über das Ziel hinauszuschießen («Überkompensation»). Die Selbstoffenbarungsangst erweist sich aus dieser Sicht heraus als eine Angst vor der Entlarvung als Versager. Je stärker das Minderwertigkeitsgefühl des Erwachsenen ausgeprägt ist, um so mehr

- ☐ phantasiert er seine Mitmenschen in die Rolle von strengen Richtern hinein, vor deren Augen er zu bestehen und vor denen er den «unansehnlichen» Teil seiner Person zu verbergen habe, um halbwegs anerkannt zu werden;
- ☐ faßt er auch harmlose Situationen (z. B. Glücksspiele, Gastgeber sein, sexuelles Beisammensein) *leistungsthematisch* auf, d. h., er erlebt das Ganze als eine Art Bewährungsprobe seiner Person;
- ☐ sieht er in dem anderen einen *Rivalen* und fürchtet die Niederlage im Wettlauf um Geltung und Prestige.

1.2 Die Welt von Richtern und Rivalen – ein Phantasieprodukt?

Nicht, daß die Welt von Richtern und Rivalen ein reines Phantasieprodukt, bloß eine neurotische Projektion wäre. Im Gegenteil sind wichtige Lebensbereiche in unserer Gesellschaft (z.B. Schule und Arbeitsleben) so eingerichtet, daß sie notwendig zu Brutstätten der Selbstoffenbarungsangst werden: Sie sind nach dem Leistungs- und Rivalitätsprinzip aufgebaut.

So sollte die Schule eigentlich dem Lernen und der Persönlichkeitsbildung dienen. Da aber die Schule gleichzeitig die gesellschaftliche Funktion erfüllt, die Spreu vom Weizen zu trennen, d.h. die Schüler auf Grund ihrer Leistung in Aufsteiger und Absteiger einzuteilen, wird es für den Schüler lebenswichtig, auf der Selbstoffenbarungsseite eine gute Figur zu machen. Er ist tatsächlich umgeben von Richtern (Lehrern) und Rivalen (Mitschülern) – er muß «gut» sein und mehr noch: er muß besser sein als die anderen, um auf den «grünen Zweig» zu kommen.

Was in der Schule besonders deutlich und besonders verhängnisvoll ist, gilt mehr oder minder für viele Lebensbereiche, gerade auch in einem kapitalistischen Wirtschaftssystem, worauf besonders Duhm (1972, S. 50) hinweist:

«Die Polarität Können–Nichtkönnen wird zum vorrangigen Urteilsschema in fast allen Lebensfragen, das Leben zu einem Ablauf von angsterregenden Bewährungssituationen... – Damit vertieft das Leistungs- (und Konkurrenz-)Prinzip die Kluft zwischen den Menschen, verfeindet sie gegenseitig und legt auch in die besten Beziehungen einen Bodensatz von Neid und Mißgunst.»

Die Angst vor Richtern und Rivalen kommt also nicht von ungefähr. Darüber hinaus wird die Angst jedoch meist zu einem ständigen Lebensbegleiter und auch auf solche Situationen übertragen, die an sich keinen Wettbewerbs- und Tribunalcharakter tragen.

2. Selbstdarstellung und Selbstverbergung

Auf diesem gesellschaftlichen und persönlich-biographischen Hintergrund ist es zu verstehen, daß der Sender um seine Selbstoffenbarung immer ein wenig besorgt ist und ein Teil seiner Energien in die Gestaltung der Selbstoffenbarungsseite fließt. Die Vielzahl der Techniken, die ihm hierzu zur Verfügung stehen, lassen sich grob einteilen in Imponier- und Fassaden-Techniken. Imponiertechniken sind solche, die darauf abzielen, die eigene «Schokoladenseite» vorzuzeigen und Pluspunkte zu sammeln. Dieser durch Hoffnung auf Erfolg gekennzeichneten Strategie stehen die durch Furcht vor

Mißerfolg motivierten Fassadentechniken zur Seite: Damit sind solche gemeint, die geeignet sind, den «unansehnlichen» Teil der eignen Person geheimzuhalten. – Schließlich trifft man zuweilen eine Form der Selbstdarstellung an, die dem bisher Gesagten zu widersprechen scheint: eine demonstrative Art, sich selbst kleinzumachen, sein Licht unter den Scheffel zu stellen.

Im folgenden wollen wir uns die Imponier-, Fassaden- und Verkleinerungstechniken genauer ansehen.

2.1 Imponiertechniken

Die Sprache hat viele Begriffe, um des Senders Bemühen zu kennzeichnen, sich «von der besten Seite» zu zeigen: sich aufspielen, sich produzieren, angeben, selbstbeweihräuchern, radschlagen wie ein Pfau, Eindruck schinden usw. Zahlreich und sehr individuell sind auch die verwendeten Techniken. Allerdings steht der Sender vor einem Problem. Es gilt als plump und würde eher eine gegenteilige Wirkung erzeugen, die eigenen Vorzüge offen herauszustellen und allzu «dick aufzutragen». Außerdem gehört es selten «zur Sache».

Also muß er sie unauffällig in den Sachinhalt (1. Seite der Nachricht) hineinweben. Eine Technik wird in Kap. B II, 2, S. 140f erörtert werden: Die schwerverständliche Sprache. Schwer verständliche Ausführungen dienen weniger dem Verständnis des Empfängers als dem eigenen Prestige («Ich verstehe kein Wort, aber es muß ein sehr kluger Kopf sein!»). Eine andere Technik besteht darin, *hochwertige Personalmeldungen auf dem Kanal der Beiläufigkeit* zu senden. Damit ist gemeint: Über sich selbst ganz beiläufig und scheinbar ohne große Absicht etwas andeuten, was Eindruck macht. Etwa wenn jemand sagt: «Ich kann Ihnen da sehr zustimmen; wir hatten damals beim Bau unseres Hauses in Bangkok haargenau dieselben Schwierigkeiten.» Oder: «Was Sie da sagen, hat mein Freund Einstein in ähnlicher Form auch immer behauptet – ehrlich gesagt, ich sehe die Sache ein klein wenig anders.» Oder: «Auf den Intelligenzquotienten kann man nicht viel geben. Meiner liegt angeblich bei 131, aber ich stell mich oftmals ziemlich dämlich an.» – Scheinbar Beiträge zur Sache, liegt die Hauptbotschaft mehr auf der Seite der Selbstoffenbarung und besagt: «Seht her, wer ich bin, was ich habe, was ich kann!» Solche Imponierbotschaften beherrschen nicht nur Partygespräche; auch in Sach- und Arbeitsgesprächen wird vieles gesagt, um die eigene Hochwertigkeit und Kompetenz herauszustreichen. Eine gängige Technik dabei ist auch die Suche nach dem

«Heimspiel-Vorteil». Damit ist gemeint: Das Gespräch auf solche Aspekte lenken, zu denen man viel Gescheites sagen kann, wo man sich sozusagen zu Hause fühlt. Häufig entsteht in Gesprächsrunden geradezu eine Rangelei um den Heimspiel-Vorteil.

Das Bemühen um Selbstaufwertung zeigt sich somit sowohl im Inhalt als auch in der Form. Gern erzählt der Sender Vorfälle aus seinem Leben, aus denen indirekt hervorgeht, was für einer er ist. Meist macht er eine gute Figur dabei. Hier liegt die Imponierbotschaft im Inhalt. In der Form liegt sie, wenn der Sender eine Sprache benutzt, die die eigene Herausgehobenheit aus der Masse andeutet. So mag es vornehmer sein, irgendwo zu «weilen», anstatt irgendwo zu «sein»; sich zu «äußern», anstatt etwa zu «sagen». «Meistens gehen wir abends essen» ist nicht so gut wie: «Wir pflegen zur Nacht auswärts zu speisen.» «Über etwas zu verfügen» ist eine Spur besser als nur «etwas zu haben».

Ich will es mir ersparen, weitere Imponiertechniken aufzuzählen. Jeder mag durch Selbstbeobachtung den eigenen Techniken auf die Schliche kommen. Der Imponier-Inhalt hängt meist auch vom Empfänger ab: Dem einen kann man imponieren, indem man vom eigenen Swimmingpool erzählt, dem anderen vielleicht mit progressiven Ansichten, dem dritten mit Bildung, dem vierten mit schlüpfrigen Zoten und dem fünften mit der Abwertung bestimmter Personen(-gruppen).

2.2 Fassadentechniken

Hierunter fallen alle Techniken, die darauf abzielen, negativ empfundene Anteile der eigenen Person zu verbergen oder zu tarnen. Überhaupt das Wort zu ergreifen – dazu gehört schon ein Mindestmaß an Selbstoffenbarungsmut, denn es könnte ja sein, daß mein Beitrag Rückschlüsse auf die Inkompetenz oder «Seltsamkeit» meiner Person zuläßt (Si tacuisses...). Somit ist das Schweigen u. U. die konsequenteste Form der Angstabwehrfassade. Tatsächlich vermeiden viele Schüler, Fragen zu stellen («Nachher hält er mich für dumm!»); tatsächlich wagen nur wenige Studenten in Seminaren etwas zu sagen («Werde ich mich nicht blamieren?»); tatsächlich riskieren es auf Versammlungen oder sonstwo immer nur wenige, «den Mund aufzumachen».

Sobald der Sender den Mund aufmacht, treten andere Techniken in den Vordergrund. Vorweg gesagt: Die Fassadentechniken sind dem Sender teilweise derart in Fleisch und Blut übergegangen, daß sie zu seiner zweiten Natur geworden sind. Dieses automatische Sicherheitssystem sorgt auch dafür, daß dem Sender seine Selbstoffenbarungsangst gar nicht mehr spürbar wird. Vielleicht wird mancher Leser beim Abschnitt über die Selbstoffenbarungsangst gedacht haben: «Wie bitte, in jeder Kommunikation ist Selbstoffenbarungsangst mit im Spiel? Das ist wohl sehr übertrieben; ich jedenfalls merke davon nichts!» – Mit Hilfe der Selbstverbergungstechniken gelingt es uns, die Angst gar nicht erst aufkommen zu lassen. Wer nach allen Seiten hin Schutzwälle, Alarmanlagen und Abwehrkanonen errichtet hat, der mag sich sicher fühlen und die Angst nicht mehr spüren, die hinter der Errichtung und Aufrechterhaltung des Sicherheitssystems steht.

Fassadenhaftigkeit. «In unserem täglichen Leben begegnen wir Personen, die gleichsam hinter einer Fassade leben. Personen, die eine Rolle spielen, die Dinge sagen, die sie nicht fühlen.» (Tausch und Tausch 1977, S. 214) Dagegen sprechen die Tauschs von «Echtheit», wenn das äußere Gebaren in Übereinstimmung mit dem inneren Fühlen und Zumutesein ist.

Bin ich in Kontakt mit mir selber? – Dies ist die entscheidende Frage für die Selbstoffenbarungsseite der Nachricht. Wurzelt das Gesagte im eigenen Erleben, Fühlen und Denken? Kommt es sozusagen «von innen», oder handelt es sich um ein abgehobenes, flüchtiges Plapperwerk, so «fundiert» und «objektiv» es erscheinen mag?

Zunächst dient die Fassade zum Verbergen alles dessen, was der Sender an sich selbst «unansehnlich» findet, was sein Selbstwertgefühl bedroht. Die Devise: Keine Schwächen, keine Gefühle zeigen! – So fühle ich mich manchmal angegriffen, gekränkt oder ausgeschlossen, aber ich lasse mir nichts anmerken; ich habe Herzklopfen und Angst, aber ich tue so, als sei ich die Ruhe selbst. Ich ärgere mich, aber ich mache gute Miene zum bösen Spiel. – Besonders Richter (1974) hat darauf hingewiesen, daß in unserer Kultur vor allem Männer persönliche Leiden («Probleme haben») für unansehnlich halten und vor anderen – und vor sich selbst – zu verbergen trachten. «Bei mir ist alles in Ordnung» ist die Selbstsicht des «kranken Mannes, der nicht leiden darf». Dies gelte vor allem für den Erfolgstyp, den «Typ A», der sich durch starken Ehrgeiz, starken Hunger nach Erfolg und sozialer Bestätigung sowie durch hektische Aktivität auszeichne.

Bei dem Verbergen innerer Zustände handelt es sich nicht nur um ein taktisches Manöver, bewußt oder schon automatisch eingesetzt.

Vielfach sind die Gefühle tatsächlich auch in der Innenwelt nicht mehr spürbar. Wenn in der Kindheit bestimmte Gefühle (z.B. von Schmerz) nicht ausgedrückt werden durften, dann wurden diese Gefühle gleichsam fest verkorkt und abgespalten. Der «halbe Plus-Mensch» (vgl. Abb. 39), gleichsam ein Spiegelbild der Außenwünsche, konnte überleben. Die andere Hälfte tragen wir als Erwachsene fest verkorkt mit uns herum; der «Korken» besteht zum Teil in chronischen Muskelverspannungen, flachem Atem usw. – Mit der reduzierten Emotionalität läßt es sich zwar leben, aber nicht recht lebendig sein. Den Korken zu ziehen scheint – auch wenn die Gründe von damals nicht mehr bestehen – gefährlich: Werden die angestauten Affekte sich nicht mit einem «Knall» entladen, mich völlig überschwemmen und aus der Bahn werfen? Tatsächlich besteht psychotherapeutische und meditative (Schwäbisch und Siems 1976) Kunstfertigkeit darin, diesen Prozeß der *Integration abgespaltener Persönlichkeitsanteile* zu dosieren, in verkraftbaren Schritten zu vollziehen.

Ich bin überzeugt, daß dieser Gedanke uns an eine der wichtigsten Wurzeln der Humanität heranführt, aber eben auch – im «verkorksten» Falle – an die Wurzel der Unmenschlichkeit. Denn der gnadenlose Kampf gegen die abgespaltenen Teile wird (projektiv) am Mitmenschen geübt, vor allem an «den anderen», den Sündenböcken, auch den Kindern, denen gegenüber wir die (den Teufel mit Schlägen austreibende) «schwarze Pädagogik» noch nicht überwunden haben (vgl. Miller 1980) und die wir erst nach Aussöhnung mit dem eigenen «Teufel» überwinden können.

Sprachliche Hilfsmittel zur Selbstverbergung. Die Fassade zeigt sich in der ganzen Art, sachlich und unpersönlich, abgehoben und abstrakt zu sprechen, ferner in eingeschränkter Mimik und Gestik, im abgeklärten Tonfall, kurzum: in einer sterilen Art, sich zu geben, die mehr an offizielle Kommuniqués erinnert als an einen spontanen, persönlichen Selbstausdruck. In einem Kontext, wo die menschliche Eigenart weniger gefragt ist als die verläßliche Erfüllung von Rollenerwartungen, garantiert ein solches Verhalten Sicherheit und – zumindest scheinbare – Reibungslosigkeit. Vor allem in der Arbeitswelt herrscht daher die Norm, alles Persönliche oder gar Gefühl «draußen vor» zu lassen.

Eine ich-ferne und selbstverbergende Kommunikation zeigt sich ganzheitlich – gleichwohl gibt es einige sprachliche Symptome, an denen der Versuch, sich von sich selbst zu entfernen und sich zu verbergen, erkenntlich wird. Es handelt sich gleichsam um sprachliche Minitechniken der Selbstverbergung:

«Man-Sätze». Gern benutzt der Sender die Man-Form, um Inhalte zu ent-persönlichen. Also nicht: «Ich bin sehr wütend, weil ich so lange warten mußte!» – sondern: «Man wird wütend, wenn man so lange warten muß.»

Durch die Man-Form wird das eigentliche persönliche Erleben zu einem Spezialfall einer allgemeinen Gesetzmäßigkeit. «Man» teilt also nichts Persönliches über sich mit, sondern etwas über die ganze Menschheit.

«Wir». Dieselbe Funktion, nämlich das «Ich» zu vermeiden, haben häufig Sätze, die durch «Wir» dem Sender es gestatten, sich nicht persönlich zu exponieren, sondern sich in seinen Ansichten und Absichten in der Gemeinschaft aufgehoben zu wissen. «Wir sind offen für alles Neue, aber auch skeptisch, ob es etwas bringen wird» – äußert ein Teilnehmer zu Beginn eines Kommunikationstrainings. – «Wir wollen jetzt ins Bett gehen!» sagt die Mutter am abendlichen Familientisch. Diese Formulierung entspricht zwar selten der Realität, hat dafür aber den Vorteil, daß sie weniger exponierend ist, als wenn sie sagen würde: «Ich möchte jetzt ins Bett gehen, und ich möchte, daß ihr auch ins Bett geht!»

Fragen. Fragen haben oft die Funktion, mit der eigenen Meinung hinter dem Berg zu halten und statt dessen die Selbstoffenbarung des anderen herauszufordern. Dann sind sie kein Mittel zur Informationsgewinnung mehr, sondern eine Technik zur Sicherung der Oberhand. «Warum hast du dir das Kleid gekauft?» bedeutet vielleicht im Klartext: «Ich kann dein neues Kleid nicht leiden.» Hinter vielen sachlichen Fragen tarnt sich oft der Meinungsgegner.

«Es». Das «Ich», das einen unerschrockenen Blick nach innen erfordert, wird häufig auch ersetzt durch das unpersönliche, anonyme «Es». «Es war langweilig» – durch eine solche scheinbar objektive Feststellung vermeidet der Sender, seine persönliche Betroffenheit auszudrücken und Roß und Reiter beim Namen zu nennen. Wer ist dieses anonyme «Es»? Vielleicht steht dahinter: «Ich mochte die langen Reiseberichte von Onkel Herbert bald nicht mehr hören, hatte aber auch nicht den Mut, ihn zu unterbrechen und meine Anliegen zur Geltung zu bringen.» Die bei dieser Version notwendig werdende Auseinandersetzung mit mir selbst und mit anderen wäre zwar nicht langweilig, dafür aber riskant und unbequem. Also ist *es* schon besser, *es* langweilig zu lassen...

«Du-Botschaften». Eine wohl am weitesten verbreitete Technik, eine gefühlsmäßige Ich-Aussage zu vermeiden, besteht in der «Du-Botschaft» (Gordon 1972, vgl. auch S. 80). Diese Technik besteht darin, eigenes inneres Erleben in eine Aussage über den anderen zu übersetzen. In der folgenden Tabelle sind einige Du-Botschaften als Beispiele den entsprechenden (nicht ausgedrückten) Ich-Botschaften gegenübergestellt.

Du-Botschaften	**(vermiedene) Ich-Botschaften**
«Mußt du eigentlich immer dazwischenreden? Du solltest mal in einen Diskutier-Kursus gehen.»	«Ich bin sauer, wenn ich unterbrochen werde. Ich denke dann, das ist nicht interessant genug, was ich erzähle.»
«Dir kann man wirklich nichts anvertrauen.»	«Mir ist das ungeheuer peinlich, daß du das weiter erzählt hast.»
«Mit der Hose machst du dich doch lächerlich, zieh bloß 'ne andere an.»	«Ich habe Angst, daß die Leute über deine Hose lachen, und dann würde ich mich schämen.»

Die Du-Botschaft ist ein durchaus taugliches Kampfmittel. Sie hat nicht nur den «Vorteil», daß die eigene Innenwelt unkenntlich bleibt, sondern auch, daß der andere in Bedrängnis gerät. – In Abb. 40 ist gezeigt, wie hinter ein und derselben Du-Botschaft ganz

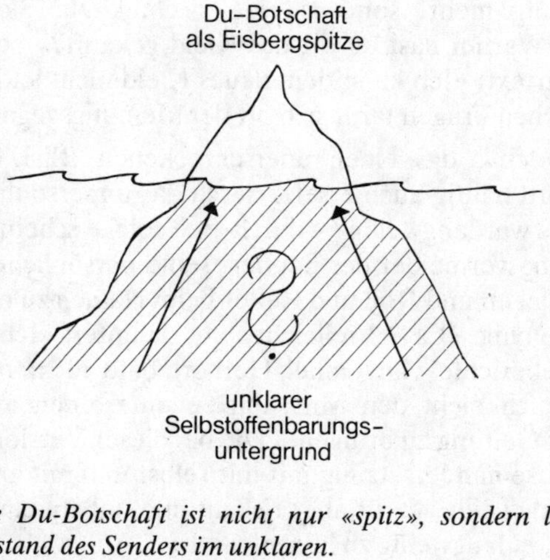

Abb. 40: *Die Du-Botschaft ist nicht nur «spitz», sondern läßt auch den seelischen Zustand des Senders im unklaren.*

verschiedene Ich-Zustände stehen können. Durch den Mangel an Selbstoffenbarung bleibt die Nachricht unklar.

Oftmals weiß der Sender selbst nicht, was der «Untergrund» seiner Eisbergspitze ist. Erst im Rahmen einer Therapie und einer intensiven Selbsterforschung kann es gelingen, den verborgenen Ich-Zustand ans Licht zu bringen.

Ein Beispiel aus einer Partnerberatung:

Während einer Urlaubsreise war folgendes vorgefallen: Der Mann wollte etwas unternehmen, hingegen lag die Frau am Strand und las Illustrierte. Aufgebracht beschimpfte er sie mit den Worten: «Stinkfaul bist du!»

In dem folgenden Gesprächsausschnitt zwischen dem Therapeuten und dem Mann versucht der Therapeut die dahinterliegende «Ich-Botschaft» ans Licht zu bringen:

Therapeut: «Wie ist es für Sie, wenn Ihre Frau da im Sand liegt?»

Mann: «Schrecklich, sie ist so passiv und vergeudet die schöne Urlaubszeit. Man könnte so viel unternehmen.»

Therapeut: «Die Welt hat so viel zu bieten, und sie vergeudet die schöne Zeit – kennen Sie das von sich selbst?»

Mann: «O ja, früher ging es mir oft so, daß ich mit mir nichts anzufangen wußte und irgendwo herumgammelte.»

Therapeut: «Und wie war das für Sie?»

Mann: «Es war die Hölle, ich habe mich verachtet.»

Nun wird deutlich, daß der Mann aus der tiefsitzenden Angst vor der Zeit- und Lebensvergeudung einen betriebsamen Unternehmungsgeist entwickelt hat und sich durch das Verhalten seiner Frau an seine alte «Hölle» erinnert fühlt und daß seine Verachtung, die er ihr entgegenbringt, einen Versuch darstellt, die eigene Hölle zu löschen.

Hier war therapeutische Arbeit notwendig, um die Ich-Botschaft zutage zu fördern. Aus dieser Sicht heraus erweist sich die Ich-Botschaft als Ausdruck einer vertieften Selbstklärung und ist nicht einfach eine neue Art, die eigenen Reaktionen zu formulieren. Klare Kommunikation setzt Selbstklärung voraus.

2.3 Demonstrative Selbstverkleinerung

Ganz im Gegensatz zu den unter 2.1 beschriebenen Imponiertechniken finden wir dann und wann Menschen, die sich selbst als klein, schwächlich, hilflos und wertlos darstellen. «Mit mir ist nicht viel los!» – Mit dieser Selbstdarstellung treten sie an ihre mitmenschliche Umwelt heran. Nanu!? Wer wird denn sein Licht unter den Scheffel stellen? Liegt hier die mangelnde Fähigkeit vor, sich selbst günstig darzustellen? – Spätestens an dieser Stelle ist wieder daran zu erinnern, daß Nachrichten quadratisch sind und daß auch Selbstoffenbarungs-Botschaften appellative Aspekte enthalten. Einmal abgesehen davon, daß der Appell schlicht lauten kann «Widersprich mir!» («Fishing for compliments»), mag es sich um den Versuch handeln, den Empfänger zur Übernahme lästiger und schwieriger Aufgaben zu bewegen («Mit mir ist nicht viel los – du mußt mir die Last des Lebens abnehmen!») – s. Abb. 41.

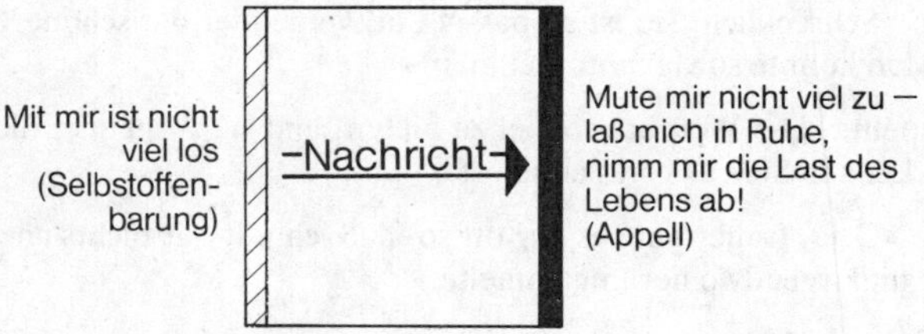

Abb. 41: *Der (heimliche) Appellaspekt einer selbsterniedrigenden Selbstdarstellung.*

Dreikurs (1971) sieht die «Zurschaustellung der eigenen Unzulänglichkeit» bei Kindern als Ausdruck größter Entmutigung und mit dem Ziel verbunden (finale Betrachtungsweise, vgl. S. 60 und 222), von gewissen Aufgaben befreit zu werden:

«Hinter dem Zurschaustellen einer tatsächlichen oder eingebildeten Minderwertigkeit verbirgt es sich und bemüht seine Unfähigkeit als Schutz, so daß nichts von ihm verlangt oder erwartet wird.» (S. 42)

Für den Empfänger solcher Nachrichten wie in Abb. 41 ist es wichtig zu wissen, daß ein appellgemäßes Reagieren unter Umständen die Entmutigung fortsetzt. Gutgemeinte Hilfe akzeptiert die Beziehungsbotschaft «Du stark – ich schwach», ist für den Empfänger daher verführerisch, hält aber den anderen klein und abhängig. Über den Balanceakt von zuwenig und zuviel Hilfe sagt Ruth Cohn:

«Wer weniger gibt als nötig, ist ein Dieb; wer mehr gibt, ein Mörder.» (1975, S. 123) – vgl. auch S. 227ff.

3. Auswirkungen der Selbstdarstellungstechniken

Die übermäßige Besorgtheit um die Selbstoffenbarung kostet seelische Energie, behindert den sachlichen Ertrag und schafft zwischenmenschliche Trennwände:

Gefahr für den sachlichen Ertrag. Natürlich: Wo die beteiligten Gesprächspartner sehr stark um ihre Geltung besorgt sind, wo die Angst vor der Mißbilligung und der Wunsch, eine gute Figur zu machen, für eine steife und unschöpferische Atmosphäre sorgen, dort kann der Sachertrag nicht optimal sein. Vieles geht verloren, weil der Sender sich nicht traut, seinen Standpunkt offenzulegen oder weil die Selbstdarstellung die Überhand gewinnt. Vieles geht auch verloren, weil der Empfänger nur mit halbem Ohr zuhört. Denn er ist vor allem damit beschäftigt, seinen eigenen «Auftritt» zu proben.

Barriere für zwischenmenschliche Solidarität (vgl. Richter 1974). Durch voreinander Geheimhalten von Schwächen, Ängsten, Problemen sowie Streben nach Überlegenheit lassen sich die Distanzen nicht überwinden, die Menschen voneinander trennen. Solidarität setzt voraus: das offene Eingestehen der ganzen Person mitsamt ihren Schwächen und sogenannten Minderwertigkeiten. So erfahre ich, daß auch die anderen leiden, sich unsicher fühlen, Probleme haben, manchmal nicht ein noch aus wissen. Ich sehe: Ich bin gar nicht so allein mit meinen Problemen. Die anderen sind gar nicht so fabelhaft fit, so souverän, für wie ich sie gehalten habe, und ich kann mir all die Kraftanstrengungen sparen, die notwendig waren, um meine Unterlegenheitsgefühle zu verdecken. In der Regel aber wird alles getan, um solche Erlebnisse zu vermeiden. In gemeinsamer Kraftanstrengung schaffen wir die Isoliertheit, an der wir leiden.

Gefahr für seelische Gesundheit. Die (teilweise eingebildete) Notwendigkeit, sich nach außen anders zu geben, als einem innerlich zumute ist, führt zu einer dauernden inneren Spannung. Es kostet viel psychische Kraft und bringt stets eine latente Angst vor Entlarvung mit sich. Dies ist seelisch «unhygienisch» und damit auch mit dem Risiko körperlicher Krankheiten verbunden (z. B. Herzinfarktgefährdung, vgl. Richter 1974).

4. Wegweiser der Psychologie

Welche Wegweiser bietet die Kommunikationspsychologie für den Umgang mit der Selbstoffenbarungsseite? Ich habe oft erlebt, daß die Teilnehmer unserer Trainingskurse hier vom Psychologen zunächst enttäuscht waren: Hatten sie doch zu lernen erwartet, wie die Selbstdarstellung auf Hochglanz zu bringen sei, wie man persönlich «optimal wirken» und «sich verkaufen» könne. Statt dessen zeigt der Wegweiser in die Gegenrichtung: Sei weniger besorgt um die «gute Figur»! Diese Überbesorgtheit ist Energieverschwendung und ein Todfeind klarer, sachlicher und solidarischer Kommunikation! Um «Tricks» gebeten, sagte Ruth Cohn gelegentlich: «Sag einfach, was mit dir ist, das ist ein ungeheurer Trick» (Thomann, 1980).

Um mich nach außen hin so geben zu können, wie mir innerlich zumute ist, bedarf es aber auch der Fähigkeit, dieses inneren Zumuteseins überhaupt gewärtig zu sein, zu wissen, «was mit mir ist».

Das antike «Erkenne dich selbst» erscheint uns auch in der modernen Psychologie als letzte Weisheit. Selbstoffenbarung in diesem Sinne (des Sich-selbst-offenbar-Seins) bedeutet, sich selbst nichts vorzumachen und hellhörig zu werden für die eigene Innenwelt. Dies ist nicht mit einem einfachen Vorsatz getan. Die Antwort auf die Frage «Wer bin ich?» braucht Nachforschung bis zum letzten Augenblick. Und da hier nicht nur Schätze zu heben sind, sondern auch «unansehnliche» Teile, da die Begegnung mit dem eigenen «Schatten» (Jung) sehr schmerzlich sein kann, ist Selbsterkenntnis nicht mit einem oberflächlichen Lustprinzip zu begründen. Dennoch haben die Weisen und Philosophen aller Zeiten der Selbsterkenntnis als Lebensziel einen hohen Rang gegeben (vgl. Schumacher 1977, S. 91–94). Wer Erkenntnis und Liebe als seinen Lebenssinn anerkennt, der braucht Selbsterkenntnis als notwendige Grundlage für beides.

Die Selbsterkenntnis des jeweiligen Augenblicks heißt «Bewußtheit» (awareness) – ein zentraler Begriff der Gestalttherapie: «Es handelt sich um einen Zustand aufmerksamer Wachheit gegenüber den Dingen, die im jeweiligen *Augenblick* hier und jetzt in mir, mit mir und um mich herum vorgehen» (Petzold 1973, S. 276).

4.1 Kongruenz bzw. Authentizität

Die Wegweiser der Kommunikationspsychologie lauteten: Sei du selbst, gib dich nach außen hin so, wie dir innerlich zumute ist. Und als Voraussetzung dafür: Versuche dir selbst klar zu werden, wie dir innerlich zumute ist (offenbare dich dir selbst, erkenne dich selbst)! – Diese Wegweiser sind in der Psychologie meist mit den Begriffen «Kongruenz» bzw. «Authentizität» beschriftet.

Mit Kongruenz ist bei Carl Rogers die Übereinstimmung zwischen drei Bereichen der Persönlichkeit gemeint: Inneres Erleben (= was ich fühle, was sich in mir regt), Bewußtsein (= was ich davon bewußt mitkriege) und Kommunikation (= was ich davon mitteile, nach außen hin sichtbar werden lasse).

Über die Bedeutung des Verhaltensmerkmals Kongruenz für die zwischenmenschliche Kommunikation macht Rogers (1973) sinngemäß folgende Aussagen:

☐ Je kongruenter der Sender kommuniziert, desto klarer und eindeutiger ist die Nachricht für den Empfänger zu verstehen. Inkongruente Nachrichten dagegen bewirken leicht Mißtrauen und Unsicherheit; der Empfänger weiß nicht recht, «woran er ist».

☐ Je weniger der Sender sich in positiver Selbstdarstellung übt und je offener er seine Gefühle und Gedanken «preisgibt», desto weniger braucht der Empfänger selbst auf der Hut zu sein. Und wer nicht auf der Hut sein muß, kann zuhören, wirklich intensiv zuhören.

☐ Je mehr aber der Empfänger wirklich zuhört, um so mehr wird sich der Sender verstanden fühlen. Und wenn er sich verstanden fühlt, wird er dem Empfänger positive Wertschätzung (auf der Beziehungsseite der Nachricht) entgegenbringen.

☐ Dies wiederum merkt der Empfänger, fühlt sich akzeptiert und kann seinerseits kongruenter kommunizieren. – So verstärken sich die positiven Gesprächsmerkmale gegenseitig, und der zwischenmenschliche Dialog nimmt therapeutische Qualitäten an, charakterisiert durch die drei Grundmerkmale Kongruenz, positive Wertschätzung und einfühlendes Verständnis.

Inkongruenz erster und zweiter Art. Bei der gegenteiligen Erscheinung, der *Inkongruenz,* sind zwei Stufen zu unterscheiden. Nehmen wir das Beispiel einer Arbeitskonferenz: Jemand hat einen anderen mit einem abwertenden Kommentar «schlecht aussehen» lassen. Der Betroffene geht erregt und mit lauter Stimme zum Gegenangriff über. Jemand sagt: «Ich verstehe, daß Sie sich ärgern...» Der Betroffene unterbricht erregt: «Ich ärgere mich überhaupt nicht. Im Gegenteil, mich amüsiert das Ganze, es geht mir nur um die Sache!»

Diese letzte Aussage (Kommunikation) steht in deutlichem Gegensatz zum inneren Erleben, wie es für jedermann wahrnehmbar ist. Zwei Sachverhalte sind hier vorstellbar: 1. Der Mann merkt, daß er gekränkt und wütend ist (inneres Erleben wird bewußt), aber er versucht, dies nach außen zu verbergen («amüsiert» ... «nur die Sache»), um sich keine Blöße zu geben. Dies wäre eine *Inkongruenz erster Art.* Oder 2.: Dem Mann sind seine Gefühle gar nicht bewußt. Er glaubt sozusagen selbst, was er sagt. Dies wäre eine *Inkongruenz zweiter Art;* sie ist vom Standpunkt der seelischen Gesundheit viel bedenklicher.

Die seelische Grundvoraussetzung für eine kongruente Selbstoffenbarung besteht also darin, sich selbst nichts vorzumachen. Der Mensch tendiert dazu, wahrzunehmen, was ihm in den Kram paßt. Dazu ist es dann und wann erforderlich, einige Ereignisse zu übersehen oder doch so umzudeuten und «hinzubiegen», daß sie mit dem eigenen Weltbild übereinstimmen und so den Seelenfrieden erhalten. Genauso ist es mit Ereignissen, die sich in uns abspielen: Manche Gefühle und Impulse passen uns nicht in den Kram, entweder weil sie vom verstandesmäßigen Standpunkt aus betrachtet unlogisch sind oder weil sie unserem positiven Selbstbild widersprechen. Um sich den (scheinbaren) Seelenfrieden zu erhalten, haben es sich manche Menschen überhaupt abgewöhnt, ihre Gefühle direkt zu spüren, und versuchen, die Lücke mit dem Verstand zu schließen, der sich in den Dienst des Selbstbildes stellt. Diesen Sachverhalt möchte ich noch ein wenig verdeutlichen: Auf die Frage «Was fühlen Sie?» oder «Wie wirkt das gefühlsmäßig auf Sie, was der andere gesagt hat?» lassen sich bei verschiedenen Menschen zwei Arten von Reaktionen beobachten:

Direkter Zugang zu den Gefühlen. Die einen sagen sehr direkt, wie ihnen zumute ist. Etwa auf eine Kritik reagiert jemand: «Ich fühle mich gekränkt und möchte am liebsten zurückschlagen.» Bei dieser Art von Reaktion ist die Stimme und die Mimik/Gestik oft in Übereinstimmung mit dem Inhalt der gesprochenen Worte (Kongruenz). Die Verletztheit zeigt sich sozusagen doppelt. Diese Menschen haben – jedenfalls in dem Augenblick – einen sehr direkten Zugang zu ihren Gefühlen. Sie nehmen ihren Körper wahr, spüren, was mit ihnen los ist. Sie müssen nicht darüber «nachdenken», was sie fühlen. Diese Menschen nehmen es in Kauf, daß ihre Gefühle «unlogisch» oder «nicht ideologiegemäß» sind: «Ich bin verletzt, obwohl ich weiß, du hast Recht mit deiner Kritik und meinst es gut mit mir.» Oder: «Ich merke, ich werde eifersüchtig, obwohl ich finde, daß Eifersucht in unserer Beziehung nichts zu suchen hat.» Diese Menschen machen sich selbst nichts vor, lügen sich nicht in die eigene Tasche. Sie haben die Fähigkeit, «ja» zur seelischen Realität zu sagen und gewinnen damit – wenn auch nicht immer «ihre Ruhe», dafür aber Lebendigkeit und intensive zwischenmenschliche Beziehungen. Sie gewinnen ein Stück seelische Gesundheit und haben oft tiefergehende, weniger oberflächliche zwischenmenschliche Beziehungen.

«Hergeleitete» Gefühle. Nun die andere Reaktion auf die Frage «Was fühlen Sie?»: Bei diesen Menschen erscheint das Gefühl als Resultat gedanklicher Ausführungen, als ein Ergebnis, das wie bei einer mathematischen Ableitung schließlich aus bestimmten Prämissen und logischen Verknüpfungen folgt. Diese Menschen haben den direkten Draht zu ihren Gefühlen entweder verloren oder versuchen sich ihn selber auszureden. Das Gefühl wird gleichsam mit Hilfe von geeigneten Sacherwägungen rekonstruiert. Etwa sagt jemand, der kritisiert worden ist: «Ich finde die Kritik in dem einen Punkt berechtigt, und da es mir um die Sache geht, fühle ich mich neutral. In dem anderen Punkt halte ich die Kritik für unberechtigt, da sie das und das außer acht läßt, so daß ich mich von diesem Punkt nicht berührt fühle.»

Wie oben erwähnt, ist ein starres Selbstkonzept («So einer bin ich») der größte Verhinderer einer direkten Gefühlswahrnehmung (vgl. S. 196f). Darin sieht Carl Rogers den Kern der Neurose: Daß wir innere Erfahrungen verzerren oder verleugnen müssen, die nicht in unser geliebtes Selbstbild passen. Habe ich zum Beispiel das Selbstbild «Ich bin ein Mann, der seine Frau und seine Kinder und seine Eltern liebt» – dann kann ich Aufwallungen von Bitterkeit und Haß ihnen gegenüber mir selbst nicht zugestehen. Aber wohin mit diesen «nicht linientreuen» Gefühlen? Wohin mit meinem Ärger, den ich unter dem starken Einfluß meines Selbstkonzeptes vor mir selber verheimliche? Geht er in den Magen, in den Rücken, in den Nacken, in den Kopf? Psychosomatische Beschwerden aller Art haben ihren Ursprung wohl in verleugneten, nicht ausgedrückten Gefühlen (s. a. Kap. B III, 5.4, S. 196f).

Fritz Zorn (1979) schreibt in der erschütternden Geschichte seiner Krankheit: «Obwohl ich noch nicht wußte, daß ich Krebs hatte, stellte ich intuitiv bereits die richtige Diagnose, denn ich betrachtete den Tumor als ‹verschluckte Tränen›. Das bedeutete etwa soviel, wie wenn alle Tränen, die ich in meinem Leben nicht geweint hatte und nicht hatte weinen wollen, sich in meinem Hals angesammelt und diesen Tumor gebildet hätten, weil ihre wahre Bestimmung, nämlich geweint zu werden, sich nicht hatte erfüllen können. Rein medizinisch gesehen trifft diese poetisch klingende Diagnose natürlich nicht zu, aber auf den ganzen Menschen bezogen sagt sie die Wahrheit aus: Das ganze angestaute Leid, das ich jahrelang in mich hineingefressen hatte, ließ sich auf einmal nicht mehr in meinem Innern komprimieren; es explodierte auf Grund seines Überdruckes und zerstörte bei dieser Explosion den Körper.» (S. 132)

Menschen, die ihre Gefühle «herleiten» und über Umwege rekonstruieren, und dabei mehr ein Wunschresultat als die emotionale Realität zutage fördern, halten oft kleine Vorträge, wenn sie nach ihren Gefühlen gefragt werden. Sie mobilisieren ihren «Pressesprecher», der gleichsam ein offizielles Kommuniqué herausgibt – in abgewogenen, vorsichtigen, meist wenig sagenden Formulierungen. Da ein solcher Kommunikationsstil in weiten Bereichen unseres Lebens als «souverän» und anständig gilt, ist er üblich und fast selbstverständlich.

4.2 Selektive Authentizität

Der Wegweiser, der in Richtung «mehr Offenheit und weniger Fassaden» weist, unterliegt leicht der Gefahr, mißverstanden zu werden im Sinne einer Devise: «Laß alles heraus, was in dir ist – was der andere damit macht, ist sein Problem!» Um diesem Mißverständnis vorzubeugen, hat Ruth Cohn den Begriff der «selektiven (= auswählenden) Authentizität» geprägt:

«Zur Authentizität gehört – erst einmal – zweierlei: Das eine ist, mir möglichst klar zu werden über meine eigenen Gefühle, Motivationen und Gedanken, mir also sozusagen nichts vorzumachen. Das andere ist, das, was ich sagen will, ganz klar auszusprechen. Zur Klarheit gehört, daß ich es so sage, daß es beim anderen ankommen kann. Der andere hat ja ein ‹Empfangsgerät›, das möglicherweise nicht auf mich eingestellt ist, auf das, was ich ‹sende› und wie ich es ‹sende›. Ich muß also versuchen, mir vorzustellen, wie das, was in mir vorgeht, vom anderen gehört wird. Ich habe einmal formuliert: ‹Nicht alles, was echt ist, will ich sagen, doch was ich sage, soll echt sein...›»

«Für mich ist Offenheit nicht etwas, das von Anfang an zwischen Menschen möglich ist, sondern etwas, das vorsichtig erworben und gelernt werden muß. Das kann man nicht sofort und mit Gewalt.»

«Ich glaube allerdings, daß sogar in der allerbesten Beziehung immer noch verschlossene Bereiche übrigbleiben. Ich kann mir keine Beziehung vorstellen, in der totale Offenheit zu jeder Zeit möglich und zu ertragen ist. Ich unterscheide deshalb zwischen optimaler und maximaler Authentizität. Die Richtlinie ist: das, was sich an persönlicher Erfahrung im Inneren ereignet, mit optimaler innerer Ehrlichkeit und kommunikativer Klarheit – also authentisch – dem Partner mitzuteilen. Optimale Authentizität hat immer selektiven Charakter; maximale, d.h. absolute Aufrichtigkeit kann zerstören. Ich glaube, daß absolute Offenheit ein Aberwitz ist. Andererseits hat unsere Zivilisation eine lange Zeit destruktiver Verschwiegenheit und Heuchelei auszugleichen. Ich glaube daher, daß mit der Offenheit-um-jeden-Preis-Bewegung das Pendel in die Gegenrichtung ausschlägt. Auch hier bedarf es dynamischer Balance – zwischen Scheinheiligkeit und Rücksichtslosigkeit. Oder positiv gesagt: zwischen gutem Schweigen und guter Kommunikation» (Aus einem Interview mit Ruth Cohn 1979).

4.3 Stimmigkeit

Wenn ich gefragt werde: Worum geht es dir – allgemein gesprochen – bei deiner Kommunikation, nach welchem Wertmaßstab richtest du dich aus?, dann sage ich: Es geht mir um «Stimmigkeit». Ich gebrauche diesen Begriff, um den selektiven Charakter der Authentizität zu erläutern (wonach bestimmt sich die Auswahl?) und um die Grenzen der Authentizität als allgemeingültigen Wertmaßstab anzudeuten.

«Stimmigkeit» heißt: in Übereinstimmung mit der Wahrheit der Gesamtsituation, zu der neben meiner inneren Verfassung und meiner Zielsetzung auch der Charakter der Beziehung (auch: Rollen-Beziehung), die innere Verfassung des Empfängers und die Forderungen der Lage gehören. – Im einzelnen:

Mich fasziniert der Gedanke, daß es eine mir eigene existentielle Leitlinie gibt, die meinem Leben Richtung, Sinn und ein bestimmtes «Thema» gibt – und daß das Voranschreiten entlang und im Einklang mit dieser Leitlinie «Stimmigkeitserlebnisse» mit sich bringt – hingegen die Entfernung davon zu «Abweichungssymptomen» verschiedener Art und Tragweite –, von der kleinen «Verstimmung» bis hin zur großen Depression, zu Lebenskrisen und Krankheiten führt. Aus dieser Sicht heraus werden solche leidvollen Symptome sinnvoll: enthalten sie doch Botschaften aus der Sendezentrale unbewußter Weisheit und einen Appell zur Kurskorrektur. Von daher lohnt es sich, hellhörig zu sein für solche unbewußten Botschaften, die sich in Gefühlen, Körpersignalen und Träumen eher offenbaren als in vernünftigen Überlegungen. Es gibt zahlreiche Methoden und Hilfestellungen, diese «Intelligenz des Herzens» aus dem «inneren Jenseits» (Cohn 1975) vernehmbar zu machen, am bekanntesten und aussichtsreichsten die Meditation.

Stimmigkeit ist dann gegeben, wenn meine Kommunikation (und mein gesamtes Handeln) in jedem Augenblick dem Anliegen meiner

Existenz entspricht und dabei den *Ausdruck* häufig höher gewichtet als die *Wirkung* (vgl. S. 60 und 209ff). Was heißt das – «den Ausdruck höher gewichten als die Wirkung»? Ich habe oft Zustände um mich herum hingenommen, die ich für unwürdig oder sinnlos hielt, mit der Begründung vor mir selbst, es «nütze ja doch nichts», wenn ich dagegen aufbegehre. Wegen der vermuteten Wirkung(slosigkeit) habe ich den Ausdruck meiner Position, meiner Gefühle dazu unterlassen und mir damit zwar Konflikte, Mißerfolge und Aufregungen erspart, aber auch Lebendigkeit und Glück. Wer Stimmigkeit anerkennt, für den wird das Erreichen der gewünschten Wirkung zweitrangig (nicht: nebensächlich). Ich vermute heute, daß ich mich in meinem ganzen bisherigen Leben zu sehr an den (vermuteten) Wirkungen meiner Handlungen orientiert habe und mich damit in einen ähnlichen Phantasie-Käfig begeben habe, wie er in Abb. 32 (S. 76) dargestellt war. Tatsächlich ist das Wirkungsgeflecht einer Handlung unmöglich vorauszusagen. Die einzige Möglichkeit, die Wirkungen zu erfahren, besteht darin, die Handlung zu riskieren und sich überraschen zu lassen.

In erster Annäherung habe ich «Stimmigkeit» bestimmt als «das mir Gemäße» in einem gegebenen Augenblick. Im Unterschied zur Authentizität ist dabei nicht nur die Übereinstimmung zwischen innerem Zumutesein und äußerem Gebaren impliziert, sondern übergreifend auch die Übereinstimmung mit den Anliegen meiner Existenz. Dieser Gesichtspunkt ist wichtig, denn wenn ich meinen Freund aus der Gefangenschaft fremder Mächte befreien will, muß ich unter Umständen lügen und täuschen und ein ehrliches Gesicht dazu machen. Mein Verhalten wäre nicht authentisch, könnte aber durchaus stimmig sein.

In zweiter Annäherung zur Begriffsbestimmung möchte ich die äußere *Situation* miteinbeziehen. «Stimmig» heißt jetzt: In Übereinstimmung mit dem Charakter der Situation (wie ich sie definiere). Wenn eine Lage ein schnelles Handeln erfordert, werde ich u.U. lautstarke Befehle geben und nicht viel danach fragen, wie sich der Empfänger dabei fühlt. Wenn ich jemandem mitzuteilen habe, daß er entlassen wird, werde ich nicht gerade jetzt ausführlich seine Vorzüge aufzählen (auch wenn es stimmt: in dieser Situation stimmt es einfach nicht!). Als Tennislehrer werde ich meinem Schüler Tips und Rückmeldungen geben, vielleicht nach jedem Schlag, als Tennispartner meiner Frau ist dasselbe Verhalten vermutlich belehrend und überheblich. Ein extremes Karikaturbeispiel gibt es bei dem Humoristen Jürgen von Manger: Ein Henker unterhält sich kurz vor der Hinrichtung mit dem Delinquenten und berichtet ihm von seinen Sorgen, noch rechtzeitig mit der Straßenbahn nach Hause zu kommen usw. – Sehr wesentlich zum Charakter der Situation gehört die Art der *Beziehung* zum Empfänger und dessen innere Verfassung. Rückhaltlose Offenheit und Intimität setzt eine andere Beziehung voraus als ein höfliches Sachgespräch; ist der andere verletzt, verstört oder abgelenkt, kann ich ihm nicht von meinem letzten Urlaub erzählen.

Als wichtige Leitfrage zur Erreichung von Stimmigkeit (oder zur Aufdeckung von Unstimmigkeit) sehe ich an: *«Was ist die Wahrheit der Situation?»*

Führt uns ein gemeinsames Interesse zusammen (welches?) – oder befinden wir uns in einer Konkurrenzsituation? – Gibt es einen unausgesprochenen Konflikt zwischen uns? (Wenn ja, können wir uns jetzt nicht gut in vergnüglichem Gespräch unterhalten.) – Bin ich von deinen Entscheidungen persönlich betroffen? (Wenn ja, kann ich schlecht dein Berater sein.) – Haben wir die gleichen Rechte oder bin ich Vorgesetzter und muß letztlich allein die Entscheidung verantworten? – Sind die Teilnehmer freiwillig in meinen Kursus gekommen oder wurden sie geschickt? (Wenn geschickt, kann ich schlecht am Anfang fragen, was sie von uns lernen wollen.)

Eine Kommunikation ist stimmig, wenn dem Raum gegeben wird, was im Raume ist. Oftmals ist man geradezu überrascht, wenn jemand genau das anspricht, was «in der Luft liegt» – so sehr haben wir uns an ein offizielles Protokoll gewöhnt, das die heikle Wahrheit der Situation zu überspielen trachtet.

Ich hoffe, ich konnte wenigstens annähernd vermitteln, was ich unter «Stimmigkeit» verstehe – daß die Übereinstimmung mit der Wahrheit der Situation die Bewußtheit meiner inneren wie der äußeren Realität voraussetzt und daß vor allem folgende Aspekte eine Rolle spielen: mein inneres Zumutesein, die erkennbare Verfassung des Empfängers, meine Beziehung (auch: Rollenbeziehung) zu ihm, die Forderungen der Lage und die Anliegen meiner Existenz.

5. Lernziel Authentizität?

Ist Authentizität, ist eine deutlichere (und bejahende) Wahrnehmung der eigenen Innenwelt und eine geringere Besorgtheit um die Selbstdarstellung lernbar? Die Antwort ist: ja. Allerdings folgt das Lernen bei diesem Ziel nicht dem Gesetz des fleißigen Einübens, und «effektive Trainingsprogramme», womöglich noch als «programmierte Unterweisung», wird man (hoffentlich) vergeblich suchen. Statt dessen ist ein therapeutisch-existentieller Prozeß nötig, der die Auseinandersetzung mit den beiden großen Hindernissen enthält: mit den (gesellschaftlichen) Verhältnissen um mich herum und mit den (gesellschaftlichen) Verhältnissen in mir selbst. Auf der Ebene des Individuums setzt Authentizität ein Mindestmaß an *Selbstwertgefühl* voraus. Wer insgeheim überzeugt ist, mit sich selbst «keinen Staat machen» zu können, wird sich nicht zeigen mögen und wird in vielen Fällen durch ein verstärktes Geltungsstreben sein Minderwertigkeitsgefühl zu kompensieren trachten – dieser fundamentale *Zusammenhang von Selbstwertgefühl und Kommunikation* war bereits von Alfred Adler immer wieder herausgestellt worden, in neuer Zeit besonders von Virginia Satir (1975). *Das Lernziel Kommunikationsfähigkeit braucht somit ein Curriculum, das die seelische Gesundheit der Gesamtpersönlichkeit fördert.* In diese Richtung wirken therapeutische Prozesse, die es darauf anlegen, das Individuum mit sich selbst auszusöhnen, seine Schattenseiten zu akzeptieren und Abstriche von einem Perfektheitsideal zu machen, das jeden Fehler, jede Unzulänglichkeit als peinliche Schande erscheinen läßt.

Das zweite große Hindernis tritt uns auf der Ebene der Institution Gesellschaft gegenüber. So kann sich Authentizität nur schwer entwickeln, wenn die Institution auf Rivalität aufbaut. Solange etwa die Schule den gesellschaftlichen Auftrag zu erfüllen hat, unter den Schülern den «Spreu vom Weizen» zu trennen und entsprechend nur derjenige Schüler auf den grünen Zweig kommt, der sich von der «Weizenseite» zu präsentieren weiß, solange bleibt die Schule eine Brutstätte der Selbstoffenbarungsangst. In einer Arbeit von Jacobsgaard (1977) stellte sich heraus: 70% der befragten Haupt- und Realschüler gaben an, Angst zu haben, wenn sie vor anderen Menschen sprechen sollen. – Ganz entsprechend ist der Karrierewettbewerb in der Arbeitswelt wenig geeignet, einen authentischen, fassadenfreien Umgangsstil zu fördern. Die Mitarbeiter eines Unternehmens stehen vor einem unauflösbaren Dilemma: Einerseits unterliegen sie dem offiziellen Appell zur Zusammenarbeit (und müssen daher aufnahmefreudig sein für alles, was die Kooperation fördert – z.B. Fehler zugeben, keine Energieverschwendung zur Wahrung des Gesichtes); andererseits unterliegen sie dem inoffiziellen Appell zur «Gegeneinander-Arbeit»: Wem es gelingt, sich selbst herauszustellen und womöglich den anderen schlecht aussehen zu lassen, erhöht seine Chance auf eine Karriereprämie. So ist es verständlich, daß diese Mitarbeiter sehr skeptisch und zwiespältig, teilweise eindeutig ablehnend reagieren, wenn sie in einem Kommunikationstraining einen authentischen, kooperativen Umgangsstil empfohlen bekommen. Oft beurteilen sie ihn als persönliche Bereicherung für das Privatleben, melden aber Zweifel an der Übertragbarkeit in den beruflichen Alltag an. Einige wiederum befürchten die Verfehlung ihres Lebenssinnes, nachdem sie den Karrierewettlauf über Jahre und Jahrzehnte (erfolgreich) mitgemacht haben und nun vom krisenhaften Gefühl befallen werden, am «Eigentlichen» vorbeizulaufen. In jedem Fall erweist sich das Thema («Kann ich mich so zeigen, wie ich wirklich bin?») regelmäßig als energiegeladen und persönlich bedeutsam – das «Kommunikationstraining» wird zur existentiellen Auseinandersetzung.

Trotz dieser strukturellen «Zwänge» wäre es verfehlt anzunehmen, daß es keinen Spielraum der individuellen Persönlichkeitsgestaltung geben würde. Genauso verfehlt wäre die Annahme, daß sich erst die ganze Gesellschaft ändern müsse, bevor sich die menschlichen Verhaltensweisen ändern könnten. Vielmehr müssen, um voranzukommen, kleine Schritte auf individueller und gesellschaftlicher Ebene miteinander einhergehen (vgl. Schulz von Thun 1980).

5.1 Selbsterfahrungsgruppen

Kleine Schritte auf individueller Ebene sind in Selbsterfahrungsgruppen möglich (z. B. Encountergruppen nach Carl Rogers 1974 oder Themenzentrierte Interaktionsgruppen nach Ruth Cohn 1975). Auf der Grundlage gegenseitigen Vertrauens lernen die Gruppenmitglieder, sich zu offenbaren und mit der Zeit auch «nicht linientreue» Gefühle (vgl. S. 197) auszudrücken. Der Wert einer fassadenfreien Selbstoffenbarung liegt in folgendem begründet: Ein ungünstiges Selbstwertgefühl («So wie ich bin, kann ich mich nicht vorzeigen!») ist nur dann korrigierbar, wenn eine gegenteilige Erfahrung überhaupt ermöglicht wird. Wird jemand von seinen Mitmenschen anerkannt und angenommen, so hat das nur dann einen therapeutischen Wert, wenn diese Annahme und Anerkennung *ihm selbst* gilt und nicht seiner vorgezeigten Fassade. Gewöhnlich leben wir mit der angstvollen Phantasie: Wenn ich mich so zeige, wie ich wirklich bin, mit allen Unzulänglichkeiten, dann werde ich von den anderen abgelehnt, dann stehe ich entweder abseits oder alle fallen über mich her. Eine solche Phantasie ist im normalen zwischenmenschlichen Leben sehr zäh und langlebig, da sie zum Aufbau von Schutzfassaden führt und somit gar nicht auf Realität überprüft werden kann. In Selbsterfahrungs- und Trainingsgruppen besteht die Chance, diese Realitätsüberprüfung vorzunehmen. Gewöhnlich stellen die Gruppenmitglieder verwundert-beglückt fest: Wenn ich etwas von meiner ungeliebten Seite preisgebe, werde ich nicht nur nicht abgelehnt, sondern rücke den anderen sogar näher! Ich darf so sein, wie ich bin – und es ist gut so.

In einer Untersuchung von Yalom u. a. (1974) wurden Gruppenmitglieder, die von einer Gruppentherapie stark profitiert hatten, danach gefragt, welche Erfahrungen in der Gruppe für sie am bedeutsamsten waren. Hier die fünf am häufigsten gegebenen Antworten:

1. Das Entdecken und Akzeptieren mir früher unannehmbarer Teile meiner selbst (positive wie negative);
2. sagen zu können, was mich gestört hat, anstatt es für mich zu behalten;
3. daß andere Gruppenmitglieder mir ehrlich sagen, was sie von mir halten;
4. zu lernen, wie ich meine Gefühle äußern kann;
5. zu lernen, daß ich die letzte Verantwortung dafür tragen muß, wie ich mein Leben lebe, gleichgültig, wieviel Rat und Unterstützung ich von anderen bekomme.

5.2 Hilfsregeln

Ruth Cohn (1975) hat einige Hilfsregeln formuliert, die einen authentischen Umgangsstil fördern; sie gelten nicht nur für Selbsterfahrungsgruppen, sondern z. B. auch für Lern- und Arbeitsgruppen. Einige Beispiele:

□ Vertritt dich selbst in deinen Aussagen; sprich per «ich» und nicht per «wir» oder per «man».

□ Wenn du eine Frage stellst, sage, warum du fragst und was deine Frage für dich bedeutet. Sage dich selbst aus und vermeide das Interview.

□ Sei authentisch und selektiv in deinen Kommunikationen. Mache dir bewußt, was du denkst und fühlst, und wähle, was du sagst und tust.

□ Halte dich mit Interpretationen solange wie möglich zurück. Sprich statt dessen deine persönlichen Reaktionen aus.

□ Beachte Signale deines Körpers. Er kann dir oft mehr über dich sagen als dein Verstand.

Solange ich diese Regeln als Leitlinien für mich selbst benutze, sind sie nützliche Wegweiser und Erinnerungen. Sobald ich aber anfange, «Kommunikationspolizei» zu spielen und die «Regelverstöße» bei anderen zu ahnden, mißbrauche ich die Regeln zu einem Kampfinstrument. Dieser Mißbrauch «dient dem Geist, den sie (die Regeln) bekämpfen möchten» (Cohn ebd., S. 128) – s. Abb. 42.

Abb. 42: *Interaktionelle Hilfsregeln sind keine kommunikationspolizeilichen Knüppel.*

5.3 «In der Blöße liegt die Größe»

Sicher ist es von Vorteil, wenn in Selbsterfahrungs-, Trainings- und Therapiegruppen ein Übungsraum bereitgestellt wird, in dem wir lernen können, mehr zu uns selbst zu kommen und uns unbesorgter nach außen hin darzustellen. Jedoch ist hier auf eine Gefahr aufmerksam zu machen. Diese sehe ich darin, daß die Gruppenmitglieder bald merken, daß in der Gruppe eine andere *Norm* herrscht als im üblichen Alltagsleben: Hier gilt etwas, wer frei über seine Probleme sprechen kann und auch die weniger ansehnlichen Seiten seiner Person wahrnimmt und ausdrückt. Hier ist aufzupassen, daß nicht eine neue, musterschülerhafte Anpassung an die neuen Normen erfolgt – nach dem Motto: «In der Blöße liegt die Größe!» – und daß die Selbstoffenbarung der Probleme zum Markenzeichen einer neuen Psycho-Schickeria wird.

Ich erinnere mich, wie ich einst an einer themenzentrierten Selbsterfahrungsgruppe teilnahm. Am ersten Tag, so war es ausgemacht, wollten wir uns kennenlernen durch unsere Arbeit. Als ich «dran» war, erzählte ich von allerlei Schwierigkeiten, mit denen ich zu kämpfen hätte und sprach von persönlichen Unzulänglichkeiten, diese Schwierigkeiten zu bewältigen. Hinterher habe ich mich erstaunt gefragt: Warum hast du die Schwierigkeiten so betont? So insgesamt fühlst du dich doch ziemlich kompetent und wohl an deinem Arbeitsplatz! – Die Antwort, die ich darauf fand, war diese: Überwiegend hatten sich die anderen Gruppenteilnehmer auch von der unperfekten Seite vorgestellt. Unbewußt hatte ich gleichsam «den angefeuchteten Finger im Gruppenwind» gehabt, hatte also mit feinen Antennen die heimlichen Normen der Gruppe gespürt und mein seelisches Fähnlein danach ausgerichtet.

Es ist also darauf zu achten, daß die neuen Werte (Authentizität) nicht zu einer Art *Pflichtprogramm* werden, zu einer neuen Meß-Skala, auf der es Pluspunkte zu erringen gibt. Was als Prozeß der persönlichen Befreiung, der inneren Emanzipation gedacht ist, verkümmert auf diese Weise zur neuen Anpassungsleistung. Wiederum fließt die Energie in die Selbstdarstellung (wenn auch mit neuem Inhalt) und wird nicht frei. Aus diesem Grunde sollte auch das «Lernziel Authentizität» nicht an die große Glocke gehängt werden, sollte nicht mit großen Lettern auf der Flagge stehen. Und schon gar nicht sollte ein großer Druck ausgeübt werden, um dieses Ziel zu erreichen. Denn «Echtheit» ist ein Spontan-Phänomen, d.h., es kommt von selbst und kann nicht appellgemäß erfolgen (s. Nachwort, Punkt 7, S. 264). Jedes willkürliche «Bemühen» um Echtheit verdreht sein Wesen und erzeugt allenfalls «Echtheits-Fassaden» mit stereotypen Formulierungen («Ich fühle jetzt eine große Wand zwischen dir und mir»), die auf irgendeine Art «künstlich-echt» wirken und wegen ihres impliziten Anspruches auf Echtheit schlimmer sind als die «normale Fassade» (siehe ausführlich S. 264f).

II. Die Sachseite der Nachricht

Welche kommunikationspsychologischen Probleme stellen sich beim Austausch von Sachinformationen, was kann hier schief gehen?

Zwei Probleme greife ich heraus. Erstens, Gespräche und Auseinandersetzungen verlaufen häufig «unsachlich» bzw. den Kommunikationspartnern fällt es schwer, «ganz bei der Sache» zu sein. Zweitens, übermittelte Sachinformationen kommen beim Empfänger auf Grund von Schwerverständlichkeit nicht an. Somit ergeben sich zwei Themen und Trainingsziele: Sachlichkeit und Verständlichkeit. Welche Angebote hält die Kommunikationspsychologie bereit, diesen Zielen näher zu kommen?

1. Sachlichkeit

«Mir geht es nur um die Sache!» hören wir manchen Sender eifrig versichern. Je eindringlicher diese Versicherung, um so mehr Zweifel ist am Platze. Angesichts der Vierseitigkeit von Nachrichten und angesichts der Tatsache, daß es Menschen (und keine Computer) sind, die miteinander kommunizieren, geht es selten wirklich nur um die Sache.

Mit Sachlichkeit ist gemeint: Der auf ein Sachziel bezogene Austausch von Informationen und Argumenten, das Abwägen und Entscheiden, frei von menschlichen Gefühlen und Strebungen wie: das Gesicht wahren und recht behalten wollen, sich produzieren, rächen und rehabilitieren, sich lieb Kind machen oder es dem anderen zeigen wollen usw. Allgemein ausgedrückt: Sachlichkeit ist erreicht, wenn die Verständigung auf der Sach-Ebene weiterkommt, ohne daß die Begleitbotschaften auf den anderen drei Seiten der Nachricht störend die Oberhand gewinnen.

Tatsächlich gehört es hierzulande zu den ungeübtesten Fähigkeiten, eine Sachkontroverse ohne Feindseligkeiten und Herabsetzungen auf der Beziehungsseite zu führen: Der Meinungsgegner wird als Feind und lästiges Übel erlebt und entsprechend behandelt (vgl. Abb. 43).

Hingegen besteht das kommunikationspsychologische Ziel darin, den eigenen Sachstandpunkt mit dem Respekt vor dem Meinungs-

Abb. 43: *Der sachliche Standpunkt verbindet sich oft mit Überheblichkeit und Feindseligkeit auf den anderen Seiten der Nachricht.*

gegner zu verbinden, beseelt von der Grundhaltung: «Ich akzeptiere und begrüße, daß jeder die Sache von seinem Standpunkt sieht, je nach seiner Lebensgeschichte und nach seinen Lebensumständen. Du bist anders als ich, ich bin anders als du – wenn wir einander zuhören und den Standpunkt des anderen als Ausgangspunkt akzeptieren, dann kann unsere Begegnung etwas zutage fördern, was reicher und richtiger ist, als was jeder für sich allein mitgebracht hat.»

Die sachkontroverse Nachricht sähe dann etwa so aus wie in Abb. 44.

Welche Mittel haben wir, um eine sachliche Auseinandersetzung zu fördern? Zwei grundsätzliche, entgegengesetzte Strategien lassen sich unterscheiden. Die eine – mehr übliche – zielt darauf ab, die unsachlichen Strebungen zu unterbinden («Das gehört nicht hierher!») – die andere Strategie will dagegen diesen Störungen sogar Vorrang geben.

1.1 Erste Strategie («Das gehört nicht hierher!»)

Üblicherweise finden wir in Lern- und Arbeitsgruppen den «Das-gehört-nicht-hierher-Standpunkt» vor. Dieser Appell zur Disziplin

Abb. 44: *Kommunikationspsychologische Struktur einer sachkontroversen Nachricht mit konstruktiven zwischenmenschlichen Begleitbotschaften.*

sucht das Unerwünschte zu unterbinden («Wir wollen doch sachlich bleiben!»). Für einen reibungslosen Schnellverkehr mag diese Methode eine zeitsparende Notlösung sein. Für eine langfristige Kooperation ist es wenig aussichtsreich, den Deckel der Sachlichkeit auf die Schlangengrube der menschlichen Gefühle zu pressen. Denn zum einen braucht eine engagierte, kreative Sachlichkeit den Aufwind positiver mitmenschlicher Beziehungen – andernfalls herrscht auch sachliche Flaute. Zum anderen lassen sich die unsachlichen Impulse gar nicht aus der (Seelen-)Welt schaffen – sie sind Teil der Realität und gehen bei offiziellem Verbot in den Untergrund und bestimmen die Kommunikation aus dem Verborgenen: Schein-sachliche Argumentiererei wird zum Vehikel persönlicher Auseinandersetzungen, überlange «sachliche» Ausführungen dienen der Selbstdarstellung und Selbstrechtfertigung – *die «Sache» wird zum trojanischen Pferd einer persönlich-emotionalen Untergrundbewegung.*

1.2 Zweite Strategie («Störungen haben Vorrang»)

Der Kommunikationspsychologe empfiehlt deshalb, Abschied zu nehmen von der «eingebleuten» Sach-Norm (sprich nicht von dir selbst, werde nicht persönlich, Gefühle und Empfindungen haben in einem Sachgespräch nichts zu suchen!). Er empfiehlt statt dessen den Mut zur gelegentlichen Metakommunikation mit starker Betonung der Selbstoffenbarungs- und Beziehungsseite der Nachricht: «Wie stehen wir zueinander? Was bewegt mich, Ihnen immer gleich zu widersprechen? Warum habe ich Angst, meinen wirklichen Standpunkt zu sagen? Wie fühle ich mich in dieser Gruppe (diesem Gremium) usw.?»

Ruth Cohn, deren Lebenswerk darin besteht, die Erfordernisse der Sache mit den Erfordernissen des Menschlichen und Mitmenschlichen in Einklang zu bringen, sagt es in einer kurzen Formel: «Störungen haben Vorrang.» Für Ruth Cohn fügt sich diese «Kommunikationsregel» nur der menschlichen Realität. Sie schreibt (1975, S. 122):

«Störungen haben de facto den Vorrang, ob Direktiven gegeben werden oder nicht. Störungen fragen nicht nach Erlaubnis, sie sind da: als Schmerz, als Freude, als Angst, als Zerstreutheit; die Frage ist nur, wie man sie bewältigt. Antipathien und Verstörtheiten können den einzelnen versteinern und die Gruppe unterminieren; unausgesprochen und unterdrückt bestimmen sie Vorgänge in Schulklassen, in Vorständen, in Regierungen. Verhandlungen und Unterricht kommen auf falsche Bahnen oder drehen sich im Kreis. Leute sitzen am Pult und am grünen Tisch in körperlicher Gegenwart und innerer Abwesenheit. Entscheidungen entstehen dann nicht auf der Basis von realen Überlegungen, sondern unterliegen der Diktatur der Störungen – Antipathien zwischen den Teilnehmern, unausgesprochenen Interessen und persönlichen depressiven und angstvollen Gemütsverfassungen. Die Resultate sind dementsprechend geist- und sinnlos und oft destruktiv.

Die unpersönlichen ‹störungsfreien› Klassenzimmer, Hörsäle, Fabrikräume, Konferenzzimmer sind dann angefüllt mit apathischen und unterwürfigen oder mit verzweifelten und rebellierenden Menschen, deren Frustration zur Zerstörung ihrer selbst oder ihrer Institutionen führt.

Das Postulat, daß Störungen und leidenschaftliche Gefühle den Vorrang haben, bedeutet, daß wir die Wirklichkeit des Menschen anerkennen; und diese enthält die Tatsache, daß unsere lebendigen, gefühlsbewegten Körper und Seelen Träger unserer Gedanken und Handlungen sind. Wenn diese Träger wanken, sind unsere Handlungen und Gedanken so unsicher wie ihre Grundlagen.»

Und an einer anderen Stelle (S. 184):

«Die unwahrscheinliche Anzahl von kleinen Verstimmungen, die aus irgendeinem Grunde nicht gesagt werden und sich zu Schützengräben und Festungswällen verfestigen, durch die Menschen, Beziehungen und Arbeit leiden, ist auch geübten Gruppenleitern immer wieder ein fast unglaubliches Erlebnis.

Wie werden solche positiven und negativen Störungen im allgemeinen in Gremien und Klassenzimmern und anderen Gruppen behandelt? Was tun die Teilnehmer? 1. Sie täuschen Aufmerksamkeit vor, die nicht da ist. 2. Sie zwingen sich zu einer Aufmerksamkeit, die nur von einem Bruchteil ihrer Energien gespeist wird, weil diese in starken Emotionen gebunden ist. 3. Die unterdrückten Emotionen schleichen sich meist auf Nebenwegen als Fehlerquelle in Entscheidungen und Gedankengänge ein.»

In Trainingskursen mit Arbeitsgruppen (z. B. Lehrerkollegien oder Abteilungen in einem Unternehmen) versuchen wir, eine solche Metakommunikation behutsam einzuführen und Rüstzeug dafür anzubieten. Dabei ist den Teilnehmern anfangs die Einsicht schwer, daß «soviel Persönliches» das «Sachliche» nicht nur nicht völlig torpedieren, sondern sogar noch fördern soll! Die Angst: Was kann da nicht alles «aufbrechen» – und kostet es nicht viel zu viel Zeit? Ruth Cohn sagt manchmal: «Wir haben wenig Zeit, deshalb müssen wir langsam vorgehen...!» – Die heimliche Dauer-Überfrachtung der Sachseite mit unbearbeiteten Anteilen aus dem Bereich der Selbstoffenbarung und Beziehung kostet langfristig nicht nur mehr Zeit, sondern auch mehr seelische Energie; die investierte Zeit zur Entfrachtung gibt es mit Zins und Zinseszins zurück.

Aber es gibt auch Gefahren. Ich weiß aus meiner eigenen Lebensgeschichte, wie ungewohnt und bedrohlich ein solcher (persönlich-zwischenmenschlich-sachlicher) Kommunikationsstil sein kann. Aufgewachsen nach dem Leitgedanken der ersten Strategie, haben viele es nicht gelernt, über ihre inneren Vorgänge zu sprechen und gefühlsmäßige Aspekte der zwischenmenschlichen Beziehungen auszudrücken. So liegt das «Heimspiel» vieler Menschen auf der Sach-Ebene, auf der sie sich mit ihrem ausgebildeten Verstand und ihrer guten Sprachfähigkeit auskennen und wohlfühlen. Für sie ist die Selbstoffenbarungs- und Beziehungsebene ein dünnes Glatteis. Es wäre verfehlt, ihnen von heute auf morgen einen ganz neuen Stil abzuverlangen. Echter Fortschritt vollzieht sich im Schneckentempo, in kleinen, d. h. verkraftbaren Schritten. Bei behutsamer Einführung konnten sich viele Teilnehmer unserer Trainingskurse mit der neuen Norm bald anfreunden und bekamen Mut, das «Auswärtsspiel» zu riskieren. Sie erkannten oder ahnten, daß hier die Chance bestand, unterentwickelte Bereiche der Persönlichkeit wachsen zu lassen. Wachstum ist nur in «Auswärtsspielen» möglich («Auswärtsspiele» = Spiel auf Feldern, auf denen ich nicht trainiert habe, wo mir der Beifall nicht sicher ist und ich eine Niederlage riskiere).

Eine andere Gefahr der zweiten Strategie besteht darin, daß die Arbeits-/Lerngruppe ihre Sachziele aus dem Auge verliert und sich nun überwiegend der Pflege ihrer Beziehungen und der therapeutischen Aufarbeitung persönlicher Probleme widmet. So geschah es in jüngster Zeit in einigen studentischen Gruppen, als die gruppendynamischen Lernverfahren aufkamen. Die durch den ständigen Sachappell jahrelang unterdrückte Emotionalität brach nun auf und ließ das Pendel ganz auf die andere Seite schwingen. Es war, als ob nach langem Stau eine emotionale Schleusenöffnung zu einer wahren Überschwemmung an zwischenmenschlicher Thematik führte. Hier ist es wiederum das Verdienst von Ruth Cohn, den Weg zwischen Szylla und Charybdis gewiesen zu haben: Szylla zieht uns hoch auf die abgehobene, abstrakte Ebene des unpersönlichen Darüberredens und Theoretisierens – Charybdis dagegen zieht uns hinab in den Tiefgang der persönlich-emotionalen Selbsterfahrung. In ihrem «themenzentrierten interaktionellen System» (TZI) ist es die Aufgabe des Leiters (und dann auch der Gruppe), drei Komponenten des Geschehens gleich wichtig zu nehmen und entsprechend auszubalancieren:

- ☐ das ES (die *Sache*, das Thema, die gemeinsame Aufgabe),
- ☐ das ICH (der *einzelne* in der Gruppe mit seinen Gefühlen, persönlichen Möglichkeiten und Störungen),
- ☐ das WIR (die *Gruppe* mit ihrem Beziehungsnetz und ihren Interaktionen) – s. Abb. 45.

1.3 Getrenntheit von Sach- und Beziehungsebene im täglichen Leben

Das zusammengesetzte Dreieck enthält mehr Weisheit als nur den Balancegedanken für die Leitung von Gruppen. Indem es auf die urtümliche Zusammengehörigkeit von Sach- und Beziehungsebene verweist, macht es uns die Getrenntheit dieser beiden Aspekte in unserem Leben bewußt. Das Dreieck ist zerschnitten (Abb. 46): Wir leben in einer Arbeitswelt, in der Sachzwänge regieren, und wo der einzelne und die Art des Miteinanders nicht zählen. Und wenn sie zählen, dann häufig nur im Hinblick auf ihre Funktionalität für die

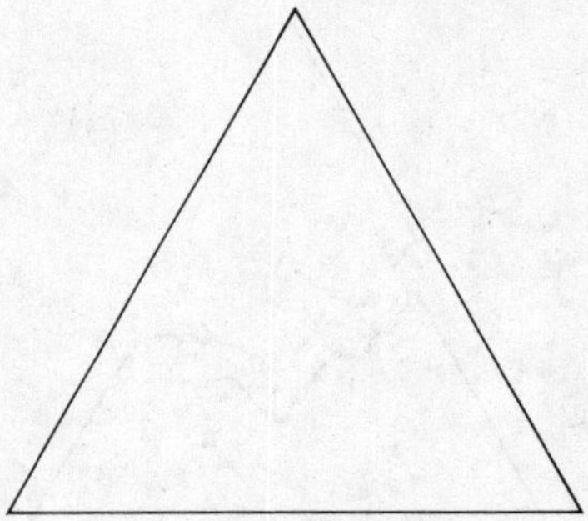

Abb. 45: *Drei auszubalancierende Komponenten des Geschehens in Lern- und Arbeitsgruppen nach dem themenzentrierten interaktionellen System von Ruth Cohn (1975).*

Sacheffektivität. So kümmert man sich um «human relations» dort, wo man sich von einer stärkeren Betonung der Mitmenschlichkeit eine Effektivitätssteigerung verspricht (s. S. 204ff). Aber der Persönlichkeitsentfaltung des einzelnen und der Gestaltung der mitmenschlichen Beziehung wird kein Eigenwert zuerkannt.

Umso stärker nun der Wunsch, diese Mangelerlebnisse in einer Privatwelt auszugleichen, die für alle Ich-Wir-Wünsche aufkommen soll. Geborgenheit, Intimität, Lebensfreude, zwischenmenschliche Auseinandersetzungen, Bewältigung der Frage nach dem Sinn des Seins. *Aber wie die Arbeitswelt ein Sach-Torso ist, abgeschnitten von der Ich-Wir-Basis des Dreiecks, so ist die private und die Psycho-Welt tendenziell ein Beziehungs-Torso, bei dem die Spitze des Dreiecks fehlt.* Durch das Fehlen eines gemeinsamen Themas, einer gemeinsamen Sache, sind wir auf merkwürdige Weise voneinander getrennt, wie intim auch unsere Beziehungen sein mögen. Heik Portele (1978) hat in seinem Aufsatz «Lob der dritten Sache», ausgehend von einem Gedicht Bertolt Brechts mit gleichem Titel, interessante Mutmaßungen darüber angestellt, welche Qualitäten diese dritte gemeinsame Sache aufweisen muß, um für solidarische Beziehungen

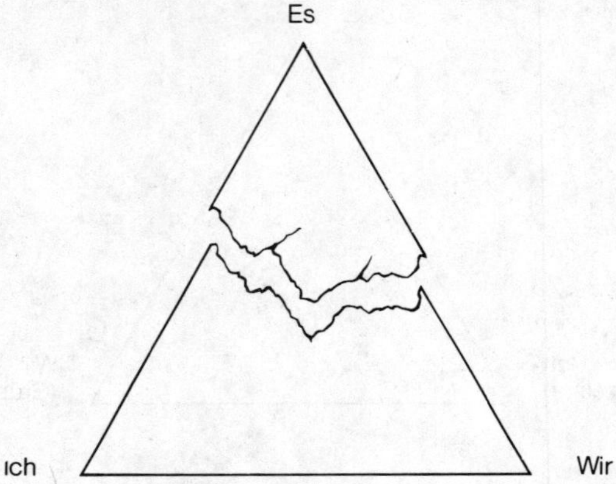

Abb. 46: *Die Spaltung von Sach- und Beziehungsebene in der heutigen Zeit.*

ein tragfähiges Fundament abzugeben. Einige seiner Thesen fasse ich wie folgt zusammen:

□ «Kleinere» dritte Sachen (z. B. gemeinsames Essen-Kochen in einer Wohngemeinschaft) sind auf Dauer ebenso wenig tragfähig wie «große» Ziele oder Ideen. Eher eignen sich konkrete Kooperationen mit erkennbarem und identitätsrelevantem Produkt.

□ «Negative» dritte Sachen, die im Protest *gegen* etwas bestehen (z. B. gegen Atomkraft) eignen sich (wegen ihres aufgezwungenen und nicht freiwilligen Charakters) weniger gut.

□ Bestimmte gesellschaftliche Mechanismen verhindern das Suchen und Finden einer dritten Sache (z. B. Organisation der Arbeit).

□ Beziehungsprobleme (zwischen Paaren, in Schulklassen) haben ihre fundamentale Ursache im Fehlen einer dritten Sache.

□ Ein psychologisierendes Arbeiten auf der Beziehungsebene (Paartherapie, gruppendynamisch-therapeutische Veranstaltungen) ist aussichtslos und verhängnisvoll, solange es nicht in Verbindung mit dem Aufbau einer dritten Sache geschieht.

□ Das Prinzip der dritten Sache kann manipulativ mißbraucht werden. Humanistische Psychologie kann mir helfen, meine wirklichen, «ureigensten» Anliegen zu entdecken und zu klären, statt mich unbemerkt vor falsche Wagen spannen zu lassen.

1.4 Offizielles und eigentliches Thema – oder: «Typische Pilzgespräche»

Wann sind wir «ganz bei der Sache»? Wenn die innere Energie dem Thema zur Verfügung steht. Oft passiert es, daß in der Innenwelt der Gesprächspartner ein ganz anderes Thema aktuell ist als das, worüber offiziell gesprochen wird. Die daraus folgende «Halbherzigkeit» ist ein Stück ungelebtes Leben – deswegen kann das Anliegen der Themenzentrierten Interaktion, offizielles und «eigentliches» Thema zur Deckung bringen, als Wegweiser für die Verbesserung jeglicher zwischenmenschlicher Kommunikation dienen. Andernfalls gibt es typische «Pilzgespräche» wie in einer Szene aus Tolstois «Anna Karenina»:

Der 40jährige Sergej Iwanowitsch hatte Zuneigung zu einer jungen Frau, Warenjka, gefaßt, und auch sie war ihm wirklich herzlich zugetan. Eine Spazierfahrt in den Wald war arrangiert worden, so daß das entscheidende Gespräch stattfinden konnte. Gerade hatte Sergej Iwanowitsch alles noch einmal überdacht und überfühlt und «sein Herz zog sich zusammen vor lauter Wonne, ein Gefühl tiefer Rührung überkam ihn, und er fühlte, daß er einen Entschluß gefaßt hatte». – Sein «eigentliches» Thema formulierte sich ihm so, während er auf sie zuging (o. J., S. 562ff.):

«Warwara Andrejewna, als ich noch ganz jung war, hatte ich mir ein Ideal von der Frau geschaffen, das ich lieb gewann und das für mich bei der Wahl meiner zukünftigen Gattin maßgebend sein sollte. Ich habe nun ein gutes Stück Leben hinter mir, fand jetzt in Ihnen zum erstenmal das, was ich suchte. Ich liebe Sie und biete Ihnen meine Hand an.

So sprach Sergej Iwanowitsch still vor sich, als er etwa zehn Schritte von Warenjka entfernt war...

Sie legten schweigend ein paar Schritte zurück. Warenjka sah, daß er sprechen wollte, sie erriet auch, wovon, und war ganz benommen vor Freude und Bangigkeit.»

Das «entscheidende Gespräch» verlief dann so:

Sie: «Nun, haben Sie etwas gefunden?»

Er: «Nicht einen einzigen. Und Sie?»

Sie: «Sie haben also nichts gefunden? Das ist wohl meistens so, tiefer im Wald wachsen nicht so viele Pilze wie am Rand?»

Er (nach längerem Schweigen): «Ich habe mir nur sagen lassen, daß die Steinpilze hauptsächlich am Rand wachsen. Ich kann übrigens die Steinpilze nicht von anderen Sorten unterscheiden.»

(Lange Pause, in der er noch einmal seinen Entschluß bekräftigt und merkt: «Jetzt oder nie mußte er sich erklären.»)

Er: «Welcher Unterschied besteht eigentlich zwischen Steinpilzen und Birkenpilzen?»

Sie (bebt vor Erregung): «Der Hut ist bei beiden fast gleich, nur die Stiele sind verschieden.»

«Und kaum waren diese Worte ihren Lippen entflohen, als sie beide begriffen, daß alles zu Ende war, daß die Aussprache, die sie beide erwarteten, nicht erfolgen würde.»

Er: «Der Stiel des Birkenpilzes erinnert an das Gesicht eines brünetten Mannes, der sich seit zwei Tagen nicht rasiert hat.»

Sie: «Ja, das stimmt.»

In der alltäglichen Kommunikation sind die Folgen nicht immer so drastisch wie in diesem Beispiel. Mag auch sein, daß dem Pilzgespräch der beiden Liebenden eine allerinnerste Unentschlossenheit zugrunde lag, die als unbewußte Bremse das Aufkommen des eigentlichen Themas verhindert hat. Auf jeden Fall scheint mir, daß unsere Kommunikationswelt reich ist an derlei «Pilzgesprächen».

Das offizielle Thema «ergibt sich» mehr aus der Logik der Situation als aus der Psycho-Logik der Gesprächspartner. So kommt ein Geschäftsmann von einer längeren Geschäftsreise nach Hause zurück. Das offizielle Thema mit seiner Frau nach der Begrüßung ergibt sich situationslogisch «von selbst»: *Wie war es?* – Er erzählt Begebenheiten, die sich auf der Reise zugetragen haben. Von ihm aus ist es ein wenig eine Pflichtübung, ihm ist nach Erzählen im Augenblick nicht zumute. Sie bemüht sich, ihrerseits, interessiert zuzuhören, kann aber in ihren Reaktionen ihr eigenes Desinteresse nicht ganz verbergen. «Du hörst ja gar nicht richtig zu!» schilt er sie mürrisch. «Doch, doch, aber du erzählst auch so viele belanglose Einzelheiten.» – Verstimmung. Das offizielle Thema hatte nicht dem eigentlichen Thema entsprochen. Dies lautete vielmehr bei der Frau: «Wie stehst du zu mir gefühlsmäßig, nachdem du so lange fort warst und viele andere Menschen kennengelernt hast?»

Gut geübt in schneller Situationsbewältigung hindern wir uns, das eigentliche Thema bei uns selbst zutage zu fördern. Dieses «Zutagefördern» beginnt mit der inneren Frage: «Was ist mir *jetzt* und *in dieser Situation* mit dir wichtig?» Das Ernstnehmen dieser Frage macht das Thema zu einem wirklichen Treffpunkt (s. Abb. 47a), es ergibt sich aus mir und der Verbindungslinie zwischen dir und mir und ist somit «stimmig» (vgl. S. 121f). Andernfalls entsteht bei betriebsamen «Pilzgesprächen» ein halbherziges Beisammensein mit dem schalen Geschmack von Belang- und Kontaktlosigkeit.

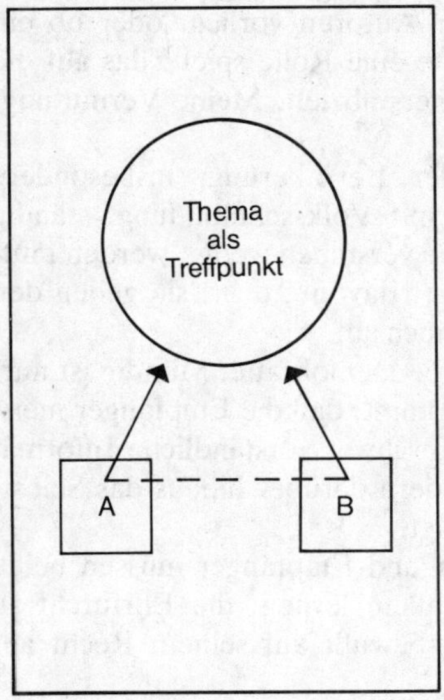

Abb. 47a:
Thema als Treffpunkt.

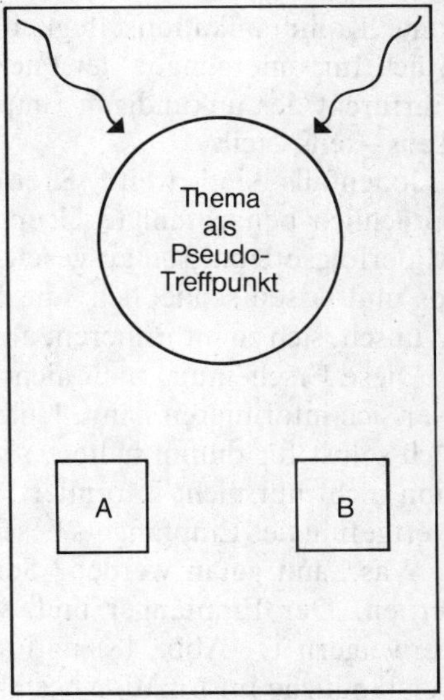

Abb. 47b:
Thema als Pseudo-Treffpunkt.

Das Auffinden von wirklichen Treffpunkten ist heute erschwert, wie aus den Überlegungen zur «dritten Sache» hervorgeht. Und doch hängt das Schicksal der privaten Beziehungen zwischen Lebenspartnern, Eltern und Kindern, Freunden von der Fähigkeit ab, die gemeinsamen Themen zu entdecken – mag es im äußersten Fall auch nur lauten: «Wir leben in verschiedenen Welten und haben uns auseinanderentwickelt, haben kaum gemeinsame Berührungspunkte – was liegt uns dennoch aneinander?»

2. Verständlichkeit*

Die Schwerverständlichkeit von Schulbüchern, Vertragstexten, amtlichen Verordnungen, von Fernsehdiskussionen, politischen Kommentaren und der wissenschaftlichen Berichterstattung ist oft beklagt und selten gemindert worden.

Und sei es nun «Amtsdeutsch» oder «Soziologen-Chinesisch»: Nie weiß man so ganz genau, ob die mangelnde Allgemeinverständlichkeit «in der Natur der Sache» begründet liegt, ob eine unterentwickelte Kommunikationsfähigkeit der Autoren vorliegt oder ob ein Stück Imponiergehabe der Fachleute eine Rolle spielt, das auf die Ehrfurcht des unkundigen Empfängers abzielt. Meine Vermutung: Teils – teils – teils.

Jedenfalls sind weite Kreise der Bevölkerung, insbesondere sprachlich benachteiligte Gruppen mit Volksschulbildung, ständig Mißerfolgserlebnissen ausgesetzt: Sie verstehen wenig, werden mutlos und lassen schließlich «die Finger davon»; d.h., sie geben den Wunsch, sich zu informieren, allmählich auf.

Diese Erscheinung paßt nicht in die Demokratie. Mündig ist nur, wer sich informieren kann. Hinzu kommt, daß die Empfänger meist sich selbst für dumm halten, so daß schwer verständliche Information nicht nur nicht informiert, sondern darüber hinaus das Selbstwertgefühl des Empfängers beschädigt.

Was kann getan werden? Sender und Empfänger müssen beide lernen. Der Empfänger muß vor allem lernen, die Ehrfurcht zu verweigern (s. Abb. 48) und selbstbewußt auf seinem Recht auf verständliche Information bestehen.

Was der Sender lernen kann, ergibt sich aus unseren Forschungsergebnissen und Trainingsanleitungen (Langer, Schulz von Thun und Tausch 1981) – über unser «Hamburger Verständlichkeitskonzept» wird dort ausführlich berichtet –, ich gebe deswegen hier nur einen kurzen Einblick.

2.1 Vorschau auf das Kapitel «Verständlichkeit»

Auf folgende vier Fragen möchte ich in diesem Kapitel auf Grund unserer Forschung eine Antwort geben:

□ *Was ist Verständlichkeit?* Die Antwort wird lauten: Es ist eine Eigenschaft von Informationstexten, die in vier Bereiche zerfällt. Entsprechend werden

---

* Bei diesem Kapitel handelt es sich um eine Überarbeitung eines erstmalig in *Psychologie heute, 1975, 5,* erschienenen Artikels.

Abb. 48: *Der ehrfürchtige Empfänger schwerverständlicher Nachrichten.*

wir vier «Verständlichmacher» kennenlernen. Sie heißen: Einfachheit, Gliederung – Ordnung, Kürze – Prägnanz und zusätzliche Stimulanz.

□ *Kann man Verständlichkeit messen?* Ja. Jeder Text (oder Vortrag usw.) erhält dann vier Meßwerte – einen für jeden Verständlichmacher. Es ist eine Art «Warentest», der hier durchgeführt wird. In etwa fünf Stunden kann man lernen, einen solchen Test durchzuführen.

□ *Lassen sich Texte aller Art verständlicher gestalten,* so daß die Leser mehr verstehen und behalten? Antwort: Ja. Wenn die Verständlichkeitsdiagnose auf Mängel hinweist, kann der Text bei gleichem Informationsziel verständlicher gemacht werden. Es zeigte sich in Experimenten, daß bei den Lesern viel mehr Information ankommt. Außerdem haben sie mehr Interesse für den Inhalt und mehr Spaß beim Lesen. – Diese Ergebnisse zeigten sich bei Lesern aller Schulbildungen.

□ *Verständlich informieren – kann man das lernen?* Zunächst eine Gegenfrage: *Will* man es lernen und damit u. U. auf den Prestigegewinn verzichten, der sich mit gelehrsamer Schwerverständlichkeit erzielen läßt? Jetzt die Antwort: Wer es lernen will, kann erheblich vorankommen. Guter Wille und ein paar Ratschläge reichen allerdings nicht aus. Aber es gibt Trainingsprogramme (s. S. 155) mit Übungen und guten Beispielen.

Sie als Leser wissen jetzt, was im folgenden auf Sie zukommt. Und ein bißchen informiert sind Sie auch schon. Eine solche «überblickende Vorausschau» erleichtert das Verständnis. Also: Nicht gleich loslegen, sondern erst einmal sagen, worum es geht, und die Gliederung ankündigen. Dadurch sind Sie auf dem besten Weg, einen hohen Wert in «Gliederung–Ordnung», dem zweiten Pfeiler der «Verständlichkeit», zu erreichen.

2.2 Was ist Verständlichkeit?

Am Anfang der Forschung waren wir auf der Suche nach Verständlichmachern. So gingen wir vor: Wir baten viele Lehrer und andere Experten zum Beispiel: «Schreibt doch mal einen Lehrtext für Schüler, wie man eine Zahlkarte auf Grund einer Rechnung ausfüllt! Und macht es so verständlich wie möglich!» Auf diese Weise bekamen wir viele Texte mit gleichem Lehrziel, aber unterschiedlicher sprachlicher Gestaltung. Wir haben Schülern die Texte zu lesen gegeben und prüften hinterher mit Tests ab, wieviel Information «angekommen» war. Ergebnis: Manche Texte wurden recht gut verstanden, andere nahezu überhaupt nicht.

Jetzt stellte sich natürlich die Frage: In welchen Merkmalen unterscheiden sich die gut verstandenen von den schlecht verstandenen Texten? Gesucht waren solche Merkmale, die nicht nur bei einem ganz bestimmten Inhalt, sondern möglichst bei allen Inhalten von Bedeutung sind.

Nach einigen Untersuchungen stand die Antwort fest: Informationstexte unterscheiden sich voneinander vor allem in vier «Dimensionen der sprachlichen Gestaltung»: 1. *Einfachheit* (Gegenteil: Kompliziertheit); 2. *Gliederung–Ordnung* (Gegenteil: Unübersichtlichkeit, Zusammenhanglosigkeit); 3. *Kürze–Prägnanz* (Gegenteil: Weitschweifigkeit) und 4. *Zusätzliche Stimulanz* (Gegenteil: keine zusätzliche Stimulanz).

Was bedeuten diese vier Hauptmerkmale? Ein bißchen sagt es der Name schon. Aber wir wollen sie etwas genauer vorstellen oder besser – sie stellen sich selber vor (siehe Abb. 49):

Einfachheit – Kompliziertheit. Dieser erste Verständlichmacher ist vor allem gemeint, wenn im allgemeinen Sprachgebrauch von «Verständlichkeit» die Rede ist. Etwa, wenn sich immer mehr Bürger bei den Verbraucherorganisationen über unverständliche Behördenschreiben beschweren. Oder wenn – gemäß einer Emnid-Umfrage – jeder Zweite die geringe Verständlichkeit bei der Wissenschaftsbe-

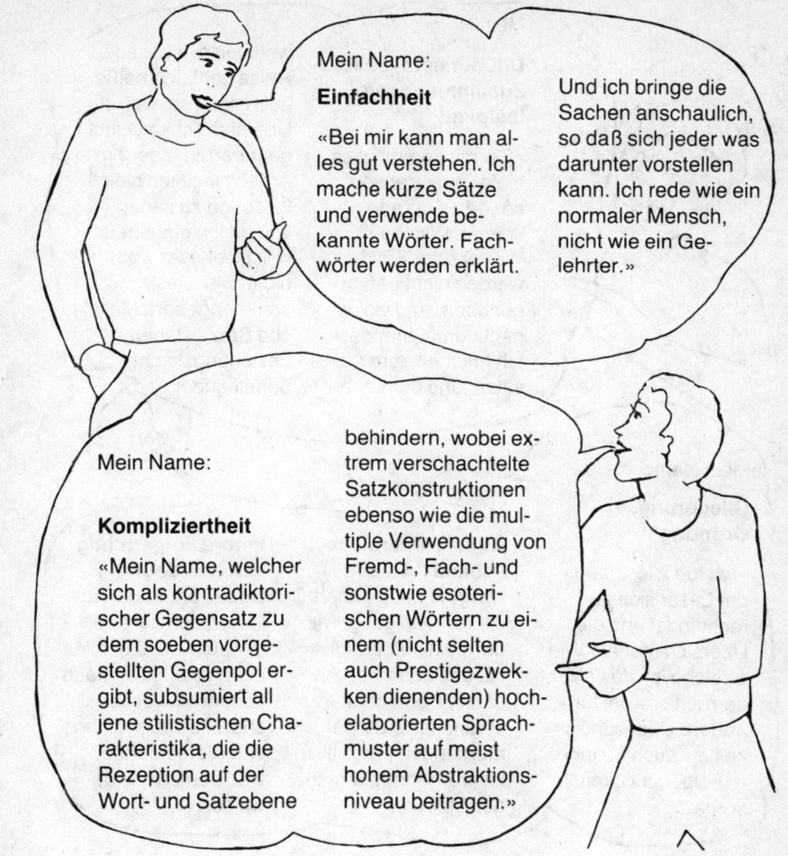

Abb. 49: *«Einfachheit» und sein Gegenspieler «Kompliziertheit» stellen sich vor.*

richterstattung im Fernsehen beklagt. Tatsächlich ist Einfachheit wohl der wichtigste Verständlichmacher. Und zugleich derjenige, der die «Gebildeten» am deutlichsten von den «Ungebildeten» trennt. Dennoch ist das Verstehen und Behalten von Information keineswegs nur von «Einfachheit» abhängig.

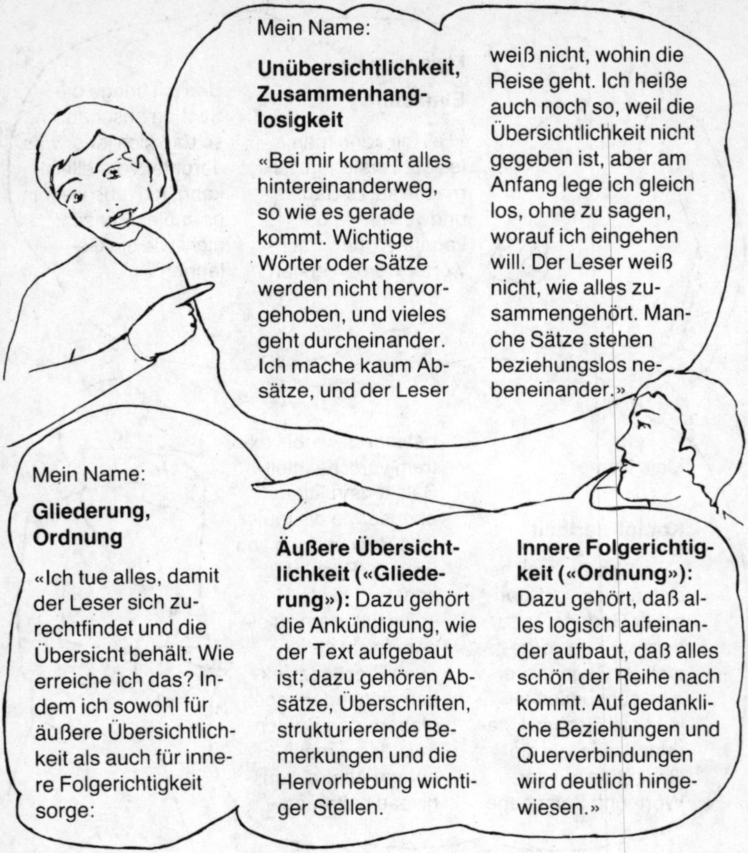

Abb. 50: *«Gliederung – Ordnung» und sein Gegenspieler «Unübersichtlichkeit» stellen sich vor.*

Gliederung, Ordnung – Unübersichtlichkeit. Dieser zweite Verständlichmacher betrifft nicht die Art der Formulierung (Einfachheit), sondern den Aufbau des Gesamttextes. Seine Bedeutung wächst mit der Länge des Textes. Bei kurzen Mitteilungen kann es der Empfänger leichter «verschmerzen», wenn keine Bemühungen vorliegen, den *Bauplan der Nachricht sichtbar zu machen.* Um eine solche Sichtbarmachung des Bauplanes dieses Kapitels bemühte sich die Vorschau auf S. 140f.

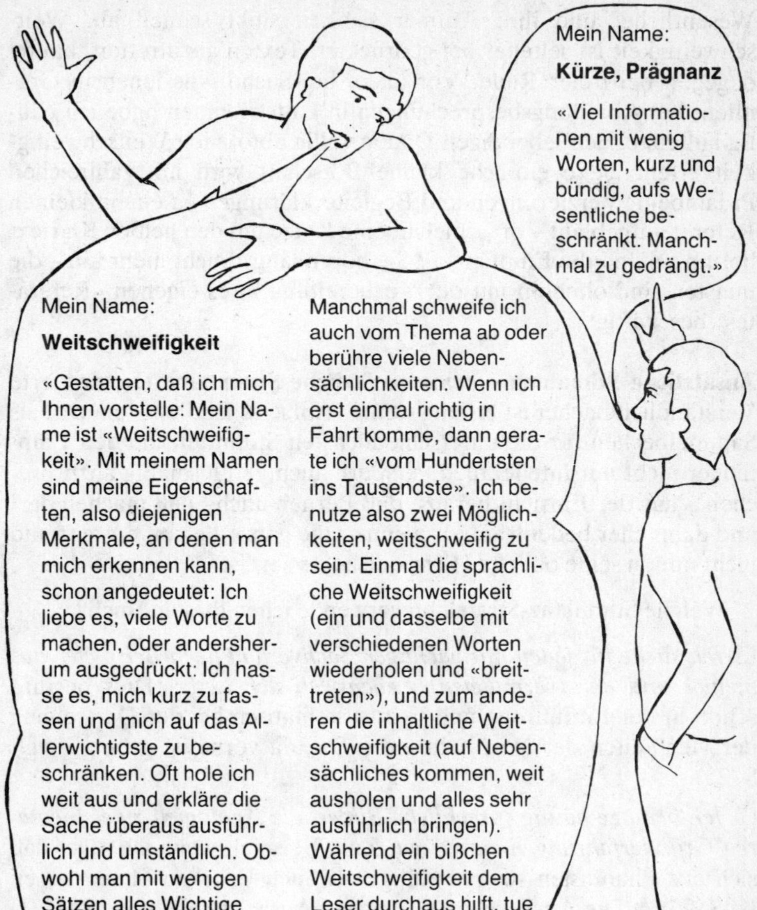

Abb. 51: *«Kürze, Prägnanz» und sein Gegenspieler «Weitschweifigkeit» stellen sich vor.*

Kürze, Prägnanz – Weitschweifigkeit. Obwohl ein Telegrammstil sich in einigen Untersuchungen als durchaus günstig erwies, dürfte das Optimum mehr in der Mitte liegen. Weitschweifige Texte überfordern vor allem jüngere Schüler: Sie verlieren den Blick für das Wesentliche, und ihre Aufmerksamkeit sinkt schnell ab. Weitschweifigkeit ist seltener bei gedruckten Texten anzutreffen, häufig dagegen bei freier Rede. Vor allem bei Sachdiskussionen in Gremien, bei Abteilungsbesprechungen in Unternehmen habe ich häufig äußerste, den lebendigen Dialog völlig abtötende Weitschweifigkeit erlebt. Jede einfache kleine Botschaft wird mit zahlreichen Präambeln, Verzierungen und Begleiterklärungen zu einem kleinen Referat aufgebläht – oft schleicht eine Katze um den heißen Klartext herum. – Und die Empfänger? Sie hören längst nicht mehr hin – die meisten sind ohnehin mit der Vorbereitung ihres eigenen «Referates» beschäftigt...

Zusätzliche Stimulanz – keine zusätzliche Stimulanz. Dieser vierte Verständlichmacher ist bislang wenig erforscht. Er dient zunächst als Sammelbecken für die unterschiedlichsten Stilmittel, um den Empfänger nicht nur intellektuell, sondern auch gefühlsmäßig anzusprechen – aus der Einsicht heraus, daß Lernen auch Spaß machen darf und dann eher bedeutsam ist, wenn es die ganze Person ergreift und nicht nur an seine oberste Hirnrinde adressiert ist.

Welche Stimulanz-Strategien verwende ich in diesem Buch?

□ *Ich suche für jeden mir wichtigen Sachverhalt nach Beispielen aus meiner und der (vermuteten) Lebenswelt der Leser.* Dies beginnt schon in der Einführung und setzt systematisch bei der Darstellung der vier Seiten der Nachricht ein («Du, da vorne ist grün!» – vgl. S. 25).

□ *Ich benutze häufig sprachliche Bilder, die Analogien zu elementaren Grunderfahrungen aufweisen.* Zum Beispiel, wenn ich sage, daß sich aus Phantasien sowohl Käfige als auch Brücken bauen lassen (s. S. 77). – Die Ausdrücke «Heim- und Auswärtsspiele» (s. S. 133f) entnehme ich der Welt des Sports, um sie auf seelische Phänomene zu übertragen.

Ein großer Lehrmeister für diese Technik sind unsere Träume: Sie erfinden großartige, treffende Bilder für aktuelle seelische Sachverhalte. Wenn ich auf S. 131 vom «Deckel» (der Sachlichkeit) auf der «Schlangengrube» (der Emotionen) spreche, dann hätte ein solches Bild auch geträumt sein können.

□ Vom sprachlichen Bild zur graphischen Abbildung ist es nur noch ein kleiner Schritt. *Wenn ich etwas erkläre, fertige ich gern kleine*

Abb. 52: *«Zusätzliche Stimulanz» und sein Gegenspieler «Keine zusätzliche Stimulanz» stellen sich vor.*

Zeichnungen dazu an. Ich selbst bin ein «visueller Typ», d. h., ich nehme vor allem den optischen Sinneskanal beim Lernen in Anspruch; bei den meisten meiner Hörer ist es genauso.

Die Abbildung dient nicht nur der Stimulanz, sondern oft auch der

Gliederung–Ordnung, indem sie eine gedankliche Struktur oder den Bauplan eines Textes sichtbar macht.

□ *Manchmal personifiziere ich abstrakte Begriffe und lasse sie in wörtlicher Rede auftreten.* So haben sich die Merkmale der sprachlichen Gestaltung als «Verständlichmacher» persönlich vorgestellt und in direkter Rede gesprochen (– überhaupt wähle ich häufig die direkte Rede).

Diese aus der Dichtung und Theaterwelt bekannte Methode erlaubt es, daß sich Instanzen «zu Wort melden», die in der seelischen Realität tatsächlich vernehmbar sind. So empfangen wir «Nachrichten» nicht nur von Personen, sondern auch von Einrichtungen und Institutionen. So mag ein «piekvornehm» eingerichtetes Wohnzimmer dem Gast signalisieren: «Hier darfst du nicht laut lachen, die Beine hochlegen oder dich sonstwie gehen lassen – benimm dich gesittet und sprich höflich und konventionell!»

Ein ergreifendes Beispiel las ich in einem Zeitungsartikel: Muller läßt «die Gesellschaft» zu ihren Jugendlichen sprechen (s. S. 190f).

□ Gelegentlich, wenn auch nicht sehr häufig, *spreche ich von mir selbst und bringe die Sachinformationen mit meiner Person in Verbindung;* d.h., ich versuche zu vermitteln, wieso mir gerade diese Inhalte wichtig sind, wie ich darauf gekommen bin und was sie mir bedeuten. Diese Verbindung von Sachvermittlung und Selbstoffenbarung (s. Abb. 53) ist in der Wissenschaft eher verpönt – hier gilt das Ideal der objektiven Wahrheit, welche sich als unabhängig gültig von der sie entdeckenden und aussprechenden Person erweist. Ohne dieses Ideal zu verwerfen, scheint mir auf dem Weg dorthin jede Erkenntnis – mehr oder minder bewußt und eingestanden – die Handschrift des Erkennenden zu tragen, gehen in jeden Erkenntnisakt (auch in sog. objektive Experimente) eingestandene oder uneingestandene Voraussetzungen, besondere Blickwinkel und Ausblendungen ein. Der Wissenschaftler steht ja nicht außerhalb des zu entdeckenden Weltzusammenhanges, sondern ist – mittendrin – ein Teil davon und jede seiner wahrheitssuchenden Handlungen geschehen unter dem Vorzeichen der Befangenheit aus Selbstbetroffenheit, jede seiner Handlungen hat Anlässe und Folgen in seiner persönlichen Lebenswelt, auch enthält jede seiner Handlungen eine Wertsetzung. Daher: Auch jede «wissenschaftliche Nachricht» enthält eine Selbstoffenbarungsseite – und es ist gewiß nicht unwissenschaftlich, diese kenntlich zu machen.

Besonders Vertreter der Humanistischen Psychologie treten für

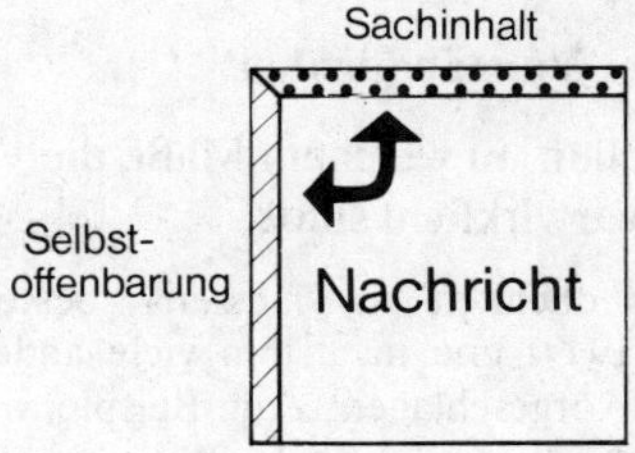

Abb. 53: *Die Verbindung von Sachvermittlung und Selbstoffenbarung als Element des lebendigen Lernens.*

diesen Standpunkt ein und pflegen einen entsprechend persönlichen Publikationsstil. Zum Beispiel schreibt Carl Rogers (1979, S. 133):

«Es mag Ihnen merkwürdig vorkommen, daß ich soviel Persönliches von der Suche nach einigen einfachen und vorläufigen Formulierungen erzähle. Ich tue es, weil ich glaube, daß neun Zehntel der Forschung sich immer unter der Oberfläche verbergen; man sieht nur die Spitze des Eisberges, und das täuscht. Nur selten beschreibt jemand... das Ganze der Forschungsmethode, so wie es im Individuum existiert. Auch ich möchte etwas vom Ganzen der Untersuchung, etwas von dem, was sich in mir abspielte, und nicht nur den unpersönlichen Teil mitteilen.»

Ebenfalls ist für Ruth Cohn jede wissenschaftliche Veröffentlichung *auch* eine Ich-Botschaft. In einem Aufsatz über Erlebnistherapien (1975, S. 97ff.) wählt sie ein Stilmittel, das sie «erlebendes Schreiben» nennt:

«Ich möchte dieses Papier über die Erlebnistherapien auch im Prozeß erlebenden Schreibens ausdrücken. Ich möchte versuchen, mit Euch Lesern in einen, zumindest imaginären, erlebnishaften Prozeß zu kommen. Und ich möchte, was ich im Hier-und-Jetzt erlebe, für das Thema, über das ich schreibe, auffangen.» (S. 98)

Informationsvermittlung kann zu einem lebendigen, beseelten Vorgang werden, wenn das Mitgeteilte erkennbar im Persönlichen wurzelt, wenn die Trennung von Sache und Person, von Sach- und Beziehungsebene aufgehoben wäre. Die meisten Empfänger sind innerlich lernbereiter, wenn ihnen hinter dem Vorgetragenen die Person des Vortragenden hindurchleuchtet.

2.3 Die Messung der Verständlichkeit

Wie läßt sich feststellen, in welchem Maße die vier Verständlichmacher in einem Text verwirklicht sind?

Der Wunsch, Verständlichkeit zu «messen», besteht schon lange. Der Amerikaner Flesch (1949) und nach ihm viele andere haben sogenannte «Lesbarkeitsformeln» vorgeschlagen: Zum Beispiel wurde die durchschnittliche Satzlänge und die durchschnittliche Wortlänge eines Textes ermittelt und zu einem Gesamtwert kombiniert. So wird ein objektiver Zollstock angelegt.

Jedoch zeigte sich, daß diese Werte sich nur wenig eigneten, um vorauszusagen, wie gut die Leser den Text verstehen würden. Das ist auch kein Wunder. Denn erstens müssen lange Sätze und lange Wörter ja nicht schwerverständlich sein. Das hängt ab von vielen Begleitumständen, z.B. von der grammatischen Bauweise der Sätze oder davon, ob unbekannte (und damit oft lange) Wörter erklärt werden oder nicht. Der objektive Zollstock ist blind für solche Begleitumstände. Zweitens sind mit solchen auszählbaren Merkmalen nur einige Aspekte von «Einfachheit», dem ersten Verständlichmacher, erfaßt. Alles andere, z.B. Übersichtlichkeit und innere Folgerichtigkeit, fällt unter den Tisch. Ein Zollstock versagt hier. Hier bedarf es eines menschlichen Gehirns, das mitzudenken in der Lage ist.

Daher haben wir einen ganz anderen Weg eingeschlagen: Für jeden Verständlichmacher ist eine «Meßlatte», eine Skala mit fünf Abstufungen, vorgesehen (s. Abb. 54):

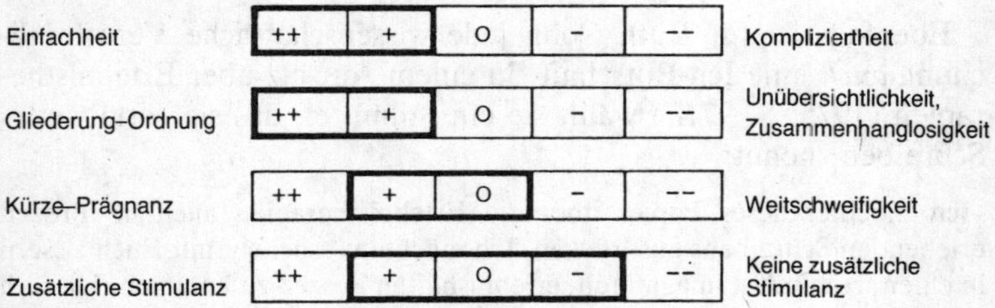

Abb. 54: *Die vier Dimensionen der Verständlichkeit mit ihren Meßskalen (die dick umrandeten Skalenstufen sind für gute Allgemeinverständlichkeit am günstigsten).*

Die Messung geht nun so vor sich: Geschulte Beurteiler bilden sich beim Lesen ein Eindrucksurteil für jeden Verständlichmacher.

Dann vergeben sie vier Werte – einen Wert für jede Skala. Das Ergebnis dieses «Warentests» wird in ein vierteiliges «Verständlichkeitsfenster» eingetragen, z. B.:

Einfachheit	Gliederung, Ordnung
Kürze, Prägnanz	Zusätzliche Stimulanz

+	–
0	++

Abb. 55: *Mögliches Ergebnis einer Verständlichkeitsdiagnose (links die Anordnung, rechts die Eintragung der Werte – vgl. Abb. 54).*

In Worten ausgedrückt lautet diese Verständlichkeitsdiagnose:

«Der Text ist recht einfach in der Formulierung (wenn auch nicht extrem einfach, d.h. man könnte denselben Sachverhalt noch etwas einfacher erklären). Dagegen fehlt es an Übersichtlichkeit und Klarheit der Zusammenhänge. Der Inhalt wird weder besonders gedrängt und kurz noch besonders weitschweifig erklärt. Die Darstellungsweise enthält sehr viele (zu viele) Anregungselemente.»

Vielleicht wird es eines Tages zur Pflicht gemacht werden, Bücher und Artikel mit einem Verständlichkeitsfenster zu versehen – das wäre ein sinnvoller «Verbraucherschutz» und zugleich ein Anreiz für die Autoren, günstigere Werte zu erzielen.

Das meßmethodische Vorgehen, das hier zur Anwendung kommt, findet sich näher begründet und erläutert bei Langer und Schulz von Thun (1981). Dort ist auch beschrieben, wie die Beurteiler geschult werden.

2.4 Die Verbesserung der Verständlichkeit von Texten

Können Informationstexte aus allen Bereichen des öffentlichen Lebens in ihrer Verständlichkeit verbessert werden? Und zwar so verbessert werden, daß am Informationsziel keine Abstriche gemacht werden?

Wir nahmen uns Texte aller Art vor, von Bedienungsanleitungen über amtliche Bekanntmachungen bis hin zu «hochwissenschaftlichen» Texten. Wir versuchten, den jeweiligen Inhalt anders zu erklären – so, daß die vier Verständlichmacher besser verwirklicht waren. Zwei Textversionen lagen am Ende für jeden Inhalt vor: der Originaltext und ein verbesserter Text.

Als Beispiel wähle ich einen kurzen Text, dessen Inhalt wie dieses

Buch von zwischenmenschlicher Kommunikation handelt. Er ist einer Zeitschrift für Erziehungsfragen entnommen. Es handelt sich um den Anfang eines längeren Aufsatzes, der sich vor allem an Lehrer (-studenten) wendet. Alle Lehrer, die ich kenne, legen jedoch bereits nach den folgenden Zeilen (spätestens!) die Zeitschrift aus der Hand. Dabei halten sie den Inhalt durchaus nicht für uninteressant.

Original-Text

Einfachheit	Gliederung, Ordnung
Kürze, Prägnanz	Zusätzliche Stimulanz

– –	–
+	– –

Kommunikation ist Interaktion in symbolischer Vermittlung und impliziert faktisch, genau wie Interaktion, auch ein Herrschaftsverhältnis interagierender und kommunizierender Menschen. Spracherziehung ist daher als ein Bereich der Erziehung zum sozialen Handeln zu betrachten; wobei der Begriff des sozialen Handelns verstanden wird in Abgrenzung zum einen vom blinden Befolgen vorgegebener Rollennormen, zum anderen von individuell willkürlichem Verhalten. Um auf der Grundlage von Rationalität und in kommunikativer Gemeinschaft mit anderen solidarisch handeln zu können, muß der einzelne Sprache nicht nur als Medium der Artikulation analytisch-kognitiver Prozesse einsetzen, sondern gleichzeitig als Mittel reflexiver Kommunikation über soziale Beziehungen selber sowie zur Interpretation und Kommunikation subjektiver, eigener wie fremder Intentionen und Bedürfnisse. Dieses erfordert neben der Beherrschung verschiedener Sprachcodes Sensibilität für die in verschiedenen Nuancen der sprachlichen Pragmatik implizierten Bedeutungsgehalte.
(Aus: *b:e*, 1973, *10*, S. 15)

Verständlichere Textversion

Einfachheit	Gliederung, Ordnung
Kürze, Prägnanz	Zusätzliche Stimulanz

+	+ +
0	–

Kommunikation bedeutet: Mit Worten oder anderen Zeichen aufeinander reagieren und aufeinander Einfluß nehmen; und das heißt auch: Herrschaft ausüben. Damit ist Spracherziehung auch immer eine Erziehung dazu, wie man mit anderen Menschen umgeht, eine Erziehung zum sozialen Handeln. Wie soll nun das soziale Handeln aussehen? Und worauf muß man bei der Spracherziehung achten, um das Ziel zu erreichen?

Erziehungsziel «Soziales Handeln»: Nicht blind alles tun, was die anderen von einem wollen. Aber auch nicht nur tun und lassen, was man selbst will. Sondern: sich mit anderen vernünftig auseinandersetzen und dann solidarisch handeln.

Aufgabe der Spracherziehung: Sprache darf nicht nur dazu da sein, Gedanken in Worte zu kleiden. Sondern daß man auch mal darüber spricht: «Wie gehen wir eigentlich miteinander um?» Und: «Was sind eigentlich die Absichten und Bedürfnisse, die bei mir und anderen dahinterstecken?»
Dazu muß man auch andere verstehen lernen, die sich anders ausdrücken als man selbst. Und man muß eine feine Antenne entwickeln, um besser mitzukriegen, was wirklich gemeint ist, wenn Leute etwas sagen.

Nehmen wir noch ein zweites Beispiel. Wenn ich die beiden folgenden Textversionen nacheinander im Psychologie-Hörsaal vorlese, passiert immer folgendes: Nach dem Verlesen des Originaltextes entsteht bei den Hörern Ratlosigkeit, manchmal Ärger über die komplizierte Sprache, teilweise etwas Ehrfurcht vor der Wissenschaft – verstanden haben wenige etwas. Während und nach dem Lesen der verständlicheren Fassung wird viel gelacht: die Lächerlichkeit des banalen Inhaltes tritt mit einemmal hervor und macht die Ehrfurcht überflüssig.

Bei dem folgenden Originaltext handelt es sich um eine Kurzfassung einer Untersuchung, entnommen einer psychologischen Fachzeitschrift.

Original-Text

Einfachheit	Gliederung Ordnung
Kürze Prägnanz	Zusätzliche Stimulanz

–	–
+ +	– –

Untersucht wird die Wirkung der zeitlichen Verteilung der täglichen Übungsserien bei der instrumentellen Konditionierung von Planarien, da bei diesen Tieren die auffällige Erscheinung besteht (CUMMINGS et al. 1969, u. a.), daß ein einmal erreichtes mäßiges Lernkriterium trotz weiterer Konditionierung nicht gehalten werden kann. Sechs Vt-Gruppen wurden im Hexagonlabyrinth mit gleich viel Übungsdurchgängen, aber unterschiedlichen Interblockintervallen von 1½, 2, 3, 6, 12, 24 und 48 Stunden auf eine Richtungsentscheidung konditioniert, dazu wurde die freie Wahlentscheidung vor und die Extinktion nach den Lernvorgängen gemessen. Es zeigt sich, daß (bereits nach 9–11 Übungsblöcken erkennbar) das Lernoptimum bei 6 Stunden Ruhezeiten liegt. Kürzere und längere Ruhezeiten verursachen zunehmend schlechtere Lernleistungen, Übergang in den lethargischen Zustand und Mortilität. Freie Wahlen vor und Extinktionsergebnisse nach dem Richtungstraining unterscheiden sich nur bei den kurzen Interblock-

Verständlichere Textversion

Einfachheit	Gliederung, Ordnung
Kürze, Prägnanz	Zusätzliche Stimulanz

+	++
0	–

intervallgruppen bedeutsam, nicht hingegen bei den längeren Zeiten. (Aus: *Z. f. Ex. und Angew. Psychol.*, 1970, *17*, S. 16f.)

Ausgangslage. Untersucht wurden Planarien (bestimmte Sorte von Würmern). Aus Untersuchungen von CUMMINGs u. a. (1969) war bekannt: Wenn Planarien einmal etwas halbwegs gelernt haben, dann verschlechtern sie sich bald wieder – auch wenn man sie weiterhin für die richtige Leistung belohnt. Eine merkwürdige Erscheinung!
Fragestellung. Jetzt wollten wir herausfinden: Wie sollten die Übungen zeitlich verteilt sein, damit Planarien am besten lernen?
Versuchsaufbau. Lernziel: In einem Labyrinth immer die Richtung wählen, für die es eine Belohnung gibt. Die Würmer wurden in 7 Gruppen aufgeteilt. Zwar übten alle Gruppen gleich oft. Aber die Pausen zwischen den Übungen wurden unterschiedlich lang gemacht: 1,5 Stunden, 2, 3, 6, 12 und 48 Stunden. – Die Leistung der Würmer wurde beobachtet, und zwar vor, während und nach den Übungen (wo richtige Leistungen nicht mehr belohnt wurden).
Ergebnisse. 1. Ruhepausen von 6 Stunden waren am günstigsten. Das merkte man schon nach 9–11 Übungen. Bei längeren oder kürzeren Pausen wurde die Leistung immer schlechter; die Planarien machten nicht mehr mit und starben. – 2. Die Leistungen vor und nach den Übungen waren nur bei kurzen Ruhepausen deutlich verschieden.

Die große Frage war jetzt: Würden die in den Skalenwerten verbesserten Texte von den Lesern auch wirklich besser verstanden und behalten werden? Von Lesern, die von den «vier Verständlichmachern» gar nichts wissen?

Es zeigte sich eindrucksvoll, daß die verbesserten Texte tatsächlich besser ankamen. Zumindest dann, wenn die Unterschiede in den Skalenwerten deutlich waren. Was uns hingegen überrascht hat: Leser aller Schulbildungen profitierten gleich viel durch verständlichere Texte. An sich hatten wir erwartet: Leser mit Abitur würden auch die Originaltexte einigermaßen gut verstehen. Durch verständlichere Fassungen würden sie sich kaum verbessern. Dagegen würden Leser mit Volksschulbildung einen größeren Sprung nach oben tun. Diese Erwartung trat nicht ein. Zwar hatten die Abiturienten bei den Originaltexten im Durchschnitt bessere Leistungen als die Leser mit Mittlerer Reife, und diese wiederum bessere Leistungen als die Leser mit Volksschul-Bildung. Jedoch machten bei den verbesserten Texten alle drei Gruppen einen gleich großen Sprung nach oben, so daß auch die alte Reihenfolge erhalten blieb. Aber immerhin: Die Leser mit Volksschul-Bildung erreichten oftmals durch verbesserte Texte die Leistung der Abiturienten nach dem Originaltext. Anders ausgedrückt: Gibt man den Abiturienten die Originalfassung zu lesen, den Lesern mit Volksschulbildung den verbesserten Text, dann erreichen beide Gruppen etwa die gleiche Verständnisleistung.

Ein weiteres Ergebnis war, daß die Leser auch gefühlsmäßig positiver auf die verständlichen Texte reagierten. Sie gaben zu 65% an, daß sie den Text gern gelesen hätten – bei den Lesern der Originaltexte waren es nur 27%.

2.5 Training in verständlicher Informationsvermittlung

Es hat wenig Sinn, an die Sender zu appellieren: «Drückt euch verständlich aus!» Genausowenig nützt der Ratschlag: «Macht es einfach, übersichtlich, kurz-prägnant und ein wenig stimulant!» – Ratschläge und Appelle bleiben wirkungslos, wo sich bestimmte Sprach- und Darstellungsgewohnheiten jahre- und jahrzehntelang eingeschliffen haben. Da ist es schon aussichtsreicher, systematisch zu üben. Dabei kommt es zunächst darauf an, Informationstexte nach den vier Verständlichmachern treffsicher einschätzen zu können. Ein solches Wahrnehmungstraining ist ein wichtiger Bestandteil jeder Verhaltensänderung, die Hälfte ist damit schon erreicht. Die andere Hälfte ergibt sich aus eigenem Tun: Der Lernende schreibt kurze Informationstexte und vergleicht jeweils anschließend seinen Text mit einem Expertentext. Zunächst übt er sich in der Verbesserung je eines Verständlichmachers, schließlich in der gleichzeitigen Verbesserung aller vier.

Mit solchem Training wird ein komplexes, ganzheitliches Lernen angestrebt. Damit ist gemeint: Der Lernvorgang wird nicht in kleine Detailschritte zerlegt (z.B. substantivische Wendungen in Verb-Formen umwandeln = ein Einzelaspekt von «Einfachheit»), sondern besteht im wesentlichen in der Nachahmung von Vorbildern.

Trainingsprogramme liegen vor für Pädagogen (Langer, Schulz von Thun und Tausch 1981), für Schüler (Schulz von Thun u.a. 1975) und für Mathematik-Lehrer (Schulz von Thun und Götz 1976). Bei der Erprobung dieser Programme zeigte sich: Verständliche Darstellung ist keine Naturbegabung – man kann sie lernen.

III. Die Beziehungsseite der Nachricht

1. Überblick («Wie redet der eigentlich mit mir?»)

«Wie redet der eigentlich mit mir?» mag jemand denken, der sich – sagen wir – herablassend behandelt fühlt.

Dieser jemand reagiert damit nicht auf den Sachinhalt der Nachricht. Dem mag er zustimmen. Sondern er reagiert auf die Art, wie der Sender ihn anspricht. In diesem *Wie* kommt zum Ausdruck: «So stehe ich zu dir, so sehe ich dich.» Dieses Wie wird durch die Art der Formulierung und durch den Tonfall, auch durch Mimik und Gestik zum Ausdruck gebracht.

Diese dritte Seite der Nachricht ist von außerordentlich großer Bedeutung in der zwischenmenschlichen Kommunikation. Ich kann nicht Sachinhalte vermitteln, ohne gleichzeitig den anderen als Menschen in irgendeiner Weise zu behandeln (oder mißhandeln). Allein dadurch, daß ich überhaupt das Wort an ihn richte, zeige ich, daß er nicht «Luft» für mich ist!

Während die Sachbotschaften sich überwiegend an den Kopf des Empfängers richten und von seinem Verstande empfangen und ausgewertet werden, gehen die begleitenden Beziehungsbotschaften gleichsam direkt ins «Herz» (s. Abb. 56).

Beim Empfang der Selbstoffenbarungsseite war der Empfänger ein relativ unbeteiligter Diagnostiker («Aha, so einer bist du») – von den Beziehungsbotschaften hingegen ist er *persönlich betroffen* («Was – so einer soll ich sein!?»). An dieser persönlichen Betroffenheit mag es liegen, daß der Empfänger ein sehr starkes «Ohrenmerk» auf diese Seite der Nachricht hat. Ehetherapeuten wissen ein Lied davon zu singen, daß manche Partner fast nur auf den Beziehungsaspekt reagieren und den Inhalt gar nicht richtig zur Kenntnis nehmen. Sie sehen in der Beziehungsseite das «Eigentliche». «Der andere reagiert gefühlsmäßig (und meist unbewußt) nicht in erster Linie darauf, was der Partner sagt, sondern wie er es sagt.» (Mandel u. a. 1971, S. 124)

Die Bedeutung der Beziehungsbotschaften liegt jedoch nicht nur in der gefühlsmäßigen Augenblickswirkung, sondern auch darin, daß sie langfristig zum *Selbstkonzept* des Empfängers («So einer bin ich also!») beitragen (s. Kap. 5, S. 187ff).

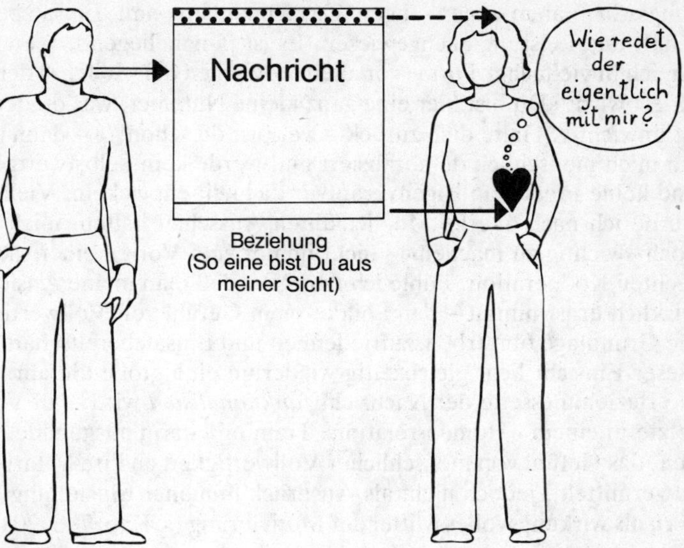

Abb. 56: *Während sich die Sachbotschaft mehr an den Verstand wendet, geht die Beziehungsbotschaft gleichsam direkt ins «Herz».*

Die Bedeutung der Beziehungsseite wurde in den letzten Jahrzehnten zunehmend auch für die Pädagogik und für das Arbeitsleben betont. Nach heutiger Auffassung vollzieht sich die Persönlichkeitsbildung weniger nach Maßgabe dessen, was gelehrt wird («sachlicher» Lehrstoff), sondern nach Maßgabe der Zigtausend von Beziehungsbotschaften, die das Kind und der Schüler zu seiner Person empfängt. Daß Unterricht und Erziehung immer gleichzeitig stattfinden, ist direkt an der Quadratur der Nachricht ablesbar. Zu beachten ist hier, daß solche Beziehungsbotschaften nicht nur aus dem Munde von Menschen kommen, sondern auch – anonym und unterschwellig – von institutionellen Gegebenheiten ausgehen (s. S. 189f).

Auch für das Arbeitsleben ist der Beziehungsaspekt von weitreichender Bedeutung. Wie werde ich behandelt – wie gehen wir miteinander um? Tagtägliche Lebensqualität hängt hiervon ab. Und nicht nur das: Untersuchungen zum «Betriebsklima» und zum «Führungsstil» haben einen engen Zusammenhang mit Einsatzbereitschaft und Leistung nachgewiesen. Es ist ja naheliegend: Wenn mir täglich in vielfacher Form (vor allem «zwischen den Zeilen») demonstriert wird: «Du bist hier eine ganz kleine Nummer; was du denkst, ist unwichtig. Halte dich zurück – wer bist du schon!?» – dann fühle ich mich menschlich demoralisiert und werde kein Selbstwertgefühl und keine Freude an Eigenverantwortlichkeit entwickeln. Vielleicht werde ich nach allerlei Möglichkeiten Ausschau halten, mich dennoch «wichtig zu machen» – nicht immer zum Vorteil einer sachgerechten Kooperation. Fühle ich dagegen, daß man meine Ansichten wirklich ernst nimmt – dann bildet mein Gefühl von Vollwertigkeit die Grundlage für Arbeitszufriedenheit und Einsatzbereitschaft. – In dieser Einsicht liegt gleichzeitig wiederum eine große Gefahr: Daß die Beziehungsseite der Nachricht *funktionalisiert* wird; daß Vorgesetzte in einem «Human-relations-Training» darin ausgebildet werden, das Gefühl von menschlicher Vollwertigkeit an ihre Mitarbeiter zu vermitteln, jedoch nicht als Ausdruck humaner Einstellung, sondern als wirkungsvolles Mittel der Motivierung (s. Kap. 7, S. 204).

Zwei Aspekte des Beziehungsgeschehens. Genaugenommen enthält die Beziehungsseite der Nachricht zwei unterschiedliche Aspekte. Für den Fortgang der Gedanken ist es nötig, diese beiden Aspekte voneinander zu unterscheiden. Zum einen drückt sich hier aus, wie der Sender den Empfänger sieht, was er von ihm hält. Die entsprechende Du-Botschaft lautet: «So einer bist du (in meinen Augen)!» – Zum anderen enthält diese Seite eine Beziehungsdefinition des Senders: «So stehen wir zueinander (... nicht wahr?)» – s. Abb. 57.

Wenn der Dienstbote eines größeren Unternehmens auf dem Flur seinen Direktor trifft und ihn fröhlich fragt: «Hallo, alter Junge, wie geht's – was macht die Ehe?» – dann enthält diese Nachfrage eine sehr vertrauliche Beziehungsdefinition, die der Direktor wahrscheinlich nicht teilt und daher erstaunt-entrüstet reagiert, durchdrungen von dem Gefühl: «Unverschämtheit, wie der mit mir redet – so stehen wir doch nicht zueinander!»

Um diesen Unterschied begrifflich zu markieren, wollen wir sagen: Die Beziehungsseite der Nachricht enthält eine Du-Botschaft und eine Wir-Botschaft. Nicht immer sind diese beiden Aspekte deutlich trennbar. Dennoch ist die Unterscheidung kommunikationspsychologisch sinnvoll, und im folgenden möchte ich zunächst

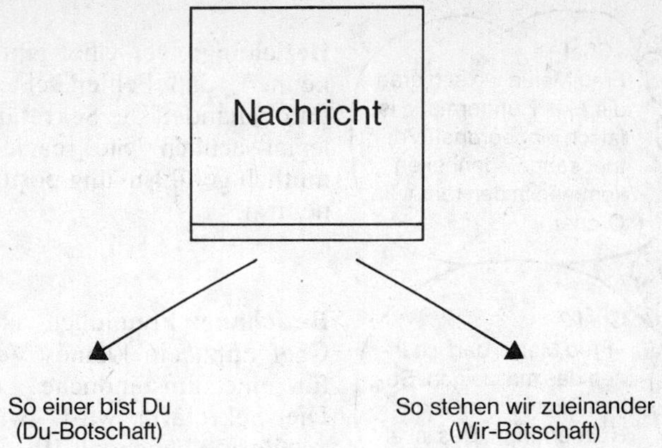

Abb. 57: *Zwei Aspekte der Beziehungsseite.*

auf die Probleme der Du-Botschaft und erst dann auf die Probleme der Beziehungsdefinitionen (Wir-Botschaften – Kap. 4, S. 179) eingehen.

Chef und Sekretärin. Wie unterschiedlich die Beziehungsseite bei etwa gleichem Sachinhalt und gleichem Appell ausfallen kann, sei an folgendem Beispiel gezeigt:

Der Chef merkt, daß seine Sekretärin eine Akte falsch eingeordnet hat. Hören wir, wie sechs verschiedene Chefs reagieren (leider kann der Tonfall schriftlich nicht mitgeteilt werden – er ist hier aber auch von großer Bedeutung) – s. S. 158/159!

2. Instrumente zur Erfassung des Beziehungsgeschehens

Neben den nachfolgenden sechs Beispielen gibt es -zig Möglichkeiten, dem anderen auszudrücken, wie man zu ihm steht. Wenn wir unter Verzicht auf Nuancen die Vielfalt des Geschehens reduzieren und ordnen wollen, dann können wir auf wissenschaftliche Bemühungen zurückgreifen. Zwei Instrumente möchte ich vorstellen, die sich dazu eignen, das zwischenmenschliche Beziehungsgeschehen

Beziehung: Der Chef gibt zu erkennen, daß Fehler sein dürfen und behandelt die Sekretärin kollegial-sachlich. Sie reagiert vermutlich gefühlsmäßig positiv oder neutral.

Beziehung: Freundlich, aber der Chef nutzt ein kleines Versehen für eine umständliche Lektion. Die Sekretärin wird «wie eine Schülerin» behandelt. Ihre Fähigkeit zur Informationsverarbeitung wird eher niedrig eingeschätzt («können Sie sich das merken?»). Das Versehen wird ziemlich «breitgetreten» – der Chef hebt seine Überlegenheit in diesem Punkt stark hervor. Sie reagiert vermutlich gefühlsmäßig negativ.

Beziehung: Der Chef demütigt die Sekretärin durch inquisitorisches und schulmeisterliches Verhalten; er stellt ihr ihr «Versagen» drastisch vor Augen und würdigt die Entschuldigung durch einen Witz herab, der durch seine grobe Schlagfertigkeit zusätzlich demonstriert, wer hier Herr der Lage ist. Sie reagiert stark negativ auf diesen «unverschämten Ton».

Beziehung: Die wehleidig-anschuldigende Art sagt: «Ich leide, und zwar durch deine Schuld!» Das ruft Schuldgefühle und innere Empörung hervor.

Beziehung: Er gibt zu erkennen, daß er in dem Fehler der Sekretärin etwas Pathologisches sieht, gefällt sich in der Pose des gönnerhaften Therapeuten. Reaktion der Sekretärin: vermutlich stark negativ.

Beziehung: Etwas von oben herab, aber ansonsten wegen der Ironie sehr *uneindeutig*. Kumpelhafte Flachserei? Oder heißt der Klartext: «Ich halte Sie für eine so große Belastung, daß ich nur noch mit Galgenhumor über die Runden komme?» Auch die Sekretärin wird unsicher sein, wie sie den Beziehungsaspekt deuten soll. Es sei denn, sie «kennt» den Chef und weiß, «wie es gemeint ist».

deutlicher werden zu lassen: das Verhaltenskreuz (2.1) und die Transaktionale Analyse (2.2).

2.1 Das Verhaltenskreuz

Empirische Untersuchungen zum Vorgesetzten- und Erzieherverhalten (vgl. z. B. Tausch und Tausch 1977) legen nahe, daß es vor allem zwei «Techniken» gibt, den Empfänger auf der Beziehungsseite zu mißhandeln: Herabsetzung und Bevormundung. Etwas ausführlicher gesagt: In der Art, ihre unterstellten Mitarbeiter bzw. Jugendliche zu behandeln, unterscheiden sich die Vorgesetzten/Erzieher vor allem in zwei Hauptmerkmalen: 1. Wertschätzung vs. Geringschätzung und 2. Lenkung/Bevormundung vs. Einräumen von Entscheidungsfreiheit. Die Kombination dieser beiden Merkmale ergibt das Verhaltenskreuz in Abb. 58, zunächst jedoch möchte ich sie einzeln erläutern:

1. Wertschätzung. Damit ist gemeint: In dem, was der Sender sagt, bringt er zum Ausdruck, daß er den Empfänger als achtenswerte, vollwertige, gleichberechtigte Person ansieht und daß er ihm Wohlwollen entgegenbringt. Dazu gehören Höflichkeit und Takt, freundliche Ermutigung und *Reversibilität* im Sprachverhalten. Reversibilität heißt soviel wie «Umkehrbarkeit». Damit ist gemeint: Der Sender spricht zum Empfänger in einer Weise, wie der Empfänger auch umgekehrt zum Sender sprechen dürfte, ohne die Beziehung zu gefährden. Dieses Untermerkmal ist besonders in hierarchischen Beziehungen von Bedeutung, so in der Beziehung Eltern – Kind, Lehrer – Schüler, Vorgesetzter – Untergebener.

Weil hier leicht Mißverständnisse entstehen, möchte ich auch darauf hinweisen, was mit «Wertschätzung» *nicht* gemeint ist: nämlich gleichbleibende Freundlichkeit und In-Watte-Packen. Wertschätzung ist keine «warme Milch», sondern eine respektierende Art, den anderen als vollwertigen Partner auch bei Konflikten und harten Auseinandersetzungen zu achten.

Mit Geringschätzung ist gemeint: Der Sender behandelt den Empfänger als minderwertige Person – abweisend, herabsetzend, demütigend, emotional kalt, von oben herab. Weiter gehören dazu: nicht ernst nehmen, lächerlich machen, beschämen, Abneigung zeigen. Dann auch «Irreversibilität»: Der Sender verhält sich zu dem (meist untergeordneten) Empfänger in einer Weise, wie es sich dieser ihm gegenüber nicht «erlauben» dürfte (vgl. die Chefs Nr. 2 bis 5).

2. Lenkung/Bevormundung. Damit ist ein Verhaltensstil gemeint, der darauf angelegt ist, den Empfänger in seinem Denken und Handeln weitgehend unter den eigenen Einfluß zu bringen, z.B. durch Anweisungen, Vorschriften, Fragen, Verbote usw.

Wenig Lenkung und Bevormundung liegt vor, wenn der Sender dem Empfänger durch seine Nachricht zu verstehen gibt, daß er ihm weitgehend eigene Entscheidungen und selbständige Aktivität einräumt.

Ein hohes Ausmaß an Lenkung und Kontrolle löst beim Empfänger vielfach inneren Widerstand aus. «Ich hab keine Lust, mir dauernd Vorschriften machen oder über die Schulter gucken zu lassen!» In solchen Äußerungen drückt sich der Wunsch nach Selbstbestimmung, Eigeninitiative und freier Entfaltung aus. In der Erziehung verhindert ein hohes Ausmaß an Lenkung die Entwicklung von Selbständigkeit und Lernen von sinnvollem Gebrauch der Freiheit. Mancher Trotz im Kindesalter und manche jugendliche Auflehnung wird als Protest gegen eine übertriebene Gängelung verständlich.

Kommunikations-Diagnostik auf der Beziehungsseite der Nachricht. Mit der emotionalen und der Lenkungs-Dimension haben wir einen bedeutsamen (wenn auch groben) diagnostischen Rahmen, um den Beziehungsaspekt der zwischenmenschlichen Kommunikation zu beschreiben. Wenn wir Erzieher oder Vorgesetzte (aber auch Ehepartner, Arbeitskollegen usw.) eine Zeitlang beobachten, wie sie mit ihren Untergebenen usw. umgehen, dann können wir sie durch je einen Punktwert in den beiden Dimensionen charakterisieren. Bei diesem Verfahren wird unterstellt, daß es zwischen äußerst wertschätzenden und äußerst geringschätzenden Äußerungen viele Zwischenstufen gibt, desgleichen bei der Lenkungs-Dimension. Das Ergebnis einer solchen Beobachtung und Punktwertvergabe läßt sich in ein solches Koordinatenkreuz eintragen (s. Abb. 58).

Natürlich gibt es viele Mischformen. Eingetragen in Abbildung 58, S. 164, sind vier «reine» Vertreter. Nr. 1 ist ein Sender, der in seiner Art zu kommunizieren dem anderen viel Wertschätzung ausdrückt, gleichzeitig aber lenkend, bevormundend und kontrollierend ist. Nr. 2 ist – wie man so sagt – ein «autoritärer Knochen»: Stark dominierend, einengend, gleichzeitig geringschätzende und herabsetzende Behandlung des Empfängers. Nr. 3 ist jemand, der den anderen nicht sehr achtet und ihm Abneigung ausdrückt, der gleichzeitig wenig lenkt, kontrolliert und bevormundet. Eine Art «laisser-faire» nach dem Motto: «Mach, was du willst!» Nr. 4

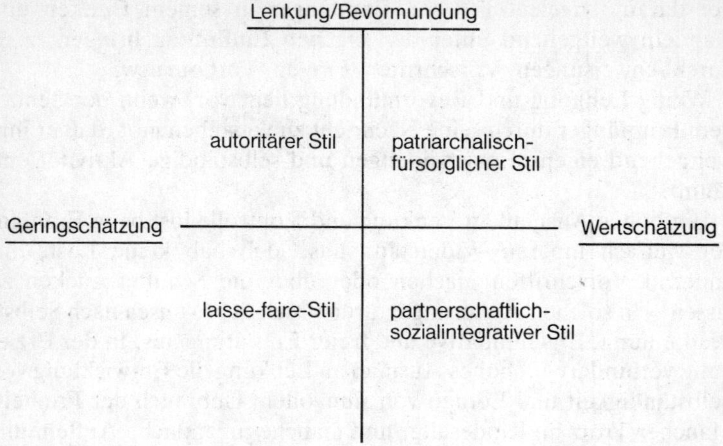

Abb. 58: *Zwei wichtige Dimensionen auf der Beziehungsseite der Nachricht: die emotionale und die Lenkungsdimension.*

schließlich ist jemand, der den anderen als vollwertigen Partner behandelt, ohne zu bevormunden und durch dauernde Vorschriften einzuengen.

Einschätzung einzelner Äußerungen. Für eine Feinanalyse der Kommunikation lassen sich auch einzelne Äußerungen in der emotionalen und in der Lenkungsdimension einschätzen. Hierzu ein Beispiel aus der familiären Erziehung:

Die Familie will zu einer Feier und ist dabei, sich «fein zu machen». Die 14jährige Tochter sagt: «Mutti, ich zieh meine Jeans an, ja?»

Die Reaktionen verschiedener Mütter sind zur Veranschaulichung in das Koordinatenkreuz eingetragen, und zwar jeweils in den passenden Quadranten (s. Abb. 59).

Partnerschaftlichkeit durch Verhaltenstraining?
Diese beiden Dimensionen des zwischenmenschlichen Verhaltens waren unser psychologisches Marschgepäck, als wir – Schüler und

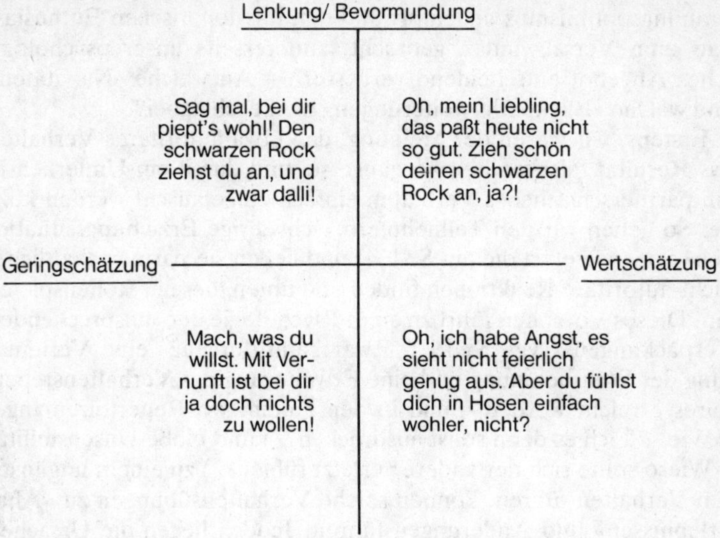

Abb. 59: *Vier mögliche Äußerungen einer Mutter.*

Mitarbeiter von Reinhard Tausch – um 1970 über Land zogen und alle diejenigen «trainierten», die, dem Zeitgeist entsprechend, auch im menschlichen Miteinander, vor allem in der Erziehung, «mehr Demokratie wagen» wollten. Es hatte mich dieser Gedanke fasziniert: Daß der politischen Demokratisierung des Staates und der Institutionen eine «innere Demokratisierung» des Verhaltens und der persönlichen Werte, also eine Demokratisierung der Charakterstrukturen, einhergehen müssen – und daß wir Psychologen mit unserem Wissen um die Prinzipien der Verhaltensänderung hier eine wichtige Rolle als Helfer der «inneren Reform» spielen können. Und ich war als Student der Psychologie überrascht und fasziniert von dem Gedanken, daß zwischenmenschliches Verhalten genauso geübt werden könnte wie Tennisspielen oder Autofahren. Grundsätzlich bejahe ich diese Denkrichtung auch heute. Allerdings ließen sich einige Naivitäten von damals mit der Zeit nicht aufrechterhalten. Die notwendigen Blickfelderweiterungen haben einerseits den Trainingsoptimismus gedämpft und den missionarischen Enthusiasmus zum Verschwinden gebracht, andererseits unser psychologisches Angebot entscheidend verbessert. – An welche «Naivitäten» und welche «Blickfelderweiterungen» denke ich dabei?

Erstens, wir waren der Meinung, daß etwa autoritäres Verhalten das Resultat falscher Lernvorgänge sei und durch ein Umlernen in ein partnerschaftliches Verhalten einfach eingetauscht werden könne. So gaben wir den Teilnehmern «schwierige Erziehungssituationen» vor (wie etwa die auf S. 164) und ließen sie partnerschaftliche, nicht-autoritäre Reaktionen finden und übten diese in Rollenspielen ein. Dieses Vorgehen führt zu einer Psychologie der «ansprechenden Verpackungen» (vgl. S. 16f). Zwar kann durchaus eine Verfeinerung der Wahrnehmung und eine Erweiterung des Verhaltensrepertoires erreicht werden – und in den Fällen, wo Repertoiremangel («Wie soll ich es denn sonst ausdrücken?») und bloße Unsensibilität («Wieso sollte sich der andere verletzt fühlen?») zu einem ungünstigen Verhalten führen, können solche Verhaltensübungen zu «Aha-Erlebnissen» und Änderungen führen. Jedoch liegen die Ursachen für Kommunikationsfehler meist «tiefer», ist die Art, wie wir senden und empfangen, ein tief eingewurzelter Teil unserer Gesamtpersönlichkeit. So mag eine herabsetzende oder überhebliche Art, mit anderen umzugehen, von dem heimlichen Wunsch beseelt sein, die eigene Selbsterhöhung durch das Herabdrücken des anderen zu betreiben. Wieder begegnen wir hier dem Minderwertigkeitsgefühl, dessen Linderung durch die Entwertung anderer (vorübergehend) erreicht wird (Adler). Demselben Ziel kann die Bevormundung anderer und die ständige Suche nach der Oberhand dienen. Erneut stehen wir hier vor der schon auf S. 124 formulierten Erkenntnis: Das Lernziel «Kommunikationsfähigkeit» braucht ein Curriculum, das die seelische Gesundheit der Gesamtpersönlichkeit fördert. Mit anderen Worten: Selbsterfahrung und Selbstakzeptierung haben der Einübung eines neuen Verhaltens voraus- oder zumindest mit ihr einherzugehen.

Zweitens, bei den geschilderten Verhaltensübungen haben wir implizit unterstellt, daß es ein situations- und personen- und beziehungsunabhängiges ideales Verhalten gäbe. Diese Unterstellung ist im fundamentalen Widerspruch zum Gedanken der «Stimmigkeit» (s. S. 121). Und wir haben unterstellt, daß dieses Idealverhalten sich nach denselben Lernprinzipien einüben läßt wie beim Tennisspielen: Vorbilder betrachten, Üben, Erfolgsrückmeldung. Leider haben wir eine kleine Komplikation übersehen: Daß zwischenmenschliches Verhalten nur dann seelisch sinnvoll ist, wenn die Außen- und Innenseite des Verhaltens leidlich übereinstimmen, d.h., wenn äußeres Gebaren durch ein entsprechendes inneres Zumutesein gedeckt ist. Ein «ideales» inneres Zumutesein läßt sich aber nicht nach dem erwähnten Lernmodell trainieren (was nicht besagt, daß die Möglichkeit einer Gefühlserziehung nicht bestünde). Jedenfalls liefen wir bei unserem Trainingskonzept Gefahr, eine konzeptgemäße Verpackung einzuüben, ohne die seelische Seite des Geschehens hinreichend zu berücksichtigen. Im Extremfall zeigten die Teilnehmer dann wertschätzendes, kompromißbereites, verständnisvolles Verhalten, das aber sehr unecht und regelrecht «antrainiert» wirkte, weil es durch die entsprechenden Gefühle und die innere Einstellung nicht gedeckt war. Aus heutiger Sicht hat eine Selbsterfahrung, die den Umgang mit den eigenen Gefühlen in den Vordergrund stellt, zunächst einmal Vorrang vor dem Einüben von Verhaltensweisen.

Drittens haben wir folgende weitere Unterstellung gemacht: Wie sich jemand verhält, ist vor allem Ausdruck seiner Persönlichkeit. Folgerichtig haben wir am Individuum angesetzt und dem einzelnen Erzieher (Vorgesetzten, Mitarbeiter) ein Verhaltenstraining angeboten. Was wir dabei zu wenig im Blickfeld hatten, war die *Beziehungsabhängigkeit* des Verhaltens:

Daß die Kommunikationspartner sich gegenseitig zu bestimmten Reaktionen verführen und daß vielleicht Herr A mir eine ganz andere «Persönlichkeit» entlockt als Frau B. Nach meiner Auffassung soll diese (auf S. 82ff dargelegte) Sichtweise, die weniger auf den einzelnen und mehr auf die Interaktionsregeln schaut, den individuellen Ansatz nicht ersetzen, wohl aber ergänzen.

Schließlich viertens haben wir den institutionellen Faktor unterschätzt – jene gesellschaftlich vorgeprägte Bühne, auf der A und B sich mit auferlegten Rollenvorschriften begegnen. Wenn Lehrer sich gegenüber ihren Schülern lenkend und herabsetzend verhalten – und dies war der überwältigende empirische Befund von Tausch und Tausch in den 60er und 70er Jahren gewesen – dann ist der Grund hierfür nicht nur im autoritären Charakter und in der schlechten psychologisch-pädagogischen Ausbildung der Lehrer zu suchen. Das hieße, das Problem einseitig zu «personalisieren» und zu «psychologisieren» – der Vorwurf der «Institutionsblindheit» (Fürstenau 1969) trifft zu Recht. Denn tatsächlich legen die institutionellen Rahmenbedingungen z.B. der Schule genau das Lehrerverhalten nahe, das sich in den empirischen Untersuchungen gezeigt hat (ich sage «legen nahe» – ich sage *nicht*: «erzwingen»). Wie haben wir uns das vorzustellen? Die Schule bringt – gesellschaftlichen Erfordernissen entsprechend – die Schüler im Grunde in eine «unmögliche» Situation: Stunden um Stunden stillsitzen, fern vom Leben Wissen aufnehmen, das oft für die Lebenswelt der Schüler irrelevant ist, aber vom Lehrplan für alle vorgeschrieben ist. Die Nöte und Wünsche des einzelnen sind bei der großen Klassenfrequenz weitgehend zurückzustellen; Zensuren halten dem Schüler seinen Wert oder Unwert vor Augen, wobei dieser persönliche Wert sich aus einigen wenigen leistungsrelevanten Dimensionen herleitet und auf einem Vergleich mit anderen beruht. – Fast jedes gesunde Kind wird sich einer solchen Situation wenigstens teilweise verweigern, wird «stören». Diese Störaktionen (Verhaltensstörungen, Apathie) wird der Lehrer gegen sich gerichtet fühlen (obwohl sie «eigentlich» an die Institution adressiert sind) – besonders, wenn er mit pädagogischem Elan und von dem Wunsch beseelt ist, einen «guten Unterricht» zu machen. Der Schüler wird ihm zur Frustration. Dazu mit dem Auftrag im Nacken, einen gewissen «Leistungsstand» zu garantieren und die «unmögliche Situation» im Griff zu behalten, wird er gegen die Störer vorgehen – mit Druck und mit Herabsetzung – die Etikettierung der störenden Schüler als «bösartig» oder «krank» schafft ihm Entlastung und Überlebenschance.

Diese Sichtweise führt überzeugend die Notwendigkeit der (schrittweisen) Änderung der Bedingungen vor Augen. Und sie hält den Psychologen (und Pädagogen) zur Bescheidenheit an, führt ihm die Begrenztheit seiner Möglichkeiten vor Augen und warnt ihn davor, durch psychologisierende Problembewältigung von den gravierenden Ursachen des Übels abzulenken. – Diese Sichtweise soll wiederum nicht zu folgendem Standpunkt verführen, wie er erstmals von Bernfeld (1925, Neuauflage 1967) tendenziell und von seinen Nachfolgern dann extrem vertreten wurde: *Da sich die Bedingungen ändern müssen, ist jede individuelle Arbeit zur Persönlichkeitsbildung nicht nur nutzlos, sondern – wegen der systemerhaltenden Wirkung – schädlich, konfliktverschleiernd und vom «Feinde ablenkend».*

Es gibt kein Leben ohne Bedingungen. Seien diese nun humanitätserleichternd oder -erschwerend: Immer kommt es entscheidend auf die Menschen an, die *innerhalb* und *trotz* dieser Bedingungen, u. U. auch *gegen* sie, die Menschlichkeit durch ihr Verhalten verwirklichen. Und es gibt keinen Grund, mit dem Abbau der humanitätsbehindernden Bedingungen *innerhalb* des Individuums zu warten, bis die äußeren Bedingungen besser sind.

Soweit ein kleiner Exkurs über unsere «Naivitäten von damals». Signer (1977) hat sie mit scharfem Blick in Augenschein genommen und wichtige Konsequenzen für psychologische Trainingskonzeptionen daraus gezogen.

2.2 Transaktionale Analyse

Ich möchte nach dem Verhaltenskreuz nun noch ein zweites Instrument vorstellen, das uns die Augen öffnen kann für das, was sich zwischen zwei Leuten auf der Beziehungsebene abspielt. Dieses Instrument, die sog. «Transaktionale Analyse», hat den Vorteil, daß es auch den Empfänger miteinbezieht und so das wechselseitige Hin und Her sichtbar macht. – Über die Transaktionale Analyse (TA), die auf den amerikanischen Psychiater Eric Berne («Spiele der Erwachsenen», 1967) zurückgeht, gibt es mehrere allgemeinverständliche Bücher (Harris 1975; Petzold und Paula 1976; Rogoll 1976), so daß hier eine knappe Einführung ausreicht.

Die TA geht davon aus, daß in jedem von uns drei Persönlichkeitsinstanzen vorhanden sind und sich (als jeweilige «Ich-Zustände») zu Worte melden können: Das *Eltern-Ich*, das *Kindheits-Ich* und das *Erwachsenen-Ich*.

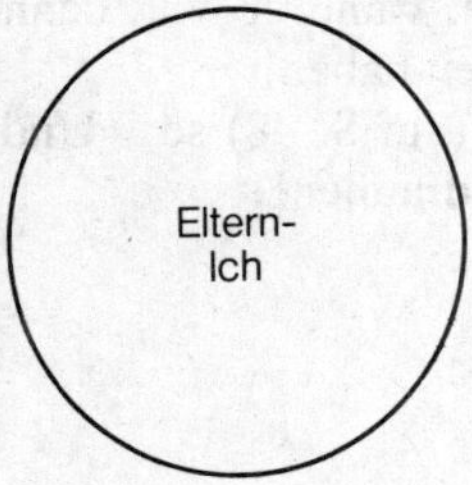

Abb. 60a: *Das Eltern-Ich.*

Im **Eltern-Ich** ist alles das aufbewahrt, was die Eltern dem Kinde einst vermittelt haben: Hilfe und Behütung, Lebensweisheiten, aber auch Ermahnungen, Ge- und Verbote, Vorstellungen darüber, wie «man» sein soll. Und wenn wir kommunizieren, tönt es zuweilen aus diesem Teil unserer Persönlichkeit: «Ja, ja – die Jugend von heute» (klagender Tonfall dazu). Das Eltern-Ich hat zwei Aspekte (Abb. 60b): Entweder zeigt es sich kritisch-verurteilend-moralisierend oder aber fürsorglich.

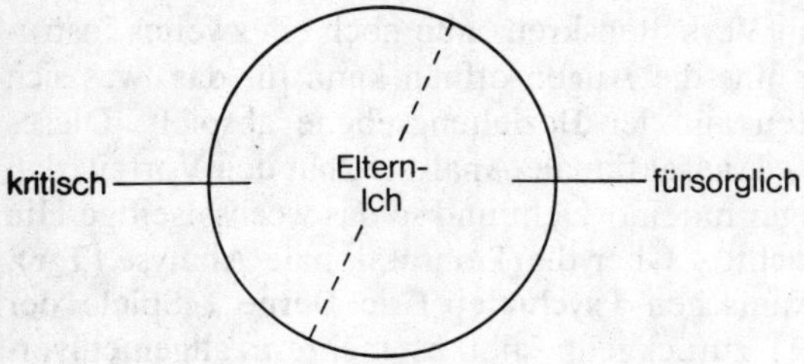

Abb. 60b: *Zwei Aspekte des Eltern-Ichs.*

Beispiele dafür, wie es aus dem kritischen Eltern-Ich tönt:

«Frau Meier, wenn Sie einmal etwas mehr Ordnung halten würden, dann würden Sie die Akte auch finden.»

Oder: «Lieber Herr Reuschenberger, so geht es nun wirklich nicht! Wenn jeder kommen und gehen wollte, wann er will, dann werden wir nie eine gedeihliche Zusammenarbeit haben!»

Aus dem fürsorglichen Eltern-Ich tönte es (auf S. 48) so: «Und zieh dir schön eine Jacke über, nicht? 's ist kalt draußen!»

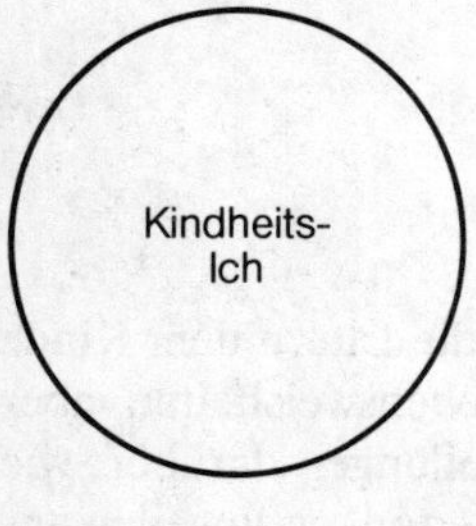

Abb. 61a: *Das Kindheits-Ich.*

Im **Kindheits-Ich** stecken noch alle Gefühle und Reaktionen von damals. Jeder erwachsene Mensch, wie «würdig», vernünftig und souverän er sich auch geben möchte, hat diesen «Dreikäsehoch» (Hager und v. d. Laan 1979) noch in sich. Er kann sich in dreifacher Gestalt zu Wort melden: 1. *natürlich* (ausgelassen, verspielt, spontan); 2. *angepaßt* (brav, unterwürfig) oder 3. *rebellisch* (trotzig, patzig, wehleidig) s. Abb. 61b:

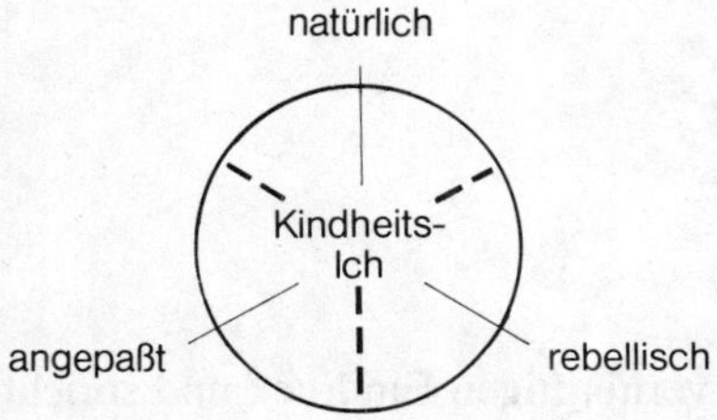

Abb. 61b: *Drei Aspekte des Kindheits-Ichs.*

Während sich das natürliche Kindheits-Ich in spontanem Gefühlsausdruck, vielleicht ausgelassen und vergnügt, zeigt, gibt sich die angepaßte Spielart mit unterwürfigem Blick: «Es soll auch nie wieder vorkommen, Herr Dr. Ebersfeld!» – Hingegen tönt das rebellische Kindheits-Ich spitz und patzig: «Wenn Sie alles besser wissen, machen Sie Ihren Kram doch alleine!» – und vielleicht noch in etwas dramatischer Wehleidigkeit hinzugefügt: «Ich bin es wirklich leid, immer als Sündenbock herzuhalten!» – um dann für den Rest des Tages zu schmollen.

Das **Erwachsenen-Ich** ist einem Computer vergleichbar, der die Tatsachen der Realität auswertet und die Impulse aus dem Eltern- und Kindheits-Ich auf Angemessenheit überprüft. Ein gut ausgebildetes Erwachsenen-Ich läßt nur die Normen und Wertsetzungen aus dem Eltern-Ich zu, die noch heute adäquat erscheinen, und läßt diejenigen Teile aus dem Kindheits-Ich zu, die situationsangemessen sind.

Wenn das Erwachsenen-Ich aus uns heraustönt, klingt es sachlich, informierend, feststellend, analysierend, um Auskunft ersuchend –

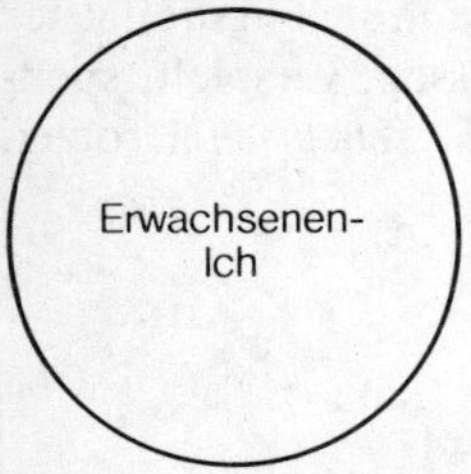

Abb. 62: *Das Erwachsenen-Ich.*

es macht einen durch und durch vernünftigen Eindruck und spricht den Partner auf gleicher Ebene an.

Alle drei Ich-Zustände sind wertvoll und gehören zur vollwertigen Erwachsenen-Persönlichkeit. Allerdings wird ein partnerschaftlicher Umgangsstil sein Schwergewicht auf dem Erwachsenen-Ich, dem natürlichen Kindheits-Ich und (nicht zuviel!) dem fürsorglichen Eltern-Ich haben.

Um die Kommunikation zu analysieren und um mögliche Störungen auszumachen, lassen sich nun Sender und Empfänger durch je drei Kreise darstellen und die Nachricht als ein Pfeil, der von einem der drei Ich-Zustände des Senders ausgeht und sich an einen der drei Ich-Zustände des Empfängers wendet. «Sich-wenden» bedeutet hier: den Empfänger verführen, aus diesem Ich-Zustand zu antworten. So verführt eine Botschaft aus dem kritischen Eltern-Ich den Empfänger meist zu einer Reaktion aus dem angepaßten oder rebellischen Kindheits-Ich (und umgekehrt!). Beispiel. Chef: «Sie müssen sich aber wirklich um etwas mehr Ordnung bemühen, Frau Meier!» Sekretärin: «Wenn Sie alles besser können, machen Sie Ihren Kram doch alleine!» (s. Abb. 63)

Nehmen wir noch einmal das Einführungsbeispiel (Abb. 3, S. 25) auf.* Der Mann als Beifahrer sagt zu seiner Frau, die den Wagen steuert: «Du, da vorne ist grün!» Vordergründig handelt es sich um eine Sach-Mitteilung, die vom Erwachsenen-Ich zum Erwachsenen-

* Diese Analyse entstammt einer Hausarbeit von B. Rinke.

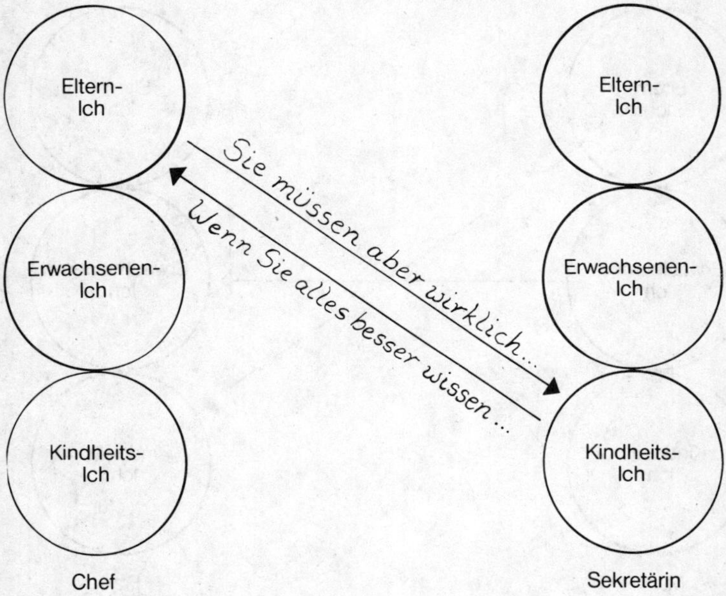

Abb. 63: *Transaktion zwischen Chef und Sekretärin.*

Ich gesendet wird. «Unterschwellig» aber enthält die Nachricht eine fürsorgliche Mahnung mit Eltern-Ich-Tönung. Solche «verdeckten Transaktionen» werden im Diagramm gestrichelt gezeichnet (s. Abb. 64).

Die Frau hat nun mehrere Reaktionsmöglichkeiten. Die verdeckte Transaktion verführt zu einer Antwort aus dem Kindheits-Ich – entweder angepaßt (a) oder rebellisch (b). Möglich wären aber auch z. B. eine Erwachsenen-Ich-Reaktion (c) oder eine Eltern-Ich-Reaktion (d) – diese beiden Reaktionen würden die (verdeckte) Transaktion des Mannes «durchkreuzen».

a) «O ja, entschuldige, ich bin so unaufmerksam heute.»

b) «Ich habe selber Augen im Kopf! Wer fährt, du oder ich?»

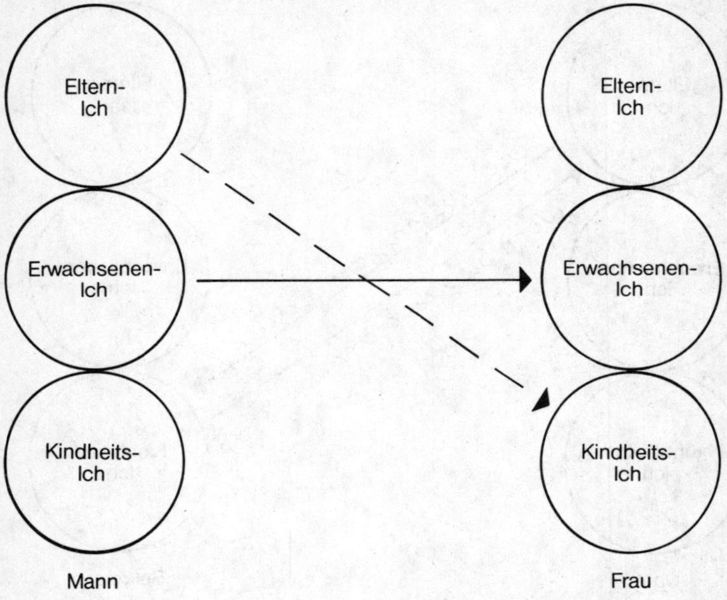

Abb. 64: *Vordergründige und verdeckte Transaktion bei der Nachricht des Mannes («Du, da vorne ist grün!»).*

c) «Ja, danke.»

d) «Mein Gott, du kommst schon noch rechtzeitig! Sei doch nicht immer so ungeduldig! Und es gehört sich auch nicht, dem Fahrer dauernd hereinzureden!» (s. Abb. 65)

Solche Diagramme können den Gesprächspartnern helfen, sich klarzumachen, was zwischen ihnen «läuft». Häufig stellen sie dann z.B. fest, daß sie – obwohl sie partnerschaftlich-gleichberechtigt miteinander umgehen möchten – immer wieder in ein Muster von Eltern-Ich ⇄ Kindheits-Ich hineinfallen und sich u. U. gegenseitig auf die Nerven gehen.

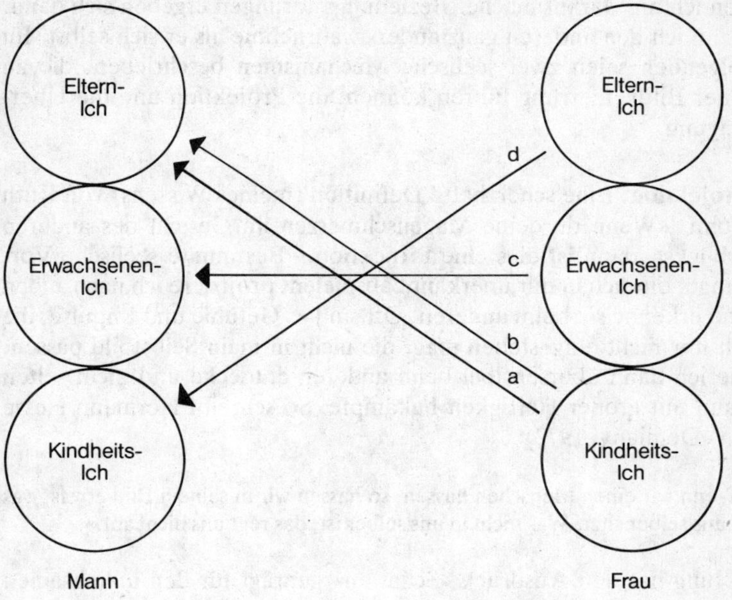

Abb. 65: *Vier verschiedene Reaktionsweisen der Frau: aus dem angepaßten bzw. rebellischen Kindheits-Ich (a bzw. b), dem Erwachsenen-Ich (c) und dem Eltern-Ich (d).*

3. Das Bild vom anderen

Wir haben gesagt: Auf der Beziehungsseite der Nachricht kommt zum Ausdruck, was der Sender vom Empfänger hält. Mein Verhalten dem anderen gegenüber hängt also in starkem Maße davon ab, welches Bild ich mir von ihm gemacht habe. Halte ich ihn für einen Teufel, werde ich ihn anders behandeln, als wenn ich meine, den Engel des Herrn vor mir zu haben.

Für den Sender ist es wichtig zu wissen, daß er das Bild vom anderen teilweise selber macht. Die «Vorlage» zu diesem Bild ist häufig unvollständig und ihre Wahrnehmung abhängig von der

Brille, mit der sie betrachtet wird. Menschliche Wahrnehmung ist nicht nur selektiv, sondern auch ergänzend – das Ergebnis meiner Wahrnehmung ist ein Produkt aus dem, was «da» ist und dem Reim, den ich mir darauf mache. Beziehungsstörungen ergeben sich dann, wenn ich den anderen ganz anders wahrnehme als er sich selbst. Im folgenden seien zwei seelische Mechanismen beschrieben, die zu einer Bildverzerrung führen können: die Projektion und die Übertragung.

Projektion. Eine scherzhafte Definition (meines Wissens) von Ruth Cohn: «Wenn du deine Magenschmerzen im Gesicht des anderen erblickst, dann ist dies eine Projektion.» Bestimmte seelische Vorgänge, die sich in mir unerkannt abspielen, projiziere ich nach außen und erkenne sie beim anderen. Oft sind es Gefühle und Impulse, die ich mir nicht eingestehen mag, die nicht in mein Selbstbild passen, die ich dann übersensibel beim anderen entdecke und nicht selten dann mit großer Heftigkeit bekämpfe. So schreibt Hermann Hesse (in «Demian», 1972):

> «Wenn wir einen Menschen hassen, so hassen wir in seinem Bild etwas, was in uns selber sitzt. Was nicht in uns selber ist, das regt uns nicht auf.»

Jung hat den Ausdruck «Schatten» geprägt für den unliebsamen und unerkannten Teil der Person. Manch leidenschaftlicher Streit auf der Beziehungsebene ist ein «Schattenboxen».

Übertragung. Bei dem psychoanalytischen Konzept der Übertragung spielt sich etwas ganz Ähnliches ab. Auch hier nehme ich den anderen u. U. nicht realitätsgerecht wahr. Jedoch stammen die fehlleitenden Wahrnehmungselemente nicht aus dem eigenen seelischen Haushalt, sondern es ist unerkannt ein Dritter mit im Spiel: Angenommen, jemand erinnert mich durch irgendeine Äußerlichkeit (Sprechweise, Haarfrisur, Gesichtsform) an eine wichtige Person aus meiner Vergangenheit (z. B. Mutter, Vater, Bruder, Chef). Ich bin mir dieser Ähnlichkeit aber nicht bewußt. Unbewußt reagiere ich gefühlsmäßig auf den anderen, als ob er dieser andere aus meiner Vergangenheit wäre. So liege ich z. B. dauernd mißtrauisch auf der Lauer, ob mich der andere nicht mißbilligend beurteilen wird (wie es z. B. mein Vater getan hat). In psychotherapeutischen Übungen geht es darum, diese Übertragung bewußt zu machen und die Auseinandersetzung mit der Übertragungsperson, die man sich auf einem leeren Stuhl sitzend denkt, zu führen. Dadurch soll das «unerledigte Geschäft» so erledigt werden, daß es sich nicht mehr in die gegenwärtigen Beziehungen unerkannt einschleicht. Es gibt natürlich auch positive Übertragungen – so hat manche anfängliche Verliebtheit wenig mit dem anderen zu tun.

Das Phänomen der Übertragung ist so wichtig und allgegenwärtig, daß es sich lohnt, die Nutzanwendung für Sender und Empfänger genauer zu besprechen:

Wenn ich neue Menschen kennenlerne, versuche ich mich zu fragen, an wen sie mich erinnern. Indem ich mir solche Ähnlichkeiten bewußt mache, vermindere ich die allgegenwärtige Gefahr, die neue Beziehung mit alten «unerledigten Geschäften» zu belasten. Ich bin dann in der Lage, eine Realitätsüberprüfung meiner unbewußten Phantasien vorzunehmen und unter Umständen festzustellen: Er sieht zwar aus wie mein Bruder, aber er ist doch ein ganz anderer.

Auch als Empfänger ist die Kenntnis des Übertragungsmechanismus von entscheidender Bedeutung. Ich muß wissen, daß ich «Übertragungen abkriege», d.h.: daß nicht jedes Gefühl, das mir entgegengebracht wird, wirklich mir gilt, sondern vielleicht einem ganz anderen. Entweder war es ein persönliches Merkmal von mir, das beim anderen «alte Geschichten» unbewußt aufgerührt hat, oder es war auch nur meine Rolle, die dies vollbracht hat. So sind vor allem Lehrer, Vorgesetzte und alle Amtsautoritäten in Gefahr, bei ihrem Gegenüber alte Autoritätsproblematiken aufzurühren. Sehr eindringlich schreibt Ruth Cohn (1975, S. 196) zum Problem der Übertragung:

«Ich bin überzeugt, daß das Wissen von und das Umgehen mit den universellen Übertragungs-Phänomenen zu den wesentlichen Handwerkszeugen aller Pädagogen gehört und es nicht angeht, die Erkenntnis dieser Phänomene im Geheimkabinett der Psychotherapeuten einzuschließen. Wieviel weniger Schmerz und Verletzlichkeit wären in Klassenzimmern und anderen Plätzen, wenn Menschen, die miteinander leben und arbeiten, in Gruppen erlernen könnten, daß nicht alle Reaktionen, denen sie begegnen, wirklich ihnen selbst ‹zugelebt› sind, sondern früheren Gestalten (Eltern, Lehrer, Geschwister) im Leben der anderen gelten; und wieviel klarer könnte jeder Mensch erfahren, welche Illusionen und Vorurteile er selbst auf andere unbewußt überträgt! Mancher autoritäre Allmachtsanspruch von und an Lehrer, Vorgesetzte, Koryphäen würde abgebaut werden – und ebenso Ohnmachts- und Abhängigkeitsgefühle! Mit einem solchen Übertragungsabbau in Gruppen haben Pädagogen auch eine bessere Chance, den ihnen anvertrauten Menschen mit weniger traditionellen Vorurteilen und mehr Offenheit und Realismus zu begegnen.»

Übrigens gibt es einen Zusammenhang von Selbstoffenbarung und Projektions- bzw. Übertragungs-Gefahr: Je mehr ich mich zurückhalte und je weniger ich von mir gebe, desto mehr Projektionen und Übertragungen «kriege ich ab». Denn ich setze den Übertragungs-Phantasien meines Gegenübers ja keine reale Selbstoffenbarung entgegen. Zurückhaltende Menschen mit «Poker-Face» werden daher oft abgelehnt, gemieden oder bekämpft: Alte Ängste und Haßgefühle projizieren sich auf diese «Leinwand». In der Psychoanalyse wird dieser Zusammenhang therapeutisch genutzt: Der psychoanalytische Therapeut bringt sich selbst nicht ein, hält sich gefühlsmäßig heraus und bietet somit eine Projektionsleinwand, auf die der Klient seine früheren problematischen Beziehungen übertragen kann.

Unrepräsentativer Kontakt. Ein falsches, einseitiges, unvollständiges Bild vom anderen entsteht auch dadurch, daß ich ihn häufig nur in ganz bestimmten Situationen wahrnehme und auf Grund dieses Umstandes daran gehindert bin, ihn auch noch von seinen anderen Seiten kennenzulernen. So erleben Lehrer ihre Schüler häufig als «infantil». Nun bietet aber die Schule keine sehr günstigen Bedingungen für den Schüler, sich als ganzer Mensch in seiner Vollwertigkeit zu zeigen. Was Lehrer und Schüler thematisch hier verbindet ist immer das, was der Lehrer kann und der Schüler noch nicht kann. Unter diesen Bedingungen der sozialen Distanz ist es nicht verwunderlich, wenn der Lehrer ein reduziertes, ungünstiges Schülerbild erhält. Der Kontakt ist unrepräsentativ. Unter anderen Lebensbedingungen, schon auf einer Klassenreise, hat der Schüler eher Gelegenheit, die vollwertigen Seiten seiner Person zur Entfaltung zu bringen. – *Und so ist die Achtung vor dem anderen viel weniger eine Frage der Moral als vielmehr eine Frage des wirklichen, repräsentativen Kontaktes.* Dies gilt auch für andere Lebensbereiche: Der Beamte hinter seinem Schalter erlebt den Ausländer oder Fürsorgeempfänger jeweils nur als unbeholfenen Bittsteller, der Richter den Angeklagten nur als armen (oder bösen) Sünder, der Arzt den Patienten nur als «Fall von Hautekzemen». Das Bild vom anderen beruht auf einer *Verabsolutierung der eindimensionalen Bekanntschaft* – die Achtung vor dem Mitmenschen bleibt ohne Erlebnisgrundlage.

4. Das Ringen um die Beziehungsdefinition

Wir haben bisher davon gesprochen, daß der Sender durch seine Nachricht auch zum Ausdruck bringt, wie er zum Empfänger steht, was er von ihm hält. Diese (meist implizite) Du-Botschaft ist aber nur der eine Aspekt der Beziehungsseite. Zum anderen enthält diese auch eine (meist implizite) Aussage darüber, wie der Sender die *Beziehung* zwischen sich und dem Empfänger sieht – eine Art Wir-Botschaft also.

Wenn A und B aufeinander treffen, müssen sie sich darüber einigen, «was geht und was nicht geht». Aus der breiten Palette des Miteinanderumgehens müssen bestimmte Verhaltensweisen als zur Beziehung stimmig ausgewählt werden. Ist es «drin», über persönliche, sogar intime Inhalte zu sprechen, den anderen zu berühren, ihn zu beleidigen, zu schlagen, zu beschenken, ohne Voranmeldung aufzusuchen usw.? Kurzum: Jedes Verhalten dem anderen gegenüber enthält auch den Versuch einer Beziehungsdefinition – die ist für den Sender ebenso unvermeidbar, wie es für den Empfänger unvermeidbar ist, darauf zustimmend oder ablehnend zu reagieren.

4.1 Vier Reaktionen des Empfängers auf einen Beziehungsvorschlag

Haley (1978) unterscheidet vier Möglichkeiten des Empfängers, auf eine Beziehungsdefinition des Senders zu reagieren:

Akzeptieren. Wenn der Empfänger die Verhaltensweisen des Senders als stimmig mit der Beziehung erlebt, wird er sich zustimmend verhalten. Beispiele: Ein erwiderter Gruß, ein Lachen über einen Witz, eine Antwort auf eine Frage; aber auch ein sachlicher Widerspruch oder die Weigerung, einer Aufforderung nachzukommen, kann eine Zustimmung auf der Beziehungsebene enthalten («zwar will ich nicht tun, was du willst, aber ich finde es ganz richtig und stimmig mit unserer Beziehung, daß du solche Forderungen an mich stellst»).

«Durchgehen lassen». Hier stimmt der Empfänger der Beziehungsdefinition zwar nicht zu, aber er wendet sich auch nicht sichtbar dagegen. Er läßt sie durchgehen, verweigert aber seinerseits eine Bestätigung von der Art: «Ja, genauso sehe ich unsere Beziehung auch!» Beispiele: Eine Frau läßt sich von einem Mann berühren, ohne aber ihrerseits die Berührung zu erwidern. – Ein Lehrer reagiert sachlich auf eine herausfordernde, in der Formulierung freche Frage eines Schülers.

Zurückweisen. Der Empfänger gibt hier klar zu erkennen, daß er dem impliziten Beziehungsvorschlag des Senders nicht folgt. Aus seinem Verhalten geht hervor: «Nein, so sehe ich unsere Beziehung nicht!» In Filmen früherer Jahrzehnte war es üblich, daß eine Frau die «Zudringlichkeit» eines Mannes mit einer Ohrfeige beantwortete. Oder jemand mag eine intime Frage mit der Rückfrage beantworten: «Was geht dich das an?» und auf diese Weise eine «Beziehungsabfuhr» erteilen.

Ignorieren (= entwerten). Hier verweigert der Empfänger jede erkennbare Reaktion, signalisiert gleichsam: «Du bist Luft für mich» und entwertet auf diese Weise den Sender. So mag ein Gruß, ein Brief, eine Einladung ganz unerwidert, eine Frage ganz ohne Antwort bleiben.

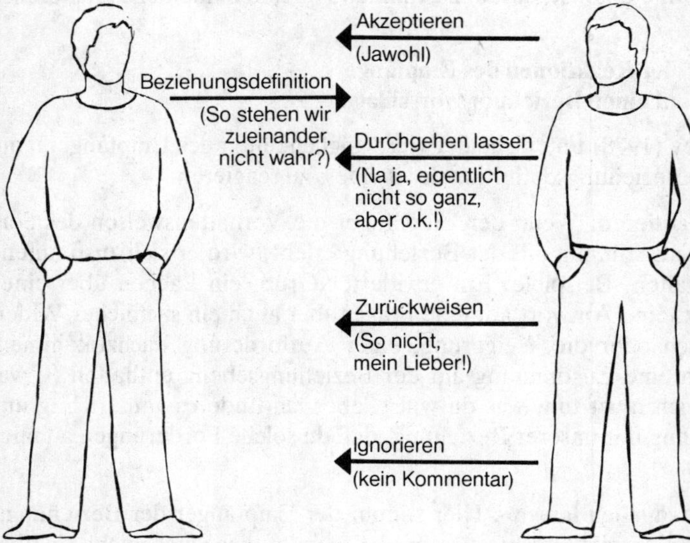

Abb. 66: *Worüber A und B auch immer miteinander reden – wie auch immer sie sich begegnen oder meiden: Sie können nicht umhin, ihre Beziehung auszuhandeln.*

Der in Abb. 66 dargestellte Vorgang kann mehr oder minder klar und deutlich ausfallen. Natürlich bemühen sich Sender und Empfänger häufig, sich um klare Botschaften herumzudrücken und die zuweilen heikle Beziehungsfrage im Kommunikations-Nebel verschwimmen zu lassen.

Und so gibt es allerlei Tricks, um eine eindeutige Beziehungsdefinition zu vermeiden. Zum Beispiel wenn ich jemandem, den ich kenne, auf der Straße begegne, muß ich mich für eine Beziehungsdefinition entscheiden: Grüßen oder nicht grüßen, stehenbleiben oder weitergehen, ansprechen oder nicht und wenn ja – wie? – Ich kann die Beziehungsdefinition vermeiden, wenn ich – «gedankenverloren» – so tue, als bemerkte ich den anderen nicht. Oder ich kann eine Einladung mit Hinweis auf einen «wichtigen Termin» ausschlagen. Oder ich kann das, was ich sage, durch einen inkongruenten Tonfall (vgl. S. 37) sogleich wieder dementieren usw. – Im Erfinden von Kunstgriffen zur Vermeidung eindeutiger Beziehungsdefinitionen sind wir sehr schöpferisch. – In einer hochinteressanten Analyse interpretiert Haley schizophrene Symptome als den konsequenten Versuch, die Beziehungen nicht zu definieren (Haley 1978, S. 113ff.).

4.2 Drei Grundarten von Beziehungen

Die Vielfalt möglicher Beziehungen zwischen A und B lassen sich (nach Haley 1978) in drei Grundkategorien einteilen:

Symmetrische Beziehungen. Symmetrisch ist eine Beziehung dann, wenn beide Partner dem anderen gegenüber das gleiche Verhalten zeigen können. Etwa wenn beide Vorschläge machen, den anderen kritisieren, ihm Ratschläge geben können.

Komplementäre Beziehungen. Komplementär ist eine Beziehung dann, wenn A andere Verhaltensweisen zeigt als B, die beiden Verhaltensweisen sich aber ergänzen und gleichsam aufeinander zugeschnitten sind: Der eine fragt, der andere antwortet; der eine lehrt, der andere lernt; der eine befiehlt, der andere gehorcht. Meist impliziert die Unterschiedlichkeit eine Art von Überlegenheit und Unterlegenheit, der eine hat die Oberhand, der andere die Unterhand.

Metakomplementäre Beziehungen. Zunächst scheint es so, als könne es nur symmetrische und komplementäre Beziehungen geben. Die Sache wird aber kompliziert, wenn wir an Situationen denken, in denen A seinen Partner B dazu bringt, über ihn zu verfügen oder ihn zu lenken oder ihm zu helfen. B hat damit die Oberhand; auf einer höheren Stufe jedoch hat A die Oberhand, indem er diese Art von komplementärer Beziehung herbeigeführt hat. Dies nennt Haley eine metakomplementäre Beziehung. Auch ist es denkbar (und häufig der Fall), daß A seinen Partner B veranlaßt, ihm gegenüber als gleichwertig, gleichrangig aufzutreten, sich ihm gegenüber symmetrisch zu verhalten: Wenn also A seinem Partner eine symmetrische Beziehung erlaubt oder sie von ihm fordert. Dies ist eine paradoxe Situation in Partnerschaften, wenn z. B. der Mann von seiner Frau fordert, sie solle ihm ein gleichwertiger Partner sein und sich emanzipieren. Die Frau befindet sich in einem unheilvollen Dilemma, in einer Art Double-bind-Situation (vgl. S. 38).

Diese drei Beziehungsarten (s. Abb. 67) können natürlich innerhalb einer Beziehung in wechselnder Folge auftreten.

4.3 Beziehungs-Manöver

Halten wir fest: Sender und Empfänger kommen letztlich nicht umhin, ihre Beziehung zueinander zu definieren. In neuen und schwierigen Beziehungen ist die Definition unklar und oft umstritten. Und so findet dann, gleichsam unter der Oberfläche des Gespräches, ein Tauziehen darüber statt, welche Art von Beziehung im Augenblick zu gelten hat und wer darüber bestimmen darf.

Versuche, eine bestehende Beziehung umzudefinieren, werden «Manöver» genannt. Manöver sind solche Verhaltensweisen, die die bisherige Beziehung verändern oder ihr einen neuen Akzent geben. Ein solches Manöver mag in einer neugierigen Frage bestehen, in einem Befehl oder in einem Kommentar über das Verhalten des anderen. Wenn etwa ein Schüler am Ende einer Unterrichtsstunde zum Lehrer sagt: «Diesmal haben Sie sich sehr gut vorbereitet auf die Stunde!» – dann handelt es sich hier um ein *symmetrisches Manöver;* denn bisher war es dem Lehrer vorbehalten, die Leistungen der Schüler mit Lob und Tadel zu kommentieren. Die oft in solchen Situationen entstehende Verblüffung weist auf die Neuartigkeit der Beziehungsdefinition hin. Manche Witze leben von dieser Verblüffung: «An welchem Fluß liegt Rom?» fragt der Lehrer den Schüler. «Ja, wenn Sie das nicht einmal wissen, wie konnten Sie dann Lehrer werden?» antwortet der Schüler. Der Witz liegt darin, daß der Schüler die Frage des Lehrers symmetrisch gedeutet hat, d. h. als echte Frage zwischen Gleichrangigen, und nicht als komple-

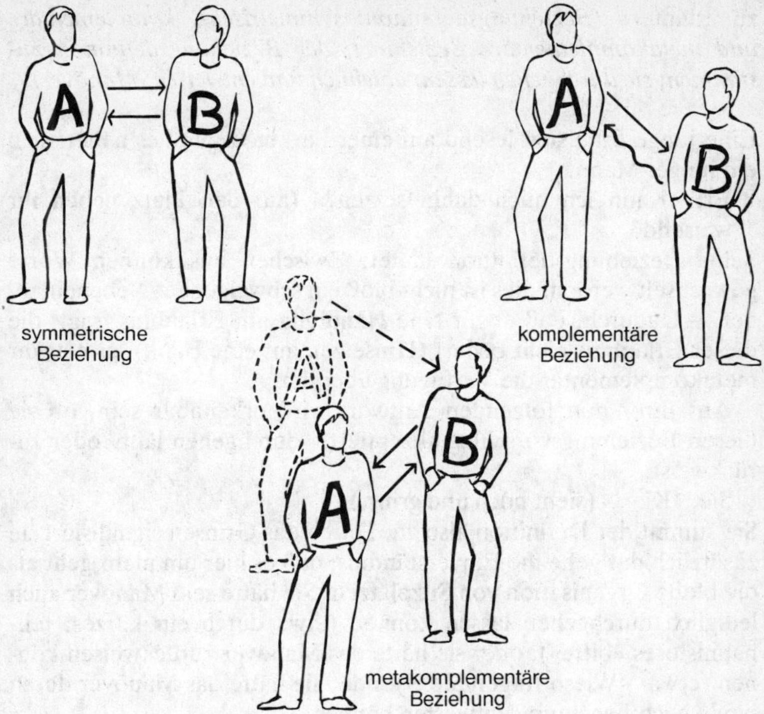

Abb. 67: *Drei Grundarten von Beziehungen.*

mentäres Abfragen. In diesem Falle erscheint die Schülerreaktion absurd, da die Lehrer–Schüler-Beziehung als «klar» und eindeutig definiert vorausgesetzt werden kann. In vielen Fällen liegt diese Klarheit aber gerade nicht vor, und dann haben Sender und Empfänger einiges zu tun, den heimlichen Ringkampf um die Beziehungsdefinition zu führen.

4.4 Die Studentin und der junge Mann – ein Beispiel

Das folgende Beispiel* soll dazu dienen, die vorgestellten Begriffe

---

* Ich verdanke dieses Beispiel Frau Doris Löwisch, die diese Begebenheit im Rahmen einer Hausarbeit aufgezeichnet hat.

zu erläutern *(Beziehungsdefinition: symmetrische, komplementäre und metakomplementäre Beziehung; der Beziehungsdefinition zustimmen, sie durchgehen lassen, ablehnen und entwerten; Manöver).*

Eine junge Frau sitzt lesend auf einer Parkbank, und es nähert sich ein junger Mann.

Er: «Kann ich mich dahin setzen?» (auf den Platz neben ihr weisend)

Seine Beziehungsdefinition lautet: Zwischen uns können Worte gewechselt werden, dies ist nicht bloß ein schweigendes Nebeneinander. – Dadurch, daß er für eine Handlung um Erlaubnis fragt, die dieser Erlaubnis nicht bedarf (Hinsetzen auf eine Bank), gibt er ihr metakomplementär die Verfügung über ihn.

Aus ihrer nun folgenden Antwort wird erkennbar sein, ob sie diesen Beziehungsvorschlag akzeptiert, «durchgehen läßt» oder zurückweist.

Sie: «Klar!» (sieht hoch und grinst)

Sie stimmt der Definition also zu. Durch das Grinsen signalisiert sie zusätzlich das geheime Einverständnis, daß es hier um mehr geht als die bloße Organisation von Sitzplätzen. Sie hätte sein Manöver auch lediglich durchgehen lassen können (etwa durch ein kurzes, teilnahmsloses «bitte»); oder sie hätte das Manöver zurückweisen können (etwa: «Wieso fragen Sie?»); oder sie hätte das Manöver durch bloße Nichtbeachtung entwerten können.

Beide sitzen eine Zeitlang auf der Bank, sie scheinbar weiterlesend, er Brille putzend. Es fährt eine kleine Bimmelbahn vorbei, beide sehen hin.

Er: «Eine alte Oma-Bahn!» (macht sich darüber lustig)

Beziehungsdefinition: Dies ist eine Beziehung, in der ein bißchen über die gemeinsam zugängliche Umgebung geklönt werden darf.

Sie: «Hmm.» (lacht)

Bestätigung der Definition. – Nach einer weiteren Zeit des Schweigens:

Sie: «Schön hier, nicht?»

Eine neuerliche Bestätigung der alten Definition. Diesmal aber mit dem Unterschied, daß der Definitionsvorschlag von *ihr* initiiert wird. Damit wird für ihn eindeutig erkennbar, daß sie seine Definition nicht nur «durchgehen läßt», sondern wirklich bestätigt (= ich will auch lieber reden als lesen).

Er: «Es ist schon den ganzen Tag schön. Ich war eben drei Stunden auf dem Kinderspielplatz, habe Plumpsack mitgespielt.

Die Kinder haben sich sehr amüsiert, weil ich nicht richtig laufen konnte. Bin gerade gestern aus dem Krankenhaus gekommen. War acht Wochen drin, hatte mir beim Tennis das Bein gebrochen, brauchte eine künstliche Kniescheibe. – Ich fühle mich jetzt sehr leer und weiß nichts mit mir anzufangen. Ich habe zwar Bekannte, aber die sind alle gemeinsam im Urlaub. Da stellt sich so ein Sinnlosigkeitsgefühl ein, weißt du? Die Decke fällt einem zu Hause auf den Kopf, und sechs Monate lang werde ich nicht arbeiten können – bin von Beruf Krankenpfleger.»

Diese weitreichende Selbstoffenbarung stellt ein Manöver dar, mit dem die alte Beziehungsdefinition stark erweitert wird: In dieser Beziehung darf über persönliche, ja intime Inhalte gesprochen werden. – Wie ist dieses Manöver genau zu verstehen? Möglich wäre sowohl, daß er eine symmetrische wie auch eine komplementäre Beziehung ansteuert. Symmetrisch: Dies ist eine Beziehung, in der jeder ein bißchen von sich erzählt und wir dadurch näher bekannt werden. Komplementär: Dies ist eine Beziehung, in der ich mich einmal aussprechen kann und jemanden habe, der mir zuhört (Klient-Therapeut).

In der Rückschau analysierte die Studentin, daß sie seiner Nachricht sehr stark den Appell entnommen hatte «Hör mir zu, geh auf mich ein!». – Sie reagiert entsprechend dieser Dekodierung:

Sie: «Dieses Erlebnis auf dem Spielplatz kann ich gut nachempfinden, du bist ja gerade erst heraus aus dem Krankenhaus, mußt dich erst einmal wieder an die Situation gewöhnen. Keine Angst vor deinen blöden Gefühlen, ist doch völlig normal. Braucht Zeit. Wie dumm, daß ausgerechnet jetzt deine Freunde weg sind, du nicht mitfahren konntest und jetzt jemanden brauchst. Was genau macht dir im Moment zu schaffen?» (etwas zusammengefaßt)

Kommunikationspsychologisch eine komplizierte Situation: Für den Fall, daß er mit seiner Selbstvorstellung eine komplementäre Beziehungsdefinition verbunden hat, handelt es sich bei ihrer Reaktion um eine Bestätigung dieses Definitionsvorschlages. Für den Fall jedoch, daß er es symmetrisch gemeint hat, wäre ihre Reaktion eine (partielle) Zurückweisung. Jedenfalls enthält nun ihre Reaktion eine eindeutige Beziehungsdefinition: du Klient – ich Therapeut (du Armer, ich Helfer). Die Studentin selbst analysierte im nachhinein: «Die Beziehung ähnelt einer Therapeut-Klienten-Beziehung. Er ist insofern in der schwächeren Position, da er etwas von mir will und sogar braucht, es ist wichtig für ihn zu reden; ich dagegen gebe nichts von mir preis und bin dadurch geschützter als er.»

Ihr Beziehungsvorschlag stellt somit ein Manöver dar, das ihr (im Falle der Bestätigung durch ihn) die Oberhand über die Beziehung sichert. Wie wird er auf dieses Manöver reagieren?

Er (zusammengefaßt): «Bin von Beruf Oberpfleger, kann ausbilden und Zensuren verteilen. Lebe seit sechs Jahren in dieser Stadt, vorher in Paris, habe viele ausländische Freunde, die jetzt auch hier sind. Habe eine jüngere Schwester, die auch hier lebt, jetzt aber mit gemeinsamen Freunden verreist ist. Eine Zeitlang haben wir zusammen gewohnt, ich fühle mich von ihr sehr stark sexuell angezogen und würde gern mit ihr schlafen, habe es aber noch nicht.» (Er erzählt eine Begebenheit, in der er seine Freundin und seine Schwester in deren Beisein verglich und seine Schwester dabei besser abschnitt. Darauf endete die Freundschaft mit dem anderen Mädchen.) «Das konnte sie wohl nicht vertragen.»

Er setzt seine Selbstdarstellung fort, aber in den Inhalten wie ausgewechselt! Er spricht nicht mehr von seinen Nöten und Problemen, sondern hebt seine berufliche und männliche Überlegenheit hervor. Seine Nachricht enthält somit eine klare Zurückweisung ihrer Beziehungsdefinition: «Nein, ich bin nicht dein Klient, und du nicht meine Therapeutin. Sondern du ein Mädchen und ich ein ganzer Mann!» Er hat den Ringkampf um die Oberhand aufgenommen. Die Uneinigkeit über die gemeinsame Beziehungsdefinition ist an dieser Stelle offensichtlich. Sie hat seine «Verweigerung der Klientenrolle» und sein Bestehen auf einer symmetrischen Mann-Frau-Beziehung verstanden und reagiert innerlich unwillig:

Sie: «Ich kann deine Freundin verstehen, würde ähnlich reagieren...» (Sie gibt sodann etwas skeptische Kommentare zu seiner Erzählung ab, ist unruhig, sieht auf die Uhr.) «Muß jetzt wohl gehen, zur Uni.»

Nun weist sie ihrerseits seine Beziehungsdefinition («Ich bin ein ganzer Kerl, und du ein Mädchen, das für mich infrage kommt») zurück. Sie drückt Abstand aus, indem sie sich mit der Freundin solidarisiert und indem sie zum Aufbruch bläst. Es ist, als ob sie sagen würde: «Du willst meine Definition nicht akzeptieren, ich die deine nicht, dann erkläre ich nun die Beziehung für beendet.»

Er: «Das war ein schönes Gespräch.»

Das heißt auch: Unsere Beziehung ist schön. Mit diesem Manöver widerspricht er ihrer Beziehungsdefinition («Die Beziehung ist abbruchreif!»)

Sie: «Ja, das finde ich auch. Es passiert selten, daß man mit einer fremden Person so sprechen kann.»

Scheinbar eine Bestätigung seiner Definition. Bei näherem Hinsehen jedoch handelt es sich allenfalls um eine Teilbestätigung, denn der Hinweis auf die «fremde Person» drückt wiederum den gewünschten Abstand aus.

Die Begegnung endet damit, daß er sie überredet, sich später noch einmal zu treffen; halb widerwillig läßt sie sich auf diese Verabredung ein. Jedoch erscheint er nicht zum verabredeten Termin: Ein letztes Manöver seinerseits, um in einer wenig aussichtsreichen Lage die Oberhand zu behalten: «Ich entscheide, daß die Beziehung zu Ende ist, bevor du es tust.»

5. Längerfristige Auswirkungen von Beziehungsbotschaften: das Selbstkonzept

Die Bedeutung der Beziehungsseite ist nicht auf die momentane Gefühlslage und den weiteren Gesprächsverlauf beschränkt. Vielmehr können Beziehungsbotschaften eine erhebliche Langzeitwirkung haben: Der Empfänger erhält hier ja Informationen, wie er (vom Sender) gesehen wird. Auf der Suche nach seiner Identität («Wer bin ich?») ist das Kind auf solche Hinweise angewiesen. Mit der Zeit verdichten sich die Zigtausende von Beziehungsbotschaften, die das Kind von seiner Umwelt erhält, zu der Schlußfolgerung «So einer bin ich also!» (s. Abb. 68).

Diese «Meinung von sich selbst» (Adler), dieses Selbstkonzept, wird heute als eine entscheidende Schlüsselvariable der Persönlichkeit und der seelischen Gesundheit angesehen. Vor allem Alfred Adler hat beschrieben, wie jemand, der nicht viel von sich hält (Minderwertigkeitsgefühl), sich entweder entmutigt zurückzieht oder aber, in ständiger Beweisnot um den eigenen Wert, übersteigert nach Geltung und Überlegenheit ringt und so den größten Teil seiner seelischen Energie auf den Kampfplätzen der Rivalität und der imponierhaften Demonstrationen vergeudet.

Die Bedeutung des Selbstkonzeptes liegt aber auch in folgendem begründet: Hat es sich erst einmal verfestigt, dann schafft sich das Individuum eine Erfahrungswelt, in der sein einmal etabliertes Selbstkonzept immer wieder bestätigt wird. Wie wir durch unser Selbstkonzept bestimmte Erfahrungen «machen» und andere, viel-

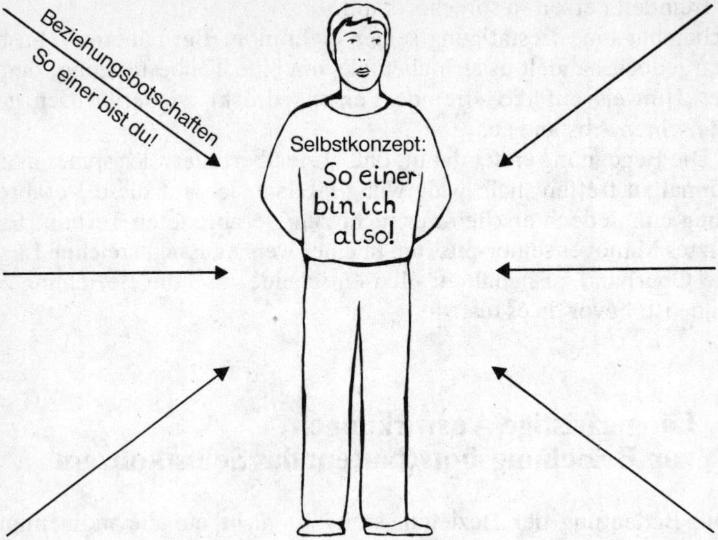

Abb. 68: *Das Selbstkonzept als Verdichtungsresultat von Beziehungsbotschaften.*

leicht korrigierende, Erfahrungen ausschalten, soll im Abschnitt 5.3 näher beschrieben werden.

Wegen dieser weitreichenden Bedeutung des Selbstkonzeptes haben manche Psychologen (z. B. Tausch und Tausch 1979) das Unterrichtsgeschehen fast ausschließlich mit der «Beziehungs-Brille» (unter Vernachlässigung der Sachinhalte) betrachtet: Hier vermuten sie die Hauptweichenstellung in der Persönlichkeitsentwicklung.

5.1 Die Herausbildung des Selbstkonzeptes durch Du-Botschaften und Etikettierungen

Was sind das nun im einzelnen für Beziehungsbotschaften, die das Selbstkonzept bestimmen? Zunächst sind es die expliziten und impliziten Beziehungsbotschaften, die ein Kind von den wichtigen Personen seiner Lebenswelt empfängt. Explizite Aussagen sind z. B. «Dummkopf!», «Aus dir wird nie etwas!», «Du bist unser liebes, artiges Kind», «Du bist technisch unbegabt», «Du kannst gut malen».

Derartige explizite Beziehungsaussagen werden in der zwischenmenschlichen Kommunikation ergänzt durch implizite Beziehungsbotschaften; durch die Art, wie das Individuum angesprochen und behandelt wird, erfährt es, wie der andere zu ihm steht, was er von ihm hält. Z.B. «Halte du dich zurück!», «Muß ich dir denn alles dreimal sagen?», «Nun reiß dich mal ein bißchen zusammen!» – oder aber: «Wie denkst du über diesen Vorschlag?», «Laß uns gemeinsam überlegen, wie wir die Sache hinkriegen» usw. – Auch nonverbal erhält ein Kind, bevor es Sprache verstehen kann, durch das Gesamtverhalten wichtiger Bezugspersonen etwa die Grundbotschaft «Du bist hier erwünscht» oder «Alles dreht sich nur um dich» oder «Du bist hier unerwünscht und lästig» – vermutlich sind es solche allerersten, durch tausendfältige Signale übermittelte Du-Botschaften, die das Selbstkonzept des Kindes grundlegend prägen. Erziehung ist vor allem Kommunikation zwischen den Zeilen. Derartige Du-Botschaften spiegeln keineswegs nur objektiv vorfindbare Charakteristiken des Kindes wider. Im Gegenteil enthalten sie heimliche Wünsche, persönliche und kulturelle Vorurteile des Senders (z.B. Auffassungen darüber, wie Mädchen oder Jungen nun einmal sind).

Die Institution als Sender von Du-Botschaften. Wir haben bisher die Herausbildung des Selbstkonzeptes als Resultat von definierenden Erfahrungen beschrieben, die das Kind von den wichtigen Bezugspersonen vermittelt bekommt. Die Du-Botschaften, die es dabei empfing, waren teils sehr individuell, teils eher kollektiv in dem Sinne, als das Kind diese Botschaften als Angehöriger einer bestimmten Gruppe erhält und sie daher mit allen anderen Angehörigen teilt (z.B. Geschlechtsstereotype Botschaften: «Du bist doch ein Junge! – Jungen weinen nicht!»).

In diesem Abschnitt wollen wir unser Augenmerk darauf richten, daß – unabhängig von individuellen Erziehern – die Institution Schule mit ihren Vorschriften und Plänen (implizite) Beziehungsbotschaften an «den» Schüler enthält. Tillmann (1976) sieht in diesen Botschaften den «heimlichen» und eigentlich wirksamen Lehrplan der Schule.

Wenn wir einige der institutionellen Botschaften* an «den» Schü-

---

* In der Literatur wird der Begriff «Beziehungsbotschaft» bzw. «Beziehungsdefinition» kommunikationspsychologisch unscharf verwendet: Ge-

ler explizit machen, dann tönt es ihm – Tag für Tag – etwa so entgegen:

«Viel hast du hier nicht zu melden. Du bist einer von 35, als einzelner bist du nicht wichtig; halte dich also zurück, vor allem mit Sonderwünschen. Du bist noch klein und dumm, der Lehrer weiß, was für dich gut ist zu lernen, daher paß auf, die Musik kommt von vorn. Verantwortung für die Gemeinschaft brauchst du nicht zu übernehmen – es ist alles geregelt. Du brauchst nur fleißig den Stoff zu lernen.»

In dieser Form kriegt der Schüler die Botschaft wohl kaum zu hören, obwohl die Lehrer oft zum Sprachrohr der Institution werden (müssen). Aber der Schüler erhält diese Botschaft durch die täglichen Schulerfahrungen auf einem indirekten, aber deswegen nicht minder deutlichen Kanal.

Mit anderen Worten: Die Institution geht von einem recht «infantilen» Schülerbild aus. Entsprechend macht sie den Schüler zu einem weitgehend zu verplanenden, passiven Lern-Empfänger und verwehrt ihm Verantwortlichkeit und vollwertige Teilnahme am gesellschaftlichen Leben.

Die Gesellschaft als Sender von Du-Botschaften. Ebenso meldet sich die Gesellschaft als Ganzes mit ihren Einrichtungen, Vorschriften, Gesetzen und faktischen Gegebenheiten zu Wort und richtet Selbstkonzept-prägende Du-Botschaften an bestimmte Untergruppen der Bevölkerung. Muller hat in Worte gefaßt, welche Botschaften er die Gesellschaft an die Jugendlichen richten hört:

«Es ist wirklich ein Jammer, daß so viele Kinder geboren werden, denn wir können im Grunde nicht alle gebrauchen. Die Zeit der Kinderarbeit ist vorbei, worüber wir natürlich froh sind. Die Großfamilie gehört ebenfalls der Vergangenheit an, und in der heutigen Kleinfamilie mit all ihren Haushaltsgeräten seid Ihr Jugendlichen eher eine Last als eine Hilfe. Für ungelernte Hilfskräfte gibt es unangenehme Arbeit in Fülle, aber Ihr meint wahrscheinlich, dazu seid Ihr zu gut, und wir können Euch das nicht übelnehmen. Für die attraktiven Arbeitsstellen brauchen wir einige von Euch, aber wir können unmöglich alle gebrauchen – schließlich wollen wir selber unsere Arbeitsplätze behalten, und überdies leben wir heute ja sehr

---

meint sind sowohl reine Beziehungsbotschaften («Für so und so halte ich dich») als auch Appelle («Sei so und so, mach das und das!») – In diesem Kapitel sollen nur die reinen Beziehungsbotschaften ins Auge gefaßt werden.

viel länger als früher. Einige von Euch werden Glück haben, viele aber nicht; wir wissen einfach nicht, was wir mit Euch anfangen sollen. Ihr versteht, wir versuchen Kriege zu vermeiden, dafür brauchen wir Euch zur Zeit also auch nicht. Bitte vergnügt Euch, so gut Ihr könnt, und steht niemanden im Wege. Fragt uns bitte nicht, was Ihr machen sollt. Wenn uns etwas einfällt, rufen wir Euch – laßt uns bitte in Ruhe.»
(aus: DIE ZEIT v. 15. 7. 1977)

5.2 Die Etikettierung des Taugenichts

Fassen wir das Bisherige noch einmal zusammen: Das Selbstkonzept bildet sich als Folge von definierenden Erfahrungen. Bei diesen definierenden Erfahrungen handelt es sich überwiegend um explizite oder implizite Du-Botschaften («So einer bist du!»), die von wichtigen Bezugspersonen oder von Institutionen und gesellschaftlichen Einrichtungen ausgesendet werden. Da das Kind dazu tendiert, sich in Übereinstimmung mit seinem Selbstkonzept zu verhalten, haben die definierenden Akte somit eine Realität erst geschaffen. Diese Art von Erklärung wird auch und vor allem für die Entstehung von abweichendem Verhalten (Delinquenz) verwendet. Danach ist der *«Taugenichts»* ein Endprodukt von *Etikettierungen*, die zum Selbstkonzept «Ich *tauge nichts*» geführt haben. So lassen sich bei der Herausbildung einer kriminellen Karriere häufig folgende Schritte nachverfolgen (Tannenbaum 1938, dargestellt nach Brusten und Hurrelmann 1973):

1. Bestimmte Verhaltensweisen eines Kindes, die es selbst in seiner phänomenalen Welt als harmlos und lustvoll ansieht, werden von Erwachsenen als «böse», «schlimm» oder «lästig» tituliert. – Man beachte den Selbstoffenbarungsanteil bei derartigen Etikettierungen!

Dieser *Selbstoffenbarungsanteil* von *etikettierenden Nachrichten* wird von den Vertretern des Etikettierungs-Ansatzes besonders betont. Beispiel: Ein Lehrer bezeichnet ein Kind als «unsauber». Erfahren wir durch diese Nachricht etwas über das Kind oder den Lehrer? Über beide. Vor allem erfahren wir etwas über das Wertesystem des Lehrers, worauf er achtet, was er für wichtig und für sanktionsbedürftig hält.

2. Das Kind, das sich zunächst nur mißverstanden und ungerecht behandelt fühlte, beginnt mit der Zeit, sich selbst umzudefinieren. Besonders dann, wenn die definierenden Erwachsenen nicht nur sein Verhalten, sondern generalisierend auch seine ganze Person als «schlecht» gebrandmarkt («stigmatisiert») haben.

3. Im Gefolge dieser Umdefinition zeigt das Kind Verhaltensweisen, die geeignet sind, die sich entwickelnde deviante Identität zu verstärken. Beispielsweise schließt es sich ähnlich «auffälligen» Altersgenossen an (Bildung einer «delinquenten Bande»). Die Mitglieder einer solchen Gruppe lernen nicht nur, sich mit dem Etikett «delinquent» abzufinden: Es bilden sich auch Normen heraus, die ein solches Etikett zur Auszeichnung erheben.

4. «Immer häufiger kommen die ‹Delinquenten› nun in Kontakt mit den offiziellen Sanktionsinstanzen, mit Vertretern der Sozialarbeit, der Polizei und der Justiz. Alle diese Instanzen wollen ihrem Selbstverständnis nach den in Gang gesetzten Prozeß unterbinden, verstärken ihn aber in der Regel mit jedem weiteren Schritt.» (Brusten und Hurrelmann 1973, S. 32). Diese offiziellen Reaktionen schaffen neue Etikettierungen und verstärken das ansatzweise etablierte Selbstbild. Die betroffenen Jugendlichen werden «kriminalisiert». Für diese unbeabsichtigten Folgen ist der Begriff der «sekundären Abweichung» geprägt worden. Die in den Sanktionen implizit enthaltene Beziehungsbotschaft hat eine stärkere Wirkung als der in den Sanktionen auch enthaltene Appell «Laß es nach!» – Mit anderen Worten: Während die «primäre Abweichung» in mehr oder minder harmlosen Anfangstaten begründet liegt, resultiert die «sekundäre Abweichung» aus den etikettierenden Reaktionen der Umwelt. Ein paradoxer Effekt: Maßnahmen, die darauf abzielen, etwas zu unterbinden, rufen die zu unterbindenden Phänomene erst hervor.

Unter diesem Gesichtspunkt sind alle gut gemeinten Maßnahmen daraufhin zu überprüfen, ob nicht die damit verbundene implizite oder explizite Etikettierung Schlimmeres bewirkt, als die Maßnahme an Besserungen verspricht. Beispiel: Ein Schulkind wird als «gehemmt» dem Schulpsychologen zur Beratung überwiesen. Sicher kann die schulpsychologische Beratung eine Besserung ermöglichen. Auf der anderen Seite besteht aber die Gefahr, daß das Selbstkonzept um den Aspekt «Ich bin jemand, der zum Schulpsychologen muß», ergänzt wird und einer Außenseiterkarriere erst recht Vorschub leistet. Aus diesem Grunde bemühen sich moderne Beratungskonzepte, die Störung nicht im einzelnen Individuum zu suchen und zu behandeln, sondern in den Interaktionen derjenigen Gruppe, in der die Störung auftritt (vgl. Redlich und Ott 1980: «Veränderung der Interaktion in Schulklassen statt Stigmatisierung durch Einzelfallbehandlung»).

5.3 Das Selbstkonzept als «Macher» von Erfahrungen

Das Selbstkonzept stellt sich als Verdichtungsprodukt all der erwähnten Erfahrungen dar: «So einer bin ich also!» Wir wollen im folgenden untersuchen, wie ein bereits etabliertes Selbstkonzept sich eine Umwelt schafft, in der das Individuum überwiegend genau diejenigen Erfahrungen «macht», die das Selbstkonzept bestätigen.

Vor allem zwei Mechanismen sind es, die dies ins Werk setzen: *Vermeidungen* und *Verzerrungen*. Manchen Erfahrungen kann ich aus dem Wege gehen, so daß meine Lebenswelt um solche Erfahrungen «bereinigt» ist. Manchen anderen Erfahrungen kann ich zwar nicht aus dem Weg gehen, aber ich kann sie so umdeuten und verzerrt wahrnehmen, daß sie mich in ihrer ursprünglichen Form nicht erreichen, sondern in einer Form, die mir «in den Kram» (= in mein Selbstkonzept) paßt.

Beide Strategien (Vermeidungen und Verzerrungen) lassen sich auf äußere Erfahrungen wie auf innere Erfahrungen (Gefühle, Motive) anwenden. – Betrachten wir im einzelnen, wie die Mechanismen funktionieren:

Vermeidungen

Die mißerfolgsversprechenden Aspekte des Selbstkonzeptes führen dazu, daß der Mensch «einen großen Bogen» um solche Stellen macht, für die er sich schlecht gerüstet fühlt. Habe ich z.B. die Meinung von mir, ich sei «technisch unbegabt», dann werde ich tendenziell all jene Situationen *meiden*, in denen es auf technisches Verständnis und Geschicklichkeit ankommt. Mit der Zeit habe ich dann einen erheblichen *Übungsrückstand*, und nach einigen Jahren habe ich wirklich «zwei linke Hände», aber weniger auf Grund mangelnder Begabung, als vielmehr auf Grund mangelnder Übung und eines Erfahrungsrückstandes, für den mein anfängliches Selbstkonzept die Vermeidungs-Weichen gestellt hat. – Der Teufelskreis einer *sich selbst erfüllenden Prophezeiung* hat sich geschlossen, und das Selbstkonzept hat sich als heimlicher Drahtzieher der Persönlichkeitsentwicklung erwiesen (s. Abb. 69).

Vor allem entmutigte Menschen (mit ausgeprägter Tendenz zur Vermeidung von Mißerfolgen) sorgen durch ständige Umgehungstaktiken dafür, sich solche Erfahrungen zu ersparen, durch die sie dazulernen und vorankommen würden. Sie führen ein reduziertes Leben auf ihren «Heimspielplätzen», wo ihnen keine Niederlage

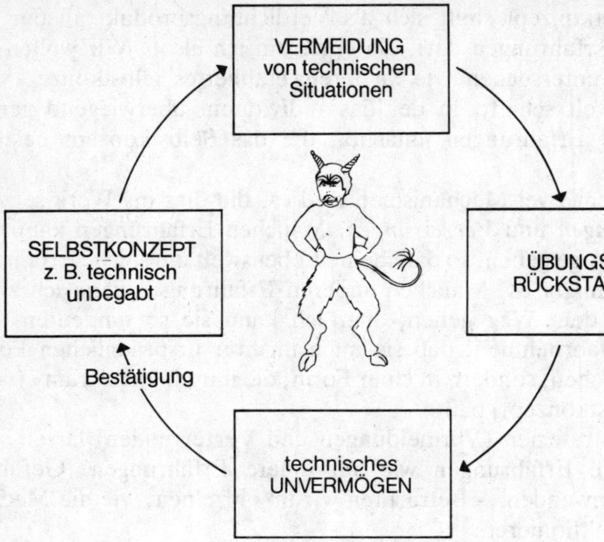

Abb. 69: *Der Teufelskreis einer sich selbst erfüllenden Prophezeiung des Selbstkonzeptes.*

droht. Dadurch machen sie nach außen meist einen starken, souveränen Eindruck. Von wirklicher seelischer Stärke aber ist der, der sich vorübergehende Niederlagen in jenen «Auswärtsspielen» leisten kann, in denen allein ein Fortschritt in der Persönlichkeitsentwicklung winkt.

Mit geradezu verheerenden Auswirkungen ist zu rechnen, wenn ein sehr negatives Selbstkonzept generalisiert ist, z.B. «Mich mag sowieso keiner!» Dies wird ein (feindseliges oder zurückgezogenes) Verhalten in Gang setzen, das tatsächlich die Antipathie oder Gleichgültigkeit der Mitmenschen provoziert. Hier ist eine psychotherapeutische Unterbrechung des Teufelskreises angeraten.

Verzerrungen und Umdeutungen

Dies war der eine Hauptmechanismus, sich seine Umwelt selber zu schaffen: Bestimmten Erfahrungen überhaupt aus dem Wege zu gehen. Bei dem zweiten nun folgenden Mechanismus ist vorausgesetzt, daß bestimmte Erfahrungen, die geeignet wären, das vorhandene Selbstkonzept in Frage zu stellen, zwar gemacht werden, aber durch eine verzerrende Wahrnehmung so umgedeutet werden, daß sie doch wieder zum Selbstkonzept passen.

Dies sei an zwei Unter-Mechanismen exemplarisch erläutert: Am *Nachrichten-Empfang* und an den *Kausalattribuierungen*. Wir hatten betont (vgl. S. 61), daß die ankommende (vierseitige) Nachricht ein Eigenprodukt des Empfängers sei, und zwar dadurch, daß er auf allen vier Seiten Botschaften hineinlegt, die u. a. auch seiner seelischen Verfassung entsprechen. So hört eine Person mit niedrigem Selbstwertgefühl die ankommende Nachricht mit einem überempfindlichen Beziehungs-Ohr, sie phantasiert in unschuldige Fragen oder Aussagen eine Kritik oder eine Herabsetzung ihrer Person hinein (vgl. S. 51f). Weitere Beispiele für einen Selbstkonzept-abhängigen Nachrichtenempfang: Jemand, der einsilbig reagiert, verführt den einen zu dem Schluß: «Er wird müde sein», den anderen hingegen zu dem Schluß: «Klar – er mag mich nicht!» – Jemand gibt etwas von sich, und die anderen lachen. Der eine interpretiert dieses Lachen als den Ausdruck von Amüsiertheit über seinen Scherz, der andere fühlt sich ausgelacht.

Vor allem *implizite* Beziehungsbotschaften lassen dem Empfänger einen breiten Deutungsspielraum. Aber auch explizite, eindeutige Beziehungsbotschaften «Du bist ein Egoist» oder «Du bist ein ganz großer Gelehrter!» determinieren noch keineswegs den Empfang – zwei verschiedene Empfänger können bei ein und derselben Nachricht seelisch sehr unterschiedliche Erfahrungen machen. So mag der eine die Du-Botschaft als ein Faktum nehmen und innerlich reagieren: «So einer bin ich also» – ein anderer Empfänger mag die ankommende Nachricht mehr als eine Selbstoffenbarung des Senders auffassen («Was mag mit ihm los sein, daß er zu einem solchen Urteil über mich kommt?»). Freilich sind kleine Kinder kaum in der Lage, Du-Botschaften mit dem Selbstoffenbarungs-Ohr zu empfangen (vgl. S. 54f).

Es gibt auch genug Möglichkeiten, positive Beziehungsbotschaften abzuwehren. Z. B. wird jemand gelobt. Dieses Lob paßt nicht in sein niedriges Selbstkonzept. Er reagiert: «Das sagst du nur, um mich zu trösten.»

Im Dienste der Selbstkonzept-Bewahrung können auch sog. *Kausalattribuierungen* (Ursachen-Zuschreibungen) treten. Erfolge und

Mißerfolge lassen sich durch folgende vier Verursachungsfaktoren (Heckhausen 1974) erklären:

- ☐ Fähigkeit
- ☐ Anstrengung
- ☐ Aufgabenschwierigkeit
- ☐ Zufall

So kann jemand mit einem niedrigen Selbstkonzept Erfolge etwa auf das Konto des Zufalls buchen («Blindes Huhn findet auch mal ein Korn») – schon verliert der Erfolg die Qualität eines korrigierenden Erlebnisses. Dagegen werden Fehlschläge sofort der eigenen Unzulänglichkeit angelastet.

Für Lehrer und Eltern als Kommentatoren von Schülerleistungen ergibt sich aus diesen Gedanken die Möglichkeit, durch konstruktive Kausalattribuierungen auf das Selbstkonzept der Schüler ermutigenden Einfluß zu nehmen.

Das folgende Schaubild (Abb. 70) illustriert den Mechanismus der Erfahrungsverzerrung unter der Regie des Selbstkonzeptes:

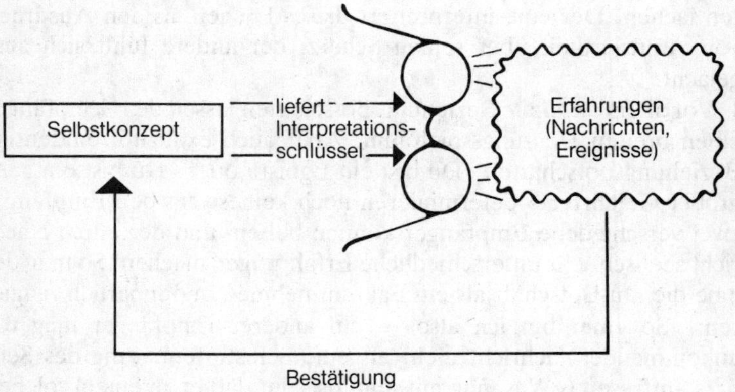

Abb. 70: *Erfahrungsverzerrung infolge einer «Brille» im Dienste der Selbstkonzept-Bestätigung.*

5.4 Vermeidungen und Verzerrungen von inneren Erfahrungen

Zu den erstaunlichen Entdeckungen der Psychotherapieforschung gehört, daß das Selbstkonzept nicht nur die Erfahrungen der Außenwelt «macht» bzw. vermeidet, sondern genauso auch der Innenwelt. Gefühle, die uns nicht «in den Kram» (= in unser Selbstkonzept) passen, dringen nicht bis ins Bewußtsein vor und können auch nicht direkt kommuniziert werden. Nehmen wir noch einmal das Beispiel von S. 117f – der betroffene Mitarbeiter rief in der Arbeitsbesprechung erregt: «Ich ärgere mich überhaupt nicht! Im Gegenteil, mich amüsiert das Ganze!» Dieser Mitarbeiter ist sich seiner Verletztheit und seines Ärgers nicht gewahr: Diese Gefühle passen nicht zum Selbstbild eines starken Mannes, der souverän über der Sache steht und nicht «auf jede Kleinigkeit» empfindlich reagiert.

Nicht-linientreue Gefühle. Es sind diese *«nicht-linientreuen Gefühle»*, wie ich sie nenne, die wir gerne ausblenden und nicht hochkommen lassen. So mögen Enttäuschungen und Verdruß nicht zum Konzept der Verliebten passen; so mögen Ärger und Haß nicht zum Selbstkonzept eines «friedfertigen und verständnisvollen Familienvaters» passen; so mag Eifersucht nicht in das Konzept von jemandem passen, der in menschlichen Beziehungen keine Besitzansprüche gelten lassen mag; und Traurigkeit paßt nicht zum Selbstkonzept eines «lustigen Vogels, der alles mit Humor nimmt».

Dieses Nicht-wahr-haben-Wollen von nicht-linientreuen Gefühlen bedeutet letztlich, daß wir wichtigen Teilen unserer Person ablehnend gegenüberstehen und viel seelische Energie zur Abwehr dieser Gefühle verbrauchen. Durch Psychotherapie kann eine «zunehmende Offenheit gegenüber der (inneren) Erfahrung» (Rogers 1979) nach und nach erzielt werden:

«Der Prozeß scheint vor allem eine zunehmende Offenheit gegenüber der Erfahrung einzuschließen. Dieser Satz hat mit der Zeit immer mehr an Bedeutung für mich gewonnen. Er bezeichnet das genaue Gegenteil von Abwehrhaltung. Ich habe früher den Begriff Abwehrhaltung als die Reaktion des Organismus auf Erfahrungen beschrieben, die als bedrohlich empfunden oder antizipiert werden, als im Widerspruch stehend zum existierenden Selbstbild des Individuums oder zum Bild seiner Beziehung zur Welt. Diese bedrohlichen Erfahrungen werden vorübergehend unschädlich gemacht, indem sie im Bewußtsein verzerrt oder ihm verweigert werden. Ich bin buchstäblich nicht in der Lage, die Erfahrungen, Gefühle, Reaktionen in mir präzise wahrzunehmen, die von meinem schon vorhandenen Selbstbild wesentlich abweichen. Ein großer Teil des Therapieprozesses ist die fortwährende Entdeckung seitens des Klienten, daß er Gefühle und Einstellungen erfährt, die er bislang nicht bewußt hat wahrnehmen können, die er nicht als existierenden Teil seines Selbst hatte ‹besitzen› können.» (S. 186f.)

Das Endergebnis eines solchen Vorgangs formuliert Rogers an anderer Stelle so:

«Das Bewußtsein ist nicht länger der Wächter über einen gefährlichen und undurchschaubaren Haufen von Impulsen, die nur im Ausnahmefall das Tageslicht erblicken dürfen, sondern wird zum geruhsamen Mitbewohner einer Gesellschaft von Impulsen, Gefühlen und Gedanken, die sich, wie man feststellt, sehr wohl selbst regulieren können, wenn sie nicht ängstlich behütet werden.» (S. 125)

6. Zum Umgang mit Beziehungsstörungen

Obwohl Beziehungsstörungen an der Tagesordnung sind, wo immer Menschen zusammenleben und -arbeiten, ist die Fähigkeit, mit derartigen Störungen umzugehen und miteinander «klarzukommen», bei den meisten Menschen nicht sehr weit entwickelt. Unausgedrückter Groll und verborgene Verletztheit, vermiedene Auseinandersetzungen und scheinheilige Diplomatie, feindseliger Zank und kleinliche Nörgelei, harte Argumentationskämpfe auf der falschen Ebene, beherrschen häufig die Szene, wenn es auf der Beziehungsebene schwierig wird.

Ein typischer Kardinalfehler der zwischenmenschlichen Kommunikation wurde schon auf Seite 48f besprochen: *Beziehungsstörungen auf der Sachebene auszutragen.* Die Mutter riet der Tochter, die Jacke anzuziehen, die Tochter widersetzte sich widerwillig, und es hob ein kleinlicher Streit um Temperaturen an.

Der Kommunikationspsychologe ist darin geschult, auf erste Anzeichen von Beziehungsstörungen in Sachauseinandersetzungen zu achten. So war der «patzige Ton» der Tochter ein solches Anzeichen. Oder wenn in einer Konferenz gesagt wird: «Wenn Sie die Verwaltungsmitteilung vom 3. 5. gelesen hätten, dann wüßten Sie, daß...» Oder wenn ein Mitarbeiter von seinem Vorgesetzten gebeten wird: «Können Sie uns denn nicht wenigstens die Netto-Zahlen mal nennen?» (In dem *«wenigstens»* steckt die Botschaft: «Wenn man von Ihnen schon keine normalen Leistungen erwarten kann.») Oder: Ein Redner hat seinen Vortrag beendet und fordert zur Diskussion auf. Ein Zuhörer meldet sich: «Mir ist völlig schleierhaft, wie man bei diesem Thema den Gesichtspunkt X außer acht lassen kann...» Auf der Beziehungsseite der Nachricht wird dem Vortragenden mangelnde Kompetenz bescheinigt, und der Wunsch nach Vergeltung kommt prompt in der Antwort zutage: «Ich meine zu Beginn meiner Ausführungen sehr deutlich gemacht zu haben, daß...» (= und wenn Sie zugehört hätten...) Wenn Sachgespräche mit solchen «Beziehungs-Stecknadeln» gespickt sind (s. Abb. 71), herrscht Spannung, und die Sachlichkeit ist bedroht.

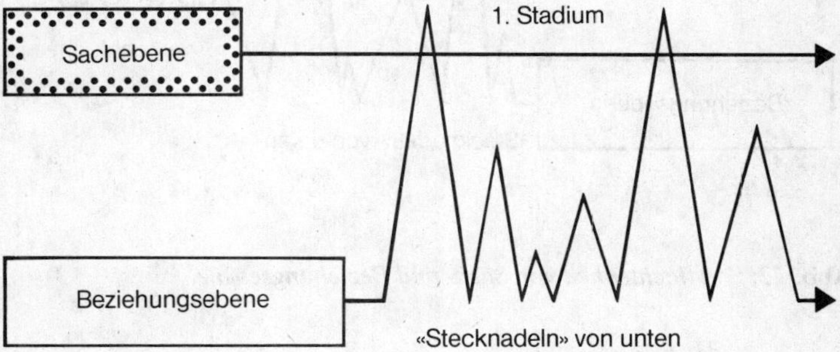

Abb. 71: *Die Sachauseinandersetzung wird durch Störsignale («Stecknadeln») aus der Beziehungsebene gestört.*

Meist sind es alte Hühnchen, die ungerupft durch den Raum fliegen und einen Stecknadel-Stil bedingen.

Solche in Abb. 71 symbolisierten «Stecknadeln von unten» sind häufig Vorboten oder schon Symptome für eine fortschreitende und schließlich unentwirrbare *Verflochtenheit* von Sach- und Beziehungsseite (Stadium 2, s. Abb. 72). In diesem Stadium kann kaum noch jemand etwas zur Sache sagen, ohne daß es ihm als besserwisserisch, feindselig, als Rechtfertigungsversuch oder als Angriff ausgelegt wird. Manches Kollegium, manche Betriebsabteilung, manche Familie befinden sich im *Dauerzustand der «Verflochtenheit»,* wo jede sachliche Auseinandersetzung von der (inzwischen verschärften) Beziehungsproblematik durchdrungen ist.

Spätestens jetzt hilft nur noch eines: Die Sachauseinandersetzung für eine Weile aussetzen und eine explizite Beziehungsklärung einleiten («Wie stehen wir zueinander? Was macht unsere Gespräche so unfruchtbar, so gereizt, so vorsichtig oder so distanziert?») – s. Abb. 73.

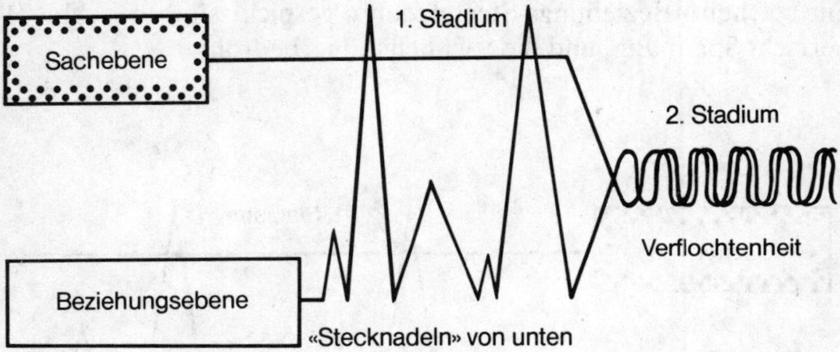

Abb. 72: *Verflochtenheit von Sach- und Beziehungsebene.*

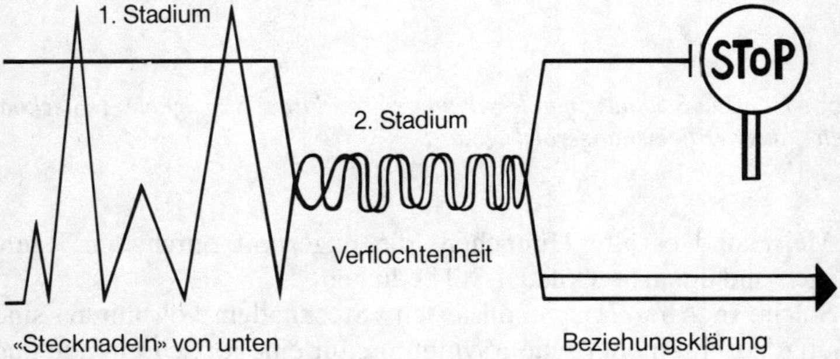

Abb. 73: *Unterbrechung der Sachauseinandersetzung und Einleitung einer expliziten Beziehungsklärung.*

6.1 Die Beziehungsklärung

Solche Beziehungsklärungen sind heikel und unüblich. Im Zustand schwer entwirrbarer Verflochtenheit ist deshalb häufig die Einbeziehung eines Kommunikationspsychologen als «Entflechtungshelfer» anzuraten – dies gilt für Paare und Familien ebenso wie für Kollegien und Arbeitsgruppen. Das Einwirken des Kommunikationspsychologen besteht – neben der Gewährleistung atmosphärischer Bedingungen – in folgendem:

1. Zu expliziten Beziehungsaussagen ermutigen (Sachargumente unterbinden)
2. Hebamme zu sein für «dahinterliegende» Ich-Botschaften
3. Zum Ausdrücken von Wünschen und offenen Appellen ermutigen (Blick nach vorn, statt zurück im Zorn)

Diese interventionsleitende Schrittfolge läßt sich am Nachrichten-Quadrat gut bezeichnen (s. Abb. 74).

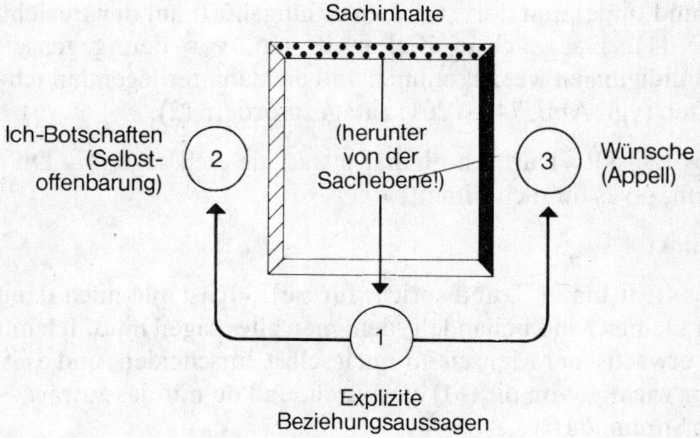

Abb. 74: *Schrittfolge kommunikationspsychologischer Intervention zur Förderung von Beziehungsklärungen.*

Das Vorgehen sei an einem Beispiel wenigstens angedeutet. Nehmen wir noch einmal die kleine Szene zwischen Mutter und Tochter (S. 48). Vorausgegangen war Mutters Ermahnung, eine Jacke anzuziehen, die patzige Reaktion der Tochter auf der Sachebene («Ist doch gar nicht kalt!») und der Sach-Zank um Temperaturen. Etwa folgendermaßen könnte die Beziehungsklärung zwischen Mutter (M) und Tochter (T) mit Hilfe eines Kommunikationspsychologen (Kps) anfangen:

Kps: «Ich merke, ihr seid beide aufgebracht und es ist etwas dicke Luft. Vielleicht sagt ihr mal direkt, was euch querliegt. (Zur Mutter): Wollen Sie anfangen?»

M: «Immer dieser patzige Ton und immer will sie schlauer sein und alles besser wissen!»

Kps (zu T): «Und was stört *dich*?»

T: «Immer diese Bevormundung! Als ob ich nicht selbst weiß, was ich anzuziehen habe! (Zu M): Was geht dich das denn an?»

M: «Ich bin schließlich immer noch deine Mutter!»

T: «Ph!» (Wegwerfende Handbewegung) – Schweigen.

Zwischen-Kommentar: Der Streit ist von der Sachebene weggekommen und findet nun dort statt, wo er hingehört: auf der Beziehungsebene (1). Das nächste Ziel muß sein, von den gegenseitigen Beschuldigungen wegzukommen und die dahinterliegenden Ich-Botschaften (vgl. Abb. 74, S. 201) zutagezufördern (2).

Kps (zu T): «Darf ich einmal etwas für dich sagen? – Du sagst dann, ob es für dich stimmt?»

T nickt.

Kps (tritt hinter T und spricht für sie): «Ich fühle mich dann wie ein kleines Kind behandelt, dem man alles sagen muß. Ich möchte als erwachsener Mensch für mich selbst entscheiden, und es ist mir sehr wichtig, von dir (M) zu spüren, daß du mir das zutraust – (zu T): Stimmt das?»

T: «Ja, genau.»

Zwischen-Kommentar: Dies ist eine kommunikationspsychologische Hilfstechnik: das sog. «Doppeln» (auch «Alter-Ego-Technik»). Der Kps tritt hinter jeweils einen Gesprächspartner und drückt (als Ich-Botschaft) aus, was er mit seinem Selbstoffenbarungs-Ohr (vgl. S. 54) zwischen den Zeilen herausgehört hat. Wichtig ist natürlich, daß er die Gesprächspartner gleichbehandelt, so daß nicht der Eindruck einer Koalition entstehen kann.

Kps (zu M): «Wenn Sie das nun hören, wie reagieren Sie darauf?»

M: «Ach ja, erwachsen wollen sie alle sein, aber die Pflichten, die dann auch damit zusammenhängen, die will keiner übernehmen!»

Kps: «Sie sprechen jetzt über Kinder im allgemeinen – wen meinen Sie direkt?»

M: «Ja, auch Renate, und alle gehen ihrer Wege...»

Kps: «Wer sind jetzt ‹alle›?»

M: «Die ganze Familie! Winfried (= der Bruder) und Vater ganz genauso – (aufgebracht) das ist überhaupt keine Familie mehr!»

Kps: «Es scheint, als ob wir da auf einen neuen Punkt Ihrer Beziehung gekommen sind und daß Sie dieser Punkt sehr bewegt.»

M seufzt.

Kps (zu M): «Darf ich etwas für Sie sagen?» (M nickt, Kps tritt hinter M und blickt T an)
«Wenn ich sehe, wie ihr alle eurer Wege geht, dann fühle ich mich ganz überflüssig und weiß gar nicht, was ich hier noch soll. (Zu M): Stimmt das?»

M: «Na ja, teilweise schon – ich meine, ich soll ja schon Essen kochen, Wäsche waschen, dazu bin ich ja noch... ich meine...»

Kps: «...Gut genug, wollten Sie sagen?»

M: «Ja, erwachsen wollen sie immer sein, aber die Pflichten...»

Kps (zu M): «Darf ich noch mal für Sie sprechen?» (M: «Ja!», Kps tritt hinter sie)
«Ich fühle mich in meiner Funktion wichtiggenommen – z.B. den Haushalt zu versorgen – aber menschlich fühle ich mich nicht beachtet, und das macht mich traurig. – (Zu M): stimmt das?»

M: «Ja, das stimmt.»

Kps: «Euer Konflikt stellt sich mir jetzt als eine Sache der ganzen Familie heraus. Am besten wäre, wenn nächstes Mal alle dabeisein könnten. – Renate, wie ist das für dich, wenn du das von der Mutter hörst?»

Kommentar: Brechen wir hier die Beziehungsklärung ab. Der Anfangskonflikt zwischen Mutter und Tochter hat sich – wie so oft – als Eisbergspitze von etwas «Darunterliegendem» herausgestellt. Mutter und Tochter fangen an, auf dieser tieferen Ebene miteinander in Kontakt zu kommen auf dieser Ebene werden noch andere tiefere

Gefühle aufkommen, als sie bei der Eisbergspitzen-Kommunikation aufzutreten pflegen. Diese anderen Gefühle haben wieder wechselseitig gefühlsmäßige Auswirkungen auf den Partner, so daß sich die Beziehung auch ohne Abmachungen und planvolles Eingreifen ändert. Trotzdem wird es im Fortgang des Gesprächs auch darum gehen, aus der Klärung der Gefühle konkrete Wünsche/Appelle abzuleiten, also den Schritt (3) gemäß Abb. 74 zu vollziehen. Hier bekommt das Gespräch dann mehr Verhandlungscharakter; zum Umgangsstil mit offenen Appellen siehe ausführlich S. 248ff.

Ferner hat sich – ebenfalls wie so oft – herausgestellt, daß die Beziehungsstörung zwischen Mutter und Tochter nur ein Teilstück einer umfassenden Problematik der gesamten Familie darstellt. Dies war ja der Grundgedanke der «systemorientierten» Betrachtungsweise (vgl. S. 87ff): Daß es oft verfehlt ist, den «Symptomträger» zu behandeln – eben weil sich in ihm nur die Störung des Systems zeigt.

7. Funktionalisierung der Beziehungsebene (oder: «Versuchen wir es doch mal mit Menschlichkeit!»)

Die Erkenntnis, daß sachliche Zusammenarbeit nur dann möglich und effektiv ist, wenn die Beziehungsebene stimmt – diese Erkenntnis enthält eine große Verführung: das Beziehungsgeschehen zu manipulieren, um es in den Dienst der Effektivität und der menschlichen Verfügung zu stellen, etwa nach folgendem Motto: «Mitarbeiter arbeiten besser und williger, wenn man sie freundlich und wertschätzend behandelt und ihnen das Gefühl von Mitverantwortung gibt. Also werden wir unsere Vorgesetzten in ein ‹Human-relation-Training› schicken, damit sie diesen Stil ‹drauf haben› und ihre Mitarbeiter optimal und zeitgemäß zu motivieren lernen.»

Zu was für menschenverachtenden Konsequenzen eine solche Haltung führen kann, zeigt das «Kleine Arbeitshandbuch für Ausbilder und Dozenten» von Birkenbihl (1973), zugleich ein besonders übles Beipsiel dafür, wie Psychologie sich in den Dienst der Manipulation und inhumaner Tendenz stellen kann. Als Beispiel sei eine Test-Aufgabe angeführt, an Hand welcher der Leser (= potentieller Berater) seine Fähigkeit überprüfen soll, die gelernte Psychologie für praktische Fälle anzuwenden. – Anschließend dann die von Birkenbihl vorgeschlagenen «Lösungen».

«Test-Aufgabe Nr. 1

Der Wert eines Seminarleiters erweist sich spätestens in jenem Augenblick, in dem der erste Teilnehmer ein Problem aus der Praxis auf den Tisch wirft; mit der Bitte an Sie, verehrter Dozenten-Kollege: ‹Wie soll ich mich diesem Mitarbeiter gegenüber in Zukunft verhalten? Was würden Sie an meiner Stelle tun?›
Hier ist die Erzählung des Seminarteilnehmers: ‹Ich bin Haupt-Abt.-Leiter in einer Automobilfirma, und zwar im Sektor T2, d. h. in der Motorenkonstruktion. Einer meiner Abt.-Leiter, ein gewisser Friedrich, macht mir seit etwa zwei Monaten Sorgen. Friedrich ist mit 34 Jahren einer unserer jüngsten und begabtesten Konstrukteure. Er kam vor drei Jahren zu uns, nachdem er die ersten zwei Jahre nach dem Studium in der Konstruktions-Abt. einer angesehenen Zahnradfabrik gearbeitet hatte. Seit etwa 18 Monaten haben wir ihn mit einer Sonderaufgabe betraut, nämlich mit der Verbesserung der Brennkammer im Zylinderkopf. Friedrich, der ungeheuer ehrgeizig ist, stürzte sich kopfüber in die Arbeit. Er ist übrigens unverheiratet und scheint nicht mal eine Freundin zu haben, obwohl er gut aussieht und bei uns exzellent bezahlt wird. Er verbrachte einen großen Teil seiner Freizeit im Werk; oft machte er bis abends zehn Uhr Überstunden, die ihm auch von mir immer kommentarlos genehmigt wurden. Ich war sicher, bei Friedrichs Arbeit kommt eines Tages etwas heraus. Und so war es auch: elf Monate nach Beginn dieser Sonderaktion brachte mir Friedrich den Entwurf eines abgeänderten Zylinderkopfes, der bei einem Vier-Zylinder die PS-Leistung um 10% erhöhte, ohne erhöhten Kraftstoffverbrauch! Mittlerweile laufen mehrere Test-Motoren, und Friedrichs Behauptungen haben sich voll bestätigt: die Leistungssteigerung schwankt zwischen 9,4 und 9,8%. Als Friedrich dieser erste Durchbruch gelungen war, bat er mich, an diesem Projekt weiterarbeiten zu dürfen. Ihm unterstehen insgesamt neun Herren, davon zwei Konstrukteure mit Hochschulbildung, drei Detailkonstrukteure und vier technische Zeichner. Als Chef wird Friedrich von seinen Mitarbeitern einzig wegen seiner außerordentlichen konstruktiven Begabung geschätzt. Sie nennen ihn den ‹Dandy›, weil er nur in Maßanzügen geht und einen teuren italienischen Sportwagen fährt.

Friedrichs Abteilung kostet mich an Gehältern rund 230000 Mark pro Jahr. Das Problem für mich lautet also: übertrage ich Friedrich eine neue Aufgabe – und wir haben an derlei technischen Problemen keinen Mangel –, oder lasse ich ihn mit seiner Abteilung ein weiteres Jahr das Brennkammerproblem bearbeiten? Ich entschied mich für die zweite Lösung – und das war mein Fehler. Warum?

Friedrich überraschte mich nach weiteren sechs Monaten mit einer geradezu revolutionären Idee in der Umgestaltung von Zylindern, Brennkammern und Kolbenprofilen, die den Kraftstoff dieses Motors auf 50% drosseln würde! 50% weniger Kraftstoff bei gleicher Leistung!

Ich muß zugeben, daß mich dieses Projekt zunächst faszinierte; vor allem deshalb, weil ich ja selbst einmal Motorenkonstrukteur war. Aber ich mußte Friedrich diese Idee madig machen. Ich sagte ihm wörtlich, daß dieser Motor nie gebaut würde. Der Hauptaktionär unserer Gesellschaft sei gleichzeitig der größte Aktionär der neuen bayerischen Erdölraffinerien, auf die wiederum unser Wirtschaftsminister besonders stolz sei... Kurz gesagt: die wirtschaftlichen Interessen und die Macht der Erdölkonzerne würden den Bau eines derartigen Motors auf jeden Fall verhindern.

Friedrich meinte, dann würde er seine Idee eben einer anderen Firma, z. B. einer japanischen, anbieten. Ich wies ihn darauf hin, daß er laut Anstellungsvertrag jede im Hause gemachte Erfindung erst anderweitig verwenden dürfe, wenn die Firma 5 Jahre lang keinen Gebrauch davon gemacht hätte. Diese fünf Jahre müsse er erst mal abwarten... Mittlerweile habe ich Friedrich mit einer neuen Aufgabe betraut. Äußerlich hat er sich ein glattes, höfliches, dabei aber unpersönliches Benehmen zugelegt. Innerlich kocht es bei ihm, das ist mir klar. Und vergangene Woche hatte ich bei der routinemäßigen Montag-Besprechung aller Abt.-Leiter erstmalig den Eindruck, als ob der übermüdet wirkende Friedrich eine leichte Alkoholfahne mit sich führte.

Und nun frage ich Sie: was könnte ich tun, um diesen erstklassigen Konstrukteur so zu motivieren, daß er weiterhin mit Volldampf für unsere Firma arbeitet?»

Welche Antwort würden Sie – auf Grund der im ersten Kapitel erworbenen psychologischen Kenntnisse – diesem Teilnehmer geben›» (Birkenbihl 1973, S. 33f)

Lösung der Test-Aufgabe Nr. 1 (ebd., S. 193f.)

«Wenn wir etwas über Friedrichs Persönlichkeitsstruktur sagen wollen, müssen wir uns die in der Fallstudie gegebenen Informationen ins Gedächtnis zurückrufen:

Friedrich ist ein fanatischer Arbeiter, der sogar einen beträchtlichen Teil seiner Freizeit im Konstruktionsbüro verbringt. Er ist nicht verheiratet und hat nicht einmal eine Freundin; sicherlich hat er auch keinen Freundeskreis, sonst würde er seine Freizeit dort verbringen. Von seinen Mitarbeitern wird er nur als Fachmann geschätzt – im übrigen ist er für sie der ‹Dandy›.

Psychologisch gesehen ergibt sich das Bild eines Menschen mit einem ausgeprägten Minderwertigkeitskomplex, d. h. mit einem sehr geschwächten Selbstwertgefühl. Sein ganzes Bestreben geht nur dahin, seiner Mitwelt zu beweisen, wie tüchtig bzw. genial er ist.

Ohne Zweifel hat Friedrich in seiner Kindheit und Jugend zu wenig ‹Streicheleinheiten› erhalten. D. h., er wurde nie gelobt; vielleicht ließen ihn seine

Eltern ‹links liegen› oder unterdrückten seine Persönlichkeitsentwicklung durch eine autoritäre und repressive Erziehung. Wie die Dinge liegen, ist Friedrich reif für eine psychotherapeutische Behandlung.

Wie wir gehört haben, ist zur Entwicklung eines «gesunden» Selbstwertgefühls die Wertschätzung anderer unabdinglich. Man könnte deshalb dem fragenden Seminarteilnehmer folgenden Rat geben:

1. Versuchen Sie, eine engere menschliche Beziehung zu Friedrich herzustellen.
2. Lassen Sie ihn immer wieder merken, daß Sie ihn nicht nur als begabten Konstrukteur, sondern auch als Menschen schätzen.
3. Lassen Sie sich ab und zu von ihm ‹beraten› auf Gebieten, die nicht zu seiner Arbeit gehören, wo er sich aber als Fachmann fühlt: z. B. in der Herrenmode oder beim Autokauf.
4. Veranlassen Sie seine Mitarbeiter, ihn zu privaten Gruppenaktivitäten einzuladen, z. B. zum regelmäßigen Kegelabend.
5. Schicken Sie ihn in ein paar gute Seminare, die das Sensitivity-Training zur Grundlage haben.
6. Stellen Sie ihm eine glänzende Karriere innerhalb der Firma in Aussicht und lassen Sie gleichzeitig durchblicken, daß er dazu noch etwas in Richtung ‹Menschenführung› dazulernen müßte.»

Was sind die Bestandteile dieses Gefüges von Ratschlägen und vermittelten Grundhaltungen?

1. Psychologisierung sachlicher und gesellschaftlicher Probleme. Die Enttäuschung des Mitarbeiters Friedrich wird mit keinem Wort auf dem Hintergrund der sachlichen und gesellschaftlichen Gegebenheiten analysiert (auf dem die Enttäuschung als verständliche und angemessene Reaktion erscheint), sondern lediglich auf dem Hintergrund seiner «Persönlichkeitsstruktur».

2. Anleitung zu vulgärer Persönlichkeitspsychodiagnostik. Statt den Leser anzuleiten, den Gesprächspartner in seinen Haltungen zu verstehen, wird der Leser angehalten, seinen Gesprächspartner zu analysieren. Statt den Leser anzuleiten, bei sich selbst zu schauen («Wie stelle ich mich zu dieser Situation, welche Gefühle, Interessen habe ich?») und so eine klare Ich-Aussage vorzubereiten, wird sein Blick auf den anderen (ab-)gelenkt.

3. Pathologisierung des Gesprächspartners. «Wie die Dinge liegen, ist Friedrich reif für eine psychotherapeutische Behandlung» – so schnell geht das, und ohne den Mann überhaupt einmal gesehen oder gar gesprochen zu haben. Eine klare Sach- und Beziehungsaussprache ist mit diesem erzeugten «Bild vom anderen» abermals sabotiert.

4. Der Gesprächspartner als Behandlungsobjekt. Die «Lösungen» enthalten folgerichtig keine Anleitung für eine Auseinandersetzung zwischen zwei gleichwertigen Subjekten, sondern Anleitungen zur psychologisch «geschickten» Behandlung eines (kranken) Objektes.

5. Verlogene Funktionalisierung (mit-)menschlicher Werte. Die Achtung und Wertschätzung des Mitmenschen wird – nachdem sie in der Beratungssituation systematisch untergraben worden ist – nun in heuchlerischer Weise wieder eingeführt – als Täuschungsmanöver und Mittel zum Zweck.

Es mag tröstlich sein, daß eine derartige konfliktverschleiernde Sozialtechnologie nicht erfolgreich sein kann. Sie ist nicht einmal im wohlverstandenen Interesse des ratsuchenden Haupt-Abteilungsleiters: Zum einen ist der «Funktionalitätsverdacht» bei unterstellten Mitarbeitern durchaus ausgebildet und verbreitet – sie «riechen den Braten»; jede Sekretärin hat schnell heraus, ob ein freundlicher Ton nur eine Art Schmieröl auf der Beziehungsebene darstellt, um den Motor der Arbeitsmotivation in Gang zu halten, oder ob er «gedeckt» ist durch achtungsvolle strukturelle Bedingungen und menschliche Haltungen. Zum anderen: Selbst wenn es gelingen sollte, den Mitarbeiter durch die empfohlenen Behandlungstechniken bei Laune zu halten – ist nicht der Preis zu hoch? Stellt nicht die Würdelosigkeit des Tuns und die Pervertierung mitmenschlicher Beziehungen einen Verrat an der eigenen Seele dar, der noch im Diesseits ein Fegefeuer persönlicher Krisen und Sinnverfehlungen zu entfachen droht?

Diese Gedanken mögen dazu beitragen, den Psychologen davor zu bewahren, unversehens einer Dienstleistungserwartung im Sinne der Punkte 1–5 zu erliegen und somit seine ureigene Aufgabe als Anwalt eines menschenwürdigen Seelenlebens zu verfehlen.

IV. Die Appellseite der Nachricht

Kommunikation heißt auch immer: Einfluß nehmen. Auf den ersten drei Seiten der Nachricht drückt der Sender aus, was mit ihm selbst, mit der Beziehung zum Empfänger und mit der Welt los ist. Auszudrücken, was ist – das ist die eine Funktion der Kommunikation. Die andere Funktion besteht darin, Wirkungen zu erzielen, einen Zustand hervorzubringen, der noch nicht ist oder einen Zustand zu verhindern, der einzutreten droht. Die Appellseite der Nachricht repräsentiert diesen Wirkungsaspekt. In diesem Kapitel wird von den Schwierigkeiten und Bemühungen die Rede sein, wirkungsvoll Einfluß zu nehmen; auch von den Widerständen eines Empfängers, der sich dem Einfluß entziehen will; und es wird von den Kunstfertigkeiten des Senders zu sprechen sein, die er erfindet, um sich dennoch – trotz des zu erwartenden Gegendruckes, den ein Appelldruck erzeugt – den Einfluß zu sichern. Im einzelnen sollen

- ☐ heimliche (verdeckte) Appelle
- ☐ paradoxe Appelle
- ☐ offene Appelle

in ihrem Wesen und ihrer Problematik beschrieben werden.

Zuvor jedoch möchte ich auf die eingangs erwähnte Grund-Antinomie der zwischenmenschlichen Kommunikation zu sprechen kommen.

1. Ausdruck und Wirkung – zwei Funktionen der Kommunikation

Ich habe Jahre gebraucht, um in der komplizierten Vielfalt der Kommunikationsprobleme etwas sehr Einfaches, Grundlegendes zu entdecken. Ein Grunddilemma der zwischenmenschlichen Kommunikation sehe ich nun darin, daß es immer zugleich um *Ausdruck* und um *Wirkung* geht und daß Sender wie Empfänger vor der Wahl stehen, auf welchen Aspekt sie sich schwerpunktmäßig hin orientieren. Und daß Kommunikation eine ständige Kompromißsuche zwischen diesen beiden Anforderungen darstellt und die Balance zwischen den beiden Polen eine geglückte Kommunikation ausmacht.

Ich möchte genauer beschreiben, was mit den beiden Polaritäten gemeint ist. Kommunikation dient der Mitteilung dessen, was ist. Kooperation und Mitmenschlichkeit leben davon, daß wir uns gegenseitig auf dem laufenden halten, was in uns vorgeht. Selbstausdruck und Anteilnahme gehören zu den vitalen Lebensbedürfnissen des Menschen.

Soweit gut. Kommunikation dient aber nicht nur dem Ausdruck dessen, was ist, sondern auch der Hervorbringung dessen, was sein soll. Indem ich etwas von mir gebe, möchte ich etwas erreichen, etwas bewirken; z. B. den anderen trösten (= ihm bessere Gefühle machen), ihn bei Laune halten, ihn (nicht) verletzen, ihn zu bestimmten Taten bewegen, es mir mit ihm nicht verderben.

Soweit auch gut. Zuweilen harmonieren Ausdruck und Wirkung in einer solchen Weise, daß die Ausrichtung auf das eine gleichzeitig eine optimale Ausrichtung auf das andere erlaubt. Beispiel: Ein Kind hat sich verletzt und drückt seinen Schmerz durch lautes Schreien aus; dieser Ausdruck von Schmerz ist gleichzeitig ein optimales Mittel für die erwünschte Appellwirkung: Alarmiert eilen die Eltern zur Hilfe herbei.

Aber keineswegs immer befinden sich Ausdruck und Wirkung in einer solchen Harmonie. So mag ein Kind bald lernen, daß der bloße Ausdruck des vorhandenen Schmerzes zuweilen nicht ausreicht, um die Umwelt in gewünschtem Maße zu mobilisieren. Und so schreit es dann bei einem kleinen Wehwehchen wie am Spieß. Hier fängt der Ausdruck an, um der Wirkung willen ein wenig korrumpiert zu werden. Die Korruption kann soweit gehen, daß bestimmte Gefühle (z. B. Trauer und Schmerz) wegen der katastrophalen Wirkung (Entzug von Liebe, Demütigungen) nicht mehr ausgedrückt, ja nicht einmal mehr gefühlt werden und statt dessen die «gute Miene zum bösen Spiel» zu einer unbewußt angelegten Charaktermaske wird.

Zwei Grundausrichtungen. Wiewohl wir annehmen können, daß wohl niemand auf der Welt nur ausdrucksorientiert oder nur wirkungsorientiert kommuniziert, sondern daß beide Ausrichtungen stets um ein ausbalanciertes Verhältnis ringen, möchte ich die beiden extremen Grundausrichtungen noch einmal deutlich herausstellen. Der ausdrucksorientierte Sender legt alles darauf an, das, was (in ihm) ist, auszudrücken; es kommt ihm nicht primär darauf an, eine bestimmte Wirkung zu erzielen – die Wirkung wartet er vielmehr ab und nimmt sie in Kauf.

Der wirkungsorientierte Sender hingegen fragt sich immer zunächst, teils bewußt, teils unbewußt: Was will ich erreichen bzw. verhindern? – und versucht dann, seine Nachricht so zu entwerfen, daß sie für diese Zielerreichung optimal erscheint. Die Antizipation der (vermutlichen) Wirkung ist primär handlungsleitend. Dabei nimmt er auch in Kauf, daß die Nachricht unter Umständen nicht das ausdrückt, was ist. Hier zählen Takt und Taktik, während bei der Ausdrucksorientierung Stimmigkeit und Wahrheit zum entscheidenden Kriterium werden.

Für den Empfänger kann die Frage sehr wichtig werden, ob der Sender ausdrucks- oder wirkungsorientiert kommuniziert. Weint der Sender, weil ihm einfach traurig zumute ist, oder «drückt er auf die Tränendrüse», um seine Ziele mit emotionalen Mitteln zu erreichen? – Oder, so mag sich ein Mitarbeiter fragen, lobt mich der Chef, weil er Freude an meiner Leistung hat, oder hat er in einem Kursus zur Motivationstechnik gelernt, daß ein Lob zur Leistungssteigerung beiträgt? In Abb. 75 ist dieser Gedanke in einem Schaubild veranschaulicht.

I. Langer spricht von «Funktionalitätsvergiftung», wenn der Sender seine Kommunikation überwiegend wirkungsorientiert anlegt oder (was ebenso vergiftend ist) der Empfänger dies unterstellt. So haben wir immer wieder erlebt: Wenn wir als Psychologen Trainingskurse gaben, dann unterstellten uns die Teilnehmer zu Beginn des Kurses in allem, was wir taten, heimliche Absichten. Selbst kleine Nachlässigkeiten (z. B. Schreibfehler an der Wandtafel) wurden heimlich unter dem Gesichtspunkt geprüft: «Was mögen sie damit erreichen wollen – sollen wir getestet werden?» Bevor die Beziehung nicht geklärt und Vertrauen nicht geschaffen ist, läßt sich ein solcher Funktionalitätsverdacht nicht einfach ausräumen. Wenn wir erklärten, dieser oder jener Fehler sei uns völlig absichtslos unterlaufen, dann wurde das Bekenntnis zur eigenen Fehlbarkeit als «noch besserer Trick» gewertet und der Funktionalitätsverdacht geradezu erhärtet.

Aus dem bisher Gesagten soll nicht der Eindruck entstehen, daß die ausdrucksorientierte Kommunikation die ehrlichere, «bessere», hingegen die wirkungsorientierte Kommunikation «falsch», manipulativ und grundsätzlich schlechter wäre. Beide Kriterien haben ihre Berechtigung und die Vernachlässigung jeweils einer ist zum Schaden. Wer (bewußt oder unbewußt) nur auf Wirkung orientiert ist und dabei den authentischen Ausdruck vernachlässigt, entfremdet sich von sich selbst und von anderen, macht den Mitmenschen zum

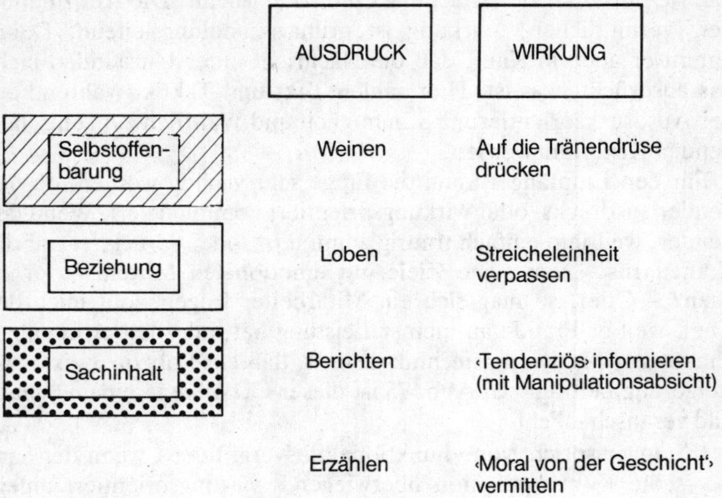

Abb. 75: *Beispiele für Verhaltensweisen, die mehr oder minder ausdrucks- oder wirkungsorientiert a) gesendet, b) empfangen werden können.*

bloßen Objekt der Behandlung, der Manipulation. Wer nur auf den Ausdruck orientiert ist und sich nicht darum kümmert, was er damit anrichten könnte, handelt unverantwortlich, wird unter den Wirkungen zu leiden haben und verzichtet darauf, seine Sache zur Geltung zu bringen und Einfluß zu nehmen. Zwar wird in guten Beziehungen die Ausdrucksorientierung mehr und mehr überwiegen. Grundsätzlich aber gilt, daß es auf die geglückte Balance ankommt. Tatsächlich gehen die Bemühungen um «gute Kommunikation» in die Richtung von Kompromißbildungen: «Ich möchte sagen, was mich ärgert (= Ausdruck), aber ohne den anderen zu verletzen (= Wirkung).» Ruth Cohns Begriff der «selektiven Authentizität» (vgl. S. 120) enthält ebenfalls diesen Balancegedanken: Authentizität verweist auf den Ausdrucksaspekt, dagegen kommt in dem Begriff der Selektivität die Sorge um die Wirkung zur Geltung.

Zwei Arten von Kommunikationstrainings. Idealtypisch lassen sich zwei Arten von Kommunikationstrainings unterscheiden: Die eine, welche die Wirkungskompetenz, die andere, welche die Ausdruckskompetenz steigert. Mit Wirkungskompetenz ist gemeint: So kommunizieren, daß die gewünschte Wirkung am ehesten erreicht wird. So lernt man etwa in Rhetorikkursen, sich selbst gut und gewandt darzustellen, sein Anliegen schlüssig vorzutragen, so daß der Empfänger beeindruckt bereit ist, appellgemäß zu reagieren. Ein Kursus für Manager mag unter dem Leitwort stehen: «Wie motiviere ich meine Mitarbeiter?» – Hier wird gelernt, so zu kommunizieren, daß die Mitarbeiter am ehesten bereit sind, ihre Arbeitskraft der Firma energievoll zur Verfügung zu stellen. Ein Extrembeispiel für ein wirkungsorientiertes Training habe ich an Hand von Birkenbihl (1973) auf S. 204ff besprochen.

Kurse dagegen, die tendenziell die Ausdruckskompetenz fördern wollen, sind mehr therapeutisch orientiert. Hier geht es darum, die Selbstwahrnehmung zu schärfen, mitzukriegen, was mit mir los ist, auf Körpersignale zu achten; hier geht es um die Fähigkeit zur Selbstoffenbarung und zum authentischen Sprechen. Die Betonung dieses Aspektes durch die Humanistische Psychologie ist in folgendem Zitat von Ruth Cohn (1981, mündlich) zu erkennen: «Dies ist mein Glaube: Wenn ich mich ausdrücke, ohne bewirken zu wollen, bewirke ich schon.»

Gemäß dieser Leitidee sind unsere «Kommunikationstrainings» im Laufe der Zeit mehr und mehr ausdrucksorientiert geworden, obwohl dies den Erwartungen der Teilnehmer oft nicht entgegenkommt – zumindest nicht den vordergründigen Erwartungen. Aus einer Arbeitswelt kommend, in der zählt, wer «sich verkaufen» kann und die Oberhand behält, erwarten sie vom Psychologen Tricks und Fähigkeiten, um jederzeit Herr der Lage zu sein.

Auf der anderen Seite gibt es auch eine große Sehnsucht nach offener mitmenschlicher Verständigung und eine Müdigkeit, den hektischen Wettstreit der Selbstdarstellungen und des Auftrumpfens, des Taktierens und Manipulierens weiter mitzumachen. – So scheiden sich dann die Geister, und oft geht es hoch her dabei. Letztlich muß – im Sinne der persönlichen Stimmigkeit (s. S. 121) – dann jeder selbst seine Balance zwischen Ausdrucks- und Wirkungsorientierung finden.

2. Von der Erfolglosigkeit mancher Appelle

Der appellierende Sender muß oft feststellen, daß sein Einfluß auf den Mitmenschen sehr begrenzt ist. Dies wäre dann nicht weiter erstaunlich, wenn der Empfänger dazu gebracht werden sollte, etwas zu tun, was gar nicht in seinem Interesse läge. Ein psychologisches Problem aber scheint dann vorzuliegen, wenn «gut gemeinte» Appelle wirkungslos verhallen oder gar Widerstand hervorrufen. Ich bespreche im folgenden einige Faktoren, die dazu beitragen, daß der Empfänger für Appelle teilweise sehr unempfänglich ist. Später wird zu zeigen sein, daß der Sender in Kenntnis dieser Faktoren allerlei Kunstfertigkeiten entwickelt, die Hürde des Appellwiderstandes zu umgehen – indem er nämlich Schleichwege und paradoxe Wege nimmt.

2.1 Beziehungsbedingte Appell-Allergie

Die Wirksamkeit eines Appelles hängt stark mit der Beziehung zwischen Sender und Empfänger zusammen. Ganz deutlich wurde dies am Beispiel der Mutter und der Tochter (s. S. 48): Die Tochter widersetzte sich nicht deshalb dem Appell («Zieh dir 'ne Jacke an»), weil sie ihn unvernünftig fand oder weil er ihren Interessen nicht entsprach, sondern sie widersetzte sich ihm nur deshalb, weil sie von der Mutter keine derartigen Appelle akzeptierte. – Nachrichten sind quadratisch – und wenn der Appell eine umstrittene Beziehungsdefinition im Schlepptau hat, besteht ihre Zurückweisung («Ich lasse mir von dir keine Vorschriften machen, habe keine Lust, nach deiner Pfeife zu tanzen!») nicht selten im Widerstand gegen den Appell. Dieser Widerstand, der auch die trotzige Form des «Nun-gerade-nicht!» annehmen kann, dient sozusagen der Ehrenrettung des Empfängers auf der Beziehungsseite.

Langer drückt es so aus: «Mit jedem Appell betrittst du ein Königreich!» – nämlich das Reich der Freiheit und Selbstinitiative des anderen. Das Bemühen des Empfängers, sein «Königreich» zu verteidigen, ist als «Reaktanz» sozialpsychologisch vielfach untersucht worden. In Erziehung und Partnerschaft gibt es viele reaktanzerzeugende Eingriffe in das Königreich des anderen. Vor allem, wenn das Königreich der eigenen Persönlichkeit klein ist, entsteht leicht eine Tendenz, dem anderen in vieles «hineinzureden», das Bemühen, die eigenen Vorstellungen dem anderen als Richtschnur aufzudrängen.

Übrigens hat die Appell-Allergie des Empfängers ein Gegenstück bei vielen Sendern: In der Angst, «autoritär» zu erscheinen, haben manche Erzieher, Lehrer, Vorgesetzte eine Scheu, Befehle zu geben und klare Anweisungen zu erteilen – auch wenn dies von der Situation her angemessen und rollengemäß ist. Dies führt dann leicht zu einer pseudo-demokratischen, durchaus unklaren und verwirrenden Kommunikation. Statt «Mach jetzt das und das!» klingt es dann oft «Vielleicht wäre es eine Möglichkeit, daß wir...» – Wenn das demokratische Angebot nicht stimmig ist mit dem Charakter der Situation und der Konstellation der Rollen, dann führt es zu einer allseitigen Kommunikationsverwirrung und Ratlosigkeit.

2.2 Appelle als untaugliches Mittel für «tiefgreifende» Änderungen

In vielen Fällen bleiben Appelle deswegen erfolglos, weil sie ein prinzipiell untaugliches Mittel zur Lösung des Problems darstellen. Angenommen, ein Mann ist sehr eifersüchtig und überwacht seine Frau mißtrauisch auf Schritt und Tritt. Sein Freund rät ihm: «Du darfst nicht so eifersüchtig und mißtrauisch sein! Davon geht eine Ehe kaputt.» Dieser Ratschlag ist zwar gut gemeint, dennoch eine ganz untaugliche Hilfe. Die Eifersucht sitzt zu «tief in den Knochen», als daß der Mann sie wie einen alten Hut ablegen könnte.

Genauso in dem folgenden Beispiel: Eine Angestellte fühlt sich von ihrem Vorgesetzten von oben herab («wie der letzte Dreck») behandelt und übermäßig ausgenutzt. Sie traut sich nicht, dagegen anzugehen und ihre Rechte zu vertreten. Ihr Mann sagt: «Du darfst dir das nicht bieten lassen! Sag ihm einfach deine Meinung.» Die Frau: «Ich bring es nicht fertig. Wenn ich etwas sagen will, kriege ich schon vorher solches Herzklopfen und bringe dann kein Wort heraus.» Der Mann: «Du mußt versuchen, ganz ruhig zu sein! Der kann dir doch gar nichts anhaben...» usw. So vernünftig die Argumente des Mannes auch sind: Wo die Angst in den Eingeweiden wohnt, hat die Vernunft keinen Zutritt. Eher erreichen die Appelle das Gegenteil: eine erneute Begegnung mit dem eigenen Unvermögen und eine verstärkte Entmutigung. – Halten wir fest: Wenn jemand Probleme mit sich selbst hat, wenn er auf Grund gefühlsmäßiger innerer Vorgänge sich ungünstig verhält, dann nützen keine Ratschläge, Empfehlungen und Ermahnungen. Sie nützen nicht nur nichts, sondern schaden sogar. Dies ist der Grund, warum ein Gesprächs-Psychotherapeut sich appellfrei verhält (vgl. Tausch 1979). Statt dessen hört er zu, versucht auf die Probleme einzugehen und sich in die Welt des Senders einzufühlen. In einem solchen therapeutischen Gespräch hat der Klient eine bessere Chance, an sich zu arbeiten und die inneren Barrieren abzubauen, die ihn daran hindern, das zu tun, was er vernunftsmäßig als richtig erkannt hat.

Genauso wenig wie gute Ratschläge ein therapeutisches Gespräch ersetzen, ersetzen sie soziale Lernvorgänge. Manche Erzieher verlangen von ihren Kindern, daß sie sich «anständig benehmen» und haben dabei recht komplexe Verhaltensweisen vor Augen: Z. B. für lange Zeit ruhig auf dem Stuhl zu sitzen, dem Gesprächsverlauf zu folgen, die eigene Meinung zu sagen und dabei auf den Vorredner Bezug zu nehmen, eine höfliche Form zu wahren usw. – Dies alles sind Verhaltensweisen, die gelernt und eingeübt sein wollen.

Niemand käme auf die Idee, von einem Kind zu verlangen, es möge die dritte Wurzel aus 369 ziehen, ohne ihm vorher ein entsprechendes Curriculum zu bieten. Hingegen scheint ein «anständiges Betragen» für viele Erzieher nicht eine Sache des schrittweisen Einübens als vielmehr eine Sache der Moral und des guten Willens zu sein. Erst langsam setzt sich die Einsicht durch, daß störendes Betragen nicht so sehr auf durch Strafpädagogik zu bekämpfender Bosheit beruht, sondern schlicht auf einem Lerndefizit, für das eine moderne, humanistische Pädagogik Angebote zum sozialen Lernen bereit zu halten hat. So gibt es Hinweise dafür, daß die «Raufbolde» unter den Schülern nicht so sehr einem vergrößerten «Aggressionstrieb» unterliegen, sondern daß ihnen schlicht keine Möglichkeiten der verbalen Auseinandersetzung zur Verfügung stehen. Wo faires Streiten weder im Elternhaus noch in der Schule auf dem Stundenplan gestanden hat, wird die Prügelei unter Umständen zum Kommunikationsersatz.

2.3 Appelle als Diebstahl eines Urhebererlebnisses

Ein 14jähriger Knabe, dessen Eltern das Wochenende auswärts verbringen wollten, hatte sich vorgenommen, den Garten umzugraben, um seinem heimkehrenden Vater eine freudige Überraschung zu bereiten. Beim Abschied sagte der Vater: «... und solltest du ganz große Langeweile haben, dann kannst du ja vielleicht einmal den Garten umgraben.» – Ein innerer Aufschrei der Enttäuschung – alles war verdorben. Der Junge konnte den Garten nicht umgraben, da ihm diese Handlung durch den Appell entwertet war.

Allgemein ausgedrückt: Eine Handlung ändert ihre psychologische Qualität, sobald sie appellgemäß erfolgt – wir werden auf diese belangvolle Tatsache noch zurückkommen. Es scheint ein grundlegender Wunsch von Menschen zu sein, sich zumindest in einigen Lebensbereichen als Urheber der eigenen Handlung zu fühlen, nicht weisungsgemäß, sondern selbstinitiiert zu handeln. Der gut gemeinte Appell beraubt den Empfänger dieses Urhebererlebnisses. Wenn durch ein lückenloses System von Regeln und Geboten die «guten Taten» vorgeschrieben sind, werden sie auf diese Weise eher gehindert als gefördert. Wenn alles Gute schon vorgeschrieben ist, weichen Jugendliche auf der Suche nach dem Urhebererlebnis auf infantiles oder destruktives Verhalten aus – die «Heldentat» erträgt keine Weisung.

2.4 Appelle machen spontanes Verhalten unmöglich

Wir haben im letzten Abschnitt gesehen, daß manche Handlungen sozusagen ihre ganze Substanz einbüßen, sobald sie appellgemäß erfolgen. Dieses ist regelmäßig dann der Fall, wenn es sich um Handlungen oder Verhaltensweisen handelt, die ihrem Wesen nach spontan erfolgen, also nur freiwillig, aus eigenem Antrieb heraus vollzogen werden können. Man spricht von einer «Sei-spontan-Paradoxie» (Watzlawick u.a. 1974), wenn ein Sender an einen Empfänger den Appell richtet, eine solche – ihrem Wesen nach spontane – Handlung auszuführen.

Beispiel: Ein Mann brachte seiner Frau nur selten Blumen mit – und wenn, dann nur, wenn sie ausdrücklich darum gebeten hatte. Nun sagt sie: «Ich möchte, daß du mir auch mal freiwillig, von dir aus, Blumen mitbringst!» Ein appellgemäßes Verhalten ist dem Mann gerade durch den Appell unmöglich gemacht worden.

Daß alle Motive und Gefühle ihrem Wesen nach Spontan-Verhaltensweisen sind, ist eine Tatsache, die von appellierenden Sendern häufig unbeachtet bleibt. Man kann von jemandem verlangen, daß er die Kohlen aus dem Keller holen solle – man kann von ihm nicht verlangen, daß er es *gern* tun solle! – «Du sollst mich lieben!» ist eine unmögliche Forderung.

Wie oft versuchen wohlmeinende Sender dem armen Empfänger negative Gefühle auszureden. Um den Melancholischen «aufzuheitern», führen wir ihm die schönen Seiten des Lebens vor Augen. Dieser wird dadurch noch trauriger, da er nun sieht, wie «unvernünftig» seine Reaktionen sind. «Sei doch nicht so traurig (wütend, empfindlich, haßerfüllt, eifersüchtig usw.)!» ist ein Appell, der nicht nur untauglich für die gewünschte Veränderung ist, sondern paradoxerweise eher das Gegenteil bewirkt. Dieser Umstand (das Erwirken des Gegenteils) läßt sich in bestimmten Fällen therapeutisch nutzen – ich komme darauf zurück (s. S. 242f).

Untaugliche an sich selbst gerichtete Appelle. Unfruchtbare, eine eher gegenteilige Wirkung erzielende Appelle richten wir zuweilen nicht nur an andere, sondern auch an uns selbst. Etwa wenn wir von uns selbst verlangen, fröhlich und entspannt zu sein, während wir uns traurig und verspannt fühlen. Es ist daher eine Grundregel in jeder therapeutischen Situation, zuzulassen und zu erlauben, was ist. Aus Gefühlszuständen kommt nur der heraus, der wirklich hindurchgeht. Wenn schlechte Stimmungen zugelassen, ausgedrückt und somit «gelebt» werden, haben wir wieder freie (seelische) Bahn für andere, gute Stimmungen. Hingegen führt jeder Versuch künstlicher Aufheiterung (Scherze, Witze) meist tiefer in das Elend hinein.

Ihrem Wesen nach spontane Phänomene sind auch der Schlaf und die Sexualität. Wer unter Einschlafschwierigkeiten leidet, richtet nicht selten den Appell an sich: «Du mußt jetzt wirklich einschlafen!» und verwendet vielleicht noch allerlei Mittel, um das Einschlafen zu fördern (Schafe zählen). Einschlafen aber geschieht «von selbst», Versuche zur Selbstappellierung verhindern eher den gewünschten Effekt, als daß sie sein Eintreten erleichtern. Der Schlaf ist (wie alle Spontanphänomene) wie eine Taube: Greift man nach ihr, fliegt sie davon; hält man lediglich die ausgestreckte Hand auf, setzt sie sich unter Umständen nieder.

Das gleiche bei der Sexualität: Wer, wenn es «nicht klappt», sich durch selbstappellierende Mittel («nun konzentriere dich mal, reiß dich zusammen!») anzufeuern und zu zwingen versucht, erliegt der Gefahr, ein sonst gut erprobtes Mittel für einen falschen Bereich zu übernehmen. Mit dem Appell zur Selbstüberwindung können wir uns unter Druck setzen, manch Unangenehmes zu leisten. Sexuelle Potenz hingegen folgt nicht diesem Druck, sondern wird dadurch endgültig verhindert.

2.5 Appelle, die den «Seelenfrieden» stören

Vielfach entwickeln die Empfänger von Nachrichten einen erheblichen Widerstand nicht nur gegen den in der Nachricht enthaltenen Appell, sondern auch gegen die korrespondierende Sachaussage. Solche Aussagen würden, wenn sie sich als richtig erwiesen, seinen Seelenfrieden stören, ihn ins unreine mit sich selbst bringen.

Betrachten wir ein paar Beispiele und versuchen wir sodann, das diesen Beispielen Gemeinsame herauszuarbeiten:

Erstes Beispiel: Herr Maus ist starker Raucher. Er empfängt die Nachricht: «Rauchen ist gesundheitsschädlich, fördert Lungenkrebs und Herzinfarkt.» Herr Maus reagiert unwirsch: «Ach was! Mit Statistik kann man alles beweisen. Und sterben müssen wir doch alle – oder??» *Zweites Beispiel:* Herr Marder hat seine Kinder streng erzogen – damit aus ihnen anständige Menschen werden, hat er sie häufig geschlagen, wenn es ihm angebracht erschien. Auf einem Vortrag hört er nun die Auffassung eines Pädagogen: «Die Prügelstrafe demütigt das Kind und verstärkt seine Minderwertigkeitsgefühle. Leicht entsteht eine ängstliche und feindselige Haltung gegenüber der Umwelt, und am Vorbild des Erziehers lernt das Kind, gegenüber Schwächeren Gewalt anzuwenden.» – Herr Marder ist sehr aufgebracht, als er das hört. «Haben Sie eigentlich selber Kinder?» fragt er den Vortragenden. «Solche Weisheiten vom grünen Schreibtisch haben doch mit der Praxis nichts zu tun.» *Drittes Beispiel:* Herr Ratte hat sich einen neuen Wagen der Marke X-Luxus gekauft. Ein Kollege sagt zu ihm: «Ich habe jetzt gehört, der neue X-Luxus soll noch ziemlich viele Kinderkrankheiten haben.» Herr Ratte: «Ach, weißt du, geredet wird viel. Wer sagt denn das?» Der Kollege: «Ich glaube, Schulze sagte so etwas.» Herr Ratte: «Was hat Schulze schon Ahnung von Autos! Der ärgert sich doch nur, weil er mit seiner X-510 so reingefallen ist!» Ein anderer Kollege: «Ich habe gelesen, daß der X-Luxus in einem Test recht gut abgeschnitten hat.» Herr Ratte: «Ah, hochinteressant – könnten Sie mir den Artikel mal mitbringen?»

Worin liegt das Gemeinsame in allen diesen Beispielen? In allen Fällen stand der Inhalt der Nachricht in Widerspruch zu bestimmten Verhaltensweisen oder Überzeugungen des Empfängers. Der Appell, der in den Nachrichten steckte, war entweder schwer zu befolgen (z. B. Rauchen aufgeben) oder aber konnte überhaupt nicht befolgt werden, weil das (gemäß der Nachricht) «falsche» Verhalten bereits vollzogen und nicht mehr rückgängig zu machen war (z. B. Auto X-Luxus kaufen oder Kinder prügeln). Man spricht von einer *kognitiven Dissonanz*, in die der Empfänger gerät – die neue Nachricht paßt ihm nicht in den Kram. Was gut in den Kram paßt, das sind Nachrichten, die den eigenen Lebensstil und die eigenen Handlungen als gerechtfertigt und «gut» erscheinen lassen. So wird der Reiche, der in Saus und Braus lebt, empfänglich sein für Nachrichten, die den Erfolg eines Menschen auf seine Tüchtigkeit und seine Anstrengungen zurückführen. Und er wird sehr unempfänglich sein für Nachrichten, die den privaten Reichtum als Resultat ungerechter gesellschaftlicher Verhältnisse ansehen. Der Empfänger hat große Augen und große Ohren für alles, was seine Art zu leben und zu handeln rechtfertigt. Alles andere wehrt er ab oder deutet es in seinem Sinne um. Schon die Wahrnehmung tritt hier in den Dienst der Sicherung des Seelenfriedens, genauso der Verstand und die Art zu kommunizieren.

Welche Möglichkeiten hat der Empfänger, mit Dissonanz erzeugenden Nachrichten umzugehen? Es gibt drei Möglichkeiten: 1. Die Dissonanz aushalten und bestehen lassen; eine selten gewählte Lösung, denn der gestörte Seelenfrieden versetzt den Empfänger in einen recht quälenden Zustand. 2. Das Verhalten bzw. die alte Überzeugung ändern, so daß eine Übereinstimmung mit der dissonanzerzeugenden Nachricht und ihrem Appell erreicht wird; also z. B. das Rauchen aufzugeben. Dies ist, wie jeder Raucher weiß, nicht einfach. Gerade «eingefleischte» Verhaltensweisen lassen sich nicht leicht ändern. Und bereits vollzogene Verhaltensweisen lassen sich gar nicht wieder rückgängig machen (das Auto X-Luxus kann nicht mehr umgetauscht werden). 3. Widerstand gegen die Nachricht und ihren ärgerlichen Appell. Hierzu stehen dem Empfänger verschiedene Abwehrmaßnahmen zur Verfügung: Er kann versuchen, unliebsame Nachrichten einfach zu überhören. Dazu eignet sich auch das Vermeiden von solchen Situationen, in denen mit hoher Wahrscheinlichkeit Dissonanz erzeugende Nachrichten gesendet werden. Ein alter Sozialdemokrat besucht so leicht keine CDU-Wahlveranstaltung, ein Konservativer stellt keine Fernsehsendungen an, die als «links» gelten usw. Und Leuten, die ganz andere Ansichten vertreten und einen ganz anderen Lebensstil propagieren, geht man tunlichst aus dem Wege.

Für den Fall, daß man sich Dissonanz erzeugenden Nachrichten nicht entziehen kann, gilt es, gut gerüstet zu sein: Informationen und Gegenargumente parat zu haben, die den Sender «widerlegen». Manche Sachauseinandersetzung, manche «Diskussion» lebt von der Hartnäckigkeit der Kontrahenten, denen es vor allem um ihren dissonanzfreien Zustand geht.

Wenn alles nichts hilft, läßt sich der Seelenfrieden durch Herabsetzung des Senders leidlich wiederherstellen («Was hat Schulze schon Ahnung von Autos. Der ärgert sich ja nur ...», s. S. 219). Diese Abwehrtechnik ist praktisch, denn es werden «zwei Fliegen mit einer Klappe geschlagen»: Zum einen, wenn ich dem Sender

Unfähigkeit oder einen anderen Defekt unterstelle, brauche ich den Sachinhalt und Appell der Nachricht nicht mehr ernst zu nehmen; ich empfange sie auf der Selbstoffenbarungsseite und nehme sie als Dokument dieses Defektes. In totalitären Staaten ist es eine geläufige Praxis, Dissonanz-Erzeuger für verrückt zu erklären und in psychiatrischen «Pflegeanstalten» einzusperren. Zum anderen: Der Dissonanz-Erzeuger hat mich in einen quälenden Zustand versetzt, er ist für mich eine Quelle von Frustration. Indem ich ihn herabsetze, haben auch meine Rachewünsche ein Ventil gefunden.

3. Verdeckte Appelle (Appelle «auf leisen Sohlen»)

«Es leuchtet ein, daß jemand das Verhalten eines anderen durch Worte oder andere Information beeinflussen kann; aber daß diese Beeinflussung ohne Bewußtsein von Sender und Empfänger erfolgen kann, ist weniger bekannt.» – So der Psychotherapeut Beier (1966), der untersucht hat, wie die Klienten ihre unbewußten Wünsche nicht direkt ausdrücken, sondern durch die Art, etwas von sich zu geben, beim Empfänger ein ganz bestimmtes emotionales Klima erzeugen, das ihn bereit macht, von sich aus wunschgemäß zu reagieren.

Beispiel: Zwei erwachsene Geschwister hatten eine harte Auseinandersetzung über eine Erbschaftsangelegenheit gehabt – bisher ohne Ergebnis. Die Schwester wollte ihren Anteil ausgezahlt haben; dem Bruder wollte es das Herz brechen, wenn das Elternhaus, das er selbst bewohnte, verkauft werden müßte. – Als die beiden sich beim nächstenmal wiedertrafen, sagte er: «Wie bin ich froh, dich wiederzusehen – nach unserem letzten Gespräch war ich so niedergeschlagen und habe tagelang nicht geschlafen.» – Die Schwester brachte es daraufhin nicht über das Herz, wieder von der Erbschaftsangelegenheit anzufangen. Der Bruder hatte mit seiner Nachricht ein emotionales Klima von Versöhnung und Mitleid erzeugt, durch das es der Schwester «irgendwie» unmöglich war, «ihm das heute wieder anzutun». Und so beschloß sie insgeheim und kaum bewußt, heute nur «erfreuliche Themen» anzuschneiden.

Wer den unbewußten Wünschen des Senders auf die Spur kommen will, muß auf seine Gefühle als Empfänger achten. Greifen wir hierzu auf ein weiteres Beispiel von früher (S. 34) zurück: Jemand weint. Zunächst sind wir geneigt, dieses Weinen als Ausdruck von Traurigkeit zu nehmen; das heißt: Wir empfangen das Weinen auf der Selbstoffenbarungsseite. Möglicherweise haben wir damit aber nicht die ganze psychologische Bedeutung des Weinens verstanden. Was geschieht mit mir, wenn der andere anfängt zu weinen? Ich bin betroffen, mein Zorn von eben ist verraucht, ich habe Mitleid, ich gebe nach, «mein Herz schmilzt», ich wende mich dem Weinenden zu, um ihn zu beruhigen und zu trösten, höre auf, ihn mit meinen Ansprüchen und «Wahrheiten» zu quälen. Und wenn dies Sinn und Zweck des Weinens gewesen wäre? Der Weinende würde diese Unterstellung entrüstet von sich weisen: Das Weinen sei einfach über ihn gekommen, mitnichten handele es sich um eine von ihm benutzte Strategie, auf den anderen Einfluß zu nehmen.

Der Weinende lügt nicht wider besseres Wissen. Ihm ist die Strategie, die er benutzt, nicht bewußt. Vermutlich hat ihm diese Strategie in seiner Kindheit genützt: In bedrohlichen Situationen hat sie ihm das Schlimmste erspart («Lernen am Erfolg»).

Am Beispiel des Weinens haben wir eine psychologische Arbeitsmethode kennengelernt, deren Kennzeichen in einer finalen Blickrichtung besteht. Damit ist gemeint: Um ein Verhalten zu verstehen oder zu erklären, wird nicht nach den (in der Vergangenheit liegenden) Ursachen gefragt, sondern nach den (vielfach unbewußten) Zielen, für die das Verhalten dienlich ist. Bei dieser von Alfred Adler sehr betonten «Wozu»-Frage wird allen Verhaltensweisen ein (oft unbewußter) Zweck unterstellt. Diesem Zweck kommt man am besten auf die Spur, wenn man die Reaktionen der Umwelt auf dieses Verhalten betrachtet. Am Beispiel des Weinens haben wir diese Betrachtung vorgenommen, indem wir uns in den Empfänger hineinversetzt und gefragt haben: »Was löst das Weinen in mir aus?» Über den gefühlsmäßig empfundenen Appell sind wir der geheimen Zielsetzung des Senders auf die Spur gekommen und haben damit ein tieferes Verständnis für sein Verhalten erreicht.

Wenden wir diese Arbeitsmethode der finalen Blickrichtung auf ein paar Beispiele an, um uns darin einzuüben, den *geheimen Appellcharakter* von manchen Nachrichten und Handlungen zu entdecken:

Selbstmordversuche. Jemand versucht sich umzubringen. Auf der Selbstoffenbarungsseite ein Zeugnis von Verzweiflung und seelischem Elend. Der Sender scheint ferner die Absicht kundzutun, Schluß zu machen. Bei näherem Zusehen erweist sich aber häufig der Selbstmordversuch als eine Nachricht mit Appell-Botschaft an die Umwelt: «Helft mir, laßt mich nicht allein, kümmert euch um mich!» Die rechtzeitige Errettung erweist sich damit nicht als «Panne», sondern als zumindest unbewußt eingeplant. – Ebenso haben Selbstmordankündigungen oft starken Appellcharakter, etwa wenn der eine Partner sich vom anderen trennen will und dieser sagt: «Dann bringe ich mich um!» Hier kommt der Appell («Laß mich nicht allein!») allerdings keineswegs «auf leisen Sohlen», sondern lautstark und eindringlich – der Empfänger fühlt sich entsprechend erpreßt.

Angstzustände. Eine 23jährige Frau bekommt gegen Abend starke Angstzustände, wenn der Mann später nach Hause kommt (Schulte und Thomas 1974): Mit der Angst verbunden sind Schweißausbrüche und Magenschmerzen, gelegentlich steigert sich die Angst bis zur Ohnmacht. Wenn der Mann nach Hause kommt, versucht er seine Frau zu beruhigen, geht sorgend auf sie ein und verspricht, Rücksicht zu nehmen und abends nur in dringenden Ausnahmefällen später nach Hause zu kommen. – Der Therapeut merkt bald, daß hier eine *finale Angst* vorliegt: Die Angst erfüllt ihren Zweck. Sie erweist sich als erfolgreiche Strategie, um mit der eigenen Lebensunsicherheit halbwegs fertigzuwerden. Sie wirkt. Damit ist nicht behauptet, daß die Frau die Angstzustände nur vortäuschen würde, um ihren Mann an die Kette zu legen. Die Angstzustände sind durchaus real. Behauptet wird lediglich folgendes: Die Angstzustände haben eine starke Appellwirkung auf einen wichtigen Empfänger. Da dieser appellgemäß handelt, erweist sich die Angst als erfolgreich und – vom Sender aus betrachtet – als sinnvoll. Die Angst-Therapie hat nun vor allem zwei Dinge anzustreben: 1. Die Angst darf keinen Erfolg mehr haben. Der Mann wird angewiesen, die Angstzustände seiner Frau nicht mehr mit liebevoller Zuwendung zu verstärken, d.h. «das Spiel» nicht mehr mitzuspielen. 2. Das Selbstgefühl der Frau muß gestärkt werden. Ihre heimliche Überzeugung: «Ich bin nur lebensfähig mit einem starken Behüter an meiner Seite» muß durch Selbstvertrauen ersetzt werden.

Kommunikationspsychologisch interessant ist vor allem der erste Schritt: Indem der Empfänger die appellgemäße Antwort unterläßt, trägt er bei zur Therapie des Symptoms. Ich komme darauf zurück.

Empfindlichkeiten. Viele unserer Mitmenschen sind (allzu) empfindlich, z.B. gegen Kritik. Sie sind «immer gleich beleidigt», reagieren mit gekränkter Leidensmiene oder mit aufgebrachter Aggressivität. Auf der Selbstoffenbarungsseite geben sie damit ein Dokument ihres mangelnden Selbstwertgefühles kund. Gleichzeitig senden sie auf der Appellseite eine Art «Gebrauchsanweisung» für ihre Person: «So und so mußt du mich behandeln, und so und so darfst du nicht mit mir umgehen!» In der Regel wirkt der Appell, die Empfänger sind sich einig: «Den muß man wie ein rohes Ei behandeln!» – womit sie gleichzeitig zu erkennen geben, daß sie das Spiel mitspielen wollen.

Allerlei kindliche Unarten. Was stellen Kinder nicht alles an! Sie machen ohrenbetäubenden Lärm, schlagen ihre Geschwister, machen alles kaputt, kasperln herum, haben Wutanfälle, stören in der Schule mit allerlei Techniken, brüllen wie am Spieß, wenn sie sich etwas wehgetan haben. Haben unsere Kinder den Satan im Leib, muß man versuchen, diesen herauszuprügeln? Der «Satan» hat Appellcharakter. Die kindlichen Unarten verschwinden nicht selten, wenn kein Empfänger da ist, an den sich der Appell erfolgreich richten kann. Er lautet: «Wende deine Aufmerksamkeit mir zu!» Denn ignoriert zu werden ist viel schlimmer als ausgeschimpft, ermahnt, angeschrien zu werden. Kinder sind sehr schöpferisch im Erfinden von immer neuen Aufmerksamkeitserregungs-Techniken, sie versuchen es mit Charme ebenso wie mit Wehleidigkeit und zerstörerischem, aggressiven Gehabe. Sie haben schnell heraus, was Mutter oder Vater besonders «auf die Palme bringt». – Erneut stellt sich für den Empfänger die Frage: Wie soll ich reagieren, soll ich das Spiel mitspielen?

Allerlei Hilflosigkeiten, Unfähigkeiten und Schwächen. Auf der Selbstoffenbarungsseite haben wir die Plusmacherei kennengelernt: Imponiergehabe und das Verbergen von Schwächen und Fehlern. Zuweilen aber wird auf der Selbstoffenbarungsseite ganz das Gegenteil gesendet: «Mit mir ist nichts los!» – «Ich kann das nicht!» – «Ohne dich wäre ich aufgeschmissen!» – vgl. S. 113f.

Entmutigte Menschen setzen einiges daran, ihre Mitmenschen (und sich selbst) von ihrer Unfähigkeit zu überzeugen – ihre «Schwäche» fordert appellativ die «Stärke» der anderen heraus und erweist sich so als eigentlich recht stark und machtvoll.

3.1 Was macht verdeckte Appelle so vorteilhaft?

Warum sind Appelle «auf leisen Sohlen» derart an der Tagesordnung? Welche Vorteile wiegen den Nachteil auf, daß sie sich als für den Empfänger zu leise erweisen könnten und somit ihre Wirkung verfehlen? Vor allem an zwei Vorteile ist zu denken:

1. Verdeckte Appelle sind häufig *erfolgreicher* als offen geäußerte; deshalb nämlich, weil sie den Empfänger in eine *emotionale Stimmung versetzen,* die ihn bereiter macht, appellgemäß zu reagieren. Hätte in dem obigen Beispiel der Bruder seinen Wunsch direkt geäußert («Ich möchte heute nicht noch einmal über die Erbschaftsangelegenheit sprechen!»), dann hätte die Schwester vermutlich ihr Interesse dagegengesetzt und darauf bestanden – eine Auseinandersetzung auf der Erwachsenenebene wäre ihm nicht erspart geblieben. Schon ein Kind lernt unter Umständen, daß der direkte Wunsch («Gib mir einen Bonbon!») weniger Erfolg verspricht («Warte bis nach dem Mittagessen!») als etwa ein bekümmertes und wehleidiges Gesicht («Das arme Kind – hier hast du einen Bonbon!»).

2. Für verdeckte Appelle muß der Sender *nicht die Verantwortung übernehmen* – er kann notfalls dementieren (auch vor sich selbst), den Wunsch geäußert zu haben. So kann das Aussenden von heimlichen Appellen dazu dienen, sich die Verletzung zu ersparen, die durch die Zurückweisung eines offen vorgetragenen Wunsches entstehen würde. Beier ist der Ansicht, daß die verdeckten Appelle eines Menschen seine Verwundbarkeitsregionen anzeigen: Wünsche, für deren Äußerung es früher harte Zurückweisung und Bestrafung gegeben hat, sind sozusagen in den seelischen Untergrund gegangen und melden sich nur noch in getarnter Form. Beier schreibt:

Wahrscheinlich wird die Fähigkeit, den Empfänger gefühlsmäßig zu verpflichten und Appelle in versteckter Form zu senden, in der Kindheit erlernt und dient dazu, das Kind vor Verwundungen zu schützen. Wenn ein Kind merkt, daß der Ausdruck gewisser Gedanken und Wünsche Reaktionen nach sich zieht, mit denen es nicht fertig werden kann, lernt es, diese Gedanken und Wünsche zu verbergen. Zukünftig wird es ebenfalls lernen, sie auf solche Art und Weise zu äußern, daß sie vom Empfänger nicht völlig verstanden werden; es entdeckt zum Verstecken die Zweideutigkeit. Es entwickelt also eine Geschicklichkeit, um sich die Bloßstellung seiner verwundbaren Absichten zu ersparen und um Reaktionen zu vermeiden, mit denen es nicht fertig wird. Wunschbereiche, die einer solchen Tarnung bedürfen, verweisen auf die Regionen der Verwundbarkeit eines Menschen.» (Beier 1966, S. 280, sinngemäße Übersetzung: S. v. Th.)

Der verdeckte Appell ist somit als Strategie anzusehen, die der doppelten Zielsetzung gerecht wird: Etwas erreichen, und dabei nicht entdeckt werden wollen. Die unbewußte Devise lautet: Es tun, aber es hinterher nicht gewesen sein. Für dieses Ziel eignen sich gut diskordante, d.h. in sich unstimmige Nachrichten (vgl. S. 36). Beispiel von Beier: Ein Junge, dessen Vater es aus Zeitgründen mehrfach verweigert hatte, ihm das Radfahren beizubringen, erklärte: «Ich hab keine Lust, Radfahren zu lernen!» Gleichzeitig aber nutzte er jede Gelegenheit, sich demonstrativ in die Nähe von Rädern zu begeben, über Räder zu sprechen usw. – Die verdeckte Botschaft ist geeignet, Schuldgefühle beim Vater zu erwecken, während die manifeste Botschaft genau das Gegenteil enthält. Hier haben wir jene auf S. 38 beschriebene Doppelbindung, bei der der Empfänger nur verlieren kann, wie immer er auch reagiert.

Je verwundbarer ein Individuum ist, desto «fähiger» muß es sein, andere in dieser indirekten Art emotional zu beeinflussen. Menschen, die auf Grund früherer Verwundungen sehr darauf angewiesen sind, die Reaktionen ihrer Mitmenschen unter Kontrolle zu halten, müssen alles daran setzen und unter Umständen «schwere Geschütze» auffahren, *um ihren Einfluß sicherzustellen und gleichzeitig die Urheberschaft dieses Einflusses zu leugnen.* Neurotische Symptome sind unter Umständen solche schweren Geschütze: Angstzustände, Anfälle von Jähzorn, Zwangshandlungen usw. üben auf den Mitmenschen einen starken Druck aus, gleichzeitig eignen sie sich zur Leugnung der Urheberschaft (denn der Leidende «kann ja nichts dafür»). Natürlich leidet der «erfolgreiche» Neurotiker auch an seinen Symptomen; er ist bereit, einen Preis zu zahlen. Der Preis besteht nicht nur in den Unannehmlichkeiten, die das Symptom selbst bereitet, sondern oft auch darin, daß der verdeckt Appellierende nicht wirklich das bekommt, was er braucht: Mit Verhaltensstörungen, Wutausbrüchen u.a. erwirkt ein Kind zwar Zuwendung, doch nicht liebender, sondern strafender Art. Dies ist besser als nichts, aber doch nicht «das». Ebenso erwirkt ein Kollege, der durch ewig bissige Bemerkungen und überhebliche Kommentare seine Kollegen gegen sich aufbringt, zwar viele Reaktionen und eine immer wiederkehrende Mittelpunkts-Position. Die Devise seiner privaten Logik lautet: «Lieber gehaßt als ignoriert werden, wo mein Bedürfnis nach Zuwendung doch so groß ist!» Jedoch erweist sich dies auf die Dauer als kümmerliche Ersatzbefriedigung für das «Eigentliche».

3.2 Appellwidriges Reagieren des Empfängers

Wie soll nun der Empfänger auf die geheimen Appelle reagieren? Es ist schon mehrfach angedeutet worden: Durch ein appellgemäßes Verhalten läuft der Empfänger Gefahr, ein problematisches Verhalten zu stabilisieren, ungewollt (oder gewollt?) zum «Lernen am Erfolg» beizutragen. Es ist oft eine schmerzliche Einsicht für die Eltern von gestörten Kindern und für die Lebenspartner neurotischer Menschen, daß sie durch ihr eigenes Verhalten die Störung wenn nicht hervorbringen, so doch zumindest stärken und zur Aufrechterhaltung der Symptome beitragen. Das neue Lernziel für den Empfänger lautet daher in bestimmten Fällen: appellwidrig reagieren. Dies ist gar nicht so einfach, denn unsere Antworten auf geheime Appelle erfolgen fast automatisch: Jemand weint – ich spüre den Impuls, ihn (sie) in den Arm zu nehmen; jemand «stellt sich dämlich an» – ich spüre den Impuls zu sagen: «Gib her, laß mich das machen!» Ein Kind fällt mir mit ständigen Provokationen auf den Wecker – mir «platzt der Kragen» und ich lasse ein «Donnerwetter» los; Astrid petzt («Resi hat ihren Atlas in die Ecke gepfeffert!», s. Abb. 14) – der Lehrer antwortet: «Ich werde gleich mal sehen, was da los ist!» In allen Fällen spielen die Empfänger das Spiel mit und leisten dadurch ihren Beitrag zur Wehleidigkeit, zur Inkompetenz, zum Tyrannisieren, zum Verpetzen ihrer Mitmenschen. Wie sieht die Alternative aus? Was bedeutet es, appellwidrig zu reagieren bzw. «das Spiel nicht mitzuspielen»?

Der *erste Schritt* besteht darin, daß der Empfänger eine Bewußtheit entwickelt für die heimlichen Vorgänge: Indem er in sich hineinhorcht, welche Gefühle und Handlungsbereitschaften der Sender in ihm auslöst, erhält er einen Hinweis darauf, «woher der Wind weht». Entscheidend ist jetzt, diesen Wind zwar zu spüren, ihm aber nicht zu erliegen.

Im *zweiten Schritt* hat sich der Empfänger die Frage zu stellen: Welches heimliche Interesse könnte mich dazu verleiten, das Spiel mitzuspielen? Vielleicht ist es mir nur unterlaufen – aber auch in achtlosen automatischen Reaktionen steckt ja oft eine verborgene Zielstrebigkeit. Vielleicht war es mir gar nicht so unlieb, auf das Spiel des Senders immer wieder hereinzufallen – so daß wir beide an einem Strang gezogen haben, der uns jetzt zum Strick zu werden droht?

Dieser zweite Schritt leitet die Eigenanteilsklärung des Empfängers ein. Alle psychologischen Ratgeber, die diesen Schritt auslassen, müssen mit ihren gutgemeinten Empfehlungen scheitern.

Erst im *dritten Schritt* stellt sich die Frage nach der Alternative. Ein appellwidriges Verhalten, d. h. eine Reaktion des Empfängers, die den heimlichen Absichten des Senders nicht entspricht, nennt Beier «a-sozial». Diese Weigerung, das Spiel mitzuspielen, ist allerdings nur dann heilsam und therapeutisch, wenn sie eingebettet ist in einen wohlwollenden Kontext – wenn der Sender merkt, der andere will ihm wohl und drückt mit seiner Weigerung keine feindselige Haltung aus. Allgemein gesprochen: *Konfrontation ist heilsam auf der Basis von Akzeptierung.*

«A-soziale» Verhaltensweisen können verschiedene Gestalt annehmen. Eine von Psychologen an Pädagogen häufig gegebene Empfehlung lautet: Ignoriere störendes und sonstwie problematisches Verhalten – gehe nicht darauf ein. Dies ist jedoch nur eine Möglichkeit, das Spiel nicht mitzuspielen. Dreikurs (1971) empfiehlt dem Erzieher in bestimmten Fällen die «psychologische Enthüllung»: Damit ist ein behutsames Ansprechen desjenigen Zieles gemeint, auf das das Verhalten des Kindes gerichtet zu sein scheint («Kann es sein, daß du möchtest, daß ich mich mit dir mehr beschäftige?»). – Eine weitere Möglichkeit ist: den herausgehörten Appell explizit zu machen und zurückzufragen, ob der Sender diesen Wunsch habe ausdrücken wollen. So könnte die Schwester im obigen Beispiel ihrem Bruder erwidern: «Ich höre heraus, du möchtest, daß ich dich mit der Erbschaftsangelegenheit heute in Frieden lasse – stimmt das?» Dadurch wird eine bewußte Auseinandersetzung auf der Erwachsenenebene gefördert. (Zu weiteren, im therapeutischen Kontext gebräuchlichen, appellwidrigen Reaktionen: vgl. Beier 1966.)

3.3 Geheimer Appellcharakter von Sachdarstellungen

Im letzten Abschnitt haben wir einige Verhaltensweisen betrachtet, deren Botschaften der Empfänger üblicherweise auf die Selbstoffenbarungsseite lokalisiert. Wir haben gesehen, wie ein zusätzliches «Appell-Ohr» nicht nur vor undurchschauter Manipulation schützt, sondern auch einen diagnostisch tieferen Zugang zur Person des Senders eröffnet.

Die bisher betrachteten Appelle waren «heimlich», weil die Hauptbotschaft auf der Selbstoffenbarungsseite zu liegen schien. Die nun zu betrachtenden Appelle verdanken ihre Heimlichkeit dem Umstand, daß die Hauptbotschaft auf der Sachseite zu liegen vorgibt. Nehmen wir eine Aussage wie: «Die unterschiedliche Intelligenz der Menschen ist weitgehend durch die Erbanlagen vorbestimmt.»

Ein naiver Empfang dieser Nachricht würde darin bestehen, den Sachinhalt zur Kenntnis zu nehmen und als Wissensbestand und Entscheidungsgrundlage aufzunehmen. Dagegen trägt ein *ideologiekritischer Empfang* dem Umstand Rechnung, daß jede Nachricht vier Seiten hat und daß um der Appell-Wirkung willen manche Sachdarstellung tendenziös ist. Der erste Schritt einer ideologiekritischen Empfangsweise besteht somit in der Aufdeckung des verdeckten Appelles. In unserem Beispiel könnte er in der Aufforderung bestehen, mit der «Gleichmacherei» aufzuhören und Bemühungen um frühe Chancengleichheit (z. B. kompensatorische Vorschulprogramme) als illusionär aufzugeben. Weiter ist zu fragen: Wer (= welche Gruppen) kann ein Interesse daran haben, daß ein solcher Appell Anklang findet? Und: Gehört der Sender der Nachricht zu diesen Gruppen oder unterliegt er ihrem Einfluß (z. B. ihrer Bezahlung)?

Für den Fall, daß gewichtige Anhaltspunkte für eine solche Interessen-Appell-Verschränkung sprechen, ist die Nachricht «ideologieverdächtig» (s. Abb. 76).

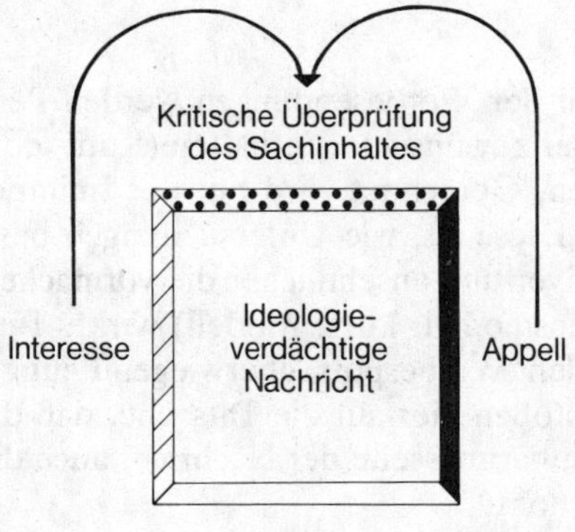

Abb. 76: *Ideologiekritischer Empfang einer Nachricht: den Appell aufspüren und als Dokument der Interessenlage des Senders auffassen. Diese Appell-Interessen-Verschränkung begründet den Ideologieverdacht und führt zu einer kritischen Überprüfung des behaupteten Sachinhaltes.*

Ein solcher Aufweis von Anhaltspunkten entbindet jedoch nicht von der Pflicht, den objektiven Wahrheitsgehalt der Nachricht zu untersuchen. Ideologisch ist sie nämlich nur, wenn sie objektiv falsch oder einseitig ist. So hat sich Manes Sperber (1978, S. 10) vom ideologiekritischen Argwohn seiner politisch engagierten Jugendjahre abgekehrt:

«Seit damals (1937) frage ich nicht mehr, wem eine Wahrheit nützlich oder schädlich sein könnte; um sie zu äußern und zu verteidigen, genügt es mir, sie als solche erkannt zu haben. Die Möglichkeit, daß sie auch dem Gegner in den Kram passen könnte, vermindert ihren Wert ebenso wenig wie sie diese oder jene liebgewordene Gewißheit zu erschüttern oder gar zu zerstören vermöchte. Die Wahrheit ist nicht funktionell, nicht taktisch und nicht parteiisch, aber brauchbar und leider auch leicht mißbrauchbar.»

3.4 Einige Strategien der Werbung

Welche Strategien verfolgen die berufsmäßigen Beeinflusser, die Werbefachleute? Eine Analyse bundesrepublikanischer Werbesendungen (Schulz von Thun u. a. 1975) ergab: Direkte, offen ausgesprochene Appelle («Trink Coca-Cola!») waren eher selten. Statt dessen standen drei Prinzipien im Vordergrund, die von grundlegender Bedeutung sind: 1. Vormachen, 2. Konsequenzen darlegen und 3. Assoziationen stiften:

Vormachen

In einem Großteil der Werbesendungen werden Personen gezeigt, die das vom Sender gewünschte Verhalten (Kauf- oder Konsumverhalten) vormachen. Gerechnet wird mit der Imitationsbereitschaft des Empfängers. Diese ist, wie Untersuchungen bestätigen, um so größer, je attraktiver und ansehnlicher die vormachende Person (= das sog. Verhaltensmodell, kurz: Modell) wirkt. Tatsächlich sehen die Modelle in den Werbespots überwiegend jung, gepflegt und hübsch aus. Wir stoßen hier auf die Tatsache, daß die Imagepflege auf der Selbstoffenbarungsseite der Nachricht auch die Chancen auf der Appellseite erhöht.

Das Lernen am Modell spielt auch eine sehr große Rolle in der Erziehung. Hervorhebenswert ist, daß Eltern und Erzieher auch dann – und gerade dann – auf das Kind Einfluß nehmen, wenn sie darauf gar nicht abzielen. Etwa dann, wenn sie rauchen und trinken, wenn sie bei «rot» über die Straße laufen, wenn sie bei Konflikten einander in einer gereizten Form herabsetzen und beschimpfen, wenn sie bestimmten Themen ausweichen oder wenn sie übertriebene Angst vor gewissen Ereignissen erkennen lassen. Ein berühmter Witz verdeutlicht die Problematik (s. Abb. 77). Ein Vater legt aufgebracht seinen Sohn über das Knie, der seinen jüngeren Bruder geknufft hatte. Während er ihn prügelt, ruft er: «Ich werde dich lehren, Schwächere zu schlagen!»

Tatsächlich ist er just dabei, seinen Sohn dieses zu lehren, nämlich durch sein eigenes Verhaltensmodell. Vormachen ist wirksamer als alles «Predigen».

Abb. 77: *Ein Vater «lehrt» seinen Sohn, Schwächere «nicht» zu schlagen.*

Konsequenzen in Aussicht stellen

In den Werbesendungen wird fast immer gezeigt oder gesagt, welche Vorteile das Konsumverhalten dem Empfänger (angeblich) einbringt. Nach dem Gebrauch einer bestimmten Zahnpasta hat der junge Mann mit seinem Mundgeruch kein Problem mehr und erlebt ein Rendezvous mit einem entzückenden jungen Mädchen. Eine glückliche Familie am Frühstückstisch: «Die Liebe ihrer Kinder erreichen Sie durch Homa-Gold!» (Margarine). Das neue Bohnermittel macht alles blitzblank und erzeugt ringsum fröhliche Gesichter.

Die Darlegung von Konsequenzen ist ein sehr allgemeines Prinzip und beruht auf der Erkenntnis, daß Verhaltensweisen sich am Erfolg orientieren, durch angenehme Konsequenzen gefördert und durch unangenehme unterdrückt werden. Die Einhaltung von Verhaltensnormen wird durch Modellverhalten in Verbindung mit Konsequenzdarlegung weitgehend sichergestellt: «Wer eine fremde bewegliche Sache einem anderen in der Absicht wegnimmt, dieselbe sich rechtswidrig anzueignen, wird wegen Diebstahls bestraft.» Dieser Paragraph aus dem deutschen Strafgesetzbuch enthält den Appell: «Du sollst nicht stehlen!» Die Wirksamkeit dieses Appells ist in Verbindung mit der Strafandrohung zu sehen. Aber auch jegliche Überredungs- und Überzeugungsversuche enthalten Konsequenzdarlegungen.

Wenn der Sender Konsequenzen in Aussicht stellt, legt er seiner Sendung bestimmte Annahmen über die Motivation des Empfängers zugrunde. Denn was würde es nützen, Konsequenzen in Aussicht zu stellen, die den anderen nicht «hinter dem Ofen hervorzulocken» vermögen? Teilweise unterscheiden sich die Menschen erheblich darin, was für sie erstrebenswert und vermeidenswert ist. Eine bestimmte laute Musik versetzt den einen in einen glückseligen Rausch, der andere hält sich entsetzt die Ohren zu. Die Aussicht, gelobt zu werden, ist für ein Kind aus der Unterschicht oft kein nachhaltiger Anreiz – auf einen Bonbon dagegen spricht es an, beim Kind aus der Mittelschicht ist es umgekehrt.

Für welche Dinge ein Mensch empfänglich ist, hängt zunächst von seiner Lerngeschichte ab und dann auch davon, in welchen Bereichen seine Bedürfnisse weitgehend befriedigt sind und in welchen nicht.

Tendenziell gilt die *Maslowsche Regel*, daß mit der Befriedigung lebensnotwendiger materieller Bedürfnisse (genügend Luft, Essen, Schlaf, materielle Sicherung) mehr psychische Bedürfnisse nach Liebe, Anerkennung und Selbstverwirklichung in den Vordergrund treten. Wer einigermaßen verdient, kann mit Geld nicht mehr so sehr «hinter dem Ofen hervorgelockt» werden, wohl aber mit der Aussicht auf Prestige und Ansehen. Unsere Werbefachleute werden analysiert haben, auf welcher Stufe der Maslowschen Pyramide die Bedürfnisse der Käufer von heute stehen. In vielen Fällen werden Konsequenzen für das Kaufverhalten in Aussicht gestellt, die in einem *Prestigezuwachs* oder in der *Verbesserung zwischenmenschlicher Beziehungen* bestehen (Schulz von Thun u.a. 1975). Solche Vorteile liegen zwar selten in der Natur des Kaufgegenstandes begründet, treffen dafür aber besser in das Zentrum zeitgenössischer Sehnsüchte, zumindest bei den zahlungskräftigen Empfängern.

Assoziationen stiften

Ob ich auf etwas zustrebe oder mich davon abwende, das hängt stark davon ab, welche Gefühle der Gegenstand in mir auslöst. Die Art der Gefühle wiederum hängt davon ab, welche Erfahrungen ich damit gemacht habe, genauer gesagt: in seiner Gegenwart gemacht habe. Angenommen, ein Kind bekommt vom Arzt eine Spritze «verpaßt», es tut weh. Eine Woche später beim Friseur fängt das Kind an zu weinen. Nanu? Der Friseur hat einen weißen Kittel an, wie der Arzt. Das Kind hat «in Gegenwart» eines weißen Kittels schmerzhafte Erfahrungen gemacht – der an sich harmlose Kittel ist zum Auslöser von Angst geworden.

Dieser Vorgang heißt «Klassische Konditionierung», gemeint ist die Verknüpfung eines Reizes (Kittel) mit einer Reaktion (Angst). Wir leben in einer Welt von weißen Kitteln. Kaum etwas, was uns begegnet, läßt uns gefühlsmäßig neutral. Auf Grund früherer Verknüpfungserfahrungen werden bestimmte Gefühle ausgelöst, und die Gefühle versetzen uns in bestimmte Handlungsbereitschaften (z.B. schafft Angst Flucht- und Vermeidungsbereitschaft). Dieser Mechanismus läßt sich gut zur Beeinflussung nutzen. Unsere Werbefachleute sagen sich: Wir können nicht davon ausgehen, daß der Empfänger bei unserem Produkt von vornherein positive gefühlsmäßige Reaktionen (und eine entsprechende Handlungs-, nämlich Kaufbereitschaft) hat. Wie können wir aus unserem «harmlosen weißen Kittel» einen Kittel machen, der – nun allerdings positive – gefühlsmäßige Reaktionen hervorruft? Antwort: Indem wir ihn mit angenehmen Reizen koppeln. – Und so findet der Empfänger schöne Frauenbeine neben einem Autoreifen und eine Schnapsflasche vor dem Hintergrund einer reinen «gesunden» Berglandschaft vor. Merkt der Empfänger, daß sich hier eine Assoziation von Alkohol und Gesundheit einschleicht? Entsprechende Verknüpfungen finden statt zwischen Zigaretten und dem Duft einer großen, weiten Welt und zwischen Zitronenbrause und unbeschwerter Jugendlichkeit.

3.5 Die appellhaltige Begriffswelt

Die systematische Neu-Herstellung solcher Assoziationen ist das Geschäft der Werber und Propagandisten. Dagegen ist die Nutzung bereits vorhandener Assoziationen unser aller Geschäft, und zwar durch den Gebrauch der Sprache. Jedes Wort, das wir aussprechen, enthält nicht nur die lexikalische Bedeutung für das, was es bezeichnet, sondern hat allerlei Gefühlsanteile im Schlepptau, die sich aus vergangenen Erfahrungen ergeben. Diese Gefühlsanteile machen die Wertung aus, die wir mit dem Wort verbinden. Wertungen aber stellen keinen ästhetischen Luxus dar, den wir uns leisten, sondern haben eine ganz praktische Funktion: Sie steuern und rechtfertigen unser Verhalten, sie enthalten Appelle. Betrachten wir den Vorgang an einem Beispiel. Angenommen, jemand hat mit Personen, die auf der Straße stehen und um Geld bitten, folgende Erfahrungen gemacht: Immer, wenn ein solcher Mensch zu sehen war, machte die Mutter mit ihrem Kind einen kleinen Bogen und sagte: «Das ist ein Bettler, er ist faul und läßt sich von anderen Leuten Geld geben.» Dieses Kind lernt nicht nur das Wort Bettler wie eine Vokabel, sondern auch die Ablehnung, die sich mit dem Wort von nun an verbindet:

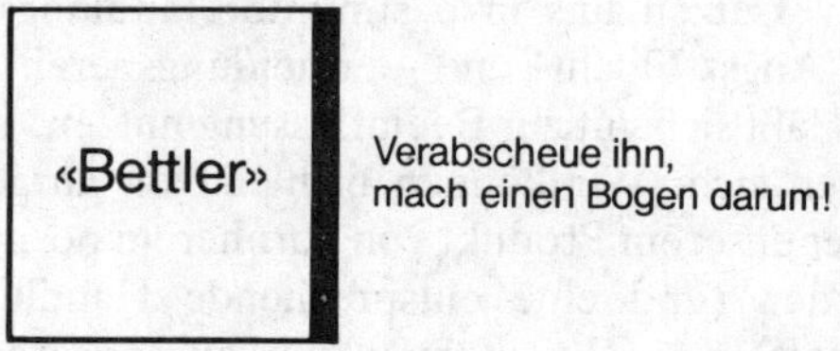

Abb. 78: *Beispiel für appellhaltige Begriffe.*

Bei späterer Verwendung des Wortes wird die alte Ablehnung auf neue so bezeichnete Personen übertragen. Nehmen wir an, jemand sagt: «Per-Anhalter-Fahren ist doch nichts anderes als eine moderne Form von Bettelei!» Das Wort «Bettler» bzw. «Bettelei» hat hier den Transport von Gefühlen übernommen und enthält den entsprechenden Appell, einen «kleinen Bogen» um die so bezeichneten Personen zu machen, d.h. nicht anzuhalten.

Wir stoßen hier auf die Tatsache, daß die Wörter, die uns zur Darstellung von Sachverhalten zur Verfügung stehen, auf Grund von früheren Verknüpfungen fast sämtlich diese gefühlsmäßig wertenden Anteile im Schlepptau haben und somit in sich selbst bereits appellhaltig sind. Eine Zeitlang tobte durch die Nachrichtenmedien der Streit, ob von Baader-Meinhof-«Gruppe» oder von Baader-Meinhof-«Bande» zu sprechen sei. Abgesehen von der politischen Selbstoffenbarung, die in der Wortwahl lag, war der Streit deswegen so belangvoll und hartnäckig, weil mit der gewählten «Sprachregelung» unterschiedliche Appelle an die Bevölkerung verbunden waren: «Bande» enthält den eindeutigen Appell: «Setz dich davon ab, unterstütze diese Leute weder durch die Tat noch durch deine stille Sympathie!»

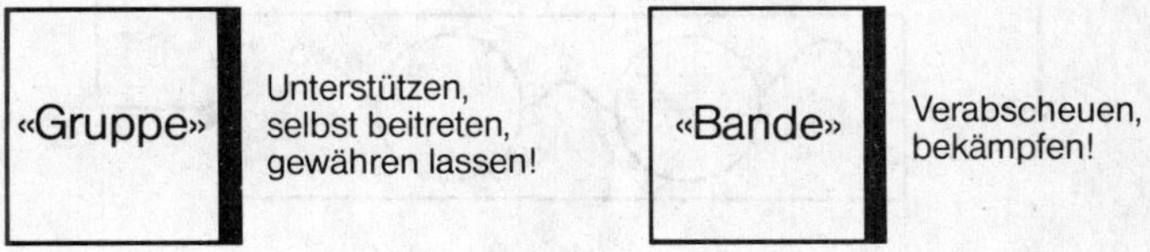

Abb. 79: *Zwei Bezeichnungen mit unterschiedlichen damit verbundenen Appellen.*

Aus diesen Überlegungen ist der Schluß zu ziehen: Da die Sprache, die uns zur Darstellung von Sachverhalten zur Verfügung steht, appellhaltig ist, können wir nicht nicht Einfluß nehmen. Wie jemand die Sachverhalte dieser Welt sprachlich darstellt, dies ist abhängig von seiner «Brille», mit der er die Welt sieht; und diese Brille wiederum ist abhängig von seinen Interessen. Jede sprachliche Darstellung enthält nun den Versuch, auch dem Empfänger diese Brille aufzusetzen. Denn umgekehrt ist die Brille auch Resultat der sprachlichen Darstellung – der Begriffe und Kategorien nämlich, die mir zur Verfügung stehen und meine Wahrnehmung ausrichten. Die Begriffe und Kategorien werden mir aber zur Verfügung gestellt von denen, die vor mir da sind und von denen, die sprachlich «am Drücker» sind (Inhaber der Medien und der Bildungsinstitutionen). In der ständigen Wechselwirkung von interessengeleiteter Brille und sprachlicher Darstellung (s. Abb. 80) haben diese Personen sozusagen den Vorteil des ersten Zuges.

So kann es kommen, daß ich die Welt teilweise mit der Brille derer sehe, die ganz andere Interessen haben als ich. In der Herstellung eines solchen «falschen Bewußtseins» sehen Systemkritiker eine

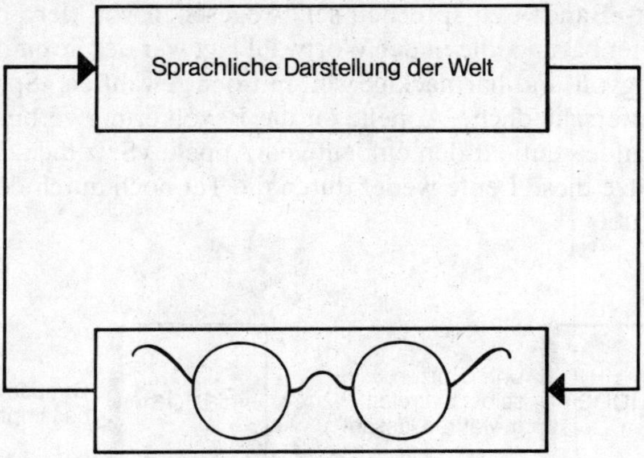

Abb. 80: *Wie ich die Welt sprachlich darstelle, hängt von meiner (interessengeleiteten) «Brille» ab. Umgekehrt nimmt die mir zur Verfügung stehende Sprache Einfluß auf meine «Brille».*

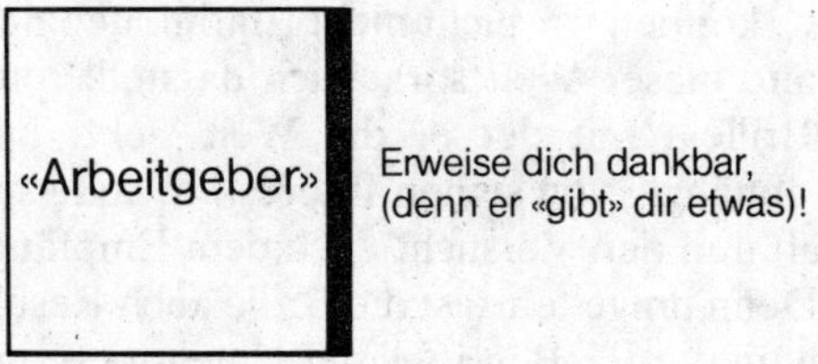

Abb. 81: *Die Appellseite des Begriffes «Arbeitgeber».*

Hauptfunktion der Schule im kapitalistischen System. – Als Einzelbeispiel dafür, wie die zur Verfügung gestellten und von allen übernommenen Sprachregelungen Appelle mit einseitiger Interessenausrichtung enthalten, wird gern das Begriffspaar Arbeitgeber–Arbeitnehmer angeführt: Das Wort Arbeitgeber legt nahe, daß hier jemand «gibt», und enthält den Appell an den «Nehmenden»,

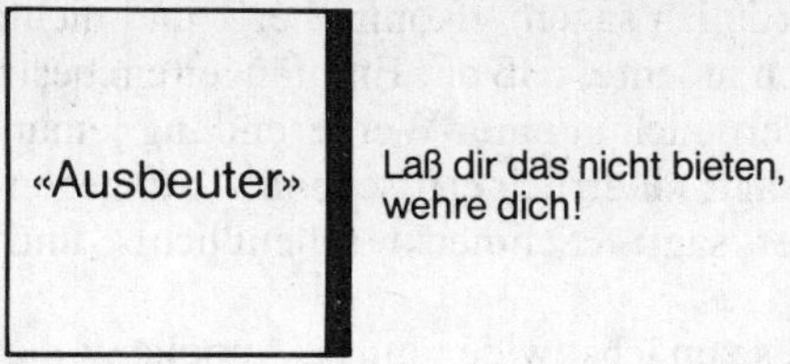

Abb. 82: *die Appellseite des Begriffes «Ausbeuter».*

dankbar zu sein und keine allzu fordernde oder gar klassenkämpferische Haltung einzunehmen.

Mit gleicher Berechtigung könnte man das Begriffspaar genau umgekehrt verwenden: Arbeitgeber für den, der seine Arbeitskraft gibt, nämlich zur Verfügung stellt; und Arbeitnehmer für den, der die Arbeit(sleistung) in Empfang nimmt und für seine Zwecke verwertet.

Das sprachliche Gegenstück zeigt sich in der Bezeichnung «Ausbeuter». Die gefühlsmäßigen Anteile, die dieser Begriff im Schlepptau hat, legen den Appell nahe: «Wehre dich! Laß das mit dir nicht machen!»

Wie überhaupt die herabsetzende sprachliche Etikettierung von Menschen oder Gruppen die «Erlaubnis» und die Aufforderung zur Gewalttätigkeit enthält (Judensau, linke Gammler, Bullen, Ungeziefer usw.). Mit Recht spricht man von emotionalen Appellen, wenn die Handlungsaufforderung nicht argumentativ begründet wird, sondern wenn durch Verwendung von Begriffen und Formulierungen diejenigen Gefühle (und Handlungsbereitschaften) geweckt werden, die diese Begriffe – wie wir es nannten – «im Schlepptau» haben.

4. Paradoxe Appelle

4.1 «Vom Anbefehlen des Gegenteils»

Wir haben bisher als selbstverständlich unterstellt, daß in jedem (offenen oder verdeckten) Appell die Richtung zum Ausdruck kommt, in die der Empfänger sich bewegen soll. Dies scheint banal und selbstverständlich. Wenn ich möchte, daß der andere kommen soll, dann werde ich sagen: «Komm her!» und nicht: «Bleib, wo du bist!» Wenn ich möchte, daß der Empfänger ein bestimmtes Getränk kauft, dann werde ich in einer Werbesendung jemanden zeigen, der es trinkt und sagt: «Herrlich erfrischend!» – dagegen werde ich nicht zeigen, wie er sagt: «Schmeckt scheußlich!» und sich hinterher erbricht.

So scheint es zunächst widersinnig, Appelle in die Gegenrichtung überhaupt in Betracht zu ziehen. Sehen wir uns aber ein von Adler (1973) mitgeteiltes Beispiel an (s. Abb. 83):

Die zweijährige Tochter tanzt auf dem Tisch herum. Entsetzt ruft die Mutter: «Komm sofort herunter!» – die Tochter tanzt weiter – Appell wirkungslos. Der dreijährige Bruder ruft: «Bleibe oben!», sofort steigt die Kleine herunter.

Abb. 83: *Unterschiedliche Appell-Strategien von Mutter und Tochter.*

Alfred Adler kommentiert diesen Vorfall: «Es ist gar keine Frage, daß man einem Kinde beibringen kann, darin seine Größe zu fühlen, wenn es das Gegenteil tut, was einer ihm rät» (1973, S. 44). Wir hatten schon erörtert, daß der um seine Selbstachtung besorgte Empfänger sich unter Umständen einem Appell nicht deshalb widersetzt, weil er ihm ungelegen kommt, sondern weil er ihn als unzulässigen Eingriff in sein «Königreich» erlebt und die Befolgung als Eingeständnis einer persönlichen Niederlage. Umgekehrt kann die Nicht-Befolgung als Beweis der eigenen Unabhängigkeit erlebt werden und somit als Gelegenheit, die eigene «Größe zu fühlen» (schon dadurch, daß dem appellierenden Sender ein Mißerfolg beschert wird). – Adler sprach von der Erscheinung des *gegenteiligen Erfolges:* «Es wäre oft nicht schwer, Kinder wie auch Erwachsene durch Anbefehlen des Gegenteils auf den richtigen Weg zu bringen» (1973 a, S. 220). Die Möglichkeit eines «gegenteiligen Erfolges» beruht auf der Tatsache, daß mit einem Appell oft ein Druck verbunden ist, der einen Gegendruck beim Empfänger hervorruft. Und zwar, wie wir gesehen haben, besonders dann, wenn sich mit dem Appell gleichzeitig die «Oberhand-Frage» stellt und/oder wenn der Appell beim Empfänger eine Veränderung intendiert, die diesem unbequem oder unmöglich ist. Satirisch gemeint, aber mit einem «Körnchen Wahrheit» ist der mit dem Datum des 15. Oktober 1810 datierte «allerneuste Erziehungsplan», den Heinrich von Kleist in den Berliner Abendblättern vorstellte:

«...sind wir gesonnen, eine sogenannte Lasterschule, oder vielmehr eine Gegensätzesche Schule, eine Schule der Tugend durch Laster, zu errichten.

Demnach werden für alle einander entgegenstehenden Laster Lehrer angestellt werden, die in bestimmten Stunden des Tages, nach der Reihe, auf planmäßige Art, darin Unterricht erteilen: In der Religionsspötterei sowohl als in der Bigotterie, im Trotz sowohl als der Wegwerfung und Kriecherei und im Geiz und in der Furchtsamkeit sowohl als in der Tollkühnheit und der Verschwendung.

Diese Lehrer werden nicht bloß durch Ermahnungen, sondern durch Beispiel, durch lebendige Handlung, durch unmittelbaren praktischen, geselligen Umgang und Verkehr zu wirken suchen...

In der Unreinlichkeit und Unordnung, in der Zank- und Streitsucht und Verleumdung wird meine Frau Unterricht erteilen. Liederlichkeit, Spiel, Trunk, Faulheit und Völlerei behalte ich mir vor.» (Sämtliche Werke o. J., S. 946)

Diesem Plan vorangestellt sind Überlegungen zum «gemeinen Gesetz des Widerspruchs»:

«...das Gesetz, das uns geneigt macht, uns, mit unserer Meinung, immer auf die entgegengesetzte Seite hinüberzuwerfen. Jemand sagt mir, ein Mensch, der am Fenster vorübergeht, sei so dick wie eine Tonne. Die Wahrheit zu sagen, er ist von gewöhnlicher Korpulenz. Ich aber, da ich ans Fenster komme, ich berichtige diesen Irrtum nicht bloß, ich rufe Gott zum Zeugen an, der Kerl sei so dünn als ein Stecken» (ebd., S. 943).

Tatsächlich läßt sich in Diskussionen häufig beobachten, daß bei einem komplexen Diskussionsgegenstand mit positiven und negativen Aspekten leicht eine *Polarisierung* eintritt der Art, daß wenn der Sprecher A die positiven Aspekte betont, sich gleich ein Sprecher B findet, der, gleichsam *die noch freie Position einnehmend,* die negativen Aspekte dagegenhält. Jeder Spruch erzeugt seinen Widerspruch. Dieser Vorgang enthält Chancen und Gefahren. Die Chancen liegen darin, daß die verschiedenen Aspekte eines Sachgegenstandes durch die verschiedenen Gesprächsteilnehmer sozusagen ihre «Anwälte» bekommen und daß die «ganze Wahrheit» somit erst in der Kommunikation zutage tritt; daß die Synthese formulierbar wird, wenn These und Antithese gut vertreten waren. Die Gefahr hingegen ist, daß die Anwälte der Aspekte sich als Vertreter von Halbwahrheiten bekämpfen, ein Beziehungsgraben aufreißt und die Kommunikation in den Zustand der «heillosen Verflochtenheit» von Sach- und Beziehungsebene gerät (vgl. S. 200).

Das «gemeine Gesetz des Widerspruchs» läßt sich gut in folgendem Gesprächsexperiment demonstrieren: Ein Sender, der sich in einer schwierigen Entscheidungssituation befindet, trägt einen «Ja-aber-Standpunkt» vor (Beispiel: «Ich möchte ja gern ein Kind, aber wird die Belastung nicht zu groß sein?»). Reagiert nun der Empfänger, indem er sich für den «Ja-Standpunkt» stark macht («Kinder machen doch soviel Freude!»), dann wird der Sender eher in die Bedenken hineingetrieben und den «Aber-Standpunkt» weiter ausbauen («Aber sie binden einen auch sehr an!»). – Übernimmt der Empfänger hingegen den Aber-Standpunkt («Die Belastungen sind enorm – du verlierst jede Freiheit, bist nur noch für die Kinder da!»), dann werden des Senders Energien mit größerer Wahrscheinlichkeit in den Ja-Standpunkt hineinfließen («So schlimm ist es auch wieder nicht, außerdem bereichern Kinder das Leben doch auch!»).

4.2 Lösungen erster und zweiter Ordnung

Auf Grund etwas anderer Überlegungen kommen die Psychotherapeuten und Kommunikationspsychologen Haley (1978) sowie Watzlawick, Weakland und Fisch (1974) zu einer Beeinflussungsmethode, die wir Appelle in die Gegenrichtung genannt haben. Für den vorliegenden Zweck können ihre Gedanken vereinfacht wie folgt zusammengefaßt werden:

Probleme bestehen darin, daß gewisse wünschenswerte Ereignisse oder Zustände nicht oder zu wenig vorhanden sind oder darin, daß etwas nicht Wünschenswertes (zuviel) vorhanden ist. Beispiel: In einem Raum ist es zu kalt (= zuwenig Wärme), der 12jährige Sohn macht seine Hausaufgaben nicht (= zuwenig Einsatz für die Schule), Herr X hat einen Raucherkatarrh (= zuviel Rauchen). Die naheliegende und häufig erfolgreiche Lösung solcher Probleme besteht in der *Einführung des Gegenteils*: Dem kalten Raum wird Wärme zugeführt; der 12jährige wird angehalten, mehr Einsatz für die Schule zu bringen; Herr X erhält vom Arzt ein Rauchverbot. Kennzeichnend für diesen Lösungstyp ist, daß, wenn die getroffene Maßnahme sich als zu schwach erwiesen hat, durch *ein Mehr derselben Maßnahmen* schließlich der Erfolg sichergestellt wird: Hat die Wärmezufuhr nicht ausgereicht, muß noch mehr geheizt werden; haben sanfte Ermahnungen des 12jährigen nicht genug bewirkt, setzen die Eltern «mehr Druck dahinter» usw.

Wesensmerkmale dieser *Lösung erster Ordnung* ist also die Einführung des Gegenteils und im Falle mangelnden Erfolges die Verstärkung derselben Maßnahmen. Für uns von Bedeutung ist der Fall, daß die Lösungs-Maßnahme in einer kommunikativen Beeinflussung besteht. Lösungen erster Ordnung sind dann gleichbedeutend mit «Appellen in die gewünschte Richtung».

Nun gibt es aber Probleme, für die eine Lösung erster Ordnung unangemessen ist; wo die Einführung des Gegenteils nichts bewirkt und ein Mehr derselben Maßnahmen alles nur noch schlimmer macht. Oftmals wird in solchen Fällen der Lösungsversuch selbst zum Hauptproblem.

Beispiele (in Anlehnung an Watzlawick u. a. 1974):

Dem Problem des Alkoholismus versuchte man (z. B. in den USA) beizukommen, indem man den Konsum einschränkte (Einführung des Gegenteils) und schließlich ganz verbot (Mehr derselben Maßnahmen). «Doch das ‹Heilmittel› der Prohibition erweist sich als das größere Übel als die zu behandelnde Krankheit» (Watzlawick u. a. 1974): Schwarzbrennereien, kriminelle Verteilerorganisationen, Korruption, Gangstertum, Gesundheitsschäden durch unreinen «Fusel».

Der Melancholische ist betrübt und sieht mit seiner negativen Brille nur die unvorteilhaften Seiten des Lebens. Freunde und Verwandte versuchen ihn «aufzuheitern» und führen ihm die schönen Seiten des Lebens vor Augen

(Einführung des Gegenteils). Wie wir wissen, sind Appelle ein untaugliches Mittel zur Veränderung gefühlsmäßiger Zustände (vgl. S. 215). Der Melancholische wird noch trauriger, da man ihm zeigt, wie «unvernünftig» seine Reaktionen sind. Freunde und Verwandte verdoppeln nun ihre Anstrengungen (Mehr derselben Maßnahme), und am Ende ist aus der ursprünglichen Traurigkeit eine schlimme Depression geworden.

Ein Ehemann wünscht in der Ehe «seine Freiheit» zu bewahren und geht zuweilen allein fort. Die Frau ist darüber beunruhigt und sendet Appelle in die gewünschte Richtung: Vorwürfe, Vorschläge, aus diesem oder jenem Grund zu Hause zu bleiben usw. Der Mann fühlt infolge dieses Drucks seine Ehe als eine Art Fessel (oder Gefängnis). Je mehr die Frau ihn bedrängt, desto stärker wird dieses Gefühl und desto größer sein Wunsch nach Freiheit und desto häufiger seine «Ausbrüche» – um sich selbst (und seiner Frau) diese Freiheit zu beweisen.

Auch bei dem letzten Beispiel liegt auf der Hand, daß ein «Mehr derselben Maßnahmen» (Vorwürfe, Versuche der Einflußnahme) genau das Gegenteil des gewünschten Effektes bewirken; und daß die einzig aussichtsreiche Lösung (aus der Sicht der Frau) darin besteht, «weniger derselben Maßnahmen» zu verwirklichen: Wenn sie (durch ihr gesamtes Verhalten) signalisiert: «Es ist o.k., wenn du gehst!» – dann wird sein Wunsch hinfällig, aus einem «Gefängnis auszubrechen» – denn es ist ja gar kein Gefängnis mehr!

Aus den bisherigen Überlegungen ergibt sich: Bei manchen Problemen helfen Lösungen erster Ordnung nicht nur nicht, sondern tragen derart zur Verschärfung des Problems bei, daß die Lösung selbst zum eigentlichen Problem wird. Diese Einsicht führt zu einer neuen Lösungsstrategie. Sie lautet: Wenn du ein Problem vor dir hast, das offenbar schwierig zu lösen ist, dann prüfe, ob nicht die Hartnäckigkeit des Problems durch falsche Lösungsversuche erster Ordnung bedingt ist. Ist dies der Fall, dann richte deinen Lösungsversuch nicht gegen das Problem selbst, sondern gegen diese falschen Lösungsversuche. Oftmals wird dadurch das Problem nicht nur entschärft, sondern auf überraschende Art vollends gelöst. Watzlawick u.a. (1974) sprechen von Lösungen zweiter Ordnung. Wesensmerkmal solcher Lösungen: Sie richten sich nicht gegen die Schwierigkeit selbst, sondern gegen die Lösungsversuche erster Ordnung, die aus der bloßen Schwierigkeit ein «dickes» Problem machen.

4.3 Symptomverschreibungen

Wir haben gesehen, daß Appelle in die Gegenrichtung den Versuch einer Lösung zweiter Ordnung darstellen. In der psychotherapeutischen Praxis nehmen solche paradoxen Appelle oft die Form einer «Symptomverschreibung» an. Der Klient wird nicht ermahnt, das Symptom aufzugeben. Denn Appelle fruchten nichts bei Reaktionen, die keiner willkürlichen Steuerung unterliegen. Statt dessen wird der Klient angewiesen, das Symptom auszuführen! Ein paar Beispiele hierfür:

Jemand hatte Schwierigkeiten einzuschlafen. Seine Lösungsversuche bestanden darin, den Schlaf durch allerlei Techniken herbeizuführen («Schafe zählen», Selbstsuggestionen usw.). Schlaf aber muß sich spontan ereignen, läßt sich durch bewußte Willensakte nicht herbeiführen – ja, die Willensanstrengungen verhindern geradezu das Einschlafen. So wurde aus der Schwierigkeit ein ernstes Problem (verschärft durch Medikamente). Eine Lösung zweiter Ordnung richtet sich gegen die versuchten Fehllösungen und besteht in dem Appell des Therapeuten: «Halten Sie die Augen offen und versuchen Sie wach zu bleiben. Erst wenn der Schlaf Sie übermannt, dürfen Sie die Augen schließen!» Durch diesen Appell in die Gegenrichtung wird der Klient an seinen Lösungsversuchen (erster Ordnung) gehindert. Damit wird die Hauptbarriere für das spontane Einschlafen beseitigt.

Ein Ehepaar, das sich nicht mehr versteht, wird angewiesen, sich täglich zweimal, sagen wir von 8 bis 8.10 Uhr und von 19.45 bis 19.55 Uhr, in gereizter, feindseliger Art zu streiten.

Ein Patient mit einem bestimmten Tic erhält die Anweisung, diesen Tic in exzessiver Weise absichtlich auszuführen.

Um zu verstehen, wieso Symptomverschreibungen geeignet sein können, den Klienten von seinem Symptom zu heilen, müssen wir einen kurzen Einblick in das Wesen der sog. Sei-spontan-Paradoxie nehmen:

Paradoxe Appelle als Krankmacher und als Gesundmacher. Manche Appelle, die Eltern an ihre Kinder, Vorgesetzte an ihre Mitarbeiter, (Ehe-)Partner aneinander richten, sind paradox. «Sei doch nicht immer so nachgiebig, immer tust du genau das, was ich dir sage!» sagt ein Mann zu seiner Freundin. Das Paradoxe an dieser Aufforderung liegt darin, daß die Freundin dem Appell nur nachkommen kann, indem sie ihm nicht nachkommt. Denn kommt sie ihm nach, dann hat sie schon wieder das getan, was er ihr auftrug. Will sie dem Appell aber nicht nachkommen (und somit Eigenständigkeit zeigen), dann muß sie ihr altes, nicht-eigenständiges Verhalten beibehalten. Das Teuflische an solchen paradoxen Appellen ist, daß der Empfänger – was er auch tut – immer nur verlieren, d.h. ein Verhalten zeigen kann, das der Sender ihm hinterher vorwerfen kann.

Kommunikationsforscher meinen herausgefunden zu haben, daß derartige «Sei spontan!»-Paradoxien gehäuft in Familien mit schizophrenen Mitgliedern gesendet werden, daß solche Appelle vermutlich gefährliche «Krankmacher» sind, da sie dem (zur Metakommunikation unfähigen) Empfänger keinen Ausweg lassen.

Umgekehrt lassen sich paradoxe Appelle aber auch als «Gesundmacher» verwenden, wenn man sie gezielt gegen Symptome einsetzt, die naturgemäß auch spontan sind und durch «Verschreibungen» daher irgendwie «unmöglich» werden. Das Ehepaar, das sich «auf Befehl» streiten soll, wird feststellen, daß es nicht recht gelingen will. Wenn aber die Ausführung eines Symptoms nicht gelingt, ist dies die Heilung (oder doch wenigstens ein erster wichtiger Schritt). In ähnlicher Weise führt das absichtliche Herbeiführen des Tics dazu, daß dieser seinen spontanen Charakter verliert. Der Klient wird «Herr» über sein Symptom, ist ihm nicht mehr ausgeliefert.

4.4 Paradoxe Appelle als taktisches Manöver zur Oberhand-Sicherung

Die bisher dargestellten Überlegungen lassen sich zusammengefaßt auf einen etwas einfacheren Nenner bringen: Eine Handlung ändert ihre psychologische Qualität, wenn sie appellgemäß erfolgt. Dieser Umstand läßt sich taktisch nutzen, und zwar dann – wie wir gesehen haben – wenn die Handlung in ihrem Wesen spontan ist. Durch Instruktion verliert sie ihren Charakter oder wird ganz unmöglich. Dasselbe gilt für Handlungen, die als Beweis für die eigene Unabhängigkeit und Unbeeinflußbarkeit dienen sollen. Das Verhalten von Kindern und Jugendlichen ist vielfach von diesem Motiv bestimmt, besonders wenn die Erzieher mit deutlich autoritärem Anspruch auftreten. In dem Augenblick, wo der Zweijährigen gesagt wird: «Bleib sofort da oben und tanz weiter!», verändert sich der Charakter ihrer Handlung: Bis eben die dreiste Demonstration einer «Ich-mach-was-ich-will-Haltung» wird sie nun zu einer Befehlsausführung (die dann auch prompt «verweigert» wird). Der Gebrauch paradoxer Appelle jedoch ist in der Erziehung und im mitmenschlichen Zusammenleben überhaupt ein zweischneidiges Schwert, so «erfolgreich» sie unter Umständen auch sein können. «Es wäre oft nicht schwer, Kinder wie auch Erwachsene durch Anbefehlen des Gegenteils auf den richtigen Weg zu bringen. Nur liefe man dabei Gefahr, alle Gemeinschaftsgefühle zu untergraben, ohne die Selbständigkeit des Urteils zu fördern; und ‹negative Abhängigkeit› ist ein größeres Übel als Folgsamkeit.» (Adler 1973 a, S. 220)

In Ausnahmefällen hingegen mögen paradoxe Appelle eine Notlösung zur Sicherung der Oberhand darstellen. Trage ich einer lärmenden Schulklasse auf, sie solle starken Lärm machen – so mögen folgende Vorteile dieses Verhalten in Betracht kommen lassen: 1. Ich gewähre der Klasse, was sie (im Augenblick) offenbar braucht. 2. Reagiert sie appellgemäß, dann immerhin unter meinem Kommando. Ich benötige ein Minimum an Oberhand, auch und gerade dann, wenn ich schrittweise partnerschaftliche Umgangsformen einzuführen bestrebt bin. – Reagiert die Klasse hingegen appellwidrig, habe ich, was ich will und kann das Geschehen leichter steuern. – Ein Beispiel von Zulliger beschreibt Röhm: Permanente Prügeleien unter den Schülern fanden nun unter Anleitung des Lehrers statt: «Der Streit wird hier ausgetragen. Einer haut dem anderen eine herunter, ringsum. Wer genug hat, kann sich melden und darf dann heimgehen! Los!» (Zulliger 1970, zitiert nach Röhm 1972, S. 128)

5. Offene Appelle

Verdeckte und paradoxe Appelle stellen den Versuch dar, die Spuren der eigenen Absichten zu verwischen. Dies kann, wie wir gesehen haben, um der Wirkung willen mit gutem Grund geschehen. Wo allerdings der Wunsch besteht, jenseits von Manipulation und Geschicklichkeit sich eine Welt der klaren, ehrlichen, herrschaftsfreien Beziehungen aufzubauen, dort gehört der offene Appell, also der direkte Ausdruck von Wünschen und Aufforderungen, zu den tragenden Säulen einer solchen Kommunikation. In vielen Fällen kann der offene Appell nachgerade zum «Heilmacher» einer «kranken» Kommunikation werden (s. S. 249). So wissen etwa Ehetherapeuten zu berichten, daß manche Partnerschaft daran krankt, daß die Partner ihre Wünsche nicht oder nur in ganz verschlüsselter Form mitteilen. Der Sender legt damit gleichzeitig die Saat für die eigene Enttäuschung; die Nicht-Erfüllung der Wünsche durch den Empfänger mag schlicht auf seiner Uninformiertheit beruhen.

Viele der «guten Gründe», die den Sender halbbewußt veranlassen, den direkten, offenen Appell zu vermeiden, erweisen sich bei näherem Hinsehen als selbstgebaute Hindernisse auf dem Weg zu einer befriedigenden Mitmenschlichkeit. Bevor wir den aussichtsreichen Umgangsstil betrachten, der mit dem offenen Appell verbunden ist, wollen wir uns einige dieser «guten Gründe» ansehen, die den Sender oft zu Indirektheit und Unklarheit verführen.

5.1 Gründe für die Vermeidung offener Appelle im zwischenmenschlichen Umgang

Selbstoffenbarungsangst. Wer Appelle sendet, gibt damit eigene Interessen und Wünsche preis. Jeder Appell hat somit eine Selbstoffenbarungs-Komponente, die der Sender bekanntlich gern verbirgt (vgl. S. 100ff). Manche Appelle enthalten eine Bitte um Hilfe, einen Wunsch nach Kontakt oder «gar» das Bedürfnis nach «unnormalen» sexuellen Praktiken. Indem der Sender seinen Appell sehr indirekt gibt, hat er einerseits die Chance, daß der Empfänger die Signale versteht und «von sich aus» darauf eingeht. Der Sender kann dies dann «über sich ergehen lassen»; er hat, was er will, ohne durch Preisgabe seiner Bedürfnisse eine (vermeintliche) Prestige-Einbuße erlitten zu haben. Andererseits kann er – auf Nachfrage «Möchtest du etwa, daß ich...?» – den Appell dementieren («Mit keinem Wort habe ich von dir verlangt...») und sich so vor Entlarvung schützen.

Angst vor Zurückweisung. Bei jedem Appell besteht die Möglichkeit, daß der Empfänger das Ansinnen zurückweist. Der um sein Selbstwertgefühl besorgte Sender würde diesen «Korb» als Zurückweisung seiner Person erleben. Indem er indirekt und verschlüsselt appelliert, gibt er dem Empfänger die Möglichkeit, den Appell zu «überhören» und erspart sich damit eine ausdrückliche Zurückweisung.

«Kinder mit 'nem Willen...» Viele haben in ihrer Erziehung gelernt, sich mit eigenen Wünschen zurückzuhalten («Kinder mit 'nem Willen kriegen was auf die Brillen!»). So wirkt dann das Gefühl «Es steht mir gar nicht zu, meine Wünsche zu äußern und zu vertreten» als eine Art Dauerbremse. Dies ist oft ein Teil des Leidens derer, die auf Grund ihrer Gehemmtheit und Schüchternheit um Psychotherapie ersuchen. Sie lernen in einem Assertiven Training (Übungen zur Selbstbehauptung), ihre Interessen selbstbewußt und deutlich zu vertreten. Die Übungen sind so gestaffelt, daß am Anfang leichte Aufgaben zu bewältigen sind (z.B. jemanden um Feuer bitten), dann mit zunehmenden Erfolgserlebnissen immer schwierigere (z.B. im Restaurant ein Gericht zurückgehen lassen, wenn es unzumutbare Mängel aufweist).

Unklares Ausmaß an «Zumutung». Vor jedem Appell schätzt der Sender unter Berücksichtigung vieler Umstände ab, ob es dem Empfänger zuzumuten ist, dem Wunsch nachzukommen. Wenn dies eindeutig zu verneinen ist, kann ein dennoch geäußerter Appell geradezu als aggressive Handlung aufgefaßt werden. Oft aber bewegt sich ein Appell im Grenzbereich von Zumutbarkeit und Unzumutbarkeit, auch davon abhängig, wie die Motivationslage des Empfängers beschaffen ist. Ein indirekter, verschleierter Appell testet die Zumutbarkeit, ohne als aggressive Handlung eine Verschlechterung der Beziehung zu riskieren. Beispiel: Nach einer gemeinsamen Unternehmung wollen A und B abends nach Hause. B besitzt ein Auto. Ist es zumutbar, daß er A nach Hause fährt? A läßt einen «Versuchsballon» steigen: «Wie komme ich denn jetzt nach Hause – fährt hier irgendwo eine Straßenbahn?»

Ermöglichung von «Freiwilligkeit». Wie wir gesehen haben, verändert eine Handlung ihren Charakter, wenn sie appellgemäß erfolgt (S. 237). Oftmals wird sie für den Empfänger infolge des Appells unattraktiv. Was soll der Sender tun, der dies weiß, aber trotzdem Einfluß nehmen möchte? Der Sender kann versuchen, einen Appell so indirekt zu geben, daß der Empfänger ihn (scheinbar) «überhören» – und anschließend «freiwillig» appellgemäß handeln kann. Wenn ein Gastgeber sagt: «Es war ein schöner Abend...» und durch das «war» zu erkennen gibt, daß er einen Abschluß nun durchaus für angebracht hält, dann kann der Gast nach einiger Tarnungszeit «von sich aus» zum Aufbruch blasen: «Sei nicht böse, Kurt, aber wir müssen jetzt gehen.»

Befürchtung, daß dem Empfänger der Mut zum «Nein» fehlt. In vielen Fällen möchte der Sender einen Wunsch nur dann erfüllt bekommen, wenn der Empfänger es auch «wirklich gerne» tut oder wenn es ihm zumindest «nicht allzuviel ausmacht». Eigentlich läge nichts näher, als dies durch eine Frage zu erkunden. Aber manche

Empfänger halten eine Ablehnung für beziehungsschädlich und kommen dem Appell in falsch verstandener Nächstenliebe nach, vielleicht innerlich grollend. Genau dies aber fürchtet der Sender. Was tut er? Entweder verzichtet er ganz darauf, seinen Wunsch vorzutragen, oder er begnügt sich mit einer schwachen Andeutung, um dem anderen eine implizite Ablehnung zu ermöglichen, die im «Überhören» der Appellseite besteht.

Romantische Vorstellung von «Liebe». Manche Menschen sehen es als Beweis der echten Liebe an, wenn es gelingt, dem anderen «die Wünsche von den Augen abzulesen», also auf den offenen Appell gar nicht angewiesen zu sein. In ihren Augen würde der ausgedrückte Wunsch seine Erfüllung entwerten. – Obwohl nicht zu leugnen ist, daß ein solcher Von-den-Augen-Ablesestil das Gefühl von inniger Verbundenheit begründen und verstärken kann, besteht hier die Gefahr der «Konfluenz» (des Zusammenfließens), d.h. der unentwirrbaren Verflechtung von eigenen Phantasien und Wünschen des anderen. Beispiel für konfluenten Umgangsstil: «Wollen wir heute ins Kino gehen?» fragt der Mann, in der Meinung, er müsse seiner Frau ‹mal wieder etwas bieten›. Sie bejaht, um ihm einen Gefallen zu tun.

Vermeidung von Verantwortung. Ein Abteilungsleiter steht bei seinen Mitarbeitern in dem Ruf, nie klar zu sagen, was er wirklich will, das sie tun sollen. «Er bittet mich zu einem Gespräch, macht lange, umständliche Ausführungen (= auf der Sachseite der Nachricht), und ich rätsel immer nur, was er von mir will (= welcher Appell in seiner Nachricht steckt). Ich ahne es manchmal, aber er läßt sich da auch nie festlegen!» – berichtet einer seiner Mitarbeiter. Vermutlich hat sich dieser Abteilungsleiter einen Kommunikationsstil angewöhnt, der ihn aus folgendem Dilemma befreit: Einerseits möchte er Einfluß nehmen. Andererseits besteht aber immer die Möglichkeit, daß sich Entscheidungen als falsch herausstellen, daß die Sache «schief» geht, oder daß die Entscheidung für andere Personen nachteilig ist und man sich «Feinde macht». Für solche Fälle ist es am besten, die Urheberschaft der betreffenden Entscheidung dementieren zu können, notfalls sogar gekonnt «aus allen Wolken zu fallen». Die Appelle werden so gesendet, daß sie zwar dem Empfänger die Richtung weisen, daß aber der Sender hinterher nicht darauf «festgenagelt» werden kann. Eine (oft unbewußt eingesetzte) Strategie, der Verantwortung zu entgehen. Auch hier wieder: es tun, aber es hinterher nicht gewesen sein...

5.2 Der offene Appell als Heilmacher einer kranken Kommunikation

Der offene Appell (= einen Wunsch direkt äußern) steht im Gegensatz zu

- □ den taktischen Schleichwegen (verdeckte und paradoxe Appelle);
- □ dem konfluenten Umgangsstil (vgl. S. 245), wo zwischen meinen und deinen Wünschen nicht klar unterschieden wird und die gemachten Vorschläge die vermeintlichen Wünsche des anderen enthalten;
- □ den unausgedrückten Wünschen. Diese verwandeln sich in Gift und kommen nicht selten als Vorwürfe (= Wünsche hinterher!) zum Ausdruck.

Überhaupt steht der offene Wunsch im Gegensatz zu jeder

- □ rückwärtsblickenden Klage («Hättest du nicht...»). Statt diesem «Blick zurück im Zorn» hat der offene Wunsch den Blick nach vorn.

Also sollten die Energien in die Zukunftsgestaltung und nicht allzusehr in die Klage über das Gewesene hineinfließen. Beispiel (s. Abb. 84): «Würdest du heute das Geschirr spülen?» ist besser als «Könntest du nicht wenigstens heute mal das Geschirr spülen?» Die zweite Version enthält einen Vorwurf als korrelierte Botschaft (vgl. S. 65ff) und macht es dem Empfänger schwer, dem Appell frohen Herzens nachzukommen, schon deshalb, weil dies mit dem Eingeständnis einer Schuld zusammenfallen würde.

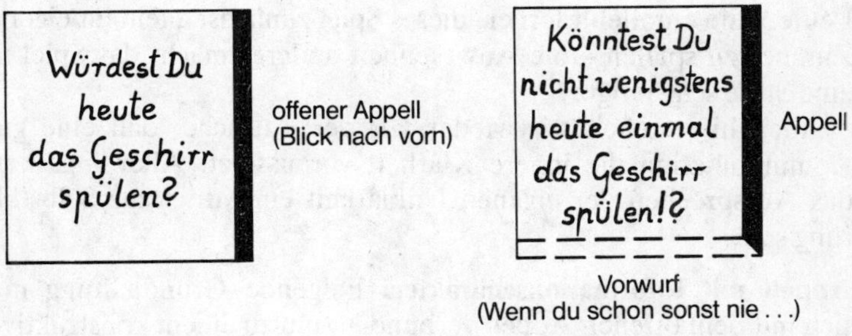

Abb. 84: *Offene Appelle sind nur dann «Heilmacher», wenn sie kein Beziehungs-«Gift» im Schlepptau haben.*

Wie häufig kommt es vor, daß der Empfänger dem Appell selbst gern nachkommen würde, aber die *mitgesendete Atmosphäre* seine Bereitschaft zerstört. Die Folge: ungehorsame Kinder und trotzige Ehepartner.

Der Empfänger seinerseits kann sich diese Überlegungen zunutze machen, indem er, konfrontiert mit Beschwerden und Anklagen, die Frage nach dem Appell stellt: «Ich höre viel Ärger über das, was gewesen ist – wie möchten Sie, daß wir in Zukunft verfahren sollen?» Durch diese kleine Weichenstellung kann das Gespräch eine ganz neue Richtung nehmen.

5.3 Notwendige mit dem offenen Appell verbundene Grundhaltungen

Ich habe den offenen Appell als ein kommunikationspsychologisches Heilmittel empfohlen. Jedoch ist dies schnell empfohlen und schwierig in die Tat umzusetzen. Ich möchte jetzt einige Voraussetzungen und einige notwendige Grundhaltungen ansprechen, die sich mit dem offenen Appell verbinden müssen – sonst besteht die Gefahr neuer Schwierigkeiten.

Mit sich selber klar sein. Der offene Appell setzt voraus, daß der Sender sich darüber im klaren ist, was er will. Diese Voraussetzung scheint selbstverständlich, ist in der Realität aber häufig nicht gegeben. So ist es oft leichter, sich den Wünschen anderer zu fügen (und sich ggf. hinterher zu beschweren), als selbst klare eigene Wünsche ins Spiel zu bringen. Ruth Cohn (1975) empfiehlt, klein anzufangen: Ihre Übung lautet: «Ich muß tun, was ich will – für 10 Minuten. – Ein therapeutisches Spiel für Psychotherapeuten, Patienten und andere Leute.» Sie empfiehlt ferner, dieses Spiel zunächst allein im eigenen Zimmer zu spielen – die Anwesenheit anderer macht das Spiel um eine Stufe schwieriger.

Auch hier stehen wir wieder vor der Tatsache, daß eine gute Kommunikation die innere Klarheit voraussetzt. Allerdings kann das Aussprechen der eigenen Unklarheit ein Mittel zur Selbstklärung sein.

Appell mit Informationscharakter. Folgende Grundhaltung muß sich mit dem offenen Appell verbünden, um zu einem konstruktiven Umgangsstil zu führen:

□ Ich sage meinen Wunsch, damit du informiert bist. Ich sage ihn um der Transparenz der Situation willen, nicht, um ihn unbedingt durchzusetzen. Genauso möchte ich wissen, was du willst, wiederum nicht um mich gleich zu fügen, sondern um Entscheidungen auf der Grundlage vollständiger Informationen treffen zu können.

Unter diesem Vorzeichen hat der offen vorgetragene Wunsch nichts mit Egoismus zu tun. «Du hast zehn Semester Egoismus studiert!» beklagte sich der Partner einer Psychologie-Studentin, die während ihres Studiums gelernt hatte, klar zu sagen, was sie will. Dies mag ein zutreffender Vorwurf gewesen sein, in Verbindung mit der obigen Grundhaltung jedoch wäre er unberechtigt. Der klare Wunsch enthält nicht den Willen seiner unbedingten Durchsetzung, «altruistisch» kann man hinterher immer noch sein.

Der hier empfohlene Umgangsstil sei an einem kleinen Alltagsbeispiel verdeutlicht: Ein Gastgeber sagt zu seinen Gästen, die sich anschicken, ein Mittagsschläfchen zu halten:

> «Ich würde gerne noch ein wenig Flöte üben, würde euch das stören?»

Bevor wir hören, wie die Gäste antworten, halten wir uns vor Augen, wie unüblich ein solch offener Appell ist. 99% aller Gastgeber würden ihn nicht vortragen, mit etwa folgenden Gedanken:

> «Zwar würde ich jetzt gerne Flöte üben, aber das kann ich meinen Gästen nicht antun, bestimmt würde es sie stören. Wenn ich fragen würde, würden sie bestimmt antworten: ‹Nein, nein, das stört uns nicht!› – aber nur, weil sie mir keine Umstände bereiten möchten.»

Und so halten die 99% der Gastgeber ihren Wunsch zurück, fangen an, sich etwas eingeengt zu fühlen und legen selbst den Grundstein für die Lebensweisheit: «Gäste sind wie Fische – nach drei Tagen fangen sie an zu stinken.»
Wie antwortete der Gast?

> «Ja, stören würde es mich schon.»

Ebenso ein Appell mit Informationscharakter («das heißt nicht, daß du nicht üben sollst!»). 99% aller Gäste hätten «altruistisch» geantwortet: «Nein, nein, spiel nur! Laß dich durch mich überhaupt nicht einschränken!» – und hätten gedacht: «Muß er denn unbedingt in der Mittagszeit üben!?»

Erst jetzt, nachdem die Wünsche offenliegen, kann eine Lösung gefunden werden. Aber ich behaupte: Ganz gleich, wie die Lösung ausfällt (Üben, Nicht-Üben, Später-Üben, Kurz-Üben, Woanders-Üben) – *die wichtigste Lösung ist bereits erreicht:* Sie liegt auf der kommunikativen Ebene –, Gast und Gastgeber sind miteinander im Kontakt und fühlen sich frei, ihre Wünsche auszudrücken. In einer solchen «Luft» läßt sich atmen, stinken die Fische nicht so rasch!

Verantwortung des Empfängers. Nachdem der Appell offen ausgedrückt worden ist, sind zwei Reaktionen des Empfängers möglich: Ja oder Nein. Wenn er dem Appell nachkommt (ja), ist es wichtig, daß er sodann die Eigenverantwortung für die appellgemäße Handlung übernimmt und sich nicht hinterher darauf beruft: «Du hast es ja so gewollt – ich kann nichts dafür!» Wenn ich in gleichberechtigten Beziehungen die Freiheit habe, einem Appell nachzukommen oder nicht nachzukommen, dann beruht ein appellgemäßes Verhalten auf meiner Entscheidung und enthält meine Urheberschaft. Verantwortung für appellgemäße Handlungen zu übernehmen: dieses wichtige Lernziel stellt sich dem Erwachsenen – hier muß Hans lernen, was das (zum Gehorsam verpflichtete) Hänschen noch nicht hat lernen können.

Im Falle der Ablehnung: Es ist im Sinne des hier vorgeschlagenen Umgangsstiles, daß der Empfänger den Mut zu einem klaren «Nein» findet, wenn er dem Appell nicht nachkommen will. So paradox es klingt, nur das klare, direkte *Nein* ermöglicht den offenen Appell auf seiten des Senders. Denn als Sender «riskiere» ich den offenen Appell ja häufig nur dann, wenn ich sicher sein kann, daß der andere auch wirklich «ja» *meint*, wenn er «ja» *sagt*.

Entsprechend sollte der Sender das klare «Nein» wertschätzen, mag er auch über den Inhalt der Antwort enttäuscht sein. Kann ich zugleich enttäuscht (über den Inhalt) und froh (über den Prozeß) sein? Ja, ich kann.

Analog dazu sollte der Empfänger nach seinem *Nein* kein Ressentiment über die «Zumutung» des Appells hegen. Statt dessen sollte der Empfänger von der Haltung beseelt sein: «Zwar will ich dem Appell nicht nachkommen (Ablehnung des Inhaltes), aber ich finde es in Ordnung, daß du deine Wünsche sagst» (Zustimmung zum Prozeß).

Der hier beschriebene Appell-Umgangsstil läßt sich auf folgende Kurzformel bringen:

> Es ist erlaubt und erwünscht, daß der Sender seine Wünsche deutlich anmeldet – und es ist erlaubt und erwünscht, daß der Empfänger dem Appell unter Umständen nicht nachkommt.

Die dazu notwendigen Grundhaltungen sind in Abb. 85 noch einmal zusammengestellt. Sie sind erst zu erwerben, wir bringen sie selten «von Haus aus» mit. Auch garantiert dieser Umgangsstil keine Harmonie – im Gegenteil, vorhandene Konflikte werden sichtbarer als zuvor. Aber er begünstigt klare Lösungen und überhaupt eine «klare Luft», in der sich atmen und leben läßt.

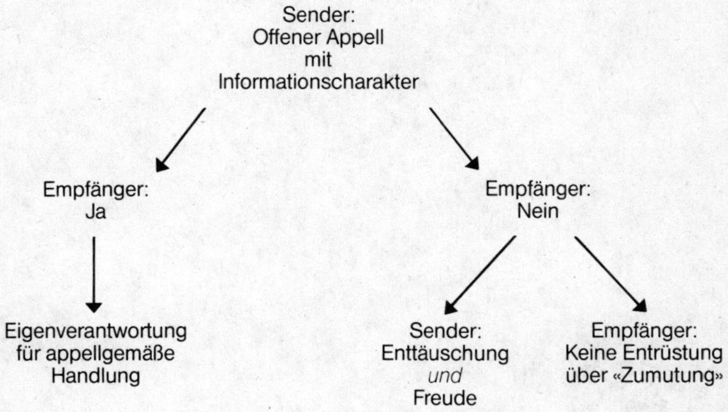

Abb. 85: *Notwendige Grundhaltungen bei Sender und Empfänger für einen offenen Appell-Umgangsstil.*

Nachwort für Psychologen

und für all die, die mit Psychologie in Berührung kommen

1. Chancen und Gefahren einer «psychologischen» Kommunikation

Was das heutige Leben auf dem Erdball so gefährlich macht, ist das gigantische Auseinanderklaffen zwischen technologischem Vermögen und zwischenmenschlichem Unvermögen. Es ist dringend geboten (wenn nicht schon zu spät), in der Fähigkeit zur Verständigung aufzuholen. Dieses Buch enthält Richtungsschilder und Handwerkszeug für die zwischenmenschliche Kommunikation.

Was können wir damit anfangen? Sind von der Wissenschaft heilsame Anstöße zu erwarten – oder laufen wir Gefahr, in einer Verwissenschaftlichung des mitmenschlichen Umgangs einer neuen Entfremdung Vorschub zu leisten? Manchmal kommt mir diese Sorge, wenn ich sehe, daß durch eine allzu flüchtige Begegnung mit der Psychologie anstatt neuer Haltungen neue Verhaltensschablonen platzgreifen. Diese Sorge habe ich 1980 in der Zeitschrift *Psychologie heute* (Nr. 9) in einer Satire zum Ausdruck gebracht. Um deutlich zu machen, in welcher Richtung ich das vorliegende Buch nicht mißverstanden haben möchte, sei die Satire hier noch einmal abgedruckt. Darin ist auch eine Frage berührt, die an mich oft gestellt wird: «Können Sie als Psychologe überhaupt noch spontan, sozusagen als Mensch, reagieren?»

Bewunderung, Argwohn und etwas Angst steckt in dieser Frage. Bewunderung darüber, daß der Psychologe (vermeintlich) so souverän über der Sache des zwischenmenschlichen Geschehens steht und alles durchschaut, was sich abspielt. Gleichzeitig die Angst, «daß er mich sogleich durchschaut, was immer ich auch von mir gebe». Und Argwohn, daß sich zu dem Psychologen keine normale mitmenschliche Beziehung herstellen läßt, daß man nie den Menschen antrifft, sondern immer den Psychologen, dessen Verhalten weniger seinen innersten menschlichen Kern widerspiegelt als vielmehr die wissenschaftlichen Leitlinien, nach denen er es ausrichtet. Der Verdacht also, nicht mehr den Menschen selbst, sondern sein wissenschaftliches Handwerkszeug anzutreffen.

Ich habe das Thema schon einmal in Verbindung mit der Metakommunikation berührt und möchte es jetzt vertiefen. Hier zunächst die Satire:

2. «Bleiben Se Mensch, Herr Psychologe!» – Eine Satire

Ach, wie bin ich froh, durch Selbsterfahrung, Encounter-Groups und themenzentrierte Interaktion, durch Kommunikationstrainings, Meditation und – gottlob – auch Gestalttherapie einen besseren Zugang zu mir selbst und zu meinen Mitmenschen gefunden zu haben! Früher habe ich einfach so dahingelebt, anderen nur mit halbem Ohr zugehört, eine normale Fassade von mir gezeigt – und bin einer wirklichen Begegnung mit mir selbst und anderen aus dem Weg gegangen!

Ich will aber auch folgendes nicht verschweigen: Seit ich auf dem Wege bin, kommt es zuweilen vor, daß mich mein persönliches Wachstum, mein Persönlichkeitsfortschritt von all jenen Mitmenschen entfernt, die noch nicht soweit sind.

So hatte ich neulich ein Rendezvous mit Maria, einem an sich wirklich netten Mädchen, das auf seine Art überaus natürlich ist. Wir saßen in einer Kneipe beim Bier, und sie plauderte fröhlich über dies und das. Allerdings waren die Inhalte etwas external und ichfern. Ich horchte in mich hinein und merkte, daß ich mich von ihrer lebendigen Art mehr angerührt fühlte als von den Inhalten ihrer Erzählungen – und beschloß, ihr ein Feedback zu spenden.

Wie jeder weiß, bedarf es einiger Qualifikation, um ein Feedback richtig zu geben. Früher hätte ich wahrscheinlich gar nichts gesagt und ein anderes Thema angefangen – oder ich hätte ihr durch eine Du-Botschaft irgendeinen Stempel aufgedrückt und mich selbst herausgehalten mit meinen Gefühlen. Jetzt aber hatte ich die einschlägigen Feedback-Regeln im Kopf (es soll beschreibend und nicht wertend, ferner möglichst konkret sein, unmittelbar erfolgen und vor allem in der Ich-Form gegeben werden).

Natürlich habe ich diese Regeln weitgehend in meine Persönlichkeit integriert, so daß ich sie mir nicht einzeln aufsagen muß, bevor ich ein Feedback gebe. Dies nämlich würde meine Spontaneität um einiges behindern. So hatte ich denn auch ziemlich schnell die Formulierung auf der Zunge:

«Mich berührt sehr deine lebendige Art, aber Segelclubs und das alles interessieren mich weniger.»

Fast wäre mir der Satz in dieser Urform herausgerutscht, gottlob merkte ich im letzten Moment, daß die beiden Feedback-Teile durch das Spaltwort «aber» verbunden waren, wodurch bekanntlich der erste Teil entwertet wird. Getreu der Gestaltregel von Fritz Perls ersetzte ich im letzten Moment das «aber» durch ein «und». So fuhr es aus mir heraus:

«Mich berührt sehr deine lebendige Art, und Segelclubs und das alles interessieren mich weniger.»

Wobei ich die während des ersten Teils («mich berührt sehr deine lebendige Art») gefühlte Nähe nonverbal durch leichte Aufnahme von Körperkontakt unterstrich.

Natürlich schaute sie etwas verwirrt – ich kenne und erwarte dies schon bei Menschen, die noch keine Selbsterfahrung und kein Training erlebt haben. So ist es mehr als verständlich, daß sie nicht vorbereitet sind, Dinge so direkt anzusprechen; auch Körperkontakt ist bei solchen Menschen noch ein großes Tabu. Es ist deswegen außerordentlich wichtig, sie nicht zu überfordern.

Ich konnte also nicht davon ausgehen, daß sie von sich aus nun ebenfalls ein Feedback nach den Regeln der Kunst zurückgeben würde. Um eine wirkliche Begegnung zu fördern, erlaubte ich mir daher eine kleine Intervention und fragte:

«Was macht das jetzt mit dir?» Etwas irritiert sagte sie: «Ja, was interessiert dich denn – ich mein, man kann doch nicht dauernd nur Tiefschürfendes reden!»

Da haben wir es! – durchfuhr es mich, da haben wir es, dieses anonyme «man», hinter dem sich doch wohl ganz persönliche Erfahrungen und Gefühle verbergen. Wie schon bei ihren externalen Gesprächsinhalten finden wir hier dieselbe Tendenz vor, nämlich die eigene Person herauszuhalten. Ich beschloß, ihr durch aktives Zuhören einen kleinen Dienst zu erweisen, ihr zu helfen, die hinter dem «man» verborgene Ich-Botschaft nach und nach ans Licht zu heben – steckt doch schließlich hinter einem «man kann nicht» in der Regel ein stark gefühlsbeladenes «ich will nicht»!

Erst wollte ich sagen: «Es fällt dir schwer, über Dinge zu sprechen, die dich persönlich berühren und die etwas tiefer gehen?» – doch dann, während ich schon ansetzte zu sprechen, folgte ich einer Eingebung und suchte die Sache nicht ganz so drastisch auszudrükken und benutzte einige Abschwächungen, um ihr eine nicht-defensive Auseinandersetzung zu erleichtern:

«Ist es ein bißchen so, daß es dir manchmal etwas leichter fällt, über Dinge zu reden, die ein klein wenig weiter wegliegen und dich persönlich nicht ganz so berühren?»

Sie runzelte die Stirn und fragte: «Sag mal, was meinste denn damit?»

Diesmal antwortete ich wie aus der Pistole geschossen: «Du überlegst, was das sein könnte, und es fällt dir auf Anhieb nicht so recht was ein?»

Maria rückte mit ihrem Körper ab und nahm dabei ihre Hand unter der meinen heraus, so daß der von mir im Zusammenhang mit «Mich berührt deine sehr lebendige Art» herbeigeführte Körperkontakt wieder gelöst war. Ich selbst hatte die Stellung unserer Hände schon eine Zeitlang als etwas versteift und «eingefroren» erlebt, als nicht mehr ganz so stimmig wie zum Zeitpunkt des Zustandekommens, hatte aber keine Möglichkeit gesehen, meine Hand wieder zu entfernen, ohne womöglich den fälschlichen Eindruck der Ablehnung ihrer Person zu hinterlassen.

Sie sagte: «Also manchmal spinnst du ein bißchen!»

Das war nun reine Abwehr, noch dazu in Form einer Du-Botschaft. Aber man muß sich immer vor Augen halten, daß Maria nicht darin geübt ist, über persönliche emotionale, vielleicht unliebsame Erfahrungsinhalte zu sprechen. So ist dieses Verhalten als Verteidigung in einer vermeintlichen Notlage nur allzu verständlich. Auch kam mir zum Bewußtsein, daß ich durch mein einfühlendes Verstehen in den letzten Äußerungen vielleicht eine Spur zu «therapeutisch» gewirkt habe – so daß sie sich auf der Beziehungsebene womöglich wie ein Patient behandelt gefühlt haben mag.

Nun stand ich am Scheidewege: Sollte ich durch Metakommunikation die Störung ansprechen und eine Beziehungsklärung anstreben? Oder sollte ich ein Stück Selbsteinbringung realisieren, also ganz als Mensch von mir selbst sprechen und so ein Modell sein für Selbstöffnung, um es ihr zu erleichtern, sich ebenfalls ein wenig zu offenbaren?

Ich entschied mich für letzteres. Schon aus dem Grunde, weil ich mich am wohlsten fühle, wenn ich ganz ich selbst sein kann.

Also sagte ich: «Weißt du, mir geht es selber manchmal so, daß ich so alles Mögliche rede, so oberflächliches Zeug, was mit mir selber gar nichts zu tun hat – vielleicht weil ich irgendwie Angst habe, wenn ich zuviel von mir persönlich erzähle, dann werde ich vielleicht abgelehnt.»

Da sie nichts sagte, fuhr ich fort und setzte gleichsam noch einen

I-Punkt auf das Vorherige: «...oder daß ich mich vielleicht sogar selbst ablehne!»

Obwohl ich unwillkürlich ein ganz ernstes Gesicht und einen bedeutungsvollen Ausdruck bekam, zuckte Maria nur mit den Schultern und sagte: «Das ist doch normal – noch ein Bier? Ich muß auch bald gehen.»

Irgendwie fühlte ich mich nicht ganz angenommen, fand ihre Reaktion etwas undankbar angesichts meiner Selbstoffenbarungsleistung. Immerhin hatte ich doch ziemlich viel von mir preisgegeben. – Wegen dieses Gefühls und weil es mir schien, daß sie etwas von der Lebendigkeit verloren hatte, die ich anfangs an ihr schätzte, hielt ich es jetzt für an der Zeit, die Ebene zu wechseln und durch Metakommunikation an der Störung zu arbeiten:

«Weißt du – mir fällt es nicht ganz leicht, das jetzt auszusprechen, und ich merk, wie ich mir einen kleinen Ruck dazu geben muß – also ich möchte mal ansprechen, wie wir hier miteinander reden, also wie ich das erlebe: Ich fühle irgendwie eine unsichtbare Wand zwischen uns und daß ich immer dagegen anrenne und dich nicht wirklich erreiche – verstehst du? Ich höre zwar mit den Ohren, was du sagst, aber ich spüre nicht richtig etwas von dir...»

An dieser Stelle passierte etwas Unglaubliches. Ohne jede Vorankündigung griff Maria plötzlich zu ihrem Glas – und goß mir mit Schwung ihr ganzes Bier aufs Hemd. Und lachte etwas albern und sagte: «Damit du mal was von mir spürst, haha!»

Und stand auf, um zu gehen.

Es gab in meinem neuen Leben kaum einen Augenblick, wo ich so sehr wie jetzt in Versuchung war, in mein altes Verhalten zurückzufallen. Früher hätte ich wohl gebrüllt und mit «Du widerliche Sau!» eine rüde Du-Botschaft ausgestoßen. Natürlich weiß ich heute, daß ich durch ein derartiges Verhalten nur etwas Herabsetzendes *über sie* sagen würde und dabei ganz im unklaren ließe, was denn überhaupt *in mir* vorgeht.

Da mir nach Metakommunikation und Verständnis im Augenblick überhaupt nicht zumute war – man bedenke das widerwärtig nasse Hemd auf der Haut – und da ich auch und gerade als Psychologe zu meinen Gefühlen im Hier und Jetzt stehen möchte, entschloß ich mich zur sofortigen Echtheit und sagte ganz spontan mit lauter Stimme, ohne dabei im mindesten zu lächeln: «Ich bin jetzt sehr wütend, Maria!!»

Da Maria wortlos ging (Aggressions- und Fluchttendenzen sind typische Reaktionen auf Situationen, in denen man sich unzulänglich fühlt), war es mir nicht mehr möglich, meine Störung anzumelden und hilfreich auf sie einzugehen. Ich fühle, daß noch etwas Unerledigtes zwischen uns ist, und wir werden daran beim nächstenmal wohl arbeiten müssen. Auch nahm ich mir vor, die Sache in meiner Supervisionsgruppe vorzutragen, um meinen eigenen Anteil an dem Geschehen zu klären (hatte sie mich nicht doch an der einen Stelle an meine Mutter erinnert?).

Jedenfalls zeigt die Geschichte sehr deutlich, wie schwierig sich die Kommunikation mit jemandem gestaltet, der noch nicht so weit ist, dem das seelische Rüstzeug für eine wirkliche Begegnung noch fehlt.

3. Eine «déformation professionelle»?

Ich möchte nicht mißverstanden werden mit dieser Satire. Ich bin nicht dagegen, sondern dafür, daß die Begegnung mit Psychologie zur Persönlichkeitsbildung beitrage. Denn was nützt es, wenn der Psychologe allerlei wissenschaftliche Erkenntnisse und methodisches Rüstzeug hat, aber im Umgang mit sich selbst und mit anderen genauso unbeholfen ist wie seine Klientel? Wir haben an die Eigenart unseres Faches zu denken, daß sich die Vermittlung von Psychologie vor allem auch durch die persönliche Begegnung vollzieht und *daß die Persönlichkeit des psychologischen Vermittlers ein wesentlicher Teil seiner Botschaft und seines Handwerkszeuges ist.* Wenn wir unserer Klientel die Erweiterung der Selbstkenntnis und der mitmenschlichen Fähigkeiten bieten wollen, müssen wir in der Tat bei uns selbst anfangen.

Mein Unbehagen setzt da ein, wenn dieser Prozeß, für den es keine Alternative gibt, auf Abwege führt. Der Held der Satire begegnet uns in einem pseudo-professionellen weißen Imponier-Kittel, hinter dem sich menschliche Unbeholfenheit verbirgt und nicht wirklich auszudrücken wagt. Statt der üblichen Alltagsfassade finden wir eine neue Psycho-Fassade vor.

Ich habe im Zusammenhang mit der Satire von einer «déformation professionelle» des Psychologen gesprochen, also von einer berufsbedingten charakterlichen Verschrobenheit. Jedoch hat Ruth Cohn zu Recht darauf hingewiesen, daß es sich in Wahrheit um eine (allerdings häufige) «déformation non-professionelle» handele, also um ein Fehlverständnis von Psychologie, das durch mangelhafte Ausbildung bedingt ist. Sie schreibt: «Deinem Helden fehlen professionell die Lehre von Empathie, von selektiver Echtheit und vom Globus (sonst aber geht's ihm gut!)!» (Persönliche Korrespondenz, 1980)

Untersuchen wir nun im einzelnen, was schiefgegangen ist.

4. Psycho-Jargon

Die erste Gefahr sehe ich darin, daß bestimmte Verhaltensweisen, die ursprünglich als Ausdruck einer Grundhaltung zu verstehen sind, sich von dieser Grundhaltung lösen und zu einem neuen «Psycho-Knigge» werden, dessen korrekte Einhaltung sich in der tadellosen Beherrschung eines klischeehaften Psycho-Jargons zeigt, welcher oft zur Grundlage eines Überlegenheitsgefühles wird. Der neue psychologische Verhaltensstil (z. B. tadellos formulierte Ich-Botschaften, aktives Zuhören, Metakommunikation, das flotte, geübte Sprechen vom «eigenen Anteil» usw.) gleicht dann einem geschmückten aufgeputzten Wagen, der hinter die alten Zugpferde gespannt wird: Persönlichkeitszugpferde, die in die alte Richtung laufen und dem Ziel der Überlegenheit und der Kaschierung von Unsicherheit zustreben.

Ohne Zweifel: Der Gedanke, der hinter dem Konzept der Ich-Botschaft (vgl. S. 79f) steht, ist persönlichkeitserweiternd und mitmenschlich konstruktiv: Der Gedanke nämlich, daß die Art, wie ich meine Umwelt und meine Mitmenschen wahrnehme und bewerte, sehr stark meine innere Verfassung widerspiegelt. Nicht nur bei projektiven Tests ist der Blick in die Welt immer auch ein Blick in den eigenen Spiegel. Und so ist die Leitfrage «Was ist es in mir, daß ich so und so auf dich oder auf dieses oder jenes reagiere?» gewiß geeignet, Selbsterkenntnis zu fördern und mitmenschliche Verständigung zu erleichtern. – Die diesem Grundgedanken entsprechende operationalisierbare und trainierbare Verhaltensweise – «das Senden von Ich-Botschaften» – läuft jedoch Gefahr, eine mitmenschliche Ursprünglichkeit durch eine professionelle Art, sich mitzuteilen, zu ersetzen und den Ausdruck der Emotionalität in eine routinierte Form zu gießen. Wer «Ich-Botschaften sendet», steht als Kommunikations-Profi über dem Geschehen und hat sich nicht selten aus der ursprünglichen Betroffenheit entfernt. Und so enthält unter Umständen die kommunikationspsychologisch verpönte Du-Botschaft (etwa ein gereiztes «Du bist ein furchtbarer Quälgeist») ein authentischeres Bekenntnis zur eigenen Gereiztheit als die konzeptgemäß formulierte Ich-Botschaft («Ich möchte im Augenblick etwas für mich sein und fühle mich von dir jetzt sehr gestört!»). Natürlich wäre es wünschenswert, wenn der Sender bereit und fähig ist, bei Bedarf seinen inneren Ich-Zustand nachträglich zu erläutern.

Ein zweites Beispiel: ähnlich wie die Ich-Botschaft, so ist auch eine andere psychologische Verhaltensweise von dem Schicksal bedroht, sich von einer Grundhaltung zu entfernen und zur Technik zu verselbständigen: das aktive Zuhören (vgl. S. 57), das «Verbalisieren emotionaler Erlebnisinhalte», das ein einfühlendes Verstehen ermöglichen soll und darauf abzielt, sich in die phänomenale Welt des anderen einzufinden. Es besteht kein Zweifel, daß eine solche Empathie therapeutisch grundlegend und mitmenschlich wertvoll ist (vgl. Rogers 1980), und wer sich durch Psychologie in seinen empathischen Fähigkeiten erweitert, hat einen großen Schritt getan. Wenn jedoch diese empathische Haltung infolge eines Verhaltenstrainings sich in einem mechanischen, stereotypen «Spiegeln» zeigt, führt dies zu einer bemitleidenswerten Verarmung mitmenschlicher Kommunikation. Wirkliche Empathie drückt sich in vielfältiger Weise aus, bedarf keiner sprachlichen Stereotypie. Und wenn Psychologen dann noch anfangen, dieses Verhalten in Situationen «anzuwenden», in denen das einfühlende Verstehen weder stimmig ist mit ihrer eigenen inneren Verfassung noch mit der Beziehung zum anderen noch mit dem Charakter der Situation, dann kann aus der ursprünglich wertvollen Einstellung eine hilflose Verschrobenheit werden – oder ein heimliches Kampfmittel (s. u.).

□ *«Stimmigkeit hat Vorrang!»* – Diese Oberregel (vgl. S. 121) sollte die erste Lektion jedes psychologischen Trainings sein, in dem Verhaltensweisen eingeübt werden.

5. Therapeutisches Verhalten als Manipulations- und Kampfmittel

Bisher habe ich die Gefahr beschrieben, daß «psychologische» Verhaltensweisen sich von ihrer Grundhaltung ablösen und – mechanisch verwirklicht – zu einem bloßen Psycho-Jargon verkommen, der die Vielfalt der kommunikativen Möglichkeiten verarmen läßt und nicht zur Erweiterung der Individualität, sondern zu einer bloßen Uniformierung des Verhaltens führt. Dies wäre schade, aber noch nicht sehr gefährlich. Anders sieht es aus, wenn diese Verhaltensweisen sich nicht nur von den genannten Grundhaltungen lösen, sondern in den Dienst ganz anderer, geradezu ins Gegenteil verkehrter Haltungen gestellt werden.

Jede Nachricht hat – wie auf S. 209ff ausgeführt – einen Ausdrucks- und einen Wirkungsaspekt. «Ich habe Durst» drückt einen bestehenden Zustand aus, enthält gleichzeitig aber auch den Versuch, einen gewünschten Zustand herzustellen (Appellaspekt: «Gib mir zu trinken!») Die alltäglich üblichen Kommunikationstechniken (z.B. positive Selbstdarstellung, höflicher Tonfall usw.) betonen den Wirkungsaspekt: den anderen beeindrucken, bei Laune halten usw. Gegenüber dieser üblichen «Maskerade» betont das Authentizitätsprinzip in der Humanistischen Psychologie den Ausdrucksaspekt: Ausdrücken, was in mir vorgeht, unter Verminderung der Wirkungskontrolle.

Und nun passiert (nicht nur in der Satire) folgendes: Ein Verhalten, das durch seinen Phänotypus vorgibt, ausdrucksorientiert zu sein (z.B. die Ich-Botschaft), ist genotypisch, nämlich von der Absicht her, wirkungsorientiert («um ihr die Selbstöffnung zu erleichtern...», s. S. 258). Da ist die alte, übliche Fassade ehrlicher gewesen – sie gibt (metakommunikatorisch) nicht vor, etwas anderes zu sein, und jeder kann sich darauf einstellen.

So werden Verhaltensweisen, die von der Grundidee her ausdrucksorientiert sind und existentielle, herrschaftsfreie Dialoge und Begegnungen fördern wollen, zu neuen Manipulationsinstrumenten und zu Techniken der Oberhand-Sicherung. *Der alte Wolf erscheint hier im Schafspelz einer humanistisch-therapeutischen Orientierung.*

6. Der Doppelcharakter psychologischer Verhaltensweisen

Halten wir fest: Die operationalisierbaren und trainierbaren psychologischen Verhaltensweisen haben einen Doppelcharakter: Je nachdem, vor welchen Wagen sie gespannt werden, können sie in den Dienst der mitmenschlichen Verständigung oder in den Dienst der Selbstdarstellung, Manipulation und Interessendurchsetzung treten.

Dieser Doppelcharakter kommt eindrucksvoll in dem folgenden Traum meines Freundes und Kollegen Jens Hager zum Ausdruck:

Ich werde auf der Straße von einer Gruppe von Rockern aufgegriffen und abgeführt. Sie bringen mich in ein Gebäude, ich bin in ihrer Gewalt. Sie klagen mich an, schlimme Dinge begangen zu haben, und da ich ihnen ausgeliefert bin, droht mir der Tod. Statt mich zu rechtfertigen oder zu verteidigen, höre ich aktiv zu. Dies rettet mich: Sie lassen mich schließlich frei.

Besser kann der Doppelcharakter des aktiven Zuhörens kaum zum Ausdruck gebracht werden: Einerseits ein wirksames Instrument zur Durchsetzung eigener Interessen, hier sogar zur Rettung des eigenen Lebens: Wir haben einen Psychologen vor uns, der durch «geschicktes» Verhalten das erreicht, was er erreichen will. Dies ist die eine Seite. Die andere: Enthält nicht der Versuch, die Welt des anderen einfühlend zu verstehen, die einzige Chance, eine Verständigungsbrücke zwischen verfeindeten Welten zu schlagen? Der Versuch, die Beweggründe, den Unmut des anderen nachzuvollziehen, die einzige Möglichkeit, Gewalt und Totschlag abzuwenden?

7. Die «gemachte» Ursprünglichkeit

Das Problem hat noch einen anderen Aspekt. Die Humanistische Psychologie hat eindrucksvoll dargelegt, daß Fassaden und Manipulationstechniken das Miteinander nicht fördern, daß statt dessen das Finden des eigenen Selbst und seine authentische Vertretung in ursprünglicher, echter Weise die Persönlichkeit erweitert und die Mitmenschlichkeit fördert.

Nun passiert aber folgendes: Nachdem derartige Formen des menschlichen Ausdrucks dort, wo sie geschehen, als konstruktiv erkannt worden sind, werden sie nun zum Ziel von Bemühungen. Wie wir aber seit Kleists «Marionettentheater» (sämtliche Werke o.J.) wissen, ist das, worum man sich absichtsvoll bemüht, nicht mehr dasselbe wie das, was (von selbst) geschieht. So kann auch «Echtheit» geradezu unmöglich werden durch den gutgemeinten Vorsatz «Ich will jetzt echt sein!» – Ebenso ist es nicht dasselbe, ob ein Therapeut oder Trainer sich selbst einbringt oder ob er «Selbsteinbringung realisiert», da sich dies in Untersuchungen als günstig herausgestellt hat. Das «rein Menschliche» wird hier zum professionellen Werkzeug.

Ich habe nichts gegen professionelle Werkzeuge – sie sind notwendig. Nur wenn sie vorgeben, gerade dies nicht zu sein, wird die Sache schief.

Aus dem Paradies der ersten Naivität für immer vertrieben, sind wir Psychologen auf der Suche nach der zweiten Naivität. Die Psychologie, einst Befreiungshilfe aus alten Ketten, droht nun selbst zur Fessel zu werden. Eindrucksvoll schrieb mir dazu Karin v. d. Laan:

«Was ich mir wünsche: Eine lebendige Verbindung herstellen, so daß ich alle Kommunikationsregeln vergesse.»

Und an einer anderen Stelle:

«Die Unwahrhaftigkeit ist es auch, die mich quält, wenn in Therapiegruppen ‹Echtheit und Gefühl› praktiziert wird ... Die Aussage ‹Ich bin jetzt sehr wütend› ist ... einfach unwahr, sie stimmt in sich selbst nicht. Das besonders Schlimme daran ist, daß hier eine raffinierte Vortäuschung von Ehrlichkeit vorliegt, die sich auch noch mit Naivität tarnt. Dagegen kann man sich nicht so leicht wehren, die Verlogenheit ist überhaupt schwer aufzudecken. Sie kann einen ganz ratlos machen.»

Der Weg zur zweiten Naivität ist weit. Mögen uns unsere Mitmenschen, die Marias in unserer Umgebung, verzeihen, wenn uns unterwegs – hoffentlich nur als Übergangsphänomen – allerlei Verschrobenheiten unterlaufen!

Kann die Psychologie zur Verbesserung der zwischenmenschlichen Kommunikation beitragen? Meine Überzeugung: Ja, sogar entscheidend. Und zwar dann, wenn sie deutlich macht, daß es um *Haltungen* und nicht in erster Linie um Verhalten (und schon gar nicht um Formulierungen) geht.

Es sind diese Haltungen, die der Empfänger zwischen den Zeilen herausliest und die seelisch wirksam werden. So sind Kommunikation und Persönlichkeitsbildung zwei Seiten derselben Medaille.

Literatur

Adler, A.: Menschenkenntnis. Frankfurt/M. 1966.
–: Individualpsychologie in der Schule. Frankfurt/M. 1973.
–: Zur Erziehung der Eltern. In: Adler, A.: Heilen und Bilden. Frankfurt/M. 1973a
Bandler, R., Grinder, J., und Satir, V.: Mit Familien reden – Gesprächsmuster und therapeutische Veränderung. München 1978.
Beier, E. G.: The Silent Language of Psychotherapy. Chicago 1966.
Berne, E.: Spiele der Erwachsenen. Reinbek 1967.
Bernfeld, S.: Sisyphus oder die Grenzen der Erziehung. Frankfurt/M. 1967.
Birkenbihl, M.: Kleines Arbeitshandbuch für Ausbilder und Dozenten – Train the Trainer. München 1973.
Brunner, E. J.: Rauschenbach, T., und Steinhilber, H.: Gestörte Kommunikation in der Schule – Analyse und Konzept eines Interaktionstrainings. München 1978.
Brusten, M., und Hurrelmann, K.: Abweichendes Verhalten in der Schule. München 1973.
Bühler, K.: Sprachtheorie. Jena 1934.
Cohn, R.: Von der Psychoanalyse zur Themenzentrierten Interaktion. Stuttgart 1975.
Cohn, R.: Interview in *Psychologie heute*, 1979, *3*.
Dörner, K., und Plog, U.: Irren ist menschlich oder Lehrbuch der Psychiatrie/Psychotherapie. Wunstorf 1978.
Dreikurs, K.: Psychologie im Klassenzimmer. Stuttgart 1971 (5).
Duhm, D.: Angst im Kapitalismus. Lambertsheim 1972.
Ellis, A.: Die rational-emotive Therapie – das innere Selbstgespräch bei seelischen Problemen und seine Veränderung. München 1977.
Flesch, R. A.: The Art of Readable Writing. New York 1949.
Fürstenau, P.: Zur Psychoanalyse der Schule als Institution. In: Fürstenau, P. u. a.: Zur Theorie der Schule. Weinheim und Basel 1969.
Gordon, T.: Familienkonferenz. Hamburg 1972.
Hager, J., und Laan, K. v. d.,: Transaktionale Analyse. Unveröffentl. Seminarpapier. Berlin 1979.
Haley, J.: Gemeinsamer Nenner Interaktion. München 1978.
Halpern, H.: Abschied von den Eltern. Hamburg 1978.
Harris, T. A.: Ich bin o.k. – du bist o.k. Reinbek 1975.
Heckhausen, H.: Lehrer-Schüler-Interaktion. In: Weinert, F. E. u. a.: Funkkolleg Pädagogische Psychologie 1. Frankfurt/M. 1974.
Hesse, H.: Demian – die Geschichte von Sinclairs Jugend. Frankfurt/M. 1972.
Jacobi, H.: Alfred Adlers Individualpsychologie und dialektische Charakterkunde. Frankfurt/M. 1974.

Jacobsgaard, C.: Bedarfsanalyse bei Hauptschülern der 9. Klasse über Veränderungswünsche im Kommunikationsbereich. Unveröffentl. Diplomarbeit. Hamburg 1977.
Kleist, H. v.: Allerneuester Erziehungsplan (aus den Berliner Abendblättern). In: Heinrich von Kleist – Sämtliche Werke. Gütersloh o. J.
–: Über das Marionettentheater (aus den Berliner Abendblättern). In: Heinrich von Kleist – Sämtliche Werke. Gütersloh o. J.
Kraußlach, J., Düwer. F. W., und Fellberg, G.: Aggressive Jugendliche. München 1976.
Langer, I., und Schulz von Thun, F.: Messung komplexer Merkmale in Psychologie und Pädagogik. München 1974.
–: Sich verständlich ausdrücken. München 1981 (2. überarb. Auflage).
Mandel, A., Mandel, K. H., Stadter, E., und Zimmer, D.: Einübung in Partnerschaft durch Kommunikationstherapie und Verhaltenstherapie. München 1971.
Miller, A.: Am Anfang war Erziehung. Frankfurt/M. 1980.
Miller, S., Nunnally, E. W. und Wackman, D. B.: Alive und Aware. Minneapolis 1975.
Minsel, W.-R.: Praxis der Gesprächspsychotherapie. Graz 1974.
Peick, P.: Das 4-Seiten-Modell der Kommunikation als Instrument der Supervision im therapeutischen Gespräch. Unveröffentl. Diplomarbeit. Hamburg 1979.
Perls, F.: Gestalttherapie in Aktion. Stuttgart 1974.
Petzold, H.: Gestalttherapie und «direkte Kommunikation» in der Arbeit mit Elterngruppen. In: Petzold, H.: Kreativität und Konflikte. Paderborn 1973.
–, und Paula, M. (Hg.): Transaktionale Analyse und Skriptanalyse (Aufsätze und Vorträge von Fanita English). Hamburg 1976.
Portele, G.: «Lob der dritten Sache» (Oder was wir von Brecht und was wir von den Alternativlern lernen können). *Gruppendynamik im Bildungsbereich*, 1978, *3*, S. 2–9.
Redlich, A., und Ott, C.: Veränderung der Interaktion in Schulklassen statt Stigmatisierung durch Einzelbehandlung. *Die Deutsche Schule,* 1980, *6*, S. 379–388.
–, und Schley, W.: Kooperative Verhaltensmodifikation. München 1979
Richter, H. E.: Patient Familie. Reinbek 1970.
–: Lernziel Solidarität. Reinbek 1974.
Rogers, C. R.: Entwicklung der Persönlichkeit. Stuttgart 1979.
–: Encounter-Gruppen – das Erlebnis der menschlichen Begegnung. München 1974.
–: Empathie – eine unterschätzte Seinsweise. In: Rogers, C. R. und Rosenberg, R. L.: Die Person als Mittelpunkt der Wirklichkeit. Stuttgart 1980.
Rogoll, R.: Nimm dich, wie du bist. Freiburg i. Br. 1976.
Röhm, H.: Kindliche Aggressivität. Starnberg 1972.
Satir, V.: Selbstwert und Kommunikation. München 1975.

Schulte, B., und Thomas, B.: Verhaltensanalyse und Therapieplanung bei einer Patientin mit multiplen Ängsten. In: Schulte, B. (Hg.): Diagnostik in der Verhaltenstherapie. München 1974.
Schulz von Thun, F.: Verständlich informieren. *Psychologie heute,* 1975, *5,* S. 42–51.
–: Psychologische Vorgänge in der zwischenmenschlichen Kommunikation. In: Fittkau, B., Müller-Wolff, H.-M. und Schulz von Thun, F. (Hg.): Kommunizieren lernen (und umlernen). Braunschweig 1977, ab 5. Aufl. 1987 Hahner Verlagsgesellschaft.
–: Kommunikation, innerbetriebliche. Enzyklopädisches Stichwort in: Personal-Enzyklopädie Bd. 2. München 1978.
–: Ist Humanistische Psychologie unpolitisch? In: Völker, U. (Hg.): Humanistische Psychologie. Weinheim und Basel 1980.
–: Bleiben Se Mensch, Herr Psychologe! *Psychologie heute*, 1980a, *9*, S. 12 bis 17.
–, Steinbach, I., Tausch, A.-M., und Neumann, K.: Das Werbefernsehen als Erzieher von Millionen Zuschauern – eine vergleichende Studie BRD–DDR. *Psychologie in Erziehung und Unterricht*, 1974, *21* S. 355 bis 364.
–, Enkemann, J., Leßmann, H., und Steller, W.: Verständlich informieren und schreiben. Trainingsprogramm Deutsch für Schüler. Freiburg–Basel–Wien 1975 (vergriffen).
–, und Götz, W.: Mathematik verständlich erklären. München 1976 (vergriffen).
Schumacher, E. F.: Rat für die Ratlosen – vom sinnerfüllten Leben. Reinbek 1977.
Schwäbisch, L., und Siems, M.: Selbstentfaltung durch Meditation. Reinbek 1976.
Selvini-Palazzoli, M. u. a.: Der entzauberte Magier. Stuttgart 1978.
Signer, R.: Verhaltenstraining für Lehrer. Weinheim und Basel 1977.
Sperber, M.: Individuum und Gemeinschaft. Frankfurt/M. 1978.
Tausch, R., und Tausch, A.-M.: Erziehungspsychologie. Göttingen 1977 (8).
–: Gesprächspsychotherapie. Göttingen 1979 (7).
Thomann, C.: Meine Lehrzeit bei Ruth Cohn. *Z. f. Humanistische Psychol.,* 1980, *4,* S. 47–51.
Tillmann, K.-J.: Unterricht als soziales Erfahrungsfeld. Frankfurt/M. 1976.
Tolstoi, L. N.: Anna Karenina. München o. J. (Goldmann 7537).
Watzlawick, P., und Beaven, J. H.: Menschliche Kummunikation, Bern–Stuttgart 1969
–, Weakland, J. H., und Fisch, R.: Lösungen. Bern–Stuttgart–Wien 1974.
Yalom, I. D.: Gruppenpsychotherapie. München 1974.
Zorn, F.: Mars. Frankfurt/M. 1979.

Sachregister

Miteinander reden 2

Stile, Werte und Persönlichkeitsentwicklung

Differentielle Psychologie der Kommunikation

Inhalt

Vorwort

Wie ich der starken Resonanz entnehme, ist seit dem Erscheinen des ersten Teils von «Miteinander reden» (1981) das Interesse an der Psychologie der zwischenmenschlichen Kommunikation gewachsen und allerorten der Wunsch entstanden, sie als Lehrfach zu etablieren – in Unternehmen ebenso wie in Schulen, Hochschulen und fast allen Einrichtungen der Erwachsenenbildung. Gleichzeitig wurde mir in der Auseinandersetzung mit Kursteilnehmern, Frauen und Männern aus ganz verschiedenen Berufen, deutlicher, daß die Menschen in der Art, wie sie «miteinander reden» und ihre Beziehungen gestalten, sehr verschieden sind und für ihre persönliche Entwicklung ganz unterschiedlicher Anstöße bedürfen. Haben wir nicht manchmal sogar etwas «Richtiges» den «falschen» Leuten beigebracht?

Der vorliegende Band 2 konzentriert sich auf diese Unterschiede, während der Band 1 als allgemeine Grundlage unverändert bleibt. Damit der zweite Band (für Fortgeschrittene) auch ohne Kenntnis des ersten gelesen werden kann, habe ich in Kapitel II, 1 eine kurze Wiederholung des quadratischen Modells der zwischenmenschlichen Kommunikation eingefügt, die der kundige Leser übergehen oder als Auffrischung überfliegen kann.

Dieses Buch hatte seine «Generalproben» in den Vorlesungen «Kommunikation und Persönlichkeit» an der Hamburger Universität 1984 bis 88. Meine Studentinnen und Studenten haben darauf mit mehreren hundert persönlichen Erlebnisberichten reagiert. Ihnen verdanke ich viel authentisches Erfahrungsmaterial, das, ebenso wie einige ihrer Forschungsarbeiten, in dieses Buch eingeflossen ist.

In dem Bemühen, wissenschaftliche Erkenntnisse in einer alltags- und erlebnisnahen Sprache darzustellen, ohne dabei stilistisch allzusehr zu verunglücken, sah ich mich durch Annette Börner entscheidend unterstützt. Inhaltlich gereift ist das Buch durch fachliche Auseinandersetzungen mit meiner Frau Ingrid, wobei sich Ermutigung und kritisches Stirnerunzeln in etwa die Waage hielten. Manuskriptgestaltung durch Claudia Wörpel und wie immer Ingrid Größner – allen herzlichen Dank an dieser Stelle!

Hamburg, Januar 1989

I

Einleitung

Von der allgemeinen zur differentiellen Kommunikationspsychologie

Die Art, sich zu geben und die zwischenmenschlichen Kontakte und Beziehungen zu gestalten, bestimmt das private Glück und das berufliche Fortkommen in hohem Maße mit. Während man früher diesen Bereich einem vorhandenen oder nicht vorhandenen «Naturtalent» anheimgab, setzen wir heute darauf, kommunikative Kompetenzen zu schulen und eine Weiterentwicklung unserer Persönlichkeit anzustreben. Von daher ist es kein Wunder, daß im letzten Jahrzehnt viele Menschen hierzulande mit der Psychologie der zwischenmenschlichen Kommunikation in Berührung gekommen sind, sei es durch die Lektüre zahlreicher Bücher zu diesem Thema oder durch Therapie- und Selbsterfahrungsgruppen, durch Schulungskurse im Rahmen der beruflichen Weiterbildung oder durch den Deutschunterricht auf der Oberstufe des Gymnasiums. Es ist kaum übertrieben zu sagen, daß bei aller Spezialisierung in der Aus- und Weiterbildung die Kommunikationspsychologie zu *dem* übergreifenden Fach geworden ist, mit dem Lehrer und Ärzte, Bankangestellte und Polizisten, Techniker und Soldaten, Führungskräfte aller Fachrichtungen und Verkäufer aller Produkte konfrontiert werden. Dies geschieht zum Beispiel bei der Weiterbildung von Führungskräften aus der Einsicht heraus, daß diese es, nach einer langen Fachausbildung, «nun plötzlich mit Menschen zu tun haben», und zwar meist auf einer institutionellen Bühne, die in komplexer und verwirrender Weise von gegensätzlichen Momenten bestimmt ist wie: Kooperation und Konkurrenz, Hierarchie und Kollegialität, Humanität und Effektivität, Mitsprache und Entscheidungsvollmacht, Transparenz und Geheimhaltung. Eine Befragung von Personalchefs und Weiterbildungsexperten ergab übereinstimmend folgende Voraussage: Von der Führungskraft von morgen wird vor allem *Kommunikation und Persönlichkeit* in verstärktem

Maße gefordert werden (Management Wissen 10/86) – was auch immer das dann heißen mag.
Auch in anderen gesellschaftlichen Bereichen sind die alten Rollenbilder im raschen Wandel begriffen und enthalten neue zwischenmenschliche Herausforderungen: für die Ärzte und Ärztinnen im Verhältnis zu ihren Patienten, für die Politiker(innen) zu ihren Wählern, für die «Trainer» in der Erwachsenenbildung zu ihren Teilnehmern, für die Verkäufer(innen) zu ihren Kunden. – Dasselbe gilt für das Privatleben: Vor allem dadurch, daß viele Frauen angefangen haben, ihre Stimme selbstbewußter zu erheben, ist das Kommunikationsverhältnis der Geschlechter dabei, sich auffällig zu verändern. Die alte «Arbeitsteilung»: der gefühlsmäßig distanzierte Mann dominiert mit überlegener Verstandesbetonung und belehrender Herablassung, seine Oberhand notfalls mit Imponiergehabe und Aggressivität sicherstellend – die Frau nimmt beipflichtend und voller Hingabe die unterlegene Position ein, sich selbst zurücknehmend und den Partner aufbauend, gelegentlich durch den Ausdruck von Gefühlen für Lebendigkeit und Intimität sorgend –, diese traditionelle Arbeitsteilung «läuft» nicht mehr. Und die neuen Formen der Partnerschaftlichkeit funktionieren oft noch nicht, da sie nicht tiefgreifend genug verinnerlicht sind: bei dem Holz, aus dem wir beide, Frau und Mann, geschnitzt (worden) sind, kommt unter dem neuen Firnis immer wieder die alte Maserung durch.
Infolgedessen hat die Kommunikationspsychologie ihren Siegeszug durch die Erwachsenenbildungseinrichtungen gehalten, und ob ich es nun mit einem Verkehrspolizisten oder einer Postbeamtin, mit einer Stewardess oder mit einem Vorgesetzten zu tun habe – die Wahrscheinlichkeit, mit einem/r «Geschulten» zu sprechen, ist sehr hoch. Ein ungutes Gefühl, das uns hier beschleicht? Ist der zwischenmenschliche Kontakt längst eine Domäne der Professionalisierung, Psychologisierung, Perfektionierung geworden? Oder ist hier ein aussichtsreicher Weg zur besseren menschlichen Verständigung eingeschlagen worden, derer es im Privaten, Beruflichen und Politischen dringend bedarf?

Ich hatte 1981 in «Miteinander reden» (Band 1) die kommunikationspsychologischen Angebote verschiedener Schulen zu einer Gesamtschau integriert und für die Praxis formuliert. Unter der Leitidee «Von der Verhaltenskosmetik zur Entwicklung der Person» habe ich deutlich zu machen versucht, daß die Humanistische Kommunikationspsychologie nicht «eine neue Art zu reden», sozusagen eine Per-

fektionierung der Sprechblasen, will, sondern eine Anleitung bereithält, die inneren Voraussetzungen des Dialogs zu erweitern. Was ist nun dabei herausgekommen? Sind wir ehrlicher, verstehender, dialogischer geworden? Haben wir zuzuhören gelernt und sind wir fähig geworden, hinter dem Gesagten das Gemeinte zu erspüren und darauf einzugehen? Haben wir mehr Mut bekommen, zu uns selber zu stehen und klar auszudrücken, was wir denken, fühlen und wollen? Oder haben wir einfach ein paar neue Musterschüler gezüchtet, die das «Psychodeutsch» als neue Fremdsprache beherrschen und mit der alten Prunksucht im Alltag zelebrieren?
Überwiegt vielleicht doch das *Elend der Geschulten,* das darin besteht, daß mangelnde persönliche Substanz mit in Schnellkursen andressierten «Gesprächstechniken» überdeckt wird?
Eine großangelegte empirische Untersuchung darüber steht noch aus. Nach meinem Eindruck trifft in einer ambivalenten Mischung dies alles gleichzeitig ein wenig zu. Man wird dann hinsichtlich der Menschen und der gesellschaftlichen Kontexte differenzieren müssen.

Schon jetzt scheint es mir aber möglich und nötig, die Kommunikationspsychologie selbst einer Teilrevision zu unterziehen. Aus der richtigen Einsicht heraus, daß die Aufgabe der Kommunikationspsychologie nicht nur im *Erklären* besteht (zum Beispiel wie es zu typischen Störungen kommt), sondern auch im *Gestalten* (wie man denn besser miteinander «klarkommen» kann), hatte sie klassische Wegweiser angeboten: Ich-Botschaften, aktives Zuhören, Sach- und Beziehungsebene voneinander trennen, Metakommunikation, Feed back, Selbstoffenbarung usw. Mit solchen Empfehlungen schien sie ein Kommunikationsideal zu proklamieren, dem man nun nacheifern konnte. Dabei hat sie teilweise einer neuen «Schönheitskonkurrenz» Vorschub geleistet, bei der die ideale Redeweise manchmal mehr wog als die Substanz des zu Sagenden. So sehr die obengenannten Kategorien dazu taugen, die Wahrnehmung für zwischenmenschliches Gesprächsverhalten zu schärfen, so begrenzt und manchmal zweifelhaft ist ihre Tauglichkeit als Komponenten eines Kommunikationsideales. Ich meine damit nicht, daß der Gedanke an ein Ideal überhaupt fallengelassen werden sollte, sondern ich glaube an die Notwendigkeit einer doppelten Differenzierung:
1. Es wird nötig sein, das ideale (förderliche, zweckdienliche, adäquate) Kommunikationsverhalten aus den Besonderheiten der Gesamtsituation, ihrer Geschichte und aus dem Sinngehalt, den ich dieser Situation beilege, abzuleiten. Nicht jede Situation fordert zum

aktiven Zuhören» heraus, auch eine authentische Ich-Botschaft kann durchaus «fehl am Platze» sein. Und es gibt Situationen, in denen «Metakommunikation» alles noch schlimmer macht. – Die Fähigkeit, die adäquate Kommunikation aus dem Charakter der gesamten Situation abzuleiten, braucht andere Ausbildungsformen als das klassische Kommunikationstraining.

2. Nicht nur in situativer, sondern auch in personaler Hinsicht scheint eine Differenzierung erforderlich. In den Kommunikationskursen der ersten Jahre hatten wir «Trainer» in unserem Marschgepäck ein Sortiment von Theorien, Übungen und Verhaltensempfehlungen, von denen wir mehr oder minder annahmen, sie wären für alle Menschen heilsam und förderlich. So ging es etwa darum, dem Gesprächspartner durch «aktives» Zuhören» einfühlsam in seine subjektive Welt zu folgen und zu lernen, gefühlsmäßige Mitteilungen zwischen den Zeilen herauszuspüren. Oder es ging darum, die eigene Innenwelt deutlicher zu spüren und in klare Äußerungen («Ich-Botschaften») zu übersetzen, dabei auch etwas von der Selbstoffenbarungsangst zu überwinden, die uns gewöhnlich «Fassaden» errichten läßt, hinter denen sich die vermeintlich unansehnlichen Teile unseres Selbst verbergen. Soweit, so gut – tatsächlich ist eine solche kommunikative Basiskompetenz für alle Menschen unseres Kulturkreises wohl wünschenswert und für viele dringlich zu erwerben. Mit der Zeit haben wir aber auch gemerkt, daß nicht für jede Persönlichkeit die gleichen Empfehlungen und Übungen vordringlich waren; im Gegenteil schienen die einen zuweilen bereits allzuviel von dem zu besitzen, was die anderen dringend brauchten! So waren wir gelegentlich, wie im einzelnen noch zu zeigen sein wird, der Gefahr erlegen, das «Richtige» den «falschen» Leuten beizubringen. Wenn es um Fähigkeiten geht, die den Kern der Persönlichkeit berühren, erweist es sich als notwendig, von der Standard-Schulung abzurücken und «einen Blick» für die einzelne Person zu bekommen: für ihre typische Art zu reagieren und mit anderen Menschen in Beziehung zu treten. Dabei zeigen sich dann bestimmte Potentiale und «Stärken», aber auch gewisse Einschränkungen und innere Festlegungen («Schwächen»), zu deren Überwindung es von Person zu Person ganz unterschiedlicher Anstöße bedarf.

Genau von diesen Unterschieden handelt das vorliegende Buch. Ursprünglich hatte ich vor, beide Arbeitsschritte – den situativen und den persönlichkeits-differentiellen – in einem zu vollziehen. Aber dann erwies sich der letztere als so inhaltsreich, daß er eine Publikation für sich nahelegte.

Gegenüber Band 1 erweitert sich nun das Blickfeld. Dort stand das großtuerische Imponiergehabe, das Verbergen von Schwächen und Blößen hinter einer Fassade scheinbarer Vollkommenheit und Unangreifbarkeit im Mittelpunkt der Betrachtung. Dieser «Stil» erweist sich als ein (wenn auch in dieser Gesellschaft, besonders bei Männern, häufiger) Spezialfall, als einer von insgesamt acht verschiedenen Stilen der Kontaktgestaltung. Ihre Darstellung (Kap. III) bildet das Herzstück dieses zweiten Bandes*:

Bedürftig-abhängiger Stil — Helfender Stil — Selbst-loser Stil — Aggressiv-entwertender Stil

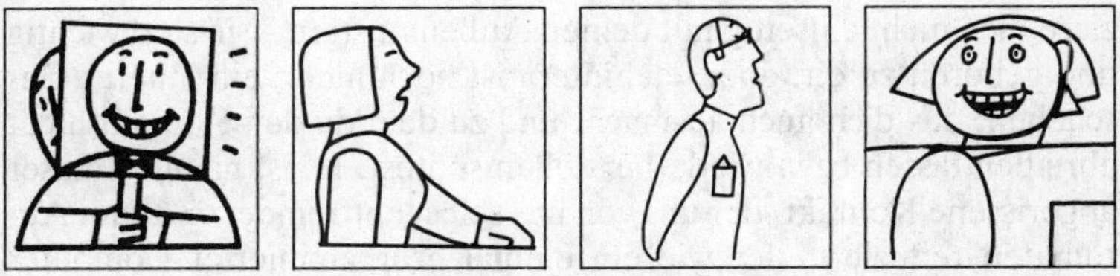

Sich beweisender Stil — Bestimmend-kontrollierender Stil — Sich distanzierender Stil — Mitteilungsfreudig-dramatisierender Stil

Auch der Begriff «Fassade» unterliegt jetzt einem neuen Verständnis bzw. erweist sich überhaupt als ungeeignet. Er läßt nämlich die Vorstellung entstehen, es würde ein glattes Schild nach außen gehalten werden, um das Dahinterliegende, Eigentliche und Echte zu verbergen, kurz: um sich selbst, wie man «wirklich» ist, nicht zu zeigen. Zwar trifft es zu, daß jede Art und Weise, sich «außenseitig» zu ge-

* Die Zuordnung der Stile zu den Geschlechtern ist auf den Abbildungen in Kapitel III zufällig und in bunter Abwechslung erfolgt. Zwar gibt es Stile, die als «typisch weiblich» oder «typisch männlich» gelten, jedoch wollte ich, da «alles in jedem/r steckt», nicht zur Verfestigung solcher Klischees beitragen. Die Alternative, geschlechtsneutrale Figuren zu zeichnen, erwies sich als wenig ausdrucksvoll.

ben, mit einer «Innenseite» korrespondiert, die nicht gleich ins Auge fällt und auch für den Betreffenden selbst nur mehr oder minder spürbar ist. Aber diese Außenseite des Verhaltens stellt eine sehr individuelle biographische Entwicklungsleistung dar und ist, statt mit einer Fassade, eher mit einer kunstvoll geformten Maske vergleichbar, welche die Züge des Dahinterliegenden erahnen läßt. Sie gehört ebenso zum Individuum wie die dahinter gestauten oder betäubten Gefühle, Wünsche und Ängste. Ihre Entwicklung war nötig, um im Zusammenleben mit den wichtigsten Menschen der ersten Jahre den eigenen Platz zu behaupten und sich vor Verletzungen zu schützen. Aus dieser Sicht heraus erscheint die «Außenseite» des Verhaltens nicht als eine unechte Häßlichkeit, die schnellstmöglich abzubauen ist, sondern als schätzenswerter Teil der individuellen Persönlichkeit; und insofern auch «echt», als sie, wie eine zerfurchte Gesichtshaut, von der biographischen Geschichte des Menschen ein wahres Zeugnis ablegt. Der Appell kann somit nicht lauten «Weg mit der Fassade!», sondern: Entwickle eine Bewußtheit über deine Art und Weise, dich «außenseitig» zu geben und dadurch den Kontakt zu gestalten, und lerne zu verstehen, was dieser Stil dir *ermöglicht, erspart* und *verbaut.* Identifiziere dich nicht einseitig mit deinen Außenmustern – sie sind wichtig und gehören zu dir, aber «dahinter» ist noch mehr, ein inneres Geschehen, das dich auch ausmacht und zu dem du den Kontakt nicht abreißen lassen bzw. wiederherstellen solltest. Es ist nämlich dieser abgerissene Kontakt, der uns von uns selbst entfremdet und zum Automaten reduziert, der wie ein einmal programmierter Computer ohne Wahlfreiheit dazu verdammt ist, auf denselben «input» immer wieder den gleichen «output» zu liefern.

Bei der Darstellung der acht Kommunikationsstile werde ich mich in regelmäßiger Wiederkehr dreier gedanklicher Werkzeuge bedienen; es handelt sich dabei um folgende Strukturmodelle (s. S. 17).
Diese drei Modelle sind von so allgemeiner Bedeutung für die Orientierung im zwischenmenschlichen Bereich, daß ich sie im Vorwege darstellen möchte (Kap. II). Dies kann beim *Nachrichten-Quadrat* in aller Kürze geschehen, da ich es in «Miteinander reden» als Grundmodell für eine Allgemeine Kommunikationspsychologie eingeführt habe. Ich werde es hier mit der etwas anderen Zielsetzung verwenden, die *typische Grundbotschaft* jeder der acht Stile in ihren vier Aspekten (Sachinhalt, Selbstkundgabe, Beziehungshinweis und Appell) herauszuarbeiten. Diese Grundbotschaft muß niemals wörtlich ausgesprochen werden, und doch geht sie in vernehmbarer Weise von

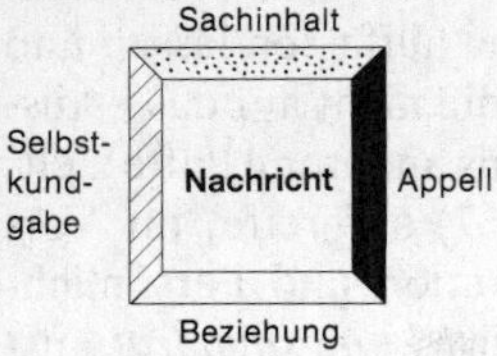

Nachrichten-Quadrat
(Schulz von Thun, 1981)
s. Kap. II, 1

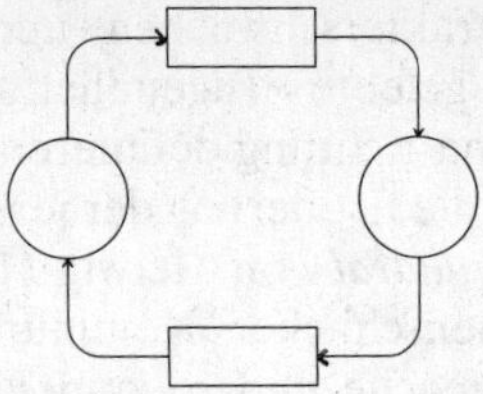

Teufelskreis-Schema
(Thomann u. Schulz von Thun, 1988)
s. Kap. II, 2

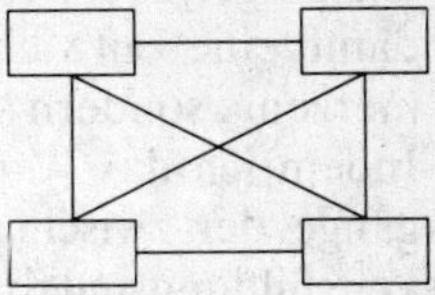

Werte- und Entwicklungsquadrat
(Helwig, 1967)
s. Kap. II, 3

einem Menschen aus, der diesen Stil verwirklicht, und erreicht den Partner über- oder unterschwellig.

Mit dem *Teufelskreis-Schema* verbindet sich die Erkenntnis, daß kommunikative Eigentümlichkeiten eines Menschen nicht nur Ausdruck seiner Persönlichkeit und Befindlichkeit sind, sondern auch innerhalb einer *Beziehungsdynamik* wiederholt entfacht und regelhaft eingespurt werden. Indem ich die Aufmerksamkeit auf diese Beziehungsdynamik richte, verfolge ich das Anliegen, individuelle und systemische Ansätze miteinander zu verbinden, und verweise damit auf die Zusammengehörigkeit von Persönlichkeits- und Beziehungsarbeit. – Zur praktischen Anwendungsweise dieses Schemas im Rahmen der Gesprächshilfe siehe ausführlich Thomann und Schulz von Thun (1988).

Im *Werte- und Entwicklungsquadrat* schließlich kommt die Auffassung zum Ausdruck, daß Persönlichkeitswerte und kommunikative Tugenden dialektisch strukturiert sind, d. h. in ausgehaltener Spannung zu einem (genau zu bestimmenden) positiven Gegen-Wert sein müssen, ohne den sie zu einem Unwert verkommen würden. So wirkt sich die Fähigkeit, sein Gegenüber zu *akzeptieren,* auf die Dauer nur dann konstruktiv für die Beziehung aus, wenn sie gepaart ist mit der Fähigkeit zu *konfrontieren;* Akzeptation ohne Konfrontation hingegen wird zur konfliktscheuen Harmonisierung und gefährdet die Beziehung ebenso wie eine fortwährende Konfrontation, die nicht von akzeptierender Haltung begleitet ist und dann zur vernichtenden Entwertung mißrät. Weiterhin wird es sich erweisen, daß sich Persönlichkeitsrückstände, «Charakterschwächen» und persönliche Unarten als einseitige, überwertig gelebte «Tugendhälften» auffassen lassen und damit eine Entwicklungsrichtung definieren, die nicht auf das «Ausmerzen», sondern auf die Eroberung der jeweils anderen Hälfte zielt. Indem ich das *Wertequadrat* von Helwig (1967) aufgreife, für Vorgänge der zwischenmenschlichen Kommunikation und Persönlichkeitsbildung nutzbar mache und so zum *Entwicklungsquadrat* ausbaue, mache ich den Versuch einer «psychologischen Tugendlehre». Für jeden der acht Stile wird es sich erweisen, daß darin bestimmte und für das Zusammenleben der Menschen unverzichtbare Qualitäten verwirklicht sind – mit der gleichzeitigen Gefahr, daß diese nicht hinreichend durch die entsprechenden Gegen-Qualitäten ausbalanciert sind und dann zur Belastung werden können.

Für die psychologische Erwachsenenbildung verbindet sich mit diesen Gedanken die Perspektive, dem Einzelnen bei der Entdeckung der für ihn wünschenswerten Richtungen der Persönlichkeitsentwicklung behilflich zu sein und Startimpulse für den ersten Schritt bereitzuhalten. Dies geschieht in Verbindung mit einer allgemein verbesserten Menschenkenntnis, die uns davor bewahrt, das Seltsame oder Befremdliche, das uns die Mitmenschen entgegenbringen, gleich verurteilend oder pathologisierend abzuwehren, oder aber auch in naiver Weise emotional darauf hereinzufallen; die es uns vielmehr gestattet, mit kundigem Verständnis die wahre Bedeutung zu entschlüsseln und mit Einfühlung und Abgrenzung zugleich darauf zu reagieren.

Somit geht es in diesem Buch um die Erweiterung der persönlichen Substanz und des Verständnisses vom Menschen, nicht um die Einübung eines «kontaktstarken Optimalverhaltens», das ja nur allzuoft dazu dient, mehr aus sich zu *machen,* bevor man wirklich «mehr» *geworden* ist.

II
Werkzeuge kommunikationspsychologischen Denkens und Arbeitens

1. Das «Quadrat der Nachricht»

Das erste der drei nun vorzustellenden gedanklichen Werkzeuge ist das «Quadrat der Nachricht», das ich 1977 und 1981 vorgeschlagen habe und das inzwischen weithin eine wohlwollende Aufnahme gefunden hat. Zur ausführlichen, systematischen Darstellung verweise ich auf «Miteinander reden 1» (1981), hier reicht eine kurze Erinnerung und ein Zuschnitt auf die vorliegende Zielsetzung.

In diesem Kommunikationsmodell steht das im Blickpunkt, *was jemand von sich gibt* bzw. das, *was beim anderen ankommt.* Dafür den richtigen Begriff zu wählen, erweist sich als gar nicht einfach, in (fragwürdiger) Anlehnung an die technische und kybernetische Nomenklatur habe ich von der *Nachricht* gesprochen und an ihr *vier Seiten* (Aspekte) unterschieden, die immer gleichzeitig mit im Spiele und seelisch wirksam sind:

1. der *Sachinhalt,* der Informationen über die mitzuteilenden Dinge und Vorgänge in der Welt enthält;

2. die *Selbstkundgabe* *, durch die der «Sender» etwas über sich selbst

* Diesen neutralen Begriff ziehe ich inzwischen dem Begriff «Selbstoffenbarung» vor: dieser erinnert allzusehr an «Selbstentblößung» und macht im Rahmen der Erwachsenenbildung unnötig Angst.

mitteilt – über seine Persönlichkeit und über seine aktuelle Befindlichkeit (sei es nun in bewußter *Selbstdarstellung* oder in mehr oder minder freiwilliger *Selbstöffnung* und *Selbstpreisgabe*);

3. der *Beziehungshinweis,* durch den der Sender zu erkennen gibt, wie er zum Empfänger steht, was er von ihm hält und wie er die Beziehung zwischen sich und ihm definiert;

4. der *Appell,* also der Versuch, in bestimmter Richtung Einfluß zu nehmen, die Aufforderung, in bestimmter Weise zu denken, zu fühlen oder zu handeln.

Mit diesem Modell verbindet sich die Erkenntnis, daß ein- und dieselbe Nachricht – oder sagen wir nun besser: *Äußerung* – viele Botschaften gleichzeitig enthält, welche sich auf die vier Seiten verteilen, wobei explizit ausgesprochen oft nur eine Seite (häufig der Sachinhalt) ist und alle anderen Botschaften «zwischen den Zeilen» stehen, aber deswegen keineswegs weniger bedeutungsvoll und wirksam sind. Wenn eine Mutter ihrem pubertierenden Sohn gegenüber in etwas unwirschem Ton erwähnt: «Da sind wieder Flecken in deinem Bettlaken!» (Beispiel von Benien, 1986), dann erschließt sich das *Gemeinte* aus dem *Gesagten* (und nonverbal *Gezeigten*), wenn wir uns außer für den Sachinhalt auch für die impliziten Botschaften der drei anderen Seiten öffnen – wobei wir uns hier auf unsicheres Gelände begeben; denn die dieser *Äußerung* zugrundeliegende *«Innerung»* * der Mutter ist prinzipiell nur ihr selbst bekannt (und manchmal nicht einmal ihr in vollem Umfang). An dieser Stelle liegen die Quellen der kognitiven und emotionalen Mißverständnisse. Vielleicht «hört» der Sohn als mütterliche *Selbstkundgabe* «Ich bin der Apostel der sittlichen Sauberkeit und habe zu meiner Entrüstung wieder einmal die Spuren einer schlimmen Verfehlung entdecken müssen!» – wohingegen sie vielleicht ausdrücken wollte: «Ich habe ein Problem damit, und zwar . . .». Genauso auf der *Beziehungsseite:* Vielleicht wollte sie sagen «Du bist ja jetzt ein Mann und entsprechend auch sexuell in Fahrt!» – und der Sohn nimmt es mit seinem *Beziehungsohr* so auf: «Hab ich

* Das Wort «Innerung» gibt es im Deutschen nur für Vorstellungsinhalte, die auf die Vergangenheit bezogen sind (Er-Innerung). Hier ist damit jenes organisierte oder diffuse Gemisch aus Gedanken, Gefühlen und Absichten gemeint, das der Äußerung unmittelbar zugrundeliegt. Sie liegt oftmals «im Dunklen» und bedarf der Hilfe zur Selbstklärung.

dich mal wieder ertappt, du haltloses Schwein!» und mit seinem *Appell-Ohr:* «Reiß dich zusammen und hör auf zu onanieren!» – wohingegen sie vielleicht gemeint hatte: «Kannst du nicht ein Papiertaschentuch nehmen?»

Hier ist jetzt nicht die Frage, ob der Sohn die Äußerung nicht vielleicht auch ganz richtig aufgenommen hat und die Mutter vielleicht erst infolge einer heftigen Konfrontation ein Dementi für angebracht hielt und die «harmlosere» Version ihrer Äußerung nachlieferte. Uns dient das Beispiel nur zur Veranschaulichung des allgemeinen Prinzips: Entsprechend der vier Seiten einer Äußerung verfügt der Empfänger über «vier Ohren», die in ihrer Ausrichtung in starkem Maße darüber mitentscheiden, wie das Gesagte nun «ankommt»:

1. Mit dem *Sach-Ohr* versucht er den sachlichen Informationsgehalt zu verstehen (im gegebenen Beispiel ist dies einfach, es sei denn, er wüßte nicht, was mit «Flecken» gemeint ist).

2. Mit dem *Selbstkundgabe-Ohr* ist er diagnostisch tätig: Was ist mit der Mutter los, was geht in ihr vor – welche Gefühle und Motive sind mit ihrer Äußerung verbunden?

3. Mit dem *Beziehungs-Ohr* nimmt er auf, was die Mutter von ihm zu halten scheint, und fühlt sich entsprechend behandelt (gerügt, beschämt, beschuldigt). – Die Gefühle des Empfängers nähren sich meist zu einem guten Teil aus den erhaltenen Beziehungsbotschaften, das Selbstwertgefühl eines Menschen resultiert wesentlich aus ihnen.

4. Mit dem *Appell-Ohr* hört er die Aufforderung heraus, die er an sich gerichtet spürt (zum Beispiel «Hör auf damit!»); dieses Ohr ist überhaupt empfänglich für den «Druck», der sich mit einer Äußerung verbinden und/oder unter den sich der Empfänger gesetzt fühlen kann.

Halten wir das bisher Gesagte zunächst in einem Schaubild fest:

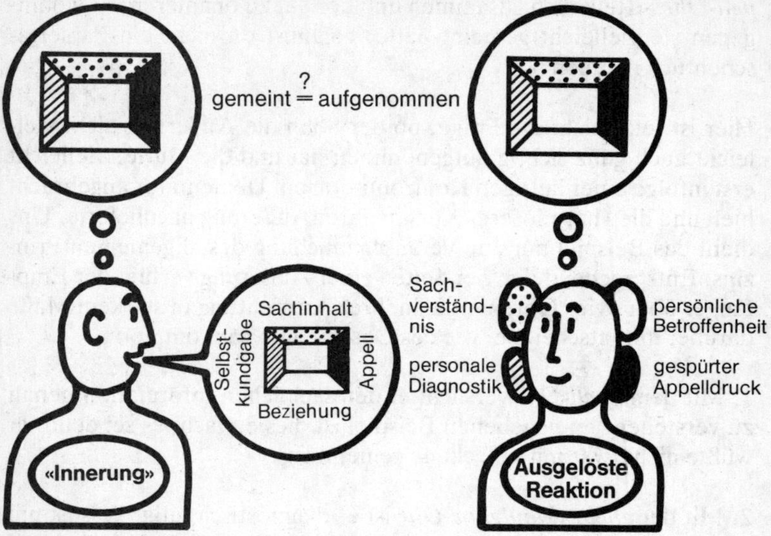

Abb. 1: Kommunikationspsychologisches Modell einer Äußerung

In der kommunikationspsychologischen Arbeit (Erwachsenenbildung, Klärungshilfe) läßt dieses Modell eine Scharfeinstellung sowohl auf den Sender als auch auf den Empfänger zu. Für den letzteren läßt sich zeigen, wie bestimmte Spezialisierungen und Bevorzugungen eines der vier Ohren für den weiteren Gesprächsverlauf in subtiler Weise die Weichen stellen. Es wird später deutlich werden, wie bestimmte innere Verfassungen und Persönlichkeitsausrichtungen mit der Bevorzugung bestimmter «Ohren» verbunden sind und entsprechend den Kommunikationsstil prägen.

Wie sieht das für die Seite des Senders aus? Der Volksmund sagt: «Man redet, wie einem der Schnabel gewachsen ist!» Wir können präziser sagen: «... wie einem die vier Schnäbel gewachsen sind!» Der Kommunikationsstil ergibt sich je nach Größe und Form dieser vier Schnäbel. Für jeden dieser Stile werden wir eine bestimmte typische «Grundbotschaft» herausarbeiten und in ihrer quadratischen Struktur beschreiben. Bei diesen Grundbotschaften handelt es sich um wiederkehrende Signalkombinationen, die den Empfänger erreichen (sollen) und den Kontakt in bestimmter Weise gestalten. Diese Signalkombinationen (zum Beispiel «Ich bin hilflos und völlig am Ende, du bist stark und mußt mir helfen – sonst ist alles aus!») mögen so nie wortwörtlich ausgesprochen sein, und doch geben sie eine Art Grundmelodie ab, die in verschiedensten Variationen immer wieder hindurchklingt, durch Worte, Mimik, Gesten, Handlungen: durch die gesamte «Ausstrahlung». Und sie tun ihre Wirkung, indem sie beim Partner (normalerweise) ganz bestimmte Gefühle und Handlungsbereitschaften auslösen.

Damit ist das für diesen gedanklichen Zusammenhang Wesentliche gesagt. Ich nehme aber die Gelegenheit, ausgehend von der Abb. 1 zwei Grundrichtungen der angewandten Kommunikationspsychologie in der Erwachsenenbildung idealtypisch zu unterscheiden und zu beschreiben. Die eine ist vorwiegend von der *Humanistischen Psychologie* inspiriert und legt es darauf an,

1. daß dem Sender eine weitgehende Entsprechung von «Innerung» und «Äußerung» gelingt. Dies erfordert Übung in der *Selbstwahrnehmung* und ist am Zielwert der *Authentizität* orientiert.

2. daß es dem Empfänger gelingt, die «hinter» der Äußerung liegende «Innerung» aufzuspüren und so zu einem tieferen Verständnis zu gelangen, als es auf der Sprechblasenebene möglich wäre (wo man gewöhnlich aneinander vorbeiredet). Dieses Aufspüren verbindet sich nicht mit einer detektivisch-diagnostischen Haltung, sondern mit einer der wohlwollenden Einfühlung. Dies erfordert Übung im *vierohrigen Zuhören* und ist am Zielwert der *Empathie* orientiert.

Eine kommunikationspsychologische Arbeit unter diesem Vorzeichen ließe sich etwa mit der Mutter unseres Beispiels folgendermaßen denken – vorausgesetzt, sie hätte in einem Elternkurs den Vorfall eingebracht. Dabei wäre zunächst überhaupt nicht die Frage «Wie sag ich es meinem Kinde?» vorrangig (Gestaltung der *Äußerung*), sondern vielmehr
«Was ist es überhaupt genau, das ich zu sagen habe?
Was geht in mir vor, wenn ich diese Flecken sehe?
Welche Erfahrungen habe ich selbst mit Onanie und
welche Einstellung dazu?» usw.

Die zur klaren Kommunikation nötige *Selbstklärung* wurde hier nachgeholt, der Brennpunkt läge bei der *Innerung* (vgl. Abb. 1). Die Mutter würde dabei lernen, sich selbst hinter die Kulissen zu schauen und könnte bei dieser Selbsterfahrung ein Stück Bewußtheit dazugewinnen. Natürlich wäre es hier auch sinnvoll, Informationen zu geben (zum Beispiel darüber, daß es wissenschaftlich keine Gründe gibt, Onanie für gesundheitsschädlich oder verwerflich zu halten; daß allerdings Schuldgefühle seelisch ungesund sind; daß nächtliche Pollutionen sich auch von selbst ereignen usw.). Das Kernstück dieser Art von psychologischer Erwachsenenbildung aber besteht in der psychischen Vorarbeit zur inneren Wahrhaftigkeit, nach dem Motto

Willst du ein guter Partner sein,
dann horch erst in dich selbst hinein!

Bei dieser Grundausrichtung ist die wirksame Einflußnahme, das «Ändern der Andern» zweitrangig und sogar etwas verpönt: Erziehung und Menschenführung beginnen bei sich selbst! «Was tue ich mit *mir,* wenn der andere nicht so ist, wie ich ihn haben will?» gab Ruth Cohn uns als Thema für die Gruppenarbeit, in der Einsicht, daß dem «Herumdoktern-Wollen» am anderen oft eine undurchschaute Eigendynamik zugrundeliegt.

Nun ist das aber nur die eine Seite. Unsere Mutter im Beispiel wird im zweiten Schritt nun auch vor der Frage stehen, ob und wie sie ihr im ersten Schritt geklärtes Anliegen jetzt auch vermitteln, in einen Dialog einbringen kann, und zwar so, daß sie Aussicht auf Erfolg hat. – *Kommunikation steht wesensmäßig im Spannungsfeld von Wahrhaftigkeit und Wirkungskalkül.* Ich will ja auch etwas erreichen mit dem, was ich sage. Damit kommen wir zur zweiten Grundausrichtung der angewandten Kommunikationspsychologie, die vorwiegend von der Rhetorik und Dialektik inspiriert ist. Hier wird nicht (so sehr) nach der Entsprechung von Innerung und Äußerung gesucht, sondern nach der optimalen Äußerung im Hinblick auf die bezweckte Wirkung (Reaktion des Empfängers). Unter diesem Gesichtspunkt zählen Takt und Taktik, die Kunst der Diplomatie und der geschickten Redeführung. Hier lautet die Frage nun wirklich: «Wie sage ich es meinem Kinde (Mitarbeiter, Vorgesetzten, Kunden, Wahlvolk)?»

Mit dem zweifellos suggestiven Argument «Der Köder soll dem Fisch schmecken, nicht dem Angler!» nehmen Vertreter dieser Richtung gegen die Humanistische Kommunikationspsychologie Rogers' und Cohns Stellung (besonders deutlich bei Esch, 1983: «‹Authentisch› kommunizieren – oder human? Kommunikationstraining zwischen zwei Lehrmeinungen»). Hier wird der Humanistischen Psychologie ein Postulat der «totalen Offenheit» und eine «Orientierung an den eigenen Bedürfnissen» unterstellt, bei der die oberste Maxime laute, nur möglichst «echt und spontan die Gefühle herauszulassen», wodurch die «Gesellschaft ihrer Zivilisiertheit beraubt» werde (S. 7 und 10). Als heilsame Alternative wird eine Orientierung an Dale Carnegie («How to win friends and influence people») empfohlen, zum Beispiel: «Gewinnung von Sympathie und Einfluß auf andere Menschen durch Einkalkulieren ihrer Schwächen in die eigene Verhaltensstrategie», oder: «Wenn Sie beliebt sein wollen, merken Sie sich die Regel: Lächeln Sie!» (S. 8). Carnegies «völlig unverblümtes Bekenntnis zur Manipulation» sei «zum Nutzen der gegenseitigen Harmonie beziehungsweise Kommunikation», infolgedessen auch: «Die einzige Möglichkeit, einen Streit zu gewinnen, ist, ihn zu vermeiden.» (S. 9)

Nun mag für bestimmte gesellschaftliche Kontexte die Definition der Beziehung zwischen zwei Menschen als zwischen Angler und Fisch realistisch sein und die Funktion der Kommunikation als «Köder» in diesem Denken durchaus folgerichtig; und das Argument ist auf der Beziehungsebene geradeso verführerisch, wie ein guter Köder sein soll: Es wird dem Teilnehmer der Erwachsenenbildung versprochen: «Du kannst ein Angler werden und die anderen Menschen mit deinen Ködern fangen – wir bringen es dir bei!» Welcher Fisch wird nach diesem Köder nicht gern schnappen?
Es ist nicht schwer, diese Mentalität des Gewinnen- und Beliebtsein-Wollens mit den Mitteln der Manipulation als bedauernswerten Ausläufer einer entfremdeten Beziehungswelt zu entlarven. Ihre Armseligkeit verrät sich nicht nur in der erstarrten Lächelgrimasse, sondern auch dort, wo eigentlich die Stärke dieses Ansatzes liegen sollte: in der (schlechten) Wirksamkeit! Am ehesten mag die Rechnung aufgehen bei jenen kurzlebigen und anonymen Betreuungskontakten, wie sie zum Beispiel zwischen Stewardess und Fluggast bestehen. Allerdings sollte in die Gesamtrechnung der seelische Preis einbezogen werden, den das Bedienungspersonal bei dieser Art von ständiger «Gefühlsarbeit» zu zahlen hat (Hochschild, 1983). Am wenigsten dürfte der süßliche Köder der Sympathiegewinnung dort ausrichten, wo es um Freundschaft oder Kooperation geht. Hier wird er als berechnende Masche empfunden und mit Unbehagen und Mißtrauen beantwortet.
Das heißt nun wiederum nicht, daß die Frage nach der Wirksamkeit in der kommunikationspsychologischen Arbeit nichts zu suchen hätte!

Wo Kommunikation nur an der Zielgröße orientiert wäre, sich selbst möglichst unverfälscht zum Ausdruck zu bringen, hätte sie ihren Sinn verfehlt – tatsächlich will ich ja mein Gegenüber oder meine Zuhörerschaft erreichen, bei ihm/ihr etwas ausrichten und somit auf die Lebensgestaltung einwirken. Die Frage «Was kann ich tun, um gehört, verstanden und als überzeugend wahrgenommen zu werden?» ist die zweite Kardinalfrage der Kommunikationspsychologie. Sie ist aber in der konkreten Arbeit mit der ersten Kardinalfrage (Wer bin ich, wofür stehe ich, was ist mein Anliegen?) eng verbunden. Wenn sich zum Beispiel ein Ausbildungsleiter fragt: «Wie kann ich die Geschäftsleitung von der Notwendigkeit unserer Bildungsarbeit besser überzeugen?» – dann hat die kommunikationspsychologische Arbeit mit der (ersten Kardinal-)Frage zu beginnen: Wovon bist du denn selbst überzeugt? – getreu der Einsicht, daß man nur, wovon man selbst erglüht ist, bei anderen entzünden kann. Ein Mangel an eigener Überzeugung wäre durch keinerlei instrumentellen Zauber auszugleichen. Erst wenn die eigene «Erglühung» (und gibt es nicht auch abkühlende Selbstzweifel? Welche? Was sagt dieser advocatus diaboli in mir selbst? Will ich ihn vielleicht durch Überzeugung des Anderen zum Verstummen bringen?) gut herausgearbeitet ist und ihre sprachliche Form gefunden hat, stellt sich die zweite Kardinalfrage: Wie kann ich die Geschäftsleitung erreichen und bei ihr etwas erreichen? Hier werden dann Überlegungen wichtig wie: In welchen Begriffen wird dort gedacht (zum Beispiel «Kosten-Nutzen-Analyse»)? Mit welchen Vorbehalten gegen mein Anliegen ist dort zu rechnen (diese Vorbehalte sind mit wohlwollender Gründlichkeit und der Frage «Was trifft daran zu?» zu studieren und einzubeziehen)? Wie kann ich, ohne meine Kompetenz in diesen Fragen zu verhehlen, es vermeiden, in die Tonart eines «Lehrmeisters der Nation» hineinzurutschen oder mit allzu emsigen Engelszungen Reaktanz (Abwehr) zu erzeugen? – usw.

Das Schaubild rechts enthält beide kommunikationspsychologischen Aspekte auf einen Blick:

Abb. 2: Die beiden Kardinalfragen der kommunikationspsychologischen Arbeit

Zwar läßt es sich denken, daß in einer gegebenen praktischen Situation die eine oder andere Kardinalfrage bedeutsamer erscheint und daher im Vordergrund der Arbeit stehen wird; auch trifft es zu, daß für die Entwicklung einer bestimmten Person die eine oder andere Richtung Vorrang hat. Zum Beispiel sollte jemand, der nicht anders als ehrlich und unverblümt, von naiver Offenheit sein kann, in bestimmten Situationen fähig werden, auszuwählen und sich «diplomatischer» zu geben. Umgekehrt sollte der, dessen Verhalten überwiegend manipulativ und wirkungsbedacht angelegt ist, einen «Grundkurs Authentizität» besuchen. Daß sich die Entwicklungsrichtungen verschiedener Menschen überkreuzen (sollten), ist ja eine Grundthese dieses Buches. Leider habe ich gelegentlich den Eindruck, daß die psychologische Erwachsenenbildung dazu benutzt wird (und sich dazu benutzen läßt), genau jene Persönlichkeitsmerkmale noch weiter zu vervollkommnen, die ohnehin schon übermäßig ausgeprägt sind. Wird sich nicht unser Wirkungsbedachter das Buch «Manipulieren, aber richtig!» (Kirschner, 1982) kaufen und einen Rhetorikkurs besuchen, der im Ausschreibungstext «optimale Wirkung (zu) erzielen» versprach? Und wird nicht der Immer-Offen-und-Ehrliche eher eine Therapiegruppe aufsuchen, um an seine Gefühle heranzukommen?
Im Einzelfall mag es also angebracht erscheinen, die kommunikationspsychologische Arbeit auf die eine oder andere Kardinalfrage auszurichten und ihr ein besonderes Gewicht zuzugestehen. Prinzipiell läßt sich jedoch Kommunikationspsychologie nicht auf den einen oder anderen Aspekt verkürzen, ohne das Wesen von Kommunikation zu verfehlen.

2. Vier Stationen zwischenmenschlicher Kreisläufe

Wir kommen nun von der *Kommunikation* zur *Interaktion,* dem Hin und Her von Äußerung und Antwort, von Aktion und Reaktion. Im Unterschied zu Theorien und Modellen, die das seelische Geschehen des Individuums in den Blick nehmen (Klassische Psychoanalyse, Individualpsychologie, Humanistische Psychologie), wirft das nun folgende Schema einen Blick auf das *Zwischen*-Menschliche, auf die Beziehungsdynamik. Dies ist die Blickrichtung der *Systemischen Psychologie,* so genannt, weil sie das Verhalten und Erleben des Menschen nicht aus seiner innerseelischen Dynamik begreift, sondern aus den Gegebenheiten des sozialen *Systems,* innerhalb dessen er seinen Platz hat. Im einfachsten Falle handelt es sich bei dem System um eine Dyade (Zweierbeziehung), vielfach um den «Patienten Familie», dann auch um Arbeitsgruppen und Organisationseinheiten. Geht es der Humanistischen Psychologie um die Persönlichkeit des Einzelnen und der Möglichkeit ihrer Weiterentwicklung, so geht es der Systemischen Psychologie um die Gesetzmäßigkeiten, mit denen die «Elemente» des Systems aufeinander reagieren und Einfluß nehmen. Die «Systemtherapie» geht davon aus, daß die Ursache von Kommunikationsschwierigkeiten nicht (in erster Linie) beim einzelnen Menschen zu suchen sind, sondern im (Fehl-)Funktionieren des ganzen Regelsystems. Keiner ist «schuldig», sondern alle spielen nach den geltenden Regeln, niemand ist «krank», «pathologisch», «unreif» oder «bösartig», sondern der Einzelne zeigt ein Symptom, das für die Erhaltung des Gesamtsystems auf verborgene Weise unentbehrlich ist; unter diesem Blickwinkel ist der Fehler nicht länger beim einzelnen, sondern im Regelkreis des miteinander Agierens und aufeinander Reagierens zu suchen.

Die Kommunikationspsychologie hat es in der Praxis sowohl mit einzelnen Menschen zu tun (also mit Menschen, die ihre dialogischen Fähigkeiten erweitern und ihre Persönlichkeit entwickeln wollen – auch wenn dies in Gruppen geschieht, handelt es sich bei solchen Seminaren und Trainingskursen um einen «individualistischen» Ansatz), als auch zunehmend mit Paaren, Familien, Arbeitsgruppen, Kollegien, Teams, Organisationseinheiten. Leute, die miteinander zu schaffen haben, machen einander auch zu schaffen – aus dieser simplen

Tatsache ergibt sich gelegentlich die Notwendigkeit oder zumindest die «Wünschbarkeit», die Art des Miteinander-Schaffens und Zu-schaffen-Machens für ein, zwei oder mehrere Tage unter Anleitung eines neutralen und kundigen Moderators oder Klärungshelfers (Thomann u. Schulz von Thun, 1988) zum Gegenstand der Auseinandersetzung zu machen.
Für eine solche Systemtherapie ist das folgende Kreislaufschema das kleine Einmaleins, denn es umfaßt die elementare Situation der Beziehung zweier Menschen.

2.1 Beispiel Ehe und Partnerschaft

Ein einfaches Beispiel. «Er» wird von nervöser Unruhe ergriffen, wenn «sie» so einsilbig ist in bezug auf das, was sie tagsüber tut und erlebt. Wenn er nachfragt und mit der Zeit auch «bohrt» (schließlich auch hinter ihr her spioniert) und wenn sie sich daraufhin ausgefragt, inquisitorisch behandelt und verfolgt fühlt, mit der Konsequenz, daß sie sich durch zunehmende Verschlossenheit, bald auch durch Heimlichkeiten vor seinen Nachstellungen schützt – dann geben gewöhnlich beide eine kausale Interpretation dieses Geschehens ab, wobei sich jeder als bloß reagierendes Opfer eines bösen Täters fühlt:
«*Weil* du so eine Geheimniskrämerin bist, werde ich natürlich unruhig und versuche dementsprechend in Erfahrung zu bringen, was hinter den Kulissen gespielt wird!» Nach ihrem Gefühl stellt diese Sichtweise die Tatsache auf den Kopf; vielmehr gilt doch: «*Weil* du mich andauernd verhörst, mir sogar nachspionierst, fühle ich mich natürlicherweise überwacht und eingeschränkt – und dann wehre ich mich und muß darauf bestehen, daß dich das gar nichts angeht!»
Solche Teufelskreise tendieren zur Eskalation: Das Ehepaar kam zur Beratung, nachdem er heimlich eine Abhöranlage in das Telefon eingebaut hatte, um ihre Gespräche kontrollieren zu können.

Oft ist es hilfreich, den Beteiligten ihren Teufelskreis graphisch zu präsentieren; dies ist der Augenblick, wo beide staunend die Köpfe zusammenstecken und sich dann anschauen:

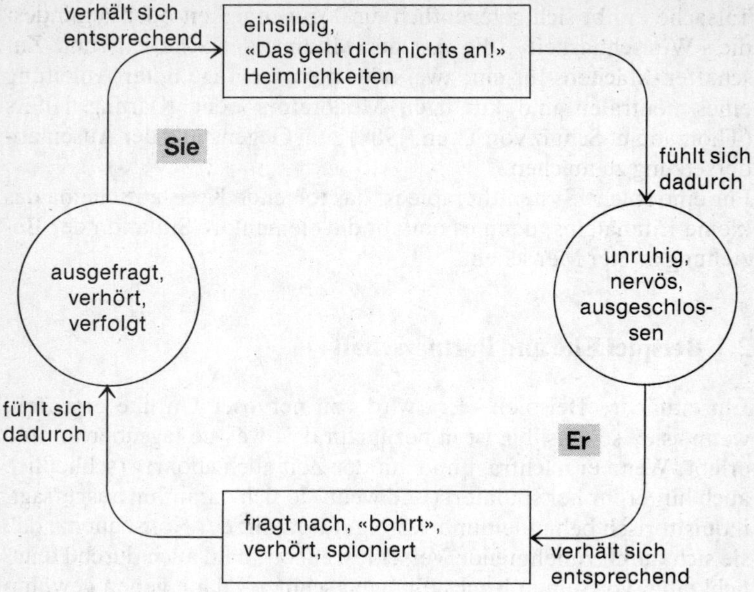

Die allgemeine Struktur eines einfachen Kreislaufes ist aus dem Beispiel bereits ersichtlich: Wir unterscheiden vier Stationen (Thomann u. Schulz von Thun, 1988), wobei in die eckigen Kästen die äußerlich sichtbaren und wirksamen Verhaltensweisen («Äußerungen») beider Partner eingetragen werden und in die Kreise ihre inneren Reaktionen («Innerungen») darauf:

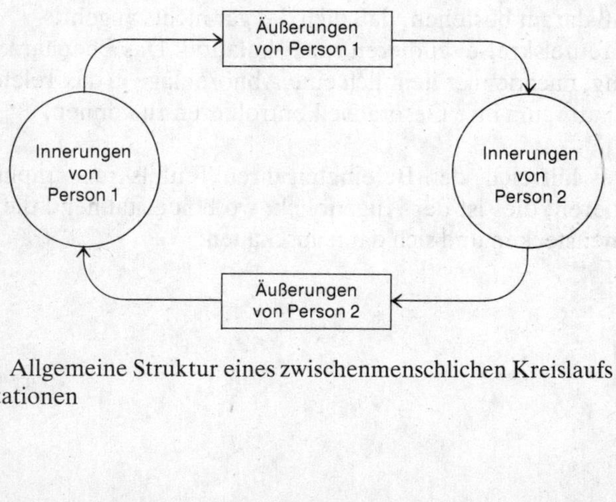

Abb. 3: Allgemeine Struktur eines zwischenmenschlichen Kreislaufs mit 4 Stationen

Die Einbeziehung der jeweiligen inneren Reaktionen in das Schema erleichtert die Integration von Humanistischer Kommunikationspsychologie und Systemischer Psychologie. Denn für die Selbstklärung und Selbstkundgabe sind die Inhalte der Kreise zu erkunden; entsprechend ist der Klärungshelfer bemüht, die bei den Partnern typische «senkrechte» Kommunikation (Vorwürfe von oben nach unten bzw. von unten nach oben) in eine «waagerechte» zu verwandeln:

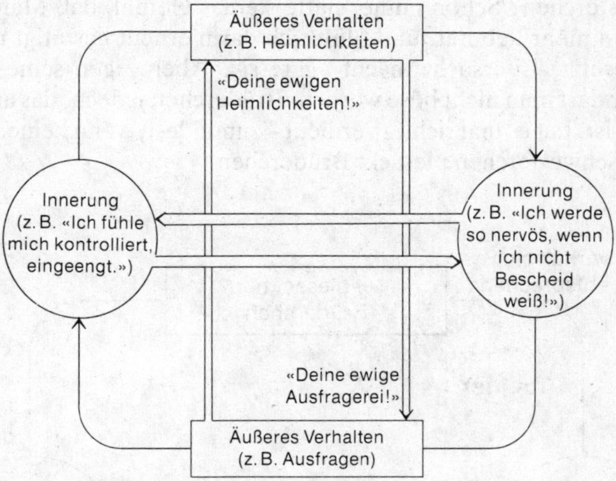

Abb. 4: Umwandlung einer «senkrechten» in eine «waagerechte» Kommunikation (z. B. durch Intervention eines Klärungshelfers)

Diese Verbindung zur Gesprächshilfe ist jedoch für den vorliegenden Zusammenhang zweitrangig. Wichtig ist die *Einübung in das systemische Denken,* das durch die Zirkularität dieses Schemas, welches keinen Anfang und keine Ursache, sondern nur Wechselwirkungen kennt, angeregt wird.

Üben wir nun noch ein wenig, diesen systemischen Blickwinkel einzunehmen, indem wir das allgemeine Schema in verschiedenen Lebensbereichen aufsuchen. Wer sich dafür interessiert, wie solche zwischenmenschlichen Teufelskreise im konkreten Fall ermittelt werden (Diagnose) und wie eine «Systemtherapie» aussehen kann, sei ausführlich auf Thomann und Schulz von Thun (1988, S. 226–298), verwiesen.

2.2 Beispiel Kindererziehung

Immer mal wieder pufft und knufft das vierjährige Schwesterchen das zweijährige Brüderchen. Plötzlich stürzt «aus Versehen» sein Turm aus Bauklötzen ein, dann wieder schubst sie ihn unsanft vom Stuhl usw. – kurzum: Schwesterchen piesackt Brüderchen. Wenn die Mutter das sieht, empört sie sich natürlich über die Hinterhältigkeit von Schwesterchen und ist voller Mitleid mit dem weinenden Brüderchen. Sie reagiert also völlig logisch. Entsprechend schimpft sie mit Schwesterchen und nimmt Brüderchen tröstend in den Arm. Wie reagiert Schwesterchen? Schon immer hatte sie das Gefühl, daß Mami Brüderchen mehr lieb hat, und fühlt sich darin erneut bestätigt und zurückgesetzt. Eifersucht macht aggressiv. Aber gegen seine eigene Mutter darf man nicht böse werden. Brüderchen jedoch, das an allem schuld ist, hat es mal richtig verdient – zumindest, wenn keiner guckt. Also: Schwesterchen piesackt Brüderchen.

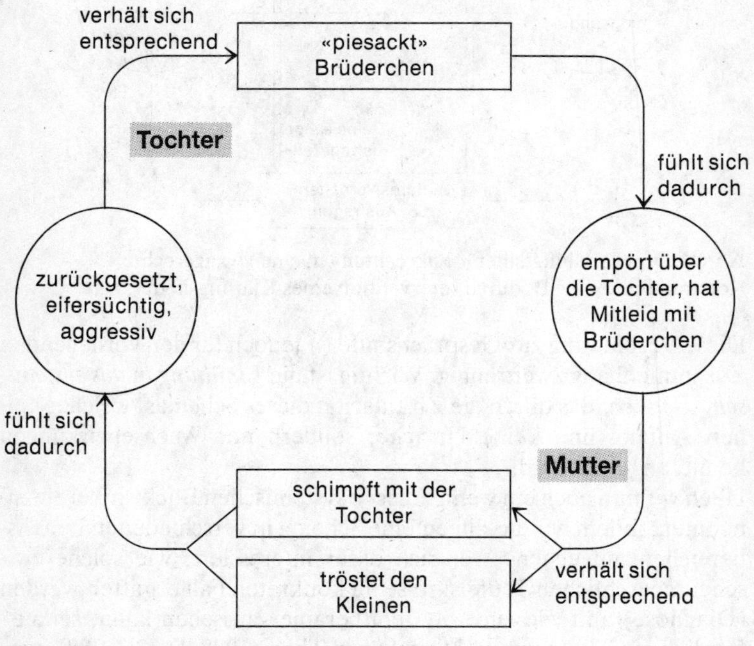

Wenn Mutter sich diesen Zusammenhang klarmacht, kann sie vielleicht beim nächstenmal statt logisch nun psycho-logisch reagieren: nämlich statt des Brüderchens einmal Schwesterchen auf den Arm zu nehmen. – Wird dadurch aber nicht das Fehlverhalten am Erfolg gelernt? Dies wäre im Rattenlabor tatsächlich der Fall. Beim Menschen sind derart mechanische Konditionierungen von innerer Psychodynamik und von kognitiver Einsicht so stark überlagert, daß genau das Gegenteil herauskommen kann. Einem «unerhörten» Betragen liegt zugrunde, in einem wichtigen Anliegen «un-erhört» zu sein – deshalb müssen, nachdem die Botschaft nicht angekommen ist, «schwere Geschütze» aufgefahren werden. Diese werden überflüssig, wenn man erhört worden ist.

2.3 Beispiel Berufsleben

Zwei Kollegen arbeiten hierarchisch gleichgestellt in einer Arbeitsgruppe. Der eine (oder soll ich beim anderen anfangen? Das ist bei derart zirkulären Strukturen ja willkürlich; am besten, man hat gleich den ganzen Kreislauf «auf einen Blick», betrachten Sie also jetzt schon das Schema auf S. 34!) – der eine (A) also schiebt manches, was zur Bearbeitung anstünde, auf die lange Bank. Der andere (B), der seinen Pappenheimer schon kennt und weiß, daß dieser die Repräsentationspflichten bei den Kunden mehr schätzt als die mühsame Aktenkleinarbeit, wird langsam nervös: «Wenn das nicht termingerecht erledigt wird, dann kriegt nicht der faule A einen drauf, sondern dann hat die ganze Abteilung das Nachsehen, und ich, der ich mich besonders zuständig fühle und daher auch von außen als Zuständiger angesehen bin, werde zum Prügelknaben!» So wird er nervös, aber auch ärgerlich auf A. Da nun Herr B ein friedliebender Mensch ist und die kollegiale Beziehung zu A («Wir kommen im großen und ganzen recht gut miteinander aus!») nicht gefährden will, tut er genau das, was er in solchen Fällen manchmal schon getan hat: er erledigt es selbst. Herr A wiederum, der dies mitbekommt, fühlt sich in dem bestätigt, was er immer schon ein wenig gedacht und gefühlt hat: «Herr B steckt wirklich überall seine Nase herein, spielt sich auf wie ein Abteilungschef und geht sogar so weit, in mein Arbeitsterritorium einzudringen!» Er fühlt sich übergangen, ist insgeheim ärgerlich auf den Kollegen B. Aber auch er ist ein friedliebender Mensch und möchte die gute kollegiale Beziehung nicht gefährden; außerdem hat er von sich das Bild, über derartige Kleinigkeiten erhaben zu sein.

Was dennoch nachbleibt, ist ein Gefühl von eigener Überflüssigkeit und einem trotzig-resignierten «Dann mach deinen Kram gleich ganz allein!». Das Resultat: Er «tut nichts», läßt manches unerledigt liegen und schiebt es auf die lange Bank:

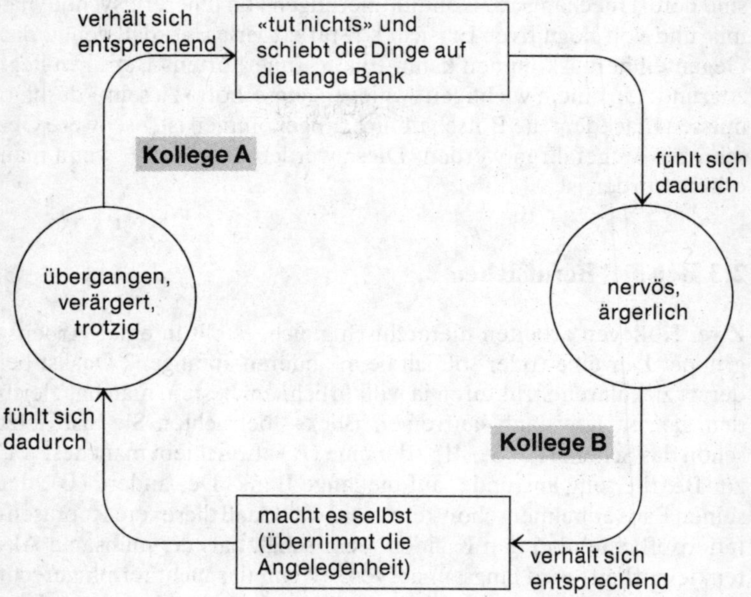

Da es sich um zwei friedliche Menschen handelt, ist es in diesem Falle günstig, wenn der unterdrückte Groll sich erst einmal ausdrückt, das heißt die «senkrechte» Kommunikation in Form von Vorwürfen («Sie sind faul und tun nichts!» – «Sie mischen sich in alles ein!») hat zunächst einmal Vorrang. Erst dann ist seelisch freie Bahn für die Klärung der inneren Reaktionen und der Bewußtwerdung des gemeinsam bewerkstelligten Teufelskreises.

Ein ganz ähnlicher Teufelskreis entsteht häufig auch in Wohngemeinschaften, Jugendgruppen, in der Vereinsarbeit und anderen Gemeinschaftsformen: Jemand ist besonders identifiziert mit der gemeinsamen Sache, macht sich kundig und hält bald viele Fäden in der Hand. Die Kollegen freuen sich über diese verläßliche Kompentenz und bestätigen seine Führungsrolle. Allmählich wird es ihm jedoch zuviel, und er beklagt die passive Konsumentenhaltung seiner Mitarbeiter. Diese geloben Besserung, übernehmen die anfallenden Aufgaben aber etwas halbherzig und nachlässig – auch macht sich die mangelnde Übung bemerkbar: Ganz so gut wie der «Chef» gelingt es ihnen nicht, so daß dieser doch wieder alles korrigieren muß – fast geht es schneller, wenn er es gleich selbst macht. Irgendwann platzt ihm der Kragen: «Ich bin doch nicht Euer Kindermädchen!» ruft er – und ist es doch längst geworden. Und die anderen? Sie beklagen mit der Zeit den «überzogenen Machtanspruch» ihres Chef-Kollegen. So entsteht die paradoxe Situation, daß die «Untergebenen» sich zwar unterdrückt fühlen, aber doch auch genüßlich bedienen lassen. Und der «Chef» hat zwar das Sagen, ist aber längst zum Sklaven geworden. Diese Beziehungsdynamik enthält viel Sprengstoff – die Beteiligten werden einander bald an die Gurgel gehen, wenn sie die teufelskreisartige Dynamik nicht durchschauen, und wenn nicht jeder entdeckt, *was er davon hat,* worunter er dann auch leidet, und wie er sich deshalb nach Kräften an der Aufrechterhaltung des Systems beteiligt.

2.4 Offene und verdeckte Kreisläufe

Die Frage «*Was haben die Beteiligten davon, wenn sich ein Teufelskreis zwischen ihnen dreht und dreht?*» führt oftmals auf eine gute Spur. Zwar scheint es zunächst, als würden beide in heilloser leiderzeugender Verstrickung sich gegenseitig das Leben schwermachen. Dies trifft zwar zu, ist aber meist nicht die ganze Wahrheit. Unter der Oberfläche des psychischen Geschehens dreht sich vielleicht noch ein anderer Kreislauf, der weniger bewußte *Bedürfnisse befriedigt.* Infolgedessen wird es schwer sein, einen Teufelskreis zu stoppen, solange diese auf Systemerhaltung drängende unbewußte Lobby nicht erkannt und bearbeitet ist. In der psychoanalytischen Literatur spricht man von einer *Kollusion* (Willi, 1975) oder von *interpersonaler Abwehr* (Mentzos, 1986), wenn unbewußte Kräfte zweier (oder mehrerer) Beziehungspartner sich zu einer gemeinsamen Dynamik verbinden, indem sie gleichsam unter der Oberfläche am gleichen Strang ziehen.

Ein Beispiel aus der familientherapeutischen Erziehungsberatung: Der elfjährige Hans, der nach Trennung seiner Eltern bei seinen Großeltern lebt, frißt immer wieder etwas aus. Bald macht er an einem Supermarkt Fensterscheiben kaputt, bald klaut er irgendwo etwas, bald ist er in eine Schlägerei verwickelt. Wenn dem Vater das gemeldet wird, ist er jeweils entsetzt und voller Strenge: «Aus dir wird ein Verbrecher – wenn das so weitergeht, kommst du in ein Heim!» Der Sohn, von niemandem wirklich anerkannt, fühlt sich als Abschaum, abgestempelt als krimineller Problemfall. Entsprechend handelt er. – Soweit sind die Fakten schnell ermittelt, der Teufelskreis sieht folgendermaßen aus:

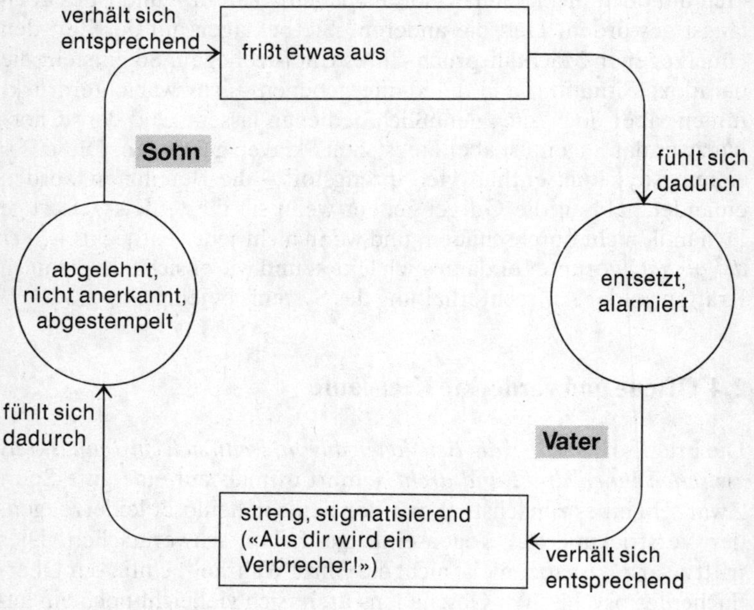

Mit dieser Diagnose könnte man sich zufriedengeben, wären nicht im Gespräch mit allen Beteiligten auch noch andere Zwischentöne vernehmbar: Schimmert nicht durch die übertrieben geißelnde Aufgebrachtheit des Vaters eine gewisse Faszination hindurch? Mehr noch: Während er sonst durch den Zerfall der Familie als Vater ziemlich «abgemeldet» ist, bieten die Missetaten des Sohnes immer wieder Anlaß, nach dem *Vater* (und nicht nach der Mutter oder Großmutter) zu rufen – und ist das nicht jeweils seine «große Stunde»? Begründet sein Gefühl, hier anerkannt und *gebraucht* zu werden, ein heimliches Interesse an den Missetaten? Und der Sohn, der seinen Vater verloren hat? Immer, wenn er etwas ausgefressen hat, steht der Vater «auf der Matte»; und setzt er sich nicht – bei aller vernichtenden Verurteilung – dann für ihn ein? Kein gerade inniges, aber eben doch ein *Vatererlebnis,* das auf diese Weise zurückgewonnen wird. So ermöglicht diese Kollusion zwischen Vater und Sohn die Aufrechterhaltung einer emotionalen Beziehung, vermittelt beiden ein Gefühl von Zusammengehörigkeit, das auf «regulärem» Wege aufrechtzuerhalten ihnen verwehrt ist. – Das Geschehen ist «überdeterminiert», von ganz verschiedenen Dynamiken gleichzeitig am Leben gehalten – und wir haben in den äußeren Teufelskreis noch einen verdeckten inneren zu zeichnen:

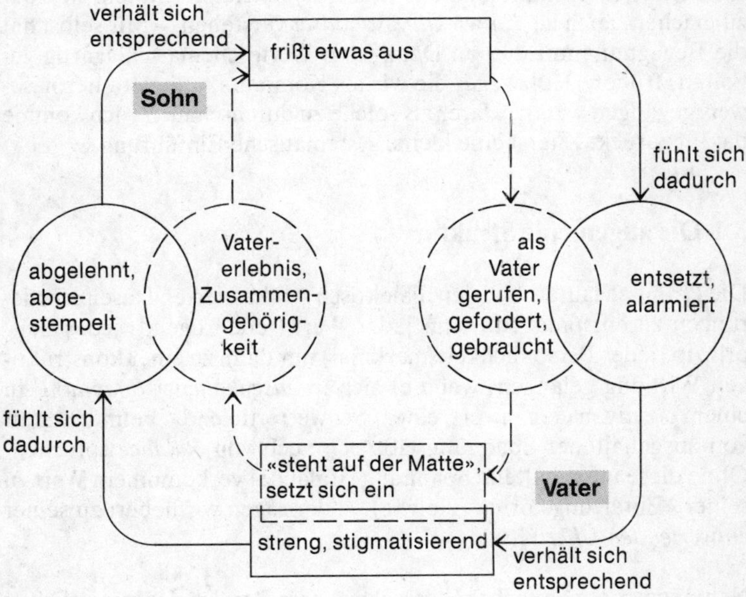

Diese Beispiele mögen zunächst genügen, um mit dem Schema vertraut zu sein und das Denken in systemischen Wechselwirkungen zu trainieren. Die typischen Standard-Teufelskreise, die sich mit bestimmten Persönlichkeitsanteilen und Kommunikationsstilen verbinden, werden wir dann im Abschnitt III betrachten. Dort wird noch eine weitere Unterscheidung einzuführen sein in *symmetrische* und *komplementäre* Kreisläufe (s. S. 129).

3. Das Werte- und Entwicklungsquadrat

Wir kommen nun zum dritten (und letzten) gedanklichen Werkzeug, das mir als Kommunikationspsychologe in der Praxis hilft, klarerzusehen und die Zielrichtung von Interventionen sicherer zu bestimmen. Seine allgemeine Struktur hat schon Aristoteles in ähnlicher Form vor Augen gehabt, und sie enthält eine Anleitung zum dialektischen Denken. In der hier dargestellten Form des *Wertequadrates* stammt es von Helwig (1967), und ich möchte es, um es für Vorgänge der zwischenmenschlichen Kommunikation und Persönlichkeitsbildung nutzbar zu machen, auch als *Entwicklungsquadrat* verstehen. – Mir selbst hat die Begegnung mit diesem Denk- und Werteschema schlagartig geholfen, frühere Holzwege, die wir als Kommunikationstrainer naseweis gegangen waren, klarer als solche zu durchschauen – ich komme darauf zurück. Zuerst eine kleine systematische Einführung.

3.1 Die allgemeine Struktur

Die Prämisse lautet: Um den dialektisch strukturierten Daseinsforderungen zu entsprechen, kann jeder Wert (jede Tugend, jedes Leitprinzip, jedes Persönlichkeitsmerkmal) nur dann zu einer konstruktiven Wirkung gelangen, wenn er sich in *ausgehaltener Spannung* zu einem positiven Gegenwert, einer «Schwestertugend», befindet. Statt von ausgehaltener Spannung läßt sich auch von *Balance* sprechen. Ohne diese ausgehaltene Spannung (Balance) verkommt ein Wert zu seiner «Entartungsform» (Helwig) – oder sagen wir lieber: zu seiner *entwertenden Übertreibung*.

Nehmen wir ein einfaches Beispiel aus dem Bereich der bürgerlichen Tugenden (s. Bollnow, 1958): Sparsamkeit verkommt ohne ihren positiven Gegenwert *Großzügigkeit* zum *Geiz,* umgekehrt verkommt auch Großzügigkeit ohne Sparsamkeit zur *Verschwendung.* Die hierbei regelmäßig entstehenden vier Begriffe lassen sich nach Helwig zu einem «Wertequadrat» anordnen, wobei jeweils die beiden positiven Gegenwerte oben und die entsprechenden Unwerte unten zu stehen kommen:

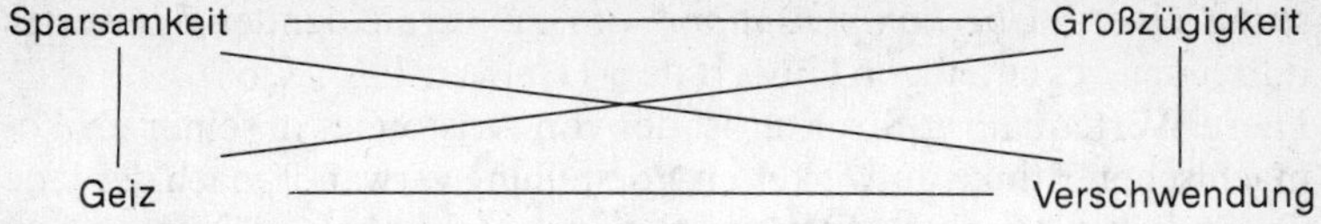

Abb. 5: Allgemeine Struktur eines Wertequadrates am Beispiel «Sparsamkeit»

«Alle diese werthaften Begriffe ordnen sich zu einer ‹Vierheit› von Werten bzw. Unwerten. In jedem Wert liegt eine ‹Quaternität von Werten› eingeschlossen... Dieses Wertequadrat ‹verklammert› also die vier Begriffe miteinander. Jeder wird damit doppelt gegensätzlich präzisiert» (Helwig, 1967, S. 66).

Bei diesem Quadrat entstehen nun vier Arten von Beziehungen, durch die das Verhältnis der Begriffe zueinander charakterisiert ist:

1. Die obere Linie zwischen den positiven Werten bezeichnet ein *positives Spannungs-* bzw. *Ergänzungsverhältnis,* wir können auch von einem *dialektischen Gegensatz* sprechen.
2. Die Diagonalen bezeichnen *konträre Gegensätze* zwischen einem Wert und einem Unwert;
3. die senkrechten Linien bezeichnen die *entwertende Übertreibung;*
4. die untere Verbindung zwischen beiden Unwerten «stellt gleichsam den Weg dar, den wir beschreiten, wenn wir dem einen Unwert entfliehen wollen, aber nicht die Kraft haben, uns in die geforderte Spannung der oberen Pluswerte hinaufzuarbeiten. Also wenn wir aus *einem* Unwert in den entgegengesetzten *anderen* Unwert fliehen. Die Verbindung zwischen den unteren Begriffen stellt also die Fehllei-

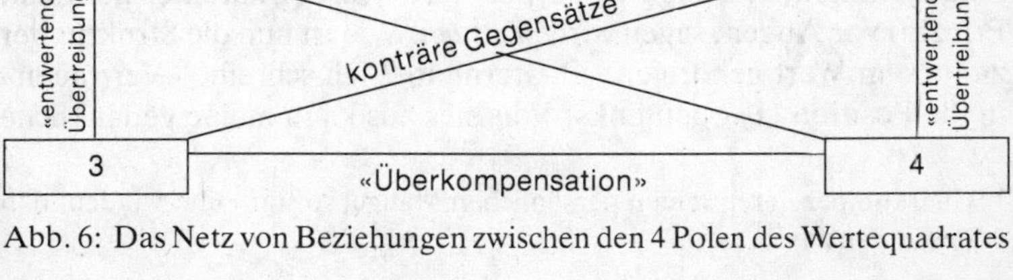

Abb. 6: Das Netz von Beziehungen zwischen den 4 Polen des Wertequadrates

stung einer «*Überkompensation** des zu vermeidenden Unwertes durch den gegenteiligen Unwert dar» (Helwig, 1967, S. 66).
Diese Wertequadrat-Struktur ist der von Aristoteles in seiner «Nikomachischen Ethik» entwickelten Vorstellung verwandt, nach der jede Tugend als die rechte Mitte zwischen zwei fehlerhaften Extremen zu bestimmen ist: zum Beispiel Sparsamkeit zwischen Geiz und Verschwendung, oder Mut zwischen Feigheit und übermütigem Leichtsinn. Die anzustrebende Tugend ist hier, im Unterschied zum Wertequadrat, als ein Fixpunkt gedacht, der sich allerdings «verschieben» läßt. So ist die Sparsamkeit dem Geiz näher als der Verschwendung, während die griechische Tugend der «eleutheriotes» eher der deutschen Freigebigkeit oder Großzügigkeit entspricht (Bollnow, 1958).
Beim Wertequadrat ist die Vorstellung eines optimalen Fixpunktes aufgegeben und durch die Vorstellung einer dynamischen Balance ersetzt, was mir besonders auch für psychische Phänomene fruchtbringender scheint. Angemessen ist auch die Vorstellung eines Yin-Yang-Verhältnisses der beiden oberen Werte: Sie durchdringen sich gegenseitig und enthalten jeweils schon selbst ein Spurenelement des Gegenpoles:

Abb. 7: Das Yin-Yang-Verhältnis

3.2 Wie konstruiere ich ein Wertequadrat?

Ich möchte Sie instand setzen, für Ihren eigenen Bedarf solche Wertequadrate zu konstruieren. Im folgenden daher einige heuristische Übungen.
Angenommen, ich habe einen positiven Wert (Charaktermerkmal, Prinzip) vor Augen, sagen wir *Vertrauen*. Wie ist nun die Struktur der zu diesem Wert gehörigen «Quaternität»? Ich schreibe «Vertrauen» in die Position (1) oben links. Von hier aus kann meine gedankliche

* Überkompensieren: einen persönlichen Mangel so stark überwinden, daß es des Guten zuviel wird.

Entdeckungsreise nun verschiedene Wege gehen: zum Beispiel könnte ich auf die Position (2) schauen und nach dem positiven Gegenwert, nach der «Schwestertugend» des Vertrauens fragen – aber was könnte das sein? Einfacher ist es vielleicht, zunächst nach der entwertenden Übertreibung in Position 3 zu fragen, oder auch nach dem konträren Gegensatz am Ende der Diagonalen (4):

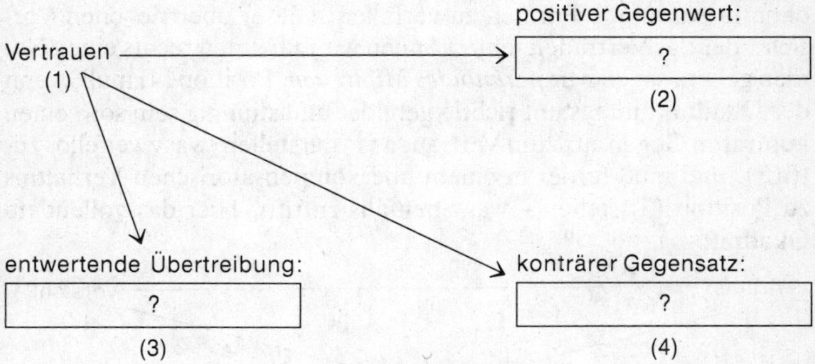

Ich versuche es einmal mit Position 4 – was wäre der *konträre Gegensatz* zu «Vertrauen»? Vielleicht einfach «Mißtrauen»? Aber ein gewisses Mißtrauen ist ja in vielen Situationen des Lebens durchaus angebracht – taugt dieser Begriff, um die «übertreibende Entwertung» der Position (2) zu bezeichnen? Schwer zu sagen, denn die haben wir ja auch noch nicht definiert.

Vielleicht ist es doch leichter, von (1) erst einmal direkt nach unten in die Position (3) zu wandern: Übertriebenes Vertrauen? Hier kann es sich nur um eine «naive Vertrauensseligkeit» handeln, die schon der Dummheit nahesteht. Also tragen wir die Position (3) vorläufig ein und ergänzen die fehlenden Verbindungslinien:

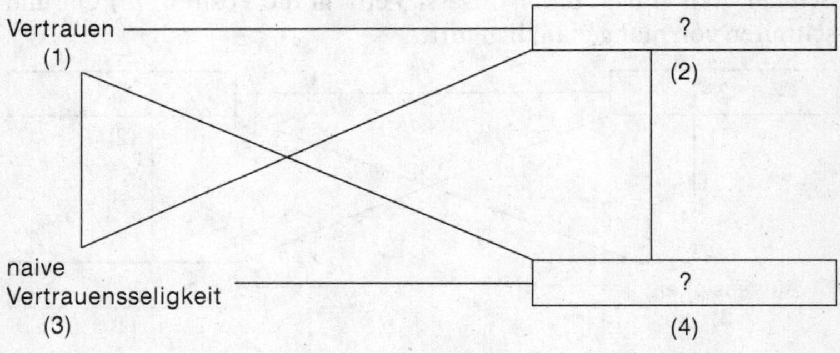

Da es oftmals leichter ist, den konträren Gegensatz auszumachen, können wir nun von der neu gewonnenen Position (3) diagonal nach oben steigen und uns fragen: Was ist das Gegenteil jener «naiven Vertrauensseligkeit» und taugt gleichzeitig als positiver Gegenwert zum Vertrauen?

Wer nicht zu naiver Vertrauensseligkeit neigt, läßt offenbar eine gewisse *Vorsicht* walten, darin sich ein gewisses Mißtrauen andeutet, ohne in paranoide Formen zu verfallen. Dieser übertriebenen Vorsicht, der das Vertrauen fehlt, können wir nun unten rechts einen Namen geben, sagen wir: *paranoides Mißtrauen*. Position (4) muß, wenn der Quadrant insgesamt richtig gebildet und stimmig sein soll, einen konträren Gegensatz zum Vertrauen (1) darstellen (was zweifellos zutrifft), und muß ferner in einem überkompensatorischen Verhältnis zu Position (3) stehen – was ebenfalls zutrifft. Hier das vollendete Quadrat:

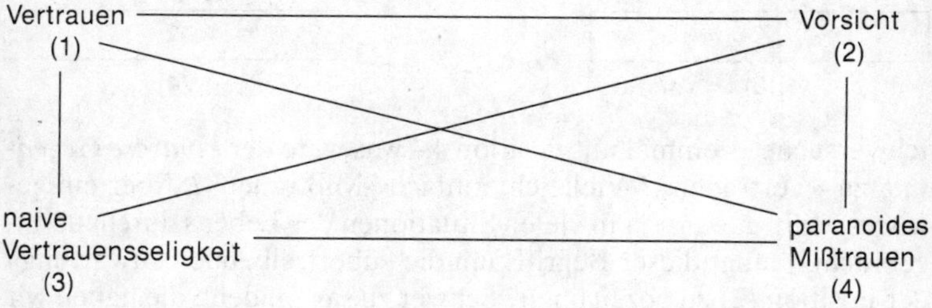

Beim vorangegangenen Beispiel waren wir von einem positiven Wert (Vertrauen) ausgegangen, der uns als Startpunkt für die Erkenntnisreise diente. Da man es aber zuweilen auch mit «Charakterfehlern», «Untugenden» und menschlichen Entwicklungsrückständen zu tun hat, werden wir gelegentlich bei einer *unteren* Position zu beginnen haben. Nehmen wir an, ein Lehrer leidet unter einem «aufsässigen» Schüler. Wir tragen die «Aufsässigkeit» in die Position (3) ein und schreiten von hier gedanklich fort:

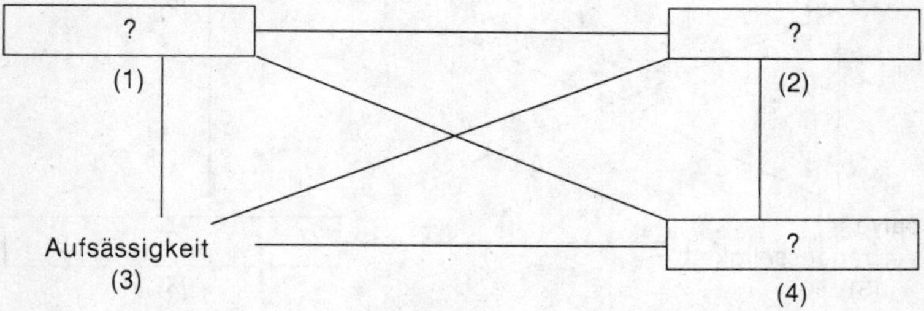

Vielleicht fällt es unserem imaginären Lehrer am leichtesten, sich das extreme, ebenso unerwünschte Gegenteil vor Augen zu halten (Position 4): Hat er doch auch sie in der Klasse, jene braven, überangepaßten Musterschüler, die zu allem Ja und Amen sagen:

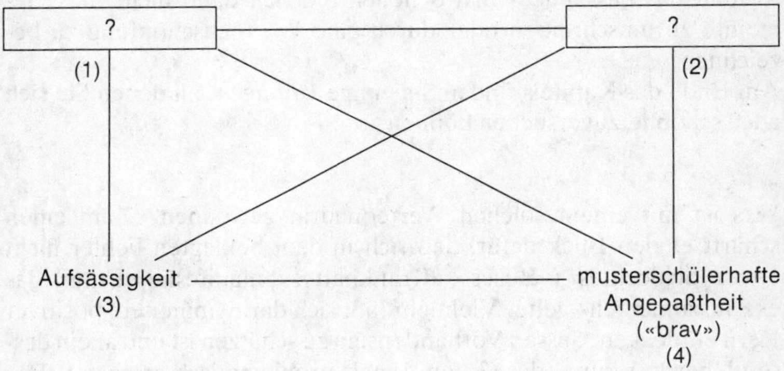

Nun kann man zu den positiven Werten aufsteigen, sei es diagonal oder senkrecht. «Aufsässigkeit» erscheint dann als «des Guten zuviel» von etwas, das gleichzeitig einen konträren Gegensatz zur musterschülerhaften Anpassung bildet: Offenbar ist hier ein positiver *Eigensinn* angesprochen, in welchem sich der Wille zur Selbständigkeit, Freiheit und eben: zum *Eigen-Sinn* ausdrückt; dieser braucht als ausgleichende Ergänzung einer gewissen *Einordnung*, um nicht in sture Eigensinnigkeit oder in zwanghaften Oppositionsgeist zu verfallen:

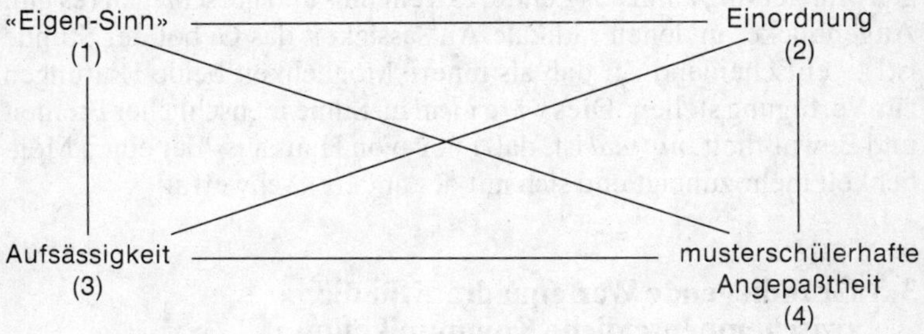

Soweit zur Konstruktion. Wenn Sie selbst derartige Wertequadrate bilden, werden Sie feststellen, daß es manchmal kein rechtes Wort

gibt, um das prägnant zu bezeichnen, was Sie als Phänomen vor Augen haben. Anders als in Fausts zynischem Knittelvers «Denn eben wo Begriffe fehlen, da stellt ein Wort zur rechten Zeit sich ein!» hat sich hier der Begriff vor dem geistigen Auge schon eingestellt, doch es fehlt das passende Wort. Scheuen Sie sich dann nicht, das Gemeinte zu umschreiben oder durch eine Wortneuschöpfung zu bezeichnen!
Am Ende des Kapitels finden Sie einige *Übungen*, an denen Sie sich auch schon jetzt versuchen können.

Was ist mit einem solchen Wertequadrat gewonnen? Zum einen schärft es den Blick dafür, daß sich in dem beklagten Fehler nicht etwas «Schlechtes» («Böses», «Krankhaftes») manifestieren muß, das es «auszumerzen» gelte. Vielmehr läßt sich darin immer ein positiver Kern entdecken, dessen Vorhandensein zu schätzen ist und allein dessen Überdosierung (des Guten zuviel) problematisch erscheint. Damit ist auch die Entwicklungsrichtung vorgezeichnet: nicht etwa von (3) nach (4), sondern von (3) nach (2) unter Beibehaltung von (1).
Zum anderen ist mit diesem Quadrat die Überzeugung verbunden, daß jeder Mensch mit einer bestimmten erkennbaren Eigenschaft immer auch über einen «schlummernden» Gegenpol verfügt, den er in sich wecken und zur Entwicklung bringen kann.
Wird mit dieser Sichtweise denn nicht, so mag ein Einwand lauten, der ausgewogenen Mittelmäßigkeit eines Idealcharakters das Wort geredet? Nein, das angepeilte Ideal ist keine statische, sondern eine *dynamische Balance.* Das heißt je nach Situation und ihrer je einmaligen Sinngebung kann das Pendel extrem hin- und herschlagen (es gibt Augenblicke, in denen radikale Aufsässigkeit das Gebot der Stunde ist!) – entscheidend ist, daß als innere Möglichkeit beide Haltungen zur Verfügung stehen. Dies wäre *ideal* im Sinne menschlicher Freiheit und Bewußtheit, *normal* ist, daß man «von Haus aus» der einen Möglichkeit mehr zuneigt und sich mit der anderen schwertut.

3.3 Grundlegende Wertequadrate für die zwischenmenschliche Kommunikation

Versuchen wir jetzt, dieses Werkzeug für den Bereich der Kommunikation nutzbar zu machen. Dies soll später noch systematisch geschehen, wenn wir acht verschiedene Kommunikationsstile nach ihren

Stärken und Schwächen untersuchen (Kap. III). Zwei für das zwischenmenschliche Miteinander sehr grundlegende Wertequadrate seien hier vorweggenommen.

Wahrhaftigkeit und Wirkungsbewußtsein. Auf dieses Wertequadrat sind wir durch die Erörterung der «zwei Lehrmeinungen zu Kommunikationstraining» (S. 23ff), gedanklich schon vorbereitet. Der Streit darum erweist sich nun als Polarisierung einer zusammengehörigen Dialektik. *Authentizität* mißrät, wenn sie nicht mit dem Bewußtsein der Wirkung gepaart ist, zur *naiven Unverblümtheit,* die entweder (durch «schonungslose» Offenheit) den Takt vermissen läßt und einen Scherbenhaufen zurücklassen kann, oder (durch unvorsichtige Selbstpreisgabe) zuwenig Sinn für taktische Notwendigkeiten verrät und sich unnötig verwundbar macht. «Ich bin viel zu offen und spontan, vieles rutscht mir einfach so heraus, und hinterher habe ich das häufig zu bereuen!» – sagen manche unserer Kursteilnehmer und deuten damit an, daß sie ihr Repertoire durch diplomatische Geschicklichkeit erweitern möchten. Auf der anderen Seite steht der «Volldiplomat», bei dem jedes Wort zum schmackhaften Köder gerät, welcher dem Fisch nun schmecken soll, und dessen berechnende Rhetorik ihm zur zweiten Natur geworden ist, das heißt sein «wahrer Kern» bleibt nicht nur seinem Gegenüber, sondern auch ihm selbst verborgen.

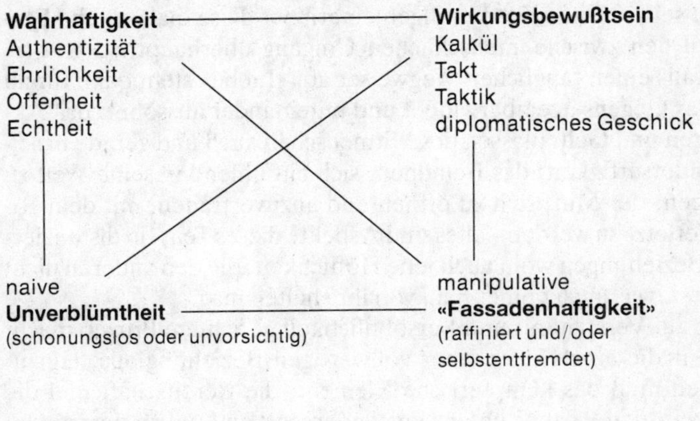

Die Kunst, diese dialektische Gegensätzlichkeit zu vereinen, ist uns zeitlebens aufgegeben. In manchen Momenten des Lebens ist die konflikthafte Spannung besonders spürbar – zum Beispiel wenn der Arzt vor der Frage steht, ob er einem Todkranken die Wahrheit mitteilen soll; oder wenn der unglücklich Liebende zweifelt, ob er sein Begehren und seine Anhänglichkeit zeigen soll (mit der Gefahr, daß der oder die Begehrte dann erst recht auf Distanz geht), oder ob er besser «taktisch» die kalte Schulter zeigt, um nun die andere/den anderen zu entzünden (vgl. S. 206). – Viele Anliegen unserer Kursteilnehmer haben die formale Struktur

«Wie kann ich ..., ohne zu ...?»,

wobei im ersten Teil die wahrhaftige Botschaft, im zweiten Teil die befürchtete Wirkung zum Ausdruck kommt: «Wie kann ich ihm meine Gefühle sagen, ohne ihn zu kränken?» – «Wie kann ich meinem Chef die Meinung sagen, ohne ihn gegen mich aufzubringen?» – «Wie kann ich einen Mitarbeiter kritisieren, ohne ihn zu entmutigen?» usw.

«Liebender Kampf»: Akzeptierung und Konfrontation. Auf ein zweites sehr grundlegendes Wertequadrat für die Kommunikation kommen wir, wenn wir uns an die Aussage von Karl Jaspers erinnern, daß die Suche nach Wahrheit nur im zwischenmenschlichen Dialog erfolgen könne und ein gelungener Dialog wesensmäßig ein *liebender Kampf* sei (1953, S. 27). Verallgemeinern wir diese dialektische Formel auf den zwischenmenschlichen Umgang überhaupt, so gibt sie gleichfalls einen tauglichen Wegweiser ab. «Liebe» steht dann für all das, was Gegensätze überwindet und miteinander aussöhnt: das Akzeptieren und Geltenlassen des Mitmenschen auch und gerade in seiner Andersartigkeit; das Bemühen, sich einfühlend in seine Welt zu versetzen; der Mut, sich zu öffnen und anzuvertrauen, mit dem Risiko, verletzt zu werden – alles sind Aspekte dieses Teils, in distanzierteren Beziehungen wohl auch jene Höflichkeit, die den anderen nicht abwertet, was auch immer man von ihm halten mag.
Dieses auf Verständnis und Versöhnlichkeit gerichtete Prinzip macht aber nur die eine Hälfte einer vollwertigen Beziehung aus. Hinzukommen muß das kämpferische Element: die Bereitschaft und die Fähigkeit, den Partner unter Umständen hart zu konfrontieren, Gegensätze und Konflikte mit ihm auszufechten, wenn nötig mit unerbittlicher Härte und fliegenden Fetzen. «Streiten verbindet» (Bach

und Wyden, 1969), allerdings nur in liebendem Kampf. Andernfalls droht jene ungebremste Eskalation von Kränkungen, die in blanken Haß und gegenseitige Zerfleischung mündet. Während uns diese Gefahr aus den Ehen, der Nachbarschaft, den politischen Gruppierungen wohlvertraut ist, scheint die Gegengefahr weniger als solche bekannt: zuviel Friedlichkeit und Höflichkeit ergibt *Friedhöflichkeit* – mit dieser Wortschöpfung möchte ich ausdrücken, daß diese Nur-Harmonie etwas Totes hat – dies gilt für Paare, aber auch für Gruppen, in denen alle außerordentlich «nett zueinander» sind, kein böses Wort die Eintracht zu gefährden scheint und jeder aufkommende Gegensatz sogleich mit sanften Beschwichtigungen im warmen Mulsch erstickt wird.

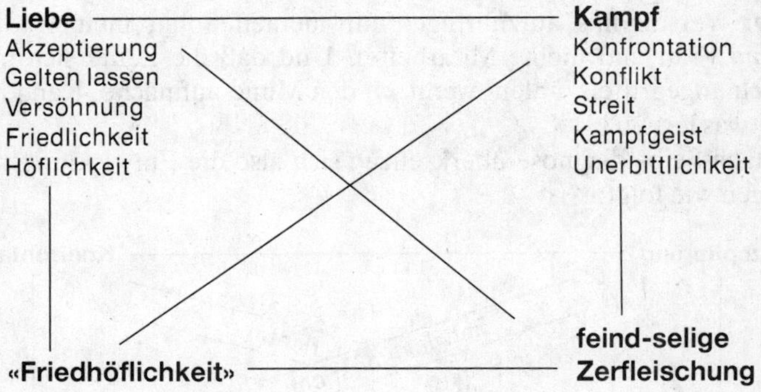

Dieselbe Weisheit finden wir in der Faustregel für Psychotherapeuten wieder:

A + K = E

das heißt Entwicklung (**E**) wird möglich, wenn der Therapeut **A**kzeptierung und **K**onfrontation zu verbinden weiß.

3.4 Vom Werte- zum Entwicklungsquadrat

In seiner Eigenschaft als *Entwicklungsquadrat* ermöglicht uns ein solches Wertequadrat nun, die Entwicklungsrichtungen eines Menschen (oder auch einer Gruppe) zu bestimmen, die angezeigt sind, um den besonderen Herausforderungen der jeweiligen Berufspraxis und Lebenswelt gerecht zu werden.

Als psychologische Erwachsenenbildner haben wir mit der folgenschweren Tatsache zu leben, daß sich die Entwicklungsrichtungen unserer Kursteilnehmer überkreuzen. Der eine sagt: «Ich neige dazu, um des lieben Friedens willen meine Ansichten zurückzustellen, stets viel Verständnis für allen und jeden aufzubringen und Konflikten aus dem Weg zu gehen. Mir fehlt, daß ich mal mit der Faust auf den Tisch schlage und unmißverständlich klarmache, was ich ablehne und verabscheue. Das möchte ich lernen!» Jemand anderes: «Mir ist klargeworden (man hat es mir auch oft gesagt), daß ich durch meine Art die Leute ziemlich vor den Kopf stoße. Ich habe tatsächlich oft das Gefühl, von Dummköpfen und Versagern umgeben zu sein – und dann rede ich Klartext und haue wohl auch mal drauf. Dabei meine ich es manchmal gar nicht so! Ich möchte lernen, toleranter zu werden, mehr Verständnis aufzubringen für meinen Sohn, meinen Chef, meine Frau und meine Mitarbeiter. Und daß die Leute sich nicht gleich angegriffen fühlen, wenn ich den Mund aufmache. Kann man so etwas lernen?»
Je nach Selbstdiagnose überkreuzen sich also die Entwicklungsrichtungen wie folgt:

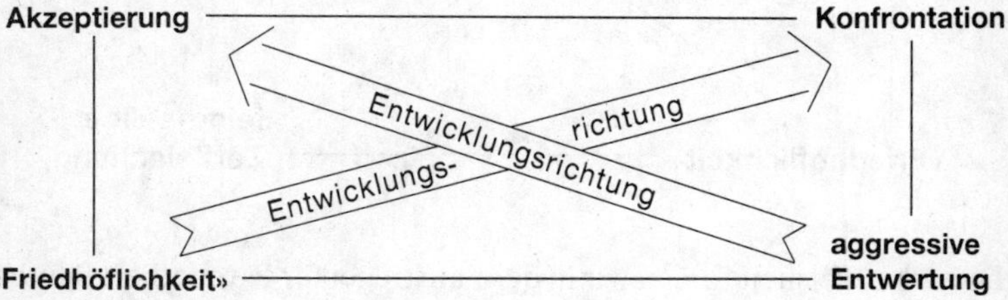

Die zwischenmenschliche Kommunikation betreffend gibt es viele solcher Entwicklungsquadrate. Wir werden sie, ausgehend von typischen Kontaktmustern, im Kapitel III nach und nach kennenlernen und dann ansatzweise auch den Weg genauer beschreiben, der jeweils zurückzulegen ist.

An dieser Stelle möchte ich noch ein allgemeines, besonders von der Humanistischen Psychologie proklamiertes Entwicklungsziel besprechen, das unter dem Schlagwort «Selbstverwirklichung» in die öffentliche Diskussion – und in den öffentlichen Streit – gekommen ist.
Mit Hilfe der folgenden Werte- bzw. Entwicklungsquadrate mag es gelingen, zum einen die Kritik an diesem Entwicklungsziel zu integrieren als auch den umstrittenen Begriff selber genauer zu bestimmen.

Die naheliegendste und wohl auch am häufigsten vorgebrachte Kritik meint in der Selbstverwirklichung einen kaum verbrämten «egoistischen» Zug zu entdecken. «Du hast 10 Semester Egoismus studiert!» lautet die Klage eines Ehepartners, dessen Frau nach ihrem Studium darauf bestand, eigene Wünsche und Forderungen anzumelden und auch durchzusetzen. Appelliert wird mit dieser Klage an das soziale Empfinden, daß der Mitmensch, der vielleicht nicht so kraftvoll in der Lage ist, für sich einzutreten, Rücksicht beansprucht. Erinnert wird auch an die übergeordneten Interessen einer Gemeinschaft, denen sich das Individuum unterzuordnen habe. Aber vielleicht ist die Ehefrau gerade dabei, sich aus der «Ecke» der Selbst-losigkeit emporzuarbeiten und gerät schon bei den leisesten Anzeichen von Selbstbehauptung in den Verdacht, ins Gegenextrem abzugleiten? Möglich auch, daß das Gegenextrem vorübergehend nötig ist, um die Waagschale überhaupt in Bewegung zu bringen?

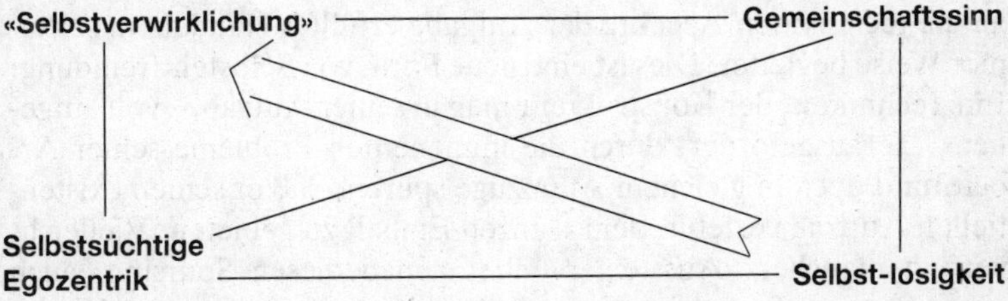

Ein ähnlicher Vorwuf, der sich gegen die «Selbstverwirklichungsbewegung» richtet, lautet: «Wenn jeder nur noch täte, was ihm Spaß macht und worauf er gerade ‹Bock› hat, wenn keiner mehr – persönliche Unlustgefühle überwindend – seine Pflicht zu tun bereit ist, dann geht alles vor die Hunde!» Hier wird Selbstverwirklichung mit Vergnügungssucht und Pflichtvergessenheit gleichgesetzt – bzw. es wird den Anhängern der «Bewegung» eine solche Gleichsetzung unterstellt. Während der erste Vorwurf einen Mangel an Rücksicht gegenüber den Mitmenschen beklagte, so wird in diesem zweiten Vorwurf die verantwortliche Bindung der persönlichen Kräfte an eine Aufgabe vermißt (ist hier nicht das Sich-Aufgeben eher gefragt als das Sichselbst-Verwirklichen?).

Diese Kritik wirft existentielle Probleme auf. Zunächst ist es von der zeitgenössischen Psychologie besonders durch Victor Frankl (1981) herausgestellt worden, daß die menschliche Existenz ohne die Bindung an eine Aufgabe, an etwas, was über sich selbst hinausweist, verkümmert (vor allem in die Depression): «Erst im Dienst an einer

Sache oder in der Liebe zu einem Partner wird der Mensch ganz Mensch und ganz er selbst... Sich selbst verwirklichen kann der Mensch also eigentlich nur in dem Maße, wie er sich selbst vergißt, indem er... sich selbst übersieht.» (Frankl, 1981, S. 38)
Auf der anderen Seite besteht aber auch die Gefahr, sich selbst zu verfehlen, indem man sich pflichtgetreu einer Aufgabe widmet, ohne den *Sinn* dieser Aufgabe mit dem Sinn der eigenen Existenz zu vergleichen. Ein solcher Eigen-Sinn würde gerade heute vielfach dazu führen, die Sinnlosigkeit, ja Sinnwidrigkeit des beruflichen Tuns zu erkennen. Was habe ich von mir zu halten, wenn ich meine ganze körperliche oder intellektuelle Kraft, Tag für Tag und Jahr für Jahr einer Sache widme (zum Beispiel einem Produkt), die ich angesichts der Situation unserer Erde für verhängnisvoll halte? Dazu muß ich gar nicht in der Rüstungsindustrie oder in einem Atomkraftwerk beschäftigt sein – hier wird lediglich die übergeordnete Fragwürdigkeit besonders eklatant, die mein «pflichtbewußtes» und mit voller Hingabe an die technischen Aspekte der Aufgabe erfülltes Handeln in seltsamer Weise begleitet. Dies ist eine neue Form von Selbstentfremdung: Ein Techniker oder Konstrukteur mag in seiner Aufgabe «voll aufgehen», herausgefordert durch die immanenten Probleme seiner Arbeit, und doch in gleichem Atemzuge spüren, daß er seinen existentiellen Auftrag verfehlt, dem Ganzen Einhalt zu gebieten. Vielleicht verfügt mancher «Aussteiger» über genau diesen Spürsinn, auch wenn er von außen als pfiffiger, die Anstrengung scheuender Honigschlecker angesehen wird. Selbstverwirklichung in diesem Sinne bedeutet, bei aller pflichtbewußten Hingabe an eine Aufgabe die Prüfung ernst zu nehmen, ob mir diese Hingabe guttut – in körperlicher und seelischer Hinsicht, aber auch in Hinsicht auf die wertgeleitete Ausrichtung meiner Existenz.
Versuchen wir diesen Gedankengang in einem zweiten Werte- und Entwicklungsquadrat festzuhalten:

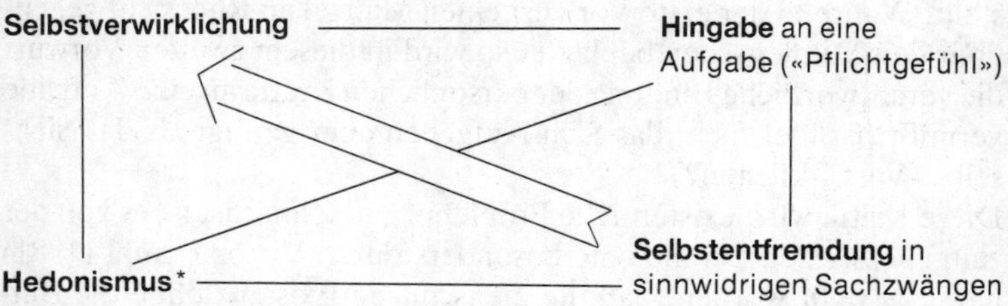

* Hedonimus: eine Lebenshaltung, die in der genußfreudigen Optimierung des eigenen Wohlbefindens das höchste Ziel sieht.

In dem obigen Zitat von Frankl war noch von einem zweiten Hingabe-Aspekt die Rede, von der Hingabe an den Partner. Dies führt zu einem dritten Vorwurf, zu der dritten Entwertungsmöglichkeit eines verkürzten Selbstverwirklichungsbegriffes. Vielen Frauen und Männern, besonders aber Frauen, wurde bewußt, daß sie jahre- und jahrzehntelang die eigene Entwicklung auf dem Altar der Ehe und Familie geopfert hatten. «Selbstverwirklichung» bedeutet hier, sich zu befreien aus einer symbiotischen Abhängigkeit – eigene Bedürfnisse ernst zu nehmen und Entfaltungsmöglichkeiten zu ergreifen, auch wenn dies die Partnerschaft plötzlich viel schwieriger macht und nicht selten gefährdet; neben das «Wir» tritt die Perspektive des «Ich einerseits und Du andererseits». In letzter Konsequenz bedeutet dies, daß ich nötigenfalls «meinen Weg» allein gehe. Wird nun dieses «Nötigenfalls» in ein Ideal umgedeutet, dann besteht die Gefahr, Bindung und Hingabe an einen anderen Menschen nur als Hindernis für die Selbstentwicklung zu begreifen statt als einen ihrer zentralen Aspekte. Was dann als «Selbstverwirklichung» ausgegeben wird, mag in Wahrheit narzißtische* Beziehungslosigkeit sein. Wiederum wird allerdings ein solcher Gegenpendelschlag in mancher persönlichen Entwicklung nötig sein, um sich aus selbstblockierender Abhängigkeit erst einmal zu lösen. Somit ist das dritte dialektische Spannungsverhältnis vorgegeben, in das die Selbstverwirklichung eingebunden ist:

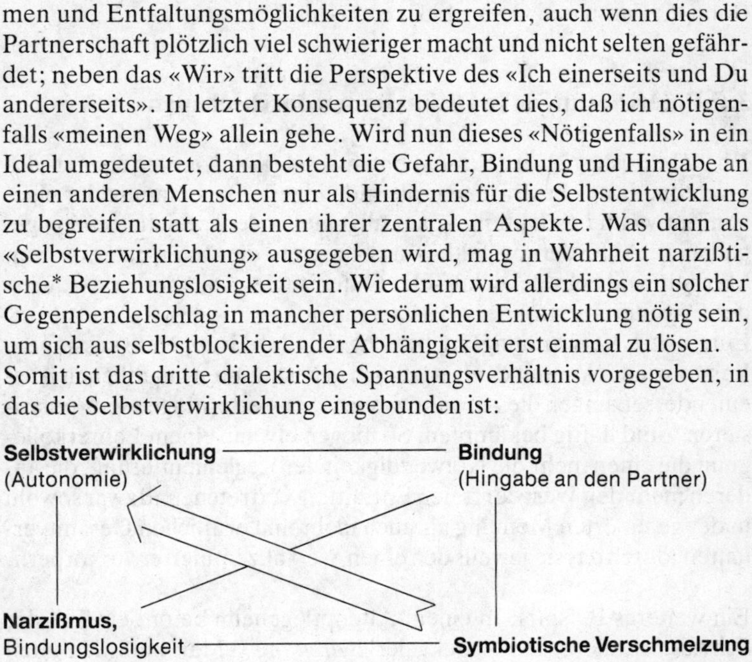

In unserem Kulturkreis sind die Werte «oben rechts» jeweils hoch im Kurs gewesen:

1. Der Gemeinschaftssinn und die Bereitschaft, sich für Volk und Vaterland aufzuopfern, bis hin zu «Du bist nichts, Dein Volk ist alles!»
2. Das «preußische» Pflichtgefühl – bis hin zur Selbstentsagung und zum verbrecherischen «Ich tue nur meine Pflicht!»
3. Die traditionelle Ehemoral, die besonders den Frauen kein Recht auf Eigenentwicklung zugestand, bis hin zur selbstverleugnenden Aufopferung.

* narzißtisch: die Selbstliebe betonend

Vor diesem Hintergrund wird es verständlich und für die Humanisierung des Menschen wünschenswert, wenn die Entwicklungslinie von unten rechts nach oben links verläuft – auch wenn das Gegenpendel dabei gelegentlich zu weit schlägt. Wenn in dem Selbstverwirklichungsbegriff die hier angedeutete dreifache dialektische Spannung enthalten ist, dann kann er zu einer höheren Stufe menschlichen Daseins führen. Andernfalls führt er zum Egoismus und Hedonismus*, damit auch zu Sinnleere, Isolation und Depression (vgl. auch Ruth Cohn in: Farau und Cohn, 1984, S. 434–437).

3.5 Polarisierungen in Diskussionen durchschauen

Ich habe bisher zwei (zusammenhängende) Nutzanwendungen des Wertequadrates beschrieben: die individuelle Bestimmung der eigenen Entwicklungsrichtung – ganz allgemein oder speziell in einem gegebenen Anforderungsfeld; zum anderen die Interpretation von Mängeln und Schwächen als «des Guten zuviel», mit der Konsequenz der Erweiterung statt der «Ausmerzung».
Eine dritte Verwendungsart bezieht sich auf Gruppendiskussionen. Immer wieder kommt es vor, daß sich in bestimmten inhaltlichen Auseinandersetzungen die Anwälte zweier «Schwesterntugenden» polarisieren * und heftig bekämpfen. So mögen etwa in einem Lehrerkollegium die einen mehr die Notwendigkeit der Reglementierung, die anderen mehr den Wert der freien Entfaltung vertreten, und zwar sowohl in der geäußerten Meinung als auch in ihrem beruflichen Gesamtverhalten, durch das sie jeweils den einen Wert akzentuierter verkörpern.

Ein weiteres Beispiel: In einem Altenpflegeheim betont ein Teil der Schwestern mehr den Aspekt der *Betreuung* («Man muß den alten Leuten auch manche Last abnehmen, ihnen helfen, sie pflegen und betreuen – denn in dem Maße, wie die Kräfte schwinden, wird der Wunsch nach betreuender Zuwendung größer»), während die anderen mehr den Aspekt der *Ermutigung zur Selbständigkeit* betonen («Man darf die alten Leute nicht entmündigen und wie kleine Kinder behandeln, sondern muß sie in ihrer Fähigkeit bestärken, für sich

* polarisieren: Wenn sich zwei Menschen (oder Halbgruppen) in ihrem Wertverständnis so auseinanderbewegen, daß beide jeweils auf einem Pol zu stehen kommen. Dadurch werden zwei zusammengehörige Werte auseinandergerissen und erscheinen als «Entweder–oder«.

selbst zu sorgen, aktiv und initiativ zu bleiben, sonst rosten sie als altes Eisen, machen sich abhängig und verlernen, auf ihre eigenen Kräfte zu vertrauen.»).

In beiden Fällen entsteht leicht eine polarisierende «Über-Kreuz-Kommunikation», bei welcher man sich selbst einem Wert auf der oberen Etage des Quadrates verpflichtet fühlt, hingegen den anderen im «Keller der Entartung» sieht und dort angreift:

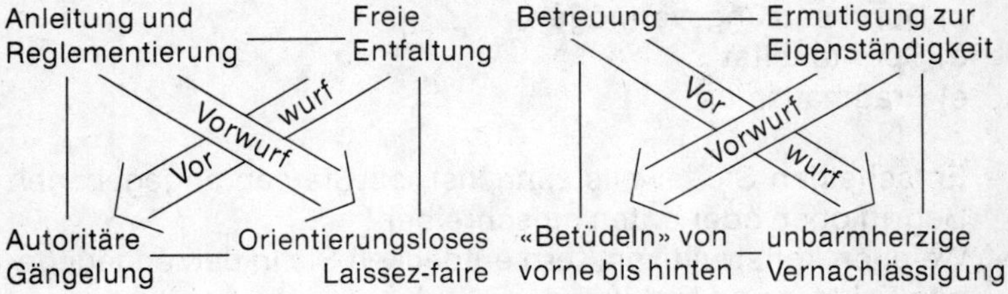

Die Neigung, sich selbst als Wertverkörperung, den Konfliktgegner hingegen als Verkörperung der «Fehlhaltung» zu sehen, programmiert ein kommunikationspsychologisches Durcheinander von Sach- und Beziehungsebene, denn die Vorwürfe zielen «unter die Gürtellinie». Die an sich notwendige und potentiell fruchtbare Auseinandersetzung droht in persönlichen Kränkungen unterzugehen und die Gruppe zu spalten.

In dieser Situation kann es heilsam sein, wenn der Moderator diese Gruppendynamik durchschaubar macht, wobei das Wertequadrat eine versöhnliche Betrachtung der Unterschiedlichkeiten nahelegt: jede der beiden Parteien tritt für ein wertvolles Prinzip ein, hat sozusagen einen Zipfel der Wahrheit erwischt. – Erst die ausgehaltene Spannung zwischen beiden Polen könnte dem Stein des Weisen ähneln – und gottlob gibt es Anwälte und Verkörperungen *beider* Prinzipien in dem Team! – Durch diese Intervention fühlen sich beide Parteien verstanden und rehabilitiert und müssen sich gegenseitig nicht mehr verteufeln. Wichtig scheint mir aber, diese «harmonisierende» Intervention nicht zu früh einzubringen, denn sonst kann einer allzu raschen, aber nicht lange tragfähigen Versöhnlichkeit Vorschub geleistet werden, ohne daß die in der Gruppe vorhandenen Gegensätze wirklich zum Ausdruck und zum Austrag gekommen wären. Also: Integration *nach* der Konfrontation, nicht zu ihrer Verhinderung!

Übungen

1. Bilden Sie die Quadrate zu folgenden Ausgangsbegriffen:

a) Toleranz,
b) Feigheit,
c) Durchsetzungsvermögen,
d) Spontaneität,
e) Pragmatismus.

– Entscheiden Sie jeweils zunächst, ob Sie den angegebenen Begriff oben oder unten hinschreiben!
– Welchen konstruktiven Kern entdecken Sie in den angegebenen Fehlern und Untugenden?
– Welche Entwicklungsrichtung zur Abrundung der Persönlichkeit deutet sich «diagonal» in den Quadranten an?

2. Benennen Sie eine für Sie zutreffende

a) Stärke/Tugend
b) Schwäche/Untugend

und konstruieren Sie die dazugehörigen Quadrate!

Lösungsvorschläge zur Übung 1

Toleranz	Engagement
Gleichgültigkeit	Fanatismus

Vorsicht	Kühnheit Mut
Feigheit	Übermut Leichtsinn

Durchsetzungsvermögen	Rücksicht
Rücksichtslose Ellbogen-Mentalität	Selbstverleugnung, mangelnde Selbstbehauptung

Spontaneität	Besonnenheit
vorschnelle Impulsivität	alles auf die Goldwaage legende Über-Bedächtigkeit

Pragmatismus	Prinzipientreue, Wert-Bindung
Opportunismus «Schlawinertum»	Unflexible Prinzipienreiterei, ideologische Starrheit

III
Kommunikationsstile zwischen Persönlichkeits- und Beziehungsdynamik

Bei den folgenden acht Kommunikations- und Interaktionsstilen handelt es sich um bestimmte Arten und Weisen, mit anderen Menschen in Kontakt zu treten, zu sprechen und die Beziehung zu gestalten. Mit jedem Stil verbinden sich bestimmte innere Verfassungen (die Transaktionsanalyse spricht von «Ich-Zuständen»): ein Gemisch aus Bedürfnissen, Gefühlen, Stimmungen und Absichten, das uns gleichsam «durchströmt» und durch alle Poren und Ritzen nach außen dringt, dort unsere Kontaktpartner erreicht und sowohl durch Worte wie auch durch die gesamte nonverbale Ausstrahlung beeinflußt.
Diese Stile (und die mit ihnen verbundenen «Strömungen») schließen einander nicht aus. Im Gegenteil: *alles ist in jedem;* nahezu jeder Leser wird sich in nahezu jedem Stil ein wenig «wiederfinden» in dem Sinne, daß er dieses Muster der Kontaktgestaltung samt des inneren Zumuteseins von sich selbst in manchen Situationen und bei manchen Beziehungspartnern kennt. – Manchmal erst auf den zweiten Blick: Immer wieder reagieren meine Hörer und Kursteilnehmer, indem sie etwa sagen: «Bei dem und dem Stil, den ich durchaus von anderen kenne, dachte ich zunächst: Damit habe ich überhaupt nichts zu tun! Und erst später habe ich mich ‹ertappt› und gemerkt: So bin ich auch, aber viel weniger bewußt!»
Die verschiedenen Strömungen, die hier in didaktischer Reinkultur vorgestellt werden, schließen sich auch in ein- und demselben Augenblick nicht aus – im Gegenteil, in der Regel fließen zwei oder mehr Strömungen zusammen und ergeben ein für die Person bzw. die Situation charakteristisches Gemisch. Solche Ambivalenzen* sind ein see-

* Ambivalenz: gemischte Gefühle von gegensätzlicher Qualität (z. T. unbewußt)

lischer Regelfall, kein Ausnahmefall. So mag jemand seinen Kollegen um Rat und Hilfe bitten und dabei in einer bedürftig-abhängigen Stimmung sein («O je, wie macht man das bloß – ich werde es nie schaffen, du bist meine einzige Rettung!») –, gleichzeitig aber auch von einer verächtlichen «Unterströmung» erfaßt sein («Was willst du mir schon groß beibringen – ausgerechnet du! All deine weisen Ratschläge taugen doch zu nichts!») *Logisch* ist diese Kombination nicht, *psychologisch* ist sie allemal: den Kollegen wird dieses Strömungsgemisch atmosphärisch erreichen und zumindest unterschwellig irritieren.
Andere Strömungen wiederum passen gut zueinander und ergeben ein eindeutiges Gemisch. So verbinden sich der *entwertende* (Kap. 4) und der *bestimmende* Stil (Kap. 6) «gern» zum gut bekannten «autoritären Verhalten» («Nun machen Sie das endlich so, wie ich Ihnen sage, herrje noch mal, das muß doch auch in Ihren kleinen Kopf reingehen!»).

Zwar haben wir gesagt: Alles steckt in jedem, jede Strömung ist in jedem Menschen angelegt und auslösbar. Dennoch gilt, daß bei bestimmten Menschen diese oder jene Strömung ein besonders breites oder tiefes Flußbett hat und so der Persönlichkeit ein bestimmtes Gepräge gibt. Jeder hat bevorzugte Muster der Kontaktgestaltung, einhergehend mit bestimmten Vermeidungsmustern, die ihren lebensgeschichtlichen Hintergrund haben. In diesem, aber auch wirklich nur in diesem Sinne werde ich idealtypisch etwa vom «selbst-losen» oder vom «kontrollierenden Menschen» sprechen, als sprachliche Kurzformel für *einen Menschen, der von dieser Strömung (neben manchen anderen) auffällig häufig und heftig erfaßt wird, so daß sie eines seiner typischen Kontaktmuster darstellt und dabei ganz bestimmte Vermeidungen und Einschränkungen enthält, deren Überwindung für ihn heilsam und förderlich wäre.*
Die nachfolgenden acht Kommunikationsstile sind in ihrem aktuellen Aspekt (der akuten seelischen Strömung) mit einigen «Ich-Zuständen» der Transaktionalen Analyse (zum Beispiel Berne, 1967) vergleichbar. In ihrem habituellen Aspekt (des Charakters) berühren sie sich mit solchen Persönlichkeitstheorien, denen für zwischenmenschliche Beziehungen besondere Bedeutung zukommt. Diese Berührung ist zunächst locker, denn ähnlich wie V. Satir (1975, s. auch Bosch, 1977) gehe ich vom kommunikativen Phänotypus aus, also von dem, was im alltäglichen Erleben sichtbar und spürbar ist – eine hypothetische Verbindungslinie zu bestimmten entwicklungsgeschichtlichen «Genotypen» ist aber häufig naheliegend. So wird der kundige Leser

immer wieder Anklänge an bekannte Persönlichkeitstheorien finden. Hierbei handelt es sich neben der Charakterologie Adlers (Ansbacher und Ansbacher, 1972) um psychoanalytische Persönlichkeitstheorien in der Ausformulierung von Riemann (1969, s. auch Thomann und Schulz von Thun, 1988) und von Reich (1970, s. auch Lowen, 1983 und Kurtz, 1985). Die systemischen Teile sind durch das Kollusionskonzept von Willi (1975) inspiriert. – Daraus ergeben sich die *Wegbereiter der vorgelegten differentiellen Kommunikationspsychologie* zu folgender Zusammenschau:

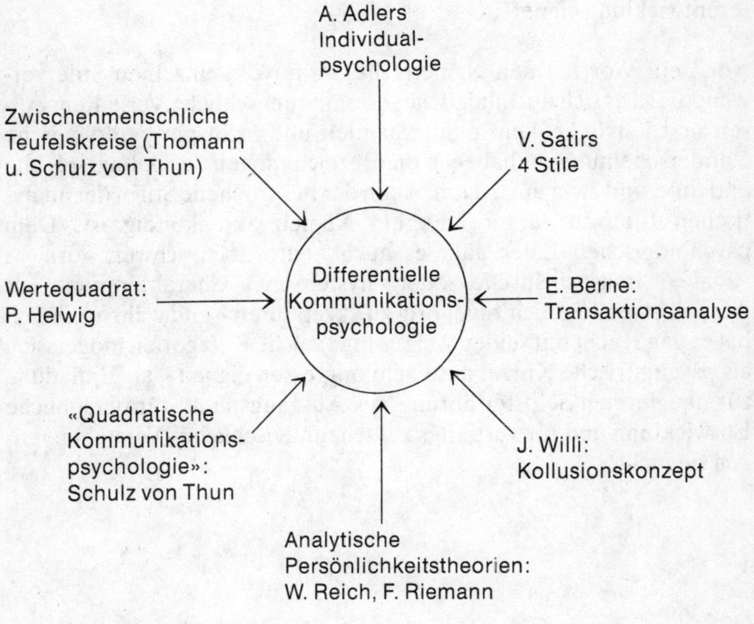

Abb. 8: Wegbereiter der differentiellen Kommunikationspsychologie

Der hier zutage tretende theoretische Eklektizismus* mag als nachteilig angesehen werden. Tatsächlich verdankt die Zahl Acht der nachfolgenden Stile bzw. Persönlichkeitsanteile ihre Existenz nicht einem

* Elektizismus: sich aus verschiedenen Schulrichtungen und theoretischen Systemen das heraussuchen und zusammenfügen, was man (für praktische Zwecke) brauchen kann.

geschlossenen theoretischen System – wie das zum Beispiel bei Fritz Riemanns vier «Grundformen der Angst» (1969) intellektuell und ästhetisch so überaus befriedigend der Fall ist. Insofern nimmt sich die nachfolgende Liste teilweise etwas additiv, willkürlich und insgesamt vielleicht vorläufig aus. Mir ist jedoch kein theoretisch geschlossenes System bekannt, das alle wichtigen und typischen Kommunikationsphänomene der Praxis beschreiben und erklären würde. So war bei der Auswahl und Festlegung der Zahl Acht ausschlaggebend, daß damit erfaßt wird, was mir als Trainer und Kommunikationstherapeut wiederholt begegnet und sich als Ausgangspunkt für persönliche Weiterentwicklung eignet.

Noch ein Wort zu den Namen, die ich für die einzelnen Stile verwende. Da es sich um alltägliche, normal-menschliche Verhaltensweisen und Persönlichkeitsanteile handelt und nicht um pathologische Randerscheinungen, habe ich die Bezeichnungen der Alltagssprache entlehnt, und zwar auch dann, wenn der besprochene Stil in der analytischen Literatur unter anderem Namen aktenkundig ist. Dem psychologischen Laien fällt es auch heute noch schwer, «orale», «anale», «masochistische» oder «hysterische» Charakteranteile als ihm selbstverständlich zugehörig zu akzeptieren – und wahrscheinlich hat er ganz recht mit seiner Weigerung. Solche Kategorien mögen sich als psychiatrische Kürzel auf Fachkongressen eignen – als Einladung zur neugierigen Selbsterfahrung, als Ausgangspunkt für persönliche Entwicklung und für vertieftes zwischenmenschliches Verstehen taugen sie nicht.

1. Der bedürftig-abhängige Stil

Wer kennt es nicht: das schöne Gefühl, umsorgt und beschützt zu werden, sich von Großen und Starken behütet zu wissen, die einem den richtigen Weg weisen und achtgeben, daß nichts Schlimmes passiert? Erwachsen werden heißt, mehr und mehr für sich selbst einzustehen und die Verantwortung zu übernehmen. Die dabei gewonnene Unabhängigkeit muß bezahlt werden mit einem Verlust an Urgeborgenheit, der uns besonders schmerzlich spürbar wird, wenn das Leben uns beutelt und die Grundfesten unserer Existenz ins Wanken kommen. Auch wenn wir auf eigenen Beinen stehen, bleibt doch ein Teil von jenem alten Bedürfnis erhalten, sich dann und wann an jemanden anzulehnen, der groß und stark ist und bestimmt schon alles in Ordnung bringen wird. Unterschiedlich ist die Stärke dieses Bedürfnisses beim erwachsenen Menschen, unterschiedlich auch, in welchem Maße er es sich zugesteht. Wenn es aber, zeitweise oder chronisch, die Oberhand gewinnt, dann können wir damit rechnen, daß es sich auswirkt auf die Art und Weise, den Kontakt zu anderen Menschen zu gestalten. Der Kommunikationsstil muß hier ersetzen, was das Baby an natürlichem Appeal hat, durch den es automatisch den Hilfs- und Pflegeinstinkt von Personen in seiner Umgebung auslöst.

1.1 Erscheinungsbild, Grundbotschaft und seelischer Hintergrund

Wir beschreiben also als erstes einen Kommunikationsstil, der darauf abzielt, sich selbst als hilflos oder überfordert darzustellen und dem anderen das Gefühl zu geben, er müsse einspringen, helfen, entscheiden und verantworten – sonst wäre alles verloren.

Abb. 9: Grundpose des bedürftig-abhängigen Stils*

* Zur Wahl des Geschlechts bei den abgebildeten Figuren siehe Fußnote S. 15.

Diese «Botschaft» geht vom Bedürftig-Abhängigen oft nonverbal aus – schon wie er einen anschaut, kann einem das Herz erweichen. In anderen Fällen werden die Bitten durchaus deutlich und können sich zu dringenden Forderungen steigern: «Das kannst du jetzt aber mal wirklich für mich tun! Du siehst doch, wie mir alles über den Kopf wächst! Kannst du denn nicht wenigstens einen Tag Urlaub nehmen, damit ich zumindest Montag noch mit dir rechnen kann? ...»
Wir können annehmen, daß Menschen, die einen solchen Stil als bevorzugtes Kontaktmuster entwickelt haben, in ihrer früheren Kindheit bestimmten Urerfahrungen ausgesetzt waren, aus denen sie unbewußt eine psychologische Schlußfolgerung für ihr weiteres Leben gezogen haben:

Seelisches Axiom:

«Ich bin schwach und hilflos – allein bin ich dem Leben nicht gewachsen!»

Ich bezeichne solche frühkindlich eingefleischten Urbotschaften als seelische «Axiome», da sie im Erwachsenenalter nicht mehr überprüft werden. Sie werden nicht einmal in Sprache gefaßt, so wie das hier hilfsweise geschehen ist, um dieses Selbstgefühl irgendwie zu beschreiben. Statt dessen «stecken sie in einem drin», und alle weiteren Strategien und Bewältigungsmuster gehen von diesen Axiomen aus, sind daraus abgeleitet. Eine korrigierende Überprüfung an der heutigen Realität scheitert in der Regel daran, daß der Betreffende sich durch seine Bewältigungsmuster eine Erfahrungswelt schafft, die bestens geeignet ist, das Axiom wieder und wieder zu bestätigen. Durch diese sich selbst erfüllende Prophezeiung *macht* jeder seine Erfahrungen, so sehr er sie auch zu «erleiden» scheint. Aufdeckende Psychotherapie ist der Versuch, die axiomatischen Urerfahrungen wieder aufzusuchen, den ewigen Bestätigungskreislauf bewußt zu machen und zu unterbrechen.
Welche prägenden Urerfahrungen mögen es gewesen sein, die das Axiom der eigenen Hilflosigkeit und ewigen Bedürftigkeit begründen? Der Zusammenhang zwischen frühkindlicher Entwicklungsgeschichte und Charakter ist nicht das vorrangige Thema dieses Buches (s. zum Beispiel Riemann, 1969). Dennoch mögen jeweils einige Andeutungen ausreichen, um eine Ahnung solcher Zusammenhänge zu stiften. Manchmal können wir besser miteinander klarkommen, wenn wir unterstellen, daß manche Verhaltensweisen und Gefühle, die der andere mir entgegenbringt (oder mir verweigert), nicht allein mir zu-

gedacht und zugelebt sind, sondern als Nachboten früher Verwicklungen gleichsam nach hinten gerichtet sind und in der Gegenwart die alten Szenarien aufzubauen suchen.

Der Mangel an Selbstvertrauen, den wir beim Bedürftig-Abhängigen im Falle starker und überdauernder Ausprägung entdecken, mag ursprünglich dadurch entstanden sein, daß das Kleinkind in einer Phase, in der es dazu heranreifte, die Welt ringsum auf eigenen Beinen und mit dosiertem Trennungsrisiko von der Mutter zu erkunden, extrem behindert und entmutigt wurde: «Laß mich das machen, dazu bist du noch zu klein!» – «Bleib hier, sonst machst du dich nur schmutzig – ach, so doch nicht – gib her!» – Solche Sätze, tausendfach wortwörtlich gehört oder in ihrer Substanz vernommen, lassen die eigenen Kräfte unterentwickelt; die Energien der Lebensbewältigung richten sich nun ersatzweise darauf, sich mit starken Menschen zu umgeben, an die man sich anlehnen kann und die für einen sorgen werden, denn so ist man ja auch als Kind über die Runden gekommen.

Möglich aber auch, daß genau das Gegenteil der Fall war: daß das Kind nicht *zuviel* Behütung und Entlastung erfahren hat, sondern vernachlässigt und viel zu früh auf sich alleine gestellt war und sich in grenzenloser Verlassenheit der Welt ausgeliefert sah. Um diesen (längst verdrängten) Urschmerz nie! nie! nie! mehr spüren zu müssen, zieht der Erwachsene alle Register, um sich nun heute den unbegrenzten Beistand zu sichern, den es gestern so entsetzlich hat entbehren müssen.

Bei diesem wie bei allen anderen Stilen sind es längst nicht nur frühkindliche Grunderfahrungen, die dazu führen, daß bestimmte seelische Strömungen die Oberhand gewinnen. Allerdings sind solche Erstprägungen besonders nachhaltig. Dazu kommen aber vielfältige und manchmal einschneidende Erfahrungen in Jugend und Pubertät, auch noch im Erwachsenenalter und im Berufsleben. Man denke ferner daran, daß das überlieferte Rollenbild die Frau zum «schwachen Geschlecht» gestempelt hat, mit der Folge, daß bei ihr die Herausbildung eines bedürftig-abhängigen Kontaktmusters besonders gern geduldet oder sogar verlangt wird. Wie sagt Noras Ehemann in Ibsens Schauspiel? «Ich müßte ja kein Mann sein, wenn nicht gerade diese weibliche Hilflosigkeit dich für mich besonders anziehend machte...»

Solche Idealvorstellungen sind das Ergebnis gesellschaftlicher «Luftströmungen», die man/frau zeitlebens einatmet, nicht nur in den ersten Lebensjahren.

Kommen wir zurück zur Beschreibung des Kommunikationsstiles. Da trotz der soeben gemachten Aussagen durchaus auch Männer in bedürftig-abhängige Strömungen hineingeraten können, wählen wir das Beispiel eines Dialogs zwischen zwei Freunden:

A: Du B, sag mal, hast du einen Augenblick Zeit?
B: Ja – also, äh, kurz – ich muß nachher noch...
A: Ja, also ganz kurz, bei mir ist mal wieder alles chaotisch. Weil der Heiner mit seiner Freundin zusammenzieht, gibt er die Wohnung auf, und ich muß hier raus, und zwar schon zum Ersten. Also ich weiß überhaupt nicht mehr, was ich machen soll!
B: Ach du Schreck! Ja, und kannst du die Wohnung nicht übernehmen?
A: Wie denn??
B: Ja, indem du zum Beispiel einfach wohnen bleibst!
A: Mensch, du stellst dir das alles so einfach vor! Ich hab doch gar keinen Mietvertrag, und die Wohnung wäre ja auch zu teuer für mich allein!
B: Und wenn du jemanden mit aufnimmst?
A: Meinst du, das ginge? – – Wen denn?
B: Tja, äh, das weiß ich natürlich auch nicht auf die Schnelle.
A: Mensch, was soll ich denn bloß machen?? (seufzt) – Also gerade, wenn man denkt, man kommt mal zur Ruhe – ich weiß kaum noch, wo mir der Kopf steht.
B: Also paß auf! *Erstens:* Du mußt eine Anzeige aufgeben, vielleicht auch mal bei der Zimmervermittlung anrufen. *Zweitens:* Von heut auf morgen kann man niemanden raussetzen. Du mußt mit Heiner reden, daß er dir 'ne angemessene Frist setzt. Und *drittens* –
A: Sag mal, könntest du nicht mal mit Heiner reden?
B: (stutzt) Also, das wär vielleicht besser, wenn du direkt...
A: Nee du, also in letzter Zeit war das etwas schwierig, ich komm da nicht so gut an ihn ran. Und ich bin dann auch so erregt, daß ich die Worte nicht finde...
B: Aber ich...
A: Doch, du hast da wirklich 'ne gute Art – und er kennt dich doch auch, der weiß doch: was du sagst, hat Hand und Fuß!
B: Also gut, aber heute nicht mehr, ich muß gleich noch weg. Und egal, wie das Gespräch ausgeht, 'ne Anzeige würde ich in jedem Fall aufsetzen.
A: Ja, sag noch mal schnell: Wie macht man so was am besten?
B: Also einfach, was du willst, auf zwei, drei Zeilen, zum Beispiel «Junger Mann sucht...»
A: Ja, wart mal schnell, ich hol was zu schreiben – so, kannst du noch mal diktieren?
B: Also, den Text mußt du nun schon selber machen – ist doch nicht so schwer!?

A: Ach, Mensch, ich glaub, du weißt gar nicht, wie mir im Moment zumute ist! Sag mal, könntest du nicht heute abend kurz vorbeikommen, daß wir die Sache mal in Ruhe durchgehen?
B: Also heut abend ist schlecht.
A: (schweigt)
B: Höchstens morgen.
A: (schweigt)
B: Hörst du?
A: (mit tonloser, ersterbender Stimme) Ja, ja.
B: Also gut, heut abend, aber nicht vor halb elf, und nur kurz. Wir werden schon alles hinkriegen!
A: (hoffnungsvoll) Ja, meinst du?

Versuchen wir einmal, die bei wechselnden Inhalten und Anlässen wiederkehrende *Grundbotschaft* zu formulieren, die der Bedürftig-Abhängige vielleicht nicht direkt ausspricht, aber doch «ausstrahlt», das heißt durch Tonfall, Mimik, Gestik und die Art seiner Formulierungen «subkutan» (aber deswegen nicht weniger massiv) aussendet. Legen wir dabei das Modell der quadratischen Nachricht (Kap. II.1) zugrunde, dann empfangen wir:

1. die *Selbstkundgabe der Hilfsbedürftigkeit*: allein schaff ich es nicht, ich bin dem nicht mehr gewachsen! Ich kann das nicht, wie sollte ich auch mit meinen schwachen Kräften!

2. die (verführerische) *Beziehungsbotschaft «Du bist stark und kompetent!»*, durch die sich der Empfänger oft sehr angesprochen fühlt. Denn im Kontakt mit dem Hilfsbedürftigen darf er eine Seite an sich spüren, die ihn aufwertet und die sich gut anfühlt: fähig zu sein und gebraucht zu werden.
Diese Beziehungsbotschaft wird im obigen Beispiel manchmal direkt ausgesprochen («du hast da wirklich 'ne gute Art ... was du sagst, hat Hand und Fuß!»), überwiegend aber durch die ganze Art der Gesprächsführung signalisiert.

3. *Direkte und verdeckte Appelle,* alle von der Art «Hilf mir, du mußt für mich sorgen, hörst du? Laß mich bloß nicht im Stich!» – im obigen Beispiel zunächst direkt («Könntest du nicht heut abend kurz vorbeikommen ...?»), später dann «stumm», als der direkte Appell nicht gleich die erwünschte Wirkung zeigt – der unausgesprochene Vorwurf «Ja, ja, in der Not hat man dann keine Freunde!» lastet drückend in der Hörmuschel und zeitigt prompt seine Appellwirkung.

Abb. 10: Grundbotschaft des bedürftig-abhängigen Stils

Angesichts der Hilf- und Kraftlosigkeit, die der Bedürftig-Abhängige demonstriert, mag es überraschen, wie kraft- und machtvoll er auf seine Mitmenschen emotionalen Einfluß ausübt. Man kann sich ihm nicht leicht entziehen! Um nicht als herzlos und egoistisch dazustehen, fühlt man sich verpflichtet, mit Rat und Tat einzugreifen – und «irgendwie» sieht man sich bald in die Probleme verstrickt, wie von Zauberhand plötzlich die Verantwortung dafür auf sich lasten, ob alles gutgeht. Wer nach dem Köder der Beziehungsbotschaft «Du bist stark und fähig!» geschnappt hat, hängt auch an ihrem Angelhaken: «Und du bist zuständig!»
Wenn wir also auch die «power» des sich schwach und hilflos Gebenden nicht unterschätzen sollten, so wäre es doch verfehlt, ihm magische Kräfte zuzuschreiben. Hat vielleicht auch der Kontaktpartner ein heimliches Interesse, sich zu einem Engagement verführen zu lassen? Liegt vielleicht sogar ein gegenseitiges Verführungssystem vor? Mit solchen Fragen betreten wir «systemisches» Gelände.

1.2 Der systemische Blickwinkel

Bisher haben wir den individualpsychologischen Standpunkt eingenommen und so getan, als würde der bevorzugte Kommunikationsstil eines Menschen als Resultat seiner persönlichen Entwicklungsgeschichte zutage treten und somit eine Angelegenheit des Charakters sein. Dies trifft zu, enthält aber längst noch nicht die ganze Wahrheit. Wir haben weiterhin ins Auge zu fassen, daß jedes Kontaktmuster erst im wechselseitigen Zusammenspiel zweier oder mehrerer Personen zur vollen Entfaltung kommen kann, also eines oder mehrerer «Mitspieler» bedarf, welche durch ihre Art der Beziehungsgestaltung das in Rede stehende Verhalten nahelegen oder zumindest ermöglichen. Ein bedürftig-abhängiger Stil findet dann seine Erklärung nicht (nur) in der Vergangenheit des einzelnen, sondern (auch) in der gegenwärtigen Beziehungsdynamik eines Paares, einer Familie oder Gruppe. Jede Nora hat ihren Helmer.

Typischerweise findet sich der Bedürftig-Abhängige in zwei verschiedene Teufelskreise verstrickt, je nachdem ob der Partner eher fürsorglich oder eher verweigernd eingestellt ist.
Beginnen wir mit dem ersten Fall.
Zwei Menschen wie du und ich, beide stark und schwach zugleich, aber mit unterschiedlicher Angstverteilung im Hinblick auf diese beiden Seiten, begegnen einander und ziehen sich «irgendwie» an, wie die Pole zweier Magneten. Der eine zeigt die Stärke als kontaktzugewandte Seite, seine Schwäche bleibt im Hintergrund. Der andere bringt die Schwäche, Bedürftigkeit und Abhängigkeit in den Kontakt ein – seine Stärke bleibt kontaktabgewandt.

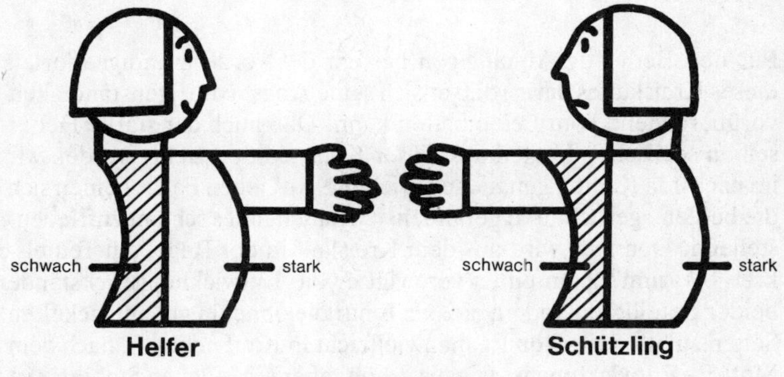

Abb. 11: Zusammentreffen der «passenden» kontaktzugewandten Seiten

Das paßt gut zueinander, beide erliegen gerne den Verführungen des anderen, schnappen begierig nach den Ködern, die der Partner auswirft – und provozieren damit ihrerseits wieder dieselbe «Strömung» beim anderen. Das folgende Schaubild illustriert einen Kreislauf, wie wir ihm schon im Musterdialog (S. 64) exemplarisch begegnet sind:

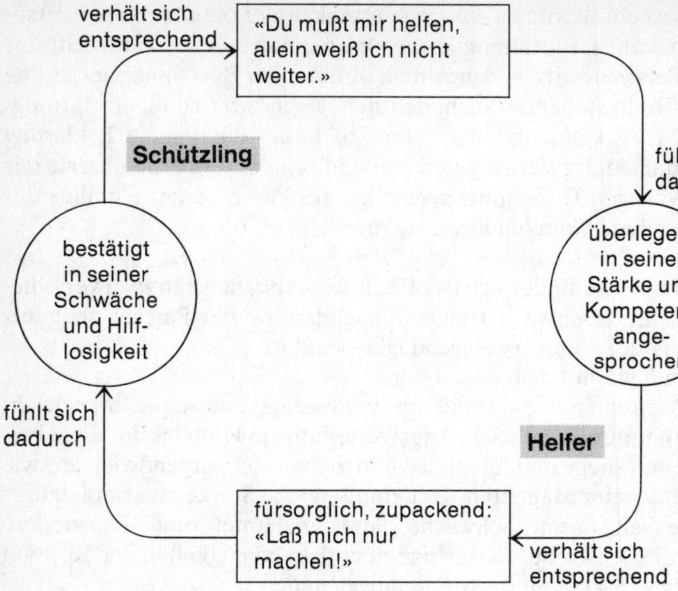

Für den Bedürftig-Abhängigen besteht der vordergründige Vorteil dieses Kreislaufes darin, daß er sich seine Angst vor Eigenständigkeit vorübergehend vom Leibe halten kann. Daß auch der starke Helfer seinen seelischen Vorteil aus dieser Konstellation zieht, werden wir im nächsten Kapitel genauer entwickeln. Auf jeden Fall scheinen sich die beiden «gesucht und gefunden» zu haben, alles scheint zufriedenstellend. Dennoch wird aus dem Kreislauf in der Regel ein Teufelskreis. Warum? Zum einen verewigt er die Entwicklungsrückstände beider Beteiligten, indem er jeweils nur die ohnehin gut entwickelten Seiten zuläßt. Dies könnte man vielleicht in Kauf nehmen, nach dem Motto: «Entwicklung ist ja ganz schön, aber ein bißchen Stabilität ist auch nicht zu verachten!» Aber leider hat der Kreislauf zusätzliche Tücken. Für den Bedürftig-Abhängigen enthält jeder «erfolgreich» verlaufene Kontakt stets auch eine erneute Kränkung seines Selbstwertgefühles – und die latente Wut über die eigene Angewiesenheit trifft dann jenen, der diese schmerzhafte Ich-Schwäche immer wieder spiegelt, richtet sich also paradoxerweise gegen den, dem man am meisten zu «verdanken» hat. Und auch der starke Helfer kriegt es noch mit ganz anderen Gefühlen zu tun als Mitleid und Überlegenheit. Im Zusammenhang mit dem seelischen Hintergrund des Helfers kommen wir auf den hier entstehenden Teufelskreis noch einmal zurück und werden ihn dann um einige Komponenten erweitern.

Ein ganz anderer Teufelskreis entsteht, wenn der Partner sich deutlich abgrenzt und den Bedürftig-Abhängigen «kurzhält»: Dieser fühlt sich elend alleingelassen und verstärkt daraufhin seine Anstrengungen, dem anderen doch noch etwas an Fürsorglichkeit und Unterstützung abzuringen. Diese verstärkten Anstrengungen sind es gerade, die in dem Partner die Angst erhöhen, «ausgesaugt» zu werden (s. Kap. 7: Der sich distanzierende Stil). Aus dem sicheren Gefühl heraus, daß der Bedürftig-Abhängige einem Faß ohne Boden gleiche und sogleich gierig die ganze Hand an sich reißen werde, wenn man ihm nur den kleinen Finger reiche – aus diesem Gefühl heraus verweigert der sich Distanzierende nun auch den kleinsten Finger, was die Bedürftigkeit des Partners ins Unermeßliche steigert:

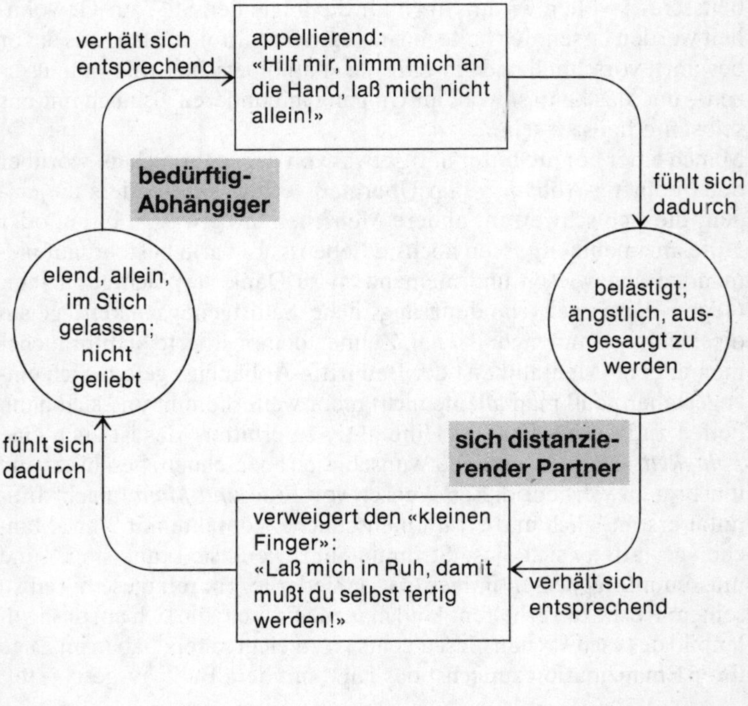

Beide hier beschriebenen Teufelskreise können in ein- und derselben Beziehung wirksam werden, zum Beispiel wenn der Partner zunächst fürsorglich reagiert, aber irgendwann, wenn er sich verausgabt hat, in die sich distanzierende Strömung «kippt», dann wieder ein schlechtes Gewissen bekommt usw.

1.3 Richtungen der Persönlichkeitsentwicklung

Der Gestalttherapeut Fritz Perls (1974) hatte Personen mit diesem Kontaktmuster besonders «auf dem Kieker»: Er nenne jeden neurotisch, der seine seelischen Kräfte dazu benutze, andere zu manipulieren, statt selbst erwachsen zu werden. Unfähig, seine eigenen Kräfte anzuwenden, mobilisiere er voller Machtgier Freunde und Verwandte. – Bevor wir aber darangehen, ausgehend von der Gefahr der pathologischen Übertreibung die förderliche Entwicklungsrichtung zu bestimmen, tun wir gut daran, zunächst *das Vorhandene zu würdigen und die biographische Leistung darin zu erkennen.* Diesen Arbeitsschritt wollen wir uns auch für die folgenden Stile zur Gewohnheit werden lassen. Ich halte ihn insofern für hilfreich, als er uns davor bewahrt, vorschnell und einseitig die «pathologische Brille» aufzusetzen – und das kann sowohl im Umgang mit anderen als auch mit uns selbst nur heilsam sein.
Manch einer könnte bitter nötig etwas von dem gebrauchen, worüber der Bedürftig-Abhängige im Übermaß verfügt – besonders diejenigen, die sich schwertun, andere Menschen um etwas zu bitten oder Hilfe anzunehmen, deren höchste Lebensehre darin besteht, auf niemanden angewiesen und niemandem zu Dank verpflichtet zu sein. Gegen diese meist bindungsängstliche Selbstgenügsamkeit, gegen diese mit zusammengebissenen Zähnen demonstrierte «Ich-brauche-niemanden»-Mentalität ist der Bedürftig-Abhängige gefeit. Sich einzugestehen, daß man alleine nicht mehr weiterkommt und sich dann helfen zu lassen – ja diese Hilfe aktiv zu erbitten: das ist auch eine *Fähigkeit.* Der gelegentliche Wunsch, sich anzulehnen, beschützt und umsorgt zu werden: dieser Wunsch von Frau *und Mann* macht Intimität erst möglich und erfüllt menschliche Kontakte mit Sinn. Manche «gestatten» sich diese Strömung nur, wenn sie krank sind – und müssen infolgedessen immer erst daniederliegen, um diesem Teil zu seinem Recht zu verhelfen. Und manche Frauen, die sich auf das Rollenbild des «schwachen Geschlechts» festgelegt sahen, haben im Zuge ihrer Emanzipation zunächst das Kind mit dem Bade ausgeschüttet:

sie versagten sich strikt alle Wünsche nach Abhängigkeit und Versorgtwerden, mit der Folge, daß dieser nicht mehr «linientreue» Teil ihrer inneren Wahrheit in den seelischen Untergrund wanderte und von dort aus für psychosomatische Unruhe oder depressive Stimmungen sorgte (Seyferth und Falt, 1984).
Weiterhin verfügt der Bedürftig-Abhängige über eine Fähigkeit, die andere auch erst noch erlernen müssen: das *Jammern*! Wie schlimm alles sei, besonders wenn man alleine davorstehe, und wie schrecklich, wenn alles auf einmal komme, und wie überfordert und hundselend man sich dabei fühle ... – Während das «ewige» Jammern die Energien in unfruchtbarer Weise bindet und mit eiserner Entschlossenheit den angeblich so schrecklichen Status quo unverändert läßt, kann das *gelegentliche,* bewußte Jammern als Entlastungsventil und als seelische Vorstufe neuer Tatkraft dienen.

Eingedenk dieser zu würdigenden Anteile ist nun auch die Frage erlaubt und nötig, wie sich Menschen weiterentwickeln können, die übermäßig häufig oder heftig von der bedürftig-abhängigen Strömung erfaßt werden und ihre privaten und/oder Arbeitsbeziehungen entsprechend eingeschränkt gestalten.

Autonomie und Selbstverantwortung. Bei ihnen weist die Kompaßnadel in Richtung Autonomie (Eigenständigkeit, Selbstbestimmung) und Selbstverantwortung. Das dazugehörige Entwicklungsquadrat:

Welche Entwicklungsschritte sind auf der Ebene der Kommunikation möglich, um Autonomie und Selbstverantwortung zu fördern? Die Bedürftig-Abhängigen neigen dazu, sich selbst als passiv und abhängig zu erleben, als Opfer des Geschehens. So kommt es auch in ihrer Sprache zum Ausdruck, in der durch *Passiv-Konstruktionen* und *Betonung der Fremdbestimmung* die eigene Urheberschaft an den Ereignissen verleugnet wird. Zu erkennen, daß *ich* es bin, der sich abhängig *macht* (und in dieses Ziel viel Energie hineinsteckt): das ist der erste Schritt zu einem erweiterten Bewußtsein. In der Gestalttherapie gibt es mehrere Anleitungen, um die *Sprache der Verantwortung* zu lernen. So wird der Klient bei jedem

«Ich *kann* nicht . . .»

dazu angehalten, den Satz einmal probeweise anders zu formulieren und mit

«Ich will nicht . . .»

zu beginnen. Zum Beispiel:

«Ich kann keine Knöpfe annähen.»	«Ich will keine Knöpfe annähen.»
«Ich kann ihn doch nicht einfach rausschmeißen.»	«Ich will ihn nicht einfach rausschmeißen.»
«Ich kann dir da auch nicht helfen!»	«Ich will dir dabei nicht helfen.» (Oder: «Ich seh nicht ein, wozu du mich dabei brauchst.»)

Entscheidend ist dabei nicht, daß die veränderte Formulierung möglicherweise besser zutrifft, sondern daß sie ein anderes Gefühl und ein anderes Bewußtsein beim Sprechenden aufkommen läßt. Wenn wir reden, reden wir nicht nur den Adressaten an, *sondern immer auch uns selbst etwas ein* – darauf hat Neuberger (1985) hingewiesen und für diesen Gedanken unter Verwendung des Nachrichten-Quadrates folgendes Symbol benutzt:

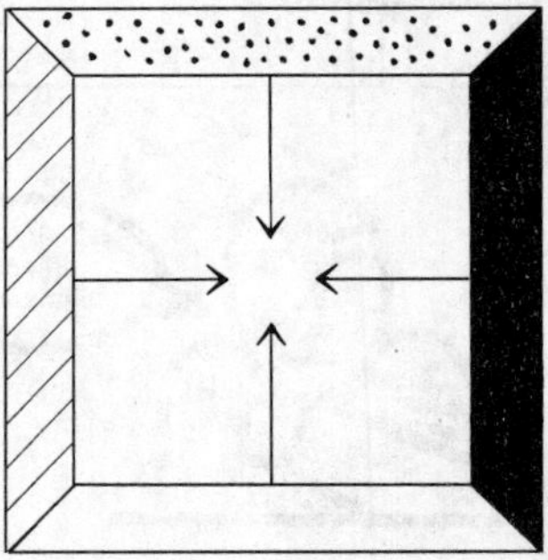

Durch diese Binnenwirkung der Kommunikation gestalten wir uns selbst. Wer fortdauernd bei der Beschreibung von Dingen und Ereignissen seine eigene Fremdbestimmtheit und Passivität hervorhebt, der konserviert und stabilisiert damit sein Lebensgefühl von Abhängigkeit.
Die Sprache der Verantwortung läßt sich auch bei ähnlichen Gelegenheiten lernen. Statt

«Ich muß...»,

wodurch wiederum die Unfreiheit des Handelnden betont wird, kann man alternativ einmal

«Ich entscheide mich für... (bzw. ich will...)»

versuchen (Stevens, 1975, S. 12). Zum Beispiel

«Ich muß auf diesen blöden Empfang gehen.»	«Ich entscheide mich dafür, auf diesen Empfang zu gehen, obwohl ich ihn blöde finde.»
«Ich muß früh nach Hause.»	«Ich will früh nach Hause.»

Auch hier gestalte ich mich selbst: Durch «ich muß» mache ich mich zum Sklaven und delegiere die Verantwortung an höhere Mächte; durch «ich will» mache ich mich zum Souverän. In ähnlicher Weise überprüft der Therapeut auch bei anderen Formulierungen: Betont der Klient den eigenverantwortlichen Teil, der seine persönliche Entscheidung im Rahmen seines Handlungsspielraumes ermöglicht? Oder betont er die Umstände, durch die er sich getrieben, gezwungen, veranlaßt sieht?
«Ich darf ja abends nicht mal alleine ausgehen!» beklagt sich eine Freundin über ihren streng wachenden Freund. Darf nicht? Ist sie sich bewußt, wieviel Macht sie dem Freund über sich einräumt? Und wie sie ihm die Verantwortung zuschiebt für ihre Entscheidung, seinen Wünschen und Verboten Gehorsam zu leisten? Also:

«Ich darf nicht...»	«Ich habe mich entschieden, den Anweisungen Folge zu leisten!»

«Und dazu stehe ich!» Oder nicht? Vielleicht löst diese Probeformulierung eine Auseinandersetzung mit mir selbst aus, bei der ich mir klarwerde, wie sehr ich dazu neige, mich zur Marionette zu machen, um nur nicht Konflikte durchstehen zu müssen, um nur nicht verantwortlich und erwachsen zu werden. In jedem «Ich darf nicht...» halte ich an einem Stück behüteter Kindheit fest – und vielleicht ist dieser (untaugliche) Versuch nur allzu verständlich angesichts eines großen Nachholbedürfnisses an Behütung? Es ist durchaus möglich, daß der bedürftig-abhängige Mensch, bevor er zu neuen Ufern der Eigenständigkeit aufbrechen kann, erst noch in einer Therapie nachholen muß, was früher zu kurz gekommen ist, das heißt erst noch intensiv beschützt und gehalten, umsorgt und gepflegt werden muß.

Eine weitere Übungsrichtung kann für den bedürftig-abhängigen Menschen darin bestehen, schrittweise *seinen Stil, um Hilfe zu bitten,* zu verändern. Und zwar

– spezifisch statt global,
– aktiv regieführend statt sich passiv überlassend,
– offen und deutlich statt verdeckt und zwischen den Zeilen.

Was mit diesen drei Punkten gemeint ist, sei am Beispiel verdeutlicht. Angenommen, jemand hat ein Problem am Hals, wie zum Beispiel das Wohnungsproblem aus dem Musterdialog (s. S. 64f). *Global* um Hilfe zu bitten sähe so aus, dem anderen das Problem vor die Füße zu werfen und «Was mach ich bloß?» zu seufzen (das heißt «fang du mal an, die Sache mit Tatkraft und kühlem Kopf in die Hand zu nehmen – denn ich liege ja am Boden und kann nicht!»). Gleichzeitig überließe er sich dabei passiv der Regie des anderen. *Spezifisch* und *aktiv regieführend* wäre hingegen das Hilfeersuchen dann, wenn er sich als zuständiger Problemlöser zeigte und dem Helfer genau die Stelle anweisen würde, an der er Unterstützung von ihm erwartet. Zum Beispiel: «Für mich steht fest, ich möchte hier wohnen bleiben und gegen die Kündigung ankämpfen. Weißt du oder hast du eine Idee, was hier ratsam ist zu tun?» Oder: «Ich bin mir darüber unschlüssig, ob ich kämpfen oder nachgeben will. Am liebsten würde ich dir einmal meine Gedanken und Gefühle dazu erzählen, und von dir zum Schluß hören, was du davon hältst. Bist du dazu bereit?»
In beiden Fällen läßt sich der in Not Geratene zwar helfen, behält aber die Fäden (= die Verantwortung) in der Hand. Zudem werden die Wünsche offen und deutlich formuliert – der andere kann darauf mit ja oder nein reagieren. – Übrigens kann der Partner dem Hilfesuchenden helfen, seine Autonomie nicht abzugeben, indem er ihn in

die Rolle des aktiven Regisseurs zurückverweist. So kann er auf das seufzende «Was mach ich bloß?» reagieren, indem er sagt:

- «Was hast du dir bis jetzt überlegt?» oder
- «Was genau erwartest du jetzt von mir?»

Damit verschmäht er zwar den ausgeworfenen Köder, bleibt aber doch in einer Weise hilfsbereit, die die Selbsthilfekräfte des anderen nicht lahmlegt bzw. lahmliegen läßt. Möglicherweise hat der helfende Partner aber etwas in sich, das ihn lüstern nach dem Köder schnappen läßt? Mit dieser Frage ist das nächste Kapitel aufgeschlagen.

2. Der helfende Stil

2.1 Erscheinungsbild, Grundbotschaft und seelischer Hintergrund

Der jetzt folgende Stil ist dem soeben beschriebenen komplementär, das heißt, er paßt dazu wie ein Schlüssel zum Schloß. Menschen, die von der helfenden Strömung stark und dauerhaft erfaßt sind, ziehen Bedürftig-Abhängige wie Magneten an. Als geduldige Zuhörer und Ratgeber sind sie allzeit bereit, sich für die Schwachen, Beladenen und Hilflosen einzusetzen, sich um sie zu kümmern und ihnen in der Not mit Rat und Tat beizustehen – nicht selten über die eigene Erschöpfungsgrenze hinaus. Sie strahlen eine souveräne Stärke aus, die zu sagen scheint: «Ich brauche niemanden» – und «Ich bin ganz für dich da!»

Abb. 12: Grundpose des helfenden Stils

Von der helfenden Strömung können wir um so leichter erfaßt werden, je mehr wir mit unseren eigenen schwachen und hilfsbedürftigen Anteilen auf dem Kriegsfuß stehen. Der entsprechende Kommunikationsstil ermöglicht die Abwendung davon und zugleich die Zuwendung zu solchen Anteilen beim Gegenüber:

a) durch die Selbstkundgabe von Stärke und Belastbarkeit
b) durch die Thematisierung der Sorgen und Probleme des Gegenübers, oft verbunden mit der Bereitschaft, geduldig zuzuhören
c) durch eine Beziehungsbotschaft, die die Hilfsbedürftigkeit des anderen unterstreicht
d) durch Appelle, die Empfehlungen für den anderen, aber keine eigenen Wünsche enthalten:

Abb. 13: Grundbotschaft des helfenden Stils

Schmidbauers tiefenpsychologische Studie über die «Hilflosen Helfer» (1977) hat unter dem Schlagwort «Helfersyndrom» besonders unter Angehörigen der sozialen Berufe betroffene Beachtung gefunden. Denn wir Psychologen und Sozialarbeiter, Ärzte, Psychotherapeuten, Krankenschwestern und Pädagogen haben uns beruflich eine zwischenmenschliche Grundsituation gewählt, in der die Weichen für den Kontakt zu unseren Gunsten gestellt sind. – Wieso zu unseren «Gunsten»? Müssen wir uns nicht ziemlich abrackern, oft bis in die Nachtstunden hinein, um die Ratlosen, Kranken und Bedürftigen zu stützen, etwas von ihrem Elend mitzutragen? Ganz gewiß – und doch liegt nach Schmidbauer der innerseelische «Vorteil» des souveränen und altruistischen Verhaltens darin, daß der Helfer sich auf diese Weise etwas vom Halse halten kann, wovor er große Angst hat: sein eigenes Anlehnungsbedürfnis, seine schwachen Anteile. Das seelische Axiom scheint bei diesem Stil zu lauten:

Für mich ist es eine Katastrophe,
schwach (ratlos, traurig, verzweifelt)
und bedürftig zu sein!

Nach Schmidbauer trägt der helfende Mensch «ein verwahrlostes, hungriges Baby» in sich. Es verkörpert jenes Preisgegebensein und jene Ohnmacht, die er als kleines Kind erlebt hat. Wenn dieses sich in Momenten intensiver Bedürftigkeit nach Schutz und liebevoller Zuwendung, nach Versorgtwerden und menschlicher Nähe alleingelassen oder abgelehnt fühlte, hatte es einen gewaltigen Urschmerz zu erfahren und zu verkraften. Die Art der Bewältigung kann nun in dem Versuch bestehen, jene mit katastrophalem Schmerz (und wahrscheinlich Todesangst) verknüpften Gefühle von Bedürftigkeit und Schwäche nicht mehr in sich aufkommen zu lassen (nie wieder!). Wie kann das geschehen, wie kann man hier seelisch auf Nummer sicher gehen? Indem man in den Kontakt mit anderen Menschen nur jene Aspekte des eigenen Selbst einbringt, die den gefährlichen Anteilen entgegengesetzt sind: die starken und souveränen Teile, die sich mit all den Vorstellungen verbinden, wie ein edler Mensch sein sollte, nämlich hilfreich und gut. Diese Verhaltensweisen waren wahrscheinlich schon in der Kindheit geeignet, Liebe und Bestätigung zu erlangen. Nach Außenthal (1984) scheint dies in besonderem Maße für die *älteste Tochter* typisch zu sein: Als «Hilfserzieherinnen» für die jüngeren Geschwister sind sie besonders mit den elterlichen Werten identifiziert (Vorbild sein!); so geben sie sich sehr früh schon *stark, vernünftig, tüchtig, selbständig* und *verantwortungsbewußt*:

«Auf jeden Fall bin ich immer die Verantwortliche gewesen oder die Vernünftige, und das ist das, was immer noch ganz schön Auswirkungen auf mein jetziges Leben hat.»*

Dafür gibt es liebende Anerkennung, hingegen ist die kindlich-bedürftige Seite nicht gefragt – und wird entsprechend aus dem eigenen Selbsterleben ausgeblendet:

«Das Komische ist, daß ich immer selbständig war, also von Anfang an. Ich denke manchmal, ich war als Kind schon *eine kleine Erwachsene* und habe mich auch selber eigentlich so ganz wohl gefühlt in der Rolle – und auch immer wieder reinmanövriert, und daß es mir jetzt erst aufgeht: ich hätte gern jemanden gehabt, der sich um mich kümmert!»

Das Umsorgen wird für die «kleine Erwachsene» zum Haupt-Kontaktmuster («Irgendwie war das so meine Rolle – immer so 'n bißchen sorgen und kümmern und zuständig sein . . .»), und auch die große Erwachsene kann später davon nicht mehr lassen:

«Ich hab mir oft gewünscht, daß mal jemand da ist, der sagt, was ich tun soll. Nur – als ich dann älter wurde, da paßte mir das natürlich auch nicht mehr . . .»

* Die angegebenen Originalzitate beziehen sich auf die Diplomarbeit von Außenthal (1984), die Tiefeninterviews mit neun ältesten Schwestern (Alter 23–34) durchgeführt hat.

Denn das hieße ja auch, etwas von der *Überlegenheit* aufzugeben, die mit der Rolle verbunden ist:

«Er war immer so mein kleiner Bruder, auf den ich runtergeguckt habe.»

Die schwierige seelische Leistung, welche die älteste Tochter zu erbringen hat, kommt in dem Satz zum Ausdruck: «Du mußt lieb sein zu diesem kleinen Rivalen, der dir das wegnimmt, was du am meisten brauchst!» (de Haen, 1983, zit. nach Außenthal, 1986)

«Wenn wir uns stritten: ich kriegte immer eins auf den Deckel, wenn ich meine Schwestern schlug. Das war völlig klar – als Älteste. Ich bin ja ‹die Verantwortliche›.»

So bedarf es der Herausbildung eines starken Über-Ichs («Edel sei der Mensch, hilfreich und gut!»), um «die andere Seite» innerlich nicht aufkommen zu lassen: Bedürftigkeit, Eifersucht, Aggression. Teilweise gelingt dies nicht: Viele ältere Schwestern haben nach eigenen Angaben ihre jüngeren Geschwister wiederholt «gequält», «tyrannisiert» und «fertiggemacht».

Wir können nach diesem Rückblick die Seelenlage der helfenden Strömung genauer fassen. Die starke kontaktzugewandte Außenseite leistet folgendes: Sie hält das eigene hungrige Baby «sicherheitshalber» unter Verschluß, läßt aber anderen Menschen stellvertretend jene Fürsorglichkeit angedeihen, die man selbst nicht ausreichend erhalten hat. Gleichzeitig erheischt das edle Selbstbild die Anerkennung, die einem seit eh und je zuteil wurde. Indem wir die Abb. 12 um diese Aspekte ergänzen, gelangen wir zu folgendem Bild:

Abb. 14: Grundpose des helfenden Stils, mit «Ergänzungen»

Die folgenden zwei Selbstzeugnisse mögen das bisher Gesagte illustrieren und ergänzen. Eine selbsterfahrene Studentin schreibt:

«Aufgrund einer ziemlich ernsten Viruserkrankung mußte ich drei Wochen lang in einer Klinik behandelt werden. Der dortige Kontakt mit dem Pflegepersonal, besonders mit einer Nachtschwester, brachte mich auf die Idee, eine Krankenpflegeausbildung zu machen. Ich brach also mein Studium ein Semester vor dem Diplom ab. Obwohl meine Eltern von meinen Ambitionen nicht gerade begeistert waren, konnten sie doch gegenüber solch edlen Motiven wie Nächstenliebe und ‹endlich mal Geld durch eigener Hände Arbeit verdienen wollen› nichts einwenden.
Jahrelang darin geübt, das zu bieten, was die Leute jeweils von mir hören wollten, um mein Ziel zu erreichen, bekam ich in einer Zeit der höchsten Ausbildungsknappheit sehr schnell eine Stelle in einem Hamburger Krankenhaus. Hier konnte ich meine Helfer-Symptomatik zum Gedeihen und Blühen bringen. Ich wollte keine gute, ich wollte eine *sehr gute* Schwester sein. Von Anfang an gestaltete ich meine Freizeit nach den Ansprüchen, die der Dienstplan an mich stellte. Hatte ich Frühdienst (Beginn 6.00 Uhr), so mußte ich spätestens um 21.00 Uhr im Bett sein, weil ‹die Patienten ein Recht auf eine ausgeschlafene Schwester haben›. Auch wenn ich mich noch so schlecht fühlte, ging ich zur Arbeit, zwang mich zu einem Lächeln und zur guten Laune. Gab es einen personellen Engpaß, arbeitete ich auch schon mal 15 Tage ohne einen freien Tag, denn ich wollte ja stark und belastbar erscheinen. Dem hohen Anspruch an mich selbst konnte ich aber nur in den ersten fünf Monaten meiner Ausbildung gerecht werden. In dieser Zeit machten mich Sätze wie: ‹Schwester, wenn Sie zur Tür hereinkommen, geht die Sonne auf›, oder: ‹Wenn Sie immer da wären, würde ich viel schneller wieder gesund›, wirklich glücklich. Ich kam damals oft mit dem Gefühl vom Dienst, nun endlich meinen Traumberuf gefunden zu haben.
Aber schon bald erfüllte ich die Voraussetzungen dieses Ideals innerlich nicht mehr. Immer häufiger kam es vor, daß ich nach den Diensten total ausgebrannt zu Hause saß und Löcher in die Luft starrte. Ich war unzufrieden, daß mich mein Beruf so auffraß, daß ich (entsprechend meiner damaligen Einstellung) keinen privaten Freiraum hatte. Auch in meinen Partnerschaften fühlte ich mich nie wohl, auch hier sah ich mich stets schnell ‹vereinnahmt›. Heute weiß ich, daß ich mir Männer mit Problemen als Partner wählte, daß ich auch in diese Beziehungen mit den Gedanken ‹Ich bin stark, wenn ich dir helfe, kommst du da schon heraus› hineingegangen bin. Wenn sich die Männer dann nicht so behandeln lassen wollten, brach ich die Beziehung ab und wendete mich mit neuem Elan meinem Beruf zu (Die Patienten waren ja wenigstens dankbar).

Schon sehr bald aber reichte mir die Bestätigung von Patienten und Kollegen nicht mehr aus. Ich schraubte meine Normen immer höher und war ständig unzufrieden mit meinen Leistungen. Ich bestand mein Examen mit «Sehr gut» und empfand mich als totale Niete in der praktischen Arbeit. Das hungrige, verwahrloste Baby in mir schrie sich heiser, die Anerkennung, die ich ja durchaus bekam, machten es niemals auch nur noch annähernd satt. Mein Körper reagierte natürlich auch auf diesen Mißstand. Ich litt unter Schlafstörungen und zusätzlich unter Magen- und Darmbeschwerden. Dadurch, daß ich mich morgens stets zerschlagen fühlte, mußte ich noch mehr Kraft für die Aufrechterhaltung meiner Fassade investieren. Die Magen- und Darmbeschwerden wurden mit den entsprechenden Pillen und Säften in erträgliche Maße gebracht.
Mit der Absicht, Gesprächstherapie zu lernen, um so sterbenden Menschen besser beistehen zu können, begann ich nach fünf Jahren Berufstätigkeit mein Psychologiestudium – sozusagen, um mein Helfersyndrom auf akademischer Grundlage weiter zu perfektionieren. Durch Gespräche mit einer therapieerfahrenen Krankenschwester während einer Aushilfstätigkeit in einem Krankenhaus, durch die nach dem Vordiplom angebotenen Studieninhalte im Fach Psychologie und durch die Teilnahme an Mitarbeiterbesprechungen in der Sozialstation, bei der ich im Moment vorwiegend in der Altenpflege arbeite, bin ich langsam darauf gekommen, was eigentlich mit mir los ist.»

Der folgende zweite Bericht ist ebenfalls von einer Frau; daraus ist aber nicht zu schließen, daß der helfende Stil ein typisch weibliches Kontaktmuster darstelle. Nach meinen Erfahrungen sind Frauen und Männer hier gleichermaßen vertreten. Jedoch tun sich Frauen häufig leichter damit, ihrer seelischen Vorgänge gewahr zu werden und darüber zu sprechen. –
Im folgenden wird sehr plastisch, wie der helfende Mensch mit eigenen Bedürfnissen umgeht:

«Ich strahlte nach außen Stärke, Sicherheit und Ruhe aus und habe deshalb in Beziehungen meist die Oberhand. Das ist für mich gut und wohltuend, weil ich durch die Rolle der ‹starken, klugen, geduldigen Ratgeberin› Anerkennung (für meinen Kopf) bekomme und außerdem das Gefühl, gebraucht und gemocht zu werden (für den Bauch)... Soweit, so gut – oder besser – nicht gut!... Ich habe von mir nicht nur das Bild ‹der Starken›, sondern das Bild ‹der *immer* Starken›. Ich gestehe mir keine vermeintlichen Schwächen (Traurigkeit, Ratlosigkeit usw.) zu, und was wohl noch entscheidender ist, ich gestehe es mir auch nicht zu, daß mir in solchen Situationen jemand hilft. Ich brauche niemanden!
Was geschieht aber, wenn ich wirklich mal jemand benötige? Ich sende meine Bedürfnisse in verdeckter Form: beiße bis zuletzt die Zähne zusammen, werde oft körperlich krank oder verkrieche mich irgendwo und

melde mich erst wieder, wenn es mir ein wenig besser geht. Natürlich hoffe ich insgeheim sehnsüchtig, daß jemand kommt und sich um mich kümmert. Aber erstens bitte ich nicht selbst direkt um Hilfe, das könnte ich nicht mit meinem Selbstbild vereinbaren, und ein Konglomerat von Ängsten hält mich davon ab. Und zweitens habe ich durch mein vorhergehendes Verhalten ein Bild von mir bei den anderen aufgebaut, so daß sie sich von mir nur schwer vorstellen können, daß ich zum Bespiel weine. Ich gebe den anderen also keine Gelegenheit, mir ihrerseits zu helfen. Obwohl ich dieses selbst inszeniert habe, ruft es in mir eine große Enttäuschung hervor, ich fühle mich ausgenutzt und trenne mich, um nicht ganz ausgesaugt zu werden, fühle mich als Opfer von dem anderen. Beschließe dann, um nicht wieder so enttäuscht zu werden, mir noch ein dickeres Fell zuzulegen – denn schließlich: Ich brauche niemanden!»

In diesen Selbstzeugnissen kommen besonders prägnant die Gefahren zum Ausdruck, die mit der helfenden Strömung für den Helfer selbst verbunden sind. Zwar erreicht er (oder sie) das Ziel (= die Gefühle von Schwäche und Bedürftigkeit «unten» zu halten), bekommt darüber hinaus aufblickende Anerkennung und Dankbarkeit. Aber das hungrige Kind in ihm bleibt unterernährt, nach einiger Zeit fühlt er sich überanstrengt, ausgelaugt, von «Blutsaugern» umgeben («Alle wollen sie was von mir!») und als seelischer Mülleimer mißbraucht. Da solche Regungen nicht ins Idealbild eines Wohltäters passen, können der innere Griesgram, der Ärger, das Gefühl von Einsamkeit trotz vieler Kontakte und die Erschöpfung häufig nur über Krankheiten ausgedrückt werden, als psychosomatische Notbremse gegen schonungslose innere Durchhalteparolen. Laut Schmidbauer gibt es Statistiken, nach denen professionelle Helfer überraschend häufig zu Suchtmitteln greifen. Das mag (auch) damit zu tun haben, daß Ärzte und Krankenhauspersonal hier besonders leichten Zugriff haben. Durchaus wahrscheinlich aber auch, daß seine psychoanalytische Erklärung zutrifft: Helfer tun sich schwer, sich jene menschliche Nähe zu «holen», nach der das hungrige Baby verlangt, also beschützende Geborgenheit und Halt im Rahmen einer auf Gegenseitigkeit begründeten Beziehung. Die Sucht ist nun der Versuch, sich ähnliche Gefühle zu «machen», aber ohne Menschen dafür zu brauchen. Die Formel Schmidbauers: Suchtmittel = «giftige Muttermilch» bringt diesen Gedanken auf einen deutlichen Nenner. Das Suchtmittel kann eingenommen werden, ohne daß man «über seinen Schatten springen» muß, und garantiert zunächst einmal Ersatzbefriedigung, allerdings um den Preis der langsamen Selbstzerstörung. Und ist vielleicht das Helfen selbst schon zu einer Art Sucht, ist aus dem Helfen-Wollen längst ein Helfen-Müssen geworden (Falt, 1988)?

2.2 Der systemische Blickwinkel

Die Verstrickung des helfenden Menschen in zwischenmenschliche Kreisläufe haben wir bereits ins Auge gefaßt (S. 66ff). Umgeben von Menschen, die ihn dringend brauchen, ist sein fürsorglicher Anteil immer wieder «gefragt», so daß dieser gleichsam immer stärkere Muskeln bekommt, bei deren bloßem Anblick man sich sogleich in guten Händen fühlt. Im Umgang mit seelisch beeinträchtigten Menschen (zum Beispiel Depressiven, Alkoholabhängigen, sonstigen Suchtabhängigen) ist der Helfende immer in Gefahr, zum heimlichen Komplizen des Symptoms zu werden, zum «Symptompfleger», der es dem «Symptomträger» immer wieder erspart, sich mit den realen Folgen seines selbstzerstörerischen Verhaltens auseinanderzusetzen und sein Schicksal selbst in die Hand zu nehmen. Dieser besonders im Zusammenhang mit Alkoholismus untersuchte und auch «Co-Verhalten» (Hambrecht, 1982) genannte Beitrag eines Helfers wirft natürlich die Frage auf, worin denn im Einzelfall eine adäquate Hilfe bzw. ihre Verweigerung besteht. Zu diesem Thema sei auf das vorzügliche Lehrbuch von Dörner und Plog (1978) verwiesen. Unser Interesse hier betrifft die Interaktionsdynamik zwischen «normalen» Menschen, soweit sich ihre Strömungen in eine bedürftig-abhängige und eine helfende polarisiert haben. Dazu ist der bereits beschriebene Kreislauf von S. 68ff wieder aufzunehmen und zu erweitern. In ihm steckt der Teufel: Neben dem «offiziellen» Außenkreis von Fürsorge und Dankbarkeit entsteht nämlich noch ein viel weniger bewußter Innenkreis von Enttäuschung und Kränkung, von Aggression und Sabotage. Der Schützling fühlt neben der Erleichterung, die ihm der Helfer verschafft, immer auch eine Kränkung über seine eigene Bedürftigkeit – und daß der Helfer diese «auskostet» und sein eigenes Selbstgefühl darauf aufbaut, macht ihn höchst ambivalent: «Du sollst nicht glauben, du könntest alles besser und wärest so großartig!» meldet sich eine leise Stimme in ihm – und dieser Stimme folgend, gönnt er dem Helfer die Erfolge nicht und beginnt, sie ihm vorzuenthalten. Plötzlich sind alle Ratschläge untauglich («Ja, aber...»), sind alle Hilfsmaßnahmen noch nicht ausreichend gewesen, ja vielleicht sogar fehlgeschlagen, wofür er den Helfer nun verantwortlich macht: «Nun haben wir den Salat – sieh bloß, was du angerichtet hast!» – S. Abb. 15 auf der nächsten Seite.

Indem der Hilflose dem Helfer nachweist, wie unzureichend seine Bemühungen waren, erreicht er zweierlei: Zum einen entschädigt er sich mit diesem kleinen Racheakt für den Demütigungs-Anteil, den

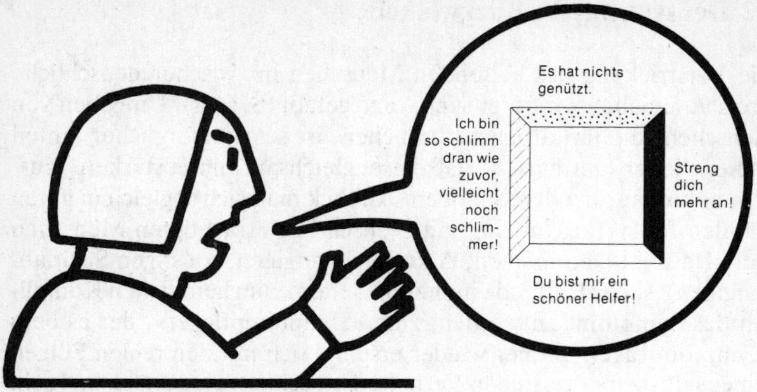

Abb. 15: Reaktion des Hilfsbedürftigen im Teufelskreis mit dem Helfer

die helfende Wohltat im Begleitgepäck hatte, zum anderen spornt er den Helfer an, in seinen Anstrengungen nicht nachzulassen – ja, diese noch zu verstärken, um die erlittene Schlappe auszugleichen.

Der Helfer («Ich habe ja nur versucht, dir zu helfen!», s. E. Berne, 1967, S. 196 ff) ist frustriert und verärgert über den so wenig fruchtbaren Boden, auf den seine Saat gefallen ist. Aber er sieht ein, daß er mit seinen helfenden Eingriffen auch Verantwortung übernommen hat und den anderen nicht gerade jetzt, wo alles noch schwieriger geworden ist, im Stich lassen kann! So nimmt er die Herausforderung an und verdoppelt seine Anstrengungen, wobei er freilich seinen Ärger nicht ganz verhehlen kann und seine Ratschläge durch aggressive Gefühlsbeimischung zu Rat-«Schlägen» werden läßt, die dem anderen das Gefühl geben, das zu sein, was er ohnehin zu sein fürchtet: ein Versager, der nicht einmal bei kompetenter Unterstützung zurechtkommt. Diese nun schon fast offene Demütigung vertreibt erst recht das Gefühl von Dankbarkeit und weckt statt dessen den Wunsch, dem anderen ebenfalls eine Niederlage zuzufügen usw.

Dies alles spielt sich mehr oder minder unterschwellig ab – überschwellig bleibt der Helfer, getreu seinem edlen Ich-Ideal, begütigend, tröstend und ermutigend, der Schützling betont seine Angewiesenheit und Dankbarkeit. Allmählich entsteht auf beiden Seiten ein eigenartiges Gefühlsgemisch aus Mitleid und Zorn, Dankbarkeit und Rache, dessen Dynamik wir uns in Form eines halbverdeckten Doppelkreislaufes vor Augen führen können:

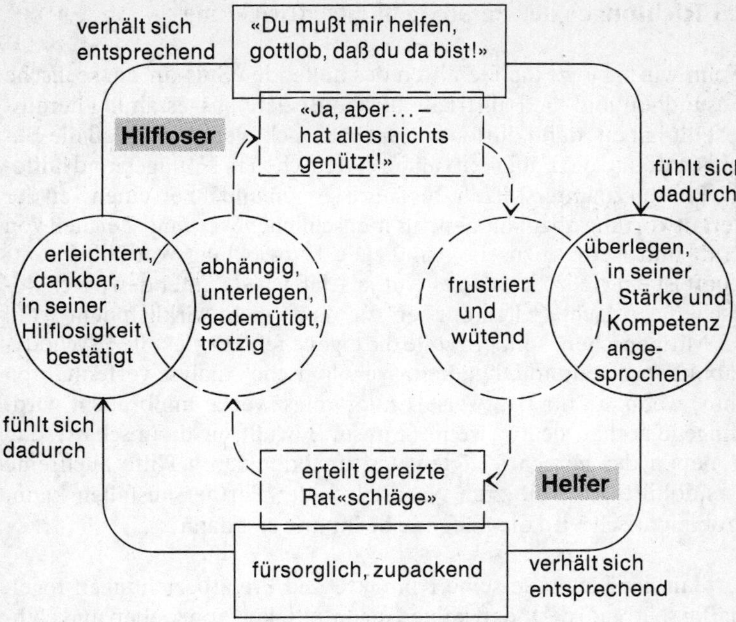

Dieser Doppelkreislauf kann in einer Trainings- oder Supervisionsgruppe innerhalb weniger Minuten entstehen und die ganze Atmosphäre heillos verderben: Ein Teilnehmer bringt ein Problem ein, signalisiert damit eine gewisse Hilfsbedürftigkeit und löst bei den anderen die helfende Strömung aus (oft noch vermischt mit der sich beweisenden und der kontrollierend-bestimmenden). Sie reagieren mit gescheiten Analysen, detektivisch geschulten Nachfragen und vielen Ratschlägen. Der Problemträger bekommt das Gefühl, von «himmlischen Heerscharen», die alles besser wissen, überwältigt zu werden. Um nicht als der einzig Dumme dazustehen, beginnt er eine (verdeckte) Abwehrschlacht gegen die «Klugscheißer»: Dies habe er selbst schon erfolglos versucht, jenes sei völlig praxisfern. Die Helfer werden ungeduldig, verdrossen über die Nutzlosigkeit ihrer Bemühungen und enttäuscht von der Undankbarkeit ihres Schützlings, und versuchen nun verstärkt, ihn «zur Vernunft» zu bringen. – Die Stimmung ist auf beiden Seiten gereizt, das Problem zwischen «Ratsuchendem» (der im Grunde gar nicht «Rat» sucht, sondern Verständnis und Ermutigung) und seinen Helfern ist längst größer geworden als das Ausgangsproblem. – Solche Erfahrungen haben dazu beigetragen, daß professionelle Hilfe heute ein anderes Gesicht hat.

2.3 Richtungen der Persönlichkeitsentwicklung

Wenn wir bis jetzt die Gefahren des helfenden Stils für die seelische Gesundheit und die Fallstricke für die Beziehungsgestaltung herausgestellt haben, dann dürfen wir darüber nicht vergessen, daß die Bereitschaft und die Fähigkeit, andere Menschen in Notlagen und hilflosen Phasen zu unterstützen, für sie zu sorgen und ihnen einen Teil der Verantwortung abzunehmen, als menschlicher Wert und Zeichen von Kraft und Reife anzusehen sind. Die Entwicklung von Hilfsbereitschaft ist ein viel zu kostbares Gut, als daß wir sie unter den psychologischen Verdacht stellen dürften, sie diene nicht wirklich dem Wohl des Mitmenschen, sondern solle die eigene fehlentwickelte Psychodynamik intakt halten. Die tiefenpsychologische Analyse verfehlt ihren Sinn, wenn sie für naseweise Entlarvungszwecke mißbraucht wird. Hingegen erhält sie ihn, wenn sie unser Bewußtsein dafür schärft, daß es neben der gerechtfertigten und unabdingbaren Hilfe auch eine Pseudohilfe gibt, die zum Nachteil beider Partner ausfallen kann. Problematisch wird die helfende Strömung erst dann,

– wenn der Helfende seine Kontakte und Privatbeziehungen regelmäßig so organisiert, daß keine Gegenseitigkeit von Geben und Nehmen entstehen kann, aus dem unbewußten Wunsch heraus, durch Konzentration auf die Sorgen und die Bedürftigkeit anderer die eigenen nicht spüren zu müssen;
– wenn der Helfende anfängt, durch 150 %iges Engagement für andere seine Substanz zu ruinieren – ohne seine eigenen Bedürfnisse überhaupt noch zu spüren;
– wenn der Helfende aus dem Blick verliert, welchen Gewinn er selbst aus seinem altruistischen Verhalten zieht, sich nur noch mit dem hilfreich, edel und guten Selbstbild identifiziert und damit moralischen Druck ausübt;
– wenn der Helfende aus dem inneren Zwang heraus, die Rolle des Starken und Kompetenten immer wieder einzunehmen, die Selbsthilfekräfte des Hilfesuchenden schwächt und ihn abhängig hält. Dies ist gemeint, wenn Ruth Cohn sagt: «Zuwenig Hilfe ist Diebstahl, zuviel ist Mord!»

Wer sich selbst als «eingefleischten» Helfer ansieht, kann seine persönliche Entwicklung in zweifacher Hinsicht ausrichten. Die eine betrifft den Umgang mit sich selbst, die andere den Umgang mit den hilfsbedürftigen Partnern:

Eigenständigkeit und Bedürftigkeit. Im Umgang mit sich selbst kann sich der chronische Helfer auf die Spur kommen, wenn er die altruistische Selbstdeutung seines Handelns probeweise einmal fallenläßt und sich statt dessen fragt: Was habe *ich* davon, wenn ich mich immer wieder für andere aufreibe (und mich womöglich ausgenutzt und ausgelaugt fühle)? Die erste Antwort mag dann lauten: Ich bekomme Anerkennung und Dankbarkeit dafür. – Dies ist sicher zutreffend, gleichwohl ist in vielen Fällen zu beobachten, daß die helfende Grundstellung auch dann erhalten bleibt, wenn die Undankbarkeit der Empfänger längst mit Enttäuschung empfunden wird. In solchen Fällen mag eine tieferliegende Antwort lauten: Durch die helfende Haltung komme ich darum herum, meine Bedürftigkeit und Ohnmacht, meine Kleinheit und Schwäche zu spüren und dazu zu stehen: daß ich manchmal auch jemanden bräuchte, vor dem ich hilfsbedürftig dastehen darf und der mir Halt gibt. Dies überhaupt zu *spüren* wäre der erste Schritt. Denn das Selbstbild (Ich bin stark und brauche niemanden!) ist ein mächtiger Dirigent im Seelenleben und läßt manche Töne gar nicht erst aufkommen, oder übertönt sie sogleich mit Pauken und Trompeten.
Der zweite Schritt liegt auf der Verhaltensebene und besteht darin, andere einmal um Hilfe zu bitten oder ihnen «zuzumuten», sich mit den eigenen Nöten und Bedrängnissen zu befassen. Dies ist für den Helfer oft eine «Pferdekur», lieber möchte er sich auf die Zunge beißen: So schlimm sei es schließlich gar nicht, und man sei bisher auch gut allein damit zurechtgekommen, und bestimmt habe der andere viel größere Probleme usw. –
Was dem eigenen Muster sehr zugespitzt zuwiderläuft, ist die Rolle des Klienten in der Psychotherapie. Unabhängig davon, *was* dort geschieht, ist allein schon diese *Rollenübernahme* eine entwicklungsträchtige Grenzüberschreitung (weswegen eingefleischte Helfer eher eine «Fortbildung» akzeptieren, wenn sie für sich etwas tun wollen). Das zu diesen Gedanken gehörende Wertequadrat ist natürlich das gleiche wie beim bedürftig-abhängigen Stil (s. S. 61), nur mit überkreuzender Entwicklungsrichtung:

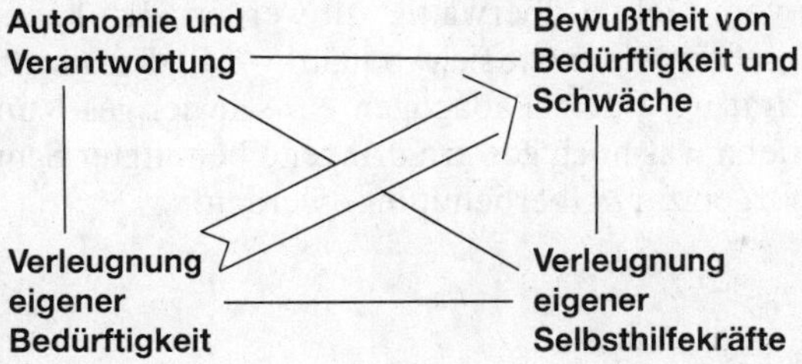

Für manche Menschen ist es leichter, den zweiten Schritt (auf der Verhaltensebene) vor dem ersten (Selbstwahrnehmung bedürftiger Anteile) zu tun. Auch dies ist möglich. Nehmen Sie sich vor, wo es irgend passend scheint, einen Kontakt einmal mit den Worten einzuleiten

– «Ich brauche einmal deine/Ihre Hilfe!» – oder:
– «Hast du/Haben Sie einen Moment Zeit?
  Ich muß mal etwas loswerden!»

und stehen Sie die Situation, die dann entsteht, einschließlich aller Gefühle, die in Ihnen aufkommen, bewußt durch. Es liegt im Wesen der «Pferdekur», daß am Anfang nicht nur schöne, sondern auch sehr unangenehme Gefühle und Körperempfindungen (Herzklopfen, Verspannungen etc.) spürbar werden. «Wo die Angst sitzt, da geht's lang!» lautet eine Faustregel der Psycho-Szene. Persönlichkeitsentwicklung heißt: Vermiedenes Neuland betreten und an seinem Torwächter, der Angst, vorbeikommen. Das hier einzugehende *Risiko* sollte aber ausbalanciert sein durch ein hinreichendes Maß an *Sicherheit*, das die Situation oder die Beziehung bietet, sonst besteht die Gefahr einer neuen Verletzung und eines Rückschlages.

Behütung und Herausforderung. Nun zum Umgang mit den Partnern und Schutzbefohlenen, Menschen also, die dem Helfer aufgrund eines besonderen Rollenverhältnisses anvertraut sind: die Kinder den Eltern, die Jugendlichen den Lehrern und Jugendleitern, die Mitarbeiter den Vorgesetzten, die Klienten und Patienten den Angehörigen helfender Berufe.

Was kommt zu kurz, wenn der Helfer dazu neigt, das Element von Schutz, Fürsorge und Behütung zu übertreiben? Alfred Adler hat den «verzärtelnden» Erziehungsstil für besonders verhängnisvoll gehalten, da er den Zögling darin behindert, seine eigene Kraft zu entfalten, sich auch einmal «durchzubeißen» und auf der Grundlage eigenständiger Bewältigungen ein stabiles Selbstwertgefühl zu entwickeln. Der überbehütende Erzieher (Vorgesetzte, Jugendleiter, Trainer...) muß lernen, seinem Zögling etwas zuzumuten und ihn herauszufordern, ohne gleich vom Gefühl überwältigt zu werden «Ich kann es einfach nicht mit ansehen, wie er/sie sich abquält!» – Mit dem nachfolgenden Wertequadrat wird dem Pädagogen ein schwieriges Kunststück abverlangt, denn was noch gestern dringend benötigter Schutz war, kann schon morgen zur «Überbehütung» werden:

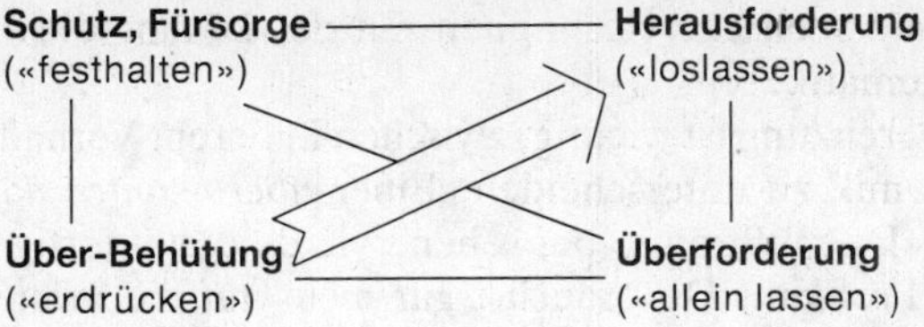

Anteilnahme und Abgrenzung. Was kann der Helfer tun, wenn er es mit «starken Schwachen» zu tun hat, die ihm auf den Leib rücken (und sich von ihm angezogen fühlen)? Leicht gesagt: Er müßte lernen, sich auch einmal zu verweigern. Ich bin in unseren Trainingskursen immer wieder erstaunt, wie viele Teilnehmer es sich selbst zum Ziel setzen, Nein sagen zu lernen (s. auch S. 108f). Wenn der andere sein ganzes Elend in die Waagschale wirft, und sei es auch nur in Andeutungen, kommen sie sich brutal und herzlos vor. Wiederum ist zu betonen, daß Mitleid und Hilfsbereitschaft ja nicht abgeschafft werden sollen; wenn aber der Helfer sich so stark in Mitleidenschaft gezogen sieht, daß ihm das Elend des anderen selbst unter die Haut kriecht und er es nicht mehr loswerden kann; wenn er sich plötzlich für die Abhilfe oder Linderung allein zuständig und verantwortlich fühlt: dann hat er es an der nötigen *Abgrenzung* fehlen lassen, ist in einen emotionalen Sog geraten, der die Grenze zwischen Ich und Du zum Verschwimmen bringt («*Konfluenz*»). Offenbar gedeiht eine gesunde Hilfe nur in der Balance von Anteilnahme und Abgrenzung:

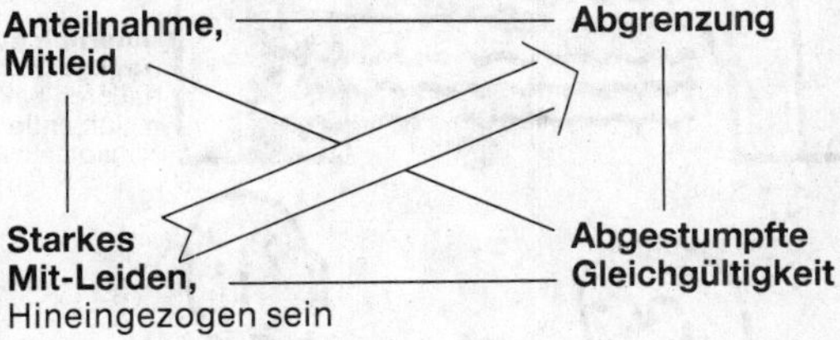

Dieselbe Balance ist gemeint, wenn in der Literatur zum Burnout-Syndrom (berufliches Ausbrennen) von *distanziertem Engagement* (s. Burisch, 1988, S. 36) die Rede ist. Burisch spricht von einer «verstellbar dicken Haut»: dünn genug, um für die Not des anderen durchlässig zu sein, dick genug, um nicht selbst davon erfaßt zu werden. Besonders für professionelle Helfer stehen und fallen berufliche Ef-

fektivität und seelische Gesundheit mit der Lösung dieser Abgrenzungsproblematik.
Bei der Abgrenzung ist wichtig, zwischen äußerem Verhalten und innerer Dynamik zu unterscheiden. Einer *überbetonten äußeren Abgrenzung* («Da mußt du selber sehen, wie du damit fertig wirst! Absolut dein Problem! Du brauchst gar nicht auf die Tränendrüse zu drücken – damit erreichst du bei mir gar nichts, höchstens das Gegenteil!») liegt in der Regel eine innere Anfälligkeit zugrunde, sich hineinziehen zu lassen. In dem Bild von eben ausgedrückt: Wegen allzu «dünner Haut» wird ein stacheliger Hornpanzer angelegt: je weniger der Helfer es aushalten kann, wenn es dem anderen schlechtgeht, um so schroffer, abweisender, aggressiver muß er seine Verweigerung vortragen – die innere Konfluenz muß mit äußeren Abwehrbastionen ausgeglichen werden. Umgekehrt kann der innerlich Abgegrenzte den Notleidenden viel näher an sich heranlassen, muß zum Beispiel im Umgang mit unheilbar Kranken und Sterbenden viel weniger auf Abwehr schalten, kann somit Kontakt entstehen lassen und dadurch (und nur dadurch) wirklich helfen.
Der gegenläufige Zusammenhang von innerer und äußerer Abgrenzung sei noch einmal an folgender Abbildung veranschaulicht:

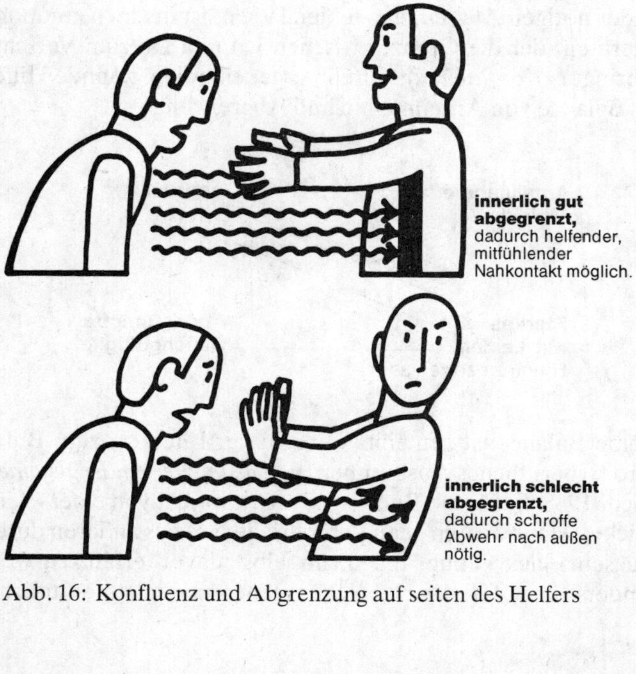

Abb. 16: Konfluenz und Abgrenzung auf seiten des Helfers

Dies vor Augen, wird es plötzlich verständlich, wenn viele professionelle Helfer nach einiger Zeit so «herzlos» und zum Teil zynisch mit ihrem Klientel umgehen und den Menschen zum «Fall» degradieren («Machen Sie doch mal bei der Niere auf Nummer 18 das EKG – aber Vorsicht! Schwerer Fall von paranoider Querulanz!»). Was so inhuman aussieht (und ist), erweist sich als innere Not-Wehr gegen all das Elend, das man an sich heranlassen müßte, würde man dem Menschen ins Auge sehen und sich von ihm betreffen lassen. Wo seelische Kraft zur inneren Abgrenzung fehlt bzw. keine kraftspendende Institution geschaffen ist, wo der Helfer (zum Beispiel der Arzt) seine innere Situation regelmäßig bearbeiten kann (salopp gesprochen: wo er mal «etwas los wird») – dort muß eben die fehlende innere Abgrenzung durch äußere Abwehr ersetzt werden – eine verbreitete Notlösung, verbunden mit innerer Abstumpfung und Aggressionen gegen die Klientel. Ein Sozialpädagoge formulierte seine Stimmung in dem Satz «Kaputte aller Länder vereinigt euch, aber laßt mich in Ruhe!» Typischerweise passiert das auch und gerade denjenigen, die sich voller Engagement und Mitgefühl den Notleidenden hatten widmen wollen. Dieses «Umkippen» ins gegenteilige Extrem ist eine durchaus charakteristische Bewegung im Entwicklungsquadrat, auf die schon Helwig (1967) aufmerksam machte, indem er davon sprach, daß wir dazu neigen, *überkompensatorisch* von dem einen Unwert in den entgegengesetzten anderen zu entfliehen, wenn wir «nicht die Kraft haben, uns in die geforderte Spannung der oberen Plus-Werte hinaufzuarbeiten» (vgl. S. 39). – Im vorliegenden Fall also:

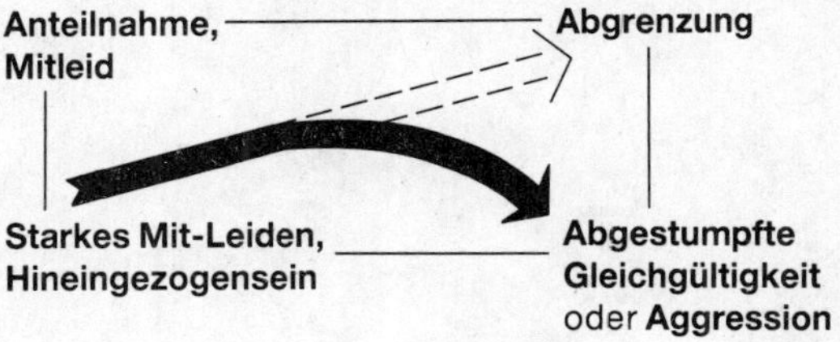

Freilich ist auch noch ein dritter Fall möglich und empirisch beobachtbar, nämlich ein Mangel an innerer und äußerer Abgrenzung zugleich. Diese Menschen «kümmern sich» (im doppelten Wortsinne) so sehr um ihre Mitmenschen, daß ihr eigener Mitleids-Kummer die Sorgen und Nöte der eigentlich Betroffenen bald übersteigt. Dann tritt nicht selten der paradoxe Effekt ein, daß der Bekümmerte den

«Helfer» wieder aufrichten muß – meist verbunden mit dem Vorsatz, ihn beim nächsten Mal mit eigenen Sorgen nicht zu belasten.
Was kann der Helfer tun, um seine innere Abgrenzung zu verbessern? Zunächst ist wichtig zu wissen, daß im Umgang mit schwerem Elend (schweren Krankheiten, Schmerzen, Sterben, Verzweiflung) das *Aushaltenkönnen, ohne einzugreifen* in der Regel eine große Hilfe darstellt (zum therapeutischen Umgang mit Krisen siehe ausführlich Kast, 1987). Viele Menschen meinen, daß die eigene Hilf- und Lösungslosigkeit eine Art zusätzliches Gift darstellt, vor dem man den Notleidenden (und sich selbst!) dringend bewahren muß. Oft ist das Gegenteil der Fall: Begegnet der Notleidende einer Mentalität von «Das-müssen-wir-jetzt-in-den-Griff-Kriegen», von der er sich nicht wirklich etwas verspricht, dann fühlt er sich um den Beistand betrogen, der durch eine nicht-ändern-wollende menschliche Anteilnahme möglich gewesen wäre. – Es geht also um das Aushalten. Aushalten kann man aber eher, was einem nicht völlig fremd ist. Je mehr der Helfer sich auseinandergesetzt hat mit den Themen, denen er begegnet (Depression, Verlassenheit, Unheilbarkeit, Tod und Sterben...), um so weniger wird er kopfscheu werden müssen, um so weniger sich anstecken lassen von der Verzweiflung und um so eher zum Felsen werden, der die Brandung an sich heranläßt, ohne von ihr ver-rückt zu werden. Aus diesem Grunde ist es so wichtig, daß die Angehörigen von Berufen, deren Wirkung unauflöslich mit dem Eingehen einer zwischenmenschlichen Beziehung verbunden ist, eine regelmäßige berufsbegleitende therapeutische Supervision erhalten.

3. Der selbst-lose Stil

3.1 Erscheinungsbild, Grundbotschaft und seelischer Hintergrund

Der selbst-lose Stil ist dem helfenden verwandt. Auch hier besteht das Grundmuster darin, für andere da zu sein, ihre Wünsche und Nöte zu erspüren und sich in ihren Dienst zu stellen. Doch während der Helfer eine souveräne Pose anstrebt, sozusagen «von oben» kommt, hat die aufopfernde Tendenz des Selbst-losen etwas Unterwürfiges – sie kommt «von unten»:

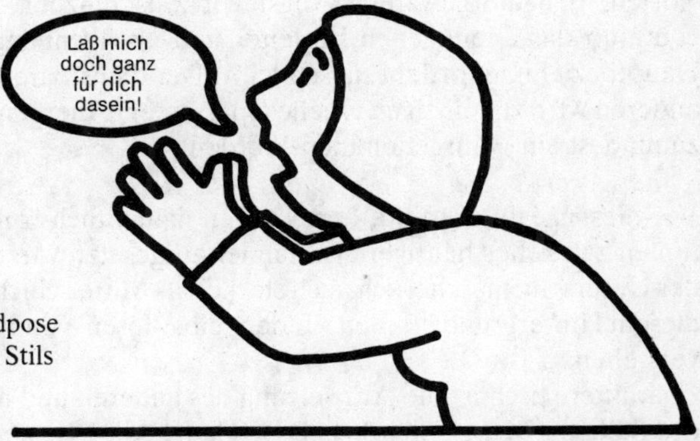

Abb. 17: Grundpose des selbst-losen Stils

Auch die zugrundeliegende seelische Dynamik ist anders als bei der helfenden Tendenz. Kam es bei dieser darauf an, sich Gefühle eigener Schwäche, Hilf- und Ratlosigkeit vom Leibe zu halten und durch die souverän-überlegene Pose gegenüber Hilfsbedürftigen (oder solchen, die dazu gemacht werden) sich der eigenen Stärke und Problemlosigkeit zu vergewissern, so ist demgegenüber das Gefühl von Schwäche in der selbst-losen Strömung durchaus mitenthalten. Charakteristisch ist hier eine tiefe Überzeugung von eigener Bedeutungs- und Wertlosigkeit, die nur durch den Einsatz für andere leidlich kompensiert werden kann. Das seelische Axiom lautet:

«Ich selbst bin unwichtig – nur im Einsatz für dich und für andere kann ich zu etwas nütze sein!»

Dieses Sich-durch-den-anderen-Definieren ist Ausdruck des fehlenden Selbstgefühles und zugleich ein Mittel, die *Angst vor Selbstwerdung*, also davor, ein eigenständiges und abgegrenztes Individuum zu werden, einzudämmen. Offenbar hat es in der frühkindlichen Entwicklung eine Zeit gegeben, in der jeder Ansatz von Eigen-Sinn massiv unterdrückt wurde – ja mehr noch: in der alle Hinweise darauf gefehlt haben, daß das Kind einen eigenen Wert und eine eigene Bedeutung hat, und jede Bestätigung dafür ausblieb, daß es überhaupt eigene Wünsche haben kann. «Um dich geht es hier nicht!» war die Botschaft, und um nicht aus der Gemeinschaft ausgestoßen zu werden, hat das Kind sich angepaßt und eingefügt, hat sich für die Zwecke anderer instrumentalisieren lassen und sich schließlich in seinem Lebensgefühl selbst als Werkzeug für andere definiert – mit dem Vorteil, daß die gewaltige Angst vor Ausgrenzung, die als Basso continuo das Seelenleben begleitet und als Trennungsangst in der Hauptbeziehung fortlebt, leise bleibt. Der dienstbare Einsatz für die anderen wird zur einzigen Quelle (sparsamer) Anerkennung, bewirkt zumindest ein Wahrgenommen-Werden.

Vor diesem Hintergrund, dem Frauen namentlich früherer Generationen zweifellos häufiger als Männer ausgesetzt waren, Angehörige der Unterschicht sicherlich auch stärker als Mittelschichtskinder – vor diesem Hintergrund können wir den selbst-losen Kommunikationsstil verstehen:
Charakteristisch ist die Aufwertung des anderen und die Abwertung des Selbst. «Maßgeblich bist DU!» lautet die *Beziehungsbotschaft*, verbunden mit der Bereitschaft, die starken und guten Seiten des anderen zu würdigen, hingegen seine schwachen und fehlerhaften Seiten zu übersehen, zu bagatellisieren und zu entschuldigen.
Die *Selbstkundgabe* dagegen lautet «Ich bin unwichtig!», im Extrem sogar «Ich bin nichts!», wodurch er sich ständig klein macht und entwertet. Dies kann durchaus wortwörtlich geschehen, etwa durch selbstabwertende Präambeln wie

- «Ich weiß, das ist eine dumme Frage, aber ich wollte mich nur mal erkundigen . . .»
- «Leider bin ich schrecklich ungebildet . . .»

– «Bestimmt bin ich Ihnen schon die ganze Zeit lästig – es tut mir leid, daß ich Ihre kostbare Zeit mit diesen unwichtigen Dingen stehle ...»
– und wenn der andere widerspricht, dann ist dies selbstverständlich nur ein Ausdruck seiner bewundernswerten Höflichkeit ...

Thomann (1985) hat diese *Tendenz zur Selbstentwertung* durch das folgende Bild sinnfällig gemacht:

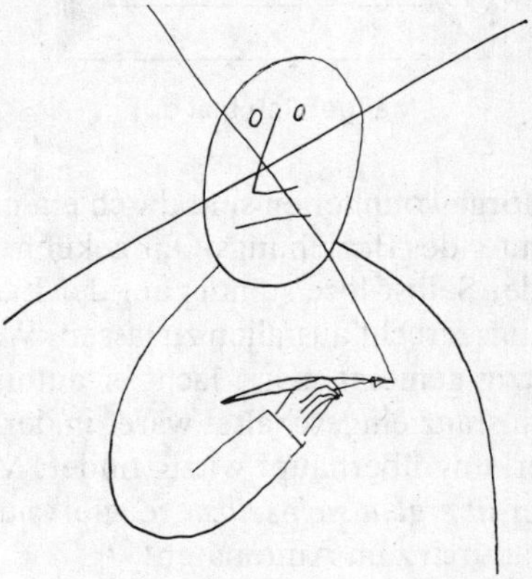

Abb. 18: Selbstentwertung (Zeichnung von Saul Steinberg)

Ebenso wie der Helfende vermeidet es auch der Selbst-lose, sich mit seinen Problemen und Sorgen zu offenbaren, allerdings aus einem anderen Grund. Mochte jener nicht als schwach und bedürftig dastehen, so ist es diesem undenkbar, derart in den Mittelpunkt der Aufmerksamkeit zu geraten und seinen Partner damit zu belasten und zu belästigen. «Ich kann mich dir nicht zumuten!» lautet die innere Überzeugung. Und wenn doch einmal, dann nur kurz angedeutet und, bevor noch der andere wirklich darauf eingehen kann, mit schnellen, abwiegelnden Rückziehern wieder zunichte gemacht: So schlimm sei es wirklich nicht – und im Grunde auch völlig unwichtig!
Aus der Selbstoffenbarung ausgespart werden ferner alle «unbequemen» Anteile der eigenen Innenwelt, die den Partner enttäuschen, verletzen, wütend machen könnten (vgl. Seyferth und Falt, 1984, S. 155ff).
Aus dem Wunsch heraus, es dem anderen recht zu machen, lautet denn auch der *Grundappell*: «Sag, wie du mich haben willst!»

Abb. 19: Grundbotschaft des selbst-losen Stils

Die Hörgewohnheiten sind durch ein großes Appell- und ein negativ umdeutendes Beziehungs-Ohr gekennzeichnet. Mit dem Appell-Ohr liegt der Selbst-lose ständig auf der Lauer, um seine Reaktionen erwartungsgerecht ausfallen zu lassen: Wenn er spürt, eine Bemerkung ist witzig gemeint, dann lacht er automatisch – ohne daß eine Zwischeninstanz eingeschaltet wäre, in der entschieden würde, ob er die Bemerkung überhaupt witzig findet. Man kann es auch so ausdrükken: er *übergeht sich selbst*, reagiert nur auf den anderen und macht sich dadurch zum Automaten.
Das Beziehungs-Ohr ist darauf spezialisiert, die eigene Selbstentwertung zusätzlich mit Nahrung von außen zu versorgen. Äußerungen der Gesprächspartner werden so (um-)gedeutet, daß sie im Zweifel immer die eigene Wertlosigkeit antönen. «Du verstehst alles nur verkehrt und kriegst das in den falschen Hals – und zwar in deinen negativen Hals!» warf ein Ehemann seiner Frau vor (Thomann und Schulz von Thun, 1988, S. 240) – und versorgte sie damit mit einem neuerlichen Beweis ihrer Fehlerhaftigkeit.
Der negative Umdeutungsmechanismus sei in folgendem Bild illustriert:

Abb. 20: Negatives Beziehungsohr der selbst-losen Strömung

Tragen wir noch einige weitere Elemente dieses Stiles zusammen. Wer von der selbst-losen Strömung erfaßt ist, hält sich in Gruppen mit eigenen Meinungen sehr zurück und spezialisiert sich vorzugsweise auf bestätigende «Begleitmusik», mehr «einwerfend», als für sich selbst das Wort beanspruchend:

- «Ja, das find ich auch!»
- «Oh, das wäre ja furchtbar!»
- «Ja, eben!»
- «Aber wirklich!»
- Lachende und bedauernde Laute (je nach Intention des Sprechenden).

Leute, die selbst gern das Wort führen, fühlen sich durch diese affirmative Begleitmusik mehr und mehr in ihrem Element. Um nicht mit einer eigenen Meinung aufzufallen, erspürt der Selbst-lose mit feiner Antenne auch noch den normativen «Wind», der in einer Gruppe weht:

«Ich fühle mich schon ein gutes Stück appell-unabhängiger geworden, aber die Erinnerung an mein Bemühen, es allen recht zu machen, nicht unangenehm aufzufallen und auf der richtigen ‹Meinungs-Woge› zu schwimmen, ist mir jetzt noch peinlich. Ich entsinne mich, daß ich meine Meinung nur zu äußern wagte, wenn schon jemand anderes die gleiche Richtung angegeben hatte, und wie schlimm, wenn ich mal zuerst gefragt wurde! Mein ängstliches Lavieren fiel dann auf und wurde mir auch vorgehalten.» (Soziologiestudent)

Und wenn wir es, von der selbst-losen Strömung erfaßt, doch einmal wagen, eine eigene Meinung zu sagen, dann niemals klipp und klar, zum Beispiel

- «Das finde ich falsch» (Punkt!),

sondern abschwächend und spurenverwischend:

- «Irgendwie finde ich das manchmal so 'n bißchen auch übertrieben, so etwas – ich mein, nicht daß ich direkt etwas dagegen hätte, nicht?»,

um so die Disharmonie abzuschwächen, die wir beim Aufkommen von Unterschiedlichkeit angstvoll empfinden. Das innere Motto des Selbst-losen lautet «Harmonie um jeden Preis!» – daher seine *Konfliktscheu* und *Aggressionshemmung*:

Abb. 21: Konfliktscheu und Aggressionshemmung

Schon das selbstentwertende Verhalten hat die heimliche Wirkungsabsicht, sich selbst als möglichen Stein des Anstoßes vorsorglich aus dem Wege zu räumen und dadurch das Gegenüber zu beschwichtigen. Streit und Auseinandersetzung sind für den Selbst-losen deswegen eine so große Bedrohung, da jedes heftige Wort, sogar schon kleine Meinungsverschiedenheiten kleine Funken jener *Trennungsangst* in ihm aufsprühen lassen, die in seinem Seelenleben eine so große Rolle spielt.

Um Streit zu vermeiden und den anderen zu beschwichtigen, gibt er gern nach und nimmt viel Lästiges und Belastendes auf sich: sein Bukkel ist breit genug, um die Mitmenschen zu entlasten. Die Hartnäckigkeit, mit der er an diesen Lasten festhält und sie sich nicht nehmen läßt, statt dessen immer noch mehr auflädt – dieses Festhalten weist darauf hin, daß die Lasten untrennbarer Teil seiner Identität geworden sind. Was bliebe von ihm übrig, wenn man sie ihm nehmen würde? «Erst durch die Bürde ein Minimum an Würde!»

Abb. 22: Grundpose des selbst-losen Stils, mit «Ergänzungen»

Vergessen wir nicht, daß jeder Kommunikationsstil nicht nur *Ausdruck von* etwas ist, sondern immer zugleich auch einen mehr oder minder heimlichen *Wirkungsaspekt* hat! Wer wird sich einem so lieben, altruistischen, bescheidenen Menschen, der nie böse wird und einem alles recht machen will, wer wird sich einem solchen Menschen nicht *verpflichtet fühlen*? So passiert es leicht, daß der Selbst-lose durch seine ganze Art ein zartes Netz webt, in dem sich die Mitmenschen gefühlsmäßig gefangen fühlen und sich nicht leicht freimachen können. Eine Studentin schreibt:

«Irgendwann einmal ist mir aufgefallen, daß meine Mutter, die sich selber immer als vollkommen ‹selbstlose-märtyrerhafte› Mutter darstellt, ihren Egoismus/Willen mit ganz subtilen Mitteln fast immer durchsetzt. Sie ist immer lieb/geduldig etc. und bietet so kaum Angriffsfläche zum Streiten. Wenn sie nun etwas von uns will, so fordert sie dieses nicht, sondern bittet und reagiert mit tiefer Trauer bei einer Absage. Wir Kinder bekommen dann Schuldgefühle und versuchen nun, besonders lieb zu sein und den Wunsch doch irgendwie zu erfüllen.
Ich habe diese Waffe meiner Mutter erst vor kurzem durchschaut und dabei ist mir aufgefallen, daß ich sie selber bei meinem Freund auch einsetze. Jetzt, wo mir dies bewußt ist und ich auch mit ihm darüber geredet habe, kann ich besser dagegen angehen, und sollte ich nochmal in das Verhaltensmuster zurückfallen, so wird mich mein Freund darauf hinweisen können.»

3.2 Der systemische Blickwinkel

Im Blickwinkel einer sich gegenseitig bedingenden Beziehungsdynamik ist die selbst-lose Strömung an einem Kontaktmuster beteiligt, das wir uns folgendermaßen aufschlüsseln können:
Stellen wir uns zwei Menschen vor, wiederum ganz normale Menschen wie du und ich. Für beide trifft zu, daß sie sich teils großartig und als «toller Typ» – teils aber auch mickrig fühlen, als armseliges Würstchen, das nicht viel zu bieten hat. Diese Ambivalenz in bezug auf das eigene Selbst ist völlig normal und entspricht den Licht- und Schattenseiten der menschlichen Persönlichkeit. Nun passiert es aber, daß der eine von beiden eher Angst hat, seine großartige Seite zu zeigen und «auszuspielen» – seine kontaktzugewandte Seite ist die «Nicht-o. k.-Seite», die selbst-lose Seite, die in seiner Lebensgeschichte die Beziehungen zu den Mitmenschen schon immer erleichtert hat. Durch die gleichzeitig von ihm ausströmende positive Beziehungsbotschaft («Du bist maßgeblich!») leistet er beim anderen «narzißtische Aufbauarbeit». Dieser andere wird von Haus aus eher Angst vor der eigenen Mickrigkeit haben und ist daher dankbar für jede Bestätigung seines grandiosen Selbst. Gleichzeitig wird er dazu neigen, die eigene ungeliebte Schattenseite auf den anderen zu projizieren, was dieser ja in seiner Selbstdarstellung anbietet. Das Ergeb-

nis eine perfekte Kooperation *, eine seelische Arbeitsteilung, die es beiden erspart, bedrohliche Teile des eigenen Selbst zu integrieren:

Abb. 23: Zusammentreffen der «passenden» kontaktzugewandten Seiten

Der entsprechende Kreislauf ist von diesem «Zueinander-Passen» bestimmt und gibt der Beziehung zunächst jene Stabilität, die darauf beruht, daß keiner in seinen unterentwickelten Teilen gefordert ist:

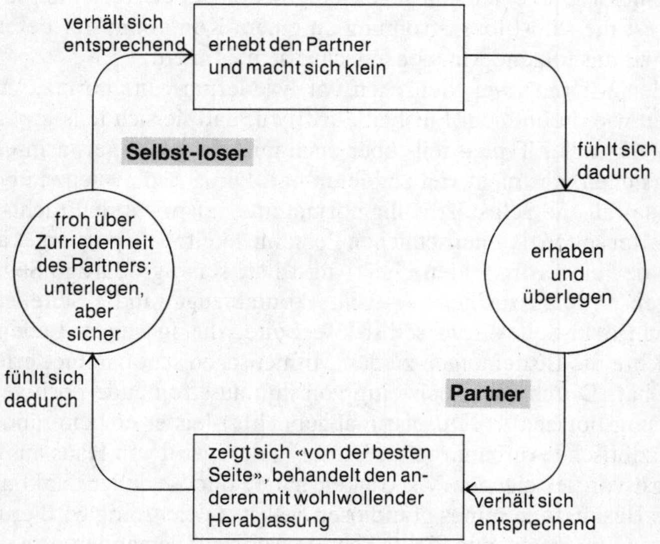

* Willi (1975) spricht von einer «narzißtischen Kollusion».

Bis dahin sind beide durchaus zufrieden und jeder in seinem Element. Eben dieses macht die gegenseitige Anziehungskraft aus: Für den Partner ist die Beziehungsbotschaft, die er empfängt (und durch seine Selbstkundgabe als «toller Typ» auch anfordert), verführerisch und schmeichelhaft – kann er sich doch in seinem Wert, in seiner Würde und Größe spüren; und daß einem die Wünsche von den Augen abgelesen werden, ist ja auch nicht gerade unangenehm. Seine Zufriedenheit macht den Selbst-losen zufrieden (wie dies so seine Art ist: «Wenn du zufrieden bist, bin ich auch zufrieden!»), die herablassende Behandlung gibt ihm jene Sicherheit, die mit einer unterlegenen Position verbunden ist.

Soweit, so stabil.

Aber auch dieser Kreislauf verwandelt sich leicht in einen Teufelskreis. Irgendwann wird sich der Partner des Selbstlosen durch dessen ständige Selbstentwertung «genervt» fühlen, und zwar um so deutlicher, je mehr er sich nach einem wirklichen Kontakt mit einem vollwertigen Gegenüber sehnt – und entsprechend wird sich seine herablassende Behandlung mit abweisender Distanz verbinden. Damit aber trifft er den Selbstlosen an seinem wunden Punkt: die Verlustangst treibt ihn nun, sich selbst noch kleiner zu machen, es dem anderen noch mehr recht zu machen und noch mehr auf sich zu nehmen.

Der Partner bekommt daraufhin Schuldgefühle, spürt gar Verachtung und Ekel; entsprechend «eklig» verhält er sich auch und kommt in jene feind-selige Strömung hinein, die wir im nächsten Kapitel zu besprechen haben. Dadurch, daß der andere nun auf ihm herumhackt und ihn «fertigmacht», fühlt sich der Selbst-lose vollends in seiner Nichtigkeit bestätigt, duckt sich und erträgt mit der Kraft eines Märtyrers all die Gemeinheiten. Was ihn für diese Erniedrigung entschädigt, ist das Bewußtsein seiner moralischen Überlegenheit – und diese Karte spielt er auch aus, so daß der andere noch mehr Schuldgefühle bekommt («Warum bin ich bloß so gemein und gehässig gegenüber diesem lieben, guten Menschen?»), aber auch noch mehr Verachtung und Wut. – Alles fing an mit zwei Menschen wie du und ich – und am Ende dieser Polarisierung stehen sich ein selbstloser Engel und ein mieser Teufel gegenüber, ein duldsames Opfer und ein rücksichtsloser Täter.

Dieser Teufelskreis gesellt sich dem Kreislauf von S. 100 hinzu, manchmal unterschwellig, oft mit spektakulärer Dramatik:

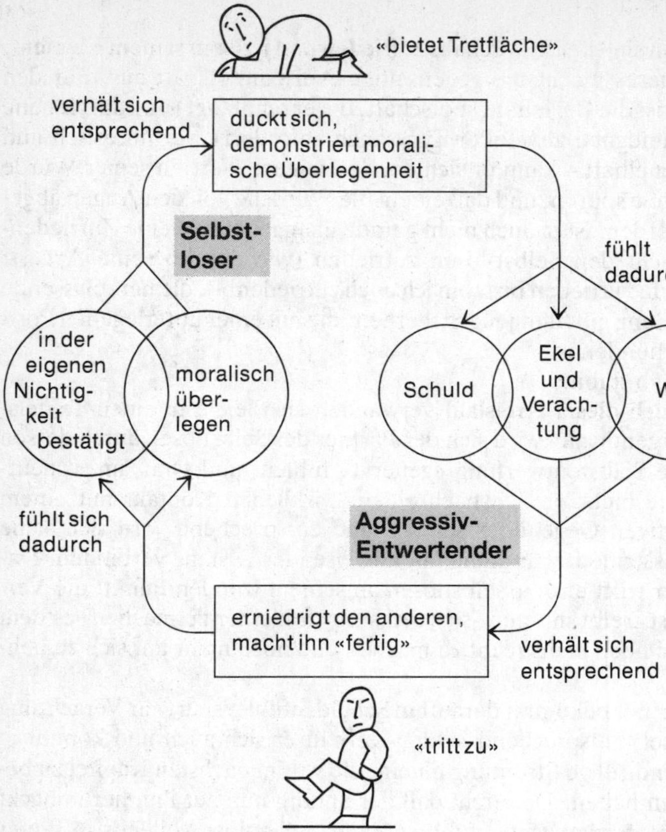

Der hier nur in sehr groben Zügen nachgezeichnete Kreislauf kann sich trotz der Gewalt und des Elends, das darin enthalten ist, in zählebiger Weise verewigen. Den Außenbetrachter lädt er dazu ein, sich mit dem armen Opfer zu identifizieren und den teuflischen Täter zu verurteilen. Dies ist bis zu einem gewissen Grade dann gerechtfertigt, wenn die Rolle des Täters, wie es oft der Fall ist, vom Manne eingenommen wird, der unter Einsatz seiner körperlichen Kraft Gewalt androht oder anwendet. Wer sich nun aufmacht, die geschlagene Frau zu retten, muß unter Umständen mit großem Widerstand rechnen, und zwar von *beiden*! Die Folgerung, daß die Frau dann offenbar «masochistisch» und ihr nicht zu helfen sei, ist ein naheliegender Kurzschluß, der eher der Enttäuschung des Retters gerecht wird als dem komplizierten zirkulären Kräftespiel, durch das die Beziehung ihren Zusammenhalt erfährt. Trotz aller systemischen Einsicht bleibt in der Praxis manchmal nur die Rettung des Opfers, zum Beispiel in ein Frauenhaus, um es der verheerenden Dynamik erst einmal zu entreißen. Solidarität mit dem Opfer und moralische Entrüstung gegenüber dem Täter sind dann gerechtfertigte emotionale Sofort-Maßnahmen, die nicht den Anspruch erheben können, die «ganze Wahrheit» schon erfaßt zu haben.

3.3 Richtungen der Persönlichkeitsentwicklung

Es mag der Eindruck eines seelischen Gruselkabinetts entstehen, wenn die Stile der Kontaktgestaltung um der didaktischen Prägnanz willen so idealtypisch und in ihren extremen Ausformungen zur Darstellung gelangen. Zuweilen trifft man sie jedoch im wirklichen Leben so an, vorübergehend oder chronisch – und dann ist es gut, sich darauf einen Reim machen zu können. In der Regel werden wir der selbstlosen Strömung nicht «in Reinkultur» begegnen, sondern kombiniert mit anderen Strömungen, zum Beispiel mit der *bestimmenden* (s. Kap. 6) oder der *sich beweisenden* (s. Kap. 5). – Ich erinnere an dieser Stelle auch daran, daß wir nicht dabei sind, eine Typologie menschlicher Persönlichkeiten zu entwerfen, sondern eine Typologie menschlicher Kommunikationsstile, welche mit bestimmten Persönlichkeits*anteilen* als verbunden angenommen werden. So sind wir alle hin und wieder, mehr oder minder, von der selbst-losen Strömung erfaßt. Was in extremer Übersteigerung pathologisch anmutet, hat in Maßen und unter bestimmten Umständen eine segensreiche Wirkung, verkörpert einen Grundbaustein der Humanität! Die positiven Möglichkeiten dieser Strömung liegen in dem Bewußtsein, daß mein Dasein nicht nur und nicht vorrangig einen Zweck in sich selbst hat, indem es zur Optimierung des eigenen Wohlbefindens aufruft, sondern sich auch und gerade in der Dienstbarkeit und im Einsatz für den Mitmenschen verwirklicht. Unter den psychologischen Altmeistern hat besonders Alfred Adler den «Lebenssinn» (1973) des seelisch gesunden Menschen mit der Entwicklung zum «Gemeinschaftsgefühl» und mit der Überwindung der ich-haften Strebungen verbunden gesehen. – Droht uns nicht gerade dieses, noch vor einem Jahrhundert völlig selbstverständliche christliche Bewußtsein, ein dienstbares «Werkzeug Gottes» für die Mitmenschen zu sein, heute unter Anleitung einer sich «humanistisch» nennenden Psychologie abhanden zu kommen, die statt dessen «Selbstverwirklichung» auf ihre Fahnen geschrieben hat?

Selbstbehauptung und Hingabe. Es ist die Fähigkeit zur *Hingabe*, die uns hier entgegentritt, und es scheint, als wäre dieser Wert in letzter Zeit etwas in Verruf gekommen. Kast (1982) berichtet, daß insbesondere Frauen mehrheitlich «allergisch» auf das Wort reagieren würden: offenbar empfinden sie eine allzu große Nähe zu «Unterwerfung» und «Preisgabe» und somit zum Tugendkatalog für die Frau von gestern, die zu einem Bewußtsein von «Ich bin nichts und du bist HERR-lich!» erzogen wurde. Tatsächlich droht der «Hingabe» eine solche Entwertung, wenn sie nicht gepaart ist mit einer *Selbst(be)achtung* (nach innen) und einer entsprechenden *Selbstbehauptung* (nach außen), welche auch klare Grenzen und Ansprüche formuliert und so die Hingabe zu einer prinzipiell gegenseitigen Beziehungsform macht.

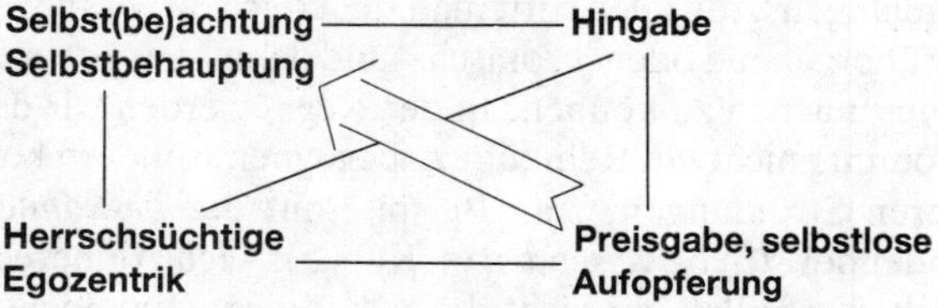

Mit den Worten von Kast: «Selbstbehauptung und Hingabe sind notwendige Pole menschlichen Verhaltens in der Begegnung, die sich also gegenseitig bedingen, keineswegs ausschließen. Nur wer sich selbst behaupten kann, sich abgrenzen kann, seine Gefühle und Emotionen wahrnehmen und ausdrücken kann, auch wenn sie aggressiv sind oder zumindest auf andere aggressiv wirken, kann sich auch hingeben, sich geben, sich ergreifen lassen, mit einem anderen Menschen wirklich in Kontakt kommen, ihm wirklich begegnen.» (1982, S. 475)
Eine mißglückte Balance von Selbstbehauptung und Hingabe kann offenbar auch psychosomatisch in Erscheinung treten, wie Beckenbauer (1988) in einer Arbeit über Frauen mit chronischer Blasenentzündung nahelegt. Eine solche Entzündung macht sexuellen Verkehr unmöglich und kann in einigen Fällen jenes selbstbehauptende «Nein» ersetzen, das die Frau sich vielleicht nicht zugesteht. Gleichzeitig fordert die Krankheit in starkem Maße die fürsorgliche Hingabe des Partners heraus und bringt vielleicht auf diese Weise die Beziehung in eine neue Balance, freilich auf Kosten der Gesundheit.

Zweifellos hat die Humanistische Psychologie die Bedeutung des Selbstwertes stärker betont als die der Hingabe und scheint sich damit in für manche befremdlicher Weise zum Anwalt der «egoistischen»

Seite des Entwicklungsquadrates zu machen. Tatsächlich besteht die Gefahr, daß die persönliche Entwicklung im «Ego-Trip» steckenbleibt, wenn der dialektische Zusammenhang von Selbstachtung und Hingabe aus dem Blickfeld gerät. Gleichwohl gibt es gewichtige Gründe für die wertschätzende Betonung der «egoistischen» Seite – ich nenne ein psychologisches und ein politisches Argument:

Das psychologische Argument: Ein Mangel an mitmenschlicher Hingabefähigkeit beruht nicht auf einem zu hohen, sondern einem zu *niedrigen* Selbstwertgefühl. Wer an seinem Wert zweifelt, ist innerlich beschäftigt, um die Selbstwertachse zu kreisen. So bleibt wenig Kraft, für den anderen da zu sein – es sei denn, die Sorge um den Mitmenschen wird zum seelischen Instrument der Selbsterhöhung, zu einem Mittel, um Anerkennung, Dankbarkeit, moralische Überlegenheit zu erlangen. Diese Art von Hingabe und Aufopferung aber hat leicht einen Beigeschmack von demonstrativer Aufdringlichkeit und läßt dem Geholfenen kaum eine Chance zum Wachstum.
Aus diesem Grunde führt der Weg zum Gemeinschaftsgefühl nur über das entwickelte Selbstwertgefühl – dieser Zusammenhang läßt sich nicht kürzer sagen als in der Bibel: «Liebe deinen Nächsten *wie dich selbst*!» Was hier als Appell formuliert ist, drückt eine psychologische Wahrheit aus: Du bist nur liebensfähig in dem Maße, wie du dich selbst liebst. Es scheint, als sei in der traditionellen christlichen Erziehung gleichwohl die Tugend der Selbstlosigeit überbetont und die der Selbst(be)achtung unterbetont worden, auch verbunden mit einer unseligen Verpönung von streitbarer und selbstbehauptender Aggression (Stein, 1986).

Das politische Argument: Eine Hingabebereitschaft, die nicht aus dem eigenen Wertbewußtsein heraus entsteht, ist in Gefahr, für Schädliches und Schändliches politisch mißbraucht zu werden. Der Wissenschaftsjournalist Arthur Koestler, gleichzeitig in Leben und Werk ein vortrefflicher Grenzgänger zwischen Politik und Psychologie, hat in seiner Analyse der Selbstzerstörungstendenzen der Menschheit verschiedene, angeblich stammesgeschichtlich angelegte «Konstruktionsfehler» der menschlichen Spezies ausgemacht (1965, S. 351ff). Auf der Suche nach psychologischen Mit-Ursachen von Kriegs- und Vernichtungshandlungen kommt er zu dem Schluß, «daß unsere Spezies nicht an einem Übermaß an selbstdurchsetzender *Aggression*, sondern an einer übermäßigen Neigung zu selbsttranzendierender *Hingabe* leidet» (S. 359).

Die Geschichte zeige, daß in der menschlichen Tragödie die Zahl der individuellen Verbrechen, begangen aus selbstsüchtigen Motiven und mit der Wucht persönlicher Feindseligkeit, eine verschwindend geringe Rolle spiele, verglichen mit den massenhaften Vernichtungen, die von «harmlosen» Menschen begangen werden, in selbstvergessener Hingabe an eine Idee und an einen Repräsentanten des Volkes, der Nation, des Vaterlandes. «Der Egoismus der Gruppe wird vom Altruismus ihrer Mitglieder gespeist, und die Brutalität der Gruppe lebt von der Hingabe ihrer Mitglieder.» (S. 362)

Übrigens sehen wir an dieser Stelle, daß die «Hingabefähigkeit» traditionell gar nicht nur eine weibliche, sondern durchaus auch eine männliche (Un-)Tugend ist – nur bezieht sie sich beim Mann weniger auf die Familie, sondern auf berufliche Aufgaben, oder auf die Nation, das Vaterland, den Kaiser, den Führer – man denke an Heinrich Heines Grenadier: «Was schert mich Weib, was schert mich Kind, ... – mein Kaiser, mein Kaiser gefangen!»

Offenbar sind die psychischen Wurzeln dieser Art von Hingabebereitschaft denen der Frau gar nicht so unähnlich, wenn auch in den Auswirkungen verheerender: «Die Furcht vor der Freiheit» lautet der Titel eines Buches von Erich Fromm (1983), in dem er die seelische Infrastruktur des Faschismus erforschen wollte. Was liegt im Menschen, in uns, bereit, um für grauenhafte (Selbst-)Vernichtungskreuzzüge verfügbar zu sein? Sein Ergebnis: Der «autoritäre Charakter» kompensiere seine eigene Nichtigkeit und Wertlosigkeit durch glorifizierende Identifikation mit dem «großen Ganzen», als dessen zugehöriger Teil er sich fühlen darf. Diese Teilhabe entschädigt nicht nur für das persönliche Minderwertigkeitsgefühl, sondern verbürgt auch einen Schutz gegen die «Furcht vor der Freiheit», also vor dem entsetzlichen Verlassenheitsgefühl, das dann aufkommt, wenn man nach eigenen Maßstäben leben, entscheiden und sich verantworten müßte, ohne die Geborgenheit spendenden Maßregeln «von oben». In raffinierter Weise paßt die faschistische Ideologie: «Du bist nichts – dein Volk ist alles!» haargenau in dieses Schlüsselloch der autoritären Charakterstruktur, und gehorsamssüchtig und hingabebereit tönt es zurück: «Führer befiehl – wir folgen (und tragen die Folgen)!»

Die Bereitschaft, das eigene Werteempfinden auszublenden und sich den Maßstäben und Direktiven jener «Autoritäten» zu unterwerfen, mit denen man sich eins und einig fühlen muß, um sich in der Welt nicht ausgestoßen zu fühlen – diese Bereitschaft scheint, wie Milgrams Experimente in den USA und ihre Wiederholungen in

Deutschland nahelegen, noch längst nicht der Vergangenheit anzugehören (s. z. B. Milgram, 1974).

Bei alldem darf nicht der Eindruck entstehen, als ob politische Phänomene wie Faschismus oder Nationalismus aus der seelischen Struktur der einzelnen Menschen heraus erklärbar wäre – das hieße die historischen, politischen, ökonomischen Dimensionen außer acht lassen, die hier vorrangig wirksam sind. Gleichwohl spiegeln sich die äußeren Verhältnisse auch im Seelenleben der Menschen wider und entfalten dort eine zählebige Eigendynamik. Deshalb bedarf es für jede Reform der Gesellschaft auch psychischer Entwicklungsarbeit.

Der «autoritäre Charakter» erschöpft sich nicht in der Selbst-losigkeit, vielmehr scheint er in einer ganz bestimmten Kombination von seelischen Strömungen zu bestehen. Die beiden wichtigen anderen sehe ich in der aggressiv-entwertenden (Kap. 4) und in der bestimmenden-kontrollierenden (Kap. 6) Strömung. Dies genauer auszuarbeiten wäre ein Thema für sich – an dieser Stelle war darzulegen, warum Psychoanalyse und Humanistische Psychologie die «Hingabefähigkeit» des Menschen nur im Kontext der gesamten seelischen Konstellation beurteilen und lediglich in Verbindung mit einem entwickelten bzw. zu entwickelnden Selbstwertgefühl als einen Wert ansehen. Nicht von ungefähr beginnt Ruth Cohn ihren Leittext zur psychologischen Grundlegung einer zeitgemäßen menschlichen Ethik mit dem Satz: «Zu wissen, daß ich zähle!» (1975, Klappentext) und gibt damit die innere Voraussetzung für die nachfolgenden Sätze an: «Zu wissen, daß du zählst, zu wissen, daß jeder Mensch zählt, ob schwarz, weiß, rot oder braun. Die Erde zählt. Das Universum zählt...»

Kehren wir nach diesem Exkurs über den politischen Aspekt der Hingabe-Problematik zurück auf die Ebene der zwischenmenschlichen Kommunikation. In Verbindung mit einem gut entwickelten Selbstbewußtsein liegen die positiven Möglichkeiten des selbst-losen Stiles (der dann jedoch «auf-den-anderen-eingehender» Stil heißen sollte) darin, daß er dem Gesprächspartner einen Raum bietet, sich auszudrücken und zu entfalten. Die Atmosphäre in diesem Raum ist gekennzeichnet durch

– Ermutigung, sich auszusagen («Wie denken Sie darüber, Herr Meyer?»)

– Bereitschaft, geduldig aktiv zuhörend auf den anderen einzugehen
– Bestätigung, daß der andere so denken und fühlen darf, wie er denkt und fühlt, auch bei eigener entgegengesetzter Einstellung
– Unterstützung beim genauen Herausarbeiten dessen, was der andere sagen will und was ihn bewegt.

Hier kommen alle Kommunikationsweisen zusammen, die C. Rogers (1974) einem «Facilitator» («Erleichterer», «Ermöglicher») zurechnet und als Merkmale guter Gruppenleitung und Moderation anzusehen sind.

Selbstbehauptung: «Ich» und «Nein» sagen. Tugenden, die wir unter dem Einfluß der selbst-losen Strömung über-entwickelt haben, sind die Bescheidenheit und die Rücksichtnahme: «Du zuerst!» ist das Leitmotiv des Selbst-losen, bis hin zur völligen Verleugnung eigener Bedürfnisse. Wiederum ist zu betonen, daß Bescheidenheit und Rücksicht kostbare Güter im Zusammenleben der Menschen darstellen und als Ausgleich gegen eine sozial-darwinistische Ellenbogen-Mentalität schon in der Kinderstube eine große Rolle spielen. Wenn jedoch diese Haltungen nicht mit jenem Maß an Selbstbehauptung gepaart sind, das es erlaubt, auch eigene Interessen zu formulieren und durchzusetzen, drohen sie zu einer Untugend zu verkommen. Wieso «Untugend»? Ist es denn möglich, *zu* rücksichtsvoll und bescheiden zu sein? Aus psychologischer Sicht ist diese Frage zu bejahen: die «Versündigung» richtet sich zum einen gegen die eigene Person, da permanent unerfüllte Wünsche und vermiedene Selbstbehauptung einen depressiven Prozeß begünstigen. Zum anderen besteht die Gefahr, als Gegenüber nicht wirklich greifbar zu sein, was auf eine Kontaktvermeidung hinausläuft und der Beziehung jede Frische nimmt.

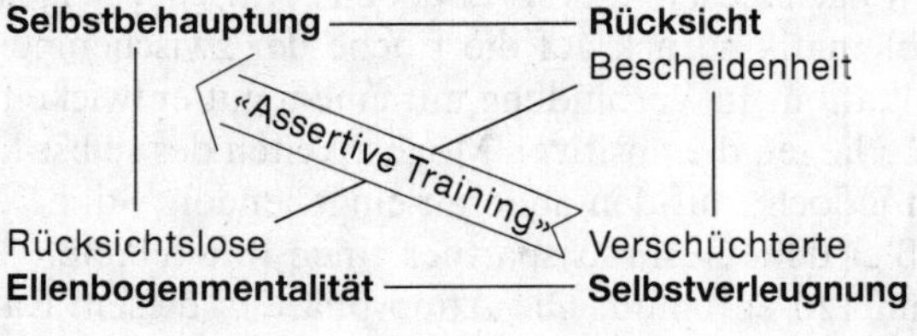

Der Selbst-lose muß daher, statt in stiller Stunde den Egoismus und die Undankbarkeit der Umwelt zu beklagen, lernen, das Wort «**Ich**» auszusprechen, vor allem in Verbindung mit

- Ich möchte (nicht),
- Ich will (nicht),
- Ich verlange.

In einem «Assertive training» (Verhaltenstraining zur sozialen Selbstbehauptung) wird genau dies geübt – eine Pferdekur für selbst-lose Personen, denen Sätze wie «Du sollst doch nicht extra für mich...» viel leichter und «natürlicher» von den Lippen gehen.

Besonders für Frauen werden solche Kurse zur Selbstbehauptung seit einigen Jahren verstärkt angeboten. Untersuchungen zur geschlechtsspezifischen Kommunikation hatten ergeben, daß Frauen auch in beruflichen und öffentlichen Situationen deutlich mehr als Männer dazu neigen,

- Verhaltensweisen zu zeigen, die den Gesprächspartner emotional unterstützen,
- im Gegensatz zur «schwergewichtigen» Selbstdarstellung der Männer sich selbst herabzusetzen oder zu verharmlosen (vgl. Kap. 4, S. 121f, und Kap. 5, S. 166f)

und dadurch ihre ohnehin spürbare Benachteiligung in bezug auf Redezeit und Geltung sowohl dokumentieren als auch verstärken. Dieser Befund läßt den Wunsch aufkommen, daß die Männer dem erstgenannten Aspekt nachzueifern lernen, statt wie gewohnt *distanziert, herabsetzend* und *sich beweisend* die Konkurrenz zu schüren; und daß die Frauen aufhören, ihr Licht unter den Scheffel zu stellen. Dies unterläuft nach meinen Erfahrungen auch solchen Frauen, die sich bewußt um einen selbstbehauptenden Stil bemühen (auf die Gefahr hin, sich das Prädikat «unweiblich» einzuhandeln und auf emotionales Befremden der männlichen Berufskollegen zu stoßen); und zwar dadurch, daß sie

- durch gewisse (sich selbst nicht wichtig nehmende) Formulierungen und
- durch selbstbeschränkende Körpersprache

vom alten selbst-losen Muster eingeholt werden und dadurch unbewußt ihre Ziele sabotieren. Ein Beispiel aus einem Seminar: Eine Mitarbeiterin möchte bei ihrem Chef durchsetzen, daß ihr ein Computer zur Verfügung gestellt wird. In einem früheren Gespräch hatte er sich ablehnend geäußert. Bei einem erneuten Versuch beginnt sie das Gespräch: «Könnten wir vielleicht noch einmal über diesen dummen Computer sprechen?»

In einem Kursus zur Selbstbehauptung kann an dieser Stelle in zweifacher Weise gearbeitet werden. Zum einen auf der *Verhaltensebene*: «Wenn Sie das Gespräch noch einmal beginnen, dann probieren Sie bitte drei kleine Änderungen:
1. statt ‹Könnten wir vielleicht...›: ‹Ich würde gerne mit Ihnen...›;
2. den *‹dummen›* weglassen;
3. statt der übergeschlagenen, angepreßten Beine: Bodenkontakt mit beiden Füßen, aufrechter Sitz, direkter Blickkontakt!»

Nachdem sie im Rollenspiel in dieser Art gesprochen hat, unterbreche ich und frage: «Wie fühlt sich das an, so zu sprechen?» – «Gut! Aber auch: es steht mir nicht ganz zu!» – «Wer meldet sich denn da in Ihnen und sagt ‹Es steht dir nicht zu, so zu sprechen!›?» – «Das kleine brave Mädchen in mir!»
An dieser Stelle ist nun jener Teil der Persönlichkeit hervorgekommen, der mit alter Routine die selbst-losen Anteile in die Gesprächsführung hineinmengt. So besteht jetzt die Gelegenheit, diesen Teil (das kleine brave Mädchen von damals) einmal genau kennenzulernen – das heißt, auf der *Ebene der Selbsterfahrung* zu arbeiten. Dies geschieht am besten durch die Aufforderung, sich mit diesem Teil einmal zu identifizieren und zu hören und zu fühlen, was er zu sagen hat, zum Beispiel: «Ich bin das brave Mädchen und möchte, daß mich alle gern haben. Und das erreiche ich dadurch, daß ich lieb und bescheiden bin – usw.»

Das erste wichtige Wort, das selbst-lose Menschen lernen müssen, lautete *Ich*. Das zweite lautet **Nein**! Nichts ist ihnen so unangenehm, als anderen etwas abzuschlagen. Wiederum die Frage: Kann man/frau es lernen, Nein zu sagen? Gewiß, aber nicht, ohne einen tiefgreifenden Wandel durchzumachen. Denn jedes Nein enthält das Risiko, daß der andere böse wird, und erinnert an die bedrohliche Tatsache, *anders* zu sein als andere – anders zu denken, zu fühlen, zu wollen, zu wünschen. Diese Bewußtheit setzt die Geborgenheit aufs Spiel, die durch Einigkeit erreichbar schien. Fritz Perls, der Begründer der Gestalttherapie, hat in seinem berühmten «Gestaltgebet» wohl vor allem die selbstlosen seiner Klienten im Auge gehabt:

> «Ich bin ich und du bist du.
> Ich bin nicht auf der Welt, um so zu sein,
> wie du mich haben willst – und du bist nicht auf der Welt,
> um so zu sein, wie ich dich haben will...»

Dies ist eine schmerzvolle und befreiende Lektion zugleich und erfordert eine Auseinandersetzung mit den eigenen Ängsten. Gleichwohl mögen auch Verhaltensrezepte nützlich sein, die in der kommunikationspsychologischen Literatur angeboten werden, um für das Nein-Sagen-Lernen ein geeignetes Repertoire aufzubauen. So empfiehlt der Amerikaner Garner (1981) eine «leicht zu erlernende Technik», wie man jemandem widerstehen kann, der von einem etwas will, was man nicht erfüllen möchte» (S. 170ff). Angenommen ein guter Bekannter bittet Sie dringend, eine Unterschriftensammlung für ihn durchzuführen, da er selbst verhindert sei. Sie wollen aber nicht. Er führt starke Argumente ins Feld: es sei sehr wichtig und für einen guten Zweck, und Sie würden ihm persönlich aus einer großen Schwierigkeit heraushelfen. – Die empfohlene Technik besteht nun aus folgenden Schritten:

1. Stimmen Sie ihm zu in dem, was Sie für zutreffend halten (zum Beispiel «Ich glaube wirklich, daß das eine wichtige Sache für dich ist, und ich halte den Zweck auch für gut!» ...)!
2. Sagen Sie klipp und klar, daß Sie nicht wollen, eventuell unter Angabe Ihrer Gründe («Aber ich möchte dich da nicht vertreten – es wird mir zuviel!»)!

Wenn der andere nun weiter drängt und mit Engelszungen auf Sie einredet (zum Beispiel «Ich versteh das nicht so ganz – die Sache, um die es geht, kann doch auch für dich mal wichtig werden!»), dann

3. Fahren Sie fort, dem anderen in dem zuzustimmen, was Sie für richtig halten – und wiederholen Sie dann Ihre Absage immer mit den selben Worten, wie eine «Platte mit Sprung» («Kann sie auch! Aber ich möchte dich nicht vertreten – es wird mir zuviel!»)!

Vielleicht haben Sie (wie ich) ein ungutes Gefühl bei derartigen mechanischen Verhaltensempfehlungen – werden hier doch alle Besonderheiten der Situation, der Beziehung, des inhaltlichen Anlasses usw. ausgeblendet. Und ob eine «Platte mit Sprung» («Broken Record») wirklich ein erstrebenswertes Kommunikationsideal darstellt, darf auch bezweifelt werden. Dennoch: auf dem Wege zu einer neuen Haltung können solche sehr konkreten Verhaltensschemata eine *Starthilfe* sein, um überhaupt «in die Gänge zu kommen». Dies gilt besonders dann, wenn jemand genau weiß, was er (nicht) will, aber Mühe hat, dies in einer geeigneten Form auszudrücken – und dann Gefahr läuft, wegen dieses selbst empfundenen Mangels inhaltliche Zuge-

ständnisse zu machen, die für ihn nicht stimmig sind (was häufig vorkommt).
Ebenso häufig kommt es aber auch vor, daß wir, von der selbst-losen Strömung erfaßt, gar nicht genau wissen, was wir wollen und was wir nicht wollen. Bevor der selbst-lose Mensch «ich» *sagen* kann, muß er «ich» erst einmal *spüren*! Da er selbst gar nicht weiß, was er möchte, richtet er sich nach den vermeintlichen Wünschen der anderen – und verwechselt diese mit den eigenen. Fragt man den Selbst-losen vor einem Besuch: «Soll ich zu dir oder willst du zu mir kommen?» – so wird er zunächst antworten: «Oh, ist mir ganz egal; sag nur, was dir recht ist!» Besteht man jedoch auf einer Entscheidung, wird er sich nicht länger weigern und vielleicht sagen: «Dann komme ich lieber zu dir!» – aber mit der nachgelieferten Begründung: «Sonst kommst du noch in einen Verkehrsstau, und wahrscheinlich hast du sowieso wenig Zeit . . .»
Bei dieser eigenartigen Vermischung eigener und vermeintlich fremder Wünsche handelt es sich um eine neue Spielart von «Konfluenz», wie wir sie in bezug auf Leid und Mitleid schon bei der helfenden Strömung kennengelernt haben (s. S. 90): Da fließt etwas zusammen und verschwimmt, wo klare Grenzen zwischen Ich und Du bestehen sollten.
Als Partner-Übung ist hier «Herr und Diener» zu empfehlen: Mit dem Partner wird für eine gewisse Zeit, zum Beispiel für eine Stunde oder für einen halben Tag, folgende Verabredung getroffen: «In der ersten Halbzeit bist du Herr und ich Diener, das heißt es geht alles nur nach dir, nach deinen Wünschen; in der zweiten Halbzeit dann umgekehrt.»
Ein Selbst-loser wird seine dienende Halbzeit genießen, hingegen in der befehlenden Rolle in Verlegenheit und Ratlosigkeit verfallen. Wenn er ein «ausgekochter» Selbst-loser ist, wird er seinem Diener wohl bald «befehlen», den Gang der Dinge weiter zu bestimmen. Dann liefe wieder das übliche Spiel, aber mit einem wichtigen Unterschied: jetzt läuft es bewußt ab.
Für experimentierfreudige Paare kann diese Übung auch einmal für das Liebesspiel empfohlen werden. Denn die Neigung des Selbst-losen, es dem anderen recht zu machen und alle Antennen für die Wünsche des Gegenübers auszufahren, zeigt sich in der Sexualität vielleicht besonders eklatant – und stört die Lust.

Aggression und Kampfgeist. Selbstbehauptung und Abgrenzung schließen die Fähigkeit zum Konflikt und zur Aggression ein. Damit ist eine weitere Entwicklungsrichtung angesprochen. Indem der

Selbst-lose «von Haus aus» den harmonisierenden Part im Gespräch übernimmt, ist er gezwungen, seine Wut und seinen Ärger, seine Empörung und Verachtung zu «entsorgen». Aggression wird dabei meist in Depression verwandelt, wobei die «sauertöpfische» Ausstrahlung ringsum jede Freude vergällt und schon dadurch ihren aggressiven Urgehalt verrät. Die Selbst-losen bringen das Kunststück fertig, Aggression in Selbstanklagen zu verwandeln; so sagte eine an Depression erkrankte Mutter: «Was habe ich nur falsch gemacht, daß mein Sohn so wenig gläubig ist und jetzt sogar aus der Kirche ausgetreten ist?» – Den nicht nur depressiven, sondern eben auch aggressiven Gehalt dieses Seufzers spürt man am besten an der Wirkung: Der «Täter» wird Mühe haben, sich von Schuldgefühlen zu befreien, wenn er diese Selbstanklage vernimmt.

Überhaupt ist der Selbst-lose im Falle anhaltender Enttäuschungen zu «depressiver Aggression» durchaus fähig, sei es in Form von Vorwürfen oder durch Schuldgefühl-erzeugende Demonstration von Lebenselend; dabei ist zu beachten, daß der Fall «anhaltender Enttäuschungen» als Folge seiner Art, sich selbst zurückzunehmen, durchaus wahrscheinlich ist. Um wirklich vital zu streiten, mit der Faust auf den Tisch zu schlagen, unerbittlich für die eigenen Anliegen einzutreten – dafür muß erst noch der Zorn frei werden, der hinter der Melancholie lauert und sich auf ein Leben hinter den Kulissen eingestellt hat. Die Bücher und Trainingsansätze von Bach (zum Beispiel Bach und Wyden, 1969) sind geschaffen, um für diese Entwicklungsrichtung eine Schrittfolge anzubieten.

Merksätze wie «*Streiten verbindet*» oder «*Konfliktvermeidung ist Kontaktvermeidung*» können als Wegweiser für die hier angegebene Richtung dienen. In dem entsprechenden Werte- und Entwicklungsquadrat (vgl. S. 47) muß der Selbst-lose das Element des «Kampfes» in sich zur Ausbildung bringen, also an die Seite der Akzeptation die *Konfrontation* treten lassen; es gilt, neben der Versöhnlichkeit die Unerbittlichkeit, neben der Fähigkeit zu Konsens und Zustimmung die Fähigkeit zu Ablehnung und Konflikt zu entwickeln:

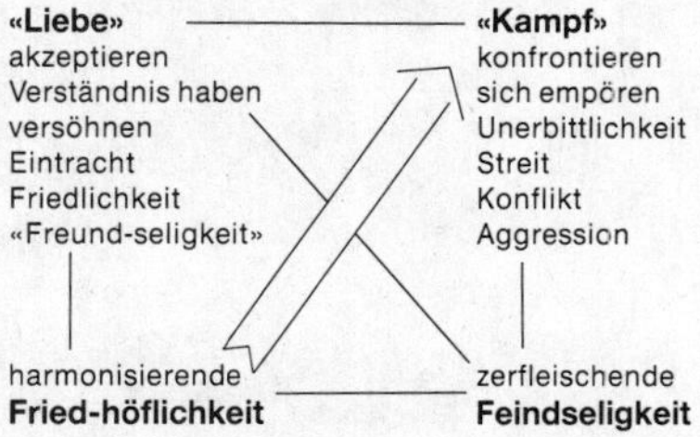

Ein verwandtes Wertequadrat, das dem selbst-losen Menschen ebenfalls ins Stammbuch zu schreiben ist, enthält die *Frechheit* als eine zu entwickelnde Tugend. Da sie bei ihm hinreichend mit *Güte* gepaart wäre, bestünde nicht die Gefahr eines Abgleitens in die «*Fiesität*»!

Die hier beschriebenen Entwicklungsrichtungen enthalten auf der Kommunikationsebene auch die *Fähigkeit zur Du-Botschaft*, zu jener Verhaltensweise also, die in der kommunikationspsychologischen Literatur oft als Erzfeind eines konstruktiven Umgangs angeprangert wird (Gordon, 1972) – ich selbst habe diesen Standpunkt noch im ersten Band von «Miteinander reden» vertreten. Inzwischen bin ich der Überzeugung, daß die Du-Botschaft in bestimmten Fällen eine Rehabilitierung verdient. Ich komme auf dieses Thema zurück, nachdem wir im nächsten Kapitel jenen Stil besprochen haben, der aggressive Du-Botschaften reichlich enthält, um so den Zusammenhang noch zu erweitern.

4. Der aggressiv-entwertende Stil

Bei dem nun folgenden Stil handelt es sich in gewisser Weise wieder um ein Gegenstück des vorangegangenen. War der selbst-lose Stil durch seine Unterwürfigkeit auf der Beziehungsebene «von unten herauf», so gebärdet sich der nun folgende «von oben herab». Neigen wir in der selbst-losen Strömung «freund-selig» dazu, unser Gegenüber zu idealisieren und für maßgeblich zu erklären, so sind wir bei der «feind-seligen» Strömung von einer Energie erfaßt, die in dem anderen das Fehlerhafte, Erbärmliche und Schändliche entdeckt und entsprechend herabsetzend und entwertend behandelt.
Was so gegensätzlich erscheint, kann doch in ein- und derselben Person zusammenkommen. Es gehört zu den Wesensmerkmalen des autoritären Charakters (vgl. S. 107), daß er «nach oben hin buckelt» (den Mächtigen glorifizierend) und «nach unten hin tritt». In dieser sozialen «Radfahrer-Haltung» entschädigt er sich für die erlittene Kränkung des eigenen Selbstgefühles durch Erniedrigung der unter ihm Stehenden, der «Untermenschen». So sehr wir uns auch davon distanzieren mögen – alles steckt in jedem! Der Weg zur Humanität wird nicht in weißen Westen zurückgelegt, sondern verlangt die Selbsterkenntnis ungeliebter Anteile, deren Annahme und Integration. Andernfalls droht die Abspaltung dieser «fiesen» Teile aus dem eigenen Selbst und ihre mit großer moralischer Entrüstung vollzogene Wiederentdeckung im anderen! Die aggressiv-entwertende Strömung holt uns durch die Hintertür wieder ein, vielleicht in der Verkleidung des selbstgerechten Biedermannes.
Betrachten wir also auch die folgende Strömung mit jener selbsterforschenden Einstellung, die für alle acht angemessen und realistisch ist!

4.1 Erscheinungsbild, Grundbotschaft und seelischer Hintergrund

Von dieser feind-seligen Strömung erfaßt, sind wir darauf aus, unserem Gegenüber offen oder versteckt etwas anzutun, was ihn klein macht, schuldig oder wertlos erscheinen läßt. Wir sind durch und durch erbost, zornig stellen wir seine Fehler und charakterlichen Minderwertigkeiten an den Pranger, bezichtigen und beschuldigen, pa-

thologisieren und erniedrigen – und sind durchdrungen von der Überzeugung, daß er es nicht anders verdient hat. Ja mehr noch, würde man gnädiger mit ihm verfahren, ihn so gutmütig behandeln wie man selbst «im Grunde» zu sein meint, oder würde man sich nur die geringste Blöße geben, dann würde er das sofort schamlos ausnutzen und den Spieß umdrehen. Man muß den anderen in Schach halten, sonst zieht er in aller Ruhe seine Angriffstruppen zu einem Vernichtungsfeldzug gegen einen selbst zusammen!
Dieser Stil entspricht dem «Anklagenden» bei Virginia Satir, die Grundpose ist beschuldigend (s. Abb. 24a) und/oder herabsetzend (Abb. 24b):

Abb. 24a: Grundpose des aggressiv-entwertenden Stils (beschuldigend)

Abb. 24b: Grundpose des aggressiv-entwertenden Stils (herabsetzend)

Die kommunikative Grundausstrahlung enthält die Selbstdarstellung der Stärke und Unverletzlichkeit («Mir kann keiner!»), eine grundsätzlich herabsetzende Beziehungsbotschaft und den Appell, «klein beizugeben»:

Abb. 25: Grundbotschaft des aggressiv-entwertenden Stils

Das mißtrauische Beziehungsohr, das der Feind-selige mit dem Selbst-losen gemein hat, wittert allzeit den Widersacher. Dieser ist potentiell in jedem Mitmenschen zu vermuten, manchmal aber auch in bestimmten Gruppen (Ausländern, Juden, Kommunisten), zu denen hin die feindselige Strömung durch politische Propaganda kanalisiert werden kann. Bisweilen richtet sich das mißtrauische Beziehungsohr gegen bestimmte Personen, die Ähnlichkeit mit alten Wundenschlägern aus der eigenen Lebensgeschichte aufweisen. Ein Student schreibt:

«Ich kenne das von mir bei Leuten, die meinen Eltern ähnlich sind und von denen ich annehme, daß sie mich so wie ich bin ohnehin nicht akzeptieren. Ich begegne ihnen von vornherein in *aggressiver Lauerstellung*, um ihnen zu signalisieren, daß es ihnen nicht möglich ist, mich zu verletzen, weil ich sie ja ohnehin nicht leiden könne. Diese Fantasien auf Realität zu überprüfen, gelingt mir dadurch natürlich nicht, weil ich das erwartete Verhalten selbst provoziere.»

Was von außen so aggressiv und bösartig, so verächtlich und überkritisch aussieht, das hat eine überaus verletzliche und verzweifelte Innenseite; «Harte Schale – weicher Kern» heißt es im Volksmund durchaus zutreffend. Das kleine Kind hat schwere Herabsetzungen, Demütigungen und wahrscheinlich Schläge erlitten. Es fehlte die Grunderfahrung von positiver und gleichberechtigter Koexistenz («ich *und* du – und beide in Ordnung!») – auch in Anschauung des elterlichen Kontaktes. Statt dessen lautete die Lebensgleichung «ich *oder* du!» – All diese Erfahrungen verdichten sich zu dem seelischen Axiom

> **Ich bin nicht in Ordnung, mache erbärmlich alles falsch. Wehe, jemand merkt es! Dann werde ich untergebuttert und gnadenlos verachtet!**

Das Minderwertigkeitsgefühl verbindet sich hier vor allem mit der Angst, «runtergemacht» zu werden, in die unterlegene Position zu geraten oder ausgegrenzt zu werden. Während der selbst-lose Mensch bei ähnlicher Urerfahrung sich duckt und aus der Not versucht eine Tugend zu machen, will der feind-selige Mensch «vorbeugend mit gleicher Münze heimzahlen» und macht das «Obensein» zur Überlebensfrage. Die von Alfred Adler beschriebene und so genannte «*Entwertungstendenz*» ergibt sich aus dem Versuch, die eigene Selbstaufwertung durch das Herabdrücken der anderen zu betreiben – mit einer zweifachen Zielsetzung nach außen und nach innen: Nach außen die Einschüchterung und Unterwerfung des Gegenübers als vorbeugende Maßnahme, um sich von ihm nicht bedroht fühlen zu müssen; nach innen die Vermeidung jener Gefühle von Unterlegenheit, Wehrlosigkeit, Weichheit und «erbärmlicher» Schwäche, mit denen man so schmerzvolle Erinnerungen verknüpft und die man nie, nie, nie! wieder spüren will. Zu Hilfe kommt dabei der Mechanismus der *Projektion*, durch den es möglich wird, die abgelehnten Teile von sich selbst überdeutlich dort wahrzunehmen und zu bekämpfen, wo es selbstwert-schonend möglich ist: beim Gegenüber.

Nach brutalen Gewalttaten ist es für die Öffentlichkeit besonders erschreckend zu erfahren, daß in dem Augenblick, in welchem das Opfer bereits gedemütigt und geschlagen am Boden lag und nur noch kläglich wimmerte und flehte, beim Täter oftmals keineswegs ein Rest von Mitleid wachgerufen wurde, wie das im Tierreich angesichts der Demutsgebärde des unterlegenen Rivalen geschieht, sondern daß im Gegenteil diese «wimmernde Kläglichkeit» den Täter nur noch zusätzlich reizte, dem Opfer den Rest zu geben. Offenbar wird er in dieser Sekunde unbewußt an seine eigene Kläglichkeit erinnert, die er so sehr verachtet und der er auch den Rest geben möchte.

Oberhandtechniken. Von der feindseligen Strömung bis hin zur brutalen Gewalttat ist es noch ein langer Weg mit vielen Hemmschwellen dazwischen, wenn auch die verächtliche Haltung dem Mitmenschen gegenüber und das Gefühl, sich an ihnen für all die selbst erlittenen Mißhandlungen rächen zu müssen, in vielen Fällen einen seelischen Vorläufer der Gewalttat darstellen mag.
Kommen wir zurück zum Kommunikationsstil. In der Angst vor Unterlegenheit eignet sich der Feindselige eine Reihe von Kommunikationstechniken an, um jederzeit die «*Oberhand*» zu behalten. Derartige Oberhandtechniken seien am folgenden Beispiel, einer Lagebesprechung in einer Jugend-Gang, demonstriert. Der Anführer fühlt sich durch seinen Rivalen bedroht und zieht alle Register der Oberhandsicherung:

Rivale: Nun mußt du aber auch sagen, wo es langgeht!
Anführer (ihn nachäffend): ‹Nun mußt du aber saaagen...› – Was muß ich denn saaagen? Ich muß gar nichts, kapierst du das?
Rivale: Ich mein, wir können doch hier nicht lange so rumpalavern...
Anführer (unterbricht ihn): Wer palavert denn hier? *Du* palaverst doch hier die ganze Zeit!
Rivale (mit abwehrender Handbewegung): Ich sag dazu nichts mehr!
Anführer (erstaunt tuend): Ach, du sagst dazu nichts mehr? So schnell zieht unser junger Freund den Schwanz ein, wenn es gefährlich wird?
Rivale (versucht noch einmal «mitzuhalten», scherzend): Also, Schwanz habe ich bis jetzt hier noch nicht gesehen... (schaut lächelnd in die Runde der Anwesenden)
Anführer: Ach, bist ein kleiner Witzbold, hm? Ist ja auch alles schrecklich witzig hier, nicht? Mach doch gleich noch einen Witz, ich hör so gern welche!
Rivale (lacht etwas gequält)
Anführer: Seht mal, er lacht – hoffentlich noch lange! (Die anderen lachen) Zu Hause hast du wohl nicht viel zu lachen, was?
Rivale (gibt sich geschlagen): Komm, hör auf, Jürgen!
Anführer: Gut, Leute, also er ist mit dem Palavern fertig – dann können wir jetzt wohl in action gehen.

Die Techniken der Oberhandsicherung werden je nach «Niveau» der Gesprächspartner unterschiedlich subtil und je nach dem Charakter der Situation unterschiedlich pseudohöflich ausfallen – die allgemeinen Konstruktionsprinzipien aber folgen häufig demselben Strickmuster:

1. Man hört das, was der andere gerade von sich gegeben hat, vor allem mit dem *Selbstkundgabe-Ohr* (= Was sagt das, was du eben geäußert hast, über dich selbst aus?).

2. Mit diabolischem Gespür wird aus dieser Selbstkundgabe ein solcher Aspekt herausgefiltert, aus dem sich sogleich ein Strick drehen läßt.

3. Der Strick wird folgendermaßen gedreht: Aus der Fülle möglicher Meßlatten (= Normen) wird eine solche herausgesucht und an die Selbstkundgabe des Gegenübers angelegt, bei welcher er schlecht aussieht. Dieses Auswählen und Anlegen der Meßlatte erfolgt vollständig implizit.

4. Das somit ausgemachte «Defizit», also die Diskrepanz zwischen dem heimlich gesetzten Sollwert und dem ermittelten Ist-Wert, wird nun kommentiert und dem anderen «vorgeworfen».

5. Die Darbietung des Vorwurfes erfolgt am geschicktesten so, daß sie ihrerseits wenig Selbstkundgabe enthält (denn da lägen Ansatzpunkte für den Gegner, mit gleicher Münze heimzuzahlen). Dies ist zum Beispiel durch *Ironie* oder durch *Fragen* zu erreichen. Kommunikationspsychologisch gesehen sind Fragen dadurch gekennzeichnet, daß der Fragende wenig Selbstoffenbarung bietet und vom Gefragten welche verlangt*. Die Antwort, wie immer sie auch ausfällt, bildet das Material für den nächsten Strick.

6. Der Gegner bleibt in der Unterhand, selbst wenn er versucht, aus dem Spiel auszusteigen. Antwortet er zum Beispiel gar nicht, wird ihm genau dies quittiert («Tja, darauf wissen Sie nichts mehr zu sagen!» Oder: «Was macht Sie so schweigsam heute?»). Stellt er seinerseits eine Frage, wird ihm vorgehalten: «Ich stelle fest, daß Sie auf meine Frage nicht antworten wollen (können) – ist sie Ihnen so unangenehm?»

7. Sollte es dem Gegenüber doch gelingen, auf der inhaltlichen Ebene unbequem zu werden, wird sofort die Ebene gewechselt. Von besonderer Schlagwirkung ist der Wechsel auf die Ebene der Körpersprache, zum Beispiel

– «Warum werden Sie denn plötzlich so laut?»

* Daher der Leitsatz einer (fragwürdigen) Manager-Oberhandschulung: «Wer fragt, der führt!»

– «Deswegen brauchen Sie doch nicht gleich rot zu werden!»
– «Wie stehen Sie überhaupt da – haben Sie immer die Hände in den Hosentaschen?»
Im obigen Beispiel stellt das Nachäffen des Tonfalles einen solchen Ebenenwechsel dar.
8. Sollte der andere mit einem Gegenmanöver gefährlich werden, dann kann man ihn ironisch als «tapferes Schneiderlein» würdigen und aufstacheln, *noch mehr* Derartiges zu bieten. Indem der Anführer seinen Rivalen auffordert, weitere Witze zu machen, hat er mit dieser paradoxen Verschreibung gleich wieder die Oberhand.

Diese kleine Schule der diabolischen Kommunikation mag uns einerseits dazu dienen, der Frage nachzugehen, wann wir uns derartiger Manöver bedienen und wozu wir sie nötig haben. Andererseits kann sie uns in der Rolle des Opfers helfen, die Strickmuster zu durchschauen und ihnen weniger hilflos ausgeliefert zu sein.

Männer gegenüber Frauen im Beruf. Das gilt auch für solche Oberhandtechniken, die im beruflichen Bereich gang und gäbe sind und dazu dienen, mißliebige Konkurrenten oder Konkurrentinnen einzuschüchtern und mundtot zu machen. Besonders Frauen leiden hier offenbar unter ihren männlichen Kollegen und Vorgesetzten (Stechert, 1988). Werden sie denn beleidigt, angebrüllt oder lächerlich gemacht, sind die Männer wirklich so ungalant? Durchaus nicht, die Entwertung vollzieht sich viel weniger spektakulär, dafür aber doppelt wirksam:
– durch *Unterbrechungen*; zum Beispiel Frau: «Sollten wir denn dann nicht lieber die Einsparung im nächsten Jahr vornehmen? Dann könnten wir doch...» Mann unterbricht: «Also vor allen Dingen sollten wir in der Haushaltsplanung darauf achten, daß...» – ohne daß ein «böses Wort» fällt, lautet die demonstrative Botschaft: «Ihr Beitrag ist es nicht wert, zu Ende gehört, geschweige denn, gewürdigt und diskutiert zu werden!»
– durch mangelnden *Blickkontakt* auf seiten der Zuhörer: Wenn diese mit gelangweilter Miene auf ihre Unterlagen schauen oder sich sogar tuschelnd dem Nachbarn zuwenden, signalisieren sie damit die gleiche Botschaft. Allerdings muß man dazu bedenken, daß Männer durchschnittlich ihre Gesprächspartner überhaupt weniger anschauen;
– durch *resonanzloses Übergehen von Gesprächsbeiträgen*: Niemand nimmt Bezug auf das Gesagte, weder positiv noch negativ. Diese Art,

jemanden wie Luft zu behandeln, ist in höchstem Maße aggressiv und entwertend, wird aber, da überhaupt «kein Blut vergossen wird», im allgemeinen als völlig normal empfunden. Und wehrt sich doch einmal eine Frau dagegen, kommt die nächste Entwertung, vielleicht hinter vorgehaltener Hand: «Sehr empfindlich, unsere Dame, sie nimmt alles sehr persönlich, dabei geht es doch rein um die Sache!»

Wie können sich Frauen gegen solche entwertenden Oberhandtechniken wehren, die in unbewußter Gedankenlosigkeit, aber durchaus verdeckt aggressiv, von vielen Männern verwendet werden? Angesichts der normenbestimmenden Übermacht männlicher Berufskollegen wachsen die Möglichkeiten einer einzelnen Frau nicht in den Himmel. Trotzdem kann sie mit einer Mischung aus Pfiffigkeit und Kampfgeist das Schlimmste von sich fernhalten, zum Beispiel indem sie

– *sich innerlich wappnet.* «Innerlich wappnen» heißt, die eigene Durchlässigkeit für bestimmte Zeiten zu vermindern, so daß einiges von dem abprallt, was sonst zu tief hineingeht und kränkt. Dies kann durch Selbstsuggestion vor einer Sitzung geschehen, indem sich die Frau zum Beispiel folgende Sätze selbst einspricht: «Es wird Leute geben, die mich unterbrechen, ignorieren oder auf eine verdeckte Art anfeinden! Das hat wenig oder nichts mit mir persönlich zu tun, sondern spiegelt eine alte Tradition wider, wie Männer miteinander und speziell mit Frauen umgehen. Damit ist überhaupt nicht gesagt, daß meine Leistung schlecht, meine Beiträge wertlos, ich selbst unbedeutend wäre – vielleicht ganz im Gegenteil. Und ich werde jetzt hineingehen in diese Situation, rechne mit dem Schlimmsten und lasse mich davon nicht anfechten!»

– *sich nicht unterbrechen läßt*, etwa mit den deutlichen Worten: «. . . wenn ich das noch zu Ende sagen darf, Herr Muster!» – und sich dann den Zusatz erspart: «Ich habe Sie schließlich auch ausreden lassen!» Statt dessen eher, falls passend: «Ich möchte Ihnen auch sagen, warum mir soviel an dem Gedanken liegt, den ich gerade vortrage, nämlich: . . .»

– *auf sachlichen Reaktionen besteht*, wenn ihr Beitrag ohne jede Resonanz geblieben ist. Dabei wäre es in der Regel geschickt, auf der Sachebene zu bleiben – also nicht: «Das ist mal wieder tpyisch, daß keiner auf meinen Vorschlag eingeht!», sondern: «Mir ist noch nicht klargeworden, wie Sie zu meinem Vorschlag stehen, die Einsparungen im nächsten Jahr vorzunehmen. Besonders von Ihnen, Herr Muster, als Zuständigem würde mich das interessieren!»

Für einen Wechsel auf die Meta-Ebene («Ich möchte einmal etwas loswerden, und zwar fühle ich mich in diesem Kreis oft übergangen, einfach nicht ernst genommen, und sitze dann häufig mit dem Gefühl da...» usw.) müßten die Vorzeichen sehr günstig stehen. Die Gefahr besteht, daß solche Sätze auf den alten Boden fallen: Frau = Gefühl = empfindlich = unsachlich.

Aber es ist überhaupt schwer, allgemeine Empfehlungen zu geben. Ich wage das hier nur, um eine mögliche Richtung anzudeuten. In jedem Einzelfall kommt es darauf an, Strategien zu entwickeln, die der Frau gemäß sind und die den Besonderheiten der Situation entsprechen.

Erziehung. Auch in anderen Bereichen des gesellschaftlichen Lebens ist die zwischenmenschliche Kommunikation vom aggressiv-entwertenden Stil in starkem Maße mitgeprägt, vor allem in der Erziehung und der Politik. Die empirischen Untersuchungen von Reinhard und Annemarie Tausch (1977) in Elternhäusern und Schulzimmern haben in bedrückendem Ausmaß zutage gefördert, daß auch heute noch Zigtausende von Kindern für nahezu alles, was sie von sich geben, gemaßregelt, ironisch kommentiert, gedemütigt und verächtlich gemacht werden.
Inzwischen wissen wir aus tiefenpsychologischen Studien, daß die gute pädagogische Absicht, aus dem Kind «einen anständigen Menschen» formen zu wollen, nur eine leicht durchschaubare Verbrämung ist. Eine Verbrämung jener feindseligen Energie nämlich, von der der Erwachsene durchdrungen ist und die sich bevorzugt gegen Kinder wendet, weil diese erstens wehrlos sind und zweitens in anfänglicher Unbefangenheit all jene Gefühle und Verhaltensweisen zeigen, die der Erwachsene in sich selbst zu unterdrücken gelernt hat und nun im Kind verteufelt und bekämpft (s. A. Miller, 1980). Ein moralisierendes Vorgehen («Man *sollte* seine Kinder achtungsvoll behandeln, ihre Würde nicht durch Wort und Tat verletzen!») hilft hier nicht weiter, macht den Eltern und Lehrern noch ein schlechtes Gewissen – und das entstehende Gemisch von Feindseligkeit und Schuldgefühlen ergibt für die Kinder erst recht keine Wohltat. Eher scheint es aussichtsreich, die Not der Eltern in den Blick zu bekommen, die der Not der Kinder nicht nachsteht. Die wohlwollende Aufarbeitung der zugrundeliegenden Selbstentwertung ist dringlicher als die Anprangerung des daraus entstehenden Verhaltens – jedenfalls aus therapeutischer Perspektive, welche einzunehmen natürlich oft

nicht möglich ist. Wer in einer Familientherapie vernimmt, daß der Vater seinen zweijährigen Sohn aus nichtigem Anlaß im Wald wie zur Exekution hinter die Büsche geführt hat, um ihn dort mit einem Knüppel nach Strich und Faden zu versohlen – und wer ihn darüber witzeln und lachen hört, der glaubt schaudernd den leibhaftigen Unmenschen vor sich zu haben; und wer dann erlebt, wie derselbe Vater sich in seiner eigenen Familie kläglich einsam und abseits stehen sieht, wie er sich ausgeschlossen fühlt von dem nahen Herzenskontakt, der zwischen Frau und Kindern zu bestehen scheint, und wie er zu Weihnachten eine aufkommende Atmosphäre von liebevollem Miteinander regelmäßig «rechtzeitig» zerstört, um sich dem nicht auszuliefern – der sieht plötzlich den verletzten Menschen hinter dem Unhold, schwankt in der Identifikation mit dem Opfer und dem Täter ratlos hin und her – und erkennt, wie moralische Vorhaltungen am Kern der Sache vorbeigehen.

Politischer Dialog. Dies scheint auch für die politische Kommunikation zuzutreffen. Der politische «Dialog» scheint hierzulande ruiniert, jedenfalls sein öffentlich erkennbarer Teil. Ebenso regelmäßig, wie nach verbalem Schlachtengetümmel der moralische Katzenjammer den Appell zur gegenseitigen Fairness laut werden läßt, ebenso rasch kultiviert sich auf der politischen Bühne wieder jener Brustton, der den politischen Gegner als lächerlich, hirnarm, teuflisch, charakterlich anstößig oder krankhaft hinstellt, als einen Irrläufer der Weltgeschichte, vor dem nur die eigene Integrität und Vernunft einen wirkungsvollen Schutz darstellen. – Gegenbeispiele, die darin bestehen, daß die Position des anderen mit liebevoller Gründlichkeit studiert und auf ihre rechtmäßigen Bestandteile untersucht wird, um dann jene Punkte deutlich, aber mit der Nachdenklichkeit dessen zu markieren, der die Möglichkeit auch des eigenen Irrtums unterstellt – solche Gegenbeispiele gibt es, aber sie bleiben seltene Ausnahme. Eine solche Art politischer Auseinandersetzung hätte zwar weniger Aussicht, die eigenen Schlachtenbummler in ihrem politischen Kampfgeist anzufeuern, dafür um so mehr die Chance,

– problemlösende Energien zu mobilisieren und auf der inhaltlichen Ebene wirklich weiterzukommen,
– sich jene Kränkungen zu ersparen, die in die ganze künftige Gesprächskultur einen Bodensatz von Haß und Gehässigkeit legt; jene Kränkungen auch, die den Aufbau eines Panzers nötig macht, um sie abzuwehren (vgl. Richter, 1982).

Es war für mich wie für einen Teil meiner Generation eine ebenso verblüffende wie ernüchternde Erfahrung, daß ausgerechnet jene alternativen Bewegungen, die nicht nur eine andere politische Programmatik, sondern auch neue Formen des miteinander Umgehens entwickeln wollten (so zum Beispiel W. D. und C. Hasenclever, 1982), und die wir deswegen mit soviel Sympathie verfolgt haben – daß ausgerechnet diese die traditionellen Parteien in Hinblick auf interne Gehässigkeit und Selbstzerfleischung übertroffen haben.
Osbahr (1984) ging in einer empirischen Arbeit der Frage nach, ob dafür psychologische Gründe maßgeblich sein können, und ist dabei, auch in Anlehnung an Bauriedl (1984), zu sehr interessanten Überlegungen und Befunden gelangt. Ich versuche, die wesentlichen Punkte zusammenzufassen:

1. Offenbar ist es eine menschliche Eigenart, auf die Fragen und Probleme, die uns betreffen, ambivalent, das heißt mit einem inneren Einerseits-Andererseits zu reagieren. Nehmen wir als Beispiel die Einstellung eines Menschen zum Thema «Behandlung von Straftätern»:

Abb. 26: Innere Ambivalenz zum Thema: Behandlung von Straftätern

2. Solche Ambivalenzen sind zwar seelischer Regelfall, gleichwohl aber schwer auszuhalten. Wir neigen daher dazu, innere Anstandsregeln zu bilden (die meist der Ideologie der Gruppe entsprechen, der wir uns zugehörig fühlen), nach denen wir die eine Hälfte unserer Reaktion als böse (spießbürgerlich, sozialromantisch, unprogressiv) ansehen und uns selbst verbieten. Nun haben wir, als Erfolg dieser inneren Streichungsmaßnahme, eine eindeutige, klare Position, sind

nicht mehr von innerem Zwiespalt gequält und befinden uns in Harmonie mit den eigenen Leuten. Diese Position, die wir für einzig menschlich, rechtmäßig, vernünftig erklären, wird zu einem Teil unserer Identität. Dies erklärt, warum wir uns bei *sachlichem* Widerspruch leicht *persönlich* angegriffen fühlen.

3. Die verbotene Hälfte wird als nicht «linientreu» aus dem inneren Empfinden abgedrängt. Für diese Verdrängung ist Energie nötig.

4. Diese Energie zeigt sich zum Beispiel im *apodiktischen Diskussionsstil*, der den eigenen Standpunkt mit besonders forscher Entschlossenheit vorbringt und als einzig möglichen gelten läßt: «Jeder vernünftige Mensch wird einsehen, daß...» – der apodiktische Stil (und der damit einhergehende Dogmatismus) erweist sich somit nicht als eine bloße Unart, die man sich «abgewöhnen sollte», sondern als psychodynamisch notwendige *innere Überzeugungsarbeit*, durch die der andere Teil in mir selbst zum Schweigen gebracht wird. Je stärker die eigene (nicht ausgehaltene) Ambivalenz, um so stärker der missionarische Impuls.

5. Diese zur Abdrängung nötige Energie zeigt sich aber auch in der *Verteufelung des Meinungsgegners*. Wird die abgedrängte Hälfte im Standpunkt des anderen entdeckt, bietet sich die Gelegenheit, den inneren Kriegsschauplatz nach draußen zu verlagern und dort in aggressiv-entwertender Art zu bekämpfen. Dies mag z. T. die rüde Gehässigkeit in der politischen Auseinandersetzung zwischen den Parteien erklären.

6. Wie aber kommt es zum Elend der politischen Auseinandersetzung *innerhalb* der Parteien, zu der aggressiven, zynischen, verächtlichen und anklagenden Art, mit dem Meinungsgegner umzugehen, so daß «die politische Diskussion zum Austragungsort von verletzten Gefühlen verkommt und die inhaltliche Diskussion stagniert», wie Osbahr das vorgefunden hat? Innerparteilich verläuft die Ambivalenzspaltung überwiegend *gleichsinnig*. Aber gerade darin scheint ein verschärfendes Moment zu liegen. Denn wenn ich nun beim anderen Spurenelemente jener verbotenen Hälfte entdecke, die unserer gemeinsamen Identität zuwiderläuft, dann ist dieser «Verrat» am eigenen Wertekodex besonders empörend. Der «Entlarvte» und Angegriffene reagiert zumindest unterschwellig mit Schuldgefühlen, denn wenn das stimmen würde, was man ihm vorwirft, wäre das ja auch nach dem eigenen Verständnis schändlich. Um so erboster wird er sich zur Wehr setzen, um so detektivischer nun auch seinerseits beim anderen entdecken, daß dieser nicht in jeder Hinsicht lupenrein die gemeinsamen Überzeugungen verkörpert.

7. Ein wichtig zu erkennendes Paradox liegt nun darin, daß besonders solche Gruppierungen in Gefahr sind, in brisante Ambivalenzspaltungen hineinzugeraten, deren Anspruch an Humanität und Mitmenschlichkeit besonders hoch ist. In dem (wahrhaft zu begrüßenden) Bemühen, die Korruptheit und Charakterverderbtheit traditioneller Politik zu überwinden, hat die Grün-Alternative Bewegung ihren Mitgliedern einen so hohen Standard an menschlicher Integrität auferlegt, daß viele Anteile einer Normalperson abgedrängt werden müssen. Zum Beispiel der ehrgeizige Anteil, der sagt: «Jawohl, ich möchte auch Geld verdienen und politische Karriere machen!» gilt als «Igitt» und muß vor sich selbst und den Parteigenossen verborgen bleiben. Was ich aber vor mir selbst verberge, werde ich mit argwöhnischen Argusaugen beim anderen entdecken: Ist das nicht einer, der immer so sozial redet, aber im Grunde nur an seinen Aufstieg denkt? Diese Haltung muß sofort ausgemerzt werden – kann so einer überhaupt zu uns gehören? – Dieser fühlt sich nun von den eigenen Freunden an den Pranger gestellt – und wird kaum umhinkönnen, seine politische Arbeit mit der Verarbeitung der erlittenen Kränkungen zu verknüpfen:

«Seit der Zeit ist der Wurm drin. Ich behandel die wie Gegner, wie wirkliche Gegner. Mit der Absicht der politischen Vernichtung.
Ich hab so 'ne Wut, innere Verzweiflung, daß ich mich an der politischen Vernichtung der anderen mit Begeisterung beteilige. Mit allen Sarkasmen, die mir dabei einfallen. Meine ganze Stimmung verwende ich dafür. Ich weiß genau, wenn ich X erwische, an irgendeiner Stelle, um ihn lächerlich zu machen, dann würd ich's tun...» (aus einem Politiker-Tiefeninterview, Osbahr, 1984, S. 160)

Daß «das meiste Übel in dieser Welt nicht ... auf böse Absichten, sondern auf die bösen Folgen eines unbegrenzten Willens zum Guten zurückzuführen» sei, diese These hatte Gerhard Szczesny schon 1971 in seinem Buch «Das sogenannte Gute» entfaltet (S. 43). Was er damals den Ideologen ins Stammbuch schrieb, haben wir alle uns selbst einzutragen, die wir einen Überlegenheitsanspruch in Sachen «Menschlichkeit» anmelden. Dieser ist aus den geschilderten Dynamiken heraus «gegenteilsanfällig» und fördert die Tendenz, das «Reich des Bösen» stets beim anderen auszumachen.

Was ist zu tun? Ich habe Anfang der achtziger Jahre an eindrucksvollen Workshops von Ruth Cohn teilgenommen, auf denen die inneren Voraussetzungen (und Hindernisse) politischen Handelns

(Nicht-Handelns) mit Methoden der Therapie, Selbsterfahrung und Gruppendynamik thematisiert und persönlich bearbeitet wurden. Die Leitidee war, daß die politische Bewegung eine psychologische Fundierung brauche – und umgekehrt sich die psychologische Selbsterfahrung im politischen Handeln fortzusetzen habe. Dies wäre ein möglicher Weg: daß Politiker die Psychologen weniger für die Entwicklung einer «optimalen und zielgruppengerechten» Imagebildung heranzögen, sondern für die ehrliche Aufarbeitung der Innenseite ihres politischen Handelns. Allerdings sehe ich dafür zur Zeit wenig Ansätze, da wir Wähler immer noch nicht reif genug sind, politische Authentizität zu verkraften und zu honorieren.

Ein weiterer Weg könnte darin bestehen, daß politische Gremien und Fraktionen mit Hilfe eines externen* *Klärungshelfers* (Thomann und Schulz von Thun, 1988) darangehen, eine dialogische Kultur zu entwickeln, in der Standpunkte und Interessen hart ausgefochten werden, ohne die menschlichen Beziehungen zu ruinieren. Dem Klärungshelfer obliegt dabei die Aufgabe, den sachlichen Teil der Auseinandersetzung zu moderieren, die Beziehungsebene im Bedarfsfalle anzusprechen, gelegentliche Metakommunikation zu ermutigen, ohne in die falsche Ebene einer Psychologisierung hineinzugeraten. Soweit ich sehe, werden solche Möglichkeiten, so sehr sie im wirtschaftlichen und sozialen Bereich zunehmend genutzt werden, im politischen Kontext noch kaum aufgegriffen – jedenfalls habe ich selbst nur ausnahmsweise von Politikern derartige Anfragen erhalten.

4.2 Der systemische Blickwinkel

Wo immer die aggressiv-entwertende Strömung kommunikationsbeherrschend wird, gibt es meist auch Mitspieler, die dies entweder «anheizen», es mit sich geschehen lassen – oder beides im Wechselspiel. Je nachdem ist die teufelskreisartige Eskalation symmetrisch oder komplementär.
Der *komplementäre* Kreislauf ist uns durch den Beitrag des selbstlosen Stiles schon bekannt, er muß hier nicht noch einmal entfaltet werden (s. S. 100). Im Rahmen der systemischen Sichtweise lohnt es sich immer zu schauen, in welcher Weise auch das unterlegene Opfer

* Extern = von außen kommend, das heißt der Gruppe nicht zugehörig und somit in das Netzwerk von Beziehungen und Interessen nicht verstrickt.

auf eine leise Art «die schwarzen Tasten des Klaviers spielt», das heißt dem feindseligen Bezichtiger auf unterschwellige Art zu verstehen gibt, nicht ganz in Ordnung zu sein – Grund genug wäre schließlich vorhanden, und eine still und duldend vor sich hergetragene Verachtung ist nicht minder mitteilsam als ein lautes Schmähen.
Beim *symmetrischen** Teufelskreis beruht die Herabsetzung und Beschuldigung auf Gegenseitigkeit, es kommt in der Regel zur «Eskalation der Gewalt», wobei der Übergang von der kommunikativen zur tätlichen Verletzung fließend werden kann:

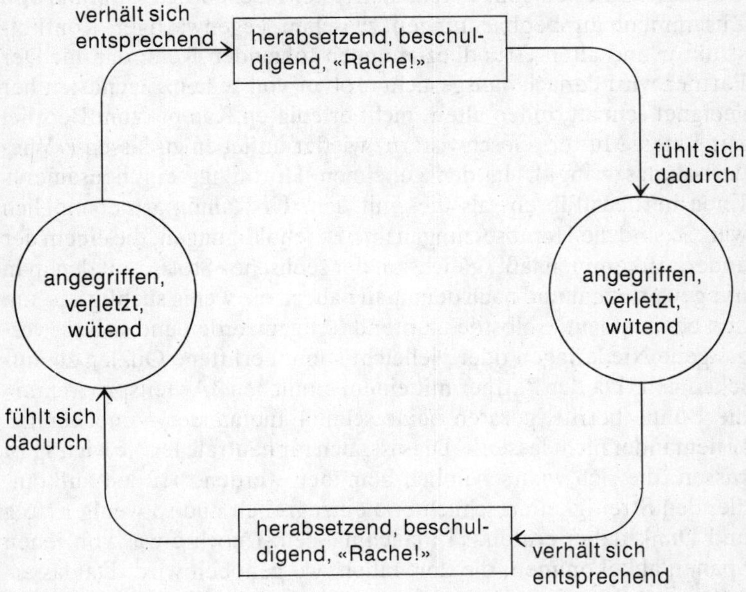

Auch hier ist die für Teufelskreise typische Erscheinung gegeben, daß beide Kontrahenten den jeweils anderen als Aggressor betrachten und sich selbst als denjenigen, der sich schließlich nicht alles gefallen lassen kann und sich seiner Haut wehrt. Die Parallele zum «Nach»-Rüstungsgebaren der Supermächte Anfang der achtziger Jahre ist eklatant. Bleiben wir hier aber auf der Ebene der Beziehung zweier Individuen. Angesichts der verheerenden Folgen ihrer gegenseitigen

* symmetrisch reagieren = auf genau gleiche Weise reagieren, im Gegensatz zu komplementär = in seiner Reaktion die passende Ergänzung liefern (z. B. gebieterisch – unterwürfig)

Beschuldigungen und Verletzungen möchte man den beiden zurufen: «Nun vertragt euch doch! Müßt ihr denn immer so streiten!?» – und vergißt dabei leicht die Frage, was die beiden denn davon haben! Oder können sie einfach nicht anders, weil ihnen halt der Schnabel wie ein Hackebeil gewachsen ist, und brauchten ein Verhaltenstraining in milder und einfühlsamer Gesprächsführung? Vielleicht auch das, doch ihr nimmermüder Kampfgeist und das zähe Aneinanderhängen weisen eher darauf hin, daß sich die beiden «gesucht und gefunden» haben, um sich aneinander abzuarbeiten und ihre seelischen Geschäfte zu erledigen. Psychoanalytiker machen sich aufgrund von Zusammenhangsbeobachtungen zwischen gegenwärtiger Konfliktstruktur und alten Grundbeziehungen folgenden Reim darauf: Der Partner wird danach «ausgesucht», ob er von seinen Eigenarten her geeignet scheint, einen alten, nicht erledigten Kampf (zum Beispiel mit Vater, Mutter, Geschwistern) wieder aufleben zu lassen («Wiederholungszwang»), in der geheimen Hoffnung, ein heilsameres Ende herbeizuführen, als dies mit dem Ur-Kampfpartner möglich war. So sind die Herabsetzungen und Beschuldigungen, die einem der andere zukommen läßt, gleichsam der seelische «Stoff», auf den man nur gewartet hat und nach dem man nahezu ein wenig süchtig ist – um nun endlich damit selbstbehauptend fertigzuwerden und sich für vergangene Niederlagen oder vielleicht stumm erlittene Qualen zu entschädigen. Da der Partner mit einem ähnlichen «Arbeitsprogramm» die Bühne betritt, geraten beide schnell aneinander – und können voneinander nicht lassen. – Dies ist auch für neutrale Dritte wichtig zu wissen, die sich wahrscheinlich bemühen werden, bei den aufkommenden Streitigkeiten schlichtend einzugreifen und so wenig Erfolg und Dank dabei ernten, ja manchmal selbst noch etwas von jenen Spänen abbekommen, die dort fallen, wo gehobelt wird. Da das erwähnte «Arbeitsprogramm» meist mehr neue Wunden schlägt als alte heilt, gereicht es beiden letztlich nicht zum Heil. Wichtig ist, den geheimen Sinn eines solchen Teufelskreises zu durchschauen (und zu durchfühlen), bevor man nach Alternativen sucht.

4.3 Richtungen der Persönlichkeitsentwicklung

Konfrontation und Rehabilitierung der Du-Botschaft. Bevor wir nun die Kompaßnadel der Persönlichkeitsentwicklung einstellen, wollen wir zunächst wieder den Blick schärfen für das «kostbare Gut», das in dieser wie in jeder Strömung enthalten ist. Zweifellos

liegt ihre Chance in der Konfliktbereitschaft und in der Fähigkeit zur direkten Konfrontation, überhaupt in dem wachen Auge für all das, was einem die Mitmenschen antun und zumuten, mit ihrer Gedankenlosigkeit und Dickfelligkeit, Borniertheit und Unanständigkeit! Empörung und Mißtrauen, verbunden mit der Fähigkeit, sich nicht alles bieten zu lassen und die «Zähne zu zeigen», sind hier zuweilen eher am Platze als die beim Selbst-losen so starke Neigung, alles gleich zu verstehen, zu verzeihen und damit auch zu verharmlosen. Kann nicht manchmal, eine tragfähige Beziehung vorausgesetzt, ein entrüstetes Donnerwetter, bei dem die Fetzen fliegen, heilsamer sein als ein zu frühes Einlenken, als eine konstruktive Sanftmut, um die wir uns vielleicht bemühen, obwohl wir eigentlich «geladen» sind? Müssen wir dann nicht für diese zu frühe Konstruktivität den Preis zahlen, daß sich der Konflikt wie eine verschleppte Krankheit in unseren Stimmungen verewigt? Und ist nicht überhaupt eine Prise Polemik die Würze jedes Dialoges, zumindest wenn es darum geht, Unterschiede und Gegensätze herauszuarbeiten?
Wir betreten hier schwieriges Gelände. Die Humanistische Kommunikationspsychologie hatte doch mit Recht gerade den aggressiv-entwertenden Stil aufs Korn genommen: Reinhard und Anne-Marie Tausch (1977), indem sie auf die chronische Geringschätzung hinwiesen, mit der Kinder, Schüler und Untergebene, Angeklagte vor Gericht und Soldaten in den Kasernen hierzulande behandelt werden; Thomas Gordon, indem er in seiner «Familienkonferenz» (1972) die «typischen Zwölf» darstellte (unter ihnen das Beschuldigen, Herabsetzen, Belehren von oben herab) und die nachteiligen seelischen Folgen beschrieb. Deswegen hatten wir doch empfohlen, den extrapunitiv * ausgestreckten Zeigefinger der Du-Botschaft auf uns selbst zu richten und – nach geleisteter Selbstklärungsarbeit – eine Ich-Botschaft vorzutragen, die statt der Beschuldigung des anderen eine ehrliche Selbstoffenbarung enthalten sollte. Indem es nun möglich war, auch aggressive und negative Mitteilungen ohne den verletzenden Stachel der Du-Botschaft loszuwerden, schien doch die Quadratur des Kreises gelungen, nämlich Ehrlichkeit und Annehmbarkeit miteinander zu verbinden.
Mehr noch: Kam nicht die mit der Ich-Botschaft untrennbar verbundene Grundhaltung der Selbsterforschung («Was hat das mit mir zu tun, was ist mein eigener Anteil an dem Geschehen?») endlich jenem Ideal der Menschlichkeit entgegen, das in der Bibel mit dem Bild des

* «extrapunitiv» = nach außen strafend. Das Gegenteil ist «intrapunitiv» = sich selbst bestrafend, die Schuld bei sich suchend.

Splitters im Auge des anderen und des Balkens im eigenen Auge veranschaulicht ist? Und zwar auf eine Weise, die dieses Humanitätsideal vom unerreichbaren Sockel des ethischen Gebotes herunterholt auf die handhabbare Ebene der erlernbaren Fähigkeit, sich hinter die eigenen Kulissen zu schauen?
Dies alles ist und bleibt gültig – und umfaßt offenbar doch nicht die ganze Wahrheit. Inzwischen sind viele Menschen mit der Humanistischen Kommunikationspsychologie in Berührung gekommen und haben sich um den hier noch einmal skizzierten Weg bemüht. In einem Forschungsprojekt haben wir ihre Erfahrungen ausgewertet. Neben vielen ermutigenden Erfahrungen gab es auch Mißerfolge, neue Fallstricke und entsprechende Vorbehalte. Die folgenden Erkenntnisse haben zu einer Art «Rehabilitierung der Du-Botschaft» geführt, jedenfalls für bestimmte personale und situative Kontexte:

Die erste Erkenntnis bestand darin, daß jede Ich-Botschaft voraussetzt, daß ich mir darüber im klaren bin, was in mir vorgeht. Aber gerade in emotional verzwickten Augenblicken ist vielen Menschen ihre Innenwelt nur sehr spärlich zugänglich. Die spontane Du-Botschaft, eingebettet in eine klärende Auseinandersetzung, kann geradezu ein Königsweg sein, um «dahinterzukommen», was sich innerlich abspielt. Eine dreißigjährige Studentin schreibt:

«Früher habe ich mich immer sehr über mich geärgert und mich als Versager empfunden, weil es mir nicht gelang, das, was ich über Kommunikation gelesen habe, im Alltag zu leben. Ab und an hab ich mir mal eine Ich-Botschaft ‹abgequält› und dann feststellen müssen, daß die erst recht nicht stimmig ist. Inzwischen habe ich für mich erfahren – daß ich ein ‹Ich› empfinden muß, damit ich ‹Ich› sagen kann – und daß gerade dieses ‹Ich› tief in mir vergraben war, so daß meine vielen Du-Botschaften sehr adäquat waren.»

Adäquat in dem Sinne, daß das Verhalten dem eigenen gegenwärtigen Bewußtseinsstand entsprach und nichts anderes vorgab. In unseren Trainingskursen sind wir daher schon lange davon abgekommen, das «Senden von Ich-Botschaften» verhaltensmäßig einzuüben. Vielmehr dienen unsere Übungen jetzt dazu, die oben vermißte «Ich-Empfindung» nach und nach zu ermöglichen und prägnanter zu machen. Die Erweiterung der inneren Voraussetzungen für den Dialog hat Vorrang vor der Verhaltensempfehlung, die klärende Aussprache setzt die Selbstklärung voraus (Thomann und Schulz von Thun, 1988, S. 54–97).

Die zweite Erkenntnis rückt von der alten Gleichsetzung
Ich-Botschaft = ehrlich = gutes Persönlichkeitsmarkenzeichen
= adäquat
Du-Botschaft = Fassade = rückständige Persönlichkeit
= inadäquat
ab, jedenfalls in dieser pauschalen Form. Es sind vor allem aggressive Inhalte, die sich in der Form der Du-Botschaft deutlicher und klarer vermitteln lassen. Das kommt in vielen Erfahrungsbericht zum Ausdruck, zum Beispiel:

«Manchmal frage ich mich, ob ich nicht zum Beispiel bei einem Streit die konfliktauslösenden Anteile zu stark bei mir suche. Manchmal lasse ich meine spontanen Reaktionen wie zum Beispiel Wut gar nicht zu und fange an zu psychologisieren.»

Ich habe die Erfahrung gemacht, daß es mir mitunter besser geht, wenn ich klare Du-Botschaften bekomme als noch so perfekte Ich-Botschaften. Ein Beispiel: Es ist ein schwacher Punkt bei mir, bei Verabredungen manchmal auf den letzten Drücker oder gar zu spät zu kommen.
– Eine Bekannte von mir läßt dann ihrem Ärger freien Lauf, meist auch in kräftigen Du-Botschaften, grad so wie's kommt – und mir geht es trotzdem ganz gut dabei. Ihr Ärger ist raus, ich kann ganz gut verstehen, daß sie sauer ist, und zwischen uns steht nichts mehr.
– Bei einer anderen Bekannten, einer psychologisch gut vorgebildeten Lehrerin, kommen astreine Ich-Botschaften, und mir geht es schlecht damit. Sie erzählt, wie es ihr geht mit meinem Zuspätkommen, was das mit ihr macht, daß das sicherlich auch ein Schattenaspekt von ihr ist usw. Es kommt da alles mögliche raus, nur nicht ihr Ärger. Und ich habe den Eindruck, ein ganz böser Mensch zu sein, der ihr das angetan hat. Der Ärger, der sich dann bei mir einstellt, ist ein Indiz, wie es bei ihr wohl wirklich aussieht.
Die Du-Botschaft ist bei Ärger greifbarer, direkter, und der Partner hat besser die Möglichkeit, darauf zu reagieren. Bei der Ich-Botschaft ist der Ärger verschleiert, es werden eher subtil Schuldgefühle gemacht, und der Partner kann sich schlecht wehren.

Vielleicht ist es kein Zufall, daß vor allem *Frauen* ihre Vorbehalte gegen die «aggressionsmildernde Orientierung am eigenen Anteil» anmelden. Eine Kursteilnehmerin:

«Die Humanistische Psychologie will das Innenohr der Menschen verstärken. Wie steht es da eigentlich mit den Frauen? Die doch sowieso sehr viel die Schuld bei sich suchen. Und viel zuwenig ihre (männliche) Umwelt in die Ursachenforschung miteinbeziehen. Sehr oft haben sie allerdings auch kein gutes Innenohr, finden schlecht heraus, was sie eigentlich fühlen, wollen ... *Vielen Frauen müßte man das Innenohr beibringen, aber ganz stark auch den Du-Stuhl*.*»

Eine Studentin bringt es auf eine prägnante Formel:

«Das brave Mädchen in mir hat Fragen wie ‹Was hat das mit mir zu tun?› dazu benutzt, nicht wütend werden zu müssen.»

Und damit nämlich das Risiko von Zerwürfnissen, Disharmonie, Allein-Dastehen einzugehen.

Die Psychologen sind sich in dieser Frage nicht ganz einig. Während auf der einen Seite Bach und Wyden («Streiten verbindet!», 1969) zornigen Attacken eine fundamentale Bedeutung für seelische Gesundheit und reife Intimität zumessen, sehen andere (zum Beispiel Tausch und Tausch, 1983; Gordon, 1972) in den aggressiven Impulsen gegen andere Menschen ein Zeichen dafür, daß der Wüterich mit sich selbst noch nicht im reinen ist. Aus dieser Auffassung ergibt sich dann die im letzten Zitat erwähnte Empfehlung, aufkommende Aggressionen als Signal für eine Selbsterkundung zu nehmen: «Was ist es *in mir*, daß ich den anderen im Moment so schlecht ertragen kann?» – oder anders ausgedrückt: «Wenn dich am anderen etwas aufregt, dann schau (horch in dich hinein), was es mit dir selbst zu tun hat!»
Gordon ist in seiner «Familienkonferenz» (1972) der Auffassung, daß jede zornige Du-Botschaft eine «abgeleitete Empfindung» sei, hinter der eine unausgedrückte primäre Empfindung stehe. Beispiel:
Das Kind benimmt sich im Restaurant ungezogen. Die *primäre* Empfindung (der Eltern) ist Verlegenheit. Die *sekundäre* Empfindung Zorn: «Hör auf, dich wie ein Zweijähriger zu benehmen!» (S. 126)
Gordon hilft in seinen Kursen Eltern, den Unterschied zwischen primären und abgeleiteten Empfindungen zu verstehen, mit dem Ziel, auf die primären Empfindungen innerlich zu hören und diese als Ich-Botschaft auszudrücken:
«Bei der Auseinandersetzung mit unserer Ausbildung lernen die Eltern, daß sie, wenn sie sich häufig durch zornige Du-Botschaften Luft machen, besser daran täten, sich einen Spiegel vorzuhalten und zu fragen: ‹Was geht in mir vor?› – ‹Welche meiner Bedürfnisse sind durch das Verhalten des Kindes bedroht?› – ‹Worin bestehen meine eigenen primären Empfindungen?› (S. 127)

Sosehr ich es für einen Fortschritt und geradezu für eine «kopernikanische Wende» der Erziehungspsychologie halte, den Erziehern statt

* Gemeint ist der «Stuhl B» der Übung auf S. 150f.

einer Rezeptur für Kinderbehandlung eine Anleitung zur Selbsterforschung zu bieten, sosehr ich also dem ganzen Ansatz in seiner Grundtendenz zustimme, so möchte ich doch an dieser Stelle bezweifeln, ob Wut und Aggression immer «Gefühle zweiter Klasse» darstellen und ob es immer ein Zeichen der persönlichen Reife sei, wenn ich statt dessen die dahinterliegenden Gefühle erster Klasse zu entdecken und auszudrücken in der Lage bin. Sicher, es gibt immer einen inneren Anlaß für die Aggressionen – ich fühle mich verletzt, übergangen, eingeschränkt, mißbraucht oder sonstwie schlecht behandelt. Die Wut gegen den Auslöser dieses primären Schmerzes mag als unmittelbare Folgewirkung «sekundär» sein. Daraus aber abzuleiten, daß diese Impulse nun von sekundärer *Bedeutung* wären und ihr Ausdruck einer seelischen Verwechslung gleichkomme, halte ich für verfehlt. Natürlich kann ich mit der Zeit lernen, nicht gleich auf alles und jedes wütend zu werden, was meinen Vorstellungen von Sitte, Ordnung und gutem Geschmack widerspricht. Dies wäre wirklich ein Zeichen für persönliche Reife, den Toleranzspielraum für menschliche Andersartigkeit erweitert zu haben. In diesem Sinne kann ich vielleicht dahin kommen, daß meine Erwartungen an das richtige Benehmen eines Kindes im Restaurant flexibler werden und ich dann, wenn es durch die Beine der Gäste am Nachbartisch kriecht, vielleicht noch einen leichten Anflug der alten Verlegenheit spüre, aber nicht mehr zornig aufbrausen muß. Nun aber hat sich mein *Gefühl* verändert! Ob man diese durch einen inneren Prozeß erreichte Gefühlsveränderung durch ein konzeptgemäßes Verhalten (Ich-Botschaft von Verlegenheit statt zornige Du-Botschaft) vorwegnehmen kann, halte ich für fraglich und in Situationen, in denen zwei Menschen akut aneinandergeraten, auch nicht für wünschenswert: Wenn ich von «akutem Aneinandergeraten» spreche, habe ich dabei zwei Phasen der Auseinandersetzung vor Augen:

1. Die Phase des *akuten Ausbruches*, zum Zeitpunkt der unmittelbaren Betroffenheit, an dem sich die Gefühle ereignen.
2. Die Phase der *Nachbearbeitung*, zum späteren Zeitpunkt, wenn sich die ausgebrochenen Gefühle gesetzt haben, aber vielleicht noch etwas «nachgeblieben» ist – und sei es nur der Wunsch, «darüber noch einmal zu reden». Dieser spätere Zeitpunkt kann unmittelbar nach dem Ausbruch sein, oder auch Stunden, Tage oder Wochen später.

Beide Phasen haben ihren guten Sinn. Manche Paare tun sich schwer mit der Phase 2 («Wir haben hinterher nie mehr wieder darüber gesprochen!») und tragen u. U. das gefühlsmäßig nicht Abgeschlossene als ständiges Gepäck mit sich und belasten damit die Partnerschaft. Sie laufen auch Gefahr, nicht wirklich zu verstehen, was sich ereignet hat. Ein Gewitter kann reinigen, aber nicht immer auch klären. – Andere Paare wiederum neigen dazu, Phase 1 auszulassen und fangen gleich mit der «Bearbeitung» dessen an, was noch gar nicht richtig «ausgebrochen» ist. Dies sind oft solche Paare, die von der Psychologie etwas Wertvolles gelernt haben (darüber reden zu können), es aber an der falschen Stelle einsetzen: Die Sprache der Reflexivität gehört nicht an den Ort des Ausbruches, nicht in die Niederungen des Getümmels, sondern auf den Hügel, der etwas Abstand und Übersicht bietet:

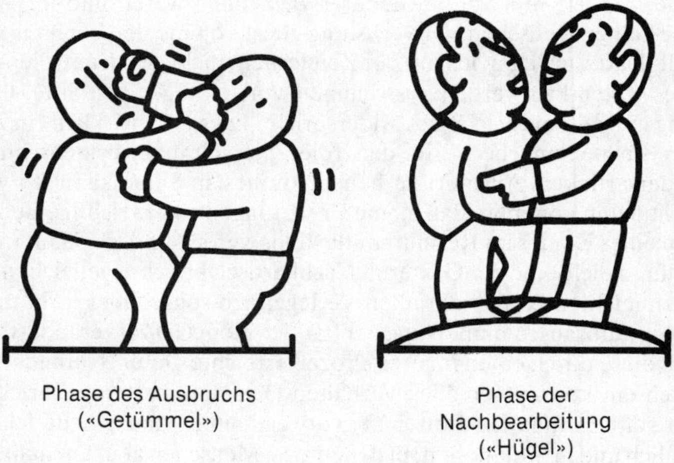

Abb. 27: Die zwei Phasen des Aneinandergeratens

So scheint mir die Empfehlung der Humanistischen Psychologie, anstelle der zornigen Du-Botschaft den «dahinterliegenden» Ich-Zustand auszudrücken, einem Schönheitsideal nachzuhängen, das der psychischen Reihenfolge nicht entspricht. Es trifft zu, daß der Mensch ein seelisches Schichtenwesen ist: «hinter» mancher Wut ist tiefer Schmerz, Traurigkeit und Sehnsucht nach Angenommensein; genauso ist, wie jeder Psychotherapeut weiß, «hinter» mancher Traurigkeit ein ordentliches Quantum an Wut verborgen. Und es ist wesentlicher Teil des therapeutischen Vorgangs, mit Einfühlung und viel Geduld Schicht um Schicht abzutragen und emotional durchzuarbeiten. Dies kann sich auch in tiefen Gesprächen spontan ergeben. Zum Beispiel erzürnt sich in einer Wohngemeinschaft jemand darüber, daß der andere den ganzen Schinken genommen hat. («Hauptsache, *du* hast genug, ja!?») Während der heftigen Auseinandersetzung wird dem Zornigen seine *Angst* bewußt, überall und immer zu kurz zu kommen (und entsprechend «auf der Lauer zu liegen»). Sodann kommen Tränen auf, verjährte *Traurigkeit* darüber, daß dies in Schlüsselsituationen seines Lebens tatsächlich so war. Die Gefühlsreihenfolge, die sich hier in der Auseinandersetzung ereignet hat (Wut – Angst – Trauer), hatte für diesen Menschen eine innere Logik, hätte nicht anders herum sein können. Das Spüren und Ausdrücken der Wut hat das folgende erst möglich gemacht. Eine «konstruktive» Anfangsreaktion hätte den latenten Konflikt nicht ausbrechen lassen oder nur oberflächlich berührt – und so den Zorn auf den «raffgierigen Egoisten» konserviert.

Abb. 28: Der Mensch als emotionales «Schichtenwesen»: In der «Sprechblase» kann (authentisch) nur jeweils die Gefühlsqualität zum Ausdruck kommen, die «zuoberst» liegt.

Dies alles ist nicht so zu verstehen, daß der Mensch in dem, was er von sich gibt, dem Diktat seiner Gefühle und deren Schichtung unterläge. Viele Situationen, besonders im beruflichen Kontext, verlangen eine eher *diplomatische Gesprächskunst*, die dem Fortgang der sachlichen Angelegenheiten und nicht primär der persönlichen Gefühlslage zu dienen hat. Und so erscheint es hier als erstrebenswerte *Souveränität*, von der eigenen Befindlichkeit auch einmal absehen zu können. Es kann überaus nützlich sein, einer spontanen Zornesaufwallung, etwa gegenüber einem Mitarbeiter, nicht ihren freien Lauf zu lassen, sondern durch die Form der Ich-Botschaft den sachlichen Inhalt zu transportieren, ohne dabei gleichzeitig den Beziehungs-Stachel auszufahren.

Beispiel: Ein Mitarbeiter hat die Vorlage für ein Rundschreiben an alle Abteilungsleiter geliefert. Der Chef ist wütend über die «Schlamperei» der Arbeit. *Die Version A:* «So können Sie vielleicht mit Ihren Laboranten reden, herrje nochmal! Muß man denn hier alles selbst machen?» enthält die immer wieder berichtete Gefahr, daß Mitarbeiter sich derart wertlos gemacht fühlen, daß sie nur noch mit rasendem Herzen, bebenden Knien und schweißnasser Faust in den Hosentaschen zum Chef gehen, hin- und herschwankend zwischen demütiger Selbsterniedrigung, buchstäblich mörderischen Aufwallungen und gespielter Gleichgültigkeit. Fast immer schlägt der Vorgesetzte, ohne es zu ahnen, in eine «alte Kerbe» hinein: frühere Erfahrungen von Kränkung und Minderwertigkeit, die bei solcher Gelegenheit wiederbelebt werden und die Wucht des empfangenen Schlages innerlich vervielfachen. Es ist für Vorgesetzte wichtig zu wissen, daß solche seelischen Vorgänge nicht durch gutgemeinte Ermahnungen wie «Nun seien Sie doch nicht so überempfindlich!» außer Kraft gesetzt werden. Es verhält sich eher wie bei einer Katzenhaar-Allergie: Während zu Anfang ganze Haarbüschel vielleicht einen leichten Reiz in den Schleimhäuten hervorrufen, so mag am Ende ein einziges Katzenhaar ausreichen, um entzündete Augen und asthmatische Anfälle zu provozieren. Von daher ist es wünschenswert, wenn Vorgesetzte es lernen, ihren Unmut zu versachlichen (nicht: zu verleugnen), zum Beispiel durch folgende *Version B*: «Bei einigen Ihrer Formulierungen befürchte ich, daß sich die Adressaten unnötig auf den Schlips getreten fühlen, zum Beispiel wenn Sie schreiben: ...»

Der Nachteil freilich kann darin bestehen, daß der Vorgesetzte bei dieser Version seine Aggression nicht loswird und sie gegenüber dem Mitarbeiter in Form eines Ressentiments aufbewahrt. Im günstigen Fall ist die Beziehungsarbeit schon so weit gediehen, daß die Beziehungsbasis es aushält, wenn hin und wieder ein Kragen platzt. Nach meiner Erfahrung sind es auch im beruflichen Bereich keineswegs immer die kultivierten, einfühlsam-dialogischen Gespräche im Sonntagsanzug, die etwas Konstruktives in Bewegung bringen; wenn im Augenblick des Aneinandergeratens (Phase 1) vorübergehend gegen alle Regeln der Gesprächsführung verstoßen wird, kann das durchaus heilsam sein – vorausgesetzt, daß beide so zueinander stehen, daß eine klärende Nachbesprechung selbstverständlich ist und im Geiste heilsamer Beziehungspflege und sachlicher Lösungssuche erfolgt.

Dies gilt noch mehr für die Kommunikation in der Partnerschaft, wo die Gefühle zueinander einen wichtigen Teil der Beziehungsgrundlage darstellen. Hier geht es nicht ohne gelegentliches «Du bist schuld!» und «Es ist wirklich furchtbar mit dir!» Eine Kommunikationspsychologie, die das Schimpfen und Klagen, Nörgeln und Jammern, Beschuldigen und Polemisieren ganz abschaffen wollte, würde ihren gelehrigen Musterschülern einen Sonntagsanzug verpassen, unter dem noch der alte Adam vernehmlich knurrt, und somit zu einer eigenartigen Schönheitskonkurrenz aufrufen.

Fassen wir zusammen: Die Humanistische Kommunikationspsychologie, die bei zwischenmenschlichen Schwierigkeiten und Feindseligkeiten eine intrazeptive (das heißt in sich selbst hineinhorchende) Einstellung nahelegt, neigt dazu, in ihren Verhaltensempfehlungen einseitig auf den Ausdruck der eigenen Innenwelt Wert zu legen. Indem sie dabei zuweilen aggressive Äußerungen als unreif verpönt, ist sie in Gefahr, einer «neuen Sittsamkeit» Vorschub zu leisten. Bevor die Partner noch richtig aneinandergeraten, legen sie einen kommunikativen Schongang ein, bei dem man zwar die psychologischen Glokken läuten hört, aber doch auch viel Ärger verschluckt und konserviert. Diese einseitige Ausrichtung ist besonders für solche Menschen nicht entwicklungsfördernd, die von Haus aus eher intrapunitiv, aggressionsgehemmt, depressiv und harmoniesüchtig (im Gegensatz zu streitsüchtig) sind; für sie ist die zornige Du-Botschaft eine wesentliche Bereicherung ihrer Verhaltensmöglichkeiten, sie müssen (wieder) lernen zu schimpfen.

Wir haben einen längeren Gedankengang zurückgelegt. Dieses schien mir nötig, um zu verdeutlichen, daß jene Stilelemente, die durch ihre kränkende Wirkung die Kommunikation häßlich machen, nicht samt und sonders auf den Müllhaufen der Pathologie gehören. Indem sie Gegensätze deutlich und aggressive Gefühle greifbar machen, enthalten sie wichtige «Vitamine» für die zwischenmenschliche Beziehung. Freilich gibt es Menschen, die sich ihre aggressiven Anteile nicht erst erschließen müssen, sondern bereits über des Guten zuviel verfügen und ihre Kontakte überwiegend mit anklagendem Tenor gestalten. Wir bestimmen ihre Entwicklungsrichtungen, indem wir das grundlegende Wertequadrat von *Akzeptierung* und *Konfrontation* (s. S. 47) noch etwas ausdifferenzieren:

Respekt und Selbstachtung. Den Pauker, der seine Schüler einschüchtert und lächerlich macht, der sie mit dem Rotstift verfolgt und kein gutes Haar an ihnen läßt – ihn gibt es nicht nur als belletristische

Karikatur. Ende der sechziger Jahre waren wir als antiautoritär eingestellte Erziehungspsychologen ausgezogen, um mit Lehrern ein neues Verhalten zu «trainieren»: Sie sollten lernen, ihre Schüler respektvoll, höflich und wertschätzend anzusprechen, auch und gerade in Konfliktsituationen. Was theoretisch gut gemeint war, führte in der Praxis des Klassenzimmers nicht selten zu einem Fiasko: die Schüler, den festen Griff und den derben Ton gewohnt, legten diese «Samtpfötchen-Pädagogik» dem Lehrer als schwächliche Anbiederei aus, gingen über Tische und Bänke, verhöhnten ihn und benahmen sich zum Teil wie die sprichwörtlichen erstmals losgebundenen Kettenhunde.

Hätten wir als «Trainer» damals die Struktur des Werte- und Entwicklungsquadrates schon im Kopf gehabt, wäre uns wahrscheinlich nicht entgangen, daß einige, besonders junge Lehrer(innen), neben der Fähigkeit, *Respekt zu erweisen*, zunächst einmal vordringlich die Fähigkeit, *sich selbst Respekt zu verschaffen*, gebraucht hätten! Die zur Aufrechterhaltung der nötigen Selbstachtung erforderliche Durchsetzungsfähigkeit wäre im ersten Schritt dringlicher zu trainieren gewesen als der verbale Ausdruck von Achtung gegenüber den Schülern:

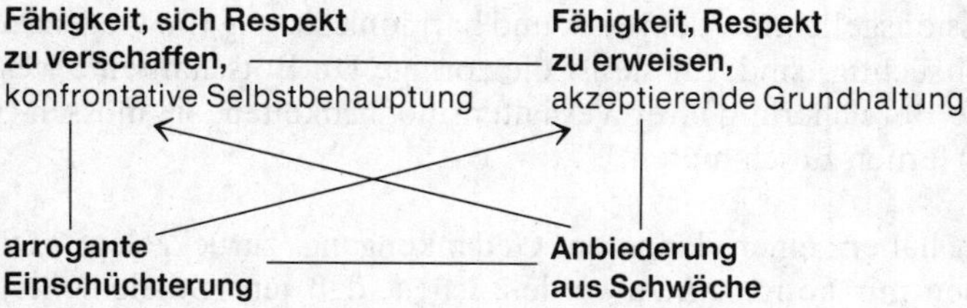

Ohne die Fähigkeit nämlich, sich Respekt zu verschaffen, kann ein wertschätzendes Beziehungsangebot nur als schwächliche Anbiederung aufgefaßt werden, jedenfalls in einem so antagonistischen Kontext wie der Schule. Nicht selten mögen sich die gebeutelten Lehrer veranlaßt gesehen haben, die «Notbremse» zu ziehen und – überkompensatorisch – von unten rechts nach unten links umzuschwenken. Die hinter der arroganten Einschüchterung regelmäßig anzutreffende Angst, in Unterlegenheit zu geraten (Grundangst der aggressiv-entwertenden Strömung, vgl. S. 118), verweist auf die Notwendigkeit, ein Training im «wertschätzenden» Verhalten mit einer Stärkung des Selbstwertgefühles und der eigenen Durchsetzungsfähigkeit zu verbinden.

Konfrontation und Anerkennung. Eine ähnliche Polarität: Unter dem Einfluß der aggressiv-entwertenden Strömung sind wir in Gefahr, dem anderen mit der «negativen Lupe» zu begegnen:

Abb. 29: Die Negativlupe: Tendenz, Nachteile und Fehler des anderen übermäßig wahrzunehmen

Die an sich positive Fähigkeit zur Kritik mißrät auf diese Weise zur notorischen Herabsetzung, Degradierung und Belehrung. Vorgesetzte, Eltern und Pädagogen kommen einem zuweilen vor wie jener Mensch, der einen Liebesbrief erhält und darin sogleich einen Kommafehler entdeckt. Wir sehen daraus, daß die entwertende Tendenz nicht erst im Verhalten wirksam wird, sondern bereits in den Augen «eingebaut» ist! Was hier fehlt, ist die Fähigkeit, Wert und Leistung auch bei solchen Personen zu sehen, zu empfinden und u. U. auszudrücken, die vielleicht schon in das Schubfach «Sorgenkind» oder «schwarzes Schaf» geraten sind. Ich habe Vorgesetzte erlebt, die nur noch kopfschüttelnd und mißbilligend vor ihren Mitarbeitern stehen, das Fehlende vermissend und ohne innere Möglichkeit, das Vorhandene überhaupt zu sehen, geschweige denn zu würdigen.

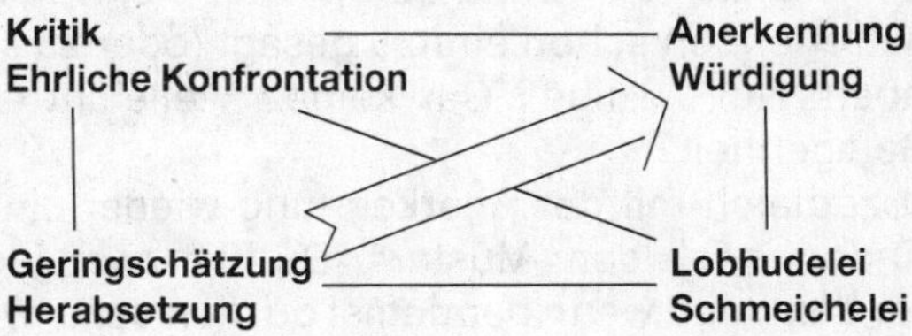

In solchen Fällen reicht es nicht, wenn in einer Fortbildungsveranstaltung die gutgemeinte Empfehlung gereicht wird «Spenden Sie Ihren Mitarbeitern hin und wieder ein Lob!». Dies kann so lange nur zu leeren Motivationsfloskeln und zur «Verabreichung von Streicheleinheiten» führen, wie der Vorgesetzte sich nicht wirklich mit den Stärken und positiven Haltungen eines Mitarbeiters auseinandergesetzt hat! Eine solche «Würdigungsarbeit» ist nicht leicht, besonders wenn einem nur die Negativlupe als geläufiges Werkzeug zur Verfügung steht. Sie ist aber aus zwei Gründen unerläßlich: Erstens, weil diese Würdigungsarbeit auch eine Rückwirkung auf einen selbst hat – und zweitens, weil die ausgesprochene Anerkennung nun *substantiell* statt *floskelhaft* ausfallen kann und dadurch sowohl an Glaubwürdigkeit als auch an Informationswert gewinnt. «Substantiell» ist eine Anerkennung dann zu nennen, wenn sie konkret (statt global) ausfällt, mit Beispielen verbunden ist und die Eigenart des Angesprochenen herausarbeitet, so daß er sich wirklich wahrgenommen und gemeint fühlt.

Übung:

Haben Sie eine(n) Mitarbeiter(in) Chef(in), Kind, Schüler(in), Partner(in), Kollegen/in..., von dem/der Sie den Eindruck gewonnen haben, daß er (sie) nicht viel taugt? Bitte nehmen Sie sich einmal Zeit, alle positiven Eigenschaften, Leistungen und Verdienste dieses Menschen aufzuschreiben – so als ob Sie sich auf eine «Laudatio» (Lobeshymne) vorbereiten würden. Sollte Ihnen dazu «nicht recht etwas einfallen», nehmen Sie dies probehalber als Zeichen Ihrer Einäugigkeit und begeben Sie sich in der nächsten Zeit auf eine kleine Entdeckungsreise!

Haben Sie Ihre Liste voll? Dann überprüfen Sie, welche Punkte Sie dem Betreffenden schon einmal gesagt (oder zu spüren gegeben) haben! Nur wenige? Gar keine? Vielleicht ergibt sich dazu die Gelegenheit?
Aber nicht zugleich mit der Anerkennung wieder eine Entwertung verbinden, nach dem Muster: «Du bist zwar faul wie die Sünde, aber dann und wann bequemst du dich dazu, wenigstens das Nötigste der Hausaufgaben zu machen!»

Die Kunst der positiven Umdeutung. Bis jetzt haben wir dem Aggressiv-Entwertenden anempfohlen, nicht nur negative Aspekte der Mitmenschen lupenrein zu sehen, sondern daneben auch die positiven Merkmale zu entdecken und «herauszuarbeiten». An dieser Stelle können wir noch einen Schritt weitergehen. Häufig läßt sich auch das Negative selbst «mit anderen Augen sehen», das heißt unter verändertem Bezugsrahmen als etwas Positives umdeuten. Diese «Zauberei» stammt aus den Werkstätten der Familientherapie (zum Beispiel Watzlawick, 1974), ist aber gelegentlich auch für den täglichen mitmenschlichen Umgang von Bedeutung und überaus tauglich, die eigene Engstirnigkeit zu erweitern und sich selbst als teilweisen Konstrukteur der Wirklichkeit, die einem widerfährt, in den Blick zu bekommen.

Wie sieht diese «Kunst der positiven Umdeutung» aus? Aus meiner Berufspraxis der Erwachsenenbildung kommen mir einige Beispiele in den Sinn. Für die meisten Trainer sind jene Teilnehmer ein rotes Tuch, die auf das Lehrangebot geringschätzig und besserwisserisch reagieren («In der Theorie gut und schön, aber in der Praxis sieht das doch ein wenig anders aus, junger Freund!»). Innerhalb eines bestimmten Vorstellungsrahmens ist dieses Verhalten für den Leiter eine Kränkung und eine ärgerliche Störung. Innerhalb des Vorstellungsrahmens nämlich: Ich (Leiter) biete dir (Teilnehmer) das Gelbe vom Ei, das Du voller Dankbarkeit und mit dem Gefühl der Bereicherung in dich aufnehmen solltest (und wenn es so kommt, war es ein schönes Seminar!)! Definiere ich die Situation (und damit auch die Beziehung) ein wenig anders, kann dasselbe «querulantische» Verhalten zu einem hochwillkommenen konstruktiven Beitrag werden. Begreife ich das Seminar als Ort der Begegnung von Theorie und Praxis, definiere mich selbst als Experten für Theorie (und für Prozeßgestaltung im Seminar) – die Teilnehmer hingegen als Experten ihrer Praxis; gehe ich weiter davon aus, daß durch den Dialog beider Expertentypen die Hoffnung besteht, etwas schlauer zu werden als jeder für sich allein wäre, dann kann der Satz «Die Praxis sieht anders aus!» die Einleitung für eine Praxis-Expertise werden – ich muß sie nur als solche willkommen heißen. (Und den «jungen Freund» lasse ich an dieser Stelle durchgehen; immerhin bin ich selbst in der Rolle des Oberlehrers in Gefahr gewesen, den Teilnehmer etwas in die Schulbank hineinzudrücken, aus welcher er sich jetzt mit einem symmetrischen Manöver wieder befreit.) Selbst wenn der Teilnehmer meine Einladung verweigert, läßt sich die dann zweifellos vorhandene Störung, anstatt sie als bloß lästig und peinlich zu empfinden, wiederum positiv umdeuten: Ist eine solche Störung nicht vorzüglich geeignet, dem Thema des Seminars ein konkretes Erlebnisbeispiel zu geben (zum Beispiel wenn das Thema lautet «Mitarbeiterführung» oder «Kommunikation – Konflikt – Konsens»)? Können es nicht didaktische Sternstunden sein, wenn der Lehrplan und das Geschehen in der Lerngruppe sich plötzlich unplanbar berühren? Und braucht es nicht dafür gerade solche Teilnehmer, die nicht nur zustimmend und «pflegeleicht» sind?

Positive Umdeutung ist manchmal auch am Platze, wenn Teilnehmer sich angiften und aggressiv aufeinander losgehen. Ich persönlich habe dies überhaupt nicht gerne. Es hilft mir aber, aus meiner inneren Lähmung herauszukommen, wenn ich mir sage: «Was jetzt passiert, ist zwar nicht ‹schön›, aber doch gegenüber der höflich-oberflächlichen Art von gestern ein wichtiger Schritt in Richtung Beziehungswahrheit, und eine Chance, der ‹Fried-höflichkeit› zu entkommen. Offenbar ist das Vertrauen heute groß genug, um Gegensätze auszutragen und negativen Gefühlen Raum zu geben! Immerhin gibt es doch ein plausibles Gruppen-Entwicklungs-Modell (Tuckmann, nach Argyle, 1972, S. 215), wonach eine Gruppe, bevor sie wirklich arbeitsfähig ist, erst noch drei Stadien zu durchlaufen hat:

- Forming (Zueinanderfinden),
- Storming (Aneinandergeraten),
- Norming (sich auf Regeln einigen) – und erst dann:
- Performing (etwas gemeinsam zustandebringen).

Sei also froh, daß das «Storming» jetzt offenbar seine Stunde hat, und interveniere nicht allzu fried-höflich: Mit einem Wort: Was jetzt passiert, ist zwar nicht angenehm, aber gut!»

Dennoch ist hier auch eine Warnung nötig. Eine Einübung in die Kunst der positiven Umdeutung haben wir in diesem Kontext für Menschen empfohlen, die von Haus aus leicht in eine aggressiv-entwertende Strömung hineingeraten und die Negativ-Lupe zum bevorzugten Instrument der zwischenmenschlichen Kontaktgestaltung entwickelt haben. Für sie ist die positive Umdeutung eine Erweiterung und ein wichtiges Lernziel. Sie ist aber kein Allheilmittel für jedefrau und jedermann! Man kann sie auch benutzen, um sich selbst in die Tasche zu lügen, wenn man das Leid und Elend nicht sehen und spüren will, was einen umgibt oder was man in sich trägt. Die Wirklichkeit ist nicht beliebig konstruierbar, nicht aus jedem Dreck läßt sich Gold zaubern: So versuchte ein Vater, seinem kleinen Sohn die Scheidung der Eltern dadurch schmackhaft zu machen, daß er ihm den

«Gewinn» vorhielt: das sei doch das Schöne an der ganzen Sache, daß er nun über zwei Kinderzimmer verfüge, eines zu Hause bei Mutter und eines zu Besuch bei Vater – und er kommentierte mir gegenüber seine vom Geist des «positiven Denkens» geprägte Strategie: die Gefühle des Menschen folgten nicht den Ereignissen als solchen, sondern den Gedanken und Interpretationen, mit denen wir auf diese Ereignisse reagierten; indem wir auf diese bewußten Einfluß nähmen, bekämen wir auch jene in den Griff. – Dies ist übrigens auch der Grundgedanke einer bestimmten Therapierichtung: der «rational-emotiven Therapie» (Ellis, 1977), bei welcher der Klient dazu angehalten wird, bestimmte irrationale Glaubenssätze in Frage zu stellen, die ihn innerlich leiten – mit der beabsichtigten Folge, daß sich dann auch die hinderlichen Gefühlsreaktionen ändern. Zwar glaube ich, daß wir mit der Kraft unseres Geistes unsere Emotionen beeinflussen können, jedoch sind unsere Emotionen auch Erkenntnisorgane, die dem Geist Wahrheiten vermitteln können, die dieser nicht übergehen darf.

Direktheit und Takt. Ein weiteres Werte- und Entwicklungsquadrat, das im Zusammenhang mit dem aggressiv-entwertenden Stil von Belang ist, betrifft die Balance von Direktheit und Takt. «Sag's direkt!» lautete die therapeutische Parole der siebziger Jahre und formulierte damit Widerstand gegen die vornehme Art der «besseren Kreise», die als gespreizt und heuchlerisch entlarvt wurde. Diese besseren Kreise hielten sich auf ihren diplomatischen Stil etwas zugute: ermöglichte er es doch, auch bei krassen Gegensätzen den Takt zu wahren, miteinander weiter zu verkehren und sich so vom «Pöbel» abzugrenzen, der im Rufe stand, seine Konfrontationen zwar rauh, aber durchaus nicht immer herzlich auszutragen. – Wieder stehen zwei Werte gegeneinander und fordern uns die Kunst ab, sie situationsgerecht zu gewichten und wenn möglich miteinander zu vereinbaren:

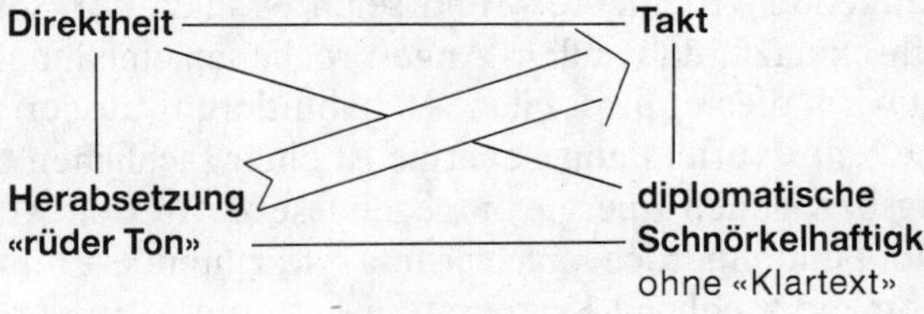

Die Kunst der *taktvollen Direktheit* entzieht sich jeder Rezeptur und ist nur am konkreten Beispiel zu entwickeln. In unseren Kommunikationsseminaren gehört dies zu den am häufigsten genannten Anliegen: Wie kann ich jemanden kritisieren (sagen, was mich an ihm stört), ohne ihn zu kränken (ohne die Beziehung zu gefährden etc.)? Nun kann man zwar niemandem den Pelz waschen, ohne ihn naß zu machen, aber zu seiner Reinigung ist es vielleicht nicht nötig, drei Kübel Wasser über den Kopf zu gießen.
Besonders im beruflichen Bereich gehört zur taktvollen Konfrontation, daß der Empfänger auf der Beziehungsseite keine Abwertung erfährt. Entscheidend ist, daß das zu kritisierende Verhalten (oder der zu kritisierende Standpunkt) mit Worten dargestellt wird, die nicht in sich schon eine Abwertung enthalten. Dies ist nach meiner Erfahrung ein nur sehr schwer zu erlernender Aspekt der Kommunikationsfähigkeit. Es scheint, als hätten wir zur Darstellung der Handlungen und Meinungen unserer Kontrahenten nur Pfeile im Köcher, sprich: nur Wörter und Formulierungen im Repertoire, die von vornherein eine Minderwertigkeit ausdrücken! Es ist ein Unterschied, ob ich zu einem Mitarbeiter sage: «Sie kommen aber auch bei jeder Kleinigkeit angerannt, um sich alles absegnen zu lassen!» oder ob ich das zu beanstandende Verhalten zunächst neutral (oder sogar aufwertend) beschreibe: «Sie vergewissern sich jeweils sehr systematisch, ob das, was Sie vorhaben, von der Geschäftsführung auch wirklich gebilligt wird.» Aber läßt die zweite Version nicht jede Direktheit vermissen? Nur wenn sie an dieser Stelle aufhören würde (nach dem Motto: «Man muß es ihm durch die Blume sagen!»)! Wenn sie hingegen eine Beanstandung oder Bitte einleitet, ist folgender Unterschied zur ersten Version gegeben: In dieser sind *Kränkungen* enthalten, durch Wendungen wie
- «bei jeder Kleinigkeit»,
- «angerannt»,
- «absegnen lassen».

Solche kränkenden Elemente – und seien es auch nur Spurenelemente – führen dazu, daß in dem Angesprochenen eine innere Energie erzeugt wird, die auf persönliche Rehabilitierung ausgerichtet ist. Eine solche Selbstverteidigungsenergie ist einer sachlichen und problemlösungsbezogenen Energie entgegengesetzt. Wer die «Rolladen herunterläßt» und innerlich «nachrüstet», ist, zumindest für den Augenblick, für die sachliche Kooperation verloren. – In der zweiten Version hingegen wird durch die Formulierung: «Sie vergewissern sich...» jene *Gewissenhaftigkeit* mit angesprochen, die prinzipiell zu würdigen ist. Nachdem auf diese Weise der Selbstwert des Angesprochenen nicht unnötig bedroht ist, kann er innerlich eher auf «sachliches Interesse» schalten und weiter zuhören, zum Beispiel wenn ich fortfahre: «Kleine Dinge können Sie aber durchaus in eigener Kompetenz entscheiden, das wünsche ich mir sogar! Unter kleinen Dingen verstehe ich zum Beispiel...»

Ebenso kommt es bei inhaltlichen Kontroversen darauf an, den Standpunkt des anderen mit liebevoller Gründlichkeit so zu studieren, daß ich ihn mit eigenen Worten wiedergeben kann, und zwar in einer Weise, daß der andere das Gefühl erhält: «Besser hätte ich es auch nicht ausdrücken können!» Ist das aber nicht zuviel verlangt? Woher soll ich diese «liebevolle Gründlichkeit» nehmen, wenn es nicht um eine akademische Diskussion geht, sondern um existentielle Fragen von unmittelbarer Betroffenheit; zum Beispiel, ob und wann man ungeborenes Leben abtreiben darf? Je nach eigenem Standpunkt wird die gegnerische Haltung als derart schlimm und menschenverachtend empfunden, daß sie statt liebevoller Gründlichkeit allen Haß und Schande verdient. So hört man dann, in der Hitze des Gefechtes, von der einen Seite: «Wenn es nach Ihnen ginge, dürfte jede Frau nach Herzenslust und auf Kosten der Krankenkasse ihr ungeborenes Kind einen Kopf kürzer machen, wenn es ihrer Selbstverwirklichung ein bißchen im Wege steht!» Eine solche Redeführung unterstellt dem Kontrahenten (oder der Kontrahentin) eine derart sorglose und niederträchtige Gesinnung, daß sie selbst zur Niederträchtigkeit gerät und dazu beiträgt, aus der Gegnerschaft eine Feindschaft zu machen. Aber noch einmal: ist es nicht zuviel verlangt, den Anlaß meiner Empörung mit liebevoller Gründlichkeit nachzuvollziehen? Offenbar ist es das, denn wie selten geschieht es, daß jemand etwa sagt: «Sie halten wie ich die vielen Abtreibungen für äußerst besorgniserregend. Jedoch sehen Sie die Verschärfung des Abtreibungsparagraphen als ein völlig ungeeignetes Mittel an, um ungeborenes Leben zu schützen – im Gegenteil sind Sie davon überzeugt, daß dadurch die ohnehin schlimme Notlage der Frau nur verschärft wird und sie in die Illegalität getrieben wird. – Hören Sie nun, warum ich trotzdem entschieden anderer Meinung bin als Sie...!»
Die Chance, daß das, was folgt, den anderen wirklich erreicht, ist nun sehr hoch – denn dieser fühlt sich in seinem Selbstverständnis angemessen wahrgenommen und kann jetzt zuhören und an sich herankommen lassen, statt seine Energie auf die Verarbeitung von Kränkungen und Richtigstellung der eigenen Position zu binden.

Wenn man Menschen in Auseinandersetzungen reden hört, dann scheint es, als ob sie an folgende «Theorie der Überzeugungskunst» glauben würden: *Je mehr man den Standpunkt des Gegners in schlechtem Licht erscheinen läßt, als völlig irrsinnig oder bösartig, und je mehr man dem Gegner selbst Irrsinn und Bösartigkeit unterstellt, um so eher wird er motiviert sein, einen derart schlechten Standpunkt zu verlassen und sich dem eigenen anzuschließen.*» Zwar glaube ich nicht, daß auch nur irgend jemand dieser Theorie wirklich anhängt – zu drastisch sind die empirischen Gegenbelege, tausendfach am eigenen Leibe erfahren. Und doch redet man so, als ob man an diese Theorie glauben würde. Des Rätsels Lösung? Vielleicht sind wir, erfaßt von der aggressiv-entwertenden Strömung, gar nicht in erster Linie darauf aus, zu *überzeugen*, sondern vielmehr von dem Wunsch beseelt, den anderen für seinen falschen Standpunkt zu *bestrafen*. Vor jeder wichtigen Auseinandersetzung ist uns daher zur Selbstklärung aufgegeben: Was ist mein Ziel in diesem Gespräch, und deckt sich mein «offizielles» mit meinem «klammheimlichen» Ziel? Und wenn nicht, welches von beiden ist mir wichtiger angesichts der Tatsache, daß man nicht in ein und demselben Gespräch beides kann: überzeugen *und* bestrafen?
Dieser Gedanke verweist auf die Notwendigkeit der Selbsterforschung. Sie ist für Menschen, die ihre Kontakte bevorzugt durch den aggressiv-entwertenden Stil gestalten, wohl die wichtigste Richtung der Persönlichkeitsentwicklung.

Konfrontation und Selbsterforschung. Wer im Umgang mit seinen Mitmenschen in starkem Maße dazu neigt, sie aufs Korn zu nehmen», das heißt sie zu

- diagnostizieren («So einer bist du!»),
- anzuklagen («Du bist schuld!»),
- analysieren («Und wenn du nicht mehr weiter weißt, wirst du unsachlich und versuchst abzulenken!»),
- kritisieren («Du hast in den entscheidenden Momenten einfach kein Rückgrat!»),
- interpretieren («Im Grunde wollen Sie sich nur drücken!»),
- mit Ratschlägen zu versorgen («Sie sollten viel mehr aus sich herausgehen und sich selbst besser verkaufen!»),

der hat, als gemeinsames Merkmal all dieser Varianten, den Blick auf sein Gegenüber gerichtet. Dieser Scheinwerfer nach außen bedarf zum Ausgleich einer «Taschenlampe nach innen».
Die Kunst, sich hinter die eigenen Kulissen zu schauen, ist unter dem Einfluß der aggressiv-entwertenden Strömung schwach entwickelt.

Das Leitmotiv der Persönlichkeitsentwicklung ist hier besonders angebracht:

«Willst du ein guter Partner sein, dann schau erst in dich selbst hinein!»

und verweist auf die Erkundung der Innenwelt. Da der notorisch Feindselige zur Projektion neigt, also seine eigenen ungeliebten Seelenanteile im Mitmenschen entdeckt (und dort bekämpft), wird er dieser Selbsterkundung einigen Widerstand entgegensetzen. Dieser Widerstand kann sich zum Beispiel darin zeigen, daß die Taschenlampe einfach versagt: «Was in mir vorgeht? Gar nichts weiter – wieso?»
Dieser psychische Widerstand kommt nicht von ungefähr. Bei der Erkundung der eigenen Innenwelt könnten Gefühle hochkommen, die nicht in sein hartes Selbstkonzept passen: Traurigkeit, Anhänglichkeit, Sehnsucht nach Zärtlichkeit und Rührung, überhaupt all die «weichen» Regungen, die der harte Peitschenknaller sich nicht eingestehen mag (und die er deshalb als «weichlich» und – wenn er ein Mann ist – als «unmännlich» an den Pranger stellt).
Die konfrontative Haltung des nach außen gerichteten Scheinwerfers zeigt sich oft noch deutlicher in Berichten gegenüber Vertrauten: Da ist von all den Versagern und niederträchtigen Bösewichtern die Rede, von denen man umgeben sei («nicht, daß es mir etwas ausmachen würde!»). Bei wechselnden Strophen lautet die Grundbotschaft des wiederkehrenden Refrains: «Probleme habe ich keine, aber ich bin von Armleuchtern umgeben!»
Das diesem Gedankengang entsprechende Werte- und Entwicklungsquadrat läßt sich folgendermaßen konstruieren, wobei hier zunächst innere Grundeinstellungen gemeint sind und noch keine Verhaltensweisen. Die Begriffe «Ich- und Du-Botschaft» sind trotzdem mit aufgenommen, weil sie häufig als verhaltensmäßiges Korrelat der entsprechenden Haltung in Erscheinung treten (s. Abb. S. 150).

In diesem Wertequadrat kommt erneut zum Ausdruck, was schon in den früheren Ausführungen dieses Kapitels deutlich werden sollte: Konfrontation und Selbsterkundung stehen in einem ergänzenden Werteverhältnis zueinander, – also nicht, daß Selbsterforschung etwas «Schönes und Humanes» und extrapunitive Konfrontation etwas «Häßliches und Böses» wäre!
Das Entwicklungsziel besteht darin, beide Einstellungen innerlich zur Verfügung zu haben. Die zu dieser Einsicht passende therapeutische

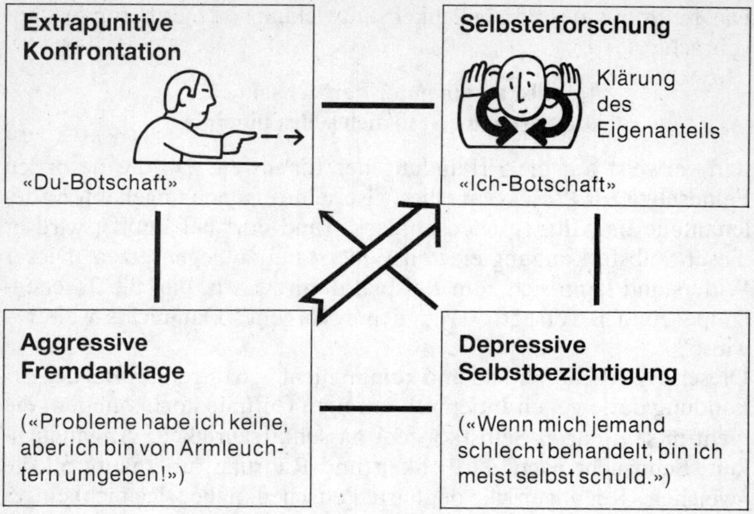

Haltung besteht darin, das schon Vorhandene zu würdigen und das Fehlende zu fördern. So reagierte die Familientherapeutin Virginia Satir auf einen wütenden Vater:

«Ich denke, es ist für alle Menschen sehr wichtig, das auszudrücken, was sie fühlen – auch Wut, wie jetzt bei Ihnen. Ich möchte Ihnen meine Anerkennung dafür aussprechen, und ich hoffe, daß alle anderen Mitglieder in dieser Familie es auch können. – Und sind Sie jetzt in diesem Moment auch bereit, mir etwas über die Einsamkeit und die Verletzungen zu erzählen, die hinter dieser Wut liegen?» (sinngemäß nach Bandler und Grinder, 1985)

Übung:

Ich habe eine kleine Übung erfunden, die der Balance von Konfrontation und Selbsterforschung dient. Wir benutzen sie häufig in unseren Kommunikationsseminaren als behutsamen Einstieg in die Selbsterfahrung. Die Übung heißt «Der schwierige Andere» und beginnt mit etwa folgender Instruktion:

«Bitte lassen Sie vor Ihrem geistigen Auge eine Person erscheinen, die in Ihrem Leben eine größere oder kleinere Rolle spielt. Die Beziehung zu ihr mag insgesamt gut oder schlecht sein, auf jeden Fall gibt es da auch schwierige Punkte – zum Beispiel Punkte, bei denen Sie immer wieder aneinandergeraten, oder schwierige Themen, über die Sie nicht oder nur schlecht sprechen können, oder Unerfreulichkeiten, unter denen Sie zu leiden haben; das können, aber müssen keine großen Konflikte sein, vielleicht sind es nur kleine schwierige Dinge. (Pause)
Diese Person mag eine wichtige Rolle in Ihrem Leben spielen (zum Beispiel Ehepartner, Kinder, Eltern, Vorgesetzter, Mitarbeiter) ... oder aber auch eine kleinere Rolle, (zum Beispiel Nachbarn, Bekannte, Schwägerin ...).»
Wenn alle soweit sind und ihre Person vor Augen haben, dann frage ich, wer als erster drankommen möchte, und bereite zwei Stühle vor:

Stuhl A: Fremdbeschreibung **Stuhl B: Selbsterforschung**

Wer dran ist, beginnt auf dem Stuhl A seinen schwierigen Anderen zu beschreiben (zum Beispiel «arrogante Art, läßt einen kaum zu Wort kommen, weiß alles besser, hat wahrscheinlich ein schwaches Selbstbewußtsein» usw.). Während die Gruppe von diesem Stuhl aus etwa zwei bis vier Minuten einiges über den «Anderen» erfährt, ist anschließend der Stuhl B dazu ausersehen, daß der Berichtende sich selbst erkundet: Wie *seine* Art ist, auf den schwierigen Anderen innerlich und äußerlich zu reagieren (zum Beispiel «Ich lasse mir das alles bieten, wage nicht zu unterbrechen, fühle mich z. T. wie ein verschüchtertes Schulkind, das seine Zensuren erhält» usw.).

Meistens fällt den Teilnehmern die Beschreibung auf dem Stuhl A leichter als die Innenschau auf dem Stuhl B. Dort helfe ich zuweilen ein wenig, indem ich hinter den Teilnehmer trete und als «Alter ego»-Formulierungen in der Sprache des Herzens anbiete und sogleich nachfrage, ob das von mir Eingefühlte für ihn zutreffe. Mit der Zeit beteiligen sich andere Gruppenteilnehmer gelegentlich an diesem «Doppeln» (vgl. Thomann und Schulz von Thun, 1988, S. 108–122). So kommt jeder einmal dran und durchlebt eine Mini-Selbsterfahrung, welche teilweise bereits intensiv und aufschlußreich ist. So beschreibt ein Hauptabteilungsleiter einen «mürrischen Mitarbeiter mit Scheuklappen an den Augen» – und es stellt sich auf dem Stuhl B heraus, daß er sehr allergisch auf diesen Mann reagiert, da ihm oft selber so zumute ist, er sich aber alle Mühe gibt, «extravertiert zu erscheinen». Dann und wann hebe ich das Erlebte auf die allgemeine Ebene: es sei normal und menschlich, daß einen am anderen das aufrege, was man an sich selbst nicht leiden könne. Nur meistens sei dieser Mechanismus nicht bewußt und es könne spannend sein, sich selbst auf die Spur zu kommen. –
Im Leben sind *beide* Stühle wichtig – sie entsprechen menschlichen Kontakt-Ein-Stellungen, und während im Idealfall beide psychisch zur Verfügung stehen und je nach Situationserfordernis wechseln können, scheinen wir im Normalfall eine Tendenz zu bevorzugen. Einige Menschen bleiben zeitlebens auf dem Stuhl A «kleben». Diese Strategie entlastet zumindest vorübergehend von Schuldgefühlen und Selbstzweifeln (die auf Stuhl B wahrscheinlich aufkämen). Dagegen bietet der Stuhl B die Chance, mit sich selbst mehr ins reine zu kommen und durch die Entdeckung der eigenen Anteile vom Opfer zum Mit-Urheber des eigenen Lebens zu werden. Umgekehrt bietet der Stuhl A jenen Menschen eine Chance, die Kampfgeist und Konfrontationsfähigkeit entwickeln wollen (vgl. S. 133f).

5. Der sich beweisende Stil

5.1 Erscheinungsbild, Grundbotschaft und seelischer Hintergrund

Auch bei dieser seelischen Strömung sind wir von der Sorge um den eigenen Wert erfaßt. Anders als der Aggressiv-Entwertende betreiben wir hier unsere Selbstwertsicherung nicht durch Herabsetzung der anderen, sondern durch eine besondere Anstrengung, uns selbst ins rechte Licht zu setzen, kompetent und gescheit zu erscheinen, um nur ja keinen schlechten Eindruck zu machen. Lautete die Grundbotschaft bei jenem «Du bist nicht in Ordnung!», so lautet sie hier beschwörend «Ich bin ohne Fehl und Tadel!» und wird um so eindringlicher vorgetragen, je quälender sich die eigenen Selbstzweifel in den musternden Augen der Umwelt projiziert finden:

Abb. 30: Grundpose des sich beweisenden Stils

In einer Welt von strengen Richtern und ehrgeizigen Rivalen darf man sich keine Blöße geben, keine Fehler oder sonstwie eine schlechte Figur machen – denn das Urteil wäre fürchterlich: «Ein Versager!»
Die Grundbotschaft, die von uns ausströmt, wenn wir uns in diesem Spannungsfeld von Ehrgeiz und Selbstzweifel befinden, lautet in ihrer quadratischen Struktur:

Abb. 31: Grundbotschaft des sich beweisenden Stils

Die Imponier- und Fassadentechniken, die im Dienste dieser Grundbotschaft stehen, sind im ersten Band ausführlich beschrieben worden (S. 106ff). In zahllosen Variationen hört der Empfänger immer wieder das «Sieh her!» im Ohre klingen: «Sieh her,
– wie ich doch gelehrsam reden kann,
– was ich alles geschafft habe, was ich alles mein eigen nenne,
– wo ich überall als wichtige Person gefragt bin,
– wen ich alles kenne (und mit wem ich mich sogar duze!),
– wo ich überall maßgeblich mitmische,
– worüber ich alles Bescheid weiß und kluge Ausführungen machen kann,
– was ich schon für Heldentaten begangen habe»!»

Solche narzißtischen Grundkundgebungen können durchaus dezent, nur auf dem «Kanal der Beiläufigkeit» vermittelt sein – jedenfalls fühlt der Angesprochene sich immer wieder aufgefordert, mit anerkennendem Erstaunen nicht zu sparen; vielleicht gerät er auch, besonders wenn er aus ähnlichem Holze geschnitzt ist, unter Druck «mitzuhalten». Beides kann die Beziehung schwierig machen, ich komme darauf im systemischen Teil zurück.

Der/die sich Beweisende steht unter permanentem Druck: Sich nach außen hin vollkommener zu geben, als einem innerlich zumute ist, kostet viel psychische Kraft, und so ist es wohl kein Zufall, daß Mock (1986) in ihren Tiefeninterviews mit Alkoholiker/innen immer wieder auf dieses Motiv der Selbstperfektionierung stieß (S. 111):

«Ich war nach meiner Einschätzung ein ganz Großer, ein ganz Starker...» (Facharbeiter, 50 J.)

«Vor allen Dingen war ich ja immer bestrebt, möglichst makellos zu sein, alles perfekt zu machen in jeder Beziehung. Ob das im Beruf war, mein Verhältnis zu meiner Umgebung... Ich wollte eben hundertprozentig mein Leben meistern.» (Industrie-Kauffrau, 52 J.)

Ein derartiger «hausgemachter» Stress wird verstehbar, wenn man ein seelisches Axiom unterstellt, das den Selbstwert von der hergezeigten Leistung abhängig macht:

«Ich selbst bin nicht (liebens)wert – nur in dem Maße, wie ich «gut» bin, verdiene ich Liebe und Anerkennung.»

Ein Kind, das sich nicht um seiner selbst willen geliebt fühlt, muß frühzeitig auf Erfolg setzen und lebt unter dem Damoklesschwert der Niederlage. Die Spitze dieses Schwertes bekommt es nur allzu häufig in Form von Herabsetzungen und Entmutigungen zu spüren: «Was, das kannst du nicht? Sag mal, was kannst du überhaupt?!»
Solche Sätze, die von Eltern oder Lehrern gedankenlos oder vielleicht auch mit dem Ziel, das Kind «anzuspornen», ausgesprochen werden, können durchaus diesen Effekt haben – allerdings mit der «Nebenwirkung» einer Persönlichkeit, die sich ständig in Beweisnot wähnt. Zwischen Entmutigung und Ehrgeiz hin- und hergerissen entsteht der Wunsch, «es ihnen zu beweisen». Und nicht nur ihnen! Vielleicht sind sie längst tot oder außer Reichweite, aber die Beweisnot bleibt, und andere Menschen treten an ihre Stelle – genauer ausgedrückt: werden in den Versuch, es sich selbst zu beweisen, eingespannt. Typischerweise spüren wir die Selbstzweifel nicht in uns selbst, sondern projizieren sie auf andere Menschen, in deren «zweifelndem Blick» wir uns gespiegelt sehen. Um diesen in einen anerkennenden Blick zu verwandeln, bieten wir alles auf, was wir zu bieten haben – und möglichst etwas mehr.
Angenommen, die Rechnung geht auf und wir erhalten die ersehnte Anerkennung, vielleicht gar Bewunderung: Liegt darin nun eine heilsame Chance? Tragischerweise meistens nicht, denn diese Anerkennung gilt ja nur der vorgezeigten Schokoladenseite; die verborgene Rückseite meines Wesens erfährt keine Annahme, das seelische Axiom stabilisiert sich in einem internen Erfahrungskreislauf:

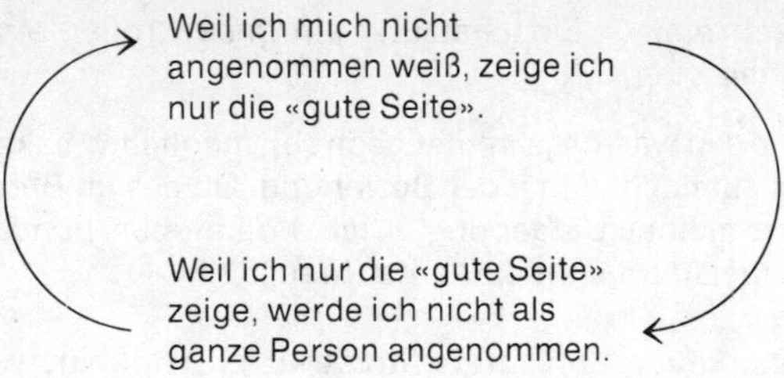

So hat der sich Beweisende noch im Augenblick des Beifalls ein Gefühl von «Wenn ihr mich kennen würdet, wie ich wirklich bin, dann wäre ich doch völlig unterdurch!» im Nacken. Überhaupt neigt er in seiner Selbsteinschätzung zu extremen Schwankungen: Da ist die jubilierende Euphorie, der oder die Größte zu sein – und nur wenig später der Katzenjammer einer gescheiterten Existenz. Auffällig ist, daß das Gefühl von Durchschnittlichkeit und Mittelmäßigkeit nicht vorkommt; als ob die Devise lauten würde: Wenn schon nicht der Größte, dann wenigstens der größte Versager!

«Wenn ich schon nicht gut sein kann, dann will ich wenigstens ganz schlecht sein, und wenn ich schon kein Heiliger bin, dann will ich ein guter Verbrecher werden.» (Büroangestellte, 39 Jahre, s. Mock, 1986)

Die charakteristische Spannung in der Selbsteinschätzung kann man sich bildlich so vorstellen: Da ist im seelischen Raume ein Gummiband gespannt, das den oberen Pol (der Großartigkeit) mit dem unteren Pol (der Minderwertigkeit) straff verbindet! Dann und wann kommt es vor, daß das Gummiband sich oben oder unten aus der Halterung löst: dann schnellt es nach ganz unten oder ganz oben. Nur im entspannten Zustand ist es nie, weil die Pole so weit auseinanderliegen.

Die Lebensweisen, die dieser inneren Spannung entsprechen, können im Einzelfall sehr unterschiedlich sein. Ein übervoller Terminkalender kann zum täglich sichtbaren Symbol der eigenen Wichtigkeit werden und einen *ruhelosen Aktionismus* begründen: immer auf Leistungsachse, unentbehrlich hier, dringend benötigt dort. Menschen, die von dieser Strömung erfaßt sind, kommen einem manchmal vor wie Artisten, die einen Teller nach dem anderen auf langen Stäben kreiseln lassen: Es werden mehr und mehr, bis sie schließlich, hin und her und her und hin, von diesem zu jenem Teller eilen, der jeweils gerade am ehesten herunterzufallen droht, um ihn schnell wieder in seine Kreiselbewegung zu versetzen, wobei sie schon im Moment des erneuten Ankurbelns ihren Blick auf die Tellerreihe wenden, um den nächstdringlichen Fall auszumachen. Hinter dieser betriebsamen Hektik steht auch die Angst, zur Ruhe zu kommen und dann, in der Abschirmung von grellen Außenreizen, den Impulsen der eigenen Innenwelt ausgesetzt zu sein. Wenn sie jemanden nicht ausstehen können, dann die, die «faul in der Sonne herumliegen», die Gammler und Tagediebe, die den ganzen Tag herumlungern und nichts zustande bringen. Haben sie doch selbst, um dieser «Nichtsnutzigkeit» zu entgehen, ihr Leben dem Effektivitätsdenken und der Leistung geweiht. Aber wo «Welten» dazwischen zu liegen scheinen, da handelt es sich doch um eine seelische Nachbarschaft! Als eine Studentin ihren berufstätigen, stets zweihundertprozentig im Einsatz befindlichen Partner fragte, ob er nicht des Guten ein wenig zuviel tue, antwortete er: «Nein, das muß ich haben, denn sonst bin ich im Grunde ein stinkfauler Sack!»

Nur allzu leicht können wir unter dem Einfluß der sich beweisenden Strömung zum «Versager» werden – dann nämlich, wenn die Angst vor der Durchschnittlichkeit und vor dem Unperfekten uns daran hindert, überhaupt noch etwas zustande zu bringen. Plötzlich sind es «unerklärliche» Arbeitsstörungen – vielleicht auch Krankheiten oder neurotische Symptome, die uns lahmlegen. Alfred Adler sah in solchen Neurosen und Krankheiten einen strategischen Winkelzug: Kann es doch auf diese Weise gelingen, denjenigen Lebensbereichen auszuweichen und sich vor solchen Aufgaben zu drücken, denen man sich nicht gewachsen fühlt – ohne aber vor sich selbst und vor anderen als Versager dazustehen! Die Selbsttäuschung «Was könnte ich nicht alles zustande bringen, wenn ich dieses lästige Symptom oder diese lästige Krankheit nicht hätte!» bleibt aufrechterhalten.

Nicht selten erlahmen die Kräfte in einem Maße, daß es äußerer Mittel bedarf, um weiter einen guten Eindruck zu machen und sich allen Herausforderungen gewachsen zu zeigen. Unter dem Einfluß von Alkohol und Medikamenten mag es noch eine Zeitlang gelingen, die Fassade von «alter Frische» aufrechtzuerhalten – während dahinter der Zerfall schon unaufhaltsam eingesetzt hat. Die Krankheit, der Zusammenbruch können dann fast wie eine Erlösung geeignet sein, eine Umkehr zu erzwingen (Mock, 1986).

5.2 Der systemische Blickwinkel

Auch der sich Beweisende ist in typische zwischenmenschliche Kreisläufe verstrickt, welche geeignet sind, seine Beweisnot immer neu zu entfachen.
Ein *symmetrischer* Teufelskreis entsteht, wenn in einer Gruppe Leute sind, die ebenfalls hohe Ansprüche an den eigenen Kompetenzerweis stellen und durch hochgescheite und «Maßstäbe setzende» Beiträge ein Klima von Konkurrenz und Beweisnot schaffen:

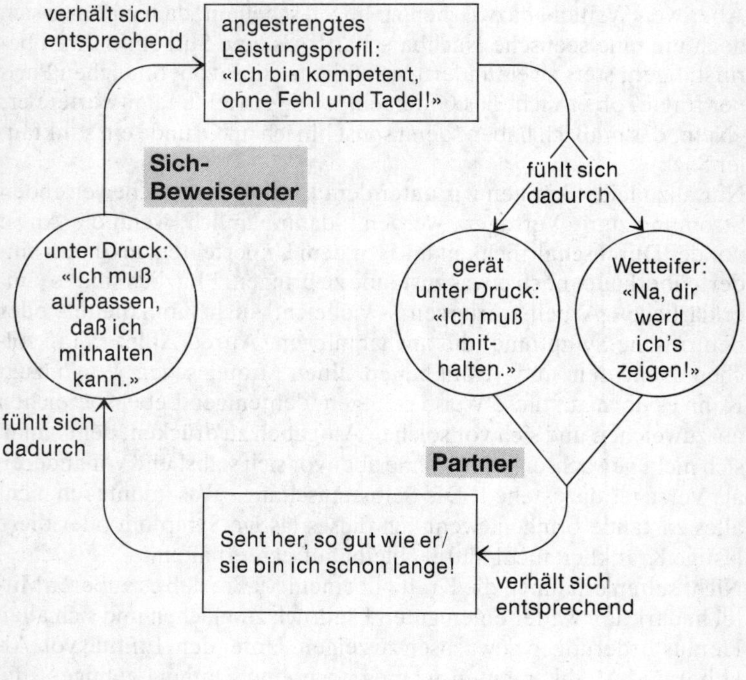

Eine solche Gesprächsatmosphäre wirkt entweder hektisch oder verkrampft und unlebendig. Keiner hört wirklich zu – es lohnt sich auch nicht, denn die «Selbstprofilierungen» der anderen bringen ja doch nichts Neues, enthalten doch nur Schaumschlägerei. Was tun? Wie kann man die Redezeit der anderen nutzen, um für das Eigenprofil zu arbeiten? Am besten, man lauert auf Stichworte, die sich für den eigenen Beitrag eignen: Dieser will jetzt auch gut geplant und vorformuliert werden, um zum gegebenen Zeitpunkt in rhetorischer Pracht zu glänzen – oder doch zumindest nicht zu verunglücken. Das Herz fängt an zu klopfen, der Auftritt steht bevor – gleichgültig, ob er etwas nützt, Hauptsache souverän, unangreifbar und das Niveau haltend!

Erich Kästner hat in einer Kurzgeschichte («Sebastian ohne Pointe», 1969, S. 239 ff) mit heiterer Ironie einen Mann beschrieben, der «am Dialog litt», der «für ein Genie der Konversation gelten konnte – solange er allein war». Es war seine Gewohnheit, sich vor bedeutsamen gesellschaftlichen Anlässen geistreich formulierte Gesprächsbeiträge zurechtzulegen. Zu einem Abendessen bei seinem künftigen Arbeitgeber eingeladen, nahm er sich vor, die Dame des Hauses (mit der er schon telefoniert hatte) mit den Worten zu begrüßen: «Gnädige Frau sind mir bisher leider nur akustisch begegnet!» – Und an den Gastgeber wollte er, sobald dieser ihm das Brot reichte, die Worte richten: «Vielen Dank, verehrter Brotgeber!»
Alles ging schief. Den ersten Satz richtete er fälschlicherweise an das Dienstmädchen, der zweite blieb ihm im Halse stecken, als der Hausherr ihm das Brot mit den Worten reichte: «Lieber Herr Stock, darf ich mich, vorläufig auf diese Weise, als Brotgeber demonstrieren?» – Um seine «blindwütige Verlegenheit» zu bewältigen, versuchte er erneut den Satz mit der «akustischen Begegnung», diesmal an die richtige Adresse, jedoch erneut Irritation auslösend: Ja, sehr drollig, das Dienstmädchen habe schon erzählt...
Wir begleiten Sebastian Stock, der daraufhin in unsäglicher Peinlichkeit das Haus verließ, mit einer Mischung aus Schadenfreude und solidarischem Mitleid, wohl ahnend, daß wir uns selbst in ihm gespiegelt finden in dem Bemühen, vor wichtigen Leuten einen guten Eindruck zu machen, dabei aber versteifen und unnatürlich werden – bis hin zu jener Selbstentfremdung, bei der wir innerlich nicht mehr fragen, *was wir zu sagen haben,* sondern *was jetzt günstig und passend zu sagen wäre.*
Das alles ist gut eingeübt in einem System, das die leistungsstarke Selbstdarstellung prämiert und z. T. schon Elternhaus und Schule zu einer Brutstätte der Selbstoffenbarungsangst werden läßt. Die Frage «Was gebe ich von mir, um gute Noten zu erreichen?» ist bei Schulabgang gut verinnerlicht (mit Ausnahme der Entmutigten und Ausgegrenzten) und wird im Berufsleben sogleich wieder aufgefrischt. So ist der Teufelskreis von Konkurrenz und Selbstprofilierung, meist verbunden mit grobschlächtiger oder subtiler Entwertung der Gegner, in einer männlich dominierten und hierarchisch gegliederten Berufswelt strukturell vorgeprägt. Das heißt nicht, daß wir dagegen ohnmächtig

wären: jeder Vorgesetzte kann, indem er sich als Entwicklungshelfer seines Teams versteht, den Geist und den Kommunikationsstil seiner Abteilung nachhaltig beeinflussen – nicht zuletzt dadurch, daß er sich selbst auch einmal nachdenklich und zweifelnd zeigt, Fehler zugibt und eigene Schwächen einräumt. Das heißt aber, daß alle Mitarbeiter sowie er selbst in das eigenartige Dilemma hineingestellt sind, daß Kooperation und Konkurrenz nebeneinander bestehen müssen.
Auch Schulungsmaßnahmen, die das kooperative Miteinander fördern sollen, sind in dieses Dilemma verstrickt: Wollen wir doch unseren Kursteilnehmern das kleine ABC des offenen und fairen Dialogs beibringen – während diese zum Teil eher neues Rüstzeug aus der Waffenschmiede der Manipulationspsychologie erhoffen, um im Teufelskreis der Konkurrenz die Oberhand zu behalten (Schulz von Thun, 1984)! Wenn es auch theoretisch keinen Ausweg aus dem Dilemma gibt, scheint es in der konkreten praktischen Situation immer Wege zu geben, damit zu leben. Solche Wege sind am besten dadurch zu ebnen, daß alle Beteiligten eine klare Bewußtheit ihrer Situation entwickeln, da dieses am ehesten sowohl vor naiver Solidaritätsgläubigkeit als auch vor ruinöser Rivalitätsmentalität bewahrt. Es scheint, als ob das entsprechende Leitbild wieder dialektisch strukturiert sein sollte, um das Humanitätsideal nicht «auf verlorenem Posten» verkommen zu lassen:

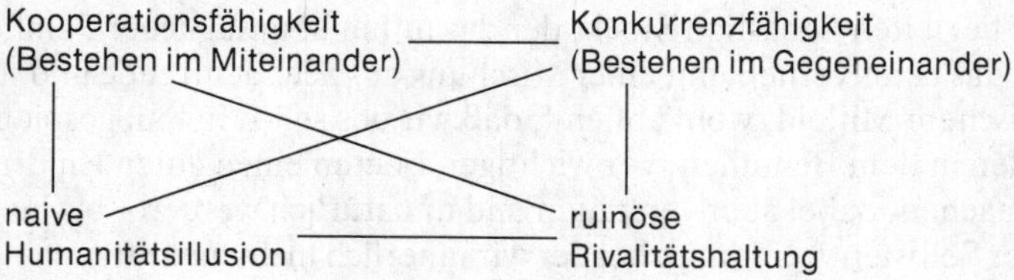

Nachdem wir an dieser Stelle unseren systemischen Blickwinkel erweitert und auch Rahmenbedingungen des strukturellen Systems mitbetrachtet haben, kehren wir zurück auf die zwischenmenschliche Ebene. Ein *komplementärer* Teufelskreis kann dadurch entstehen, daß der sich Beweisende, indem er wiederholt und nachdrücklich Anerkennung von seinen Mitmenschen fordert, die gegenteilige emotionale Wirkung erzeugt: eine unwirsche Verdrossenheit, wieder und wieder diese «Bestätigungsarbeit» leisten zu müssen. So mögen sie bald dazu neigen, ihren Reaktionen einen kritischen Unterton zu geben – etwa von der Art

– «So gut bist du ja nun auch nicht, sieh mal hier und dort deine Schwächen und Fehler!» oder
– «Ist ja gut! Du bist der Größte, wir wissen es ja nun!»

In das empfindlich gespitzte Beziehungsohr des sich Beweisenden gelangen damit genau jene Töne, die seine Selbstzweifel anrühren und dazu verleiten, «mehr desselben» (Watzlawick, 1974) zur Bewältigung dieses Notstandes zu produzieren: Rechtfertigungen, Erklärungen, erweiterte Selbstdarstellungen – welche ihrerseits die unwirsche Verdrossenheit der Umwelt nur noch mehr steigern, was wiederum ... usw.:

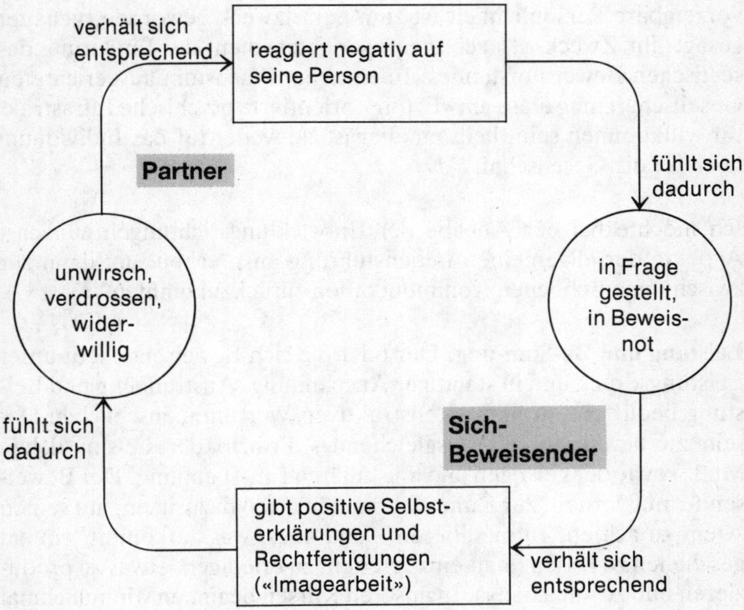

5.3 Richtungen der Persönlichkeitsentwicklung

«Wer immer strebend sich bemüht, den können wir erlösen» – und was uns beim «Streber» überbetont erscheint, hat doch auch jenes wertvolle Moment zur Grundlage, durch das der Mensch sich vervollkommnet und befähigt, die Welt im denkenden, fühlenden und täti-

gen Einsatz zu meistern. Im Kontakt mit anderen die erworbene Kompetenz nicht zu unterschlagen, sondern unbefangen dort zu zeigen, wo sie gefragt oder am Platze ist, gehört zu jenen Kommunikationsfähigkeiten, die andere erst noch erlernen müssen – solche nämlich, die nur dann wohlwollende Aufnahme zu finden glauben, wenn sie ihr Licht soweit unter den Scheffel stellen, daß keiner sich mehr bedroht fühlen kann.
Die diesem Stil eigene Gefahr besteht hingegen darin, daß das Streben nach Leistung, Kompetenz und Effektivität sich von jenem Sinnbezug ablöst, der diese Tugenden mit dem Wohl der Menschen verbinden sollte: egal wofür, Hauptsache gescheit und tüchtig! Die vorzeigbare Persönlichkeit ist zum Selbstzweck geworden, genauer gesagt: ihr Zweck ist nach innen gerichtet, dient der Linderung des seelischen Beweisnotstandes. In einer auf Wachstum ausgerichteten Gesellschaft mag diese am «Erfolg» orientierte psychische Infrastruktur willkommen sein, heilsam aber ist sie weder für das Individuum noch für die Gesellschaft.

Ich möchte bei der Angabe der Entwicklungsrichtungen zunächst Aspekte der allgemeinen Lebensführung ansprechen, um dann zur zwischenmenschlichen Kommunikation zurückzukommen.

Leistung und Be-Sinn-ung. Der oder die sich Beweisende lebt unter Leistungsdruck und in ständiger Anspannung. Anstrengung und Leistung bedürfen, um ihren konstruktiven Wert im menschlichen Dasein zu bewahren, als ausgleichendes Prinzip der be-sinn-lichen Muße sowie der geistigen und muskulären Ent-spannung. Der Beweisende muß lernen, zur Ruhe zu kommen, bloß dazusitzen, auf seinen Atem zu achten, zu meditieren – und alles, was aufkommt, einmal geschehen zu lassen (statt einzugreifen, zu erledigen, etwas zu produzieren und zu «machen»). In unseren Kursen beginnen wir manchmal eine Lerneinheit, indem wir die Teilnehmer zu folgender «Pferdekur» auffordern,

«einmal einige Zeit bloß dazusitzen und, wenn Sie mögen, die Augen zuschließen – und achten Sie auf Ihren Atem, und lassen Sie nacheinander die Muskeln entspannen ... und probieren Sie einmal, die innere Haltung einzunehmen:
‹Ich muß nichts tun, nichts produzieren, auch keine gute Figur machen – ich muß überhaupt nichts! Ich sitze einfach bloß da, achte auf meinen Atem, wie es ein- und ausatmet, und nehme mich so, wie ich im Augenblick bin – vielleicht unwillig oder aufgeregt, oder wohlig, oder voller

Ungeduld – einfach gerade so, wie es ist; ohne einzugreifen, ohne etwas zu ändern.
Und sollte sich eine Stimme in Ihnen melden, die ungeduldig sagt: ‹Mein Gott, wann geht es endlich weiter, was könnte man nicht alles schaffen und Nützliches tun in der Zeit!!› – dann nehmen Sie auch diese Stimme gelassen auf, etwa mit der Haltung: ‹Ach, da bist du ja, mein lieber alter Leistungsdruck, du alter Hetzjäger – ja, du gehörst auch zu mir, aber ich kann entscheiden, wann ich dir folgen will und wann nicht. – – Und nehmen Sie die nun folgende Stille als Gelegenheit, einmal nichts Nützliches zu tun...»

Tatsächlich berichten zuweilen geschäftige Manager, daß sie bei derlei Übungen in eine «schreckliche Nervosität» geraten: das alte Betriebskarussell in ihnen dreht und dreht sich, seine Fangarme wollen etwas tun und greifen ins Leere, dadurch abermalige Beschleunigung im ungebremsten Leerlauf – dies sei fast schon ein Horrortrip, vergleichbar den Empfindungen in jenem Teil des Urlaubs, der nicht mit Aktivprogrammen strukturiert war: Angst, verrückt zu werden. Um dieser angstvollen Nervosität auszuweichen, geben die meisten ihrem inneren Betriebskarussell auch dann immer neuen Treibstoff, wenn sie längst darunter leiden, «nicht mehr richtig abschalten zu können». Wichtig zu wissen, daß dieser Horrortrip eine (vorübergehende) Entzugserscheinung darstellt, die dann eintritt, wenn der «Workaholic» auf sein Suchtmittel verzichtet. In modernen Seminaren zur «Menschenführung» gewinnt dieser Aspekt eine immer größere Bedeutung: Wie kann ich mich selbst führen, meine persönliche Substanz und seelische Gesundheit erhalten? Kann ich denn überhaupt meinen Mitarbeitern ein guter Vorgesetzter (oder eine gute Vorgesetzte) sein, solange ich mich gegen mich selbst versündige?
Leider reicht es nicht aus, in dem vollen Terminkalender noch zusätzlich einen Yoga-Kurs oder einmal die Woche autogenes Training einzuplanen. Erforderlich ist ein grundsätzliches Überdenken dessen, was dem eigenen (begrenzten) Leben Sinn gibt und daher Vorrang haben soll. Damit ist keiner «neuen Innerlichkeit» das Wort geredet, sondern einer Balance von Leistung und Besinnung, ganz wie es Dürckheim (1973) meint, wenn er sagt:
«Es steht der Mensch in einem doppelten Auftrag: die Welt zu gestalten* im *Werk*, und zu reifen auf dem inneren *Weg*.» (S. 26)
Wo immer für dieses *Und* ein *Entweder-Oder* steht, haben wir in unglückseliger Polarisierung auf der einen Seite «das allein von den For-

* und *zu bewahren* – wie wir heute hinzufügen müssen.

derungen der Welt ins Geschirr genommene Leistungstier, das nach außen hin funktioniert, in dessen Mitte aber, wo das richtende, ordnende und beseelende Zentrum sein sollte, eigentlich nur ein Hohlraum ist, in dem, umpanzert von einem ängstlichen und leicht verletzbaren Ich, das eigene Wesen ein Schattendasein führt! Aus der Atemnot seines vernachlässigten Wesens kommen dann jene Gefühle unbegreiflicher Angst, Schuld und Leere, die heute so mancher erlebt, der, äußerlich gesehen, auf dem Gipfel seiner Entfaltung zu stehen scheint – und doch am Leben scheitert, weil er sich selbst verfehlt hat.» (Zusammengefaßt nach Dürckheim, 1973, S. 40)

Auf der anderen Seite hat sich eine Gegenbewegung formiert, die «den Weg nach innen» einschlägt, fasziniert von immer neuen Tiefenschichten des eigenen Wesens und immer neuen Angeboten auf dem breit gewordenen Markt der psycho-spirituellen Branche. Sie läuft die genau entgegengesetzte Gefahr, die Erkundung und Vertiefung des eigenen Wesens zum heiligen Selbstzweck zu erklären und sich von Politik, Wirtschaft und alltäglichen Geschäften in ein «Ghetto der Innerlichkeit» (Richter, 1982) zurückzuziehen.

Wieder stehen wir uns als Repräsentanten jener «schwarzen Tugenden» gegenüber, die – im Keller des Wertequadrates – von der Unfähigkeit zur dialektischen Integration zeugen:

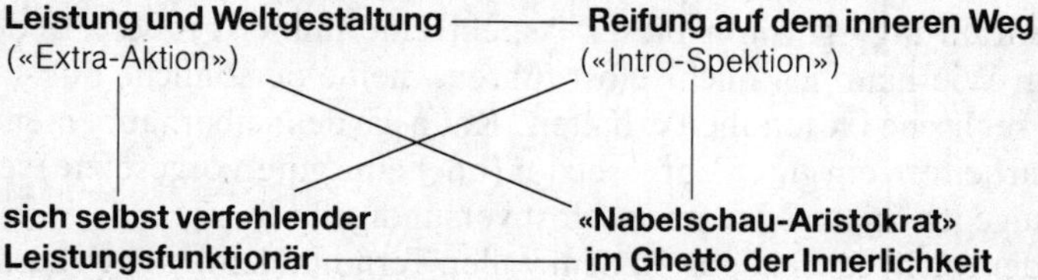

Kehren wir von der allgemeinen Lebensführung zurück zur *zwischenmenschlichen Kommunikation*. Der sich Beweisende muß lernen, von sich selbst auch solche Seiten zu zeigen, die nicht dem Ideal der «halben Portion» entsprechen – jener halben Plus-Portion nämlich, in der nur das Ansehnliche, Vorzeigbare, Souveräne aufgehoben ist:

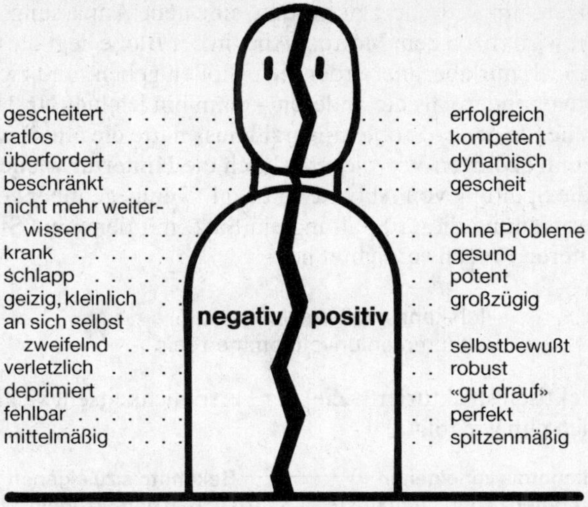

Abb. 32: Notwendiger Entwicklungsschritt vom Entweder-Oder zum Sowohl-Als auch

Die Weiterentwicklung des Sich-Beweisenden besteht darin, die Negativseite seiner Persönlichkeit wahrzunehmen und anzunehmen («Jawohl, so bin ich auch!») *und* aufzuhören, diese Seite mit dem Makel der Verächtlichkeit zu belegen («... und das darf sein, ist völlig in Ordnung so!»). Ein echtes Liebeserlebnis kann zu dieser heilsamen Integration entscheidend beitragen – denn die Liebe gilt dem ganzen Menschen und nicht seiner vorteilhaften Vorzeigehälfte. Hier beißt sich allerdings die Katze in den Schwanz, wenn er durch großtuerisches Gehabe regelmäßig «die Falsche» einfängt (oder sie den Falschen).

In Selbsterfahrungs- und Therapiegruppen ist die Kunst der positiven Selbstdarstellung verpönt – vielmehr besteht die Chance, auch einmal die andere Hälfte zuzulassen und die «sensationelle» Erfahrung zu machen, daß gar nicht das eintritt, was man sich heimlich immer ausgemalt hat – nämlich bei allen untendurch zu sein und nur noch verachtet oder mitleidig belächelt zu werden. Ganz im Gegenteil – die anderen Menschen reagieren mit Sympathie und Gefühl, und dieses Erlebnis kann eine seelische Basiskorrektur einleiten. Es gilt nur aufzupassen, daß hier nicht infolge einer sich herausbildenden Gruppennorm, jeder müsse sich klein machen und von der problematischen

Seite zeigen, um akzeptiert zu werden, eine neue Anpassungsleistung gefördert wird (nach dem Motto: «Aha, in der Blöße liegt die Größe – jetzt muß ich mir aber mal ordentlich Blößen geben, und zwar möglichst gravierendere als die anderen – dann bin ich hier Nr. 1!»). Der so entstehende neue «Problem-Narzißmus» hätte die alte Beweisnot, nur mit umgekehrten Vorzeichen, durch die Hintertür wieder eingeführt – die Spaltung von Abb. 32 verewigt. Demgegenüber zeugt von der Überwindung dieser Spaltung ein Satz, mit dem eine Studentin ihren inneren Prozeß verdichtet hat:

«Ich kann groß und klein –
vollkommen unvollkommen sein!»

Das dialektisch strukturierte Ziel der Persönlichkeitsentwicklung gestaltet sich nun wie folgt:

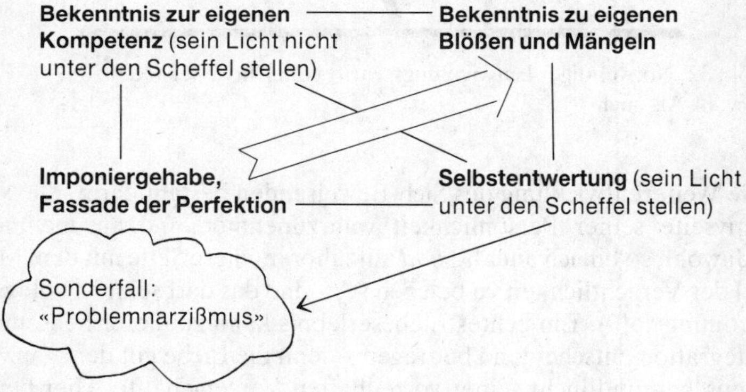

Wie schon mehrfach zu beobachten, so besteht auch bei diesem Entwicklungsquadrat eine traditionell bedingte Tendenz zur Polarisierung von Frauen und Männern. Vielen Frauen fällt es leicht, ihre nicht-grandiosen Seiten frank und frei zu bekennen (was im allgemeinen nicht nur entschuldigt, sondern wohlgelitten ist) – hingegen tun sie sich oft schwer, «ohne wenn und aber» zur eigenen Kompetenz zu stehen. So sagte eine Psychologie-Studentin in einer gestellten Bewerbungssituation:

«...Und dann hab ich auch noch so 'n bißchen Moderation gemacht, so mit Kärtchen und Filzstiften, aber mehr so nebenbei...»

Nachfragen ergaben, daß sie mit Fug und Recht genauso hätte sagen können:

«Ein Teil meiner praktischen Erfahrungen bezieht sich auf die Leitung von Konfliktgesprächen zwischen ganzen Schulklassen und ihrem Lehrer, und zwar mit Hilfe moderner Moderationstechniken, für die ich eine Zusatzausbildung angefangen habe.»

Das «klingt nach etwas», und wäre noch ehrlich dazu!

Zwar sind es nach meiner Erfahrung keineswegs nur Frauen, denen eine solche kompetenz-ausstrahlende Sprache fremd ist. Wenn es bei ihnen aber eher typisch ist, dann mag das auch mit den irritierten Reaktionen der Männer auf sachlich-kompetente Frauen zusammenhängen («Sie sind viel zu gescheit und tüchtig, Frau X, dabei könnten Sie so charmant sein!»). Sollten Priscilla Aldersons Erfahrungen (in England) zutreffen, daß Männer für Frauen im beruflich-sachlichen Kontext gleichsam vier Schubladen bereithalten («Muttertier, gestrenge Oberlehrerin, Blaustrumpf und blondes Dummchen», 1987), dann wäre daraus zu folgern: Männer «kippen» offenbar im Umgang mit Frauen von der *Sachebene* auf die *Beziehungsebene,* reagieren unsachlich. Auf dieser Beziehungsebene scheinen zwei Dimensionen die Hauptrolle zu spielen: Attraktivität/Unattraktivität und Überlegenheit/Unterlegenheit. Aus der Kombination dieser beiden Dimensionen ergeben sich die obengenannten vier Typen:

	positive Attraktion	negative Distraktion
unterlegen	«nährende Mutter»	«strenge Oberlehrerin»
überlegen	«blondes Dummchen»	«verklemmter Blaustrumpf»

Abb. 33: Dimensionen des Erlebens von Frauen durch Männer in beruflich-sachlich geprägten Situationen (Typologie in Anlehnung an Alderson, 1987)

Eine solche unsachliche Reaktionsstruktur bringt die Frau, besonders zugespitzt in der Berufswelt, in ein schwieriges Dilemma. Mitten in ihrem Bemühen, als sachliche und mitdenkende Kooperationspartnerin ernstgenommen zu werden, sieht (und fühlt) sie sich auf die Beziehungsebene abgedrängt, auf die ewig nährende Mutter oder das ewig lockende Weib reduziert. Kommt sie diesem Beziehungsangebot entgegen (und flirtet zum Beispiel ein wenig zurück), dann läuft sie Gefahr, den Männern genau jenes Wahrnehmungsfutter zu liefern, das ihre Reaktionen bestätigt. Weist sie es ab, wirkt sie «verbiestert» und wird vielleicht anerkannt (wenn sie sehr kompetent ist), aber nicht «gemocht».

Übungen

1. Der sich Beweisende kann mit kleinen Übungen anfangen. Ein junger Informatiker berichtete, er habe nach einem Kommunikationskurs im beruflichen Umgang mit Kollegen, Vorgesetzten und Mitarbeitern immer wieder einmal Äußerungen getan, die er sich vorher nie gestattet hätte, zum Beispiel
«Das weiß ich im Moment nicht!»
«Da bin ich auch ratlos.»
«Ich gebe zu, das habe ich falsch eingeschätzt!»
«Tut mir leid, ich bin jetzt nicht mehr konzentriert genug!»

Es sei befreiend und geradezu herrlich gewesen, solche Sätze zu sagen – und die Kollegen hätten darauf überwiegend positiv reagiert, teilweise sogar mit spontaner Herzlichkeit.
Wir sind darauf gekommen, daß manche Sätze, die ein sich Beweisender wohl in seinem ganzen Leben noch nie gesagt hat, am Anfang wie Vokabeln einer Fremdsprache «auswendig gelernt» werden sollten, zum Beispiel
«Das wäre wohl vernünftig, aber ich trau mich nicht.»
«Ich bin sprachlos.»
«Dazu kann ich im Augenblick gar nichts sagen!»
«Ich mag jetzt nicht.»
«Ich bin deprimiert und weiß selbst nicht warum.»
Dies sind einige Schlüsselsätze, um der Beweisnot zu entkommen. Finden Sie heraus, welche Sätze für Sie in entsprechenden Situationen zutreffend sind – oder gewesen wären.

2. Eine andere Übung geht etwas tiefer und ist nicht für den Alltag, sondern für die Therapie- und Selbsterfahrungsgruppe gedacht – oder auch als Experiment für Paare. Jeweils eine Person ist dran und berichtet so ehrlich wie möglich über sich und ihr Leben – und zwar nacheinander in zweifacher Weise:

Beim ersten Mal unter dem Vorzeichen
«Mit mir ist nicht viel los – mein Leben:
eine gescheiterte Existenz!»
Indem die Person mit dieser Brille auf ihr Leben schaut, spricht sie alles aus, was ihr in den Sinn kommt – etwa fünf bis zehn Minuten lang, zum Beispiel
«Nun bin ich fünfunddreißig und immer noch nicht zu Potte gekommen – keine feste Stellung, keine Familie, keine Kinder, kein Nichts. Ich bin völlig unfähig, mich für eine Sache einmal wirklich zu entscheiden ...» usw. usw.
Die berichteten Inhalte sollen alle wahr sein, aber in ihrer Auswahl und Betrachtungsweise unter dem Diktat des Minderwertigkeitsgefühles stehen. Es kann übrigens sehr entlastend sein, auf diesem Stuhl einmal erlaubterweise negativ «vom Leder zu ziehen».

Beim zweiten Mal kommt derselbe Bericht unter dem Vorzeichen
«Mit mir ist ordentlich was los –
mein Leben ohne Fehl und Tadel!»
wiederum ganz ehrlich und ohne große Übertreibungen alles aussprechen, was einem mit dieser Brille spontan in den Sinn kommt, zum Beispiel
«Nun bin ich fünfunddreißig und habe schon einiges erlebt und gelernt, was andere nicht haben, zum Beispiel ... – und gottlob habe ich mich noch nicht so festgelegt in meinem Leben, mir stehen viele Türen offen, und ich muß nichts überstürzen – und was ich offenbar sehr gut kann, das ist ...» usw. usw.

Anschließend soll eine Auswertung und Aussprache erfolgen: Wie ist es dem Protagonisten auf den beiden Stühlen ergangen – wie hat es sich angefühlt, in dieser Weise über sich selbst zu sprechen? Welche Version war schwerer, welche leichter? Und wie hat der Partner bzw. wie haben die anderen Gruppenteilnehmer innerlich reagiert? Hat/haben sie auf dem ersten oder zweiten Stuhl etwas Wichtiges vermißt, aus ihrer Kenntnis der Person heraus?
Sinn und Ziel dieser Übung besteht darin, beide Seiten unerschrocken anzusehen und das, was vielleicht zunächst als eine Art Kippbild den Eindruck von Entweder-Oder macht, als zusammengehörig, als Sowohl-Als auch zu erleben.

6. Der bestimmende-kontrollierende Stil

6.1 Erscheinungsbild, Grundbotschaft und seelischer Hintergrund

Unter dem Einfluß dieser Strömung trachten wir danach, die Dinge so zu lenken und zu korrigieren, daß sie unter unserer Kontrolle bleiben und dadurch ihren rechten Fortgang nehmen – die «Dinge», und ebenso die Mitmenschen! «Wenn nicht alles immer nach deiner Mütze geht, dann bist du nicht gesund!» mag sich jemand gegen seinen Partner empören, der mit Nachdruck und Eifer seine Vorstellungen durchzusetzen sucht. Und tatsächlich, wenn diesem die Fäden entgleiten und die Dinge (oder Menschen) sich ohne oder gar entgegen seinem lenkenden Zugriff entwickeln, dann wird er von einer verdrossenen Nervosität erfaßt, die sich innerlich zur Angst und äußerlich zu grimmigem Zorn steigern kann. Angst wovor und Zorn worüber? Angst vor Überraschungen, spontanen Veränderungen, Chaos – vor *Kontrollverlust.* Zorn über all jene, die ihm mit ihrer Unberechenbarkeit immer wieder einen Strich durch die Rechnung machen und ihm seine Ohnmacht dreist vor Augen führen – «ihm» oder «ihr» –, Männer und Frauen können von dieser Strömung gleichermaßen erfaßt werden.

Die Angst vor Chaos und Kontrollverlust, vor »bösen» Überraschungen und überhaupt vor den Wechselfällen des Lebens führt im Extrem zu einer «zwanghaften» Lebensführung, in der pedantische Regelmäßigkeiten und Rituale, starre Normen und Prinzipien, ausgefeilte Planung und Organisation eine große Rolle spielen – mithin alles, was ein wenig Sicherheit und Berechenbarkeit in dieses gefährlich-wirre Leben bringt. Wo «alles fließt», können nur starke Gerüste Halt bieten. Riemann (1969) hat die zugrunde liegende Charakterstruktur trefflich beschrieben, und Thomann hat sie für den Zweck der Gesprächshilfe in einen beziehungsdynamischen Kontext gesetzt (Thomann und Schulz von Thun, 1988). Ich möchte an dieser Stelle vor allem wieder den Kommunikationsstil herausarbeiten, der sich mit dieser Strömung verbinden kann.

Abb. 34: Grundpose des bestimmenden-kontrollierenden Stils

Die von ihm (oder ihr) ausströmende Grundbotschaft enthält als unerschütterliche *Selbstkundgabe* «Ich weiß, was richtig ist!» Diese Gewißheit erstreckt sich von den alltäglichen Verrichtungen wie der Handhabung einer Zahnpastatube (von hinten aufrollen!) bis hin zu grundlegenden Fragen der Lebensmoral. Wenn sich alle mit Bedacht und Disziplin an die Regeln halten würden, dann könnte man dem Leben mit Ruhe und Zuversicht entgegensehen. Aber entsetzlich! Es gibt immer wieder Leute, die ihren eigenen Kopf haben, sich um nichts scheren und mit ihrem Flattersinn alles durcheinanderbringen, was mit Ordnung und Verstand so gut geregelt sein könnte. Diese Leute finden sich oft ausgerechnet in der allernächsten Umgebung – Partner, Kinder, Verwandte, Wohngenossen, Mitarbeiter und Berufskollegen: alle müssen erst noch auf den richtigen Weg gebracht werden – eine Sisyphusarbeit, weil die Menschen dazu neigen, mit Eigensinn auf ihren Irrungen und Wirrungen, auf ihren Vergeßlichkeiten und Nachlässigkeiten zu bestehen.

«Wo willst du jetzt wieder hin?» fragt nervös der Ehemann seine Frau, die «plötzlich und ohne ersichtlichen Grund» vom Kaffeetisch aufsteht. «Es steht doch alles da – Kaffee, Kuchen, Milch, Zucker, Bestecke –, alles vollständig und wie es sich gehört. Gott sei Dank. Also, was muß sie jetzt wieder aufstehen? Zur Toilette vielleicht? Geht man doch morgens! Wenigstens könnte sie doch ein Wörtchen sagen, wo sie jetzt hin will – wenn man Bescheid weiß, ist alles halb so schlimm! Aber sie hat ja immer ihren eigenen Kopf! Neulich kam sie doch eine geschlagene dreiviertel Stunde zu spät nach Hause, ohne auch nur einen Zettel hinterlassen zu haben! Und als sie endlich kam, brachte sie ‹als Überraschung› ihren Bruder aus Holland mit heim! Wie ich solche Überraschungen hasse! Man muß sich doch ein wenig einstellen können auf das, was auf einen zukommt. Die ersten eineinhalb Tage ist man überhaupt nicht ansprechbar! Dann hat dieser Herr Bruder seine ganzen Sachen auf die Wohnung verstreut, ist vor dem Frühstück spazierengegangen (hat natürlich den Haustürschlüssel nicht mitgenommen!), kam dann zum Frühstück, wo Kaffee wie immer in einer Porzellan- und einer Thermoskanne bereitstand. Ohne zu zögern nahm er sich Kaffee: aus der *Thermoskanne*!! Das darf doch wohl nicht wahr sein! Und dann war er auch noch beleidigt, als ich ihn entschieden bat, sich doch bitte zweckmäßigerweise zunächst aus der Porzellankanne zu bedienen! – Na ja, wenn so ein Gast wieder abreist, macht man natürlich drei Kreuze und räumt erst einmal gründlich auf.»

Die *Beziehungsbotschaft*, die vom Bestimmenden ausgeht, lautet: «Du kannst es nicht richtig, du weißt es nicht recht – wenn man dich dir selbst überlassen würde, dann kann es nicht gut ausgehen!» – Zwar ist daran auch etwas Entwertendes (und wird zum Teil so empfunden), aber im Gegensatz zur aggressiv-entwertenden Strömung besteht das Hauptziel hier nicht in der Herabsetzung des anderen, sondern darin, ihn zu ändern, zu formen, zu kontrollieren.

Die Einschätzung des Mitmenschen als jemand, der von sich aus nicht richtig handeln würde, macht es in seiner subjektiven Logik nötig, ihn mit *Appellen* auf den Weg zur Tugend, der Vernunft, der Ordnung und Zweckmäßigkeit zu führen. Die diesem Stil innewohnende Gefahr besteht darin, fremdes «Hoheitsgebiet» unbefugt zu betreten – immer muß mit der abwehrenden Reaktion gerechnet werden: «Was geht dich das an, was hast du mir da hineinzureden? Laß mich das doch machen, wie ich das will!» Typischerweise werden daher die Appelle nicht als persönliche Wünsche ausgesprochen und aus eigenen Bedürfnissen abgeleitet, sondern normativ, als Regel, im Namen eines höheren Gesetzes. Also

nicht	sondern
«Mir zieht es, würden Sie das Fenster schließen?»	«Während der Fahrt gehören die Fenster geschlossen.»

nicht	sondern
«Wartest du noch mal, Herbert? Ich hatte mir die Sitzordnung anders gedacht!»	«Aber Herbert, du kannst dich doch nicht einfach hinsetzen. Man wartet ab, bis einem der Platz zugewiesen wird!»
«Es stört mich, wenn du jetzt rauchst!»	«Beim Essen wird nicht geraucht!»

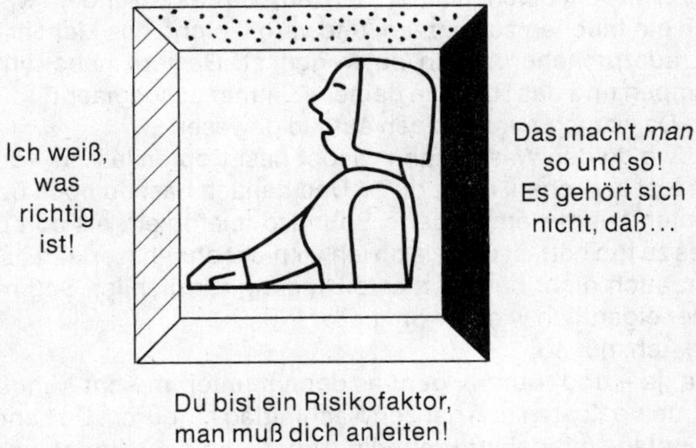

Abb. 35: Grundbotschaft des bestimmenden-kontrollierenden Stils

Es ist allein schon die Vielfalt der Appelle und Verhaltenskorrekturen, durch die sich der bestimmende Stil offenbart. Als Reinhard und Anne-Marie Tausch vor zwanzig Jahren in Klassenzimmern und Elternhäusern das verbale Verhalten der Erzieher beobachteten, stellten sie fest, daß das Ausmaß an *Dirigierung* (Lenkung, Bevormundung, Gängelung) enorm hoch war und den Kindern und Jugendlichen wenig Freiraum ließ, eigenständig und initiativ (statt abhängig und reaktiv) ihren Willen und ihre Gedanken zum Ausdruck zu bringen. Ein erdichtetes (und verdichtetes) Beispiel:

Vater (zu seiner sechzehnjährigen Tochter): Wie oft habe ich dir gesagt, du sollst die Haare nicht so wüst nach oben bürsten, Anna, wie sieht das denn aus!
Tochter: Ach, ist doch nur ein bißchen – bei den anderen…
Vater: Wir sind doch nicht die anderen, Anna! Und paß auf, daß du dich

warm anziehst – so kannst du meinetwegen in den geheizten Räumen herumlaufen, aber doch nicht draußen!
Tochter: Ja, Papa.
Vater: Und vergiß nicht, Herrn und Frau Eberling wenigstens guten Tag sagen – richte einen Gruß aus und sprich in ganzen Sätzen, nicht in deinem üblichen Telegrammstil…
Tochter: Ja, wenn ich dazu Lust habe!
Vater: Ach, Anna, das geht doch nicht nach Lust und Laune bei solchen Dingen. Wie oft habe ich dir schon gesagt…
Tochter: Etwa zweihundertmal bestimmt!
Vater: Ja eben, weil du dich immer wieder so schnoddrig aufführst – du mußt auch mal ein bißchen daran denken, wie das auf andere wirkt! Also reiß dich ein bißchen zusammen, und vergiß nicht, das Licht in deinem Zimmer auszumachen, wenn du weggehst. Gestern habe ich wieder zwei Lampen und das Radio in deinem Zimmer ausgemacht!
Tochter: Da war ich nur mal eben auf Klo gewesen…
Vater: …wo du den Wasserhahn wieder hast tropfen lassen – den mußt du ganz fest zudrehen, hörst du? – Und danach hast du noch über vierzig Minuten mit diesem Roberto Soundso telefoniert, als ob du nichts Besseres zu tun hättest und als ob ich dir nicht ohnehin erklärt hätte, daß dies nun auch nicht der allerbeste Umgang für dich ist. Sag mal, was wollte der eigentlich wieder von dir?
Tochter: Ach, nur so!
Vater: Ja, ja – und ‹nur so› geht es dann munter im Acht-Minuten-Takt und auf meine Kosten den ganzen Nachmittag hindurch. Du kannst dich doch sonntags mit deiner Freundin treffen und dann könnt ihr meinetwegen stundenlang über Gott und die Welt palavern – da hat doch niemand etwas dagegen. Aber ein für allemal will ich nicht, daß dieser Roberto dich von deiner Schularbeit abhält und uns das Telefon blokkiert. Und unter uns gesagt: Man sucht sich die Menschen doch ein bißchen aus, mit denen man Umgang pflegt! Wenn das so weitergeht, sehe ich dich schon irgendwo in der Gosse landen!
Tochter: Also, ich gehe jetzt!
Vater: Und vergiß den Schlüssel nicht wieder, und sei pünktlich zurück, ja?
Tochter: Wiedersehen!

Der bestimmende Stil kombiniert sich gern, wie in diesem Beispiel, mit dem aggressiv-entwertenden Stil und ergibt dann jenes «autoritäre Verhalten», das auch heute noch weit verbreitet ist; oder er kombiniert sich mit dem helfenden Stil zu einem aufdringlichen, zuweilen etwas geschwätzigen Beratungsverhalten, bei dem missionarische Predigten den Partner zu seinem Glück verhelfen sollen. Psychotherapeuten lernen in ihrer Ausbildung, ein rotes Alarmlämpchen aufleuchten zu sehen, sobald sie anfangen, mit Engelszungen ihren Klienten bestimmte «Einsichten» nahezulegen. Die Faustregel lautet: Was du anderen predigst, predigst du dir selbst! Paß auf, daß du nicht unbewußt deine eigenen Angelegenheiten beim Klienten verfolgst; paß auf, daß du ihn nicht dazu benutzt, dir selbst etwas einzureden, wogegen du offenbar erheblichen psychischen Widerstand aufbringst.

Wahrscheinlich liegt in der Übertragung innerseelischer Anliegen auf zwischenmenschliche Zielsetzungen einer der Schlüssel für jene direktive Einstellung, die den Mitmenschen als einen Risikopatienten ansieht, den man dringend heilen, formen, «in den Griff kriegen» muß. Vielleicht hat der Bestimmende Anlaß, *sich selbst mit aller Macht in den Griff kriegen zu müssen?* All seine Prinzipien und Reglementierungen, all seine Anstandsregeln und Dogmatismen mögen ein gewaltiges Bollwerk sein, errichtet gegen jene unberechenbaren Größen seiner Innenwelt, die – tief in die Unterwelt verstoßen – nur darauf warten, ein Schlupfloch im Bollwerk zu finden, um ihr sündiges, gieriges, maßloses, bestialisches, chaotisches Wesen mit unberechenbarer Wucht zu entfalten und die Oberwelt damit zu überfluten ... – Das seelische Axiom könnte so lauten:

> **«Ich bin voll von chaotischen, sündhaften, unvernünftigen Impulsen – nur wenn ich mich an strenge Regeln halte, kann ich mich in der Gewalt haben und ein anständiger Mensch bleiben.»**

Menschen, die von diesem inneren Glaubenssatz durchströmt sind, müssen in ihrer Kindheit etwas im Übermaß durchgemacht haben, was – wenn auch nicht «naturgemäß», so doch aber «kulturgemäß» in jeder Sozialisation vonstatten geht: die zunehmende Kontrolle über sich selbst, angefangen bei der Ausscheidung bis hin zu allen Impulsen, die zunächst ungefiltert aus dem «Es» (wie Freud diesen Urquell der Seele nannte) emporkommen, wie z. B. Lärm machen, draufhauen, etwas kaputtbrechen, treten, spucken, im Matsch suhlen, onanieren, beißen, gierig und ohne Manieren essen usw. – Durch Vorbilder, Belohnung und Strafe sowie durch viele Erklärungen, was man wann tut und was sich nicht gehört, wird (mehr oder minder) erreicht, daß die vitale und wildwüchsige Vielfalt möglicher Verhaltensweisen eingeschränkt und in geordnete Bahnen gelenkt wird. Das Ergebnis ist der zivilisierte Mensch, der im Gegensatz zum «ungehobelten Flegel» sauber, sittsam und diszipliniert sich an all jene Regeln hält, die das Zusammenleben erleichtern (sollen). Übrigens sind die Vorstellungen darüber, was als sittsam und anständig zu gelten hat, einem starken historischen Wandel unterworfen. So fand im Mittelalter niemand etwas dabei, wenn bei Tisch laut gerülpst und gespuckt, das Essen mit (ungewaschenen) Händen aus dem gemeinsamen Gefäß genommen und in Tischnähe uriniert wurde (Elias, 1976). Man tat sich also, aus unserer heutigen Sicht, «keinen Zwang an».

Dieser zunehmende Zwang ist Kennzeichen unserer Zivilisiertheit. Es läßt sich damit leben, manche Sitten haben sich wieder gelockert, und kein Kind wird neurotisch, wenn es anständige Tischmanieren lernt und einen Teil seiner wildwüchsigen Impulse kontrolliert.

Wenn dieser ganze Vorgang aber mit zu frühen Forderungen und Vorschriften, Strenge oder sehr starren engen Vorstellungen darüber betrieben wird, was als sittsam und anständig anzusehen ist, und wenn jedwede verbotene Regung schwer geahndet und mit dem vernichtenden Brandmal der Sündigkeit und Bösartigkeit verfolgt wird, und wenn Anflüge von trotzigem Aufbegehren mit doppelt harter Strafe belegt und schließlich «ausgemerzt» wurden – dann bleibt dem Kind nur, diesen Zwang von außen zu verinnerlichen und mit Unerbittlichkeit gegen seine vitalen Impulse, gegen sich selbst einzusetzen. Das «liebe, brave Kind» wächst zum «anständigen Menschen» heran, in dessen Seelenleben ein Polizeistaat herrscht. Ein ewiger Kampf steht bevor, bei dem die Waffen der «Selbstdisziplin» und «Selbstbeherrschung» immer wieder «nachgerüstet» werden müssen, denn der unterdrückte Feind hat sich zu einer starken Untergrundbewegung formiert.

Da es eine menschliche Eigenart zu sein scheint, innere Kriegsschauplätze nach außen zu verlagern, werden nun auch die Mitmenschen als leibhaftige Träger verbotener Regungen erspäht, die strenge Kontrolle der eigenen Unterwelt auf die Kontrolle der fehlgeleiteten Mitwelt verlängert. Politisch zeigt sich diese Tendenz im konservativen Urbedürfnis, den Bürger an die Kandare zu nehmen, «law and order» zum obersten Leitprinzip zu wählen, jeden Regelverstoß gleich als «Terror» zu empfinden, sowie in der schnellen Bereitschaft, die Gesellschaft von jenen «Elementen» zu «säubern», die sich als «Chaoten» gebärden oder sonstwelche Züge aufweisen, die sie als «Unkraut» im wohlgepflegten Schrebergarten erscheinen lassen. Im zwischenmenschlichen Nahkontakt zeigt sich diese Tendenz darin, daß der Kontrollierende uneingestandene Eigenimpulse «vorsorglich» seinem Gegenüber unterstellt und den missionarischen Kreuzzug startet.

Betrachten wir noch einmal unseren Beispiel-Vater aus dem Muster-Dialog. Die «wüsten» Haare und die sparsame Bekleidung seiner Tochter wären vielleicht geeignet, jene Lüsternheit in ihm selbst wachzurufen, die er sich streng versagt. Um so nervöser sein Argwohn, daß andere Männer darauf ansprechen werden – und von da ist es nur noch ein kleiner Schritt bis zur Gosse, in der die Tochter unweigerlich landen wird, wenn er nicht eingreift. Selbstverständlich ist jeder Mann, der ihr nahekommt, («dahergelaufen kommt») «der falsche Umgang» – erstens will er ohnehin nur das eine, und zweitens droht er die Tochter der väterlichen Einflußsphäre zu entziehen. Dieser Macht- und Kontrollverlust macht ihn eifersüchtig, ohne daß er sich dies eingestehen würde. Vielmehr äußert er sich auf der «sachlichen» Ebene: die ungelöschten Lampen, der Wasserhahn, die Telefonrechnung, die Pünktlichkeit. Und daß die Tochter «sich ein bißchen zusammenreißen» möchte – diese Mahnung kann als jene allgemeine Lebensempfehlung angesehen werden, die einzuhalten er selbst sich doch immer so bemüht hat, wenn auch auf Kosten von Lebensfreude, Spontaneität und Gefühlsintensität.
Folgendes mag hinzukommen oder sogar ausschlaggebend sein: Wenn der Kontrollierende sich nach Kontakt sehnt, sein Partner aber (wie im Beispiel die Tochter) sich von ihm innerlich entfernt, dann kann er angesichts der empfundenen Kränkung seinen Kontaktwunsch nur durch sein «Hausmittel» zur Geltung bringen – und das ist nun einmal das Reglementieren und Bevormunden. Tragischerweise ist dadurch die Botschaft «ich möchte mehr Kontakt zu dir» bis zur Unkenntlichkeit verdeckt. Der/die andere soll es auch gar nicht hören, denn das hieße ja, die eigene Bedürftigkeit spüren zu müssen und so einen kleinen Teil an Selbstkontrolle aufzugeben. Damit geriete aber das ganze System ins Wanken.

6.2 Der systemische Blickwinkel

In den Partnern eines Menschen, in dem die bestimmende Strömung dominiert, entsteht typischerweise ein zwiespältiges Gefühl von Erleichterung und Empörung. Je nachdem, welcher Anteil dieser Ambivalenz die Oberhand gewinnt, entstehen zwei verschiedene Kreisläufe, die wir uns nun der Reihe nach anschauen wollen. Dabei ist allerdings im Blick zu behalten, daß beide Kreisläufe in Form offener und verdeckter Teile gleichzeitig existieren können.

Großmeister und Musterschüler. Auf der einen Seite bietet der Bestimmende seinen Mitmenschen durch seine Bestimmtheit und Verläßlichkeit einen gewissen Halt. Wer im Land der Grautöne wandelt, ist manchmal dankbar, wenn jemand klare Vorstellungen von schwarz und weiß hat. Kinder und Jugendliche bedürfen einer solchen Führung als leitende Orientierung ebenso wie um sich daran zu reiben und abzugrenzen. Und auch für den Erwachsenen kann es herrlich entlastend sein, wenn jemand ihm oder ihr sagt, was zu tun ist! Besonders unter dem Einfluß der bedürftig-abhängigen (Kap. III, 1) und der selbst-losen Strömung (III, 3) sprechen wir gerne «Einladungen» an unsere Partner aus, die bestimmende Haltung einzunehmen:

– «Wie soll ich denn das jetzt machen?» (bedürftig-abhängiger Stil),
– «Sag, wie du mich haben willst!» (selbst-loser Stil).

Der *anti*-antiautoritäre Witz aus dem Schulbereich verweist auf diesen menschlichen Zug, indem er die Schüler fragen läßt:
«Dürfen wir heute tun, was wir sollen – oder müssen wir wieder tun, was wir wollen?»
Ebenso Erwachsene:
«Bei den meisten Gruppen habe ich bemerkt, daß sie zu Beginn ihrer Arbeit nach einem ‹Vater› suchen: man hält Ausschau nach *der* Person, der man Kompetenz und Führungsqualitäten zuschreibt und die deshalb Sicherheit und Geborgenheit bieten kann. Zu diesem Zweck wird einfach eine Person in der Gruppe ‹ausgeguckt›, von der man einige dieser Qualitäten erwartet. Die Schüler hoffen, daß der Lehrer sagt, was getan werden soll; die Bürgergruppe erwartet vom Sozialarbeiter konkrete Handlungsanweisungen; in der Volkshochschule starren alle auf den Dozenten in der Erwartung, daß er endlich anfängt und sagt, ‹wo es langgeht›, und in der Hochschule ist jedes Seminar zunächst auf die Person des Lehrenden zentriert.» (Hinte, 1986, S. 131).
Dieser bedürftig-abhängige Wind, der dem Leiter, (Hochschul-)Lehrer, Trainer entgegenschlägt, enthält für ihn eine große Versuchung: Das Machtgefühl zu genießen, wenn alle «nach der eigenen Pfeife tanzen». Macht er sich dies nicht bewußt, wird er die Situation wieder und wieder so gestalten, daß er seine Allmacht feiern und die Abhängigkeit der Teilnehmer verewigen kann. In Verbindung mit der sich-beweisenden Strömung beginnt hier eine kleine Guru-Karriere. Und Achtung! Drogen machen abhängig, und die Dosis muß gesteigert werden, um noch dieselbe Wirkung zu erzielen. Unbewußt wird er bedürftig-abhängige Regungen seiner Teilnehmer mit wohlwollender

Zuwendung verstärken, wird ihnen ein Lächeln schenken, wenn sie in gläubigem Staunen seine «Sätze von bleibendem Wert» mitschreiben. Dieser zwischenmenschliche Kreislauf ist einer emanzipatorischen (Erwachsenen-)Pädagogik entgegengesetzt, er erzeugt eine Polarisierung in Großmeister und Musterschüler:

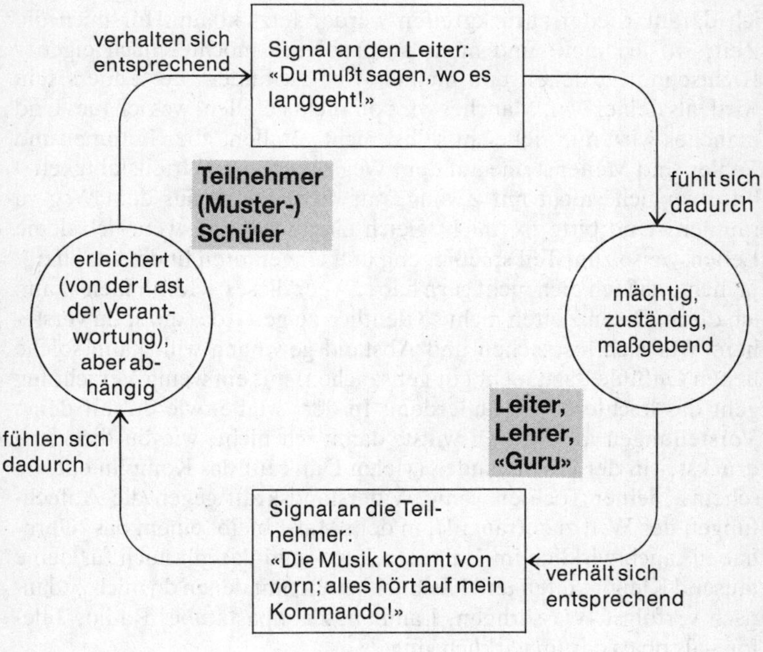

Strenge Eltern und chaotisch-rebellierende Jugend. Die andere Hälfte der Ambivalenz (Empörung) gewinnt beim Partner in dem Maße die Oberhand, wie er den Wunsch nach Freiheit und Entfaltung in sich zu spüren und die Marionettenfäden als Fessel zu empfinden beginnt. Der entstehende Teufelskreis läßt sich am eindrücklichsten an der Beziehung zwischen «strengen» Eltern und ihren heranwachsenden Kindern demonstrieren. Die Beziehungsbotschaft des Dauer-Appells «Mach mir keine Dummheiten!» wird als ehrenrührig empfunden und bewirkt genau das Gegenteil: Jede «Dummheit» ist nun gut genug, um zu demonstrieren, daß man ein Leben nach der eigenen

Richtschnur begründen will. Hätte der ununterbrochene Redefluß aus Vorhaltungen und Ermahnungen die Tochter nicht längst zum Verstummen gebracht, hielte sie ihrem Vater (vgl. S. 173ff) vielleicht entgegen:

«Du hast mir nun mein Leben lang mit Rat und Tat zur Seite gestanden – ich danke dir dafür, und es wird vielleicht Momente geben, wo ich darauf wieder zurückgreifen werde. Jetzt kommt für mich die Zeit, wo ich mehr und mehr ausprobieren möchte, nach eigener Richtschnur zu leben und meinen Weg zu finden, der anders sein wird, als deiner war. Manches wird dir nicht gefallen, was ich tue. Und manches wird mir vielleicht selbst nicht gefallen, aber Irrtümer und Fehler sind Meilensteine auf dem Weg zur eigenen Urteilsfähigkeit – bitte versuche nicht mit Zwang, mir diese Steine aus dem Weg zu räumen. Und bitte, sei nicht gleich eingeschnappt, wenn ich deine Lebensweise zum Teil spießig, eng und eingefahren finde – das heißt ja nicht, daß ich dich nicht gern habe. Aber dieses «Gernhaben» kann ich dir in diesen Zeiten nicht so deutlich zeigen – das mußt du verstehen: Wer sich losmachen und Abstand gewinnen will, kann solche lieben Gefühle dazu nicht gut gebrauchen; mit ein wenig Verachtung geht das leichter. Und außerdem: In dem Maße, wie du mir deine Vorstellungen aufdrücken willst, damit ich nicht, wie du dich ausdrückst, «in der Gosse lande» (vielen Dank für das Kompliment, du scheinst deiner Tochter wenig Widerstandskraft gegen die Anfechtungen der Welt zuzutrauen!), in dem Maße bleibt einem das ‹Gernhaben› auch wirklich im Halse stecken – und das gilt auch für deine tausend Kleinigkeiten und Kleinlichkeiten, mit denen du mich pedantisch verfolgst: Wasserhahn, Lampen, Zahnpastatube, Radio, Telefon –als ob es darum wirklich ginge!»

Statt dessen kommt diese Botschaft eher in Form einer «genervten» Gereiztheit herüber, verbunden mit taktierenden Kunstgriffen im Umgang mit der elterlichen Macht. Es entsteht der typische Teufelskreis, daß die Eltern sich angesichts der zunehmenden Mißachtung ihrer Anweisungen genötigt sehen, die Kontrolle grimmig zu verschärfen, um wenigstens dem Schlimmsten «einen Riegel vorzuschieben». – Die Kinder reagieren, indem sie ihre Ausbruchsenergie steigern und dabei pfiffiger vorgehen; sie geraten in eine feindselige Stimmung gegen die «Wächter» und sind immer weniger bereit, sie noch in irgendeiner Weise an ihrem Leben teilhaben zu lassen:

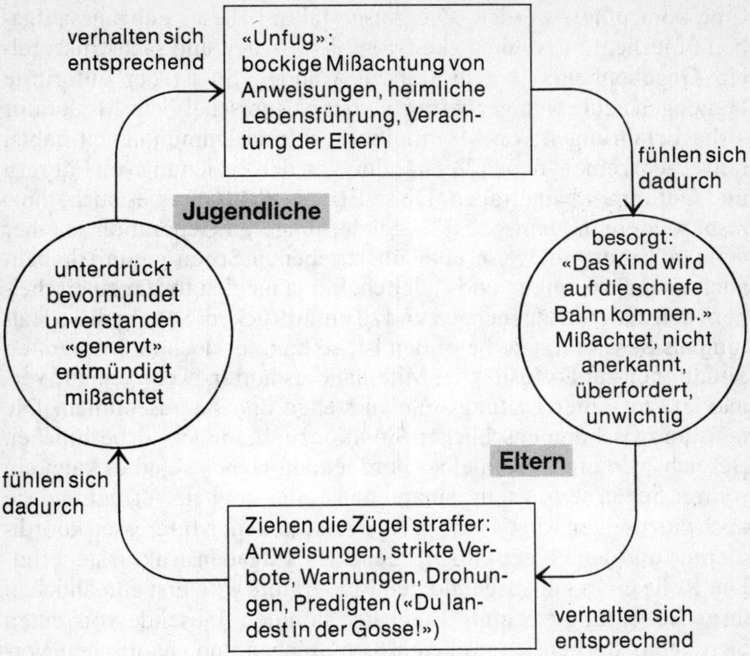

Die «dicke Luft», die dieser Teufelskreis produziert, hat zwar den Vorteil, daß sie es beiden Parteien erleichtert, die anstehende Loslösung emotional zu vollziehen (und darin liegt vielleicht der heimliche Sinn); gleichwohl kann auch hier, wie so oft, die «Lösung» in ihren seelischen Folgekosten schlimmer werden, als es das «Problem» je gewesen ist.

6.3 Richtungen der Persönlichkeitsentwicklung

In vielen beruflichen Bereichen ist der bestimmende-kontrollierende Stil gefragt, besonders auf der Führungsebene. Um das komplexe Miteinander in Systemen und Institutionen aller Art koordinierend zu gestalten, bedarf es gewisser «Führungsqualitäten»: Mit Übersicht und Planung müssen ordnungsstiftende Strukturen gesetzt und durchgesetzt werden; klare Weisungen müssen erteilt und ihre Durchfüh-

rung kontrolliert werden. Die Ausgestaltung dieser Führungsaufgaben unterliegt in Abhängigkeit von historischen und sachstrukturellen Gegebenheiten einem starken Wandel. So ist der autoritäre Haudegen heute weniger gefragt als der partnerschaftliche Moderator – die Erfahrungen von Machtmißbrauch und Unmündigkeit haben teilweise zu einem neuen Verständnis von der Beziehung von Führern und Geführten beigetragen. Diese Erfahrungen waren es auch, die – insbesondere in Deutschland – bei der jüngeren Generation zu einer verständlichen, teilweise aber übertriebenen Scheu geführt haben, auch einmal zu lenken und zu leiten, um ja nicht autoritär zu erscheinen, den anderen einzuengen und zu unterdrücken. So sehr diese Haltung als Sensibilität zu begrüßen ist, so kann es doch in bestimmten Situationen zur Diffusität des Miteinanders führen, wenn jemand vermeidet, zu seiner Leitungsrolle zu stehen und sie auszufüllen. Die meisten zwischenmenschlichen Situationen, besonders im beruflichen Bereich, verlangen nach einer «ordnenden Hand». Und es kann ein wahrer Segen sein, wenn jemand da ist, der über sie verfügt und sie auch einzusetzen wagt – sensibel die verschiedenen Interessen koordinierend und den Prozeß entsprechend der Aufgabenstruktur steuernd. Die Rolle eines gut ausgebildeten Moderators wird erst allmählich in ihrer Bedeutung erkannt. Tagtäglich könnten Tausende von zähen Sitzungen, sterbenslangweiligen Konferenzen und chaotischen Versammlungen vitaler, effektiver und erfreulicher verlaufen.
Mit dem Bestimmen, Leiten, Einflußnehmen, Kontrollieren, Korrigieren und Intervenieren ist die eine Seite einer Wertepolarität angesprochen, die als besonders «westlich»gilt und auf der Gegenseite ein ausgleichendes Prinzip herausfordert, das im Geschehen– und Gewährenlassen besteht und eher als «östliche» Tugend angesehen wird. Verfolgen wir einige Varianten dieser grundlegenden Polarität in verschiedenen Lebensbereichen und halten wir dabei nach den Entwicklungsrichtungen Ausschau, die für den «Bestimmenden-Kontrollierenden» zur Integration der Gegensätze führen können. Ich bespreche zunächst Aspekte des zwischenmenschlichen Umgangs, später dann auch Aspekte des Umgangs mit sich selbst.

Nondirektive Gesprächsführung. Eine heilsame Kur für den Bestimmenden ist das Erlernen der nicht-direktiven Gesprächsführung nach Carl Rogers, die zur Grundausbildung des Psychologen gehört. Hier kommt es ausschließlich darauf an, dem Gesprächspartner auf *seinen* Spuren zu folgen, um ihm bei der Ausrichtung *seines* Kompasses behilflich zu sein und bei der Suche nach Lösungen zu unterstützen, die *ihm* entsprechen und wesensgemäß sind; eigene Ratschläge, ja sogar Strukturierungshilfen für die Weiterführung des Gespräches (etwa Fragen wie: «Hast du auch schon einmal daran... gedacht?») sind streng verpönt. Wer sich zum ersten Mal in dieser Art von Gesprächsführung versucht, merkt rasch, wie schwer es fällt, sich all jenes zu «verkneifen», was doch geeignet scheint, das Gespräch und die Problemlösung in die «richtige Bahn» zu lenken. Daß man seine Kinder, Ehepartner, Kollegen und Untergebene darin unterstützen kann, den ihnen gemäßen Weg zu finden und daß dadurch keine Katastrophen passieren – dies kann zu einer aufregenden Entdeckung und zu einer Wendemarke im eigenen Leben werden, wenn der Kontrollierende diese Gesprächsweise nicht nur als vorübergehend anzuwendende Technik, sondern als mögliche Qualität eines echten Kontaktes begreift. Und wie wäre es, wenn er sich auch selbst einmal so behandeln würde? Sich von den selbstgesetzten strengen Richtlinien lösen und stattdessen dem inneren Strom spontaner Impulse und Gedanken aussetzen würde?

Direktivität und Nondirektivität in Pädagogik, Therapie und Erwachsenenbildung. Die Polarität von Direktivität und Nondirektivität hat nicht nur für die Gesprächsführung, sondern allgemein für den Umgang mit Menschen eine große Bedeutung. Sehr deutlich zeigt sich dies in der *Pädagogik*. Bis in unsere jüngste Vergangenheit hinein und noch heute war und ist die Erziehung eine Domäne der bestimmenden Strömung, die sich hier in, wie wir jetzt ermessen können, unheilvoller Weise geradezu austobt. Die häufig gebrauchte Metapher vom Bildhauer, der aus Rohgestein eine Gestalt nach eigenen Vorstellungen formt, reicht nicht aus, um die Mentalität jener «schwarzen Pädagogik» zu kennzeichnen, wie sie zum Beispiel von Alice Miller (1980) nachgezeichnet wurde. Denn während das Rohmaterial des Bildhauers bloß ungeformt und gleichsam im Zustand der Unschuld erscheint, ist die schwarze Pädagogik eine entschlossene Kriegserklärung an die kindliche Seele, welche in ihrer kraftvollen Vitalität, ihrem Eigensinn und ihrer Gefühlsintensität als geradezu «teuflisch» empfunden wird, da sie den Erzieher in seinem zwanghaften Gleichgewicht bedroht. Es muß dann nicht bloß «geformt», sondern der kindliche Wille «gebrochen», seine Fehler «ausgemerzt» und seine Lebendigkeit mit «Zucht und Ordnung» diszipliniert werden.

Die so mißhandelten Kinder sind die Peiniger von morgen. Da sie gezwungen waren, ihr inneres Wesen als böse zu empfinden und den strengen Gefängniswächter, der die zu «lebenslänglich» verurteilten

Impulse in Schach hält, zu verinnerlichen, werden auch sie als Erwachsene diesen Verfolger und Wächter gegen ihre eigenen Kinder einsetzen. Wenn das, was man bei sich selbst nur mit Mühe und Verkrampfung zum Verstummen gebracht hat, im anderen laut wird – oder auch nur leise anklingt –, so ist das ein schmerzhafter, ruhestörender Lärm, mehr noch: eine dreiste Fahne der Provokation, die den gerechten Zorn und den Fanatismus des Tugendwächters herausfordert, der prompt antritt, all dies erneut zum Verstummen zu bringen. Dieser Mechanismus der Projektion läßt die eigenartige Tendenz der Menschen verstehen, ihre eigene Verbogenheit zum Ideal zu erheben und andere daran zu messen, zu beurteilen und zu «behandeln». Indem das Kind mit diesen Maßstäben konfrontiert wird, beginnt es jene unselige Differenz zwischen «So bin ich» und «So sollte ich sein» zu spüren, die wiederum den Grundstein für Schuld- und Minderwertigkeitsgefühle, den Grundstein für die eigene Verbogenheit legt.
Soweit wir von der bestimmenden Strömung regelhaft durchdrungen sind, stellen uns nun die Vertreter der pädagogischen Gegenbewegung aufregende Lektionen bereit:
«Unsere Aufgabe als Erzieher ist es nicht, unsere Kinder zu formen, sondern ihnen die Möglichkeit zu geben, sich zu offenbaren» (Maria Montessori). Während meines Studiums war ich sehr beeindruckt, wie mein Professor Reinhard Tausch eine nicht-direktive Pädagogik in seiner Praxis als Lehrer und Hochschullehrer umsetzte. So gab er einer Schulklasse von Zwölfjährigen Unterrichtsstunden über Italien oder über Picasso. Nachdem er sich als Ersatzlehrer vorgestellt und ein Bild von Picasso in den Raum gestellt hatte, «begnügte» er sich damit, die spontanen Eindrücke der Kinder nachzuvollziehen und zurückzuspiegeln, nach meiner Erinnerung etwa in der Art:

Mädchen: Man kann gar nichts erkennen!
Lehrer: Du bist erstaunt, daß du auf dem Bild gar nicht erkennen kannst, was es darstellen soll.
Mädchen: Höchstens Salat. (Lacht)
Lehrer: Tja, als ob alles durcheinanderginge.
Junge: Doch, da unten könnte man einen Hahn drin sehen.
Lehrer: Jetzt erkennst du etwas, einen Hahn – aber du zweifelst, ob er da gezeichnet ist oder ob du ihn nur hineinsiehst?»
Junge: Ja, so wie bei Wolken. – usw.

Die Lehrer, denen wir solche Video-Bänder vorspielten, waren sehr erstaunt: Was wurde den Schülern denn hier «beigebracht»? Wurde nicht alles über den Haufen geworfen, was in ihrer Ausbildung eine Rolle gespielt hatte: Die Art des Vorgehens in didaktischer und methodischer Hinsicht vom Lehrziel her zu bestimmen, die Schüler durch zielorientiertes Lehrgespräch zu bestimmten neuen Erkenntnissen hinzuleiten? Das selbstverständliche

«Ich bringe euch dorthin, wo ihr aufgrund meines (und der Lehrplangestalter) pädagogischen Weitblicks hin sollt!»

war hier grundlegend in Frage gestellt und ersetzt durch eine Haltung des

«Ich folge euch dorthin, wo ihr seid – mit euren Gedanken, Empfindungen, Gefühlen und persönlichen Werturteilen –, indem ich euch ernst nehme und zurückspiegele, was ich von euch verstanden habe, ermutige ich euch, weiterzudenken und euren Empfindungen zu trauen.»

Eine solche Haltung hat nur Sinn im Zusammenhang mit der anthropologischen Überzeugung, daß bedeutsame Entwicklungsschritte sich «von selbst» vollziehen und nicht von außen «gemacht» werden können – förderliche zwischenmenschliche Bedingungen vorausgesetzt. Der Vorstellung vom «Bildhauer» wird hier völlig widersprochen, eher eignet sich das Bild von einem «Gärtner», der, anstatt an der Pflanze kräftig zu ziehen, nur die äußeren Bedingungen (Licht, Boden, Wasser) günstig gestaltet und sich ansonsten davor hütet, etwas zu stören, was nur aus sich heraus wachsen kann. Es war das Lebenswerk des 1987 verstorbenen Carl Rogers, die für die persönliche Entwicklung eines Menschen förderlichen zwischenmenschlichen Bedingungen erforscht und in Psychotherapie und Pädagogik vorgelebt zu haben. Ich will hier nur den wichtigsten Kerngedanken herausstellen, der für die nondirektive (klienten-, personenzentrierte) Gesprächspsychotherapie kennzeichnend ist: Ein Mensch verändert sich grundlegend nicht dadurch, daß ein «Profi» ihn nach den Regeln der Kunst diagnostiziert und «behandelt», sondern dadurch, daß ein anteilnehmender Mitmensch eine Beziehung zu ihm eingeht, die durch Echtheit, Akzeptierung und Empathie (Einfühlung) gekennzeichnet ist. Gemäß dem *paradoxen Gesetz der Veränderung,* wonach Entwicklung und Veränderung sich dann ereignen, wenn ich mich so akzeptiere, wie ich bin, enthält sich der Therapeut jeglicher Ratschläge, Belehrungen und sanfter Ermahnungen, so daß der Klient – ohne seine Energien übermäßig in Abwehr zu binden – sich selbst tiefer und tiefer erforschen und nach und nach auch jene Seiten akzeptieren kann, die er vorher als beschämend oder bedrohlich empfunden hat.

Daß es diese Art von therapeutischer *Beziehung* ist und nicht eine veränderungsorientierte *Behandlung*, die als Grundlage der heilsamen Entwicklung zutage getreten ist, dies will gerade dem zwanghaften Menschen schwer in den Kopf. In der Rolle des Beraters wird ihm zunehmend unwohl und «kribbelig», wenn er seinem Gesprächspartner nicht bald eine Lösung oder wenigstens einen bedeutsamen Fingerzeig bieten kann. Daß er diesem mit seinem Zuhören geholfen hätte, und zwar nicht *trotz,* sondern gerade *wegen* seines fehlenden «Eingreifens» – das scheint ihm die Gesetze der Welt auf den Kopf zu stellen. – Und tatsächlich läuft er mit dem nondirektiven Ansatz ein Risiko, etwa im Umgang mit seinen Kindern: diese könnten sich in eine andere Richtung entwickeln, als er dies vorgesehen hat! Daß es nicht nur einen, sondern viele Wege nach Rom gibt, ja daß manche vielleicht gar nicht nach Rom wollen – diese Erkenntnis ist ihm eine «Kröte», die er erst noch schlucken und vor allem verdauen muß.

Für uns Studenten und junge Psychologen war dieser «nondirektive Ansatz» damals (Ende der sechziger Jahre) eine große Offenbarung, und wir zögerten nicht, ihn in Lehrer- und Elternkursen 110%ig weiterzugeben. Dabei haben wir ein wenig das Kind mit dem Bade ausgeschüttet: Indem wir die Pädagogik und zwischenmenschlichen Beziehungen überhaupt um alles Direktive bereinigen wollten, trugen wir auch zu ihrer Verarmung bei. Weil wir uns selbst zum «Spiegel-Roboter» reduzierten, leisteten wir einer neuen Kontaktlosigkeit Vorschub und ließen das nondirektive Verhalten zu einer Masche verkommen. Zudem machten wir den Fehler, dieses Verhalten auch solchen, meist jungen Lehrern nahezubringen, die zur Linderung ihres Praxisschocks zunächst einmal etwas ganz anderes hätten lernen müssen, nämlich *sich durchzusetzen* und eine Klasse zu führen (vgl. S. 140). Ich habe noch jene trostlosen Rollenspiele vor Augen, in denen ein verzweifelter Lehrer, derweil seine «Schüler» mit Gejohle über Tische und Bänke gingen, seinen nondirektiven Ansatz nun wenigstens bei einem einzigen Schüler im Nahkontakt versuchte. Das Rollenspiel entsprach der Wirklichkeit, und die Verzweiflung des Lehrers und sein Gefühl von permanenter Niederlage wurde nur notdürftig durch das (von uns Trainern unterstützte) Gruppengefühl wettgemacht, zur progressiven Avantgarde zu gehören, die –im Gegensatz zu «manch anderen Kollegen» – autoritäre Mittel ablehnte. So halfen wir dabei, eine Schwäche zu kultivieren und ideologisch zu vergolden.
Aus all diesen Gedanken konstruiert sich das pädagogische Werte- und Entwicklungsquadrat in der folgenden Struktur:

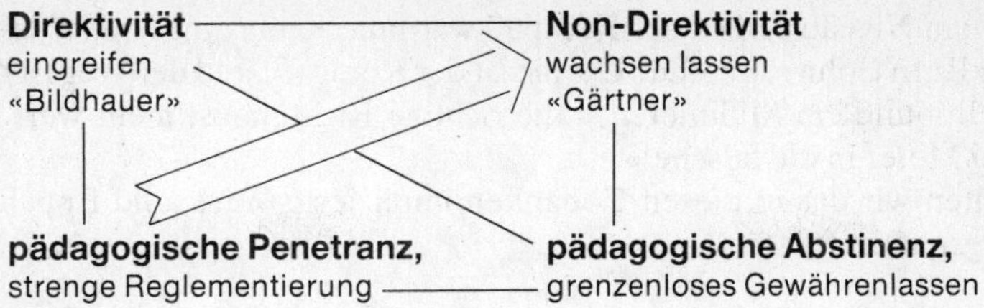

In ihrer «Themenzentrierten Interaktionellen Methode» (TZI) hat Ruth Cohn (1975) das Gleichgewicht von

Struktur und Prozeß
Planung und Improvisation
Intervention und Geschehen lassen
Verhaltensregeln und Ermutigung zur persönlichen Eigenart

glänzend gelöst. Bei ihr lernte ich sowohl die strukturierende Planung einer Sitzung (Themenformulierung, Verlaufsplanung – welche Übung in welcher Zusammensetzung, Wechsel von Großgruppe und Kleingruppe etc.) als auch die Ermöglichung eines spontanen Prozesses, wobei es darauf ankam, dem Raum zu geben, was im Raume war – dabei auszuhalten, daß das unplanbare Geschehen manchmal alle Planung durchkreuzte – und trotzdem (oder gerade dadurch) zu etwas führte, was die Gruppe sowohl thematisch als auch in Hinblick auf die zwischenmenschlichen Beziehungen weiterbrachte. «*Zulassen statt machen*!» notierte ich mir wiederholt in mein Gruppenleiter-Rezeptbuch – und «*Ich darf direktiv sein*!» – denn erstens bekenne ich mich durch klare, strukturierende Anweisungen zu meiner Leiterrolle und laufe so nicht Gefahr, die Wahrheit der Situation zu vernebeln; und zweitens gilt als Meta-Regel «*Sei deine eigene Chairperson*!», das heißt, entscheide du, Teilnehmer, in jedem Augenblick für dich selbst, ob du einer Instruktion folgen willst oder nicht! – Unter diesem Vorzeichen werden klare Anweisungen keinen Untertanengeist züchten, sondern – im Gegenteil – den Mut, sich einer Autorität zu widersetzen, erst ermöglichen.

TZI hat mit seinen Strukturen und Regeln jenes Kind gerettet, das wir auf der Suche nach einer empanzipatorischen Pädagogik zunächst mit dem autoritären Bade ausgeschüttet hatten. Die Aufgabe für den Gruppenleiter und Pädagogen wurde damit nicht einfacher, sondern eher schwieriger – die Rolle des «partizipierenden Leiters› erforderte eine Integration von Handwerkzeug und persönlicher Substanz auf

hohem Niveau – aber der Kompaß war nun richtig eingestellt, denn, wie Ruth Cohn sagt: «Die Utopie ist der Kompaß, und der Weg ist das Ziel! – und ein Millimeter in die richtige Richtung ist mehr wert als drei Meter in die falsche!»
Halten wir das in diesen Gedanken implizierte Wert- und Entwicklungsquadrat fest:

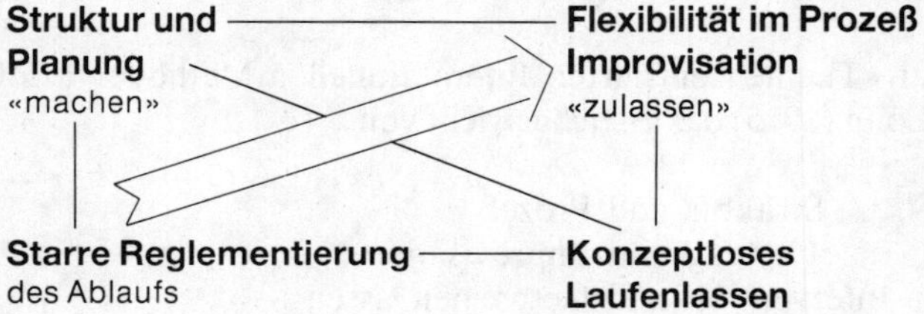

Selbstkontrolle und Sich-Zulassen. Die Behandlung, die ich anderen Menschen zuteil werden lasse, steht in engem Zusammenhang mit der Art, wie ich mit mir selbst umgehe; eine tiefgreifende Persönlichkeitsentwicklung wird beide psychischen Aktivitäten gleichzeitig umfassen. Wenn ich dazu neige, meine Mitmenschen zu kontrollieren und zu lenken, zu erziehen und zu schulmeistern, sie unter Druck zu setzen, bloß alles richtig zu machen – dann wird auch in mir selbst ein Kontrollwächter sein, der mich kritisch beäugt, an die Kandare nimmt und mir so leicht nichts durchgehen läßt.
Mit Sätzen wie
– «Man muß immer . . . (gerecht, pünktlich, zuverlässig . . .) sein!»,
– «Du solltest jetzt aber . . .»,
– «Du kannst doch nicht einfach . . .»,
– «Reiß dich zusammen, Haltung bewahren!»
hat er mich fest im Griff – Selbstdisziplin und Selbstkontrolle lauten die überwertig gelebten Tugenden dieser Daseinsform, sich ständig und vollständig «in der Gewalt» zu haben, gilt als Persönlichkeitsideal. Um die starke Kontrolle etwas lockern zu können, müßte der Bestimmende mit der gewaltigen Angst fertig werden, die dann frei würde und die sich in frühkindlicher Prägung an die vitalen Impulse geheftet hat: «Wehe, wenn sie losgelassen . . .!» Es ist die Angst, «sich zu vergessen», Ausbrüchen von unkontrollierbarer Wucht ausgesetzt zu sein – wer weiß, was aus der Schlangengrube alles hochzüngelt und zischt: Aggressionen von mörderischer Gewalt vielleicht, unbezähmbare sexuelle Gier oder andere sündige Urgewalten? Vielleicht auch

nur starke Gefühle überhaupt, die einen überschwemmen und denen man dann ausgeliefert ist? Die *Angst vor Kontrollverlust* kann wohl am ehesten überwunden werden, wenn der zwanghafte Mensch im Begleitschutz eines Sicherheit ausstrahlenden Therapeuten die Kontrolle schrittweise, punktuell und vorübergehend abgibt und dann immer mehr von dem *zulassen* kann, was in seiner inneren Welt aufkommt.
Die «zunehmende Offenheit gegenüber der (inneren) Erfahrung» ist nach Carl Rogers (1979) das wichtigste Prozeßmerkmal einer erfolgreichen Therapie. Während der überkontrollierte Mensch vorher viel Energie einsetzte, alle Gefühle und Impulse abzuwehren, die seinem starren Selbstkonzept widersprachen, lernt er nun, auch und gerade diese «nicht-linientreuen Gefühle» zuzulassen und mit der Zeit auch willkommen zu heißen:
«Das Bewußtsein ist nicht länger der Wächter über einen gefährlichen und undurchschaubaren Haufen von Impulsen, die nur im Ausnahmefall das Tageslicht erblicken dürfen, sondern wird zum geruhsamen Mitbewohner einer Gesellschaft von Impulsen, Gefühlen und Gedanken, die sich, wie man feststellt, sehr wohl selbst regulieren können, wenn sie nicht ängstlich behütet werden.» (Rogers 1979, S. 125)
In einem solchen therapeutischen Prozeß wird ein Teil der Affektkontrolle, die den «zivilisierten Menschen» ausmacht, wieder rückgängig gemacht – und zwar jener Teil, der über das Ziel hinausschießt, indem er nicht nur die menschlichen Handlungen, sondern auch die Gefühle und Bedürfnisse durch «innere Anstandsregeln» reglementiert. Die Dressur scheint perfekt, aber der in dieser Weise sozialisierte, durch und durch anständige, korrekte, prinzipien- und gesetzestreue Mensch sitzt auf einem seelischen Pulverfaß: da er dem Unanständigen und Aggressiven, dem Kindlich-Bedürftigen und dem Angstvollen in sich keinen Raum hat geben können, bleibt es unentdeckt, unentwickelt, unintegriert – und plötzlich gilt tatsächlich: Wehe, wenn es losgelassen...
Das folgende Wertequadrat bringt die Tugend der Selbstkontrolle in jenen dialektischen Zusammenhang, den diese therapeutischen Erkenntnisse nahelegen:

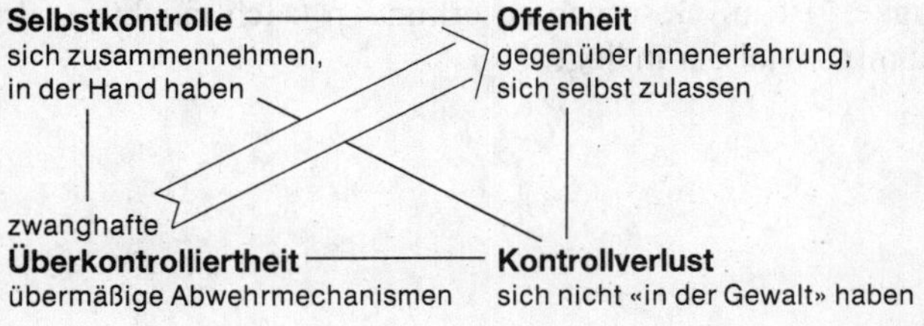

Zunehmende Offenheit gegenüber der Innen-Erfahrung ist gleichzeitig die seelische Voraussetzung für einen *veränderten Kommunikationsstil.* Ich spreche hier von einer Entwicklungsrichtung, die von der normativen zur Ebene der persönlichen Wünsche wechselt und für das Miteinander besonders im privaten Bereich eine fast «kopernikanische Wende» bedeuten kann. Statt

– «Man sollte nicht...» nun zu sagen: «Ich möchte nicht, daß du... weil ich»,

oder statt

– «Das macht man soundso» nun «Mir liegt daran, daß du es soundso machst, weil ich...»

das ist weit mehr als ein Unterschied in der Formulierung. In innerbetrieblichen Konfliktgesprächen lautet einer der häufigsten Satzanfänge «Sie sollten...» (und man weiß dann schon, daß das Gespräch nicht gut verlaufen wird). Statt dessen jedesmal zu sagen «Ich habe eine Bitte an Sie, und zwar...» würde für den Bestimmenden eine große Überwindung bedeuten, denn so kann er seine Ansprüche nicht mehr im Namen einer höheren Macht, im Namen der Vernunft oder der allgemeinen Moral anmelden, sondern muß *im eigenen Namen sprechen.* Das bedeutet vom hohen Roß des Normenverkünders herabzusteigen und sich zu eigenen Bedürfnissen zu bekennen – mit dem Risiko, Widerspruch oder Ablehnung zu erfahren, sich einer Auseinandersetzung stellen zu müssen; gleichzeitig bietet es aber die Chance, eine ganz andere Art von Kontakt zu erleben als den, den man durch Bevormundung und Belehrung herzustellen gewohnt ist. Auch der Streit gewinnt eine neue Qualität: plötzlich ist es nicht mehr die Frage *wer recht hat* (zum Beispiel ob die Tür auf oder zu «gehört», ob diese oder jene Musik «passender» ist, ob das Geld «besser» für einen Urlaub oder für eine Ausbildung verwandt wird – usw.) – sondern die Frage: *Was liegt mir und was liegt dir soviel daran,* daß die Sache so und so gemacht wird – in dem Bewußtsein, daß *Bedürfnisse* sich jeder Klassifikation in mehr oder weniger wertvoll, in angemessen und abwegig entziehen. Das bedeutet nicht, daß jedes Bedürfnis in einer gegebenen Situation das gleiche Gewicht hätte – die Gewichtigkeit ist im Gespräch zu erkunden («Ich möchte mal sagen, warum mir soviel daran liegt...»).

7. Der sich distanzierende Stil

7.1 Erscheinungsbild, Grundbotschaft und seelischer Hintergrund

Wenn wir von der distanzierenden Strömung erfaßt sind, dürfen uns die Mitmenschen nicht zu nahe kommen. Die Grenzen des eigenen Hoheitsgebietes sind vorverlegt, eine unsichtbare Wand sorgt dafür, daß der gebührende Abstand erhalten bleibt. Dies ist zunächst schon rein räumlich und körperlich gemeint: Eine Scheu, wenn nicht Abscheu, vor Berührung sorgt für den gewünschten «Sicherheitsabstand», den zum Beispiel Schreib- und Konferenztische, sperrige Vorzimmer und die Bevorzugung des Schriftverkehrs gewährleisten. Dasselbe gilt auch seelisch: Im direkten Kontakt ist es Aufgabe des Kommunikationsstils, Distanz herzustellen. Die förmliche und unpersönliche Art des sich Distanzierenden «schafft um ihn herum eine Luftschicht und Ausstrahlung von Kühle, in welcher, beinahe zu seinem Bedauern, treuherzige Anträge der Freundschaft und Cameraderie, sie wissen nicht wie, sich verfangen und steckenbleiben», wie es bei Thomas Mann im «Felix Krull» (1954, S. 262) heißt. Leicht werden die sich Distanzierenden als arrogant und abweisend wahrgenommen, beim Gegenüber entsteht der Eindruck, «man kommt schwer heran an sie» oder «man wird nicht recht warm mit ihnen». Selbst Menschen ohne empfindliches Beziehungsohr geben sie das Gefühl, nicht recht gemocht zu werden – was keineswegs zutreffen muß, denn die sich distanzierende Strömung kann sich gerade bei aufkommender Sympathie noch verstärken.

Die Sprechweise des Distanzierten steht also im Dienste des Abstandhaltens; überwiegend spricht er aus dem «Erwachsenen-Ich» und ähnelt in der Typologie V. Satirs dem «Rationalisierer», der nichts an sich herankommen läßt und alles mit Verstand und Vernünftelei zu bewältigen sucht:

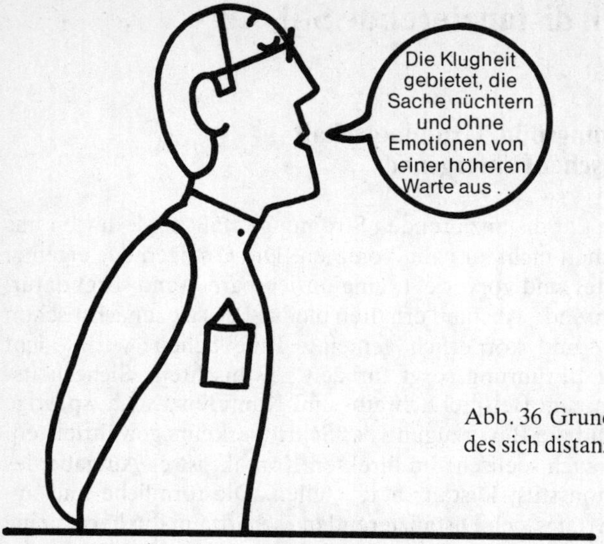

Abb. 36 Grundpose des sich distanzierenden Stils

Die Grundbotschaft hat eine starke Ausprägung auf der Sach-Seite und eine schwache auf der Beziehungsseite (es sei denn, jemand rückt ihm zu nahe «auf die Pelle» – dann kann er sehr ungemütlich, «muffig» oder aggressiv werden und seinem Gegenüber vermitteln, wie lästig seine «klebrige Anhänglichkeit» sei). Die Selbstkundgabe ist ebenfalls schwach ausgeprägt, er gibt sich verschlossen. Deutlich hingegen der allwährende Appell «Komm mir nicht zu nahe!» – s. Abb. 37, S. 194.

Die ausgeprägte Orientierung auf die sachlichen Aspekte des Gespräches sei an folgendem Beispiel demonstriert:
Der (distanzierte) Ehemann kommt nach Hause, seine Frau berichtet ihm voller Sorgen:

Frau: Stell dir vor, Rüdiger hat wieder eine Fünf geschrieben!
Mann: In welchem Fach?
Frau: In Englisch – und dabei hatte er so geübt! Vorhin saß er auf seinem Bett und heulte und...
Mann: Wie ist die Arbeit insgesamt ausgefallen?
Frau: Du, das weiß ich nicht! Auf jeden Fall ist er völlig verzweifelt.
Mann: Nun ja – handelt es sich denn um ein wiederholtes Versagen oder ist es ein erstmaliger Ausrutscher?

Frau: Eine Fünf hatte er bisher, soviel ich weiß, noch nicht, aber Sorgen mache ich mir schon.
Mann: Zunächst einmal muß überprüft werden, ob überhaupt Anlaß für Verzweiflung und Sorgen bestehen. Und dazu ist es nötig, einmal die genaue Sachlage zu ermitteln.
Frau: Für dich zählen aber immer nur die Fakten! Willst du nicht mal hochgehen, ihn zu trösten?
Mann: Äh, man läßt ihn jetzt besser allein. Nachher kann man dann in aller Ruhe eine geeignete Problemlösung...
Frau: In aller Ruhe!! Ich bin aufgebracht, hörst du?!
Mann: Eben, und so kommen wir ja nicht weiter. (Zieht sich zurück)

Während der Mann insgeheim die «mangelnde Sachlichkeit» seiner Frau «mit Bedauern registriert» (wie er sich vielleicht ausdrücken würde), beklagt die Frau sein geringes Einfühlungsvermögen und den Mangel an gefühlsmäßigem Austausch («Du bist hier nicht mehr in deiner Bank!»). Tatsächlich wahrt die distanzierte Sprache nicht nur den Sicherheitsabstand zu seinen Mitmenschen, sondern auch zu sich selbst. Genauer gesagt: Zu jenen Bezirken seiner Seele, in denen er seine Gefühle gleichsam hinter Schloß und Riegel hält. Die auf Gefühlsersparnis abzielende Sprache ist gekennzeichnet durch Substantivierungen, Generalisierungen und Abstraktionen sowie durch Vermeidung des Wortes «Ich»:
Nicht: «Ich werde ganz ratlos, wenn ich sehe, wie Rüdiger sich abquält»,
sondern eher: «Es ist auch für Eltern nicht immer ganz einfach, wenn Kinder in der Schule mit Problemen konfrontiert sind.»
Nicht: «Ich war enttäuscht»,
sondern allenfalls: «Da war sicher ein gewisses Bedauern auf meiner Seite vorhanden.»
Insgesamt sind die Formulierungen so gewählt, die eigene Betroffenheit herunterzuspielen:
Nicht: «Es kränkt mich, wenn ich sehe, daß der Chef alles mit Müller bespricht und mich links liegenläßt»,
sondern: «Man wundert sich manchmal ein bißchen, nach welchen Gesichtspunkten der Chef sich seine Gesprächspartner aussucht.»

Zwar macht der Distanzierte nach außen hin den Eindruck, als ob er wenig berührbar wäre, keine Gefühle hätte – ein Mensch mit großem Kopf und einem Herzen aus Stein. Da wir aber inzwischen darin geübt sind, die Außenseite des Verhaltens immer auch als kompensatorisch, das heißt als Maßnahme zur Bewältigung innerer Angelegenheiten zu

Abb. 37: Grundbotschaft des sich distanzierenden Stils

verstehen, können wir vermuten, daß der Distanzierte «im Grunde seiner Seele» eine reiche, aber auch allzu verletzbare und daher schutzbedürftige Gefühlswelt in sich trägt. Wenn die distanzierende Strömung in einem Menschen so vorherrschend geworden ist, daß er sich – auch wenn er möchte – nicht mehr anders geben kann, sind vermutlich prägende Erfahrungen mit zwischenmenschlicher Nähe die Ursache hierfür.

Was mag da passiert sein?
Zunächst einmal fällt auf, daß dieses Kontaktmuster in unserer Gesellschaft eher für *Männer* typisch ist. Dies ist ja auch ganz im Einklang mit der traditionellen und noch vorherrschenden Arbeitsteilung der Geschlechter: Die Berufswelt des Mannes verlangt im zwischenmenschlichen Umgangsstil in der Regel rollenmäßige Distanz – man hat einander nicht ausgesucht, muß aber miteinander auskommen, man vertritt sich nicht selbst, sondern seinen Auftraggeber; übergeordnete Interessen und aufgabenbezogene Kontakte lassen es dienlich erscheinen, wenn das Persönlich-Allzu-Persönliche «draußen vor» bleibt, und Gefühle kann man sich, wie viele versichern, in der harten Geschäftswelt schon gar nicht leisten. Auf der anderen Seite steht und fällt die Familienwelt der Frau mit der Intaktheit der zwischenmenschlichen Beziehungen und der Gefühle zueinander, die Betreuung der Kinder vollzieht sich im liebenden Nahkontakt, Nähe und Bindung herzustellen und aufrechtzuerhalten, das ist der «Auftrag» der Frau in dieser ihrer Domäne. – Diese unterschiedliche Berufsprägung vermag schon viel von dem zu erklären, was Mann und Frau bevorsteht, wenn «die Welten dann aufeinanderprallen».

Trotzdem drängt sich der Eindruck auf, daß die Unterschiede tendentiell schon vorher bestanden haben, von der beruflichen Arbeitsteilung «nur» verfestigt und weiter ausgebaut werden. Auch das scheint schnell erklärlich – ist es doch hinreichend nachgewiesen, daß Jungen und Mädchen unterschiedlich und mit Zielrichtung auf das vorherrschende Rollenbild und ihre spätere «Auftragslage» erzogen und beeinflußt werden. Auf vielen subtilen Kanälen mag der Junge eher zur Eigenständigkeit und Sachlichkeit, das Mädchen eher zu Bindung und Umgang mit Menschen ermutigt werden. Sicher hat auch dies Folgen für die Art, zwischenmenschliche Kontakte und Beziehungen zu gestalten. – Und doch gibt es Hinweise aus der psychotherapeutischen Arbeit, daß die hier besprochenen Unterschiede darüber hinaus noch eine tiefere Wurzel haben.

Um dies zu verstehen, müssen wir uns die Tatsache vor Augen halten, daß Männer und Frauen in ihrer ersten und wichtigsten Bindung, nämlich zur Mutter, ein grundlegend unterschiedliches Schicksal haben: kleine Mädchen eine gleichgeschlechtliche, kleine Jungen eine gegengeschlechtliche Beziehung. Nach Olivier (1987) ist dieser Unterschied folgenschwer, kann er es zumindest werden. Er bedeutet nämlich für den kleinen Jungen, sich mit der Zeit aus dieser wonnigen, All-Geborgenheit spendenden Liebesbeziehung loslösen zu müssen. Denn er kann darin nichts werden, die Mutter hat im Vater ihren wirklichen Liebespartner. Hoffentlich, denn wenn der Vater nicht vorhanden, schwach oder (wie so oft) überwiegend abwesend ist, wird der notwendige Loslösungsprozeß verschleppt: In der «vaterlosen Gesellschaft» (Mitscherlich) werden Mutter und Sohn an ihrer innigen Verbindung festhalten. Der Junge kommt nun aber in Not: Mangels väterlicher Identifikationsmöglichkeit kann er nicht richtig zum Mann werden, und zurückgeworfen auf die Symbiose mit der Mutter kann er nicht richtig «er selbst» sein. Je stärker die Mutter (mangels Partner) eigene Bedürfnisse an ihren Sohn richtet, um so weniger kann sie ihn *lassen* (im doppelten Sinne: sein lassen, wie er ist, und los-lassen). So wird er mit der Zeit den liebenden Nahkontakt in einer hochbrisanten Ambivalenz als beseligend und erstickend zugleich erleben – als etwas, wovor man Angst haben muß, obwohl man sich so stark danach sehnt. Gewaltige seelische Energie wird jetzt nötig, um Abstand zu gewinnen – *gegen* die Mutter und *gegen* die eigenen Kräfte, die an der Verschmelzung festhalten wollen. Da hilft nur, «die Luke dicht zu machen», sich sowohl von ihr als auch von einem Großteil der eigenen Gefühlswelt abzuschotten. Solange der erwachsene Mann mit seiner Mutter «noch nicht fertig» ist, solange er sich noch gefühlsmäßig ihr Lasso vom Halse halten muß, überträgt sich seine seelische Abgrenzungsenergie auf andere Frauen, geht er (wenn überhaupt) Beziehungen unter dem Leitprinzip des Nie-wieder-so-nahe-an-sich-herankommen-Lassens ein, weil er (unbewußt) weiß, wie anfällig er dafür ist, sein Selbst im Nahkontakt verschmelzend zu verlieren, und weil er (bewußt) zu wissen meint, wie verschlingend und vereinnahmend «die Frauen» sind. Das seelische Axiom lautet dann:

> **Wenn ich mich öffne und jemand ganz an mich heranlasse, begebe ich mich in große Gefahr: Ich könnte in eine solche Abhängigkeit geraten, daß ich jeder Verletzung preisgegeben bin und mich selbst in der Gefangenschaft der Verschmelzung verliere.**

Genau derselbe Glaubenssatz wird seelisch wirksam, wenn der kleine Säugling vernachlässigt, vergessen, unerwünscht oder gehaßt – in irgendeiner Form «mutterseelenallein» auf sich selbst zurückgeworfen war – oder wenn ganz im Gegenteil eine übermäßige Kontaktüberschwemmung eine «Nähe ohne Ausatmen» geschaffen hat – oder wenn beide Extreme ein Wechselbad ergaben (z. B. zuerst zuwenig, später zuviel). In all diesen Fällen wird der Schutz vor zwischenmenschlicher Nähe zum vorherrschenden Charaktermerkmal.
Dies kann im Störfall auch weibliches Schicksal sein. Im Regelfall ist der distanzierende Persönlichkeitsanteil für Männer typischer, weil die Frau ein anderes gruppendynamisches Frühschicksal hat: Da die erste Bindung an die Mutter der gegengeschlechtlichen Brisanz entbehrt, ist die Loslösung von ihr nicht so schmerzhaft und nicht so dringlich – sie kann sich «in aller Ruhe» vollziehen. Viel dringlicher und brisanter ist die Hinwendung zum Vater. Um von ihm, dem «großen Fernen» geliebt zu werden, muß das kleine Mädchen ihn für sich interessieren – und das heißt: den gegebenen Abstand (zunächst einmal) überwinden. Sicherlich wird die Loslösung von ihm auch noch zu einem wichtigen inneren Thema werden. Aber dies ist von späterer Bedeutung und auch angesichts der weiterhin sicheren Bindung an die Mutter viel weniger existenzbedrohlich erlebt als beim Jungen die Loslösung von der Mutter. Erstrangig bleibt im Seelenleben des Mädchens die Überwindung des Abstandes, das Schaffen von Nähe. Tatsächlich sind die Kommunikationsstile, die als typisch weiblich gelten, darauf aus,

– auf sich aufmerksam zu machen (mitteilungsfreudig-dramatisierend, Kap. 8)
– Nähe und Abhängigkeit zu fördern (bedürftig-abhängig, Kap. 1 bzw. selbst-los, Kap. 3).

Die Unterschiede zwischen den Geschlechtern sind also, so läßt sich zusammenfassend folgern, in vielfacher Weise determiniert und werden durch einen sich selbst stabilisierenden Kreislauf im Sinne zunehmender Polarisierung verschärft:
1. Unterschiedlich strukturiertes Frühschicksal in bezug auf Abstand und Bindung
2. Daraus sich ergebende unterschiedliche Tendenzen bei Jungen und Mädchen werden durch eine am Geschlechtsrollen-Klischee orientierte Erziehung verstärkt und verfestigt
3. Abermalige Verfestigung durch gesellschaftlich geprägte Aufteilung der Lebenswelten. Je starrer diese Aufteilung ist, um so verschärfter gilt der Punkt
1. (siehe oben) – wenn der Vater wenig präsent und die Bedeutung der Mutter übermächtig wird.

Damit hat sich der Kreislauf geschlossen. – Aber hier ist derzeit viel in Bewegung (vgl. S. 245f), und mit etwas Optimismus gilt hier wie bei allen Persönlichkeitsstrukturen der Satz von Sartre: «Jeder kann jederzeit aus dem etwas machen, was aus einem gemacht wurde» (sinngemäß, zit. nach Hinte, 1980).
Kommen wir nach diesem Exkurs zurück zu den Eigenarten des distanzierten Menschen.

Seine große *Angst vor Abhängigkeit,* die ihn so unnahbar erscheinen läßt, befähigt ihn aber auch, für sich allein zu sorgen, niemandem etwas schuldig zu bleiben oder zu Dank verpflichtet zu sein. Sein bedürftig-abhängiges Flußbett ist gleichsam ausgetrocknet, da starke Dämme diese Strömung aufhalten. Da sich hier etwas staut, kommt die Angst vor einem Dammbruch und vor den gewaltigen Fluten hinzu, die dann über ihn hereinbrechen würden – Grund genug, die Dämme katastrophensicher auszubauen. Angst und Sehnsucht sind siamesische Zwillinge: Der Wunsch nach Nähe und Geborgenheit, nach Innigkeit und liebevollem Miteinander ist stark, aber die Angst davor noch stärker, so daß in der zwischenmenschlichen Begegnung die Sperre erhalten bleibt. Ungeübt im Nahkontakt, wirkt der Distanzierte oft gehemmt und unbeholfen, gleicht dabei einer Schnecke, die ihre sensiblen Kontaktfühler bei leisester Berührung sogleich einzieht

und sich dem Kontakt durch «Rückzug in das Schneckenhaus» entzieht.
Im Hotel oder Krankenhaus bewirbt er sich um die wenigen Einzelzimmer, Einladungen schlägt er gerne aus – und wenn er in der Ferne einen Bekannten sichtet, wechselt er schon mal vorsorglich die Straßenseite, um sich die unerfreuliche Anstrengung zu ersparen, die ihm jeder Kontakt abverlangt. Die seelische Erholung liegt für ihn im ungestörten Alleinsein: erst wenn er hier ausreichend Zeit zum «Auftanken» hat, kann eine gewisse Kontaktfreudigkeit aufkommen, kann er sich auch einmal auf jemanden freuen, den er lange entbehren mußte. Die Erfüllung aber kann letztlich mit der Sehnsucht nicht mithalten.
Und wenn auch über lange Strecken ein durchaus freundlicher Zeitgenosse, so kann er doch auch widerborstig, «muffig», abweisend und verletzend werden, wenn man ihm zu nahe auf den Pelz rückt. Wenn der Partner oder die Partnerin ihm mit zu großer Anhänglichkeit begegnet, reagiert er entweder schroff: «Nun laß mich doch erst einmal zur Ruhe kommen! Du wirst dich doch wohl noch eine Weile selbst sinnvoll beschäftigen können!» Oder aber, wenn er seine mangelnde Kontaktbereitschaft nicht oder zu spät spürt (oder meint, er «sollte» jetzt auch einmal für den anderen da sein), dann läßt er sich zwar auf das Gespräch ein, bleibt dabei aber teilnahmslos, mechanisch und innerlich abwesend. Auf diese Weise erreicht er es, *im Kontakt* die für ihn nötige Distanz herzustellen. Sollte sein Gesprächspartner, indem er dies bemerkt, auf die Idee kommen, der Sache auf den Grund zu gehen («Was ist mit dir? Wo bist du? Woran denkst du gerade?»), so wird der Distanzierte im milden Fall mürrisch und hilflos, im Normalfall gereizt und aggressiv reagieren: Was nützt es denn, derart in einem «herumzubohren»? Weiß er doch selbst nicht, was in ihm vorgeht – und wenn er es wüßte: Es geht schließlich niemanden etwas an.
Die Aggression, zu der der Distanzierte durchaus fähig ist, dient in erster Linie dem Grenzschutz – «Wenn man meine Distanz durchbricht, kommt Haß auf!» brachte ein Patient von Riemann (1969, S. 33) diesen Aspekt auf den Punkt.
Zuweilen jedoch kann die Aggression, worauf ebenfalls Riemann hinweist, auch ein Kontaktmittel, ein Annäherungsversuch sein. Wenn ich jemanden gern habe oder zumindest an ihm interessiert bin, aber zu scheu und zu verletzlich, um mich mit diesem Wunsch zu zeigen und das Risiko einer Ablehnung zu tragen, dann kann ich auf die Strategie verfallen, den Kontakt herzustellen und durch eine ruppige Art den damit verbundenen Wunsch zu tarnen. Zwar provo-

ziere ich damit Ablehnung, aber sie kann mich nicht (so stark) treffen, da ich es ja selbst darauf angelegt habe und an meiner weichen, berührbaren Stelle gut gewappnet bleibe. – Und ist eine boshafte Aggression nicht der «beste» Test, das wirkliche Wohlwollen des anderen auf die Probe zu stellen? Wie viele «Unflätigkeiten» von Kindern mögen ein heimliches, schüchternes Liebeswerben sein? Wievielmal werden wir als Pädagogen – befangen in unserer eigenen Empfindlichkeit – es versäumen, die «ganze Botschaft» zu hören? – Halten wir fest, daß der sich Distanzierende auch dann, wenn er auf jemanden zugeht, einen Sicherheitspuffer «einzubauen» sucht, so daß der Angesprochene den Kontaktfühler leicht übersehen kann.

7.2 Der systemische Blickwinkel

Mit den letzten Überlegungen haben wir uns schon den zwischenmenschlichen Verwicklungen genähert, in die der Distanzierende leicht gerät, genauer: an deren Entstehen er durch seine Art der Kontaktgestaltung beteiligt ist. Zwei typische Kreisläufe sind zu unterscheiden – der eine, der ihn teufelskreisartig von den Menschen immer mehr abrücken läßt, und der andere, der eine oft dramatische Beziehungsdynamik von Nähe und Distanz in Gang setzt.

Bei der verbalen Beschreibung von Kreisläufen ist man gezwungen, an irgendeiner Stelle *anzufangen* und damit genau gegen das Denkmodell zu verstoßen, das man gerade im Sinne hat: Setzt die reservierte und leicht abweisende Art des Distanzierten den Kreislauf in Gang, von dem nun zu berichten ist? Oder ist diese Art bereits eine Reaktion auf die mitmenschliche Behandlung, die ihm zuteil wird – vielleicht da er ein wenig «anders» ist als die meisten? Dieses «Anderssein» gehört zu seinen Bedürfnissen und Fähigkeiten: Zu sich selbst zu stehen, ohne die persönlichen Eigenarten etwa um der Harmonie und Zugehörigkeit willen einzuebnen. Wie dem auch sei, jedenfalls fühlen sich viele von ihm arrogant behandelt und verprellt, wenn er sie so auf Abstand hält und zum Teil auf verletzende Weise abweist, ihnen demonstriert, daß er auf sie nicht angewiesen ist und mit sich allein gut klarkommt. Nicht selten reicht es schon, wenn sie von ihm die abgrenzende Botschaft vernehmen: «Ich bin nicht so wie du/ihr!», um sich ein wenig beleidigt zu fühlen; denn die Einsicht, daß menschliche Unterschiede im Denken, Fühlen und Handeln neben-

einander Bestand haben, ist in so manches Herz noch längst nicht gedrungen. An dieser Stelle scheiden sich jedenfalls die Geister, und entsprechend werden zwei Kreisläufe zu unterscheiden sein. Während die einen «jetzt gerade!» ihren Liebesmotor anspringen fühlen und auf Eroberungskurs gehen (darüber dann später), stellen die anderen Mitmenschen ihre Quittung aus: «Wenn das so ist – bitte schön! So muß ich mich nicht behandeln lassen!» – und wenden sich äußerlich ab, während sie sich innerlich noch mit ihm beschäftigen: «Was mag das für ein Mensch sein, der so wenig von sich zeigt – was mag in ihm vorgehen? Wahrscheinlich ein Sonderling, der...» – und nun füllen tausend Projektionen die leere Leinwand, die seine spärliche Selbstoffenbarung hinterlassen hat. Und wenn man ihm auch nicht mit offener Feindseligkeit begegnet (was auch vorkommen kann), so doch ein wenig böse und mit einer vorsichtigen Zurückhaltung, die verrät, daß man nicht allzuviel mit ihm zu tun haben möchte; zumindest würde man nie auf die Idee kommen, sich ihm anzuvertrauen.
Das alles zusammen oder Teile davon machen genau die Atmosphäre aus, die der Distanzierte nur allzu gut kennt und die ihm das Gefühl gibt, nicht ganz willkommen zu sein. Entsprechend unwohl fühlt er

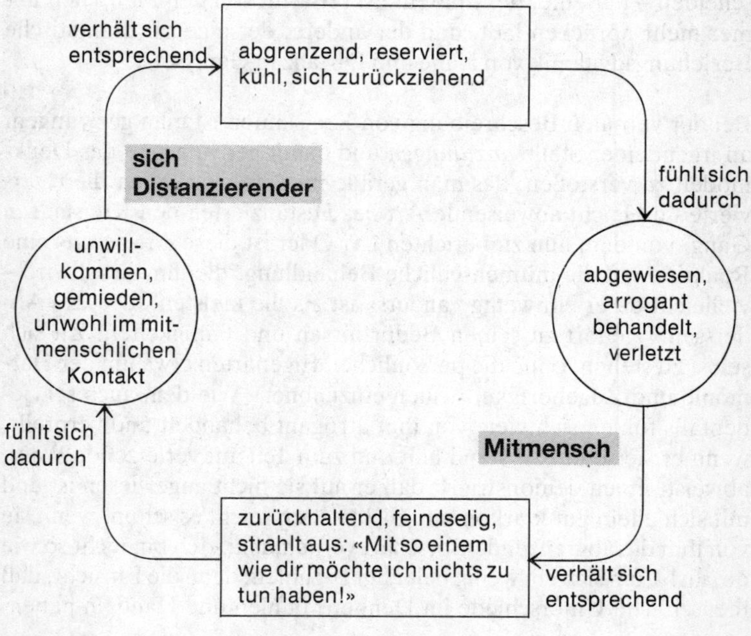

sich im Kontakt, kapselt sich mißtrauisch ab, sucht und findet seine Geborgenheit im Schneckenhaus – eine seelische Karriere zum Eigenbrötler nimmt ihren Lauf.

Teufelskreis von Nähe und Distanz. Kommen wir nun zu jenem «klassischen» Kreislauf, den wohl mancher schon erlebt und durchlitten hat, der sich einmal auf eine enge Beziehung eingelassen hat: den höchst dynamischen und manchmal dramatischen Teufelskreis von *Nähe* und *Distanz*.
Beide Bedürfnisse sind im Menschen vorhanden: im komplexen dynamischen Wechselspiel dieser Bedürfnispolarität entfaltet sich die zwischenmenschliche Beziehung – und nicht selten geht sie im Strudel dieser Gegensätzlichkeit zugrunde. Die Phase der Verliebtheit, der anfänglichen Faszination füreinander, ist geprägt vom Bedürfnis nach Nähe, der Distanzwunsch scheint zurückgedrängt. Dann aber meldet er sich, meist wird es einem der beiden Partner nach einer Weile «zu eng»: er (sie) möchte nun gern einmal «für sich» sein, mit anderen Leuten Kontakt haben, einmal wieder im eigenen Bett schlafen, eine Weile den anderen nicht um sich haben – das ständige oder häufige «Aufeinanderhocken» macht nun ganz «kribbelig». Vielleicht drückt er das direkt aus, vielleicht behält er solche «ketzerischen» Gefühle noch eine Weile für sich, sei es, um den anderen nicht zu enttäuschen, sei es, um sich selbst die damit verbundene Ernüchterung nicht einzugestehen – jedenfalls merkt der Partner, daß der andere äußerlich oder innerlich «auf Distanz geht». Vielleicht wäre es bei ihm eine Sekunde später auch soweit gewesen, aber nun ist der andere zuvorgekommen und löst zumindest in Spurenelementen jene *Angst vor dem Verlassenwerden* aus, die bei einem «Nähemenschen» (mit starken Anteilen der bedürftig-abhängigen, der helfenden oder selbst-losen Strömung) ohnehin eingespurt ist.

«Zitat einer Frau (aus der Nähe-Position) *:«... Wir waren beide unheimlich verliebt und wollten beide sehr viel Nähe... Das ging dann zwei, drei Monate, dann kommt irgendwann ein Punkt, wo man anfängt, sich wieder für andere Sachen zu interessieren. Meistens fängt einer als erstes an, und das war in diesem Fall Ronald... Er hat sich zurückgezogen, aber ohne mir das mitzuteilen, ... ich habe es nur gespürt. Er wendet sich ab von mir, ich weiß gar nicht warum. Hilfe!»

* Dieses sowie alle folgenden Zitate sind entnommen aus den Interviews von Scheller, Diplomarbeit 1986.

Bei diesem Partner bleibt der Wunsch nach Nähe erhalten und verstärkt sich sogar, denn sein (prinzipiell ebenfalls vorhandenes) Distanzbedürfnis «springt nicht an» – für Distanz hat der andere bereits gesorgt (befriedigte Bedürfnisse werden ja nicht gespürt, permanent befriedigte Bedürfnisse in ihrer Existenz nicht einmal erkannt). Seiner Angst und seinen Nähe-Wünschen entsprechend wird er sich nun um den anderen bemühen – und so kann ein Teufelskreis in Gang kommen. Der Distanzierte fühlt sich verfolgt und verschlungen, seine eingespurte *Angst vor Abhängigkeit und Selbstverlust* wird geweckt, läßt ihn flüchten und größeren Abstand nehmen. Nicht, daß er kein Bedürfnis nach Nähe hätte: solange dies jedoch so intensiv von seinem Partner gelebt wird, wird er seine eigene Anhänglichkeit nicht spüren. Dies ändert sich schlagartig, wenn der Nähe-Partner, abgekämpft, zermürbt und in seinen Gefühlen erkaltet, seine «Nachstellungen» aufgibt und sich abwendet: Nun kann der Distanzierte seinen Gegenpol wieder spüren, und zwar übermächtig – und es geht in die nächste Runde, aber plötzlich mit vertauschten Rollen.
Halten wir fest: Was von außen den Eindruck macht, als hätten ein «Distanzierter» und ein «Anhänglicher» sich zusammengefunden, erweist sich bei näherem Hinsehen als Polarisierung einer gespaltenen Ambivalenz. Mit «gespaltener Ambivalenz» ist gemeint: Jeder hat beides in sich (Ambivalenz), anstatt aber die Gegensätze in sich zu vereinen, wird nur jeweils die eine Seite gelebt, die andere dem Partner überlassen: so polarisieren sich die Gegensätze, in der Beziehung entsteht eine Art komplementärer seelischer Arbeitsteilung. Die «Mechanik» dieses Zusammenspiels sei (in Anlehnung an Scheller, 1986) an folgendem Schaubild veranschaulicht (s. rechts).

Beide Partner N und D verfügen über ein «Bindeseil» und einen abstandsichernden «Puffer» – angenommen aber, das Band und der Puffer von D wären nur um weniges länger. Was passiert?
Das straff gespannte Seil von N läßt ihn seine «Bindung» fühlen; sein Abstandspuffer schlägt gegenüber (noch) nicht an, deshalb spürt er keinen Distanzbedarf. Dafür berührt ihn um so mehr das Weggeschobenwerden an der eigenen Brust. Ganz anders, nämlich gegenteilig, die Gefühlskonstellation bei D: An seinem Haken spürt er, wie der andere an ihm zieht. Gleichzeitig schlägt gegenüber sein Puffer an und signalisiert «Abstand halten!» – Eine eigene Bindung fühlt er nicht, denn sein Seil ist (noch) schlaff. Und ganz offenbar hat sein Partner überhaupt keine Distanzwünsche, jedenfalls ist kein Puffer zu spüren!

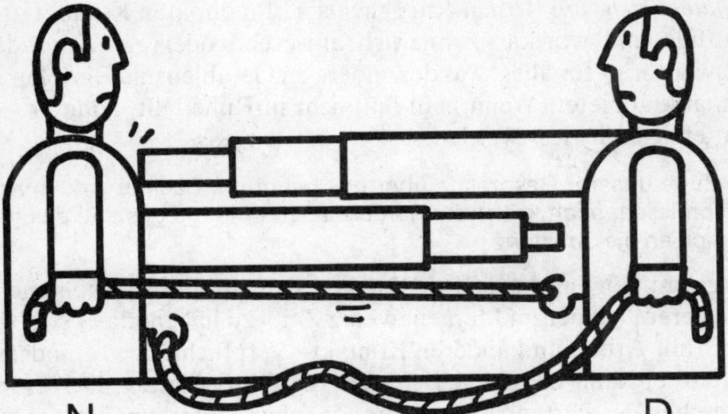

Abb. 38 Mechanisches Vorstellungsmodell von Anziehung und Abstoßung bei einem Nähepartner N und einem Distanzpartner D, s. Text

Das Gesamtbild ändert sich schlagartig, wenn das Band von N gerissen ist und N sich entfernt: Plötzlich schlägt das Seil von D an, und sein Puffer fährt ins Leere. In den Befragungen, die Scheller (1986) durchführte, war die Nähe-Distanz-Position eines Menschen häufig instabil und wechselnd, sowohl innerhalb ein- und derselben Beziehung als auch in verschiedenen Beziehungen. Die jeweilige Position des einzelnen ist somit auch das Ergebnis einer Beziehungsdynamik und keineswegs nur persönlichkeitsabhängig.
Schauen wir uns noch etwas genauer das dynamische Ineinandergreifen von Gefühlen und Verhaltensweisen an, das den Nähe-Distanz-Teufelskreis konstituiert und in Schwung hält. Bei den folgenden Zitaten ist sofort erkennbar, ob der Nähe- oder Distanz-Partner spricht; meist auch, ob es sich um eine Frau oder einen Mann handelt (wo nicht, füge ich den Hinweis bei). Übrigens gab es in dieser Stichprobe (Männer und Frauen zwischen 25 und 35 Jahren) in nur schwachem Maße den erwarteten Zusammenhang zwischem dem Geschlecht und der Nähe-Distanz-Position (vgl. S. 194f). Angesichts des häufigen «Rollenwechsels» in ein und derselben Beziehung wäre das auch kaum möglich gewesen.

Typischerweise fühlt sich der Distanzierende bedrängt und in seinem freien Selbstsein bedroht: der andere will viel zuviel von ihm. *Wie verhält er sich, um Abstand zu gewinnen*? Im direkten Kontakt ist er «muffig» und wortkarg, innerlich abwesend oder gereizt, zudem «schwerhörig» für alles, was der andere an Gefühlen und Beziehungsthematik anbietet. Wenn man ihn nicht in Ruhe läßt, kann er sehr kaltherzig und «fies» werden:

«Im Zuge unserer Gespräche über uns hat er mir Sachen an den Kopf geschmissen, mich kritisiert und dermaßen in Frage gestellt, das ging wirklich an die Substanz.»

Insgesamt neigt er dazu, Kontakte von sich aus abzubrechen und zu reduzieren, «leider im Moment wenig Zeit» zu haben, da er sich verstärkt mit Arbeit und anderen Kontakt-«Verpflichtungen» eindeckt, «so daß er dann unheimlich viel um die Ohren hatte». Den Nähe-Wünschen des Partners setzt er ein «Ja, aber» entgegen: nicht so oft, nicht so lange, nicht so intensiv. Nach dem Rückzug kommt es oft zur Wiederannäherung:

«Dann haben wir uns langsam wieder angenähert, waren wieder ein, zwei Tage heiß und innig zusammen, und dann war wieder Ende.»

Dieser Abbruch («und dann war wieder Ende») kann auch mitten im Kontakt erfolgen, in Momenten von Vertrautheit und Innigkeit, wenn es gerade wirklich «schön zu werden droht»: Sehr plötzlich und abrupt, für den Nähe-Partner ganz aus heiterem Himmel, sorgt der Distanzierende, als ob er eine Notbremse ziehen müßte, für ein Umkippen der Stimmung – zum Beispiel durch eine verletzende Bemerkung oder durch einen ironischen oder sarkastischen Kommentar.

«Manchmal waren wir ganz eins – und dann, ganz plötzlich, Schranke zu.» (weibl.)

Der Nähe-Partner bleibt nicht nur in seinen Bedürfnissen unbefriedigt, fast immer hört er die «Botschaft» auch mit dem Beziehungsohr und fühlt sich «alles was mit ‹*abge*› . . . anfängt», wie eine Klientin sich ausdrückte: *abge*stellt, *abge*wiesen, *abge*lehnt. Zusammen mit dem Selbstwertgefühl geht das gesamte Lebensgefühl «den Bach herunter»:

«Na ja, das war doch unheimlich verletzend, diese Erfahrung, ich will was von dem anderen, und er stößt mich zurück. Das war ja an tausend Punkten, und das war eigentlich jedesmal so die Erfahrung, jedesmal das Gefühl, ich werde nicht gemocht, ich werde nicht geliebt. Und ich habe dann immer die Gründe bei mir selber gesucht. Es ging mir noch nie so beschissen wie in dieser Zeit: Ich hatte dann Depressionen, Selbstmordgedanken und wußte überhaupt nicht mehr, was ich mit mir anfangen sollte.»

Oder in einem anderen Zitat:

«Ich war wie eine Klette, hing nur noch an ihm. Wenn er aufstand und Brötchen holte und wenn es länger als drei Minuten dauerte, dann hatte ich in Gedanken schon wieder die perfekte Trennung durchgespielt, saß also schweißgebadet im Bett. Das war ganz schrecklich, ich habe ihm nicht mehr bis zur Tür getraut.»

Die Depressionen und Selbstzweifel haben in der Regel eine verborgene Kehrseite: Aggressionen auf den sich distanzierenden Partner, von dem man so viele Kränkungen hat einstecken müssen:

«Ich habe mir auch das erste Mal eingestanden, daß ich eine Riesenwut auf diesen Scheißtypen habe!!! Weil ich mich auch so oft alleingelassen gefühlt habe!»

Wie nicht weiter verwunderlich, beschreiben die Nähe-Partner ihren inneren Zustand in seiner Mischung aus Verzweiflung-Sehnsucht-Verletztheit-Wut-Aufgewühltheit überwiegend als die reine Hölle. Was bewegt sie meistens dennoch, so lange durchzuhalten und mitzumachen? Drei Gründe können eine Rolle spielen: Zum einen die Hoffnung, den Partner irgendwann doch noch zu wahrer Liebe bekehren zu können. Zum zweiten ist der Nähe-Partner mit der Zeit außerordentlich zermürbt, im Selbstwertgefühl beschädigt und depressiv. Dann bringt er oft einfach die Kraft nicht auf, sich zu trennen; die Angst vor dem Alleinsein, ausgerechnet in einem derart zerzausten Zustand, wird übermächtig. – Letztlich spielt in manchen Fällen auch folgendes mit: Angenommen, der Nähe-Partner wäre «von Haus aus» eher ein distanzierter Mensch, der nun aber auf ein Gegenüber gestoßen ist, das den Abstand noch mehr betont – dann könnte er endlich einmal «ohne angezogene Handbremse» jene Seite in sich spüren und ausleben, die auf Nähe aus ist. Die Sehnsucht bekommt Flügel, das leidenschaftliche Begehren darf sich entfalten, der ganze Mensch blüht auf – paradoxerweise nicht *obwohl* der andere sich teilweise oder ganz verweigert, sondern *weil* er dies tut. Durch die Einhaltung des Sicherheitsabstandes ermöglicht er dem Entfesselten das auch im Leiden noch lustvolle Erlebnis von intensiver Leidenschaft und Begehrlichkeit.

«Es war das erste Mal, daß ich jemanden traf, der ein so starkes Bedürfnis nach Freiheit hatte, das erste Mal, daß ich mich so stark unbefriedigt fühlte in dem, was ich wollte und auch ganz stark meine Liebe gespürt habe, wie ich sie vorher noch nie gespürt hatte.» (weibl.)

Wie verhält sich nun der Nähe-Partner? Natürlich sind, seiner Bedürfnislage entsprechend, alle Antennen auf den Partner ausgerichtet – und die Enttäuschung steht ihm im Gesicht geschrieben. Er wird den Abweisenden mit seinen Wünschen konfrontieren, seien es flehentliche Bitten oder massive Forderungen. Er wird ihm schwer zusetzen mit Vorwürfen über sein Fehlverhalten, über seine Beziehungsunfähigkeit. Und er wird versuchen, in ihn zu dringen, ihn auszuforschen: Was mag zutiefst in ihm vorgehen? Mag er mich nicht? Hat er einfach Angst? Oder «ist» er einfach so?
Wenn der Nähe-Partner merkt, daß all sein Insistieren den anderen nur noch mehr in die Defensive und in den Rückzug treibt, ist er oft hin- und hergerissen zwischen «Ehrlichkeit» und «Taktik» (vgl. S. 45), wird ängstlich in seinem Verhalten und in hohem Maße wirkungsbedacht: Wie muß ich sein, wie muß ich mich geben, um den anderen näher an mich heranzubringen?

«Andere haben mich darauf aufmerksam gemacht, daß ich total verändert bin, wenn sie dabei ist: daß ich mein Verhalten total auf sie ausrichte und sehr, sehr ängstlich bin, mit dem, was ich sage, tue, mache. Mein Vater meinte, daß ich immer nur ängstlich ‹rüberschiele›.» (sinngemäß)

«Wie muß ich jetzt sein, um aus der Situation zu kommen und ihn wieder hierher zu kriegen? Das ist immer dieser Teufelskreis, den ich ganz übel finde und der mich auf Dauer eigentlich von mir selber abbringt, so daß ich nur noch auf ihn fixiert bin, wenn er da ist, und nicht mehr mich selbst, meine eigenen Gedanken und meinen eigenen Weg vor Augen habe.»

«Da er dann kommt, wenn ich Abwehr zeige, zwinge ich mich manchmal richtig dazu, möglichst abweisend zu sein. Ich finde das ein ganz übles Spiel, aber wenn ich es ihm zeige, daß ich mit ihm zusammen sein will, kriege ich es ja nicht.»

«Ich überlegte immer, wie ich sein muß, um das zu kriegen, was ich will. Immer mit der Vernunft dazwischen, nicht so, wie das Gefühl gerade ist. Ich glaube, das macht zum Teil die ganze Ehrlichkeit zunichte...»

Sei es nun durch bewußte Taktik (die kurzfristig durchaus «funktionieren» kann), sei es durch ängstliches und halbbewußtes Sich-nach-dem-Partner-Ausrichten – in beiden Fällen verliert der Nähe-Partner sich selbst, macht sich zum Trabanten.
In dem Maße aber, wie er sich abhängig macht und auf den Distanz-Partner fixiert, verstärkt er bei diesem Unbehagen und Abwehr, die ohnehin schon auf der Lauer liegen:

«Nach zwei Jahren habe ich dann gemerkt, daß mir diese ganze Anhänglichkeit, die er hatte, auf den Keks ging.»

Der Distanz-Partner fühlt sich bedrängt, verfolgt, ausgesaugt, belagert und angebunden. Seine innere Abwehr geht gleichsam in die Augen hinein; wie man sagt, daß «Schönheit im Auge des Betrachters liege», so trifft auch das Gegenteil zu: Der Partner wird nun als unattraktiv wahrgenommen. Oft sind es kleine Un- oder Eigenarten (zum Beispiel wie er ißt, seine Hände hält, manche Sätze unvollständig läßt, wie er sich kleidet oder schminkt, wie er riecht oder was er für Ansichten hat), die als «Grund» für die Distanz nicht nur angeführt, sondern tatsächlich empfunden werden. Diese Allergien bilden zusätzlich Treibsatz für den Teufelskreis. Nachdem der Distanz-Partner seinem Nähe-Partner dessen Fehler «an den Kopf geknallt» hat, versucht dieser, es ihm recht zu machen – und löst damit prompt eine neue und nun wirklich profunde Allergie aus: «Daß du dich so nach mir richtest und mir alles recht machen willst!!» – Oft geraten die Partner an dieser Stelle in eine Falle, in die *«Sei selbständig-Paradoxie»*. Der Distanz-Partner legt dem anderen nahe, doch einmal etwas für sich auf die Beine zu stellen, sich unabhängig zu machen von den eigenen Direktiven und Wünschen. Nun ist der Nähe-Partner in der paradoxen Falle gefangen: Probiert er, diesem Ratschlag zu folgen, fehlt diesen Unabhängigkeitsstrebungen doch der eigene Impuls, geschehen sie im Grunde doch «ihm/ihr zuliebe»! Setzt er sich hingegen zur Wehr und zeigt darin seine Eigenständigkeit, bleibt er abhängig.

Aber auch ohne diese Falle ist die Anhänglichkeit des Nähe-Partners allein schon ausreichend, ihn in den Augen des anderen immer unattraktiver werden zu lassen:

«Auch ihre Schwäche in dem Augenblick ist mir wahnsinnig auf den Geist gegangen, gegen meine Stärke gegangen. Ich hatte streckenweise wirklich Phantasien, daß sie sich wirklich sehr an mich klammert und immer nur die Kleine und Hilflose ist und ich immer nur der Große... Ich kann es jetzt nicht so genau sagen, aber ich habe jetzt so den Gedanken, sie konnte mir in diesen Augenblicken nichts bieten, sie war nichts, so ohne Reiz und Glanz. Bildhaft übertrieben, eben so ein verheultes, uninteressantes, kleines Wesen.»

Was den Distanz-Partner zusätzlich «nervt», ist der vom Nähe-Partner immer wieder betriebene Versuch, «darüber zu reden»:

«Immer, wenn ich über das, was zwischen uns lief, reden wollte, war er völlig entnervt.»

«Ich kenne das ganz gut auch aus anderen Beziehungen, wenn jemand mit soo einem Gesicht durch die Gegend rennt, weil in der Beziehung was nicht in Ordnung ist: er will das nun geklärt haben, und ich weiß überhaupt nicht, was er da nun großartig klären will.» (weibl.)

«Auch Mitleid und umbringen, er fing an zu trinken, rief mich immer wieder an, schickte Telegramme und Blumen. Das wollte ich alles nicht:... Er wollte immer wieder alles besprechen, besprechen, besprechen, und ich konnte und wollte das nicht mit ihm besprechen!»

Daß der andere «nicht einmal» darüber reden will, macht den Nähe-Partner besonders verbittert. Dabei liegt das in der Psycho-Logik des Teufelskreises: «Darüber reden» bedeutet ja Kontakt und Nähe – kein Wunder, daß der Nähe-Partner so sehr darauf drängt – kein Wunder auch, daß der Distanz-Partner es verweigert. Dies gilt ebenso für das Aufsuchen einer Beratungsstelle; wohl immer schlägt dies der Nähe-Partner vor, und fast immer lehnt es der Distanz-Partner ab:

«Nach wie vor wäre mein sehnlichster Wunsch, daß ich mit meiner Freundin zusammen eine Paarberatung mache, weil ich denke, hier sind Mechanismen am Laufen, die müssen nicht die Herrschaft über das Wohl und Weh unserer Beziehung gewinnen.»

«Darüber reden» ist für den Distanz-Partner noch aus anderen Gründen unangenehm. Dann müßte er Auskunft geben über sich selbst: Aber was geht in ihm vor? Er weiß es ja teilweise selbst nicht. Das, was er spürt, wird den anderen doch nur «unnötig» verletzen, enttäuschen, vor den Kopf stoßen!? Vielleicht würde dieser sogar Schluß machen – und das möchte er doch auch wieder nicht! Oder doch? Oje, derlei Gefühlsdinge sind einfach zu schwierig! Ist er vielleicht tatsächlich «beziehungsunfähig», wie der Partner ihm schon mehrfach vorgeworfen hat? Wird ein Gespräch, womöglich noch in einer Beratungsstelle, nicht «Abgründe» zutagefördern? Grund genug, auf den Vorschlag, wieder einmal alles «großartig zu klären», mit angewiderter Verdrossenheit, aber auch schuldbewußter Ratlosigkeit zu reagieren. Das folgende Zitat gibt einen hervorragenden Einblick in die Gefühlswelt eines Distanz-Partners:

«Ich merkte, ich orientiere mich sehr nach außen, ich hatte eine Menge damit zu tun, meine Kontakte zu alten Freunden und Bekannten aufrechtzuerhalten, und ich habe auch ansonsten viel gemacht. Das hatte die Konsequenz, daß Frauke und ich oftmals sehr wenig zusammen gemacht haben, mir war eigentlich gar nicht so danach... Es kam dann zunehmend häufiger zu Auseinandersetzungen nach dem Motto: ‹Ich

renn dir eigentlich immer hinterher, biete mich an,... und du reagierst gar nicht darauf, für dich zählen doch nur die anderen Leute! Von dir aus kommst du ja nie, um auch mal was mit mir zusammen zu machen!›
(...)
Da war jemand, der wirft dir vor und zählt auf, was du alles falsch machst und was du alles nicht tust. Ich hatte immer das Gefühl, ich muß das alles schlucken und kam aus meinen Schuldgefühlen nicht heraus, konnte mich nicht wehren: ... Wenn jemand so in seiner emotionalen Art und mit seinem ganzen Ärger die ganze Zeit auf dir herumtrampelt und herumhämmert, hatte ich einfach nur die Möglichkeit, klein zu werden. Im Grund genommen hat das mein Selbstwertgefühl ziemlich angenagt. Ich bin jemand, dem es schwerfällt, Emotionen rauszulassen, ärgerlich zu sein, wenn er ärgerlich ist, mal zu schreien, wenn er sich verletzt fühlt, und das alles konnte Frauke eigentlich sehr gut. Ich habe da auch regelmäßig so eine Leere im Kopf gehabt,... mir fiel nichts ein, sondern ich konnte immer nur denken: Sie hat ja recht, sie hat ja recht: und wurde mit jedem ‹sie hat ja recht› noch buckliger und kleiner... Ich konnte einfach nicht begründen, warum ich diesen Freiraum brauche...
Es gab sicherlich Phasen, wo ich ihr ehrlicherweise hätte sagen müssen: Mensch, ich weiß eigentlich im Augenblick gar nicht, was mir an dir liegt! Aber das hätte ich nie gewagt, das wäre mir nie über die Lippen gekommen. Und dann war da auch nichts anderes, was ich ihr zu meiner Rechtfertigung hätte anbieten können. (...)
Ich habe (die abwehrende Rolle) in dem Sinn als Stärke empfunden: Ja, mir kann keiner oder sie kann mir nichts! Aber ich habe das gleichzeitig auch als kränkend empfunden, weil Frauke damals zu mir gesagt hat: ‹Du machst es falsch, weil du so bist!› Da ich mich nicht zu einem beziehungsunfähigen Mann abstempeln lassen wollte, habe ich darunter auch teilweise gelitten. (...) Ihre eskalierenden Ausbrüche haben mich dann ab und zu noch mal dazu hingerissen, einen Teller zu zerschmettern, was ich als unheimlich wohltuend und mutig empfand,... das hat mich angestachelt, auch ein bißchen zu meiner hilflosen Wut zu stehen. Ich habe manchmal das Gefühl gehabt, sie hat mir das Leben zur Hölle gemacht.»

Seinen Gefühlen und Bedürfnissen entsprechend verhält sich der Distanz-Partner in der Weise, die wir auf S. 204 – in den Kreislauf einsteigend – beschrieben haben. Hier der typische Nähe-Distanz-Teufelskreis in seiner Grundform auf einen Blick:

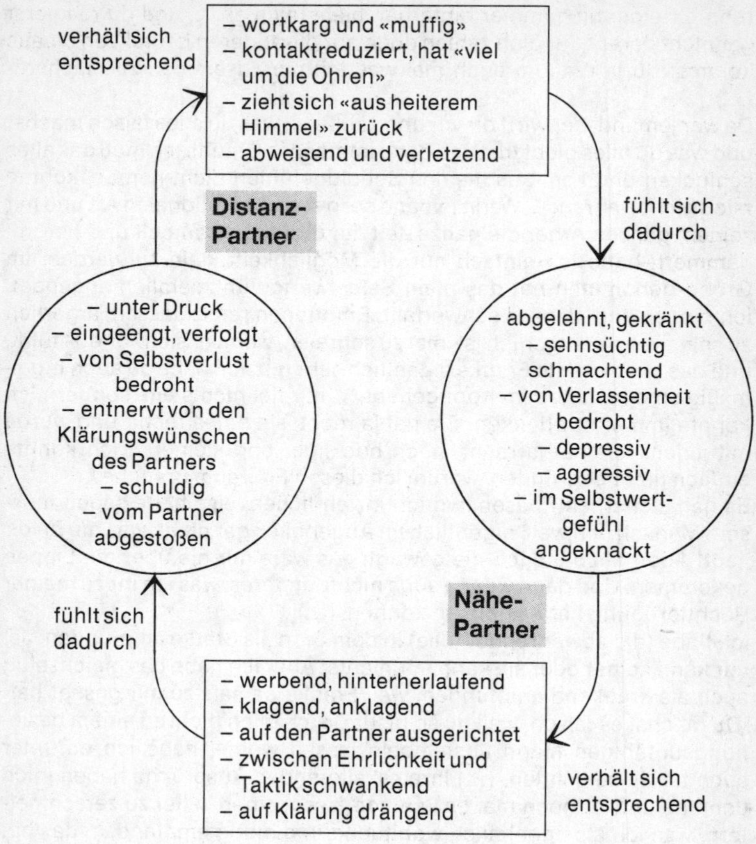

Dieser «Standard-Teufelskreis» wird bei jedem Paar etwas anders aussehen; das Grundmuster erlaubt, auch die Abweichungen zu erkennen. So kann es zum Beispiel vorkommen, daß der Distanz-Partner sich seine Nähe-Wünsche in einer Nebenbeziehung erfüllt, in der vielleicht die faktischen Gegebenheiten für hinreichenden Abstand sorgen (zum Beispiel wenn der Nebenpartner verheiratet ist, in einer anderen Stadt wohnt o. ä.). Oder er nimmt an einer Selbsterfahrungsgruppe teil und erlebt dort – im Kontext der Unverbindlichkeit – jene Gefühlsintensität, die er zu Hause «vermißt».
Wenn man dies alles so sieht und erkennt, drängt sich die Frage auf:

Wie kommt man aus einem solchen Teufelskreis heraus oder noch besser gar nicht erst hinein? Den Pelz waschen, ohne sich naß zu machen? Man kann und sollte sich dies alles nicht ersparen wollen, auch die Liebe hat ihre Kinderkrankheiten. Sollte sich aber so ein Kreislauf über Jahre hinweg leidvoll verewigen, wird man sich an die Arbeit machen müssen (Persönlichkeits- und Beziehungsarbeit). Hier einige Leitgedanken, die für eine Entwicklung förderlich sein mögen:

Empfehlungen an den Nähe-Partner

1. *Nicht mit dem Beziehungs-Ohr, sondern mit dem Selbstkundgabe-Ohr hören.* Nehmen Sie die abweisende Art Ihres Distanz-Partners nicht allzu persönlich! Darin steckt nämlich nicht so sehr die Botschaft, daß Sie unattraktiv und nicht liebenswert wären, sondern vor allem die Selbstkundgabe der Angst, sich (allzusehr) auszuliefern. Dieses verstandesmäßige Wissen wird Sie nicht vollständig vor Verletzungen und Kränkungen schützen, kann aber den Stachel etwas abmildern.
2. *Manches «Weglaufen» ist ein «Anlauf-Nehmen».* Werfen Sie die Flinte nicht gleich ins Korn – vielleicht ist Ihr Distanz-Partner wirklich «beziehungsunfähig», aber das ist zunächst überhaupt nicht erwiesen. Vielleicht muß er, bevor er in die Zielgerade einbiegt, noch einen (inneren) Parcours durchlaufen, dessen Hürden aus alten Enttäuschungen und Wunden besteht. Manche Hürden mögen so gefährlich erscheinen (so wie tiefe Wassergräben, in die man stürzen könnte), daß er davor «bockt». – Während Sie ihn «*weglaufen*» sehen, läuft er vielleicht nur zurück, um erneut *Anlauf zu nehmen!* – Dies ist ein ganz unbewußter Vorgang – und «zur Rede gestellt» weiß er sich nicht zu erklären.
3. *Keine Psychoanalysen!* Fangen Sie aufgrund dieser Erkenntnisse nicht an, Ihren Distanz-Partner mit Diagnosen und Psychoanalysen zu verfolgen! Dies wird Ihnen sehr schwer fallen, denn Sie hoffen natürlich, die kleinen Rädchen freilegen und daran drehen zu können, die bei ihm im Untergrund wirksam sind. Als «Psycho-Detektiv» sind Sie jedoch erneut bedrängend, rufen neue Abwehr hervor und verstärken so den Teufelskreis, statt ihn aufzuhalten.
4. *Nicht nach der eigenen «Gebrauchsanweisung» behandeln!* Erliegen Sie nicht der Illusion, alle Menschen seien gleich, und Ihr Partner wolle «im Grunde» genau dasselbe wie Sie – man muß ihn nur noch erlösen, damit er selbst dies auch merkt! Er ist anders, hat andere

Bedürfnisse – und das wird auch immer so sein! So bedeutet ihm vielleicht das Mit-sich-alleine-Sein viel mehr als Ihnen.
Wahrscheinlich neigen Sie dazu, ihn so zu behandeln, wie Sie gern behandelt werden möchten. Geht es ihm beispielsweise schlecht, oder ist er offensichtlich schlecht gelaunt, was läge näher, als sich ihm zuzuwenden, den Arm um seine Schulter zu legen und anteilnehmend zu fragen, was mit ihm sei!? Das wäre zwar genau das, was Ihnen an seiner Stelle gut täte! Für ihn hingegen kann es gerade dieses sein, was er jetzt «nicht abkann»!

5. *Keine taktierende Selbstverleugnung!* Solche Unterschiede zu kennen und zu respektieren bedeutet nicht, das eigene Handeln nur noch auf die Eigenarten des Partners abzustimmen und so auf optimale Wirkung zu kalkulieren! Im Gegenteil, bleiben Sie sich selbst treu, mit allem, was dazugehört – und wenn Sie starke eigene Bedürfnisse spüren, dann versuchen Sie nicht krampfhaft, es dem anderen «recht» zu machen. Gewiß, lassen Sie ihm seine Ruhe und seine Freiheit, soweit Sie das vermögen – aber verleugnen Sie sich nicht und geben sich nicht «großzügiger», als Sie wirklich im Augenblick sind! Zwar können Sie, wie Sie wahrscheinlich schon herausgefunden haben, durch geschicktes Taktieren einiges in Bewegung bringen, zum Beispiel wenn Sie ihm die kalte Schulter zeigen. Dann rappelt es in der Beziehungskiste, und manche Gefühle kommen durcheinander. Der Inhalt der Kiste bleibt jedoch der gleiche, und ein wirklicher Entwicklungsschritt ist noch nicht getan.

6. *Eigenentwicklung zur Autonomie.* Diesen «wirklichen Entwicklungsschritt» können Sie nicht für ihn tun, sondern nur für sich selbst. Bei Ihnen geht er in Richtung Autonomie. Werden Sie sich Ihres Eigenwertes bewußt und Ihrer Möglichkeiten, das Leben eigenständig zu meistern und zu genießen. Jetzt haben Sie sich «ausgerechnet» einen solchen Distanz-Partner gesucht. Als Psychologen gehen wir davon aus, daß hier niemals «der blinde Zufall sinnlos waltet», sondern daß Ihnen bei dieser Wahl Ihr Unbewußtes soufflierte. Vielleicht liegt der geheime Sinn darin, daß dieser Partner, indem er Sie nicht umschwärmt und ständig umsorgt, Sie auf sich selbst zurückweist. Indem Sie die dadurch ausgelöste Krise als Entwicklungschance begreifen, nehmen Sie die Herausforderung an. Sollten Sie sich in dieser Hinsicht für einen «schwierigen Fall» halten, nehmen Sie sich ruhig einen professionellen «Entwicklungshelfer»!

7. *Trennung und Verantwortung.* Vielleicht merken Sie nach einiger oder auch nach längerer Zeit, daß sich Ihre Geduld erschöpft und daß Sie nicht mehr darauf warten wollen und können, das vom Partner zu

erhalten, wonach Sie sich sehnen. Versuchen Sie dann die Kraft aufzubringen, sich zu trennen, wenn das irgend möglich ist. Sie laufen sonst Gefahr, emotional zu verhungern und dem anderen die Schuld für Ihr Lebenselend aufzubürden («Du hast mein Leben zerstört! Wie schön könnte es sein, wenn du etwas ‹normaler› wärest!»). Umgekehrt gilt: Wenn Sie bleiben und sich nicht trennen, übernehmen Sie dafür die Verantwortung! Sie haben sich entschieden, mit *diesem* Partner zu leben. Und bei aller Enttäuschung haben Sie ganz sicher gute Gründe, bei ihm zu bleiben.

Empfehlungen an den Distanz-Partner

1. *Studieren Sie die Empfehlungen, die sich an den Nähe-Partner richten,* denn diese betreffen auch Sie!

2. *Polarisierung und Delegation erkennen!* Behalten Sie im Blick, daß Ihr Partner, der Sie so einengt und besitzergreifend verfolgt, jenes Element von Nähe und Zusammengehörigkeit verkörpert, das Sie sich vielleicht auch wünschen, aber zur Zeit an den Partner delegiert haben.

3. *Sich auf die eigenen Schliche kommen.* Daß Sie so viel an ihm auszusetzen haben, kann auch das Ergebnis einer inneren Abwehrmaßnahme sein. Ihr Distanzbedürfnis ist weniger die Folge seiner Unattraktivität, sondern umgekehrt seine Unattraktivität die Folge Ihres Distanzbedürfnisses!

4. *Abgrenzung im Kontakt.* Wenn Sie viel Zeit für sich selbst brauchen und Ihre seelische Erholung im Rückzug vom Kontakt liegt, wenn Kontakte für Sie «anstrengend» sind, dann kann es sein, daß Sie sich *im* Kontakt schlecht abgrenzen können und daher übermäßig anstrengen. Vielleicht geben Sie sich eine Spur freundlicher, interessierter, wortreicher oder auch zurückhaltender, gesitteter, liebevoller, mitteilungsfreudiger, rücksichtsvoller, als Ihnen zumute ist. Mag die Abweichung nur eine Winzigkeit ausmachen: sie frißt mit der Zeit viel Energie – und der Rückzug ins stille Kämmerlein wird zur Erlösung. Wenn dem so ist, sollten Sie Ihren Kompaß neu einstellen: Sobald Sie sich die eigenen Grenzen auch im Kontakt eingestehen und sich ihnen entsprechend verhalten, anstatt sich immer neue Zwänge aufzuerlegen, können Sie bald darauf verzichten, fortwährend Ihren «Rückzug zu sichern und die persönlichen Reviergrenzen mit Zehen und Klauen zu verteidigen».

5. *Miteinander reden, gerade auch über die «unerfreulichen» Punkte.* Scheuen Sie sich nicht, die «unbequemen» Punkte Ihrer Partnerschaft anzusprechen, und zwar gerade so, wie Sie sie erleben. Ihr Partner leidet viel mehr unter Ihrer einsilbigen Distanziertheit, als er unter unbequemen Auseinandersetzungen leiden würde. Sollte Ihr Partner vorschlagen, eine Paar-Beratung aufzusuchen, weisen Sie dies nicht gleich von sich! Sie können dort mindestens soviel profitieren wie er, denn Sie erhalten Hilfe im Umgang mit Ihren inneren Vorgängen, und wie Sie wissen oder ahnen, liegt da Ihr schwacher Punkt!

6. *Nicht nach der eigenen Gebrauchsanweisung behandeln.* Diese Empfehlung an den Nähe-Partner gilt umgekehrt auch für Sie: Vielleicht denken Sie, wenn es ihm oder überhaupt jemandem schlechtgeht, man solle ihn besser in Ruhe lassen und nicht «auch noch» darauf ansprechen! So wäre Ihnen am wohlsten, aber manche Menschen sind anders und brauchen gerade dann Kontakt, liebevolle Zuwendung und Auseinandersetzung.

7. *Eigenentwicklung statt «Werde doch mal etwas selbständiger!»* Auch für Sie gilt, daß Sie wenig tun können, um die Entwicklung Ihres Partners zu beschleunigen – so sehr Sie sich auch manchmal wünschen mögen, daß er doch etwas selbständiger sei, weniger auf Sie angewiesen und überhaupt den Radius seiner eigenständigen Aktivitäten erweitern möchte. Hier lauert eine gefährliche Falle für Sie beide: je mehr Sie Ihrem Partner nahelegen, «werde doch mal etwas selbständiger!», besteht die Gefahr, daß er in eine verheerende *Doppelbindung* gerät: je mehr er versucht, es Ihnen recht zu machen und sich auf selbständige Aktivitäten verlegt, desto stärker begibt er sich in Unselbständigkeit und Abhängigkeit, denn Ihnen zuliebe ist er folgsam! Reagiert er aber «eigenständig» und verweigert sich diesen gut gemeinten Ratschlägen, dann bleibt er paradoxerweise unselbständig – ein schwer auflösbares Dilemma, in das schon manches Ehepaar hineingeraten ist.

Auch für Sie gilt also, daß Sie die Entwicklung nur für sich selbst vollziehen können. Welche Richtungen sind für Sie angezeigt? Davon handelt das folgende Kapitel.

7.3. Richtungen der Persönlichkeitsentwicklung

Klarheit der Rollenbeziehung und authentische Begegnung von Mensch zu Mensch. Besonders in der Berufs- und Geschäftswelt erweist sich die Fähigkeit, zwischenmenschliche Distanz zu wahren, als Vorteil. Jede Art von Distanzlosigkeit und schneller Verbrüderung liegt dem sich Distanzierenden fern, und das bewahrt ihn davor, in zwischenmenschliche Verwicklungen hineinzugeraten, unter denen die Klarheit unterschiedlicher Interessen leicht vernebelt wird. Passiert es allerdings doch einmal, daß er sich – an einer seiner empfindlichen Stellen getroffen – gefühlsmäßig verstrickt, kann er unberechenbar werden; ungeübt, mit Gefühlen umzugehen, reagiert er übermäßig verletzt, hochgradig defensiv oder aggressiv und manchmal geradezu «kindisch». In der Regel aber steht er «über diesen Dingen» und bewahrt auch in schwierigen Situationen einen kühlen Kopf. In der Rolle eines Vorgesetzten ist er in Gefahr, eine Hierarchen-Mentalität der Unnahbarkeit zu pflegen; andererseits hat er den Vorteil, nicht so leicht an der Einsamkeit der «Höhenluft» zu leiden, die dazu verführt, die Vorgesetzten-Rolle herunterzuspielen und dadurch Diffusität in der Rollenbeziehung zu erzeugen. Von der Humanistischen Psychologie herkommend, die in ihren Werten «Partnerschaftlichkeit», «Kooperation» und «authentische Begegnung von Mensch zu Mensch» betont, mußten wir mit der Zeit lernen, daß unter dieser Flagge manch Vorgesetzter sich davor drückte, zu seiner Rolle zu stehen und klare Entscheidungen zu verantworten (Hager, 1984). Vielleicht wären wir weniger mißverstanden worden, wenn wir die hier diskutierten Werte von vornherein in einer dialektischen Struktur gesehen und vermittelt hätten:

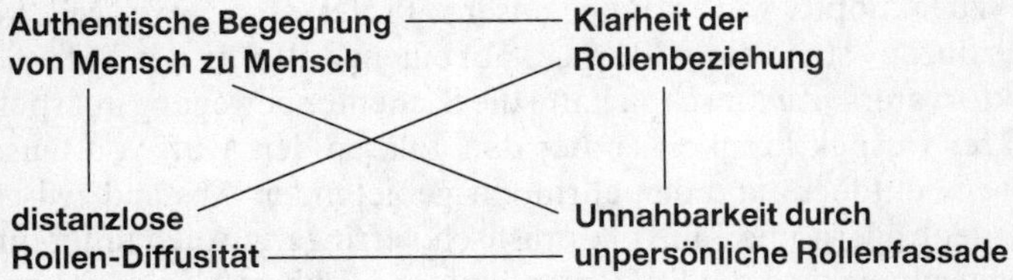

Die Betonung des partnerschaftlichen Miteinanders kann in hierarchischen Kontexten nur dann von Wert sein, wenn sie gepaart ist mit dem Bewußtsein, daß die Rollenbeziehung nicht symmetrisch,

sondern komplementär angelegt ist und dem Vorgesetzten andere Verantwortungen auferlegt als dem Mitarbeiter. Der Distanzierte tut sich in dieser Hinsicht weniger schwer als der «Nähe-Mensch», denn er lebt nicht unter dem Druck, es allen recht machen zu müssen; er kann in entscheidenden Momenten «Nein» sagen und der Versuchung widerstehen, um der kollegialen Harmonie willen von der eigenen Position abzurücken und vorschnelle Zugeständnisse zu machen, um den anderen ja nicht weh zu tun. Ob diese Konflikt- und Entscheidungsfähigkeit sich wirklich als Wert erweist, darüber entscheidet natürlich – wie bei allen menschlichen Dispositionen – der soziale Kontext. Die Fähigkeit aber, gegebenenfalls so reagieren zu *können*, gehört zum Grundbestand der sozialen Kompetenz und ist für den «Nähe-Menschen», bei dem etwa die bedürftig-abhängige und/oder die selbst-lose Strömung dominiert, erst noch mühsam zu erwerben.
Dies alles muß unterstrichen und gewürdigt werden, bevor wir berechtigt und verpflichtet sind, dem Distanzierten ein allmähliches Heraustreten aus dem Ghetto der Unnahbarkeit zu empfehlen. Nicht immer ist er darin gefangen, denn die Rolle sichert ihm den Abstand, der es ihm erlaubt, auf Menschen zuzugehen und sich mit ihnen abzugeben.

Unbefangene Kontaktbereitschaft und reservierte Zurückhaltung. Der förmliche Abstand und die steifen, gezwungenen Umgangsformen im Berufsleben haben sich in den letzten zwanzig Jahren erheblich gewandelt. «Schulz von Thun, du mußt viel lockerer werden!» – Mit diesen Worten kam mir, dem Universitätsassistenten, Anfang der siebziger Jahre eine Studentin auf dem Flur entgegen und öffnete mir, zu meiner Verblüffung, den zweitobersten Kragenknopf. Ebensowenig «zugeknöpft» waren einige unserer Professoren. «Wer will, kann mich duzen» stand eines Morgens auf einem Zettel an der Tür meines Doktorvaters. Zuvor schon hatte die Studentenbewegung mit spektakulärer Respektlosigkeit «unter den Talaren den Muff von tausend Jahren» entdeckt und den ehrfurchtsgebietenden Abstand zwischen Würdenträgern und Fußvolk drastisch verringert. Auch untereinander begannen sich die Studenten einiger Fachbereiche zu duzen. In den Stätten der Therapie und Selbsterfahrung konnte man lernen, seine Schüchternheit abzulegen, auf Menschen zuzugehen und im «Feel and touch» die alten Berührungsängste zu vermindern. Daß man jemanden «einfach so» umarmen konnte, ohne sich eines sexuellen Annäherungsversuches «schuldig» zu machen, war für viele

ein ebenso sensationelles und befreiendes «Erlebnis» wie die Erfahrung, jemandem frank und frei seine Empfindungen zu sagen. «Feed back» und «Encounter» waren auch die Zauberworte, mit denen wir unsere ersten Seminare für Führungskräfte in der Industrie durchführten. Die Humanistische Psychologie, angetreten, die anthropologischen Reduzierungen der modernen Industriegesellschaft aufzuheben und den «ganzen» Menschen wieder aufleben zu lassen, war angesichts der «Schizoidierung der Gesellschaft» (Riemann, 1975) vorrangig eine Nähe-Bewegung gewesen.
Dies war und ist auch dann nötig und sinnvoll, wenn die gesellschaftlichen Ursachen für diesen Mangel an Geborgenheit und Kontakt damit nicht beseitigt sind. Die Öffnung des zweitobersten Kragenknopfes war mir Startimpuls für die Befreiung von allerlei Verklemmungen, und wie mir ging und geht es vielen Menschen, deren durch die Nebenwirkungen ihrer Sozialisation hervorgebrachte seelische Zwangsjacke sie daran hindert, dem Mitmenschen unbefangener entgegenzutreten. So sehr es also richtig ist, Stätten der Begegnung zu schaffen, wo emotionale Barrieren des zwischenmenschlichen Nahkontaktes therapeutisch bearbeitet werden können, so falsch kann es auf der anderen Seite sein, die dort (sinnvollerweise) praktizierten Formen des Umgangs auf andere Kontexte (zum Beispiel Berufswelt) einfach zu übertragen. Reserviertheit und Distanz, Zurückhaltung und Vorsicht im Ansprechen von Gefühlen und überhaupt der «Beziehungsebene» können dort durchaus dem Kriterium der «Stimmigkeit» (Schulz von Thun, 1981) entsprechen. Dies gilt vor allem dann, wenn die Beziehungen nicht oder nicht nur vom «freundschaftlichen Miteinander privater Personen», sondern auch von Gegnerschaft und Rivalität, Macht und Abhängigkeit geprägt sind.
Die Psychologin und Organisationsberaterin Karin v. d. Laan schreibt dazu*, bezugnehmend auf Kontakte mit Berufskollegen, die alle diese zweite Sozialisation der Emotionalität und Nähe durchlaufen haben:

«Das erste Mal in meinem Leben empfinde ich es als ‹gefährlich›, daß wir alle so sozial-fähig sind: Wir können schnell Kontakt herstellen, im Nu ist man beim ‹Du›, jeder kann jederzeit über seine Gefühle schwätzen und ‹sich einbringen›. Lauter ‹vertrauensbildende, näheschaffende Maßnahmen›, die ihre Wirkung tun. Aber zu Unrecht. Ich stelle fest, daß ich in diesen Kreisen ‹falsch programmiert› bin: Ich gehe von Freunden aus. Dabei sind die Beziehungen alle neutral, gefühlsoffen, jedoch in der

* Persönliche Korrespondenz, 1985.

Ausdrucksform überaus herzlich und direkt. Die wahre Beziehung ist nun schwieriger festzustellen. Man muß sehr genau hinhören. Im Grunde ist doppelte Vorsicht angebracht. Mißtrauens-Vorschuß oder Neutralitäts-Phase, die länger angesetzt werden muß, weil man dem rasch entstehenden Klima nicht trauen darf. Es hat keine Substanz, ist nicht durch Erfahrungen miteinander gewachsen. Wir sind schon fast vertraulich miteinander, bevor wir uns überhaupt kennengelernt haben.
Diese durchgeschulten Experten sind beziehungsmäßig verführerisch und daher gefährlich – falls von der Beziehung irgend etwas abhängt, falls man sich gegenseitig schaden kann, Interessenkonflikte da sind. Nach wie vor ist es sinnvoll, unterscheiden zu können zwischen Freunden und Feinden.»

Indem die Humanistische Psychologie die kontaktscheue Berührungsangst überwinden wollte, die für den distanzierten Menschen kennzeichnend ist, hat sie, was Übung sein sollte, zur Norm erhoben und damit die Sprache der Distanz zur Untugend bzw. zur «Rückständigkeit» erklärt. Eine wohlverstandene Kontaktfähigkeit hat jedoch beide Möglichkeiten – Nähe und Distanz –, sowie alle Schattierungen dazwischen, einzuschließen, damit die Umgangs- und Redeweise in Übereinstimmung mit der Wahrheit der Beziehung bleibt:

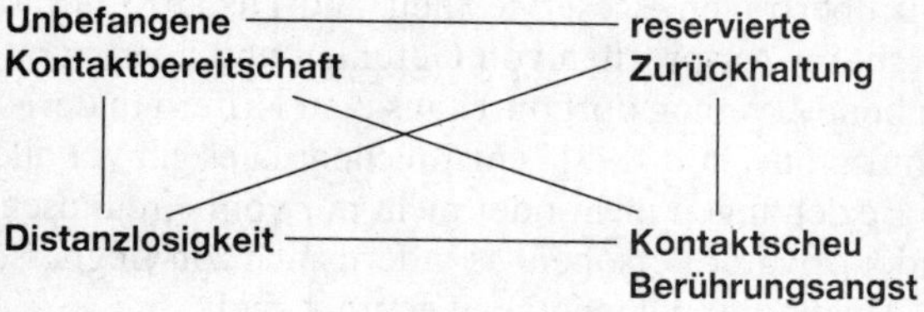

Die Sprache der Nähe. Nachdem wir die Eigenarten des distanzierten Menschen gleichsam rehabilitiert und seine Haltung in ihrem potentiellen Wert erkannt haben, ist nun der Zeitpunkt gekommen, auch seine Entwicklungsmöglichkeiten in den Blick zu nehmen. Im Strukturmodell des Nachrichten-Quadrates ergibt sich ein Nachholbedarf auf der *Selbstkundgabe-* und *Beziehungsseite* (s. Abb. rechts oben).

Das bedeutet zu lernen, in sich hineinzuhorchen und ohne allzu große Scheu auszudrücken, was in einem vorgeht und sich so anderen Menschen gegenüber zu öffnen, ihnen einen Einblick in die eigene Innenwelt zu gewähren. Die «Erfinder» der Ich-Botschaft und des Stuhles B (vgl. S. 151) haben nicht zuletzt den Distanzierten als Klienten vor

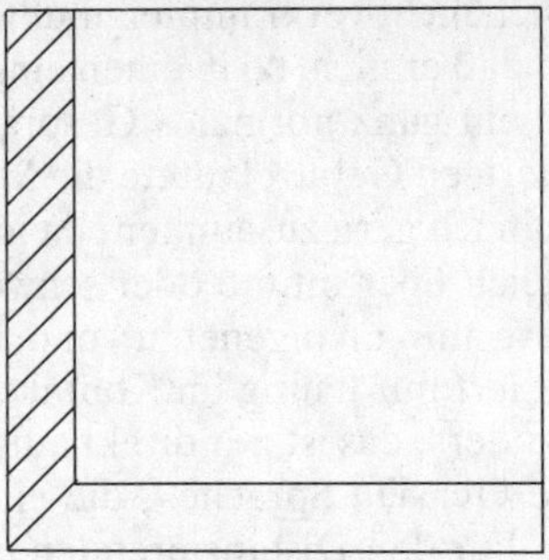

Augen gehabt. Mitunter spürt er recht deutlich, was in ihm vorgeht – aber er kann es schlecht ausdrücken, hat keine Worte dafür, und so bleibt die Innenwahrnehmung diffus und undifferenziert. Durch die Technik des «Doppelns» kann ein Klärungshelfer hier gute Dienste leisten, indem er die Andeutungen und abstrakten Umschreibungen einfühlend in die Sprache des Herzens übersetzt. In einem zweiten Schritt kann der Distanzierte dann selbst lernen, «per Ich» zu sprechen und seine Gefühle mehr und mehr auszudrücken.

Beispiel: In einem Kommunikationskurs für Trainer wollte ein Teilnehmer sich «mehr in Richtung Nähe» entwickeln. Der Hintergrund war, daß seine Frau sich wiederholt beklagt hatte, sie käme nicht an ihn heran. Meine Einladung zu einem Experiment bestand in dem Vorschlag, er möchte zu einigen Anwesenden in der Gruppe etwas Persönliches sagen – so könnten wir versuchen, die «Sprache der Nähe» auszuprobieren.

Der Teilnehmer: «Gut, ich beginne mit Herrn W. – Also (kurze Pause), mit Herrn W. kann man gut reden, ohne daß das gleich so ... verkrampft wird» (der Blick auf den Fußboden gerichtet).

Nachdem ich nachgefragt habe, wie sich dieser Satz von innen anfühle (Antwort: «etwas Herzklopfen«), kommentiere ich: «Das ging jetzt schon in Richtung «Sprache der Nähe», denn Sie haben sich exponiert und eine konkrete Person ausgewählt – daher auch das Herzklopfen, das zeigt, daß Sie persönlich engagiert sind. Was hingegen jetzt noch in Richtung Distanz ging, war 1. daß Sie ihn nicht direkt angesprochen und auch nicht angeschaut haben, 2. das Wörtchen «man» statt «ich» und 3. das objektivierende «ohne daß *es* gleich verkrampft wird».

Können Sie genauer sagen, wie Sie Gespräche mit Herrn W. erlebt haben, so daß Sie sich nicht verkrampfen mußten?»
«Es war irgendwie, daß er nicht so in einen eingedrungen ist, wie soll ich sagen – es war ein ganz normales Gespräch.» usw. Nach einer längeren und schwierigen Geburt lautete die Mitteilung in ihrer Endform: «Mit Ihnen bin ich gern zusammen, da ich den Eindruck habe, Sie wollen nicht gleich über intime oder schwerwiegende Dinge reden. Denn das wäre mir unangenehm, und ich würde sofort verkrampfen. Das passiert mir häufig im Kontakt mit Menschen – aber bei Ihnen war das anders, das ist mir direkt aufgefallen.»
Es ist diese direkte «Ich-Du-Sprache», die eine Beziehungsklärung vorantreiben kann. Für den Distanzierenden ist es wichtig zu erfahren, daß all das, was er da plötzlich von sich preisgibt, völlig in Ordnung ist und nicht etwa das Eingeständnis einer Schmach bedeutet – als was er es allerdings oft empfindet: «Man sollte doch nicht so leicht verkrampfen!» – Die heilsame Antwort darauf: «Warum nicht? Wenn Ihnen jemand zu nahe rückt, ohne daß für Sie schon eine Basis dafür vorhanden wäre, dann verkrampfen Sie eben – und an dem Verkrampfen merken Sie: Da stimmt etwas nicht, zumindest sind Sie noch nicht soweit.»

Emphatische und diagnostische Empfangsweise. Werfen wir nun auch noch einen Blick auf das *Empfangen* von Mitteilungen. Wie im Beispiel-Dialog S. 192f vorgeführt, ist beim Distanzierten das «Sach-Ohr» ausgezeichnet entwickelt und häufig im Einsatz. Demgegenüber mangelt es ihm an *Einfühlung*. Sein Selbstkundgabe-Ohr ist zwar auch gespitzt, aber eher *diagnostisch* als *empathisch* eingestellt. Worin liegt der Unterschied? Die empathische Empfangsweise ist vom Bemühen gekennzeichnet, die subjektive Erlebensweise des anderen zu erspüren und nachzuvollziehen. Die damit verbundene Identifikation schafft viel Nähe – und setzt die Bereitschaft voraus, sich auf den anderen als Menschen einzulassen. Die diagnostische Empfangsweise hingegen etabliert eine Subjekt-Objekt-Beziehung: der andere wird objektivierend von außen betrachtet und beurteilt, nicht selten messerscharf analysiert und detektivisch entlarvt. Dadurch gelingt es dem Distanzierten, sich den Mitmenschen innerlich vom Leibe zu halten. Medizinische, psychologische und psychiatrische Diagnose-Kategorien haben oft diesen geheimen Sinn. Der Name Carl Rogers steht für die radikale Abkehr von dieser Art Psychologie (Rogers und Rosenberg, 1980).

Das folgende Beispiel zeigt, wie sich die unterschiedliche Empfangs-Einstellung im Gespräch manifestiert. Nehmen wir noch einmal die Situation von S. 192; der Ehemann kommt nach Hause, seine Frau berichtet von einer schlechten Klassenarbeit des Sohnes:

empathisch

Mann: Das klingt, als würdest du dir jetzt wirklich Sorgen machen.
Frau: Ja, ich überleg mir, was soll denn aus ihm werden, wenn er die Schule nicht schafft!? Man möchte sich doch auch später keine Vorwürfe machen.
Mann: Du bist davon überzeugt: Wie wir *jetzt* reagieren, davon hängt viel ab für seine Zukunft!?

diagnostisch

Mann: Irmgard, das ist wieder deine Überängstlichkeit: Wenn du keine Sorgen *hast*, dann *machst* du dir welche!
Frau: Ja, was soll denn aus ihm werden, wenn er die Schule nicht schafft!? Man möchte sich später doch auch keine Vorwürfe machen.
Mann: Irmgard, da zeigt sich wieder dein Mutter-Ehrgeiz – dein Sohn soll ganz groß herauskommen, und bei der ersten kleinen Schlappe kommst du in Panik.

Für den Distanzierten ist das empathische Eingehen auf seine Mitmenschen ein wichtiges Entwicklungsziel, das «aktive Zuhören» eine gute Einstiegsübung. Allerdings darf man (häufiger: frau) bei einem «eingefleischten Distanzler» nicht mit schnellen Erfolgen rechnen - zu fremd ist ihm diese Art von Kontakt. In einer Eheberatung beklagte sich die Frau über mangelndes Verständnis ihres Mannes. Er erwiderte erstaunt, er verstehe sie doch gut. Der Klärungshelfer (KH) schlug daraufhin dem Mann vor, einmal wiederzugeben, was er verstanden habe von dem, was in seiner Frau vorginge (Beispiel aus Thomann und Schulz von Thun, 1988, S. 122ff):

KH: «Gut, dann schlage ich Ihnen mal vor, Sie wenden Ihren Stuhl frontal zu Ihrer Frau und sagen mal, was Sie bis jetzt von ihr verstanden haben: Wie es ihr geht. Was Sie glauben, was *in ihr* vorgeht. – Denn sie sagt ja: ‹Mein Mann hat kein Verständnis.› – Jetzt wollen wir mal die Probe machen: Was haben Sie bis jetzt verstanden von ihrem Zustand, wie es ihr innerlich geht?»
Mann: «Wieso soll ich Ihnen – das hab ich doch eben alles klar vorgelegt, äh – äh, was zwischen uns beiden los ist.»

KH: «Ja, das war *von Ihnen aus* gesehen. Jetzt mal *von ihr aus* gesehen.»
Mann: Jetzt soll ich mich in ihre Haut versetzen? Oder mich auf ihren Stuhl setzen?»
KH: «Ja, nur innerlich.»
Mann: «Symbolisch?»
KH: «Symbolisch – ja. Und sagen: ‹Ich weiß von dir, daß du dich so und so fühlst.› Und nicht von Ihnen reden. Mal Ihre eigene Sache *hinter* Ihren Stuhl stellen. Das ist eine schwierige Aufgabe, ich weiß.»
Mann: «Muß ich erst einmal Luft holen.»
KH: «Ja. Nehmen Sie sich ruhig Zeit.»
Mann (scherzhaft): «'nen Cognac haben Sie nicht?»
KH: «Den kann ich Ihnen nicht bieten. Das ist eine schwierige Aufgabe für Sie.»
Mann: «Ja. Ja – ich weiß nicht, ob ich richtig verstanden habe, äh, ich soll von mir aus sagen, was ich von ihr denke oder wie sie über mich denkt?»
KH: «Nein. Wie *Ihre Frau* über die Situation denkt und wie sie über sich denkt und fühlt.»
Mann: «Das will ich – das will ich Ihnen ganz kurz anreißen.»
KH: «Nicht mir – sondern ihr.»
Mann: Meine Frau, – meine Frau ist 'ne herzensgute Frau.»
KH: «Einen Augenblick. – Jetzt sagen Sie, was Sie *über Ihre Frau* denken. Verständnis ist dann gegeben, wenn Sie direkt zu ihr sagen: ‹Du, Erna, ich weiß von dir, daß du dich in letzter Zeit oft deprimiert fühlst. Ich weiß, daß dich nichts so die Wände hochbringt, wie, wenn ich ableugne, daß ich getrunken habe› usw. in der Art.»
Mann: «Hm. – Ich weiß, daß ich dein Vertrauen jahrelang mißbraucht habe, äh, – ich weiß auch, wie du darüber denkst.»
(Pause)
KH: «Nämlich?»
Mann: «Daß ich das Vertrauen mißbraucht habe, indem du deine Kontrolle über mich verschärft hast; indem du aufpaßt, ob ich eine Flasche habe und wo sie steht. Und wenn sie dort steht, nimmst du sie mir weg und versuchst mir dadurch dann eben die Wahrheit zu sagen, daß ich dich belogen habe.»
KH: «Gut. Jetzt haben Sie verschiedene Taten aufgezählt. Können Sie mal versuchen, sich innerlich auf den Stuhl Ihrer Frau zu setzen und zu denken: Was geht wohl in der Frau innerlich vor, daß sie mich kontrollieren will?»
Mann: «Dann muß ich ja wieder von meiner Ansicht ausgehen.»
KH: «Nein, von Ihrer *Einfühlung in die Situation* Ihrer Frau.»
Mann: «Meine Frau hat keinen anderen Willen, als mit mir harmonisch zusammenzuleben. Und wenn ich diesem Strom entgegenschwimme, dann wird sie depressiv und krank. Und kriegt hier Schmerzen und da

Schmerzen. Und kriegt Kopfschmerzen und Fußschmerzen und alles mögliche. Sie lebt dann in einer gewissen seelischen Spannung. Und diese Spannung, die wirkt sich auf ihren gesamten Organismus aus. Sie ist ja über jedes, was ich mache...»

Abgrenzung und Verbundenheit. Kommen wir abschließend auf einige Entwicklungsquadrate zu sprechen, die nicht mehr unmittelbar den Kommunikationsstil betreffen, sondern mehr grundsätzlicher Natur sind und die für Menschen wegweisend werden können, bei denen der distanzierende Anteil überwertig gelebt wird. Ihr Entwicklungsauftrag besteht darin, die überscharfe Abgrenzung zum Gegenüber («Ich so – du so!») zu überwinden und *sich einzulassen,* ohne in symbiotische Verschmelzung zu geraten. Damit werden sie dem doppelten Auftrag der menschlichen Entwicklung in bezug auf Liebe und Partnerschaft gerecht: ein eigenständiges Individuum zu werden *und* sich in liebende Bindung zu begeben, ohne das eine auf dem Altar des anderen zu opfern:

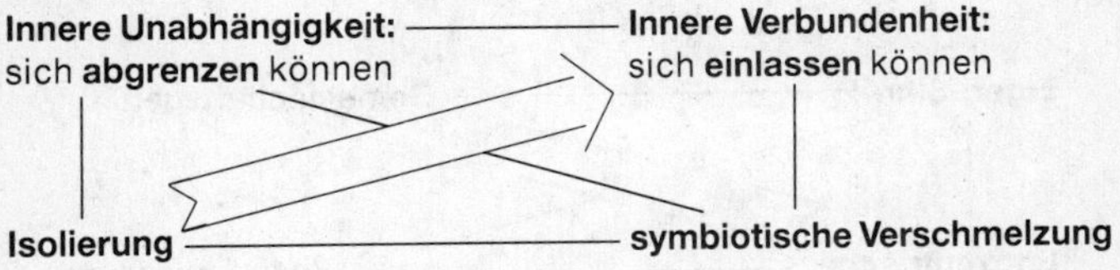

Dieses Wertequadrat ist dem sehr verwandt, das wir unter der Polarität *Selbstbehauptung* und *Hingabe* beim selbst-losen Stil kennengelernt haben (S. 104), freilich mit überkreuzter Entwicklungsrichtung. Es sei hier in einer etwas anderen Begrifflichkeit noch einmal aufgeführt:

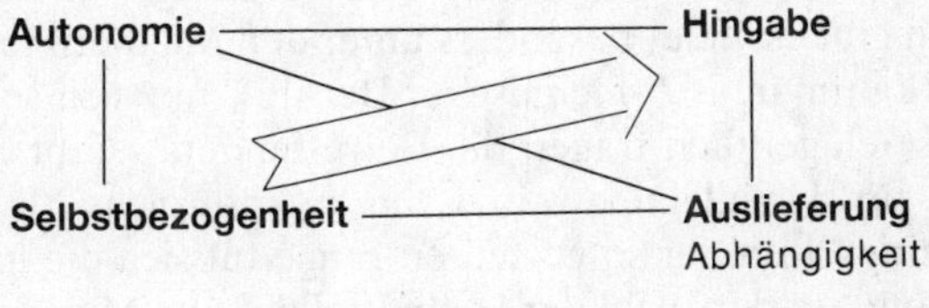

Noch einen etwas anderen Akzent erhält das Quadrat, wenn wir die zum «Wir» hinführende Haltung zugrunde legen, die Alfred Adler als «Gemeinschaftsgefühl» bezeichnet hat. Mit diesem etwas vagen Begriff war die Bereitschaft und die Fähigkeit gemeint, mit anderen Menschen im Hinblick auf das gemeinsame Wohl und das Gemeinwohl zu kooperieren. Da der im Minderwertigkeitsgefühl verstrickte neurotische Mensch seine Energien in der Sorge um den eigenen Wert bindet und somit gleichsam um die eigene seelische Achse kreist, ist er darin behindert, sich der Gemeinschaft zu widmen – insofern war bei Adler «Gemeinschaftsgefühl» und «seelische Gesundheit» ein- und dasselbe. Allerdings läßt sich auch das Gemeinschaftsgefühl überwertig leben und für jede ideologische Gleichschaltung instrumentalisieren (was auch geschehen ist). Offenbar bedarf es eines ausgleichenden Prinzips, um der selbst-losen Anpassung zu entgehen, die im Gemeinschaftsgefühl als Gefahr angelegt ist. Dieses sehe ich im *Eigensinn,* im Eigen-Sinn nämlich, der die Treue zu der eigenen Urteilsfähigkeit und den Wertmaßstäben des eigenen Gewissens höherstellt als die «Linientreue» dem Kollektiv gegenüber. Aber auch dieser Eigensinn kann zu egozentrisch-sturer Eigensinnigkeit verkommen, wenn er nicht mit jenem Gemeinschaftsgefühl gepaart ist, das Alfred Adler im Sinn hatte:

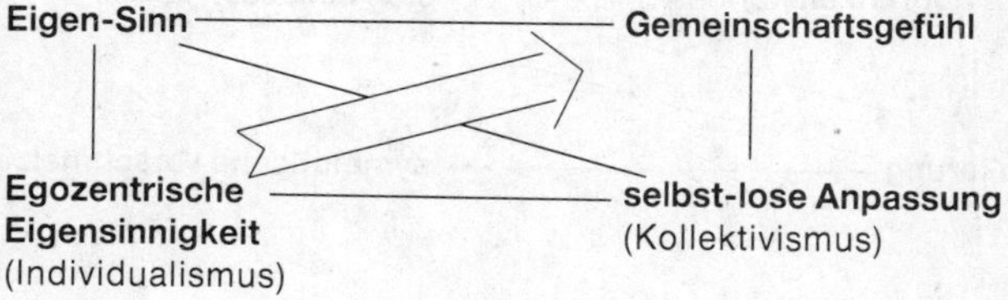

Selbsterfahrung für Distanzierte? Wie können nun Menschen, die in der hier besprochenen Hinsicht einen Entwicklungswunsch verspüren (und davon gibt es viele, besonders unter den Männern und den Angehörigen kaufmännisch-technischer Berufe), mit sich selbst vorankommen? Gelegentlich fragen die Betreffenden: «Gibt es da Möglichkeiten, für sich alleine etwas zu tun, irgendwelche Methoden des Selbsttrainings?» In der so gestellten Frage tut sich die menschliche Neigung kund, in der Wahl der Heilmittel das alte Muster zu verewigen. Da das Entwicklungsziel etwas mit Kontakt, Nähe und Sich-Einlassen zu tun hat, muß die Therapie einen zwischenmenschlichen Kontext stiften. Wieder gilt das bewährte Prinzip der Persönlichkeitsentwicklung: Riskiere ein «Auswärtsspiel», aber wähle die Dosierung

so, daß das Ungewohnte verkraftbar und die Angst erträglich bleibt; und lerne deinen Schatten gut kennen, bevor du über ihn springst!
Vieles von dem, was in Selbsterfahrungs-, Therapiegruppen und Kommunikationskursen geschieht, entspricht diesem «Auswärtsspiel»-Charakter. Das Problem ist nur, daß hochdistanzierte Menschen sich auf so etwas nicht einlassen – und wenn, dann äußerst widerwillig und mißtrauisch: «Ist der Leiter (oder die Leiterin) nicht nur darauf aus, möglichst viel aus einem herauszulocken, um einen besser auseinandernehmen zu können? Zusammensetzen muß man sich dann alleine wieder! Falls man es dann noch kann, nachdem auch noch die Wölfe über einen hergefallen sind!»
Dieses Mißtrauen, so charakteristisch es für den distanzierten Menschen sein mag, ist gar nicht ganz unberechtigt: Wer garantiert ihm denn, daß die gebotene Dosierung für ihn heilsam oder eine Selbstdosierung straffrei möglich ist? Sind nicht in solchen Gruppen häufig Leute wegen ihrer «Kopflastigkeit» belächelt, gescholten oder abgelehnt worden? Oder überfordert worden von Leitern, die ihr Ziel in der raschen und «professionellen» Überwindung zwischenmenschlicher Barrieren sahen? In jedem Seminar, das ich selbst leite, rechne ich mit diesen beiden «Fraktionen»: Die einen, die am liebsten von vornherein im Kreis sitzen – und die anderen, die sich dabei überaus entblößt fühlen und nach anständigen Tischen, schriftlichen Seminarunterlagen und festen Plätzen verlangen; die einen, die gern hätten, daß man sich allseits duze – und die anderen, denen das zuwider ist und die sich strikt weigern würden; die einen, die viel in kleinen Gruppen reden und sich austauschen möchten, vor allem über persönliche Belange – und die anderen, die kompetente Vorträge und abstrakte Diskussionen bevorzugen; schließlich die einen, die sich nach Übungen sehnen, bei denen man etwas «miteinander macht», zum Beispiel in Paaren ohne zu sprechen sich nur an den Händen berührt und sich dabei anschaut – und die anderen, denen allein schon das Stichwort «nonverbale Übung» einen Schauder über den Rücken jagt.
Die Kunst des Seminarleiters besteht darin, beide Fraktionen in Wort und Tat willkommen zu heißen – statt die Haltung der einen als leuchtendes Vorbild für die anderen zu glorifizieren. Besonders die distanzierteren Teilnehmer brauchen es, dort abgeholt zu werden, wo sie sich innerlich befinden. Vorträge mit theoretischen Modellen (wie in diesem Buch) sind für sie meist eine gute Starthilfe, um sich auf «so etwas» einzulassen; kann doch auf diese Weise der Verstand erst einmal das Terrain abschreiten, auf dem es sich zu bewegen gilt. Selbsterfahrung ist ein schwankender Boden, und die Theorie ist das Halte-

gerüst. Ich bin immer wieder erstaunt, in welchem Maße dann auch «hartgesottene» Manager, Techniker, Mediziner, Juristen, Kaufleute und EDV-Spezialisten bereit sind, diesen ungewohnten Boden zu betreten und sich berühren zu lassen. Wichtig ist dabei, daß ich auf sie keinerlei Druck ausübe. Eher verbünde ich mich mit dem Teil in ihnen, der auf «Nummer Sicher» gehen und sich heraushalten will. Die Einladung, ein persönliches Anliegen zu bearbeiten, enthält ausdrücklich auch die Möglichkeit, ganz zu verzichten oder eine rein theoretische Frage zu behandeln. Und wenn es jemandem in der Gruppe «zu eng» wird, verzichte ich völlig auf Engelszungen, um ihn wieder einzugemeinden. Beispiel aus einem Seminar, 3. Tag, nachmittags: Ein Abteilungsleiter, der am Vortag eine persönliche Schwierigkeit mit einigen seiner Mitarbeiter bearbeitet und sich dabei sehr weit eingelassen hatte, begann die Sitzung mit den aufgebrachten Worten: «Dieses ewige Beisammensitzen und Problem-Bereden fällt mir allmählich auf den Wecker – ich sag das nur, falls ich heute irgendwann ausraste, daß Sie dann wissen, woher das kommt!» – Wie sollte ich reagieren? «Engelszungen» hätten etwa so geklungen: «Aber Sie haben doch gestern sehr von der Arbeit profitiert, haben Sie doch selbst gesagt! Meinen Sie nicht, daß mit etwas Konzentration und gutem Willen auch heute der Nachmittag für Sie etwas bringen könnte?» – Noch schlimmer wäre es, die «Engelszungen» mit «Moralin» zu würzen, etwa so: «Sie waren gestern dran, und wir haben uns alle mit viel Engagement und Geduld auf Ihren Fall konzentriert. Meinen Sie nicht, daß die anderen Leute dasselbe Recht haben dranzukommen und nun auch Ihre aktive Teilnahme erwarten dürfen?» – Solche Sätze würden die seelische Realität übersehen, die sich in der verdrossenen Bemerkung kundtat, und würden den Betreffenden innerlich noch weiter in den Zustand hineintreiben, so sehr er sich äußerlich auch zu einem «Wohlverhalten» durchringen mag. Aber was ist das für ein Zustand, in dem er sich befand? Mit Sicherheit läßt sich dies aufgrund dieses einen Satzes noch gar nicht sagen. Aber die Formulierung des «ewigen Beisammensitzens» läßt in Verbindung mit dem starken Einbezogensein am Vortag die Vermutung zu, daß dieser Teilnehmer, obwohl sonst gar kein «typisch Distanzierter», nun von der sich distanzierenden Strömung stark erfaßt wurde, da die Nähe in der Gruppe und die gefühlsmäßige Berührung ihm schon längst des Guten zuviel gewesen war. Die Vermutung wird durch das folgende bestätigt. Ich sagte: «Ich möchte Ihnen einen Vorschlag machen, daß Sie sich mal einen Moment auf die Frage konzentrieren: «Wie würde ich diesen Nachmittag verbringen, wenn alles nur nach mir ginge?» Nach

kurzer Pause antwortete er: «Dann würde ich gar nicht hierbleiben, sondern mich ins Restaurant setzen, einen Kaffee und einen Cognac bestellen, meinen Terminkalender und andere Dokumente auf dem Tisch ausbreiten, und dann ohne große Ziele einmal hier hinein- und da hineinschauen und einfach so für mich sein!» Ich schlug vor: «Wie wäre es, wenn Sie das wirklich jetzt tun würden?» Nach kurzem Zögern entschloß er sich zu gehen. Nach zwei Stunden kam er wieder: die Zeit habe ihm gutgetan, aber jetzt liege ihm daran, wieder den Anschluß zu gewinnen. Für den Rest der Zeit war er nicht nur anwesend, sondern wirkte auch teilnehmend und aufgeschlossen.
Immer wieder wichtig zu wissen, daß die Annäherung zum Kontakt beim Distanzierten nicht direkt erfolgt:

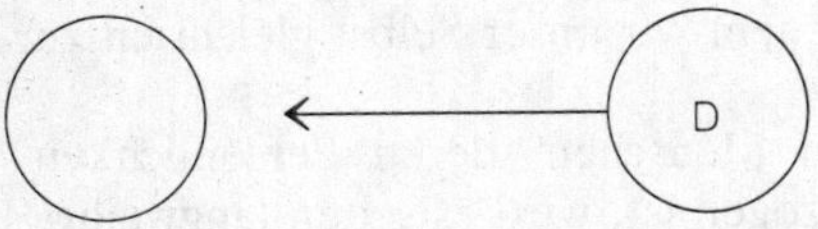

und somit auch nicht durch «Ziehen» zu befördern ist, sondern über eine «Umwegschlaufe» (Thomann):

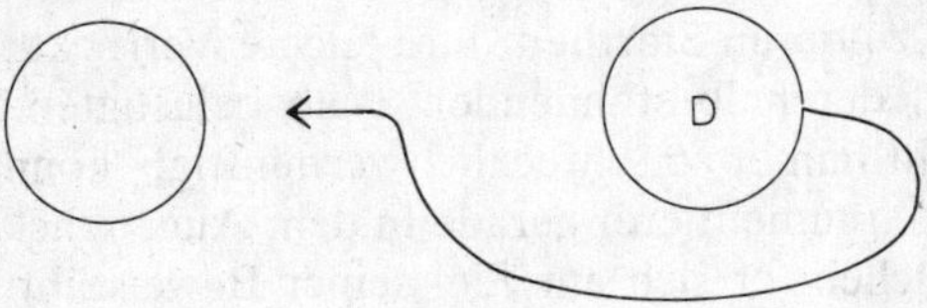

Meine Untersuchungen über die Auswirkungen solcher Seminare legen den Schluß nahe, daß Teilnehmer mit deutlich distanzierenden Anteilen in ihrer Persönlichkeit häufig sehr viel profitieren. Insbesondere berichten sie davon, im Kontakt mit Nahestehenden mehr von sich zu erkennen zu geben, mit der Folge, daß es gelegentlich hoch hergehe, aber insgesamt ihre Begegnungen und Beziehungen reicher und tiefer würden.

8. Der mitteilungsfreudig-dramatisierende Stil

8.1 Erscheinungsbild, Grundbotschaft und seelischer Hintergrund

Während wir unter dem Einfluß der zuletzt beschriebenen Strömungen, der kontrollierenden und sich distanzierenden, nicht recht geneigt sind, viel über uns selbst preiszugeben, scheint bei der nun folgenden das genaue Gegenteil vorzuliegen: unter ihrem Einfluß sind wir außerordentlich mitteilungsfreudig und von starkem Gefühlsausdruck, genießen es, von Publikum umringt zu sein und es in unseren Bann zu ziehen, indem wir unser Selbst gleichsam zur Aufführung bringen.

In Gegenwart von Menschen, deren Persönlichkeit von diesem Hauptstrom durchzogen ist, wird es selten langweilig. Immer ist irgend etwas los – und wenn nicht, dann sind sie es selbst, die mit Energie «Leben in die Bude» (oder in die «Beziehungskiste») bringen. Ihre intensive Emotionalität steht in farbigem Gegensatz zur Intellektualität jener vorgenannten Stile, ihre ausdrucksvolle Darstellungskraft zu deren Starrheit, ihre leichte Verrücktheit zu deren Vernunft. Mit der halb stöhnenden, halb belustigten Entgegnung «Sei doch nicht immer so schrecklich vernünftig!» können sie einen pedantischen Argumentierer gerade in dem Augenblick schachmatt setzen, in welchem er sich am Ziel seiner Beweisführung wähnte: «Bei einem logischen Salto mortale hat sich schließlich noch keiner das Genick gebrochen, aber es hat sich schon mal jemand totgegrübelt – wer zuviel plant und alles zweckmäßig gestalten will, der verpaßt das Leben! Und das Leben? Das ist hier und jetzt! Was schert einen der Schnee von gestern oder der Regen von morgen, wenn heute die Sonne scheint? Leben? Das ist Lebendigkeit, und Lebendigkeit ist Spontaneität und Erlebnisintensität! Wer improvisieren kann, braucht nicht so viel zu organisieren – manche Menschen sehen schon aus wie ihr eigener Terminkalender und haben sich selbst ins Gefängnis ihrer Planquadrate und Organigramme gesperrt! So programmiert man seinen eigenen Stillstand – aber mit System, versteht sich! Ein elendes Leben, aber Hauptsache ‹korrekt›! Und dann wollen sie einen da auch noch mit reinziehen, Verträge schließen, Verabredungen treffen, usw. – du lieber Gott, was weiß ich denn heute, wie mir Donnerstag zumute sein wird? – Und dann kommen sie an und wollen einem mit ihrem Tugendkatalog die Hölle heiß machen: Pünktlichkeit, Zuverlässigkeit, Treue – na ja, geb ich zu, Treue ist manchmal gar nicht so schlecht, aber sonst? Mit ihrer Pedanterie und spießbürgerlichen Enge können sie einem wahnsinnig auf die Nerven gehen. Dabei geb ich mir oft sogar Mühe, zum Beispiel pünktlich zu sein, aber es ist komisch: Je mehr ich mich anstrenge, desto weniger klappt es! Ich weiß selbst nicht, woran das liegt – das müßte mal ein kluger Wissenschaftler erforschen. Aber ich bin, glaube ich, schlecht zu erforschen, weil ich immer wieder anders bin. Wenn der mich heute testen würde, wären seine Ergebnisse nächste Woche veraltet, sag ich dir! Sag doch auch mal was! Mir ist, als ob ich dich aus dem letzten Stummfilm kennen würde! Letztens haben sie einen gezeigt, da wackelt 'ne Graugans immer hinterm Zug her, weil sie denkt, der wäre ihre Mutter – und all so verrücktes Zeug, aber mir passieren auch oft die unglaublichsten Geschichten, zum Beispiel neulich ...»

Die kommunikative Grundbotschaft hat ihre stärkste Betonung auf der *Selbstkundgabe*. Es ist, als ob der Mitteilungsfreudig-Dramatisierende mit einem Glöcklein (oder einer Pauke) herumliefe und «Hört, hört, so bin ich!» riefe.

Abb. 39: Grundpose des mitteilungsfreudig-dramatisierenden Stils

Eindrucksvoll und mit etwas ironischer Distanz zu sich selbst schreibt eine Studentin:

«Vorhang auf! Seid ihr alle da? – Ich bin bereit. Das Drama kann beginnen: Wie es mir gefällt!»

... und fährt etwas später fort:

«Mir ist dieser Hang zur Selbstdarstellung und diese Lust, im Mittelpunkt zu stehen, wohl vertraut. Ja, ich kenne diese dramatisierende Schraube, die, wenn sie erst einmal gestartet ist, sich zu einem Selbstgänger entwickelt und immer höher und höher schraubt, beziehungs- und bodenlos. Der Absturz ins schwarze Nichts erfolgt plötzlich und hätte doch erwartet sein können. Es ist der Moment, in dem übersteigerte Fröhlichkeit und verzweifeltes Schluchzen eins sind und nur noch dieser schmerzhafte Abfall ein Überdrehen verhindern und ein Zu-sich-Kommen schaffen kann.
Warum dieses Aufdrehen? Hört mich sonst keiner? Nimmt mich sonst keiner wahr? Spüre ich mich nur in diesen Extremen? The show must go on – why?...»

Der Inhalt der Selbstdarstellung kann sehr verschieden sein, charakteristisch ist die starke Betonung. In Verbindung mit der bedürftig-abhängigen Strömung ertönt es dramatisch hilflos und unter Tränen: «Ich bin völ-lig am En-de! Entweder du hilfst mir jetzt sofort, oder ich bin verloren!» – In Verbindung mit der sich beweisenden Strömung lautet die Botschaft «Ich bin der-art außergewöhnlich...!» Eine andere Studentin berichtet:

«Wahrgenommen zu werden ist für mich das Allerwichtigste. Nur nicht einer von vielen sein, der sich durch nichts abhebt. Nein, lieber was Besonderes, Einzigartiges. Ich betonte zu diesem Zweck immer sehr, daß ich in Südfrankreich studiert habe. Und was da alles so war, hat niemand mit mir gemeinsam. Das ist einfach was Tolles. Und das muß es auch sein. Mittelmäßigkeit ist für mich tödlich.»

Die *Beziehungsbotschaft* hat leicht einen doppelten Boden: einerseits wird dem Gesprächspartner signalisiert, wie wichtig er ist – schon durch seine aufmerksame Zuwendung; andererseits spürt dieser nach einiger Zeit, daß er zum bloßen Resonanzboden wird, zum Publikum eben, und so fühlt er sich, obwohl intensiv angesprochen, doch *nicht wirklich gemeint:* Dieselbe Geschichte hätte der Mitteilungsfreudige mit denselben Worten und Betonungen auch jemand anderem erzählen können – Publikum ist austauschbar. Auf diese Weise kann trotz größter Kontaktfreudigkeit eine eigenartige Kontaktlosigkeit entstehen.

Der Grund*appell* schließlich lautet: «Wende dich mir mit deiner Aufmerksamkeit zu und werde bestätigender Zeuge meiner Selbstdarstellung!»

Abb. 40 Grundbotschaft des mitteilungsfreudig-dramatisierenden Stils

Bevor wir den Kommunikationsstil in seinen Varianten etwas vertiefen, werfen wir wenigstens einen flüchtigen Blick auf die seelische Biographie eines Menschen, der von der geschilderten Art geprägt ist. Im einfacheren Fall mag das Kind die Erfahrung gemacht haben, daß man es nicht beachtet und links liegenläßt, es sei denn, es «dreht auf» und spielt sich so in den Mittelpunkt, daß man es nicht mehr übersehen kann. Das seelische Axiom lautet dann

Ich bin unwichtig. Wie mir wirklich zumute ist, interessiert niemanden. Nur wenn ich mich geschickt oder mit starken Mitteln in den Vordergrund spiele, werde ich beachtet.

Wer die Erfahrung gemacht hat, daß normal dosierte Lebenszeichen nicht ausreichen, um für andere be-achtenswert zu werden, wird aufmerksamkeitssteigernde Mittel einsetzen. Hinter der aufblühenden Redseligkeit steckt die Angst, unbemerkt zu verwelken.
Dies ist insofern der «einfachere Fall» einer Genese, als hier die Aufmerksamkeit *des Gegenüber* erregt werden soll. Schwieriger zu entschlüsseln und zu verstehen ist der Entstehungsprozeß und die «Sym-

ptomatik» dann, wenn der Hauptadressat der Botschaft die betreffende Person selbst ist und ihr Gegenüber bloß Resonanzboden. Nach Mentzos (1986) liegt das Wesen der «Hysterie» darin, daß der Betreffende sich innerlich und äußerlich in einen Zustand versetzt und «hineinsteigert», «der ihn *sich selbst quasi anders erleben* und in den Augen der umgebenden Personen *anders als er ist erscheinen läßt*» (S. 75). Insofern haftet dem entsprechenden Kommunikationsstil etwas Unechtes und Übertriebenes an, die Gefühle wirken inszeniert, «gemacht». Herzliche Zuwendung mag dann etwas überschwenglich ausfallen, Traurigkeit zum heulenden Elend ausgestaltet, Ärger in einem großen Auftritt heiligen Zorns mit zugeschlagener Tür in Szene gesetzt werden. Möglich auch, daß die gezeigten Gefühle nicht (nur) in ihrer *Intensität,* sondern in ihrer *Qualität* «leicht daneben» geraten: In Situationen, in welchen man stille Betroffenheit erwartet, erheben sich aufgeregte Klagen, anstelle von Trauer kommt Wut auf oder anstelle von Zorn betonte Amüsiertheit. «Einen Tick daneben» (wie sich eine Studentin ausdrückte) geraten auch die Gesprächsbeiträge, jedenfalls im Stress, in Konflikten und in gefühlsmäßig heiklen Situationen. So mögen Dinge angesprochen werden, die den Punkt, um den es geht, nicht treffen – dies wird meistens erreicht durch *Ausweichen auf Randaspekte.* V. Satir hat das *Ablenken* (nicht auf Fragen antworten, jedenfalls nicht im eigentlichen Sinne; haarscharf am Thema vorbeireden etc.) zum konstituierenden Merkmal ihres vierten Typs gemacht (1975). Während sich der Dramatisierende die Gefühle zu ersparen sucht, zu denen die wirklich ihn betreffenden Dinge herausfordern, verlegt er sie doppelt und dreifach auf unwesentliche Nebensächlichkeiten, welche mit größtem Entzücken oder lautem Jammern in den Vordergrund gezerrt werden. Konstruieren wir das Beispiel eines geschiedenen Ehemannes, der sich sehr aufregt (wohlgemerkt: der *«sich aufregt»* – in der Sprache ist die aktive Urheberschaft bei diesem gefühlsmäßigen Vorgang bereits unterstellt!) über die, sagen wir, «unpassende Frisur» seiner bei der Mutter lebenden Tochter. Warum «macht er so ein Drama daraus»? Die Trennung von seiner Familie war für ihn ein existentieller Bruch mit viel Schmerz, Kränkung, Traurigkeit und Wut. Da er aber vor sich selbst und vor anderen «souverän über der Sache» stand, ist er all diese Gefühle nicht losgeworden. Die unpassende Frisur kommt gerade recht, um nun doch wenigstens einen kleinen Teil dieser Affekte abzuarbeiten – und zwar an jenem nebensächlichen Anlaß, der die existentielle Betroffenheit nicht herausfordert, aber doch symbolisch etwas von dem enthält, was in seinen Augen falsch gelaufen ist und noch läuft.

In der Realität sind die Zusammenhänge meist verwickelter, doch in diesem Beispiel wird vieles vom Wesen der «hysterischen Konfliktverarbeitung» (Mentzos, 1986) deutlich:

- Vermiedene und unerledigte Gefühle im Hintergrund;
- Ablenkung vom Eigentlichen, Ausweichen der Affekte auf Nebensächlichkeiten;
- dadurch eine nicht stimmige Qualität und/oder Intensität des Gefühlsausdrucks,
- sowie das unbewußte Ziel: sich von innerem Konfliktstoff zu entlasten, ohne daß man selbst oder jemand anders merkt, worum es *eigentlich* geht.

Der *primäre Gewinn* liegt also nicht so sehr darin, was man beim Gegenüber erreicht (da mögen *sekundäre Gewinne* dazukommen), sondern in der erfolgreichen Manipulation des Selbstgefühls, im Sich-hinein-Steigern in Affektzustände, die mit dem eigenen Selbstbild verträglich und der Entlastung von inneren Konflikten dienlich sind. Das «Hört, hört, so bin ich!» ist also in erster Linie an die eigene Adresse gerichtet – der Beziehungspartner ist nur «Komparse» in dieser Szenerie, notwendig, damit sie überhaupt zustande kommen kann (Mentzos, 1986, S. 197).
Häufig ist es auch ein Ziel dieses Verhaltens, die eigene innere Leere aufzufüllen. Um sich selbst zu spüren, braucht der hysterische Mensch starke Erlebnisintensitäten, die er sich durch emotionale Überdosierung zu verschaffen weiß. Aus diesem Erlebnishunger rührt die ständige Suche nach starken Reizen, nach Abwechslung und nach neuen Erfahrungen (bis hin zu riskanten, lebensbedrohlichen «Grenzerfahrungen»). Für die Kommunikation bedeutet dies, daß der Betreffende viel Aufregendes zu berichten weiß, da er es bewußt oder unbewußt so einrichtet, daß in seinem Leben «dauernd etwas los ist». Nehmen wir den Originalton von S. 229 wieder auf:
«Aber mir passieren oft die unglaublichsten Geschichten, zum Beispiel neulich mußte ich von Hannover unbedingt nach München, und ich habe mich so beeilt – aber was glaubst du: gerade in dem Augenblick, wo ich mit fliegenden Fahnen den Bahnsteig erreiche, sehe ich noch gerade das Ende des Zuges um die Kurve biegen! Du lieber Gott! Ich meine, ich bin unpünktlich, das gebe ich zu – aber hier war auch wirklich Pech dabei! Aber dann auch wieder Glück im Unglück: bin ich doch da auf dem Bahnhof einem ganz netten Mann begegnet, der hatte ein Auto dabei und wollte zwar nun nicht gerade nach München fahren, aber nach Flensburg! Der hat mich dann gefragt, ob ich

mitfahren will – und da habe ich gedacht: Ja, warum eigentlich nicht? Das ist ja bei mir oft so, daß sich mein wahres Ziel erst mit der Zeit herausstellt, du kennst mich ja. Und die Fahrt nach Flensburg war absolut irre! Unterwegs haben wir noch zwei Anhalter mitgenommen, wahnsinnige Typen! Besonders der eine, also... (lacht und lacht und will sich nicht wieder beruhigen) – der hat mir noch während der Fahrt einen Heiratsantrag gemacht, aber völlig ernstgemeint! Ich habe auch erst zugesagt, aber dann nachher habe ich gemerkt, das war wohl ein freundlicher Irrtum! – Ach, und das ging nachher noch weiter in Flensburg...»

Der zuhörende «Normal-Mensch» gewinnt – halb kopfschüttelnd, halb neidisch – den Eindruck, daß sich derlei Aufregendes in seinem Leben nie zuträgt. Möglich sogar, daß ihm der Verdacht aufdämmert, ein etwas eintöniges und langweiliges Leben zu führen, in welchem sich nichts wirklich Berichtenswertes zuträgt. So bleibt ihm nur die Rolle des gebannten Zuhörers; er gibt gelegentliche Rückmeldungen von Überraschung, Faszination und von mitfiebernder Anteilnahme. Das Spiel ist perfekt: Der Mitteilungsfreudige fühlt sich bestätigt und kommt nun erst richtig in Fahrt. Sollte der Gesprächspartner noch nicht ganz mutlos geworden sein und sich bei Gelegenheit anschicken, etwas von sich selbst zu berichten, so wird er ihm mit der Wendung «Ja, ja, das kenne ich von mir auch, und zwar...» das Staffelholz schnell wieder entreißen. Dieser «ego-trope» («zum Ich hingewandte») Kommunikationsstil trägt – genauso wie die Austauschbarkeit des Empfängers – dazu bei, daß das Gespräch sich *wenig dialogisch* entwickelt:

Abb. 41 «Egotropes» Kommunikationsmuster des mitteilungsfreudig-dramatisierenden Stils

Einen Kollegen, der von dieser Strömung gelegentlich erfaßt war, habe ich einmal mit der Bemerkung unterbrochen: «So, jetzt müssen wir aber auch einmal von *mir* reden!» – und seine schelmenhafte Replik war: «Ja, ja, genau! Jetzt müssen wir mal von *dir* sprechen: Wie gefällt dir mein neues Buch?»

Die eigene Person ist – direkt oder indirekt – das liebste Thema des Mitteilungsfreudigen. So kann es sein, daß wir über den durchaus wechselvollen Verlauf seiner Befindlichkeit nahezu lückenlos auf dem laufenden gehalten werden: über Appetit und Verdauung, über körperliche Reaktionen, Krankheiten und Gefühlsstimmungen, über die Details des Tagesverlaufes und die jeweiligen Gedanken und Assoziationen dazu, kurzum über alles, was so einem Menschen von außen und innen widerfährt:
«Und dann hatte ich unterwegs plötzlich so einen tierischen Hunger, obwohl ich extra noch zu Hause eine Scheibe mehr gegessen hatte; und obwohl es die anderen eilig hatten, habe ich gesagt: ‹Ist egal, Leute, ich muß sofort etwas essen!› und dann sind wir eingekehrt, und dann ging es auch wieder! Zwischendurch habe ich gedacht, ich brauchte vielleicht nur eine Pause – das geht mir auch in anderen Situationen oft so, daß ich denke, ich brauche etwas – und dann bin ich nur müde und erschöpft! Zum Beispiel neulich, als wir...»
Was bei diesem etwas sorglosen «Plappern» wiederum auffällt, ist der Mangel an Selektion, an innerer Vorauswahl dessen, was für *diesen* Gesprächspartner in *dieser* Situation interessant sein könnte. Die Kontaktarmut führt dazu, daß der Mitteilungsfreudig-Dramatisierende trotz aller sprudelnden Vergnügtheit von seiner Not nicht erlöst wird. Eine Studentin, die begonnen hatte, all dieses bei sich zu erkennen, berichtet:

«Ich habe begriffen, daß ich eigentlich sehr einsam bin und anderen Menschen auf diese Art und Weise, obwohl sie ungeheuer viel von mir wissen, eigentlich nicht an mich heranlasse. Ich habe das Gefühl, mich immer in einem Kreis um mich selbst im Mittelpunkt zu drehen und mir sehnlichst gewünscht, aus der Mitte zu gehen, hin zum Rand, von wo aus ich rein- und rausschauen kann...»

Wenn in Selbsterfahrungsseminaren der Kunstfehler begangen wird, diese Art von Selbstoffenbarungsfreudigkeit zu feiern und zu fördern, gewöhnen sich die Teilnehmer hinterher eine «Psycho-Geschwätzigkeit» an, die in nimmermüder Nabelschau und im einschlägigen Jargon das Dickicht der eigenen Innenwelt durchforstet. Gefährlich ist, daß dies im (falschen) Bewußtsein einer «psychologischen Aristokratie» erfolgt und es so schwieriger wird, die entstehende Kontaktlosigkeit als solche zu erkennen. Rückblickend bezeichnet ein Student Gespräche, die er so bei sich selbst erlebt hat, als «Einbahnstraßen und Sackgassen»:

«In der… Zeit… bezog ich mich nur auf mich. Wenn mir jemand etwas erzählte, benutzte ich dies nur, um ihm dann mitzuteilen, was es mit mir ‹macht›. Dabei waren wir dann kurz und schnell bei mir und meinen Schwierigkeiten, die Probleme des anderen spielten überhaupt keine Rolle mehr. Ein Gespräch, in dem mir kein ‹Aha-Erlebnis› vermittelt wurde, war für mich nur small talk, und mein neu eingeschlagener Selbsttrip in meine Innenwelt verpflichtete mich, dann auch das zu sagen. Der auf diese Weise gegangene Weg wird zur Sackgasse, auf Einbahnstraßen gibt es kein Zurück. Ich brauchte die anderen eigentlich gar nicht, es sei denn als Katalysator, um mich noch mehr mit mir zu beschäftigen. Die hatten das bald herausgekriegt, und einige ließen mich so, wie ich eben schon war, allein.»

Wieder begegnen wir dem Element von «Pseudo-», hier einer Pseudo-Offenheit, die dadurch gekennzeichnet ist, daß der Betreffende sein Sprechen darauf ausrichtet, vor sich selbst (und – zweitranging – vor dem anderen) als «offen» dazustehen. Die Kommunikation hat ihren Inhalt, ihren Text verloren und wird zum Mittel der Selbstvergewisserung.

Wir haben verschiedene seelische Ziele ins Auge gefaßt, für die der mitteilungsfreudig-dramatisierende Stil ein taugliches Mittel sein kann: beachtet zu werden, eine innere Leere mit Lebendigkeit zu füllen, das eigene Selbsterleben selbstbildverträglich zu manipulieren. – Im Falle nimmermüder Redseligkeit, ohne Punkt und Komma und ohne dem Gegenüber die Möglichkeit zu lassen, irgendwo nachhaltig einzuhaken, mag noch folgende unbewußte Zielsetzung dazukommen oder ausschlaggebend sein: die vollständige *Kontrolle über die Situation,* über den Kontakt. Wer einen Kontakt dialogisch anlegt, muß damit rechnen, daß Themen, Gedanken und Gefühle aufkommen, auf die er gar nicht «gefaßt» war, daß vielleicht Fragen gestellt oder Punkte angesprochen werden, die ein inneres Tabu berühren. Wer davor große Angst hat, spricht am besten nur selbst: so behält er das Geschehen vollständig in der Hand.

Er oder *sie*! Überwiegend sind es immer wieder Frauen, die sich in den Vorlesungen bei diesem Stil «erkannt» fühlen. Dies wäre auch in Übereinstimmung mit der frühen Beziehungsdynamik in der Familie (vgl. S. 195f); auch damit, daß in unserer Gesellschaft traditionell beim Mann die Leistung (= sich beweisender Stil) und bei der Frau die Attraktivität (= mitteilungsfreudig-selbstdarstellend) zählt. Dennoch: Alles steckt in jedem, und auch bei vielen Männern kommt diese Seite gelegentlich und bei einigen häufig zum Vorschein.

8.2 Der systemische Blickwinkel

In welchem zwischenmenschlichen Interaktionszusammenhang kann die mitteilungsfreudige-dramatisierende Strömung gedeihen? Oft sind es die eher kontrollierten, gehemmten Beziehungspartner, die ihr Leben – einschließlich ihres Gefühlslebens – auf «Nummer Sicher» anlegen, welche mit Faszination nach den Mitteilungsfreudigen und Dramatisierenden Ausschau halten, um sie an sich zu binden. Dies geschieht in der Hoffnung, daß jene expressiven Partner ihnen «Leben in die Bude» bringen, das sie selbst entbehren: Als identifizierter Zuschauer, der dem anderen gebannt an den Lippen hängt, nehmen sie nun doch am aufregenden Leben teil und entgehen so der Monotonie, die der eigene Charakter hervorzubringen neigt. – Zitat einer Studentin:

«Ich weiß, daß ich viel zuviel unbedacht drauflosrede. Oft bemerke ich es, aber ich kann es nicht lassen. Bei bestimmten Menschen passiert es mir immer wieder. Besonders bei meinem Partner. Er fordert mich geradezu heraus dazu. Ich möchte ihm schon auch einmal gerne zuhören, aber bei ihm passiert überhaupt nichts Spannendes. Er drängt sich auch nicht gerade um die Position des Erzählenden.»

Der komplementäre und soweit durchaus harmonische Kreislauf sieht folgendermaßen aus (s. Abb. S. 238 oben).

Meistens ist dies jedoch nur die eine Seite der Medaille. Mit der Zeit wird auch das Dramatische langweilig, der mangelnde Kontakt und die Reduzierung des Partners auf einen Claqueur lassen ihn enttäuscht und ungeduldig werden – Faszination und «Genervtheit» liegen plötzlich eng beieinander. In dem Maße aber, wie er sich nun gereizt abwendet, den Kontakt unterbricht und dem Mitteilungsfreudigen die Beachtung verweigert, rührt er an dessen seelischem Axiom: Ich bin unwichtig, man interessiert sich nicht für mich – nur wenn ich starke Mittel aufwende, werde ich beachtet! Und je mehr er nun «aufdreht» und die Aufmerksamkeit zu erzwingen sucht, um so gereizter wendet sich der andere ab (s. Abb. S. 238 unten).

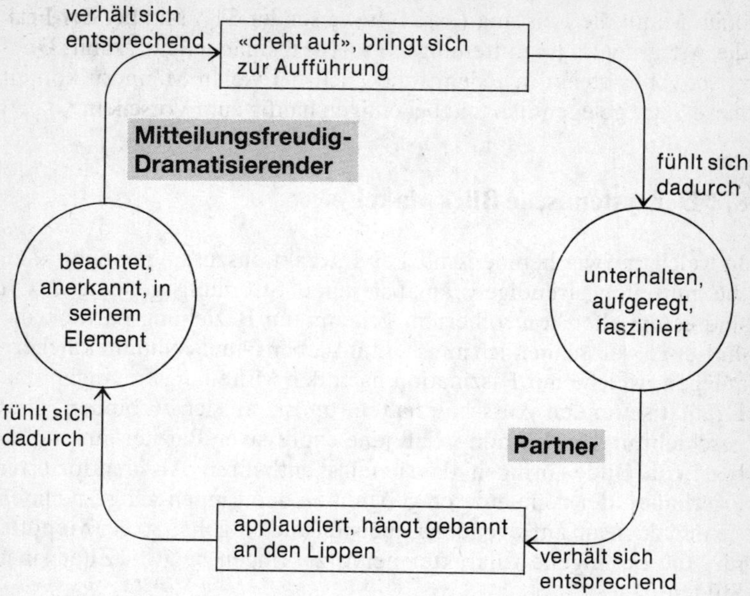
verhält sich entsprechend
«dreht auf», bringt sich zur Aufführung
Mitteilungsfreudig-Dramatisierender
fühlt sich dadurch
unterhalten, aufgeregt, fasziniert
Partner
verhält sich entsprechend
applaudiert, hängt gebannt an den Lippen
fühlt sich dadurch
beachtet, anerkannt, in seinem Element

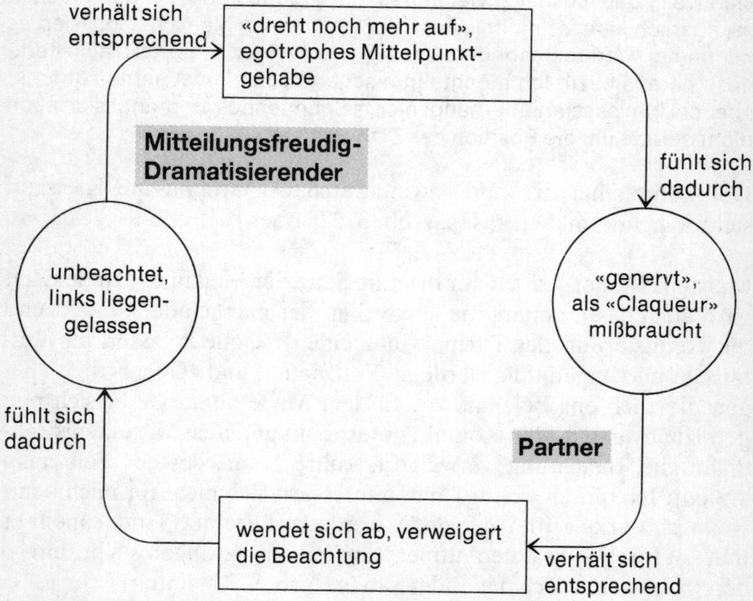
verhält sich entsprechend
«dreht noch mehr auf», egotrophes Mittelpunkt-gehabe
Mitteilungsfreudig-Dramatisierender
fühlt sich dadurch
«genervt», als «Claqueur» mißbraucht
Partner
verhält sich entsprechend
wendet sich ab, verweigert die Beachtung
fühlt sich dadurch
unbeachtet, links liegen-gelassen

Nicht, daß dieser Teufelskreis den erstgenannten «harmonischen» Kreislauf außer Kraft setzen und ablösen müßte! Dies kann im Extrem der Fall sein. Aber da ja der Wunsch des Partners nach «Verlebendigung von außen» erhalten bleibt, haben wir in der Regel damit zu rechnen, daß beide Kreisläufe gleichzeitig oder abwechselnd koexistieren und zu einem ambivalenten Gemisch verschmelzen. Die daraus für beide resultierende Verewigung des eigenen Musters gehört ebenso zu den Nachteilen dieser Beziehungsdynamik wie der langsam ansteigende Bodensatz von Kränkung auf beiden Seiten.

8.3 Richtungen der Persönlichkeitsentwicklung

Führen wir uns zunächst wieder vor Augen, welches Moment dieser Strömung den menschlichen Dialog fördert. Zweifellos ist es die Fähigkeit und Bereitschaft, sich einzubringen und damit jene «wortträge Dumpfheit» (Bollnow 1958) zu überwinden, die mancher gegenläufigen Strömung eigen sein kann. Damit verbunden ist oft das Talent, mit Charme und Witz zu amüsanter und spannender Unterhaltung beizutragen. Es sind diese bunten Vögel, die aufregend erzählen können und so das korrekt-monotone Einerlei des grauen Alltags kolorieren. In der Fähigkeit, persönlich zu sprechen, sind sie zudem all jenen überlegen, für die gefühlsmäßige Bekenntnisse ein solches Risiko darstellen, daß sie sich ins Objektive zu retten suchen und das «Ich» möglichst vermeiden. Zwar stellt sich ihre ins Auge springende «Offenheit» zum Teil als Ablenkungsmanöver heraus, so als ob sie mit betont einladender Geste ihren Vorgarten zur Besichtigung freigeben, damit nur keiner einen Blick ins Haus werfen möge (sie selbst eingeschlossen). Aber auch diese Art von ablenkender Selbstkundgabe gibt noch viel von ihnen preis.
Wird die Bereitschaft zur Selbstkundgabe und zur Mitteilungsfreudigkeit jedoch übertrieben, besteht die Gefahr selbstbezogener Geschwätzigkeit, die den Gesprächspartner zum austauschbaren Claqueur degradiert.
Welche Entwicklungsrichtungen ergeben sich daraus? Zum einen muß der Mitteilungsfreudig-Dramatisierende lernen, daß die Qualität des Kontaktes nicht mit der Flut des Geredeten steigt. Allein die Fähigkeit zur besinnlichen «Schweigseligkeit» mag diese eindämmen:

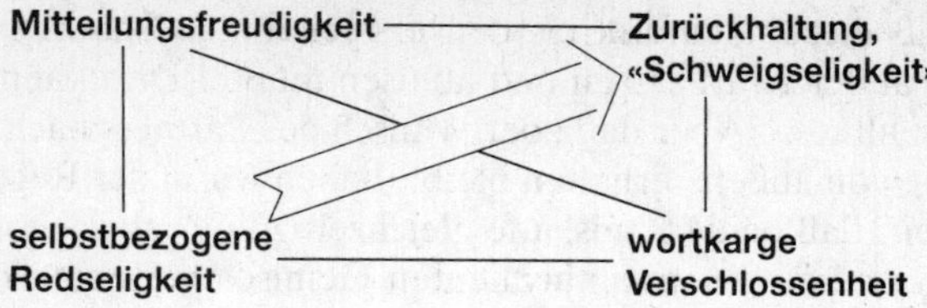

Ein erster Schritt in diese Richtung kann darin bestehen, *Schweigepausen* einmal *bewußt auszuhalten* – statt wie üblich mit irgendeiner belanglosen Bemerkung die Lücke sogleich zu füllen. Dies ist leichter gesagt als getan, denn der Mitteilungsfreudige erlebt solche Pausen als äußerst unangenehm und peinlich und kann, wie er dann sagt, «kaum an sich halten!»

Ein Abteilungsleiter, der in der Gruppe übermäßig häufig (und dann übermäßig lange) das Wort ergriff, erlebte bei der Aufforderung innezuhalten starke Angst vor der entstehenden Stille – er fand dann heraus, daß diese ihn an Tod erinnerte. Möglicherweise provozieren Schweigepausen die Konfrontation mit der inneren Leere, mit jenem «toten» Teil in einem selbst, der durch ständige äußerliche Quicklebendigkeit nicht gespürt werden muß. Wieder einmal sehen wir, daß jede Art von Kontaktverhalten einen integralen Teil des seelischen Gleichgewichts darstellt und nicht einfach durch Ermahnungen oder eigene Vorsätze verändert werden kann. Wenn jemand im experimentellen Schonraum einer Trainingsgruppe unter Anleitung sein übliches Muster einmal probehalber durchkreuzt, kriegt er es oft mit genau den Ängsten zu tun, die sein Normalverhalten einzudämmen gestattet. Haben diese Ängste einen sehr frühen und traumatischen Ursprung – sitzen sie also tief –, ist eine psychotherapeutische Bearbeitung angeraten – jedenfalls dann, wenn er unter seinem Verhalten leidet und es (= sich) ändern möchte. Sind die Ängste von geringerer Intensität, besteht die Möglichkeit, das alternative Verhalten immer wieder zu erproben und das einhergehende Magengrummeln als Wegbegleiter des inneren Wachstums zu akzeptieren.

Wir haben das *Innehalten* als charakteristische Intervention ausgemacht, das Muster des Mitteilungsfreudigen wirkungsvoll zu durchkreuzen. Es dient nicht nur dazu, zwischenmenschliche Stille aufkommen zu lassen und auszuhalten. Wenn man den Mitteilungsfreudigen just in einem Moment auffällig erhöhter Redseligkeit zum Innehalten

einlädt, kann er auch der Frage nachgehen: Was genau ist jetzt los? Wie geht es mir? Was möchte ich im Augenblick, woran ist mir gelegen – und was möchte ich vermeiden? Gibt es etwas, wovon ich durch mein tausendfältiges Erzählen ablenken möchte? Zum Beispiel von einer bestimmten Peinlichkeit, von meinem schlechten Gewissen, oder von etwas, was mir nahegeht (Abschied, Traurigkeit, Dankbarkeit...)? Oder von meiner vermeintlichen Hohlheit (Substanzlosigkeit), die der Gesprächspartner entdecken könnte?
Offenbar ist es auch möglich, sich das Innehalten selbst zu verordnen. Die zitierte Studentin (vgl. S. 230) berichtet über gute Erfahrungen mit einem

«Trick, der sonst Menschen empfohlen wird, die leicht in Rage geraten, nämlich bis zehn zu zählen, bevor sie losgehen. Das heißt, bevor ich zur dramatischen Aktion durchstarte, erst einmal einen Blick nach innen werfen und nachforschen, wie es mir geht, welche Sehnsüchte und Bedürfnisse der Auslöser solchen Verhaltens ist. Ich merke dann, wie ich ruhiger werde, die Notwendigkeit zur Dramatik sinkt, ich mich selbst erfahre und mein Selbstvertrauen wächst.»

Kommen wir nun zu einer weiteren Gefahr, die dieser Stil birgt: Bereitschaft und Fähigkeit zur Selbstkundgabe verkommt zur *monologischen Selbstbezogenheit,* wenn sie nicht gepaart sind mit einer *dialogischen Bezogenheit* auf den Partner, die diesen immer wieder einlädt, seine Gedanken und Empfindungen den eigenen entgegenzuhalten, um so etwas Neues entstehen zu lassen. Freilich gibt es auch ihn, den ewig geduldigen Zuhörer, dem es immer wieder gelingt, den anderen zum Sprechen zu bringen und der sich vom Mitteilungsfreudigen etwas abgucken sollte; wie immer überkreuzen sich die Entwicklungsrichtungen:

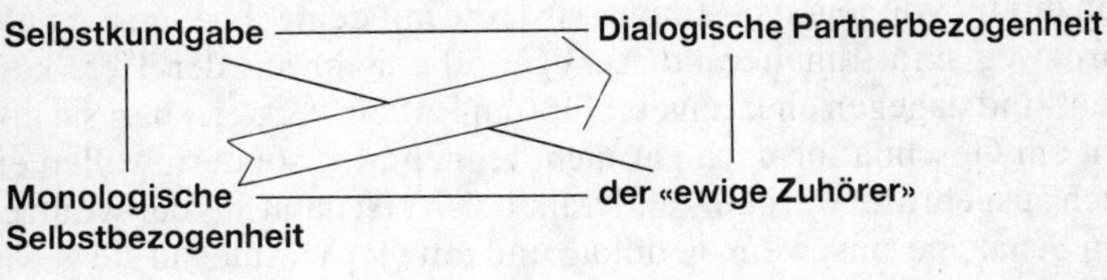

Wie ist diese «dialogische Partnerbezogenheit» übungsweise zu bewerkstelligen? Da gibt es klassische Schulungsangebote: «Aktives Zuhören» und «Kontrollierter Dialog» (bei welchem die eigene Stellungnahme immer erst gesagt werden darf, nachdem der soeben geäußerte Standpunkt des anderen mit eigenen Worten wiedergegeben worden ist). Tatsächlich berichtet die Studentin, die bei sich das «Drehen um den eigenen Kreis» (vgl. Zitat S. 235) als typisch und schmerzlich empfunden hatte:

«Jetzt halte ich mich oft bewußt zurück oder versuche mich im Redestrom zu unterbrechen. Meine Rettung ist dann, dem anderen eine Frage zu stellen und ihm dann zuzuhören. Ich glaube, das Wort ‹zuhören› war vorher ein Fremdwort für mich... Eine große Hilfe auf diesem Weg war mir das Erlernen der Gesprächspsychotherapie. In so einem Gespräch muß man sich einfach aus der Mitte nehmen, nur zuhören und den anderen in sich aufnehmen.
Das ist für mich wie ein Licht, das mich aus der dunklen Einsamkeit des Zentriertseins auf mich selbst herausholt: *aktives Zuhören.*»

Das bewegende Moment ist hier nicht die Gesprächstechnik, sondern die Änderung der Einstellung: die vollkommene Zentrierung auf den Partner, ohne seine Äußerungen als Stichwortlieferanten für eigene Mitteilungen aufzufassen. Da das «aktive» Zuhören dem Muster entsprechend als Schnattertechnik mißbraucht werden kann, möchte man gelegentlich eher ein *innerlich aktives Zuhören* empfehlen, das darin besteht, das Gesagte wirklich an sich herankommen zu lassen, ohne gleich äußerlich darauf zu reagieren. «Mal nur zuhören!» rate ich dem Mitteilungsfreudigen in Trainingskursen, wenn er von anderen Feedback erhält; und später: «Bevor Sie *antworten:* Wie reagieren Sie *innerlich* darauf?»
Ziel dieser Anleitung ist eine tiefere Kontaktebene, die zuzulassen ihm schwerfallen mag. Denn gewohnheitsmäßig neigt er dazu, mit schneller Zunge die Oberflächlichkeit sicherzustellen, die den Kontakt zwar ungefährlich macht, aber auch verarmen läßt. Dies genau ist ja die Crux vieler Familien und Arbeitsteams: Daß die Kommunikation immer von jenen bestimmt wird, die mit dem schnellen Schnabel vorneweg sind. Inhalte und Anliegen, die mehr aus der Tiefe kommen, sind dagegen eher ungeschlüpften Entlein vergleichbar: sie können am Geschnatter noch gar nicht teilnehmen, sondern wollen erst noch ausgebrütet werden – und trauen sich erst dann aus der schützenden Schale heraus, wenn geduldig und mit viel Wärme auf sie gewartet wurde – und wenn sie sicher sein können, daß nicht nur strahlende Schwäne, sondern auch häßliche junge Entlein willkommen sind.
Es muß nicht immer ein Therapeut, Klärungshelfer oder Moderator sein, der vorübergehend «das Tempo aus dem Spiel nimmt» und Zeit zum Ausbrüten gibt. So manches Team hat es sich zur Gewohnheit gemacht, längere Sitzungen und Besprechungen mit einer «Runde»

zu beginnen, in der nacheinander jeder ausspricht, wie ihm zumute ist, womit er sich innerlich herumschlägt, was ihn vom letzten Mal noch verfolgt usw. – das Innehalten ist hier institutionalisiert, ermöglicht innere Sammlung und Kontaktaufnahme, mit nachfolgend deutlich erhöhter Arbeitsfähigkeit.
Mit derlei Empfehlungen ist nicht einer fortwährend tiefschürfenden, von der Bedeutungsschwere zentraler Anliegen triefenden Kommunikation das Wort geredet: auch die unbefangene Leichtigkeit einer von puppenlustigen Plappermäulern inszenierten Unterhaltung ist von Wert und Würze – alles zu seiner Zeit, in Ab-Stimmung miteinander und mit dem Kerngehalt der Situation.
So bleibt zu hoffen, genau wie bei allen zuvor besprochenen Stilen, daß Menschen mit bevorzugt mitteilungfreudig-dramatisierender Kontaktgestaltung auf dem Wege der Entwicklung zwar ihre inneren Möglichkeiten erweitern, aber das angestammte Talent dabei nicht einbüßen.

Ausblick

Wenn Sie in der Lektüre dieses Buches bis hierhin gelangt sind, dann kennen Sie sich recht gut aus in den Varianten menschlichen Kontaktverhaltens, wissen Bescheid um die Chancen und Gefahren der einzelnen Stile und ihrer typischen zwischenmenschlichen Verwicklungen. Wird dieses Wissen Ihnen helfen, mit den zwischenmenschlichen Unterschieden besser fertigzuwerden? Oder was läßt sich sonst damit anfangen?

Typologien laden im allgemeinen dazu ein, (zögernd, vorsichtig) sich selbst und (mit emsigem Vergnügen) die anderen in das System einzuordnen. Was ist davon zu halten? Wahrscheinlich sind Ihnen beim Lesen hin und wieder Personen Ihres Bekannten- und Verwandtenkreises unversehens vor Augen gekommen: «Genau wie meine Kollegin! – Mein Onkel, wie er leibt und lebt!» – Solche Assoziationen sind durchaus erwünscht, erleichtern sie doch die für die Aneignung neuer Inhalte so wichtige Verbindung zwischen dem «Stoff» und der eigenen Lebens- und Erfahrungswelt. Mindestens ebenso wertvoll sind Verbindungslinien, die Sie zu sich selbst knüpfen. Bei alldem darf aber nicht vergessen werden: Es handelt sich hier um eine Typologie menschlicher Kommunikationsweisen, nicht menschlicher Charaktere! Alles steckt in jedem, und ein konkreter Mensch wird sich einer Vielzahl der beschriebenen Muster bedienen – je nach Situation und innerer Verfassung. Möglich, daß die Kollegin oder der Onkel einen Stil in auffälliger «Reinkultur» verkörpern – in der Regel sind es eher bestimmte Kombinationen und Mischungen von Stilen, die für einen bestimmten Menschen in bestimmten Situationen (oder Beziehungskonstellationen) typisch sind.

Als ich vor einigen Jahren in einer Gruppe von Führungskräften zum erstenmal die acht Stile vorgestellt hatte, schlug ein Teilnehmer mit Begeisterung vor: «Jetzt soll mal jeder sich selbst und alle anderen einschätzen, in jedem Stil auf einer Skala von eins bis zehn – und dann wollen wir mal sehen, was dabei herauskommt!» Ganze Zahlenkolonnen wurden sodann erhoben, ausgetauscht, aufaddiert, Mittelwerte berechnet, Differenzen festgestellt. – Die Gruppe kannte sich gut, es hat ihr nicht geschadet. Wenn Sie mich aber fragen, was man mit den Inhalten dieses Buches anfangen soll, so geht meine Antwort nicht in diese Richtung. Erst recht wäre ein testdiagnostischer Ansatz verfehlt, der Ergebnisse zutagefördern würde wie «Ich bin ein 2-3-7-Typ,

und du bist ein 1-3-4-8-Typ!» Auf diese Weise würde etwas Prozeßhaftes, Fließendes, sich ständig Entwickelndes gleichsam eingefroren und zur Einordnung in Schubladen mißbraucht werden.
Ein Personalchef, der nach computergerechten Sortierhilfen sucht, um eine Vielzahl von Mitarbeitern entsprechend ihrem «Kontaktprofil» einstellen, verwenden und fördern zu können, mag vielleicht enttäuscht sein: Das Computergerechte wird hier dem Menschen nicht gerecht. Anstelle solcher Quantifizierungen kommen wir als Menschen weiter, wenn wir uns für qualitative Zusammenhänge interessieren, zum Beispiel: In welcher Weise verwirkliche ich welchen Stil in welchen Situationen, mit welcher Wirkung auf andere und welcher Rückwirkung auf mich selbst? Wie bin ich (teufelskreisartig?) mit anderen Menschen, namentlich in Konflikten oder schwierigen Beziehungen, verwickelt? Für welche «Köder» meines Gegenübers bin ich besonders anfällig, durch welche Arten von Ansprache lasse ich mich hypnotisieren und mundtot machen, was läßt mich «einschnappen» und aus dem Kontakt gehen, gar innerlich an die Decke springen? Welche Werte- und Entwicklungsquadrate sind für mich besonders treffend, welche Art von Förderung könnte mich weiterbringen? An welchen Werten orientiere ich mich selbst, oder möchte mich orientieren – und stoße dabei auf welche äußeren oder inneren Hindernisse? – Ich hoffe, Sie zu solchen Fragen inspiriert und für entsprechende Antworten vorbereitet zu haben.
Soweit zu der Ebene, die den einzelnen angeht. Aus der Vogelperspektive können wir darüber hinaus versuchen, die Unterschiede zwischen verschiedenen Gruppen auszumachen und besser zu verstehen. Immer wieder hatten wir Anlaß, auf traditionelle Unterschiede zwischen Frauen und Männern einzugehen (vgl. S. 63, 109, 121f, 166f, 194f und 236f).
Zusammenfassend läßt sich bei aller Abweichung im Einzelfall und ungeachtet aller Bewegung, die hier derzeit stattfindet, eine traditionelle Bevorzugung in folgender Art feststellen:
Bei Frauen die stärkeren Anteile am bedürftig-abhängigen, selbstlosen und mitteilungsfreudigen Stil; bei Männer am distanzierenden, aggressiv-entwertenden und sich beweisenden Stil. Die beiden anderen, der helfende und der bestimmend-kontrollierende Stil, dürften bei beiden Geschlechtern gleichanteilig vorhanden sein. Mit diesen unterschiedlichen Profilen sind jeweils bestimmte Chancen und Gefahren verbunden, sie sind zur Zeit besonders für den beruflichen Bereich im Blickpunkt des Interesses (zum Beispiel Stechert, 1988). Mehr und mehr Frauen schicken sich an, auf Schlüsselpositionen des

beruflichen und öffentlichen Lebens gleichrangig Anspruch zu erheben. Und obwohl sie mit ihrer Art des zwischenmenschlichen Umgangs durchaus etwas zu bieten haben, haben sie es oft nicht leicht (und wird es ihnen nicht leichtgemacht), in den höheren Etagen der von Männern dominierten Berufswelt «anzukommen» (im doppelten Sinne des Wortes). Es sei denn, sie passen sich an und werden die «besseren Männer» (wofür es Beispiele gibt). Die damit einhergehende Verhärtung und Entfremdung vom eigenen Wesen wäre aber weder für die Frau heilsam noch für die Berufswelt ein humaner Fortschritt. Wie kann es gehen? Das Problem hat ja beileibe nicht nur den kommunikativen Aspekt, den wir hier verfolgen. Ein viel grundlegenderes Hindernis besteht darin, daß viele Frauen wegen ihrer stärkeren Bindung an Familie und Kinder gar nicht in gleichem Maße «abkömmlich» sind. Und wenn sie es, durch bessere Einrichtungen für die Kinderbetreuung und verstärkte Hausarbeit des Mannes, eines Tages wären, dann möchte ich immer noch bezweifeln, ob sie überhaupt die heute geforderte Bereitschaft mitbringen, einen Großteil ihrer Lebensenergie an Ziele zu binden, deren Sinn undurchschaubar oder fragwürdig ist. Diese Art von «instrumenteller Hingabe», verbunden mit persönlichem Ehrgeiz, beobachte ich bis jetzt fast nur an Männern. Trotzdem, oder sagen wir besser: gerade deshalb ist es an der Zeit, daß auch Frauen in den höheren Etagen ankommen. Eine grundlegend veränderte Produktions- und Lebensweise, die angesichts des bedrohten Erdballes ohnehin ansteht, wäre aber Voraussetzung und Folge zugleich.

Wenden wir uns wieder dem Aspekt der Kommunikationsbarrieren zu. Ihre Überwindung wird zur großen Herausforderung für beide Geschlechter, bei der beide gewinnen können, beruflich wie privat. Und wie? Sollen die Unterschiede erhalten bleiben, weil gerade darin etwas Wertvolles liegt? Oder sollen sich Frauen und Männer in ihrer Persönlichkeitsentwicklung annähern? Beides!

Die Vorstellung sich überkreuzender Entwicklungsrichtungen, wie sie im Wertequadrat wieder und wieder zur Anwendung kam, liefert uns Wegweiser und Starthilfen für den zweiten Weg. Aber das eigentliche Ziel dabei ist nicht, daß Männer den Frauen und Frauen den Männern ähnlicher werden, sondern daß beide menschlicher werden in dem Sinne, daß sie ihre Beziehungen in Übereinstimmung mit ihren Werten und Wünschen gestalten können. Dabei werden Unterschiede gewiß erhalten bleiben, sogar noch deutlicher zutage treten. Denn erst wenn die Frau über Möglichkeiten der (weiblichen) Selbstbehauptung verfügt,wird sie mit allem, was in ihr steckt, wirksam nach außen treten und sichtbar werden können. Und erst wenn der Mann sich «ganz» geben kann, mit allem, was er auch an Weichheit, Feinfühligkeit, Berührbarkeit und Bedürftigkeit in sich hat, wird er in seiner (männlichen) Einzigartigkeit wirklich zutage treten.

Vieles davon hat schon angefangen, sich zu bewegen. Nach meinem Eindruck liegt der Hauptunterschied in der Kommunikation gar nicht mehr zwischen Männern und Frauen, sondern zwischen den Angehörigen verschiedener Berufsgruppen. Der Wirtschafts- und Sozialwissenschaftler Joseph Huber (1988) spricht von einer Zwei-Kulturen-Gesellschaft, in der wir leben: Besonders in der Arbeitswelt stünden sich auf der einen Seite die Angehörigen der kaufmännisch-technischen, auf der anderen Seite die der sozialen Berufe gegenüber: hier die Ingenieure, Kaufleute, Juristen, Naturwissenschaftler, EDV-Spezialisten (überwiegend männlich dominiert) – dort die Sozialarbeiter, Berater, Lehrer, Psychotherapeuten, Geisteswissenschaftler (weiblich und männlich etwa halb und halb verteilt). Die einen hätten es mit den «Sachen» zu tun (Maschinen, Computern, Zahlen), die anderen mit den Menschen (Familien, Kindern, Jugendlichen, Alten, Kranken, Behinderten); die einen sehen sich dem «rauhen Wind» des Marktes und der Konkurrenz ausgesetzt, bedroht von Hektik und Entfremdung, die anderen eher geschützt im «Hinterland» des Sozialstaates und des öffentlichen Dienstes, aber bedroht von Kürzungen des Sozialbudgets und zuwenig Stellen; die einen wollten, um es journalistisch pointiert auszudrücken, das Geld für Mondraketen, die anderen für Mütterzentren ausgeben (so die Überschrift des Artikels in der ZEIT: «Mondraketen gegen Mütterzentren», Huber 1988). Ein vereinfachendes Modell, sicher – aber es trifft meines Erachtens zu, daß wo immer wichtige Fragen der Gesellschaft strittig diskutiert werden, diese beiden Strömungen mit ihrer unterschiedlichen Weltsicht und Lebenseinstellung aufeinanderprallen. *Und* mit ihren verschiedenen Kommunikationsstilen! Aufgrund meines häufigen Kontaktes mit Vertretern beider Subkulturen habe ich die unterschiedlichen Gesprächsformen und Kontaktmuster kennengelernt. Die «Sozialen» können meist gut zuhören und auf den Gesprächspartner eingehen, auch auf das, was an Gefühlen zwischen den Zeilen mitschwingt. Auch was in ihnen selbst vorgeht, können sie ausdrücken und werden so als Mensch greifbar (und angreifbar). Hingegen tun sie sich auf den Bühnen der beruflichen Begegnungen oft recht schwer, ein klares

Rollenbewußtsein zu entwickeln und entsprechend zu kommunizieren; das heißt zu unterscheiden, was sie etwas angeht und was nicht, wo die Gefühle wichtig sind und wo nicht, was mit ihrer Rolle im Einklang ist und was nicht. Meist fällt ihnen die Akzeptanz leichter als die Konfrontation und die Authentizität leichter als die wirkungsbedachte Rhetorik – sie müssen lernen, für ihre Ziele kämpferisch einzutreten, zu überzeugen und sich wirkungsvoll darzustellen, ferner mit Themen wie Geld, Macht, Hierarchie, Konkurrenz ohne Scheu umzugehen.

Es wäre übertrieben zu sagen, daß kommunikative Stärken und Schwächen der beiden Gruppen genau entgegengesetzt wären, aber tendenziell trifft es zu: War die authentische Begegnung von Mensch zu Mensch eine Domäne der sozialen Gruppe, so hat die kaufmännisch-technische (distanzierend, kontrollierend, sich beweisend und aggressiv-entwertend) hier am meisten zu lernen: Gewohnt, auf der inhaltlichen Ebene argumentativ und lösungsorientiert zu operieren, schwanken sie auf der Beziehungsebene oft zwischen übermäßiger Distanz, Rechthaberei, Hilflosigkeit und Aggression. Auch das nicht gleich überzeugen- und korrigieren-wollende Zuhören, das einfühlende Sich-Einlassen auf die «Welt» des Gegenübers liegt ihnen im allgemeinen fern, und so sind sie immer in Gefahr, in weitschweifigen «Referaten» aneinander vorbeizureden – mit der Folge, daß dann macht-orientierte Strategien den Umgang miteinander bestimmen, Gewinnen und Verlieren zur vorrangigen Kategorie zwischenmenschlicher Beziehungen wird.

Demgegenüber fällt es ihnen leichter, eindeutige Rollenbeziehungen herzustellen und sich in hierarchischen Kontexten zu bewegen; klare Anweisungen sind von ihnen eher zu erwarten als von der sozialen Gruppe, die manchmal dazu neigt, ihr Ideal von «Miteinander» überzustrapazieren. Und was die «Hardliner» an menschlicher Aussprache und sorgsamer Beziehungsklärung zuwenig pflegen, das kultivieren soziale Teams zum Teil im Übermaß, wenn sie wieder und wieder «an ihren Beziehungen arbeiten» und darüber ihre sachlichen Aufgaben aus dem Auge zu verlieren drohen. – So komme ich als Kommunikationslehrer oft in die merkwürdige Situation, daß ich die einen vor etwas warne, was ich den anderen dringend ans Herz lege. Aber diese Merkwürdigkeit liegt natürlich in der Logik der sich überkreuzenden Entwicklungsrichtungen. – Ob nun Männer und Frauen – oder Angehörige verschiedener Berufskulturen: Wichtig scheint mir, daß die Vertreter unterschiedlicher Stilwelten, wenn sie miteinander zu schaffen haben (und einander dann zu schaffen machen), von diesen Unterschieden wissen und dadurch einen Teil ihres wechselseitigen Befremdens abbauen können. Nicht immer steht ein Dolmetscher zur Seite, aber wer ein bißchen «Fremdsprache» gelernt hat, kann manches übersetzen und sich einiges Wertvolles von der fremden Sprache zu eigen machen.

Literatur

Adler, A.: Der Sinn des Lebens. Frankfurt am Main 1973

Alderson, P.: Wein, Weib und Experten. Warum haben Männer solche Schwierigkeiten, Frauen ernst zu nehmen? In: Die Zeit Nr. 30, 20. 3. 1987

Ansbacher, H., und Ansbacher R.: Alfred Adlers Individualpsychologie. München 1972

Argyle, M.: Soziale Interaktion. Köln 1972

Außenthal, A.: Untersuchung über Zusammenhänge zwischen Geschwisterposition «Älteste Tochter» und «Helferverhalten». Unveröffentl. Diplomarbeit, Hamburg 1984

Bach, G. R., und Wyden, P.: Streiten verbindet. Spielregeln für Liebe und Ehe. Düsseldorf 1969

Bandler, R., und Grinder, J.: Neue Wege der Kurzzeittherapie. Paderborn 1985

Bauriedl, T.: Beziehungsanalyse. Frankfurt am Main 1984

Beckenbauer, R.: «... Und dann läuft nichts mehr!» Psychosomatische Aspekte der Blasenentzündung bei Frauen. Unveröffentl. Diplomarbeit, Hamburg 1988

Benien, K.: Erlebnisqualitäten und Entwicklungsverläufe der Selbstbefriedigung bei Männern. Unveröffentl. Diplomarbeit, Hamburg 1986

Berne, E.: Spiele der Erwachsenen. Reinbek bei Hamburg 1967

Bollnow, O. F.: Wesen und Wandel der Tugenden. Frankfurt am Main 1958

Bosch, M.: Ansätze der entwicklungsorientierten Familientherapie. Dissertation, Frankfurt am Main 1977

Burisch, M.: Innere Erschöpfung. Eine Theorie des Burnout-Syndroms. Unveröffentl. Manuskript, Hamburg 1988

Cohn, R. C.: Von der Psychoanalyse zur Themenzentrierten Interaktion. Stuttgart 1975

Dörner, K., und Plog, U.: Irren ist menschlich oder Lehrbuch der Psychiatrie/Psychotherapie. Wunstorf 1978

Dürckheim, K.: Vom doppelten Ursprung des Menschen. Freiburg im Breisgau 1973

Elias, N.: Über den Prozess der Zivilisation, Frankfurt am Main 1976

Ellis, A.: Die rational-emotive Therapie. Das innere Selbstgespräch bei seelischen Problemen und seine Veränderung. München 1977

Esch, A. M.: «Authentisch» kommunizieren oder human? In: Congress & Seminar 10/1983, S. 46–48

Falt, B.: Vom Helfen-Wollen zum Helfen-Müssen. Unveröffentl. Vortragsmitschrift, Hamburg 1988

Farau, A., und Cohn, R. C.: Gelebte Geschichte der Psychotherapie. Zwei Perspektiven. Stuttgart 1984

Frankl, V. E.: Die Sinnfrage in der Psychotherapie. München 1981
Fromm, E.: Die Furcht vor der Freiheit. Stuttgart 1983
Garner, A.: Conversationally Speaking. New York 1981
Gordon, Th.: Familienkonferenz. Hamburg 1972
Hager, J.: «Führung» in gruppendynamisch inspirierten Fortbildungsveranstaltungen für Führungskräfte. In: Gruppendynamik 1, 1984, S. 13–27.
Hambrecht, M.: Wenn Helfer zu Komplizen werden. In: Psychologie Heute, 5/1982, S. 28–33
Hasenclever, W.-D. und C.: Grüne Zeiten. München 1982
Helwig, P.: Charakterologie. Freiburg im Breisgau 1967
Hinte, W.: Non-direktive Pädagogik. Studienbücher zur Sozialwissenschaft, Bd. 41, Opladen 1980
Hochschild, A. P.: The Managed Heart. The Commerzialisation of Human Feeling. Berkeley 1983
Jaspers, K.: Einführung in die Philosophie. München 1953
Kast, V.: Begegnung zwischen Selbstbehauptung und Hingabe. In: Schleswig-Holsteinisches Ärzteblatt, Heft 6, 1982, S. 475–485
Kast, V.: Der schöpferische Sprung. Olten [2]1987
Kästner, E.: Gesammelte Schriften für Erwachsene. Band 4 Romane III, Zürich 1969
Kirschner, J.: Manipulieren – aber richtig. München 1982
Koestler, A.: Die Armut der Psychologie. Bergisch-Gladbach 1965
Kurtz, R.: Körperzentrierte Psychotherapie: Die Hakoni-Methode. Essen 1985
Lowen, A.: Bioenergetik. Reinbek bei Hamburg 1983
Mann, Th.: Bekenntnisse des Hochstaplers Felix Krull. Frankfurt am Main 1954
Mentzos, S.: Hysterie. Frankfurt am Main 1986
Mentzos, S.: Neurotische Konfliktverarbeitung. München 1986
Milgram, S.: Das Milgram-Experiment: Zur Gehorsamsbereitschaft gegenüber Autorität. Reinbek bei Hamburg 1974
Miller, A.: Am Anfang war Erziehung. Frankfurt am Main 1980
Mock, M.: Prozesse der Alkoholkrankheit – Stationen und Wege der Genesung. Unveröffentl. Diplomarbeit, Hamburg 1986
Neuberger, O.: Im Reden verzaubern wir uns selbst. In: Psychologie Heute, 11/85, S. 32–35
Olivier, C.: Iokastes Kinder. Die Psyche der Frau im Schatten der Mutter. Düsseldorf 1987
Osbahr, C.: Zur psychologischen Dimension der politischen Auseinandersetzung in der grün-alternativen und der Friedensbewegung. Unveröffentl. Diplomarbeit, Hamburg 1984
Perls, F.: Gestalttherapie in Aktion. Stuttgart 1974
Reich, W.: Charakteranalyse. Köln, Berlin [2]1970
Richter, H. E.: Zur Psychologie des Friedens. Reinbek bei Hamburg 1984
Riemann, F.: Die schizoide Gesellschaft. München 1975

Riemann, F.: Grundformen der Angst. München 1969
Rogers, C.: Encounter-Gruppen. Das Erlebnis der menschlichen Begegnung. München 1974
Rogers, C.: Entwicklung der Persönlichkeit. Stuttgart 1979
Rogers, C., und Rosenberg, R. L.: Die Person als Mittelpunkt der Wirklichkeit. Stuttgart 1980
Satir, V.: Selbstwert und Kommunikation. München 1975
Seiferth, A., und Falt, B.: Depressive Verstimmungen von Frauen. Unveröffentl. Diplomarbeit, Hamburg 1984
Scheller, J.: Nähe und Distanz bei Paaren. Unveröffentl. Diplomarbeit, Hamburg 1986
Schmidbauer, W.: Die hilflosen Helfer. Reinbek bei Hamburg 1977
Schulz von Thun, F.: Psychologische Vorgänge in der zwischenmenschlichen Kommunikation. In: Fittkau, B., Müller-Wolff, H.-M., und Schulz von Thun, F. (Hg.): Kommunizieren lernen (und umlernen), Braunschweig 1977
Schulz von Thun, F.: Miteinander reden 1 – Störungen und Klärungen. Reinbek bei Hamburg 1981
Schulz von Thun, F.: Vom «Managertraining» zur humanistischen Begegnung zweier Wertewelten. In: Gruppendynamik, 1/1984, S. 39–57
Stechert, K.: Frauen setzen sich durch. Leitfaden für den Berufsalltag mit Männern. Frankfurt, New York 1988
Stein, G.: Normen für Aggressionsverhalten und ihre Entstehung in der Kindheitsfamilie. Unveröffentl. Diplomarbeit, Hamburg 1986
Stevens, J. O.: Die Kunst der Wahrnehmung. München 1975
Szczesny, G.: Das sogenannte Gute. Reinbek bei Hamburg 1971
Tausch, R., und Tausch, A.: Erziehungspsychologie. Göttingen 1977
Tausch, R., und Tausch, A.: Wege zu uns. Reinbek bei Hamburg 1983
Thomann, C.: Beiträge zu einer Theorie der Klärungshilfe. Frankfurt am Main, Bern, New York 1986
Thomann, C., und Schulz von Thun, F.: Klärungshilfe – ein Handbuch für Therapeuten, Gesprächshelfer und Moderatoren in schwierigen Gesprächen. Reinbek bei Hamburg 1988
Watzlawick, P., Weakland, J. H., und Fisch, R.: Lösungen. Bern, Stuttgart, Wien 1974
Willi, J.: Die Zweierbeziehung. Reinbek bei Hamburg 1975

Sachregister

psychologie aktiv

Die praktische Psychologie ist traditionell ein Schwerpunkt im Sachbuch bei *rororo*. Mit praxisorientierten Ratgebern leisten sie Hilfestellung bei privaten und beruflichen Problemen.

J. Frances Casey / L. Wilson
Ich bin viele *Eine ungewöhnliche Heilungsgeschichte*
(rororo sachbuch 19566)

Gerd Hennenhofer / Klaus D. Heil
Angst überwinden *Selbstbefreiung durch Verhaltenstherapie*
(rororo sachbuch 60231)

Eleonore Höfner / Hans-Ulrich Schachtner
Das wäre doch gelacht! *Humor und Provokation in der Therapie*
(rororo sachbuch 60231)

Eva Jaeggi
Zu heilen die zerstoßnen Herzen *Die Hauptrichtungen der Psychotherapie und ihre Menschenbilder*
(rororo sachbuch 60352)

Spencer Johnson
Ja oder Nein. Der Weg zur besten Entscheidung *Wie wir Intuition und Verstand richtig nutzen*
(rororo sachbuch 19906)

Ursula Lambrou
Helfen oder aufgeben? *Ein Ratgeber für Angehörige von Alkoholikern*
(rororo sachbuch 19955)

Frank Naumann
Miteinander streiten *Die Kunst der fairen Auseinandersetzung*
(rororo sachbuch 19795)

3622/4

rororo sachbuch

Friedemann Schulz von Thun
Miteinander reden 1 *Störungen und Klärungen. Allgemeine Psychologie der Kommunikation*
(rororo sachbuch 17489)
Miteinander reden 2 *Stile, Werte und Persönlichkeitsentwicklung. Differentielle Psychologie der Kommunikation*
(rororo sachbuch 18496)
Miteinander reden 3 *Das «Innere Team» und Situationsgerechte Kommunikation*
(rororo sachbuch 60545)

Martin Siems
Souling - Mehr Liebe und Lebendigkeit *Eine Anleitung zur Selbsthilfe*
(rororo sachbuch 60219)

Ann Weiser Cornell
Focusing - Der Stimme des Körpers folgen *Anleitungen und Übungen zur Selbsterfahrung*
(rororo sachbuch 60353)

Weitere Informationen in der **Rowohlt Revue**, kostenlos im Buchhandel, oder im **Internet: www.rowohlt.de**

- Patrick Boogaerd
- Daniel Kemper — 750 Std

Mai 10 Tage 70-80 Std
Juni 10 Tage 70-80 Std
Juli Ende Juli 1 Woche fulltime
August fulltime - 3 Wo
September 8-10 Tage 70-80 Std
Oktober full 160 Std - 170 Std
November 14 Tage ~~140-160 Std~~
Dezember 14 Tage ~~Std~~